中国社会学
经典文库

小镇喧嚣

一个乡镇政治运作的演绎与阐释

吴毅 著

生活·讀書·新知三联书店 生活書店出版有限公司

图书在版编目（CIP）数据

小镇喧嚣：一个乡镇政治运作的演绎与阐释 / 吴毅著 .—北京：生活书店出版有限公司，2018.2（2025.12 重印）
ISBN 978-7-80768-215-8

Ⅰ.①小… Ⅱ.①吴… Ⅲ.①乡镇—政治工作—研究—中国 Ⅳ.① D422.62

中国版本图书馆 CIP 数据核字（2017）第 232702 号

丛书策划 杨震林
责任编辑 方昊飞
装帧设计 罗 洪
责任印制 孙 明
出版发行 生活書店出版有限公司
（北京市东城区美术馆东街 22 号）
邮 编 100010
经 销 新华书店
印 刷 天津睿和印艺科技有限公司
版 次 2018 年 2 月北京第 1 版
2025 年 12 月北京第 34 次印刷
开 本 635 毫米 ×965 毫米 1/16 印张 40
字 数 510 千字
印 数 338,001-348,000 册
定 价 68.00 元
（印装查询：010-64004884；邮购查询：010-84010542）

本书为2002年度国家社会科学基金项目“乡域政治运行的个案研究”（02BKS006）的最终成果，又系2004年高等学校全国优秀博士学位论文作者专项资金资助项目“改革开放以来农村社会的发展、特性与治理研究”（200407）的阶段性成果。

本书是对我国中部地区一个乡镇从2003至2004年政治运作若干片段的记述。我清楚地知道，当这些片段消逝在时间的流程之中后，即使是作为经历者的我，也已经无力将其完整地重新呈现给读者，我能做的，只是尽可能将这些片段置于我所发现的特定的“乡域政治”的逻辑中去表现和展示，并进而寻求它们在这些特定逻辑中的意义。因此，这是一段理解性的叙事，而非已经消逝的事件与过程的原版回放。

目　录

再版说明

《小镇喧嚣》自2007年10月由三联书店出版以来，迄今已10个年头。10年不算很长，但在出版业如此发达的今天，也足以让一本书被淹没在海量更新面世的出版物中而被人忘却。幸运的是，这本书还不时有人提起，它没有躺在图书馆的书架上睡觉，而真正是有人在读。阅读者既包括学界的同行和学生，也有不少喜欢读书的人。试想，还有什么能比这更让作者满足？这些年来，经常有人给我来邮件，问我在哪里还可以买到此书，因为实体书店和网上都已无售，甚至还有朋友说，他在网上买了复印本。这一类信息，自然会让我高兴，觉得当年的辛苦没有白费。

得知三联书店旗下新恢复的生活书店正在策划“中国社会学经典文库”，拟将改革开放以来国内出版的一些已经获得影响的社会学著作进行系列再版，并将《小镇喧嚣》也收入其中，这于我无疑是一个更好的消息。经典与否不是我们这些当世者能够说了算的，但以此理由让有兴趣的人能够买到书，不亦乐乎？

一本书既已面世，就获得了它自身的生命，经过时间的沉淀，再次出版是否仍有价值，将由读者研判。因此，此次再版，除了对书中新发现的错漏之处进行处理，我并未对内容做改动，对原书的“致谢”也只是做了微调，特此说明。

感谢新版责任编辑廉勇先生所做的工作。

吴　毅

2017年12月16日

致 谢

本项研究在历经了5年多的“碾磨”之后，以现在这副模样呈现给读者，是我最初没有想到的。它原来是我申报并获准立项的国家社会科学基金项目“现阶段我国乡镇政治体制改革研究——以东、中、西部若干地区为案例”（项目批准号：02BKS006），后来，经过全国哲学社会科学规划办公室同意，变更为“乡域政治运行的个案研究”，在研究的宗旨、内容和最终成果的表述方式上都做了重大调整。这种变化，也说明了研究本身所经历的蹉跎和“折磨”。迄今，它已经数易其稿、几经增删，虽然仍觉力有未逮，但作为研究者的我已是倾尽心力了。

在此，我要感谢全国哲学社会科学规划办公室，没有他们的理解、宽容和支持，本项研究不可能做出这样大的调整，也不可能以目前这种方式结项。犹如许多同行一样，我对于乡村政治的改革设计也曾心怀宏愿，这从原来项目的名称设计上即可看出。但是，后来的田野经历告诉我，以个人或小团队之力，其实很难完成如此复杂与宏伟的任务，要弄清楚所研究对象“是什么”“为什么”，然后再给出“怎么办”的答案，是一项涉及面广、需要多人分工协作的系统工程。依我个人的特点，通过力所能及的深度调研去揭示乡镇政治的运行实态，并对之做出理论解释，不仅更加实际，可能于学界和政策研究部门也是一个更有价值的贡献。因此，经过反复考虑，我决定缩小课题的研究范围，延长田野工作时间，将项目由最初确定的应用对策性研究变更为解释性学理研究，对我所选定的

“小镇”做人类学式的深度考察，并以“叙述”（narrative）这一目前在我国主流社会科学研究中不经常使用的方法，对其政治运行实态的若干基础层面进行“建构性”的“呈现”和“解说”，进而去揭示与探讨支配这种运行状态的诸种影响因素与逻辑。决定虽然做出，并且付诸实践，但我对这种变动是否能够得到项目管理部门的批准并没有把握，更不要说当我向全国哲学社会科学规划办公室提出变更项目的申请时，已经到了项目所规定的结项时间。然而，令我喜出望外的是，我所做出的这些变动不仅最终得到了批准，规划办甚至还十分慷慨地同意我延期两年完成课题。我想，这也许不仅是他们对我能够独自在一个乡镇坚持调查一年半以上的行为与精神的肯定，更显示了我国社会科学研究的规划和管理者们对于丰富与发展中国社会科学研究的长远期待。由此，我感受到了一份更大的责任。

我要感谢“高等学校全国优秀博士学位论文作者专项资金资助项目”的支持，我所申报的课题“改革开放以来农村社会的发展、特性与治理研究”获得批准（项目批准号：200407），不仅使研究更加从容和游刃有余，并且也使它同时有机会成为新项目的一部分。

我还要衷心感谢香港中文大学中国研究服务中心，在本书的初稿完成以后，中心邀请我去那里做进一步的修订，我在那里度过了修改本书的最关键时期。中心不仅被同行誉为从事当代中国研究最好的学术平台之一，还是一个海内外专家的沟通与交流之地，在那里，我向一些专家征求过修改本书的意见，他们十分肯定并鼓励我的尝试。唯愿本书不要令他们失望。

当然，我最应该感谢的还是那些最初作为我的调研对象以后又成了我的朋友的“小镇”乡村干部和农民，是他们出于自己的社会良知与责任，让我看到了我以为是尽可能真实的一个“乡域政治”的基本状况，因此，这部作品与其说是我一个人的努力，不如说还凝结着他们大量的贡献。没有他们提供的无私帮助，研究根本无法以我所设想的方式展开，更无法以目前这种形式呈现给读者。而且，他们还很好地安排了我的生活起居，让我顺利工作。但由于可以理解的原因，我无法在这里一一列举他们的名字，以表达我真诚的感谢。而另外一个可能的歉疚还在于，作为一个田野工作者，我也如同其他同行一样，没有办法十分妥当地处理好我与田野报告人之间那种既作为研究者与研究对象又作为私人朋友的关系。作为前者，尽力去“深描”（thick description）各种“发现”是一种职责；作为后者，我却无法把握朋友们将会如何理解这种执着对彼此关系的影响。我深知，这是所有的田野研究都会遭遇到的伦理困境，并且我也不知道应该如何去消解它们，因此，除了深怀一份真诚，我别无能为。唯有想到这项研究还可能会有超越个人情谊的社会和学术意义，我才心安。

本书最终有幸得到“华中科技大学文科学术著作出版基金”的部分资助。

在研究中给予我帮助因而应当感谢的人和单位还有许多，但这样罗列下去，我唯恐在表达对一些朋友谢意的同时却疏漏了更多的朋友，于是，我决定打住。

好在研究还将继续，还是以新的作品来回报吧。

主要人物一览表*

谢世德，男，年龄不详，H 市大江区党委书记。

林靖南，男，40 岁出头，大江区小镇党委书记。

刘主任，男，51 岁，曾经担任过乡镇党委副书记、政协主任，现已退休，被返聘为小镇政府办公室主任。

武仁杰，男，41 岁，小镇党委副书记，镇长。

陈羽，男，年龄不详，小镇计划生育办公室干部。

陈志华，男，52 岁，秦家畈村党支部书记。

老罗，男，52 岁，秦家畈村村委会主任。

范维萍，女，40 岁，小镇党委委员，分管组织与人事工作，后升任党委副书记。同时为政府挂秦家畈村的干部。

汤主任，男，43 岁，小镇招商引资办公室主任。

姚学明，男，44 岁，小镇党委副书记，分管农业工作。

老洪，男，52 岁，小镇招商引资办公室副主任，曾经担任过乡镇党委副书记，现退居二线，专门负责处理土地开发中的群众纠纷。

未理明，男，30 岁，小镇党委副书记，先后分管纪检、开发中的群众工作和企业。

于祖安，男，49 岁，洲头村四组组长。

汪达海，男，51 岁，洲头村党支部书记。

---

* 按照研究惯例，本书中所有的人名和地名均已做了技术处理，本一览表人物排名大致以在书中出现的先后为序。

钱跃进，男，37 岁，秦家畈村干部，民兵连长。

毕华英，女，25 岁，小镇财政所专管员，负责秦家畈村的税收。

周达民，男，46 岁，秦家畈村民调主任。

曹元新，男，52 岁，镇干部，曾经担任过乡镇人大主席，现退居二线，为大陈村挂村干部。

钱秉贵，男，52 岁，大陈村党支部书记。

严和平，男，52 岁，小镇财政所副主任，负责大陈村的税收。

皮德友，男，45 岁，小镇副镇长，负责财政税收，同时挂范家坝村，主抓小镇豆的生产和深加工。

田国全，男，37 岁，小镇党委副书记，分管财政、政法等工作。

范世玉，男，53 岁，范家坝村党支部书记。

钟联，男，32 岁，小镇副镇长，负责农业。

景江，男，33 岁，镇干部，前王村挂村干部。

谢书记，男，45 岁，谢张村党支部书记。

叶桦，男，63 岁，台胞，美籍华人。

安靖，男，33 岁，洲头村村委会主任。

贺志伟，男，45 岁，叶桦在洲头村租赁土地的代理人。

浩明，男，45 岁，小镇信访办公室主任。

于祖文，男，40 岁，洲头村四组村民。

杨宏军，男，41 岁，秦家畈村副主任，老虎尾采石场业主。

郭德银，男，51 岁，老虎尾采石场业主。

绕定远，男，45 岁，小镇人大主席，主管企业工作。

宋正良，男，45 岁，小镇副镇长，负责小城镇建设和管理，并负责处理西气东输工程中的矛盾纠纷。

宋德益，男，45 岁，小镇干部，负责处理西气东输工程中的矛盾纠纷。

孙福临，男，40 岁，小镇城管所所长。

李书记，男，47 岁，小岳村党支部书记。

郭云霞，女，28 岁，秦家畈村妇女主任。

王昭烈，男，47 岁，前王村党支部书记。

程文启，男，32 岁，小镇干部，小陈村挂村干部，后负责小城镇建设和管理。

老马，男，50 岁出头，洲头村四组村民。

陈向辉，男，55 岁，大陈村五组村民。

陈同年，男，45 岁，大陈村五组村民。

冯所长，男，40 岁，小镇司法所所长。

胡洪国，男，50 岁出头，老虎尾采石场业主。

周主任，男，年龄不详，小镇企业办主任。

陈文庆，男，45 岁，大陈村会计。

刘涛，男，35 岁，小镇干部，挂山花村。

马志安，男，年龄不详，大江区信访办公室主任。

秦春琳，女，年龄不详，小镇干部，挂潭湾村。

引　子

“你来，就说找谢书记。怎么找？大江区还会有几个谢书记？”——H市大江区党委书记谢世德

“乡镇的工作从吃饭和喝酒开始。”——大江区小镇党委书记林靖南

这两句话，是我在初入小镇时听到的，它们使我印象深刻，且还觉得颇具格言意味。一年半以后，当我完成了在小镇的调研，试图重新回忆初入小镇时的点点滴滴时，却发现许多的琐细之事都已模糊，唯有这两句话不仅没有从记忆中淡出，反而一再从那数百万字的笔记和我在小镇经历过的无数繁杂事件中跃然而出，直入大脑。某种程度上，正是得益于对这两句话的琢磨，我才逐渐悟出了小镇乡域政治运作的特点，并最终以当地的方言将这一特点归纳为“擂与媒”。

说句实话，一直到我在小镇的调研全部结束，除了当初为接洽调研而与大江区党委书记谢世德有过唯一的一次电话联系，让我记住了他那句令人印象深刻的话之外，我在小镇的日子里自始至终都未曾与这位大江区的头号父母官见过面。尽管这样，我却时时处处感受到他的存在，因为正是凭借着谢书记的名头，我得以顺利地在小镇住下来，并做了一年半的乡镇调查。谢书记是我一位朋友以前的同事，现在，他们各自任职于H市的一个区，是那种说话做事算得了数的人。有了这一层关系，朋友的一个电话，然后再经由

这位书记的一个招呼，我要选择一个乡镇做调研的事情就敲定了，这也许就是苏力所说的调查者设法确立他与被调查对象之间的某种“权力支配关系”的一种不知得大还是失大的中国式选择。（参见苏力，1998）[1]

2003 年 3 月 11 日，尚是新年刚过、春寒料峭之时，我被大江区委办公室的干部用小车送到了小镇政府。

“既然是谢书记安排的，当然要好好接待，区里把你放在我们这里，是对小镇工作的重视和信任，我们一定不会辜负谢书记的期望。”说这句话的是小镇的第一把手——镇党委书记林靖南。

林靖南个头不高，敦实健壮，约莫 40 出头，一副近视眼镜架在脸上，使他在朴实干练之中又显出几分文气。日后，他告诉我，他也是教书出身，毕业于县师范，曾经在乡下的中学干过，因为文笔好，勤于写作，又表现上进，被区委组织部看中，由学校调去，遂弃教从政，一干就是 8 年。日后，又被调任大江区先任区长、后任书记的谢世德看中，由组织部调到区政府办公室写材料，并深得谢的赏识与信任，算得上是谢书记到大江区以后在政坛上的门生了。出于培养和锻炼年轻干部的考虑，1999 年 12 月，谢书记把他下派到小镇，出任镇党委书记。这样一来，用林靖南自己的话来说，在 40 岁以前，他就完成了从“耍嘴皮子”（教书）到“拿笔杆子”（给领导当秘书），再到“扛枪杆子”（到乡镇当党委书记，从事基层领导工作）的人生历程三大转折。后来我发现，像林靖南这种先教书后从政，最后因领导赏识，再下派到乡镇任书记、镇长的干部还不少，几乎可以算得上是内陆一些地区乡镇主职干部产生的一种模式，这也许就是前些年中央所强调的干部“四化”标准①在乡镇基层的具体体现吧。

---

① 干部“四化”的标准即年轻化、知识化、专业化和革命化。在内陆乡镇，真正称得上是知识化和专业化的人才多半就是中小学教师，这也是乡镇干部中教师出身者较多的一个原因。

小镇位于H市大江区的东部，镇街距城区不过10多公里，由市区乘车前往，中途换一次车，也不过个把小时，交通十分便捷。我之所以在川东双村调查完成之后将自己进行的第二个重点田野调查的地点选在这个城市边缘的小镇，一是因为这次调查的预期时间长，希望离家近一些，可以调研和教学两头兼顾；二是在完成了对川东双村那种典型内陆农业型村庄的全景式考察之后，想对自己的研究角度进行调整，选取一个比双村所在区域更发达、在全国居于中等发展程度的乡镇作为新的研究对象。如果说，通过对川东双村的考察，我所欲表达的是自己对整个20世纪中国现代化背景下外诱型村庄村治变迁类型的一个纵向模式的关怀，[2]那么，借助于这样一个新的对象，我则力图展开对较“村域政治”更为宏阔和宽广、更为当下的“乡域政治”一个横切面的理解与认识，并希望能够把对这个“切口”之纹理的理解与认识尽可能立体化、情节化与时间性（temporality）地展现出来，以丰富学界关于当代中国乡村政治的知识。[3]带着这样的想法，经过与大江区委办公室几位干部的沟通，他们便把我引荐到了小镇。干部们告诉我，与大江区已经较为工商化的街区相比较，小镇是以农业为主的，符合我的选择标准，但由于交通便捷，招商引资和工商业开发也已经频频波及这里，这样，便使得小镇的发展呈现出由农业向非农业急剧转型的典型特征。我明白，他们向我推荐小镇自有他们出于政府工作思维的考虑，但我也不是不可以去适应和认同他们的这种安排，也许正是小镇这种急剧变迁的特色，才使我更有可能从动态和多维的角度去透视当前乡域政治的特色、样态与矛盾呢。

于是，我便这样地坐在了林靖南这位小镇的文人书记面前，成为他在2003年春节开年之后接待的一位特殊客人。

小镇政府为我做了很好的安排，专门腾出一间寝室，配备了必要的生活用具，林书记又向政府食堂打了招呼，到时间直接去吃饭。如果我愿意的话，还可以与来政府办事的客人一起吃客饭。这不，待我把行李安放妥当，就被办公室的刘主任拉去吃客饭了。

客饭安排在政府食堂。为了使来小镇的领导、朋友和客商们有一个宜于用餐的地方，食堂内专门辟有一间四五十平方米大小的餐厅，餐厅进行过简单装修，配有一部柜式空调，摆放着四张铺有一次性桌布的圆形餐桌。这些年，小镇的经济发展较快，方方面面来的人多，这就使得这间小餐厅成为政府大院内最聚集人气的地方。林书记对我说："如果一个乡镇政府的食堂到了中午却没有多少客人来吃饭，那这个地方的经济也就没有什么指望了。"

这是我初识林书记之后他给我留下的第一句颇带理论意味的话，接下来的第二句话也同样令我思考。他说："作为书记，上面的领导来了，你不能不陪；区里各科局的领导来了，也不好不陪；遇有重要的客商就更是不能怠慢。这些人可都是小镇发展的希望。这样，吃饭就不仅是招待客人，更重要的是在工作。喝酒就更是乡镇干部必须具备的基本功，因为必须要把客人陪好。你要做乡镇调研，就一定要从吃饭和喝酒开始。"说这话的时候，林书记端起一大杯枝江大曲与我相碰，然后一饮而尽。

"好酒量！"我不由得赞叹。

"这也是被逼出来的。在基层工作，不吃饭不行，不喝酒更不行。你是主人，别人来你这里，你必须陪好，不能失了礼数，农村讲究这个，否则工作就很难开展，关系也很难建立。这样久而久之，也就锻炼出来了。今天你刚来，我要陪你。等一会儿，还有一个饭局也等着我去陪，是请区公安局的干部，大家关系很好，不去不行。在乡镇当领导一定要有一副好肠胃。"

听着林书记的这番话，瞧着他大杯大杯地喝酒，再想着他待会儿还要到另一个地方去将同样的潇洒再重复进行一遍，我又由赞叹转为惊愕，进而由惊愕转为思考。看来，这"酒精（久经）考验"和"把肠胃交给党"的政治民谚可真不只是基层干部们茶余饭后的消闲幽默，它的确是乡镇基层工作的一种真实写照，这即是如赵树凯所分析的乡镇政府的"应酬政治"的一个重要内容。（赵树凯，2006）从这里面，不仅能够体会到乡镇工作的诸多特点，而依照林书记的观点，甚至还能够预测出乡镇发展前景的诸多面貌。看来，这喝酒早已不仅是民风民俗，它已经成为渲染乡域政治特色的一种必不可少的仪式。[4]

我的小镇调查，就是在对谢书记名头的体味与享受，以及林书记这一番“吃饭就是工作”和“农村调查从吃饭和喝酒开始”的启发中开始的。

一
迎检，迎检

中心工作与迎检

一转眼，我在小镇已经住了一周，得益于林书记以行政方式所做的正式推介，很快我便对周围的人与事有了一个大致的了解。

小镇的街区不大，坐落在一个叫作秦家畈村的地界上，沿一条东西走向的公路展开。公路的东头与大江区中心城区相通，西头连接其他乡镇。镇街上的民居、单位、商店、市场等，都沿街分布，绵延相拥，形成了约一公里长、一二百米宽的街区，再往外，便是四下的村庄和田野了。不过听人讲，镇街这种规制形成的时间不长，原来的街区更小，仅仅只是一条南北向的狭长小街，在现在这条主街的北面。20 年前新街形成之后，建筑、商业和人气开始转移，而那历史悠久的老街便只剩下一些低矮陈旧的民居，日见萧条了。

政府大院设在镇街南面，占地约 50 亩，大门面向公路。门两边暗红色的大方立柱上，从左至右，依次悬挂着镇人民武装部、政协小镇联络委员会、镇人民政府、小镇人大主席团、中共大江区小镇委员会和纪律检查委员会 6 块白底红字的牌子，一院之内，包括了小镇党政权力部门的全部机构，可以被视为乡镇权力的空间集装器，所以，一般人都统称这里为“政府”。走进大门，正向面对着一栋三层楼的政府办公楼，不新，也不宽大，却刚刚装修过不久，显现出几分粉色。大楼背后有食堂、礼堂和一个篮球场，接下来是几排已有些年头的红砖平房，是政府干部的宿舍，一些乡镇的站所也间设其中，政府办公室为我安排的寝室也在这里。

朴实、简洁、宽敞、冷清，这是小镇政府大院给我留下的最初印象，这里离H市城区不远，但是，房屋的形制，人们的穿着和语言，甚至连那比城里约略低了几度的气温都在提醒我，这里已经是典型的乡镇了。

政府大院内很空，但真正让我感到空落寂寥的还是那整日里稀疏的人气。这里，除了在早上八九点钟的时候能够看到干部们聚在办公室签到、聊天之外，9点钟一过便难觅人影，干部们都各忙各的事，或上区、或下村去了。毕竟是农村工作，一般的干部几乎就没有养成坐办公室的习惯，即使人在政府，多半的时间也都窝在自己的寝室里，或谈天打牌，或看报休息。所以，人不熟悉，或者不事先约定，要找人访谈调研并不是一件容易的事。这不禁让我拿它与川东双村做比较，在那里，走到哪个院落，随便一坐，老乡们就会围拢过来，一聊上来，便有说不完的话，也于无形之中形构出一个村落场域的公共空间。于是，我初步体会到乡镇调查与村庄调查可能具有的不同特点。[1]

不过，这两天干部们在政府大院的消失却有着更为特殊的原因，他们全都下到村里，为马上就要到来的全省农村税费改革试点工作的考核评估做准备了，除了镇党政一把手和办公室的留守人员，大院内几乎就看不到人。于是，我决定改变预先设计好的调查方案，跟随干部下村，从他们正在做的工作开始我的观察。这样，按调查提纲进行结构性访谈的设想，就让位于不期而至的“故事”和“事件”的牵引，一下来，我就被卷入迎接税费改革检查这一特定的“事件”之中。让我没有想到的是，这一检查仿佛就像一个运动加速器，使整个乡村组织都围绕着它旋转起来，正是在这种旋转之中，乡镇政治与行政运作的一些基本流程，连同内含于这些流程背后的机制性因素都慢慢地呈现在我的面前，使我在尚未适应一种新的调查方法的时候，就不得不去面对孙立平所说的“流动的社会事实”背后的流动的乡村关系。[2]

全省的农村税费改革试点工作是2002年下半年进行的，从该年的6月发通知，7月开始动员，到9月进入具体实施，历时约3个月。这场改革是经历了数年的安徽省农村税费改革试点向全国进一步推开的一个结果，因此，它的一些基本精神、内容和做法，可以说都直接借鉴了安徽的经验。例如，由省委、省政府向全省农民发出公开信，向农民宣传税费改革的基本精神和主要内容，让农民掌握政策；向农民公布涉及农民生产、生活的主要行政事业性收费和经营服务性收费的标准，以利于农民掌握和监督等举措，都是直接取自于安徽的既有做法。[3] 对于这次税费改革，省里非常重视，为了确保全省工作的规范，从省到市，再到区（县）和乡镇及村庄，都自上而下地层层布置，制定了内容详细、明确和操作性强的工作方案。这一方案的基本内容包括“三个取消、一个逐步取消、两个调整、两项改革”，即：

> 取消乡统筹费等专门面向农民征收的行政事业性收费和政府性基金；取消农村教育集资等涉及农民的政府性集资；取消屠宰税。逐步取消统一规定的劳动积累工和义务工，相应费用改由政府财政预算安排或由村民根据“一事一议”的原则民主协商解决。调整农业税政策，确定改革后的农业税实行比例税率，全省统一执行7%；调整农业特产税政策。改革村提留征收和使用办法；改革共同生产费征收和使用方法等。[4]（附录2：1）

而针对农户，税改后新税的计税方法则可以简单地以下列公式来表示：

> 亩平产量 × 计税面积 ×1.1 元 / 公斤 ×7%（税率）＝总税收
> 其中：总税收 ÷1.2＝正税
> 　　　正税 ×20%＝附加税
> 除正税和附加税之外的一切费用取消，劳动积累工和义务工到2005年全部取消。（附录1：1）

小镇距离H市区不远，经济条件不算太差，政策的监督相对容易，因此，与省内一些著名的产粮地区相比较，这里的农民负担不能算是太重，税费改革之前，就少有听说亩平负担超过100元的。尽管这样，从总体上看，税改之后小镇的农民负担还是进一步减少，全镇的亩平负担下降到50元左右。但是，这一次的考核评估并非单独针对小镇，而是为了对去年全省税费改革的效果进行检查验收，自然不可敷衍。加之此时在全国范围内"三农"问题已经日益凸显为一个为全社会所普遍关注的公共问题，缓解"三农"问题的呼声日益高涨，这就更使得自省以下的各级政府不能不高度重视此次检查评估。因此，上级政府自然不会因为小镇的农民负担问题不突出而放松对它的要求。

省里为考核评估制定了具体的方案，拟定了详细而周密的考评内容和评分标准，如规定每个县（市、区）抽查的乡镇原则上要达到乡镇总数的50%以上；每个乡镇抽查的村不少于3个，每个村抽查的组不少于2个，每个组抽查的农户不少于2个；考评采取自上而下、随机抽样、不打招呼、不要陪同、直接进村入户查看的办法；要求对涉及计税土地面积不实、税改后农民负担不降反增、每亩农业税正税及附加超过100元、结算清退表没有发放到户或结算清退内容违反结算清退政策等四项内容实行"关键事项一票否决"等一系列规定，都突出了此次考评的严肃性。考评又实行百分制，规定70至85分为合格，高于85分为优秀，不合格地区的税费改革工作推倒重来，合格单位进行整改；又规定凡没有考核评估的县（市、区）或考核评估不合格的县（市、区）在通过重新考核评估前，县、乡两级党政领导班子不得调动、提拔，全部这些都使得各级政府不能不对考评予以高度的重视。（参见附录2：2）为了确保考评过关，H市还如同对待防洪、防汛等重大自然灾害事件一样，专门以市农村税费改革领导机构的名义发文，规定要对影响检查的各级领导人和责任人予以追究和处分，从而更使基层迎检的紧张气氛进一步加剧。检查初定于4月中旬进行，如今时间已近，小镇政府从上到下开始进入临战状态。

附件 1

全省 2002 年度农村税费改革试点工作考核评估内容（七查七看）

序号及内容	到户	到村	到乡镇
一、查税费改革政策宣传情况，看农民是否了解政策。	1. 查省委、省政府致全省广大农民的两封公开信发放到户的情况，看被访农户收到了没有。2. 查改革试点公告发到村组的情况，看是否张贴到村组。原已张贴毁坏了的近期要补贴。3. 查村组是否开过村民代表会议，开了几次，看被访农户是否参加。4. 查农民是否掌握改革的主要政策，看被访农户是否知道税费改革后应负担的内容。	1. 查主要计税要素（计税面积、计税产量、新的农业税任务）认可情况，看农户是否签字。2. 查主要计税要素、公示情况，看是否有以组为单位公示到户、以村为单位公示到组的公示牌。	查涉农收费公示情况，看公示牌是否醒目。
二、查相关基础工作到位情况，看工作是否深入细致。	1. 查被访农户是否收到了《农民负担监督卡》。2. 查被访农户对计税要素和新的农业税任务是否签字认可。	询问村组干部，是否有区或乡下派干部驻村，帮助解决农村税费改革的热点和难点问题。	查乡税改办的税改资料及相关档案是否齐全，看整理归档是否规范。

（续表）

序号及内容	到户	到村	到乡镇
三、查新的税费负担落实情况，看是否违背政策。	1. 查纳税通知书是否送达到户。2. 访有无在“一事一议”筹资之外向农户收取共同生产费。3. “一事一议”筹资是否经过村民会议讨论并得到大多数村民同意。4. 查“两工”以资代劳是否自愿，工价标准是否符合规定。5. 查水费收取有无扩大范围或提高标准。6. 查特产税是否据实征收。7. 查有否卡外向农民乱收费、乱集资、乱摊派行为。	“一事一议”是否经过村民会议讨论并报乡镇街审批。	1. 查学校、土地管理部门、城建部门、电力部门、计划生育部门、畜牧部门、生猪屠宰办以及其他涉农收费部门有否乱收费行为，看是否停止并对已收部分进行了清退。2. 查对严重违反税费改革的人和事是否做了组织处理。
四、查税收征收主体到位情况，看征收秩序是否规范。	1. 农民已缴纳农业税的是否有财政征收员填开的农业税税票。2. 改革前农民在2002年度内缴纳的农村教育费附加、乡五项统筹、村三项提留是否分项换据开票。3. 2002年度农业税减免款是否结算发放到户。		查农业税征收主体是否到位。
五、查结算清退情况，看是否做到“三个明白”。	即按政策规定，农民超缴的税费是否结算清退。清退中有否抵扣或打白条现象。是否做到“三个明白”（即给农民一个明白政策、一个明白结算、一个明白清退）。这一项占考评百分制的20%。		1. 查2002年农业税减免方案是否落实。看减免款是否分解落实到村。2. 查乡镇街是否建立了清退专班并设立了清退专户。

（续表）

序号及内容	到户	到村	到乡镇
六、查转移支付资金分配使用情况，看是否截留挪用。		1. 查村里是否足额收到转移支付资金。2. 查两税附加是否按实际完成的正税同比例拨付到村。3. 查对农村五保户的补助是否及时发放。	1. 查乡镇街对转移支付等三项资金是否有分配方案。2. 查区下拨的转移支付资金、农业税增收资金、农业税附加等三项资金，是否按规定时间分别拨付到村、到学校、到乡级有关单位。拨出后是否按规定用途使用。3. 查是否执行了“专户专账、封闭运行”的管理办法。
七、查相关配套改革开展情况，看工作是否扎实。		1. 看村组干部人数是否符合规定。2. 查村组债务是否清理冻结。	1. 查乡镇教育组是否已经撤销。2. 查乡镇党政机构设置数量是否符合规定。3. 查乡镇事业单位设置是否符合规定。4. 查乡镇党政机关、事业单位的临时工、超编人员是否已经清退。5. 查在编人员精简分流的比例有多少。6. 查农村中小学布局调整工作是否开展。7. 访农村中小学教师的基本工资是否按月足额发放。8. 查冻结乡村债务、化解乡村债务的工作是否落实。

（附录2：3）

来到小镇没几天，我就对乡镇政府一年到头为了应对和迎接各类评估、检查而耗费的时间、人力和物力略有体会。一次交谈中，林书记就这样对我说："乡镇是最低一级政府，谁都可以检查你，你却不可以去检查人家，只有扛着。"这话里面有几许无奈，而等我大体上对小镇每年要经历的例行检查有所了解之后，我对林书记的这种复杂情绪又有了进一步的理解。

小镇每年必须应对的例行检查有：

计划生育类检查：区里2次，上、下半年各1次；市里2次，上、下半年各1次，上半年在5月份，下半年在10月份；省里检查1—2次。

农民负担类检查（包括近年来的农村税费改革检查）：每年最少1次。

围绕各种中心工作及达标、创建工作而进行的检查：内容不一，但几乎每个季度都有。

这样，各类检查加起来少说也在10次以上，也就是说，大的检查每个季度有，小的检查几乎是月月都有。难怪一些干部说，乡镇政府一年少说也有三分之一的时间是在应对各种检查。而每一次检查，上面一布置，下面就要忙不迭地准备。因此，应付检查也是乡镇"应酬政治"的重要内容，即"通常上边有什么部门就会有什么检查，或者上边安排了什么重要活动，也就有什么样的检查"。（赵树凯，2006）

要检查就离不开各类统计报表和数据，上级政府每一个职能部门为检查设计一张表格，到了基层就可能衍化成好几十张表格，一项检查5张表格、几十个数据，到了乡镇所要对付的就是数十张表格和数不清的数据，而电脑普及所带来的表格制作的方便无疑又进一步加剧了这一数字化管理的泛滥趋势。结果，检查一来，乡镇干部就得为对付和琢磨各类账、表、卡、册上的数据及各类宣传标牌费尽心力。看来，随着近代国家成长而兴盛起来的无所不包的"数字化管理"（参见安东尼·吉登斯，1998）在当下的乡镇政治中又进一步衍化为一种魔幻式膨胀的“数字化游戏”。

记得我第一次踏进镇计划生育办公室的大门时，见大伙儿正伏在各自的办公桌前写写画画。我问他们在忙什么，他们笑答正在“做作业”。做什么“作业”？一时间我没有反应过来。他们便说，目前计划生育工作所要求的各项优质服务指标体系是如此复杂和精确，在农村几乎就没有可操作性，不要说许多农民根本不在家，统计无从做；就是在，人家也未必就会配合你。但上级机关不关心这些，他们所要求的是管理的系统和规范。在下发的各类账、表、卡、册中，要求填写的项目多，要求完成的时间短，于是，除了人口、孕妇数等最为紧要的数据不敢凭想象填写之外，其他数据是如何产生的便只能由你自己去揣度了。（参见附录1：2）这倒让我想起了双村肖书记讲过的一句话：“你要什么数字，我给你什么数字；你要多大的数字，我给你多大的数字。”（吴毅《村治变迁中的权威与秩序，2002）

那么，能否不这样干呢？很难，因为乡镇政府不能不去适应各种自上而下的目标管理考核体系。[5]而在这些考核体系中，所谓“一票否决”的关键事项越来越多，例如，计划生育一票否决，社会治安综合治理一票否决，等等。在这种情况下，通不过考核评估就要受到上级的通报批评，受到“进笼子管理”的处罚，一旦进了“笼子”，上级部门随之而来的考核检查会更多，无论你其他工作做得多么好，都不能享受评先评优、加官晋级的各种待遇，一直要等到再次通过考核评比，出了“笼子”，处罚才会停止。因此，在各乡镇普遍面临检查评比排名的压力之下，在各种行政压力和利益的驱动之下，无论是出于主动还是被动，乡镇政府都是没有办法不去适应这种考核体制的。

住进政府，就常常听见干部们把“中心工作”这几个字挂在嘴边。渐渐地，我把中心工作的含义搞清楚了，乡镇的中心工作其实就是围绕上级部署的各种任务而展开的阶段性工作。对于这些工作，乡镇必须不计成本和代价地去完成，而但凡中心工作又都必辅之以相应的考核检查，所以，将各种中心工作化约地理解为围绕各种任务而展开的对乡镇工作的检查考核，以及乡镇对这些检查考核的积极应对，虽然并不完全准确，却也不会过于离谱，兴许倒是抓住了领悟乡镇政权运转的某些特征。

当下，对2002年农村税费改革的考核评估就是小镇政府上下所要面对的最大的中心工作。而且，从全国的大背景来看，进入2000年之后，减轻农民负担和深化农村税费改革也已成为中央农村工作的重中之重，从前面引述的省考核评估方案中种种繁复的考评内容、精细的考评方法和严格的纪律约束来看，省、市两级政府也当然不会允许在这方面出现任何问题。因此，无奈也罢，抱怨也罢，面对着一种高压的行政，小镇政府是不敢有任何疏忽懈怠的。

政府在各种场合进行了反复的宣传动员，力图鼓动出一种临战气氛。自我下镇以来，在每个周一上午的例会和周一、四晚上的学习会上，[①]林靖南书记和武仁杰镇长都不厌其烦地反复强调税费改革迎检工作的重要性，并对迎检工作的各个环节做出具体周密的安排，上级有何新的精神和指示，必须迅速向干部们传达。而且，越是临近检查，主职领导强调的次数就越多，讲话的分量就越重。按照林书记的说法，就是“明知重复还不能不再重复，明知刚刚才讲过又不能不再讲”。因为“不讲不放心，讲了不落实也等于没有讲”。（附录1：3）对于这样一种战前动员的方式，干部自嘲为“猴子不上树，多打几遍锣”。反复讲，反复敲，就是想不重视也难。

按照考核评比的要求，从上到下，全体干部都投入各种考评资料的准备过程中。工作做过了，资料本来应该有的，但是，基层不像上级机关，政府以前下发过的资料不等于村里现在还有，更无法确保已经下发到农民手里的资料农民能够保存完好，因此，迎检

① 在小镇，干部们将每个星期一上午全体干部参加的例会戏称为“早朝”，因为在这样的大会上，镇主要领导要向全体干部传达各种会议和文件的精神，并布置近期的工作。

工作往往就是一个繁重的重新准备与制作资料的过程。为了确保所有考评资料万无一失，不出差错，办公室会事先按照检查标准，列出详细的备检清单，然后按清单所列，对所有资料统一进行重新制作、发放、装袋和核对。例如，这一次考核评估中必须装入区里统一制作的“农村税费改革家庭档案袋”，发放到农户手中的资料就包括：土地经营权证、2002—2003 年纳税通知书（已丢失的复印存根）、2002—2003 年农民负担监督卡、省委省政府致全省农民的两封公开信、2002 年的缴（交）税退税票据等；而村里必备的迎检材料则包括：任务测算表、2002 年村到组和组到户农业税任务清册、2002 年征收情况清册、2003 年任务到组到户清册、村级债务清册、转移支付到村凭据、农业税附加返还凭据、农业税减免到户清册、结算清退清册、军烈属优抚款及五保户统筹款到户清册、村组干部工资清册，报刊征订收据、化债凭据、接待处理政策咨询及农户来访登记情况、村税费改革方案及工作总结、相关的说明材料、推进税费改革的会议记录、政府下发的税费改革文件（至少 10 份），2002—2003 年两个年度各种数据的公示牌、标语、横幅等大大小小好几十件。（参见附录 1：4 及附录 2：4）如此繁复的资料工作，如果没有预先的安排和重新制作，是很难保证备齐的。

此外，区里和镇里还结合考评中可能出现的一些特殊问题，对有关事项做出了说明和要求，以统一标准，使干部们在资料和数据的制作、准备中不发生可能失分的情况。例如，在由区里印发的《农村税费改革迎检准备工作应注意的有关事项》中，就强调了对从农户到村、乡镇和区各级各类考评表填写中应该要注意和统一的问题，如在村考评表中，强调“农业税附加和转移支付资金按规定拨付到村是这次考评的关键事项，各地要高度重视。一是转移支付资金要按分配的指标数额、农业税附加按正税的 20% 足额拨付到村（乡镇会计服务中心）；二是要按规定的用途使用。凡未拨付和未按规定的用途使用的要立即纠正”。对于化解村级债务，强调“一是债权债务清理锁定的资料要齐全；二是已化债金额及化债渠道要有相关凭证；三是不准发生新的债务。少数地方由干部垫付的税费，决不能在村级债务上反映”。对于村组干部职数，规定“村组干部人数严格按规定人数配备，其中：村干部人数为3—5人，组干部1人。不论是否超员，一律由政府按标准人数发文到村，作为村组干部人数的依据”。“村组干部的工资要确保足额发放到位，对少数尚未足额发放的，要做好工作”。关于乡镇考评表中应注意的问题，强调“2003年的农业税，各乡镇街对区里已全部完成，农业税是向农民和负担有农业税任务的农业企业征收，不得反映乡村垫付情况”。对于涉农收费，规定“各乡镇街有关涉农收费部门要分别写出2003年涉农收费的工作总结，详细汇报收费的文件依据、收费项目标准和年度收费金额以及具体做法，特别是涉农收费公示和如何制止乱收费的做法”。（附录2：5）

在由镇里印发的内部掌握材料《税费改革考核评估准备工作的有关要求和主要安排》中，对计税面积落实、镇村组三级公布栏、负担卡及纳税通知书填写、农业税减免、结算清退、票据管理、“双优”落实、转移支付资金使用、档案准备、冻结乡村债务、涉农收费的清退等问题也都做了详细的规定。如对公布栏问题，规定“村级公布栏：由财政所统一制定栏目式样，镇挂村干部负责，专管员负责配合。2002年公布栏变更调整式样和内容，补充计税‘四要素’，只以‘底稿’的形式存档；2003年的公布栏要求用油漆书写上墙”。“组级公布栏：财政负责统一栏目，全面反映四个计税要素和改革前后负担对比，由镇村干部负责，将2003年到户情况用油漆书写公布”。对结算清退，要求“调查摸底，准确登记，不漏一户。由镇挂村干部负责填表并签字负责，如有遗漏，检查中被发现，将从严从重追究镇挂村干部的责任”。并要求“现金清退，不少分文。确有困难的村，由镇挂村干部个人在镇政府借款，并及时清退到户”。对票据管理，规定要“全面纠正税费混票、一税多票等现象。要求除农业税票外，农户手中不能留有其他收费条子，如仍有收费条子（教育附加、三提等）遗留在农户手中，追究挂村镇干部责任”。对涉农收费的清退，要求“由镇政府牵头，召集涉农收费部门专题会议”；“各涉农收费部门写出2002年度本单位涉农收费专题自查总结，并上报镇政府”；“发现问题，限期清退，及时整改”。该文还特地对镇村干部做出了“七个不准”的规定，即“不准存在对计税面积有争议的农户”；“不准出现改革后负担比2001年的亩平负担增加的农户”；“不准出现亩平负担超过100元的农户”；“不准忽视农户对税费改革政策和操作的抵触情绪的存在，务必做好重点队、重点户的工作”；“不准留有结算清退的死角，确保清退率100%”；“不准出现改革后村组干部擅自收税（费）的问题，如有发现，务必迅速纠正，办理换票”；“不准扯客观找原因违背政策和镇党委政府的统一安排，有令不行，有禁不止。遇有特殊问题难以解决时，必须及时请示，不得违规操作，影响大局”。（附录2：6）

有了这些细而又细的考虑、策划和要求，庞杂而繁重的迎检工作就转化成一系列整齐划一的文件制作的技术与程序。这一系列文件制作的技术和程序虽然十分复杂甚至于累赘，却可以通过不计成本的辛勤工作去达到。

这就是乡镇，这就是迎检，身为基层政府的干部，你就得去适应这种工作方式和工作要求。

村里的“作业”

下午，我到镇计划生育办公室查阅档案，与计生干部陈羽相约，想与他父亲陈志华见一面，陈羽一口就答应了下来。事先我已得知，陈羽的父亲陈志华是镇街所在地秦家畈村的党支部书记，我要在小镇做调研，这位“地主”是不能不结识的。况且，像秦家畈这种镇街村一定有着与传统农业型村庄极不相同的特点，这也是我有兴趣了解的。

约莫5点，等陈羽下班，我便跟着去他家。走出政府大院，斜穿过马路，向西走约100米，就是陈家。这是一幢两层楼的小宅，房子看上去不错，外墙面嵌着白色的瓷砖，绿色的防盗大铁门打开，迎面走出来的正是陈羽的父亲陈志华。

陈书记给我的第一印象是身板壮实，不善言谈。他告诉我，他今年52岁，从1983年起就一直担任秦家畈村的党支部书记，迄今已有整整20年。听我讲明来意，他二话未说，拉着我就出了大门，说是要叫上村主任老罗一起为我接风。小镇不大，陈书记对我的到来显然已经耳闻。

村主任老罗的家就在陈书记的隔壁，他与陈书记同岁，但要胖一些。他说自己只读过小学，不像陈是高中毕业。罗此时正在改建他家的住房。原来，罗在担任村主任的同时，还租了镇粮站的房子经营着餐馆“稻香居”。随着生意的发展，粮站的房子不够用，他便决定撤掉住宅，再盖新楼，把生意做得更大。

进到稻香居的一个包间，老罗叫来四菜一汤。席间，老罗的健谈和博识使我感觉这是一个十分睿智的人。罗说：“农村调查不能只盯着政府，也不能只听干部怎么说，还要深入老百姓。”陈书记则补充道，他打算日后找一家群众基础较好的农户，让我住上个把星期，体验一下民间疾苦。他们俩虽然不一定知道什么叫作人类学的田野工作，但知识分子深入农村做调研却是懂的，既存的政治话语体系为理解此类事情提供了现成的语汇，他们也正是从这个角度来理解我调研的意义，并表示支持的。这次相识，我们相谈甚洽，不知不觉中，窗外暮色已现。

第二天上午，在秦家畈村部，老罗为我介绍了秦家畈村的基本情况。

畈者，成片的田，平畴，但村中现在已无秦姓者，说明这可能是一个古地名。现在的村民，多为外省移民的后代，其中河南、安徽籍人较多。

秦家畈村的版图面积约6平方公里，有村民3400多人，耕地面积2873亩，其中水田1920亩，旱地953亩，水面210亩，共

16个村民小组，其中第一、三、四、五小组地处或邻近镇街，村民与居民混居。这些住在镇上的村民已经不务农或主要不再务农，而是以各类小本生意、运输、建筑和服务行业谋生，其他几个小组虽然仍有土地，但因为距离大江城区和H市区较近，青壮年男女也多在城区务工经商，家中的田地主要依靠留守的老人和妇女照看，这就决定了秦家畈村的经济已经不具有典型的农业特色。

老罗说："村里户与户之间很不平衡，工商户的收入不好估计，从（年收入）几万到几十万的都有，真正的大户多搬到区里去了，纯农户的年人均收入在2200元左右。我们村上报的数字是人均3050元，但那是一个政治数字，哄人的。上面每年都要下达一个人均收入的递增数，去年是15%，今年也是，我们只好去适应。如今这种虚假数字哪里都一样，也不必太认真，但撇开这些数字，我们村在镇里也还是最强的。"

"农民负担的情况怎么样呢？"我很想了解一下这方面的状况，尤其是税费改革前后农民负担的变化。

"村里的农民负担在税费改革前后有自己的特点，村里的集体经济说不上好，但也不是太差，我们没有企业，山水资源也不多，有6个采石场，租出去了，每年的山租是3.6万元，原有的预制厂、榨油厂也都租出去了，每年能收管理费1.2万元，两项加起来共4.8万元，其他就没有固定收入了。我们村紧靠镇上，1998年以后，我们抓住小城镇发展的机遇，搞商品房开发，共建了32套房，一套能卖六七万，都卖给村民、居民和一些外来户了。这些房占的都是责任田，我们以每平方米20元作为补偿，先把地收回来，建了房再卖出去，赚了一些钱。此外，京珠公路和公路两边的绿化带穿过村里，共征地700亩，政府一亩补给村里1000元，总共补了70万元，我们还承包了京珠公路的土方工程，赚了20多万，所以也有些积累。可现在这些机会没有了，好在每年小城镇建设的征地补偿还有四五万，目前的日子还是过得去，不欠外债，干部的工资有保障，账上还有几十万元的存款。"

“税费改革前，村里的税费负担是亩平64元，村里每年再拿出些钱来为村民垫缴，实际落在村民头上的负担是亩平40元。税改后，收费主体转到财政所，钱不从村里经过，村里也就不再垫了。村里没有固定收入，老是这样垫下去也不可能。这样，税改后落在村民头上的负担就是亩平41.06元，因此，农民就没有减负的直接感受，一些不明真相的人还说怪话，说，怎么负担越减越多？还要上访。”

“其他村有这种情况吗？”我问。

“只是我们村，其他村不是这样，”老罗回答，“但就是其他村在税改之后也一样地不好收税。”

“为什么？”这倒很有些出乎我的意料。

“农民就是这样，你再减他也嫌多，巴不得一分钱都不收。再说，由于不能强制性收费，一些人不缴，你也拿他没有办法，结果造成了相互攀比，大家都不愿意缴。”

“哦？！”这倒是我没有想到的一个新问题。我总以为，减负了，农民拥护，钱就好收了，一些媒体上就是这样说的。再说，就算是秦家畈有特殊情况，其他村又怎么解释呢？我倒要亲自去看看。（参见附录1：5）

中午，老罗又为我接风，地点还是在稻香居，这一次，镇挂村干部范维萍也赶过来了。范是小镇党委委员中唯一的女性，1963年出生，负责组织和人事工作，兼秦家畈的挂村干部。席间，范向陈书记和老罗提起了迎接税费改革检查的事情。在他们的交谈中，我得知村里必须协助镇政府处理好去年政府所收的教育费附加的后遗症。原来，去年春、秋两季开学时，学校按惯例替镇政府代收了教育附加，标准是每个学生100元，全村500多个学生，总共收了5万多元。去年下半年税改后，“三提五统”取消，这笔钱本来该退，但教育附加已经先缴给了学校，再由学校上缴，所以，也没有退。这也可以理解，上级文件不可能把所有的特殊情况事先都估计到，只要文件上有模糊与遗漏的地方，这装进口袋里的钱自然就不想退出来。

不过，这一次的考核评估就要遇到麻烦了，因为那些家里有孩子上学的人家手中就存有一张缴纳教育附加的凭据，而按照规定，考核评估时农户手中除了两税凭据之外不得再有任何其他收费的票据，这可是涉及四条硬杠子的问题，捅了娄子可不好办。所以，范委[①]与村里的两位领导商量，请村里协助镇政府先将农户手中的条子收上来，至于钱如何退，再做商议。

面对范委的“商议”，两位村干部似乎面有难色，磨蹭了好半天，陈书记和老罗不约而同地向范委提出要镇政府先承诺退钱，否则这条子村里不好去收。看得出来，他们是在担心镇政府到时候不退钱，让村里把这笔钱兜起来。眼瞅着双方就这样僵在了饭桌之上，范委才退了一步，答应先回去请示林书记和武镇长，这一边，陈书记和老罗则通知全体村干部到村部开会相商。

抓住空隙，我向二位询问村里担心的原因。老罗说：“这可是有过先例的，2000 年以前，政府每年都要收江堤维修款，那一年我们村摊了 5.7 万元，本来该年底缴，因为我们与镇政府的关系好，体谅政府的困难，年初就缴了。一个月以后，新的文件下来，从当年起取消江堤款。我们找林书记退，可他反倒给我们做工作，要我们体谅政府的困难，让先等一下。但到了年底，林书记专门请陈书记和我吃饭，那 5.7 万元不提了，还要我们再缴 1 万元支持他的工作，说政府的确遇到了困难。你说我们怎么办？我们不仅没有要回已缴的钱，又多缴了 1 万。大家关系好，不好说，只有认了。我们现在就怕政府跟我们讲人情。”[6]

而陈书记则冲口来了一句直话：“政府这次不答应把（给）钱，我给他搞个鬼。”

村里的担心不是没有道理的，按陈书记的话说：“我们是既要

① 在小镇，对于干部，人们一律以姓氏加上职务相称，如 × 书记、× 镇长，对于党委委员，则简称为 × 委。

为政府分忧，又要为村民着想。”在市场经济的条件下，乡和村毕竟已经成为两个不同的利益主体，双方在互相支持、配合与协调的工作互动中各自为自己的利益谋划，也在情理之中。刚刚在饭桌上发生过的一场对峙，再形象不过地将乡、村两级各自的制度和利益角色彰显无遗。

中午 1 点过后，其他村干部陆续到达村部，范委也赶来了。会前，她特地对陈、罗二人说：“林书记说了，钱由政府给。林书记今天心情蛮好，好说话。”双方的僵持就这样顺利地结束了。

会议开始了，除了秦家畈的 9 个村干部[7]，范委、财政所负责秦家畈村农业征收的专管员毕华英和我也参加了会议。作为镇政府的代表，范委以挂村干部的身份首先发言，她一上来就是一番动员：“昨晚，林书记参加了区里的紧急会议，区里对迎检做了紧急部署，上午，镇里又开了大会，区税改工作领导小组的也来了，10 号之前，一切工作必须就绪，10 至 20 号，省检查组要到大江区做地毯式的搜索。我们要以打歼灭战的精神做好工作。为什么这样讲？因为去年我们留下了一些遗留问题，任务重，我的压力也大。这次检查很严，听说昌州区一个村出了问题，从区里到村里的干部都写了检查，所以，我们当不起罪人。希望在座的各位领导能理解，能支持，能投入，使我们秦家畈不拖全镇工作的后腿。”

接下来，范委又具体交代了迎检的细节和事项：“（1）2002、2003 年两年的表格要分开，该让农户签字的要签字；（2）村里的公布栏，由财政所统一拿出样式，2003 年的公布栏要用油漆写上墙；（3）负担卡的填写要统一、规范，只填农业税一栏；（4）农业税减免，到我们村是 1500 元，如何减，要定下来，镇、村事业占用的，可减一部分，确实非常困难的，可减免，但要签字。特困户，村里可酌情将现钱送到他们手上；（5）关于结算清退，要求现金清退分文不少，票据，要求除农业税和农业税附加两张票据之外，不留其他收费条子在农民手上，如有，要追究干部的责任……”接着，范委再次重申了区里在这次考核评估中规定的“七个不准”，并以这样的话来结束她的动员：

“区里宣布了，如果检查不合格，从镇里的第一把手，到挂村干部，再到村里的书记、主任，在政治、经济上都要受到处罚，我们不是怕处罚，但是我们身为干部，就是要切切实实把工作做好。”

老罗接过范委的话头：“我说一点看法，范委把税改检查的精神向我们传达了，但这个农村工作，难度很大，在村一级，体现为资金问题，这几年，我们不堪重负，政府还多收了我们的钱。”罗又把政府收江堤费未退一事端了出来。

“林书记专门请我们吃饭，是摆的一个鸿门宴，我们村每年都给农民扛了钱，所以，中午我和陈书记是这个态度（指中午吃饭时），因为有前车之鉴，我们与林书记关系好，反正是大共产党用了小共产党的钱（指上级用下级的钱），也没有统荷包，就不要紧。但长期这样下去，不是个事情。所以，这个事情不能说我们对政府不相信，到时候请武镇长打个条子（承诺），我们就去收（教育附加票据）。说这个话领导又不高兴，说我们不相信政府。这个工作其实好做，我把干部派下去，两天就可以收上来，但收上来又怎么做？我们各项工作都不差政府的，所以，这里把话讲清楚，范委明天将条子拿来，连同利息，5.5 万划过来，这个账不与我们相干。我们是配合你们的工作，严肃认真地对待政府的工作，4 月 10 日前保证完成任务。”

看来，事情并不像刚才范委说的那样已经解决，老罗并不是很放心范委告诉他的林书记答应政府出钱的承诺，他要的是有把握的凭据。而且，在罗看来，其他工作的配合都好说，唯有这钱的问题要一是一，二是二。老罗与范委较上真儿了。

陈书记也站出来声援老罗：“这次检查，上面很重视，我们也支持上面，我们每年的任务都完成了，我们也要支持政府，与政府保持一致，现在就是要落实资金问题，关于收回教育附加的票据，工作量相当大，农民有的保存得很好，有的丢了，有的怕你做什么笼子，所以，就是要用现金换票。由村里做，只收票，不给钱，不好办。”

“最困难的还是收票的问题，不收本来无事，一收反而要出问题，你去收，农民问为何收，我又不敢说是退钱，说退钱，他就会找你要，这几天他们就会要到村里来，我就怕这事，这不是一笔小钱，一收就是 5 万多块，搞不好就是大事情。”

其他的村干部也开始向范委抱怨工作不好做，心里没有底。

面对村干部们近乎公开的不合作，身为镇党委委员的范维萍脸上似乎有些挂不住，可她又不好公开发作，毕竟，村干部们如果不配合，她也不好强行下令。但是，眼前这件事情又非要做决断不可，于是，她不能不硬撑着做进一步的表态：

“你们的意思我不是不懂，我已经向林书记反映了，他也承认了（指答应由政府出钱），如果你们不相信我范委，明天我就把自己的折子拿出来押着。”

想想这句话又有些呛人，她又压住心头的火气，尽可能地把话说得和缓一些：

“我也知道村里面蛮忙，但现在的确是火烧眉毛的时候了，现在林书记已经承认了，你们还要政府先把钱兑出来，这可怎么好？当然，我也知道这件事情很难，但是票肯定要收，只是怎样收的问题，要想一个万全之策。不过，我也知道这不是一千两千的问题，但也不能不收。”范委越说口气越软，也越发不知道该怎么办才好。

这时候，财政所的王主任来了，他也提到要把教育附加的条子收上来，“这可是关系到一票否决的问题，票据收上来后，钱肯定要退，以什么方式退再商量，所以，这个压力肯定要背”。

但是，村干部们仍然不愿意让步，他们以沉默来表明他们的态度。无奈，王主任只好给林靖南打电话，汇报秦家畈村的矛盾。

放下电话，王说：“林书记的意思，把票据收上来，按新任务结算。”

村里还是不同意林的想法，他们说，新税中所含的教育附加比老税少，如果按新税结算，农民就退不了什么钱，村里也不好做工

作。这样，双方的沟通仍然没有结果，范委于是决定还是要面见林书记，把问题当面反映给他。（参见附录 1：6）

第二天中午，我又遇老罗，特地问他昨天条子一事争论的结果怎么样了。他说有结果了，镇里同意不要村里收，由他们自己去收，自己退钱。说完，老罗又专门补充了一句："我知道昨天顶一下，林书记会同意的，我们村一向很支持他的工作，他也很关照我们。再说，这件事涉及检查能否通过，林书记也非得处理，只是昨天范委硬要我们收，所以我要顶一下。"（附录 1：7）

看来，老罗对林书记的为人和当前整个形势的判断都是准确的。

这件事情给我留下了十分深刻的印象，进一步深化了我对既有乡村关系的场景化的理解。在乡村的互动之中，乡镇政权无疑仍然居于强势和上级的位置，但是，乡村之间的非科层化特征和利益独立角色，又的确给村干部留下了抵制乡镇依仗权力强势向村庄割取非体制化利益空间的可能。所以，当双方出现类似的利益博弈时，村干部首先担心的倒不一定是乡镇外显出来的体制性权力，而是政府干部，尤其是政府主要领导以人情、关怀和请求支持工作等理由表现出来的脉脉温情。对于这种温情，村干部往往会因为抹不开情面而上套。而在绝大多数情况下，他们也只能去上套，因为他们清楚支撑这温情外表的权力内核。所以，正如注释［6］分析的，乡镇好像是"外弱"，而村庄又好像是"外强"。其实，乡镇的"外弱"，是因为它必须以感情和面子来填补因缺少科层化连接而出现的权力链条缺失，如果时时以权力的硬核示人，势必会增加行政运行成本，事倍功半。而村庄的"外强"一则是因为经济的独立性，二则是由乡镇这种人情与面子的"礼送"所塑造，并非一种真实乡村权力关系的反映。所以，只要村干部还打算继续在自己的位置上待下去，更为重要的，只要他们还生活在乡镇这一场域之中，就必须对这样一种强弱虚置的权力关系随时保持清醒的认识，即在政府领导表示温情与关怀之时恰到好处地对政府权威给予更大的支持，并借助于这种公对公的“事本主义”支持来“培植”与政府主要领导之间私对私的“人本主义”性质的个人关系，将体制的硬核包裹于个人关系的柔性之网中，并通过这张柔性之网来维护那些必须维护又能够维护得了的村庄公益。对此，我称之为十分必要的乡村政治关系术。在乡村做调研，我经常看到的就是这种双方都深知对方利益与态度底线的柔性化人际磨合，而非国家与社会结构二分性的权力对撞。与这种柔性的人际磨合相比较，硬性的制度规范在多数情况下其实早已为双方所默认，绝少有机会出现在博弈的前台。

时间已经到了4月10日，距离考核评估的日子越近，政府大院就越发空寂无人，镇干部们天天都在村里督战。随干部们到几个村庄去体验了一番迎检的滋味之后，我又将目光聚到了秦家畈，因为这里离镇政府大院近，村部就在镇政府大院背后，一抬脚就到。

中午，与老罗联系，问他在忙什么，电话中，他说正忙着“做作业”。这些天，每个村庄都在做着完全相同的事情。我告诉老罗，下午我要过去看他们是怎样“做作业”的。

才1点刚过，老罗的电话就打过来了，说他们已经到了村部，要我马上过去。于是，我结束午休，起床背上包就走。

到了村部楼上，只见整个二楼和三楼大厅的桌子上堆满了各种资料和报表，陈书记、老罗以及所有的村干部都在十分认真地抄写着各种材料。老罗说他只读过小学，但他那一手毛笔字却也如同他的口才一样好。

老罗告诉我，他们已经这样连续干了好几天，范委和毕华英也跟着干，但人手还是不够，今天又从财政所抽调了几个人过来突击，“我们忙不赢，他们过来帮忙”。

“是他们帮你们的忙，还是你们帮他们的忙？”

听到我这样发问，老罗也笑了。几天的接触，让我和老罗彼此都有一种十分投缘的感觉，老罗认为，我对乡村的感觉比较到位，是那种能够站在对方立场上去思考的人，而我则认为他是那种虽然生活在底层，却具有很高悟性和丰富人生阅历的智者。

“是的，说到底还是我们在帮乡镇的忙。”

目前的检查，已经对乡村干部造成了很大的压力，按内部精神，如果检查出了问题，这个村的书记、主任和政府挂村干部都要被撤职，乡镇一级，从分管领导到镇长、书记，也要受到相应的处分。拿干部的饭碗和帽子做警示，除了在抗洪救灾这样一些重大任务中会有，在日常的迎检考评中倒还真不多见，这也从一个侧面反映出进入 2003 年度以后国家对减轻农民负担问题的关注程度。

“我们这个饭碗无所谓，反正也端不稳，但对他们（政府干部）就厉害了，他们天天来。他们不来，我们就不着急。”虽然老罗所说的“无所谓”未必是所有村干部的真实心态，但他说政府干部比村干部更着急却是事实。毕竟政府干部有职业和行政纪律这两道紧箍咒箍着，不能不全力以赴，而村干部说到底仍然是农民，角色意识到底有所不同。

老罗指着桌子上的一堆材料，说他们从昨天晚上一直忙到了第二天凌晨三四点钟，要准备的东西实在太多，要备齐一袋袋的档案，又要填写好所有上墙公布的东西，这些东西平时谁会去搞呢？如此劳神费力的事情，也就只有迎接检查评估之前才会去突击。

“你见过这种场合吗？”老罗问。

“见过，也一样认真。”是的，我在川东双村和湖南白鹤村所见到的那一袋袋整齐码放在文件柜里的卷宗，不也是干部们这样辛苦地加工和制作出来的吗？只不过，我在那里看到的是产品，在这里看到的却是产品的加工和制作过程。

“你说这样搞下去如何收场？”老罗说。

我无言以对，笑了一笑，算是回答。

“不过，我们公布的数字还是真实的。”老罗算是自问自答。

“你看到这种场合觉不觉得新鲜？”老罗又问。

“不，现在哪个单位不是这样？”

“这是不是形式主义？”

“看怎么讲，有些形式也还是必要的，但是不是非要把每一件事情都搞得这么复杂就不一定了。”

“是的，很多事情上面不要求，我们可能就要简化。现在农民的素质提高了，所以要增强透明度，把情况公布出来，村民也就了解我们。而且，当干部的也想为老百姓做点事，把事情搞公正一些，所以，公布出来也有好处。”

我陪着老罗聊了好久。

快下午3点的时候，从财政所又过来4位干部帮忙。我问他们，是否每个村都去了这么多人？他们说，其他村都准备得差不多了，只有秦家畈等几个大村的工作要慢一些，上面说12号就要检查，所以这里要加强力量。（参见附录1：8）

看来，为了迎检，从乡镇政府到相关职能部门，再到村，已经是全体总动员了。如此兴师动众，如此临战突击，撇开它本身对减轻农民负担所具有的正面价值不谈，韦伯（Max Weber）所提出的官僚科层制与革命动员型运作机制的结合在这一类迎检中得到了最为充分的展现。由此，我开始思考中国现代政治与行政的运作机制特征，尽管我的这种思考只是站在一个基层乡村的平台，仅仅是通过观察基层政权如何应对上级考核评估这样一个“事件—过程”。

动员再动员：确保高分过关

傍晚，我返回政府，终于在大院里碰到了从村里返镇的干部，我连忙上前道辛苦。干部们见到我，开始大倒苦水，说美其名曰减负，可检查本身就在增负，说镇里已经为迎检花掉了好几万，一个乡镇几万，一个省又是多少？真的要检查，自己下去看不行吗？干部们开始说起古代那些微服私访的皇帝和官员。

干部的情绪具有传染性，工作越忙，上面对工作的形式性要求越高，乡镇干部的情绪往往越大。中午在食堂吃饭，与招商引资办公室的汤主任同坐一桌，他就对基层工作的难度大发了一通牢骚：

“现在的舆论往往丑化乡镇干部，认为是我们把事情搞坏了，其实，哪一样事情不是上面叫搞的？农业结构调整，推广这样，号召那样，乡镇顶得住吗？结果搞成了却没有市场，农民把产品抬到政府来示威，骂我们瞎指挥，上面则说我们指导不力，我们有什么办法？只能听着，总不能说是你叫搞的吧？”“再说乡镇干部吃喝吧，这也是报纸和电视经常反映的问题。其实，这是整个社会风气的问题，并不单单是乡镇。领导来检查，你能让他空着肚子回去？来了不招待，不喝酒，又害怕领导心里有想法，认为你不尊重他，喝少了，还担心他认为你不热情。”“中午喝了酒，下午红着脸工作，农民见了，心里不骂你是一群吃喝官才怪。”“酒不是什么好东西，我们并不想喝，但不喝还没有办法，工作不好开展。村干部也难，没听别人是怎么说的吗？‘挣一点儿钱——输了；吃一点儿油水——吐了；家里的田——荒了。’”“迎接检查的花里胡哨我们愿意搞？但不搞就过不了关。过不了关就要挨批评，受通报，领导就提不上去，结果只有比着搞，不讲代价地搞。这一搞，减负也就变成了增负，增加了政府的负担。”（附录1：9）[8]

然而，抱怨归抱怨，牢骚归牢骚，随着考核评估日期的临近，政府大院的气氛仍旧是越来越凝重。下午，大会议室召开了全镇涉农站所全体人员会议，专门布置清退涉农超标收费的任务，要求不留死角，谁出问题谁负责任。晚上，全体政府干部及涉农站所负责人又纷纷从村里赶回来，参加迎检前的最后一次战前动员大会。

以下是我对这次动员大会所做笔记的摘录：

晚7点，大会开始，林书记简短而直奔主题地宣布：

“目前，检查在即，有必要对相关工作做再梳理，再动员，工作上再加大力度，现在，请姚书记宣读市农税改2003年8号文。”

分管农业的镇党委副书记姚学明便全文宣读一份紧急通知，通知进一步申明检查的严肃性，再次强调对影响检查的各级干部将予以处罚的规定。

财政所王主任发言，再一次强调迎检的程序和材料，再一次提醒与会者注意迎检材料的齐备，并强调："目前我们在清退中存在着的问题，一个是减灾，一个是清退，一定要有农户签字，在这个问题上，不能搞假的。教育附加问题，请干部们给村里讲，该收的要收起来，如果没有收起来，把有关票据留在村里，农户手中不能有除两税之外的任何其他票据。各种报表今天晚上必须要搞到位，再不能拖了。"

大江区驻小镇工作组组长阮主任讲话，他主要是给干部们打气和提要求。

"同志们都很辛苦，这些天，政府里看不见干部了，说明大家很认真，都扎到村里去了。现在世界上最大的事情是伊拉克战争，我们区最大的事情是迎检，我们现在的工作就相当于马上就要打到巴格达，决战就在眼前！

"这次检查实行四个一票否决，只要有其中一项没有达到要求，就要被否决，如果是这样，小镇的工作就没有入围，那么，同志们的工作再辛苦也白搞了。这次检查，市里连发了几个紧急通知，说明任务的严重性，大家一定要引起高度的重视。我们倒不是怕掉帽子，身为干部，就是要为人民做一点儿事情。为了工作的规范，镇里做了许多表格，都发下去了，大家一定不要以为烦琐，就各自搞一套，一定要按照规定去做，出了问题，要负责任的。

"入围以后，要力争少扣分，多得分，市里对我们大江区的要求是要得优秀，85分以上！因此，工作要细了再细，反复检查，资料装袋之后，一定要复查，以免装漏装错，而且，数字要有人专门负责填写，要清楚、工整，不能涂改……"

武仁杰镇长讲话："这是检查前的最后一次机会，今天不说，就没有机会了，说了不做，也没有机会了。"武镇长强调了五点：

“1. 拼尽最后一口气，一定要确保高分过关，千万不能在最后关头出问题，姚书记读的通知就是军令状，如果全区得优秀，我们镇的分低了，也是撤职。目前是关键时刻，这一口气憋也就憋过去了，过去了大家皆大欢喜。

“2. 重申两条政令：一是禁止争论，无条件执行。特别是涉及清退、减负，没有任何特殊情况可讲，全省一个‘大纲’，一张‘卷子’，只能这样做。因此，各位干部要牢记，镇里怎么说就怎么做，一定不能另搞一套。二是禁止松劲儿。大家很辛苦，但现在还不是休息的时候，要坚持再坚持，今天晚上会议结束以后，全体挂村干部要马上下到村里再复查，再督促，不能拖到明天。

“3. 突出三个重点，任务完成的村要‘三查’，查资料是否装齐，查资料的内容是否准确，查四条硬杠子是否符合，其中关键是计税面积和清退。

“4. 攻克四个薄弱环节：（1）做群众工作的薄弱环节，一定要把工作做平。（2）档案袋的规范，要防错（算错）、防误（写误）、防缺（内容缺项或不全），这都是丢分的位置，千万要仔细……

“5. 坚持五条标准：（1）执行硬杠杠，不错一户。这是百分之百的要求。（2）面积不错一亩。不要让农户在计税面积上有争议，承包面积与计税面积要相符，不能计税面积大于承包面积。（3）不能有一户错漏。（4）资料不能少一份。（5）清退不能少一分。”

会议最后，林书记再次讲话，他说：“要讲的是一个重复昨天的故事，明知重复还不能不再重复，明知刚刚才讲过又不能不再讲，不讲不放心，讲了不落实也等于没有讲，总的要求是增强忧患意识，继续发挥连续作战的作风，严格政策，严阵以待，力争以优异的成绩迎接检查。

“1. 工作要细，先入门后敬神。2. 政策要严。这次政府花血本，拿出30多万，教育部门拿出30多万，共60多万元，换以前的平衡，换今后的平安。其他的涉农收费也不要心存侥幸，差几多钱退几多钱，卡外收费，农民有反映，就要清退。退钱时务必把单子收回来，不能有单子散落在农民手中。3. 氛围要浓。如横幅、标语要准备好，我们打电话，要你们什么时候拉就什么时候拉，我们还要搞一台宣传车，放音乐、播通知，让他们看一看我们全镇都在搞税改。此外，民风要好，检查人员来之前，对村里打牌的、搓麻将的，都要疏散，不要让领导感到我们这里的民风懒散。4. 工作要扎实。要下到农户家里，不要搞办公室数字，要把群众不理解的地方宣传到位，把矛盾化解到位。5. 迎检要稳。在战术上一定要重视，一个内容一个内容地清，一个问题一个问题地解决；在战略上要藐视，要相信我们已经做了的工作，遇到问题，临危不惧。组织上要严密，待人要热情，举止要得体。今晚下去后，凡是农户档案袋分好的，要复查，明天早上8点发到农户手里。接区里通知，市委书记明天有可能下来暗访，因此，明天的固定标牌今晚上全部刷写，挂到位，红纸写的先不贴，等候通知，每个村两条横幅，干部们今晚就带下去，一接到通知就挂出来。”（附录1：10）[9]

晚上9点半，会议结束，政府大院外随即响起一阵阵汽车发动机的轰鸣声，挂村干部按照要求，又都下到了村里，而大院内仍旧是灯火通明，人声嘈杂。据说，有一个数字出了问题，全部的材料都必须连夜返工，这不，财政所的人员已经在政府大会议室内挑灯夜战了。

这天晚上，我翻来覆去，老半天没有睡着，复又起床写下了如下这段日记。

压力型体制与动员型政治运作方式的关系有感：

会议结束了，但会议所要刻意传递的那种让人们都紧张和行动起来的临战气氛却弥漫于每一个与会者，甚至包括我这个观察者的心中。大家都匆匆忙忙地摸黑租车下村去了，我却在想，镇里年复一年的中心工作难道都是依靠这种反复的动员来完成的吗？如果是，它又能给人以什么样的启示？尤其是在荣敬本等学者提出县乡体制已经从传统集中的动员型体制向分权的压力型体制转变这样一种颇具解释力的理论之后。（荣敬本等，1998）[10]

压力型体制对于从总体上理解当下地方和基层政权的行政特征无疑是比较准确的，现在要探讨的问题是，推动这一体制的基本动力，除了学者们所分析过的具有政治承包特色的目标与责任管理的考核之外，还有没有其他的要素？动员型体制消失之后，是不是传统的政治动员型治理与管理方式也都一定会随之而消失？显然，问题并不是这么简单。我们知道，无论是动员型体制还是动员型的政治与行政运作方式，都是权力集中化的一种表现，革命战争时期如此，后革命的政治运动时期也是如此，正因为有了权力的集中（它在当代中国政治中最典型的表现是党的一元化领导），才可能通过上级的文件下达及下级的宣传动员与贯彻落实这样一种序列来实现政治与行政目标。改革开放以来，虽然政治权力总揽一切的全能主义政治逐渐消失，[11]以政治动员的方式来处理政治领域之外的经济、社会与文化性事务的情况大为减少，但是，就政治与行政权力配置领域之内的情况看，权力集中的基本格局并没有根本性的改变。因此，当政权体系在面临诸种突发性事件及其他突击性的重大事件，以至于依靠科层化体系的惯常运作不能迅速地达到目标时，传统集权方式下所惯常的动员型政治运动方式（或曰运动化治理）其实是很容易重新浮出水面的。于是，我突然感受到，只要权力集中的现象不完全改变，运动型政治其实也就不可能完全消失，小镇此次的税改迎检就再突出不过地表现出了这一点。当县乡政权面临上级所下达的时间紧、压力大、任务重的突击性任务时，县乡政权重拾动员型的政治运作武器其实是十分方便并且得心应手的，在这种时候，压力型体制便与动员型政治自然地结合起来。所以，在某种意义上也可以说，作为集权型管理模式的一个变种，压力型体制与动员型政治仍然存在着密不可分的关系，或者说前者在某种特殊的情况下仍然必须依靠后者来运转，以确保中心任务和目标的实现。此时，通过高度的动员而非惯常的体制运行，或者说在惯常的体制中加入高强度政治动员的因素，将自然成为县乡领导行为的首选。正是在这种情况下，我们才得以理解不计成本和不惜代价的行政理性，因为事情已经不仅是政府任务那么简单，它涉及超越于具体行政需要的宏观政治和自身的利益考虑。

那么，在村庄社会重新成为“一盘散沙”的情况下，我们如何期望这种动员能够传递至村庄一级？此时的村庄毕竟已经不再是这种无论是经压力还是经科层化方式而结构起来的行政体系的一个环节。这个时候，我在来小镇之后反复思考过的是否有效的政府干部挂村制度的作用就凸显出来。可以说，正是得益于这一制度，再加上村庄党支部书记由乡镇党委任命，村主任换届选举在许多情况下受政府影响等因素，确保了自上而下的压力与动员的传递。此时的挂村干部显然已经不是在挂村，而是在领导村，尽管这种领导与科层化体系中的领导有着很大的不同，需要通过商议、说服、礼送人情与面子等方式去实现。记得一次向招商办公室的老洪请教在市场经济的条件下挂村干部制度是否还有作用时，他就说在现有行政和管理体制下仍然有用，换一种管理体制就无用，[12]现在我总算是明白了他的意思。可以说，如果没有挂村干部，当然还包括没有政府对村党支部书记和村主任的强有力影响，无论是压力型的行政体制还是动员型的政治运作方式，都不可能确保压力和动员能够有效地从县、乡传递至村庄。而这些制度和运作方式的继续存在与有效也在一个方面向我们表明，当下的乡村政治与行政其实也并没有完全超越历史。一定程度上，历史仍然在现实之中流动。

当然，在市场经济的状态下，即使是政治工作和政治动员，也已经有了新的特征，这种特征无论是从政府干部平日里注意与村干部建立良好的个人关系，还是从今天大会结束时林书记宣布要给每个干部补助300元钱，给村庄一定的经济奖励的承诺中都可以清楚地看出。毕竟历史又在向前发展。政治动员已经与经济利益的刺激相结合。（附录1：12）

二
不开发，政府怎么办？

林书记的规划

小镇的清晨来得格外早，晓阳才刚刚爬上房头，汽车声和人声便将整个镇街唤醒。集贸市场天一亮即开张，各种店铺也在晨曦之中开门营业，以适应乡下人早起的习惯，养足了精神的狗子在街市当中来回地追逐蹦蹿。一切都显得那样闹腾与活气。

7点钟还不到，一些政府干部就已经早早地坐在街沿的小凳上消受着春日的阳光，他们起得早，也来得早，不改乡下人早睡早起的习惯。从早饭之后到8点半上班签到的这一段时间里，他们就坐在镇政府大院的门口外，打量着这喧腾的街市，将自己的整个身心都悠然自得地融入其中。

也是应该好好地放松一下了，连续一个月的辛苦终于换来了税费改革迎检中的优异成绩，小镇以高分过关。对于这一次迎检的质量，上级政府给予小镇“完美”和“无懈可击”的评价，这还不值得让干部们陶醉在融融的朝阳之中吗？（参见附录1：13）

一切又都恢复了迎接检查之前惯常的工作节奏，经历了“中心工作”之后的乡镇又依循着它固有的惯性运行。

然而，严格的税改政策也确立起新的规则，“三提五统”被取消，农民负担不得反弹，涉农部门不得再擅自收费，这一切都不能不给乡镇的运转提出新的问题，农业和农民将不再是乡镇的钱袋子，乡镇的发展依靠什么？而像小镇这样的城郊镇，“农民财政”

的萎缩对它又意味着什么？[1]

现在的小镇是在2001年的合乡并镇之后由原来的2个乡镇合并而成的。合并之后的小镇版图面积为224.41平方公里，人口近5万，其中，城镇人口近7000，农村人口近4万，分别为2个社区居委会和29个行政村所管辖。小镇是H市传统的农业和水产业大镇，主要农作物有水稻、小麦、油菜、花生和黄豆等，其中尤以黄豆的品质优良而闻名。水产品则有各种鱼类和虾蟹，著名的团头鲂（武昌鱼）的正宗产地即在此。然而，由于近些年来农副产品连续价格低迷，传统农业已经受到了严峻的挑战。

一个十分突出的问题是土地的大量抛荒。据统计，2002年小镇的计税面积为81 339亩，但在这一次的税改迎检中，为政府所认可的抛荒和税赋悬空面积就达8429亩，占了计税面积的十分之一。在一些远离城镇中心的沿湖村庄，人们几乎是一家一家地迁出，只留下了空破的房屋和无人耕作的土地。无人的村庄失去了生机，显现出一片死寂。我每一次和干部们一起面对这些大片荒芜的废弃田地与空落无人的村庄时，他们都要告诉我那句据说是由林书记总结出来的顺口溜："十里无炊烟，五里无人烟，屙尿不看人。"结果，在全国都是人多地少的总体状况下，小镇却呈现出相对的人少地多。在这里，人均耕地二三亩，一家人拥有一二十亩土地也并不是十分稀罕的事情。在这种背景下，干部们谈农业，往往就是在谈论维持和稳定，是在谈论如何减少因耕地抛荒所造成的税赋悬空，却不是在谈论发展和富民。[2]因此，"农民财政"的萎缩与否只是一个与总体上的农业萎缩和乡镇财政任务完成困难相关的问题，而不是一个事关小镇发展的根本问题。

发展和富民还得从小镇毗邻H市城区、拥有丰富的湖泊资源这一地理优势着眼。小镇位于大江区城区中心的东部，镇街距城区仅仅八九分钟的车程，镇的东部紧邻省级高速公路，南部与著名的楚湖相连，西部邻近京广铁路线和107国道，而京珠、沪蓉高速公路以及H市的南环公路则纵贯镇的东西，镇的北面临潭湖，与

H 市的高新技术开发区接壤。可以说，交通便捷、信息灵通、地处城郊和湖泊资源丰富是小镇区位上最具独特优势之处。随着大江区城中心周边毗邻 H 市更近的一些地区的先期开发，小镇的东部和北部近城区以及南部的沿湖地带便成为 H 市进一步扩张所必然要涉及的地带，一些工业、房地产和旅游开发商都先后将目光瞄准这里。小镇这一 H 市传统意义上的农业大镇，成为大江区下一步城镇建设与开发的重点地区。

林靖南正是在小镇的农业持续走低和工商业开发即将启动前夕的 1999 年年底走马上任，担任小镇党委书记的。在这样一个特殊时期到小镇任职，既让这位文人书记面临个人所难以克服的困难，又给他施展才华、一试身手提供了一个宽广的舞台。林究竟能得到什么，他的仕途是暗淡、模糊和不可捉摸，还是中年得志，一片辉煌，如所有站在这个位置上的人期望的那样不断进步，很大程度上就看他如何琢磨、选择和定夺当下小镇形势所面临的这些利弊得失了。林是农民的儿子，他熟悉这块土地，但他同时也已经在地方社会的政治舞台上磨砺了 10 多个年头，职业的经验告诉他，一定意义上，这一抉择不仅关系到小镇的发展，同时也可能影响到他自身的前途。

在我来小镇第二个月的一个晚上，林书记在他的寝室里向我描述了他关于小镇发展的一些想法。

谈话是在林书记首先向我提出的一个问题中开始的。他说我已经来了一段时间，对情况已有所了解——“如果你是镇党委书记，你应该如何开展工作？”面对林的设问，我没有直接回答，只是说，如果是我，未必比他干得好。这是我的真实想法，我虽然也读过不少有关乡镇研究的著述，不能说完全不知道乡镇的情况，也颇为认同学界对于目前我国乡镇运行之优劣得失的分析，但是，当我自己亲身面临乡镇运行的实际境况的时候，我还是发现自己对实际情况了解太少，看问题和做决策还真的是两种心态和境况。

林书记说：“组织上委派我来小镇牵头负责，管理人口近 5 万，版图面积224平方公里，一方面责任重大，另一方面权力也不小。按照老百姓的话来说，我是他们的‘父母官’；以自嘲的话来说，我这个书记就是这块土地上的‘土皇帝’，许多事情可以充分地贯彻自己的意志，大胆地按照自己的想法去做。所以，站在我这个位置上，一定要有全局观念，要有通盘考虑，而这个全局观念和通盘考虑，我把它概括为稳定、发展和进步。所谓稳定，主要是指要管好老百姓的吃喝拉撒，要抓农业。小镇是农业大镇，不抓农业，何以谈稳定？但是，农业又是弱质产业，抓农业只能保稳定，并不能促发展和带动富裕，而就政府来说，农业税收也早已不是小镇财政收入的最主要部分。只有引进资本，发展企业才能求得发展，也才能增强政府的财政实力。所谓进步，即社会进步，它的一个重要标志就是城镇的管理建设。这就决定了我们工作的思路可以用三句话来概括：一是以加快农业结构调整和农业加工企业发展为抓手，推动农业产业化进程；二是以盘活现有企业和引进民营企业为抓手，推动工业化进程；三是以加强镇区管理和扩展城镇规模为抓手，推动城镇化建设。这也就是人们目前经常提到的产业化、工业化和城镇化，通过这‘三化’才谈得上现代化。在此思路中，还要把物质文明、精神文明和民主与法制等因素也作统筹考虑，协调发展，力争将小镇建设成为大江区东部的一个明星乡镇。”

不愧是当过区委书记的秘书，林书记三言两语，几句话就把他的总体思路向我勾勒出来，也不愧在政坛上浸淫了多年，但凡涉及工作，即使是在私人之间介绍情况，林书记也仍然习惯用作报告的口气。

“这‘三化’具体到各个环节上又怎样体现呢？”我想听他更加详细的介绍。

林书记说：“在农业方面，这几年我们主要是抓结构调整。‘小镇豆’[①]是我们的特色产品，十分有名，为了重塑‘黄豆之乡’

① 小镇以盛产黄豆而闻名，具有上千年的种植历史，当地人称这里的黄豆为“小镇豆”，其粒大味香，蛋白质含量高，远销海外。

的地位，我们一方面通过干部的引导和带头，发动各村连片种植，面积达到2万亩；另一方面，我们在豆子的深加工方面投入资金和人力，由镇、村联办豆制品加工厂，生产各类豆制品，并对产品进行注册，争取进入H市的超市。”说到这里，林书记还专门从抽屉里翻出一张省报，上面刊有两幅介绍“小镇豆”的新闻图片，并配有文字说明。

“我们还在一些村的山林地带种植苗木花卉，满足城市绿化的需要。搞经济林木肯定要比种粮食划算，去年我们就搞了七八千亩。此外，我们还从外地引进种田能手，给予适当的扶持，发展农业种植示范基地。去年，政府就出了7万多块钱，搞引进扶持，通过老板的带动，抓精细农业，老板们建房子的钱都是我们出的。[3]我们还抓水产，这也是我们的特点。这两年，我们主要在水产品的深加工方面做文章，建了一个野生鱼加工基地，政府出钱盖厂房，然后找老板来经营。现在，这个企业做起来了，带动了水产养殖，而对于政府来说，它不仅帮助我们解决了60多人的就业问题，每年还提供了20多万元的税收。”

“总之，在农业方面，就是要引进种田能手；在产业化方面，就是要引进老板。政府的作用就是帮他们搭台，帮他们扫清各种障碍，为他们服务，让他们来唱戏。”

我总觉得林书记所讲的这些话好像在别的什么地方也都听到过。“那么，根据你所讲的，我是不是可以用一个不太恰当的比喻来说明目前政府在农村发展中的作用呢？”我想证实我的这一想法。

“什么比喻？”林书记反问。

“培育‘地主’，引进‘资本家’？”

林书记微微一惊，似乎觉得这话有些出格，毕竟他不是学术中人，不太习惯以如此的方式来讨论问题。但沉吟片刻，他又说道：“这种比喻也不是完全没有道理，所谓培育‘地主’，就是要鼓励种田能手，扩大土地的经营规模，逐步实现土地的集约化经营；所谓引进‘资本家’，也就是要引进资本，大力发展民营企业，这也可以说是一个总的目标和方向吧。像现在这样一家一户的小农经营是没有前途的，只能混饱肚子，致富是不可能的。”

林书记的观点证实了我刚才的想法，让我感受到这些年来学术思想对社会主流意识形态的影响，这些天与乡镇干部的接触，也时常使我产生类似的联想。如果说，随着社会大转型的日益加深，当下的中国学界已经不再像上个世纪 80 年代那样从整体上被一种理想的自由主义话语所笼罩，而是被发展和转型中的种种问题撕扯为不同的理论流派的话（如自由主义与“新左派”的论战），那么，这些工作在乡镇第一线的政府干部似乎并没有受到这些理论纷争的影响，这些东西离他们还太远，他们所要面临的主要还是如何摆脱现实中的贫困与加快发展的问题。所以，他们似乎是清一色的“自由派”，并且不懈地将他们所信奉的理念付诸实践。尽管他们当中的绝大部分人可能并不知道自己所持观点的理论源流，而是更多地将这些观点归结于上级政策宣传的结果。这种状况是不是从一个侧面反映了改革开放以来主流意识形态与主流学术话语日益融合的趋势呢？我想大概是的，而之所以会是这样一种情况，又确实说明主流学术话语比反思性话语（如果可以这样划分的话）在当前的中国仍然具有更大的实践空间。

“农业结构调整中就没有遇到什么问题吗？”在稍稍有些走神之后，我又力图重新跟上林书记的谈话思路。

“结构调整是一柄双刃剑，搞好了益农，搞不好就坑农，对于那些明摆着不能搞的事情就要敢于顶。例如，有一年领导要我们种植红苕，给镇里下达的任务是 5000 亩。我当时就问一亩的产量是多少，上面说是 5000 斤左右。我说，如果搞 5000 亩，就是 2500 万斤，这样大的产量如何加工？他们说区里有一个加工厂，每天能加工 8 吨。我就算了一笔账，说，光小镇的红苕就得加工一年半以上，全区又怎么办？而红苕的存放期只有几十天，这可是一个很大的问题呀！结果，对方不吭声了。这就算是顶回去了。后来，谢世德书记说我是对的，他说又要顶，又要说出理由，不能让领导为难，这就是当好下级的艺术。”林书记说到这里，颇有些自得。

“像这种情况每一次都能够顶回去吗？”我率直地问。

“那就不一定了，有时候也顶不住，上面对那些非搞不可的任务，会说你不能只算经济账，还要算政治账，遇到这种情况就只能应付一下。”

“怎么个应付法？”我紧追不舍。

“少种一点儿，多报一点儿嘛，遇到这种情况一点儿不搞也不行。但搞多了就是在折腾农民。农业这一块，在没有更大发展空间的情况下，至少要设法使它稳定，不产生波动。农民不增收可以，但你不能让他们减收，至少要保本。不过，有的时候是说起来容易做起来难，农民不愿意配合，上面又非要搞，遇到这种情况就只有乡镇吃点亏了，往往是我们自己拿钱出来补贴农民，确保他们在结构调整中只盈不亏。”

“这样搞符合经济规律吗？”

“这是政治，要讲政治规律。”

“…………？”

林书记很快地把话头转到其他方面，他显然并不愿意我在这方面做过多的纠缠。

“衡量一个地方的发展，城镇的发展程度是一个非常重要的指标。我们镇的城镇人口化程度很低，还不到25%，这就使经济发展受影响，我们想通过改善市镇管理、美化市容来吸引外来人口和农民进镇居住。但目前这样做还要受到制约，因为农民进镇没有事情做，也就稳不下来，只有有了企业，又有就业的机会，才有城镇。近几年，我们引进了一些企业，例如，云宏铁业，有工人近300人，每年上缴的税收是50万元，从发展前景来看，这个企业还有进一步做大的潜力。为了引进企业，我们的招商力度很大，这是我们镇发展的重中之重，由我亲自抓。没有办法，这也是被逼出来的，光靠农业这一块儿富不起来，甚至连政府的运转费都保证不了。例如，今年我们必须向财政上缴390万元农业税，但估计最多只能收到 100 来万元，一大半要悬空，要靠其他费用来填补，如果不搞招商引资，我们就死了，所以，只有招商。我们首先选择了洲头村，它的地理区位好，临潭湖，经过争取，区里把它列入‘两区五园’开发规划之中。为了吸引客商，镇政府在洲头村先期投入了 800 万元，修建洲头大桥和环绕洲头半岛的公路，打通连接市里的交通，改善基础设施，这样，就有老板来看地，每天都有两三批。此外，我们又设法改善镇村公路，设法做到村村通水泥路，这样，其他村也有来看地的老板，开发的机会就可能更大。”

林书记所反复强调的招商引资，其实也就是出卖和租赁土地，这是目前城郊镇发展和转型的主要途径。但林书记也坦言，目前这一发展趋势已经受到中央政策的强力阻遏，因为各地势头越来越猛的招商引资已经引起我国农地资源的大量流失，今年（2003 年）以来，中央采取了种种措施，严格控制农地资源的非农用开发和利用，这就使得建设和开发性用地的报批越来越困难，而地方上凡是有未批先建的项目一旦被发现，就将受到严厉的处罚。对于国家，这一政策无疑是十分必要的，但对于小镇，其刚刚起步的招商引资却因此遭遇严冬。一方面，上面的政策必须执行；另一方面，开发还得加大力度，老板来看地，还得照样谈，而且还想要谈成。这确实是一个两难问题，如何去适应和驾驭这一新的形势，对于小镇的发展将是至关重要的。

“不过，我们的努力已经见到了成效。”林书记开始掰着手指头列举他到小镇之后所取得的一系列成绩，“从经济上看，过去小镇在区里处于中下游，但这些年我们的综合经济实力明显增强，我们的可用财力去年是 300 万元，今年达到 500 万元，农业与工商税收之比，前年是 6∶4，去年是 5∶5，今年是 4∶6，显然，工商业已经超过农业，占了大头。我们招商引资的力度在全区也是排名前列的。经济上去了，就容易受到上级领导的重视，近几年我们的各项工作经常受到区里和市里的表彰，得先进的次数也越来越多。”

“我认为我们的工作思路是符合小镇实际的，与全区发展的要求也一致。目前，我们的综合实力和经济总量已经排在街尾镇头，除了几个比我们更靠近市区的街道，在乡镇里面我们已经排第一了，我完成了谢书记交给我的任务。有一次他对我说：‘你们镇现在已经很全面，但还要搞一个非常突出的项目，要冲出大江区，冲到市里去。’谢书记所指的突出项目是要我们搞好藠头生产。”[①]林书记对这四年来他在小镇工作的成绩充满着自豪和自信。（参见附录1：15）

开发的政治学

在与林书记交谈以后，为了更加全面地了解小镇招商引资和开发的总体情况，我又专门请教了镇长武仁杰。

武镇长比林书记年长一岁，与林书记一样，他也有着在乡镇中学执教的经历，而且同样是由教转政之后从区里下派的干部。武镇长着重从政府财政运转的角度讲了招商引资和开发的重要性，他告诉我，如果不搞招商引资和开发，政府连正常的财政运转都无法维持。

“目前的乡镇财政哪里能称得上是一级财政？我们镇由政府负责发工资的有90多人，包括退休的20多人，每月的工资、补贴应该是13.2万元，但每月从区里拨下来的还不到4万元，这是按每个干部前四项工资之和的60%下拨的，不足的部分，上面只给政策，钱就要由我们自己想办法去筹，所以，我们每个月仅工资缺口就有9万多元，一年的缺口近百万元。”

“区里拨下来的钱勉强只够发退休人员的工资，在职干部的工资完全靠我们自己找。一是靠企业办公室上缴给政府的费用，[②]这一

---

① 我在小镇的一年半里，发展藠头种植是小镇农业结构调整的重头戏。详情见本书的相关部分。

② 企业办公室是小镇主管企业的机构，附属于镇政府。在每个乡镇都设有这样的机构，具体名称各有不同。

笔一年约有 20 万元；二是靠上面的转移支付，但区里往往向贫困乡镇倾斜，对我们这种条件较好的乡镇就给得少；三是扯其他的钱来补。所以，说起来我们算是吃财政饭的，实际上是自己想办法养活自己。”[4]

“乡镇合并以后，乡镇的数目减少了，但区里的部门没有减少，各乡镇的婆婆相当于比过去多了一倍，来的人也多了一倍，来了就要接待，每个月不足 4 万元的财政拨款光用于办公、招待都不够。你说我们的压力大不大？还有，前些年上面政策失误所造成的种种亏损，如基金会、‘普九’达标等造成的债务等，现在也都要由乡镇政府来负担。基金会我们以前有 300 多万元的债，现在还得差不多了；‘普九’欠下的债务，到现在还有 200 多万元。这些都不是我们要搞的，但出了问题就要由我们背。不搞开发，我们哪里来的钱还？更不要说镇里还需要发展，也需要钱。所以，现在想办法搞钱是政府的第一要务，书记、镇长主要就是抓两件事，一是搞钱发工资，二是完成上级的财税任务，这样，开发就成了乡镇最大的政治。我们只有依靠开发来解决这些问题。”

“开发的途径主要有哪些？”

“卖土地。搞开发实质上就是卖土地，招商引资也就是要别人来圈土地。整个大江区都是这样，把土地卖出去，钱就回来了。我们这里，除了石头也没有更多的资源，不卖土地哪儿来的钱？”武镇长回答得很直率。

“卖土地是不是会涉及对农民和村里的补偿？政府能得多少？”武镇长的话引起了我对土地开发中官民利益分配的关心，这也是近年来为学界所关注的一个问题。

“这正是目前乡镇工作中最头痛的一个问题。本来呢，土地属于农村集体所有，土地征用或占压的补偿，除了补给村里和农民，留下来的只能用于基础设施建设，可如果真是这样，政府又怎么办？……嗯……”说到这里，武镇长突然感觉到不太好往下讲了，于是，直爽的武镇长决定打住话头，“算了吧，还是不谈这个问题为好。”

不过，武镇长最终还是忍不住又冒了一句："说句不好听的话，在没有办法的情况下，我们对农民也只有搞愚民政策。"（附录1：16）

武镇长的欲言又止让我明白了土地开发和招商引资在目前已经不仅仅关系到小镇的发展，也不仅仅关系到农民和村庄的利益，站在乡镇政府的角度，它甚至首先是关系到维持自身运转的利益交关的大事，所以，对于一些事情，可能还得站在一个更为复合和场景化的角度去思考，与武镇长这场未完的谈话算是给我做了一个开场的铺垫。

正如林书记和武镇长所介绍的那样，近几年来，小镇政府十分重视招商引资，镇政府专门成立了招商引资办公室，由一位正乡级的干部负责，而涉及开发项目的决策，更多的时候就是由书记或镇长亲自决定。正如一次在与秦家畈村的老罗谈到开发时他所说的那样："现在的政府是一门心思搞开发，其他的工作与开发相比较，都退而求其次了。用官话来讲，开发是关系到发展的问题，而其他工作再怎么重要也只是稳定的问题，现在首先是要讲发展。"（附录1：17）

我知道学界素有"厂商理论"一说，（邱泽奇，2000）说的是在改革开放的环境下，乡镇政府直接进入经济建设主战场，深度介入和参与乡镇企业的经济活动，其行为特征在某些方面越来越表现出"工业厂商"的特色（参见 Andrew G.Walder，1995）[5]。在小镇的这些日子，我对这一点也有同感，虽然我的观察并不集中于政府与企业的关系，而是政府在地方开发中的作用，然而，政府通过开发来增强自身运作能力的动机却同样是充满企业理性精神的。我注意到，在小镇的招商引资和开发的整个过程中，镇政府始终都是真正的主角，他们不仅负责引进老板，亲自与他们谈判，讨价还价，签订协议，而且在相关的开发筹备、做群众工作、确定对农民的各种补偿标准等方面也都是亲自担纲主持，而作为法定意义上农村集体土地所有权代表者的村级组织，在土地开发过程中却仅仅是作为政府的助手而存在。这样一来，就形成了一种至少从既存理论上看似乎是越俎代庖的现象，即本来似乎应该发生于村庄和开发商之间的讨价还价，本来似乎应该出现在村庄和村民之间的商议和互动，都变成了一种实际上的政府内部决策，基层政府在事实上扮演起土地商人的角色来。

站在乡镇的角度看，这种政府扮演土地商人的角色除了推动地方经济与社会发展这一公共性理由之外，最为重要的驱动力就是武镇长所提到的实现乡镇财政利益的考虑，也正是基于这些考虑，政府成了地方开发中的真正主角，因为它必须在这一过程中通过掌控利益实现机制来确保社区利益和政府利益的实现，确保开发能够促进乡镇的发展。这样，反映到开发收入的利益分配机制上，就形成了“政府得大头，农民得中头，村里得小头”的分配原则。

政府得大头，意味着镇政府在土地征用和占压的补偿款中将取得最大的份额。这初听起来让人有些费解，因为从我国现行农地的权属规定来看，土地毕竟属于村庄和村民，而非政府，所以，这“大头”与“小头”的利益配置似乎不应该如此。不过，在一次与招商办公室副主任老洪的座谈中，他却告诉我，政府这样做也有一定的理由。例如，土地买卖成交后，必须向上级职能部门缴纳各种规费，如耕地占用费、复垦费、有偿使用国家土地费以及各种办证的手续费，这些都必须从土地补偿款中扣除。又如，小镇政府财力不厚，开发只能走以园养园的路子，政府从土地款中预留一部分，用于开发园区的基础设施建设，如修路、架桥，实现“三通一平”（路通、电通、水通、地平），将开发区土地从原生态农业地貌改变为可直接供开发商进场施工的建设用地，即俗话说的将生地变为熟地，这些先期投入的开发费用也都得算在政府这个“大头”之中。

是的，站在政府的角度，政府得大头，包括政府对开发的深度介入，都自有其道理。如前所述，这种道理并不仅仅是如老洪所说的政府对地方发展的主持与投入，还包括武镇长所说的乡镇政府对自身财力严重不足的无奈诉求，而如果联系到政府在整个招商引资和开发过程中所发挥的主导地位与作用，那么，这些因主持、投入与诉求而要求得到开发利益的“大头”，就不仅仅只是一种道理上的彰显，更是一种能够轻易做到的事实。

但是，如若换一种思维，站在村庄和村民的角度，联系到我国法律对现行农村土地权属问题的规定，那么，政府所得的这个大头，又是否会引起村庄和农民的异议呢？在这次谈话中，我把自己的疑惑也向老洪提了出来。

老洪承认我这样看问题很有道理：“这的确是一对矛盾，一方面，政府的卷入和支配是为了地方的发展；但是另一方面，这种卷入和支配又的确没有法律依据，这就会造成麻烦，造成各方之间的矛盾，主要是政府与农民的矛盾，这其实就是目前开发中所遇到的最大问题。”

老洪从乡镇的角度为我分析了矛盾的具体表现：“我们的农地制度存在缺陷，法律允许的，实际上缺乏可操作性。按规定土地属于村集体，只有村组织才有权代表村民与开发商打交道，但在农户分散经营的状况下，村一级实际上难以集中村民的意志，开发商对村里的权威性缺乏信任，也不愿意与村庄直接打交道，他们更愿意找政府。但政府对开发的卷入和土地的操纵缺乏法律依据，这就带来一个麻烦，农村土地集体所有的规定，尽管并不能够阻碍政府的进入与支配，却给农民表达自己的想法和维权提供了武器，加之近年来中央的政策越来越趋向于鼓励对农民权利的维护，这样，这种法律规定没有成为解决问题的工具，却好像成了专门制造麻烦的武器。”

我读过好些对我国农地制度缺陷进行分析的理论，却还从来没有听过像老洪这样来解读和分析农地制度弊端的，这激起了我对他的观点的兴趣。

老洪接着讲：“村级组织虽然无法去扮演他们本来应该扮演的代表者角色，却可以借集体代表者的身份，设法扩大村一级在土地补偿款中应得的份额，形成与农民的争利。而政府做群众工作离不开村里的配合，自然会充分考虑村里的这种要求。

“从农民的角度看，他们认为自己是集体的一员，也把土地看成是自己的，至少认为自己对土地拥有一份权利，所以，他们希望了解每一亩土地的具体价格，希望争得尽可能多的补偿。这样，在实际上就形成了一个政府、村庄和农民三方争利的局面，其中，最主要的又形成了政府、村庄与农民争利的局面，这可以说是一个普遍存在的现象。”

“哪一方更有道理呢？”

“各方都有各方的道理，就看你站在哪个角度看了。”

老洪说：“作为政府，它要向上级缴纳各种规费，要垫钱出来搞基建，要养人，还不能不壮大自身的实力，否则，开发由谁来主持？经济靠谁来推动？靠村庄？村庄没有这个实力。村组织无力集合农民的意志，开发商也不放心与村里打交道，只能是靠政府，所以，政府是急需充实自己的财力的。作为村组织，它具有一种双重性，它既想维护农民的利益，又不愿意与政府对立，更想通过开发来改变村庄的面貌，改善干部自己的收入状况，所以，他们有时候是希望从政府和农民两边得利，而在现实中他们往往更顺着政府，因为他们知道最后还是政府说了算。作为农民，他们很穷，一方面，他们踮着脚盼开发；另一方面，为了从政府手里多争得补偿，他们又会千方百计地在开发中设置障碍，刁难政府，让开发无法顺利进行。你说哪一方有理，哪一方又无理呢？现实就是这样明摆着，各方的利益有冲突，绕也绕不开，也不可能都满足，所以，就看你怎么去看了，而最后，肯定还是由政府说了算。”（附录 1：18）

与老洪的这番谈话，着实让我体味到了一种发现真理般的兴奋，因为这些话不是那种仅仅从抽象的正义价值理念出发去进行的泛道德学术批判，而是一种出自乡村生活实践理性的分析。现实既定的政治社会结构和力量对比格局，不是一时半会儿就能改变的，更不是依凭小镇之一地就能单独改变的。在这样的情况下，事情的发展逻辑和三方的博弈链条好像也只能如此建立。你要去批评政府的滥权吧，没有政府的介入，许多事情，包括开发本身都可能无从进行；你要去指责村级组织的自利，用“自治”与“当家人”之类的制度角色去苛责他们吧，（参见徐勇，1997）想想现实社会究竟又在多大程度上为这些东西的实现准备了条件呢？[6]还有，农民的表现也是够复杂的，总体上的贫困、弱势与局部和个案上的狡黠、强悍并存，既让人充满了怜悯和同情，却又同样地令人惊愕与诧异，至少已经无法让你简单地辨认出那已为世人所熟悉的经典受难者与维权者的形象，也让你无法仅仅从道德和情感的立场出发去对其动机与行为的复杂性做出评判。

与老洪的那次谈话，促使我想了许多。原来，乡镇的开发和招商引资并不仅仅是一种经济行为，它同时也是一种涉及政治和社会的行为，是一种政府、村庄和农民之间复杂而多面的利益互动与博弈。从那次谈话之后，我就想极力去揣摩在这一开发过程中形成的乡镇政府—村庄—农民互动行为的复杂特征，去理解在这一互动过程中所呈现出来的乡镇政府—村庄—农民三者之间真实关系的多重样态，去推测这一博弈对各方行为所可能产生的复杂影响。这样，在我还未身临小镇开发的第一线之前，我就让自己设法去体味开发背后所可能隐含着的种种政治角力因素，以及由这些因素所构建出来的乡村社会中政府与农民关系的真实图像。后来，我把这一切都定名为“开发的政治学”，并总是想在实际的调研中去破解这一“开发的政治学”逻辑。我想，了解和把握这一逻辑，将有助于人们去理解目前在我国众多的乡镇开发的种种奇特现象背后所呈现出来的复杂机理。（参见吴毅《农地征用中基层政府的角色》一文，2004）[7]

洲头的纷争

洲头村是小镇招商引资的前沿阵地，在聆听林书记畅谈了他关于小镇经济与社会发展的总体思路之后，洲头村这个名字就印在了我的脑海之中。

4 月中旬的一天，在镇招商引资办公室，还是那位专门负责处理开发事务中群众纠纷工作的老洪，一边指着挂在墙上的小镇开发规划图，一边为我介绍洲头村的开发状况和目前所遇到的问题。

洲头村位于小镇北部，临潭湖，与大江区“两区五园”中的君山开发区和龙岛科技园区隔湖相望，它三面环水，一面连陆，呈半岛状，岛长 5 公里，平均宽度 1.5 公里，版图面积约 7.5 平方公里。洲头岛距离 H 市较近，与潭湖周边地区众多的开发园区隔湖相望，自然就成为小镇进行招商引资的首选地区。根据其靠近 H 市高科技产业群和高等院校区的核心地带，湖泊资源丰富和城郊农业型村落的人文与自然特点，小镇将洲头村的开发建设定位于旅游、度假和生态居住。将其列入大江区招商引资的“两区五园”规划序列，定名为“H 市潭湖洲头岛休闲度假产业园”，为镇级园区，以引进和发展度假、教育和高级生态居住项目为主。近几年来，洲头村已先后与 H 市的鸿飞房地产、泰和房地产、洲头置业、威尔斯集团、省人民防空办以及春日文教集团有限责任公司等企业和单位签订了开发协议，只是由于国家近年来严格控制各类用地的审批，除了省人民防空办训练基地项目已获批准，即将开工，春日文教集团有限责任公司与省里某大学合作办学项目也有望获得批准之外，其他的项目能否立项，尚不得而知。但是，有了省人防办训练基地这第一个项目，洲头岛的园区开发算是正式启动了。

人防办训练基地占地 300 亩，计划建在洲头村四组的地界上，其中，涉及占压的土地由三部分组成：一是洲头四组的荒山、荒地、水面等公共地块；二是四组 15 家农户的部分承包地块；三是四组先期出租给一位海外华人的 150 亩土地。目前，开工在即，眼下就是要做好对被占压土地的统计和补偿工作。但正是在这个问题上，政府却无法得到待施工区域的洲头四组村民的配合，或者说，它实际上遭遇到了来自整个小组的近乎是有组织的抵制，而涉及四组先期出租给海外华人的土地回收工作也遇到了麻烦，问题的症结在于农民和海外华人不能接受由政府单方面提出的土地补偿办法和标准。

话分两头，就洲头四组村民而言，他们与政府的矛盾集中表现在三个方面：

矛盾之一是占压土地面积的确定问题。这里的难点主要是如何确定农户的承包土地面积和开发占压面积。矛盾的根源是“黑土地”的存在。即农户实际耕种土地面积与计税面积不符。农户实际向小组承包的土地面积是268亩，向上填报的计税面积却只有168亩，此外还有一些杂地。这些计税面积之外的土地即所谓“黑土地”。农村“黑土地”的存在是一个在全国都较为普遍的现象，并非仅见于洲头四组。这一问题的产生，从一个较近的历史看，也可以追溯到土地改革时期，即一些自然村向上填报的耕地面积是以土改时登记的数字为准的，土改之后的几十年间，因开荒而扩大的面积一般都隐匿未报，到了上个世纪80年代分田到户时，生产队（包括后来的村民小组）沿袭习惯做法，一方面按自然村内的实际耕地面积将土地分到每家农户，另一方面却仍然沿用土改登记时的老数字向上填报计税面积，这样，农户实际承包土地与向政府纳税土地的面积数并不一致。这样做的目的当然是为了少缴（交）公粮和赋税。可见，无论在大集体时期还是分田单干时期，农民都以各种方式与国家博弈，以各种可能的方式少缴公粮和赋税。对于“黑土地”的存在，大集体时期的生产大队以及现在的行政村一级都是知道的，而且也多出于自利考虑有意装糊涂。而政府对“黑土地”的存在其实也一直就清楚，只不过或者是出于治理期望与治理能力之间的差距而无法杜绝这一现象，例如在农民和村庄不配合的情况下，政府实际上很难组织对土地的重新丈量；或者是出于怜惜和同情农民的疾苦而有意放农民一马，例如去年农村税费改革时，政府就强调不得重新丈量农民的耕地，而以其自报的数字为准。这样，双方也都真真假假地在维持着一个看起来很确定而其实却并不完全确定的耕地统计数字。[8]

“黑土地”问题可以说是反映农民躲避国家管控的一个十分有意思的案例，但当临近开发之时，农民却可能就要为这种躲避付出经济上的代价了，因为政府在土地的征用中也只会按照计税面积对征用土地的面积进行计量，以减少可能向农民支付的土地补偿。面对着这种利益损益的变化，四组的农民显然不甘心，他们提出要丈量土地，按实际耕种面积计量和补偿，显然，这个时候如果还不如实丈量，农民就要“转盈为亏”了。但是，此一时彼一时，此时的主动权已经转移到政府手中。如果说因为农民的不配合使政府一直以来都无法得到准确的征税面积的话，那么，此时的政府却也为自己少支付农民的土地补偿款找到了合法合理的依据。因此，政府这边只同意以计税面积进行补偿，不同意重新丈量土地。道理很简单，一是因为平时农民向政府缴税均以计税面积为准，此时镇政府向农民补偿自然也不可能另立标准，如果农民缴税时少报面积，要补偿时则多报面积，就镇政府方面而言，心理上自不平衡；二是如果丈量土地，据实补偿，镇里要拿出来给农民的钱会增加，政府的利益空间会相应减少；三是各地在开发补偿中究竟如何计量占压土地的面积并无定规，有据实丈量、据实补偿的，也有不据实丈量而以计税面积进行补偿的，各地情况不一。镇政府方面认为：你农户在完税时少报土地，占压补偿时多报土地，这天底下能有这样的好事？政府不丈量土地，并不违法违规。加之镇里财力不厚，于是决计不丈量土地，只以计税面积进行补偿。这就叫作利轮流沾，亏轮流吃，颇有些风水轮流转的意味。

可是，站在农民的角度，就觉得这镇政府是很不地道了。因为政府是为民服务而不是与民争利的，你政府本来就应该与民让利。因此，在得知镇里的态度后，农民们认为这是政府不体恤民情，有意让自己吃亏。农民们也自有他们的道理，“黑土地”的存在并非只是四组一家，各地都有，是一个历史遗留问题，也是农民对长期以来赋税过重的一种不得已的应对，政府不是不知道，过去从未深究，相当于是默认的。现在搞开发了，政府不丈量土地虽然不违规，却显然等于违背了长期以来彼此默认“黑土地”存在的潜规则，是要以表面循规而实际违规来让农民吃亏，政府把好处都占尽。所以，他们不服，感到受到了欺负，农民一致决定不配合政府和村里落实各家农户在占压区域内的被占压土地具体面积的决定。

农民的不配合给政府出了一道难题，让他们不好确定此次征用土地究竟占压了多少农户的计税面积。为了化解这个难题，政府先后想出两个办法：一是将涉及这 15 家农户的被占压土地画成图，做面积评估，然后张榜公布，由村民确认，但是，这种办法无法做到准确，村民不买账。二是公布四组在 80 年代第一轮承包时的老底子，以此为准。但第一轮承包迄今已经 20 多年，许多情况，包括承包户、承包地块和承包面积等均已发生了变化，这样做也不好办。最后，政府想出来的办法是，考虑到整个洲头岛都已经被列为开发园区，四组这一次尚未被占压的土地将来也要被征用，为工作方便，不留后患，索性这一次就将农民的所有耕地按计税面积全部征完，一次性给予补偿。这样就既克服了分片测算土地面积的困难，也给了农民一些实惠，因为暂时未被占压的土地农民不再完税，却允许他们继续耕种，等下一个项目占压时，需要多少再拿出多少，直至全部缴出。这样，农民就既多得了利息，免了税，又无偿使用了土地，在政府看来，这也就是在与民让利了。[①]

但是，四组的农民仍然不同意，他们认为实际耕地面积与计税面积相距较大，如果不丈量，农民吃亏太大。而且他们认为，坚持丈量的要求并不过分，因为隔湖相望的其他几个区级开发园区中，就有通过实际丈量耕地面积来确定补偿面积的先例。他们认为，同处一个区内，政策应该是一样的，“因为都是一个共产党领导”。

---

① 老洪告诉我，按这种办法，这一次就要多征农民的土地约 100 亩。按 1 亩土地 4500 元补偿价计算，100 亩土地就要多补 45 万元。如果将这笔钱存到银行里，按现行利率，每年有利息 8000 元，再免缴约 100 亩土地的农业税，共少缴约 5000 元，这样一加一减，两笔钱约合 1.3 万元，四组 15 户农家共 50 多人，等于人均每年可多得 200 多元。

矛盾之二是土地补偿价的确定问题。政府答应给予农民的补偿价是每亩4500元，农民则要求参照相邻地区的标准，每亩补偿8000元。政府的定价有政府的考虑，农民的要价也有农民的理由。就政府方面而言，他们认为君山、龙岛等相邻园区的区位优势更加明显，基础设施更好，已经具备三通一平的条件，所以，地价高，最低都在每亩7万元，给农民的补偿自然也高。而洲头园区是原始地貌，且目前批准开工的只有一家，地价涨不上去，目前只能卖到每亩4.5万元，如果按邻区的价格对农民进行补偿，在上缴了各种规费和手续费之后，政府手上就所剩无几了，既无力投资园区的基础设施建设，也无法充实自身的财力。[①]但是，农民不会站在政府的角度去考虑问题，他们并不十分相信政府所说的地价差别，就是相信，站在自利的角度也不会轻易接受政府开出的补偿价格。所以，他们仍然坚持要求按照君山和龙岛开发区的标准进行补偿。政府为了争取农民的理解，向农民讲明了地价低于邻区的原因，并答应如果日后洲头岛的地价涨起来，政府将再向农民追补差价。但干部们说："农民是现实主义者，见不着的事情他们并不全信，坚持不让步。"

矛盾之三是在占压土地中，原建有一个抽水机站，是抗旱时供洲头村6个小组农田抽水用的，现在需要毁掉，而由此造成的后遗症也需要由政府出面解决。但与第一、第二个问题相比，这个问题解决起来相对容易。（参见附录1：19）

面对以上矛盾，尤其是第一、第二个矛盾，四组村民寸步不让，他们抱成团，通信息，统一意见，相互承诺，包括组长在内，谁也不能单独答应政府的条件，与政府签字。而四组这15户人家50多号人，显然又得到了洲头全村其余17个村民小组200多户人家的4000多村民的支持。对于这200多户村民来讲，四组的村民就是他们维护自身利益的排头兵，如果他们坚守住了阵地，为自己

① 据介绍，上缴的规费包括土地有偿使用费每亩1.32万元，征用土地占用费每亩4000元，土地复垦费每亩8000元，征地管理费每亩3000元。

争取到一个相对有利的补偿条件，也就为日后其他小组争取了同样的条件，那么，受益的将不仅仅是四组，同时也是洲头的全体村民，反之，受损害的也将不只是四组，而是全村。对于这一点，四组这15户村民清楚，政府也清楚。用四组村民的话来说，就是“我们的肩上背负着全体村民的利益，其他队的社员都希望我们争，所以，为自己争也就是为全体社员争”。[①]（附录1：20）而用政府的话来说则是：“只要四队接受了这个条件，也就等于其他队也得接受这个条件，而四队抬价，也就是在帮全村200多户、18个队抬价。”因此，对于政府而言，做四组这15户农家的工作也就等于是在做整个洲头村的工作，做四组组长的工作也就等于是在做全村18个组长的工作。正是在这样一种情况下，这15户人家相互制约、监督，要求谁也不能让步，政府的工作因此而面临着十分艰难的局面。（参见附录1：21）

老洪告诉我，迄今为止，政府已经与四组群众谈了一个多月，所有传统的工作方式，诸如宣传、教育、动员、劝说等都用过多次，但看来作用不大。“你反复地动员说明，他不听；你要去摸清面积，他不到场；开小组会，你这样讲，他那样讲；你一家一户地上门，他们也手跟手、脚跟脚地上门，实行人盯人的战术，搞得你无法有针对性地做每一家人的工作，甚至哪家有人上镇里来，谁跟干部有接触，他们相互之间也都搞得清清楚楚。显然，农民已经结成了一个攻守同盟，一致对付我们，在其他办法无效的情况下，我们就只能转而采取各个击破、‘一把钥匙开一把锁’的办法了。”

“这话怎么讲？”我好奇地问道。自下镇以来，许多干部在谈到现在做农民的工作，尤其是做“钉子户”的工作时，都提到了“一

① 虽然大集体已经结束多年，但作为村落历史的一部分，它仍然深刻地留存在地方社会的集体记忆里，这表现在语言上，农民们仍然习惯以小队、大队、社员这样一些传统称谓来表示自己的地理和身份所属，而正如读者在下面的叙述中也要看到的那样，一些政府干部在说话时也有这种习惯。有意思的是，这一现象几乎在全国各地的许多地方都能见到，这从一个方面说明了大集体对于中国农村的深刻影响。

把钥匙开一把锁”这句话，我虽然能从这句话的字里行间去揣摩一个大致意思，但每欲深究，干部们却又都欲言又止，或转换话题。

老洪倒是不避讳：“所谓‘一把钥匙开一把锁’，就是针对某个农户的具体情况，制定特殊对策，背着其他农户，有针对性地做这一家人的工作。”

“都有哪些特殊对策呢？”

“等你在乡下住得久了，自然就体会到了。”老洪终究还是卖了个关子。

过了一会儿，他又笑着补充了一句：“农村工作很精彩，农村工作真无奈。”50 多岁的老洪居然在这里冒出了一句流行歌曲里才有的语句，让你去独自体味。（附录 1：22）

第二天上午，仍然是在招商引资办公室，我旁听了一场政府干部与洲头村四组组长的谈话，参加谈话的政府干部是镇党委副书记未理明和招商办的老洪。四组组长叫于祖安，男性，1954 年出生，从 1974 年起就开始担任生产队长，后来又一直当村民小组长，算是一个老资格的农村干部了。

双方一阵寒暄之后，未书记对于祖安说：“想找你交换个意见，你们湾子，昨天我们下去转了一圈儿，没有人，好像都统一了思想，躲着我们，我觉得情况不妙，你这个当队长的，是个么样想法呢？”

祖安：“他们（村民）都认为，几万元搞开发（补偿太少），搞个鬼。”

老洪：“这事我们找你专门谈过，情况就是这样明摆着的，政府这边也没有退路，你作为队长，第一，思想要通；第二，要带头；第三，要做工作。刚才你没有来之前，我还专门对未书记说，于祖安你三步已经走了两步，这第三步就看你么样走了。你是个聪明人，其他的不多谈，这第三步走了，你就过了关，否则也过不了。当然，你的位置显眼，我们也不会在群众中说你已经签了字。

你的思想通了就好办，至于祖顺的要求，我们来考虑。”

未书记：“你把你哥（祖顺）和侄儿的事情搞定，把他们弄到镇上来签字，他们的事情我们尽量想办法。”

接下来，三人开始谈祖安哥的事情，大意是小组内一农户于祖同，因长年在外务工，将自己的一块田地转让给祖安的哥哥于祖顺耕种，却一直没有变更手续，土地承包经营权证上仍然是祖同的名字。现在开发来了，就涉及这块土地的占压补偿如何分配的问题，祖同的意思是希望三七分或四六分，即自己得大头，祖顺得小头；祖顺则希望能对半分，各得五成。自然，祖安是站在自家兄弟一边的，他希望利用自己的组长身份，通过政府来施加影响。而从老洪给他的暗示来看，他本人显然也已经在政府拟定的土地补偿协议上签了字，而现在政府则希望他能够配合做他哥哥的工作，这样一来，也就是互相有所求了。这是不是就属于老洪所说的“一把钥匙开一把锁”的范畴呢？

只听未书记继续说道：

“你把你哥和你侄儿搞来签字，这边的事情跑不了。不过，事情的解决也要有个过程，你也不要把这件事当成拦路虎了。”

祖安不语。

老洪：“你把这个事情搞了，也是给了未书记和我一个面子。”

祖安不语。

未书记：“你现在思想上还有一个小疙瘩。”

老洪：“政府这边，这个账已经反复给你算过了，政府也确实是没有退路，你当队长的要带头。”

祖安欲言又止。

未书记和老洪看出祖安有些犹豫，便紧追不舍，继续施加“柔性”攻势，向祖安继续派送高帽子。

实在不好再沉默了，于是，祖安说：“这样，我当着群众的面签个字，么样？”祖安显然无法继续躲避，他干脆以进为退，表示自己就是当着群众的面签字也无所谓了。

未书记："你还是要做通一两户人的工作，你现在站出来签字，我们怕你的压力太大。"

祖安苦笑："我现在是天天挨通[①]，他们（群众）认为我是特务，天天盯着我，这真是黄泥巴掉进裤裆里，不是屎也是屎。"

众人一阵哄笑。

老洪又说："开群众会，你带头签字当然好，但还要有几户配合，要先通通气。"老洪这是在说，你当队长的不能只保证自己，还要帮助做群众的工作。

未书记："祖成怎么样？"

祖安："他现在不会带头签的。"

老洪："那今天你干脆来爽快点，把你哥哥和侄儿搞定。"

祖安："我拿他们没有办法……"看来，在没有得到相应的承诺之前，祖安并不情愿去做他哥、侄儿的工作。从整个谈话的气氛来看，他都并不是很配合政府干部。那么，他自己又为何已经签了字呢？莫非是另有隐情？

未书记继续动员："除了你屋里的人，你还要搞一户。"

祖安两手一摊："除了我屋里的，我一户也搞不动了。"

"这一步搞了，动工之前，再按乡里的盘子，你该如何到位再说。"老洪见继续劝说无效，就又向祖安暗示着什么。

祖安也不再老顺着说，他问起了另外一个问题："整个洲头园区都是一个价？"显然，他知道硬顶着也未必顶得住，所以，他现在最关心的是先期开发的四组不要吃亏，他自己不要挨骂。

未书记："那肯定。"

祖安："那要写一张条子给我。"

未书记："那好说，我们就不紧谈了，条子我们写。中午我请你吃饭，就在镇贤酒楼。"

祖安掏出手机，开始给他哥打电话，要他来镇上签字。

---

① 当地土话，指挨骂的意思，通人亦即骂人。

谈话有了结果。（参见附录1：23）

显然，今天这场谈话是事先预约好的，目的就是要四组组长于祖安动员他哥于祖顺在土地补偿协议上签字，而祖安则以祖同与祖顺的土地纠纷解决作为筹码，决定是否采取配合的立场。这显然是一场双方都互有所求的谈判，政府方面希望组长多做群众的工作，而组长则借此机会提出家庭的要求，不过，组长的配合看来也就仅仅到此为止，对于未书记和老洪所提出的要他再争取多做一两户农家工作的要求，他显得并不积极，而是以自己已经与政府保持一致，而且还为此付出了挨骂的代价来搪塞。看来，祖安自己的确是已经在土地补偿协议上签了字，但从他所表露出来的情绪看，好像也并非心甘情愿，所以，他在面对未书记和老洪一个劲儿的"柔性"攻势，要他走出第三步，多做群众工作，为政府分忧时，就并不是很买账，而是以"我当着群众的面签个字，么样"之类的话作为回答。这一回答与其被理解成对政府工作的主动配合，还不如说是被视为"反正我也签了，也被群众骂了，我也就这样了，其他事情就不干我的事了"这样一种典型的撂挑子心理的流露——"除了我屋里的，我一户也搞不动了"，就是这位组长此时的态度。

作为一组之长，于祖安当然也知道这件事情硬顶也顶不过，所以，他最终所关心的还是四组会不会吃亏，不要四组现在是一个补偿价，以后其他组开发时又是另外一个补偿价，如果那样，他这个组长就真的里外不是人了。所以，他最后提出要未书记写一个条子给他，以求保险。

谈话结束后，我从未书记那里得知，于祖安的确已经签了字，除他之外，还有几家农户也有些动摇，政府显然是希望在时机成熟时开一个小组会，让祖安再当众签一次字，以影响其他农户。这明显是一种工作方法。

又过了一段时间，我走进了洲头村党支部书记汪达海的家，同去的还是未书记和老洪。我曾经在未书记招待于祖安的酒桌上见过汪书记，这是一个长得白白净净、有几分斯文、穿着和气质都不大像农村干部的中年男人。当时我颇为好奇，误以为他是区里某部门下派的干部，后来得知，他其实是土生土长的洲头人，自 1989 年起就一直担任洲头村的党支部书记，迄今已经干了十几年。

不过，洲头的这位书记却不住在洲头村，他的家就在小镇的一条小街上，是一幢两层的小楼。汪说，他一家已经在镇上住了多年，老婆原来在供销社上班，后来下岗了，现在在商店里承包着一个柜台，做点儿小生意。我的好奇在这里算是有了答案，汪书记的生活其实早已经城镇化。

家在镇上，倒是方便了与政府的接触，政府干部有事情找他，多半也就直奔汪家而来。这些天为了开发补偿的事，汪家显然已经成了临时的前线指挥部，这不，今天又准备在这里召开一个镇村干部会，就“五一”节前的群众工作再一次做动员和部署。会议是由汪书记主持的，基调就是给村干部们打气鼓劲，要他们不要因为工作困难而气馁，咬着牙也要把四组这块硬骨头啃下来。汪首先总结了前一段时间的工作，说大家为了税改迎检的事，忙了好一阵子，现在总算圆满完成任务，林书记还专门奖励了村里 300 元钱，以资犒劳。现在离“五一”节还有七八天的时间，村里的工作就是要全力以赴地攻克四组这个堡垒。“如果能拿下来，‘五一’节都能过得愉快一些。”汪书记还特别建议未书记在“五一”节把大家（村干部）带到外面去玩一玩，放松一下，经济上该到位的也一定要到位。“工作完成了，各方面都主动，享受也是应该的”，所以，“从今天以后，工作重心转移，头等大事就是四组的工作，如果能拿下大部分农户，要他们签字，剩下的几户就是工作做不通，也不会影响整体”。

在会上，未书记也集中讲了他对做四组工作的两点意见：

第一是要发扬税改精神，继续作战，把工作重心转移到农民补偿上来。未书记说目前的形势是比较严峻的，小镇园区唯一批准的项目就是人防训练基地，如果洲头没有项目，园区就可能被取消，那样，开发就没有希望了。所以，大家一定要振作精神，把工作做下来，务必确保工程按期开工。第二是现在的形势比较复杂，四组的群众互相盯着，都不签字，在这种情况下，工作难度大。他提醒干部们要注意工作方法，不要把水搅浑了，如果说对某一户有80%的把握，可以把他攻下来，就把他拉到镇上来签字，签了字就好说，也不怕他反悔，政府在法律上就立得住，但如果没有绝对的把握，就暂时不要把他拉到镇上来，否则还是一颗“定时炸弹”，他回去说我们如何地对待他，还会把事情搞复杂。

未书记讲完了这两点后，就说中午要接大家到镇贤酒楼去喝酒，说这也算是对干部们前段时间工作的慰问，对下一步工作的鼓励。

老洪也说在目前的情况下，大家一定要放下包袱，轻装上阵，并强调工作再困难也无路可退，只能按目前的这条路走下去。所以，明知其难也必须解其难。现在的目标就是5户，他建议在座的干部平均两个半人包一户。老洪还特地强调，任何事情，只要不违法，有利于工作的，就可以考虑去做。（参见附录1：24）

整个会议开得不长，也就是个把小时，会上，主要是未书记、老洪和洲头村的汪书记三个人轮番地给村干部们鼓劲儿，这显然是税改迎检之后洲头村将工作重心转移到农民土地补偿问题上来的一次战前动员会。这次会议上给我留下深刻印象的是，与秦家畈村的主职村干部相比，洲头村的汪书记显然具有更加明显的“国家化”立场，而前者却总好像与政府干部存在着某种若隐若现的距离感。如果撇开这两个村的主要领导在个人性格因素上的不同，这种立场上的差异显然是在提醒我去注意不同类型的任务与乡村利益连接的不同关系。相对于对征收的望而却步，无论政府还是村庄都对开发寄予着某种共同的利益期望，也许正是这种共同的利益期望促使汪书记采取了较陈、罗二人更加官方化的立场，也更为自觉和主动地扮演起基层政权代理人的角色。

在镇贤酒楼的聚餐之后，洲头村的干部便分头下到四组，一场新的较量在暗中拉开了序幕。

三

要钱是孙子，无钱是羔羊

“这狗 × 的收税”

虽然说开发之中政府、村庄和农户之间的利益较量颇牵扯小镇主要领导的精力，但是，那毕竟是一种看得到化解希望的发展之中的矛盾，真正让整个政府从上到下都深感头痛和苦恼的，却还是近年来农业税征收所面临的越来越大的困窘。

农业税征收中农民的不合作，收税越来越困难，始于上个世纪 90 年代下半叶，从全国范围看，这是整个中西部农业地区逐渐凸显出来的一个问题。正是这一问题的日益突出，使中央政府最终意识到愈益沉重的农民负担不仅阻碍了农村发展和农民生活水平的提高，也日益成为影响农村社会稳定和动摇基层政府合法性的一颗“定时炸弹”。因此，中央才痛下决心，开始进行农村税费改革，减轻农民负担。在这种背景下，小镇于 2002 年下半年进行了税改。按说，税费改革之后农民的负担从总体上有所减轻，农业税征收的难度应该降低，而从省内一些传统产粮区传来的消息也的确如此。然而，自从我下到小镇以后，却不断地听到一种与主流信息相反的声音，在这里，与税费改革之初乡村干部普遍持有的乐观预期相反，在这个原来农民负担问题并不特别突出的城郊地区，税改之后的农业税征收却出现了意想不到的矛盾，征收的难度不降反增，越来越大。

4 月上旬，在秦家畈村干部们为迎接税费改革大检查的那一次赶做“作业”的过程中，老罗就曾经第一个向我提到过这一点，不过，当时他所说的还只是秦家畈的特殊情况，即税费改革之后，村里不再出钱为村民垫缴，所以，政府对村里的总负担虽然减了，村里落实到每一家农户的任务却没有减少，也就是说，需要农民自己掏出来的钱反而有微小的增加。由于减负预期与实际的减负效果之间存在着差距，部分农户遂生怨言，征收的难度也随之增加。除了这一特殊原因，老罗后来又向我提到，还有另外几个同样影响到秦村农民纳税积极性的原因：一是税赋悬空。税改之后，村民认为赋税“增加”，遂抛荒土地。政府给村里下达的任务是 15 万元，但经过农户签字认可的只有 11.7 万元。二是有的农户有税无地。居住在镇街上的个别农户，私下将责任田换给来镇街建房的外来户，未在镇城管和土管部门办理任何手续，这样，土地实际上已经用于建房，但赋税任务仍然存在。结果，这笔钱或者由建房户代缴，或者干脆就没有人认账。三是税改之后，国家规定不得丈量土地，有的土地名荒而实未荒，有人耕种却无人纳税。面对这些情况，村干部也没有办法，因为中央为了从根本上缓解农民负担问题，防止因征税激化社会矛盾，不仅对减负数量做出具体规定，而且还对防止干部的强制性征收做了种种严格规定，这些规定被视为绝对不能触碰的“高压线”，一旦干部有违规行为被举报查实，将受到严厉查处。在新的政策背景下，过去已经习惯使用的一些强制性征收行为被严厉禁止，取而代之的征收精神是在小镇广大乡村干部中广为流传的那句顺口溜：“打不还手，骂不还口，有钱就收，无钱就走。”据说，这句话出自省里某位权威领导之口。“既然这样，农户不缴，干部还能有什么办法？”加之前些年因农民负担加重，干群关系从总体上呈恶化趋势，新的政策精神在有助于从根本上缓解干群关系的同时，也在客观上有可能加剧一些农民对干部的对立情绪——“你看，上面的政策多好，不知你们这群干部过去吃了农民多少黑钱，现在卡喉了吧。”以上诸种原因混合在一起，就使秦家畈村的干部面临着一个他们在税费改革之初所没有预料到的矛盾，农业税赋反而更加不好征收。

“实际上，在收款情况最好的年景，我们村也不过能收到10万元，一般情况下也就是6至7万元，今年由于没有强制措施，恐怕够呛。好在现在规定不准由村干部收税，村里的压力可能会小一些。”在诉说完收税的种种困难之后，老罗又心存一份侥幸。（参见附录1：25）

其实，除了秦村的农业税赋具体到每一家农户那里“不降”反“增”的特殊情况，老罗所说到的税赋悬空和干部缺乏征收的强制性措施，也是镇干部和其他村庄的干部们普遍抱怨的问题。未理明副书记告诉我：“中央提出不丈量土地面积，又提出税费不能悬空，这两者实际上有矛盾，搞得下面的干部不好操作，陷入左右为难之中。”（附录1：26）镇财政所的干部在与我的座谈中也提到：“农村税改工作的一个前提就是弄清楚土地的面积，但由于土地不能丈量，农民上报耕地面积时就往往多种少报，遇到开发补偿，又少种多报。各村上报的荒地面积也都有水分，有的地实际上有人耕种，但国家规定征税面积必须经农民签字认可，所以，农民不报，不签字，你就没有办法。这少数人的行为得不到制止，必然挫伤大多数农户的纳税意识，影响到他们的行为选择。”[1]（附录1：27）一些乡村干部也纷纷向我诉说，现在规定收税只能由财政所进行，虽然合法在理，但从实际情况看，没有乡村干部在场，财政所的征收难度很大，不要说一些财政专管员连农户的家门都摸不着，就是找到了，由于他们与农民不熟悉，又缺乏约束农民的制度措施，农民并不买他们的账。结果，大多数专管员收税时照样还得回过头来重新寻求乡村干部的支持，而且实际上还得由乡村干部们唱主角，专管员所能做的，最多就是负责收钱和开票。但是，上级在考核财政任务时，仍然是以乡镇和村为单位，完不成任务，也仍然要追究乡镇政府和村里的责任。这就等于说是将乡村干部的权力取消了，责任却没有丝毫的减少，由此也就增加了征收的难度。（参见附录1：28）

对于在任何情况下都不得强制性收税的规定，乡村干部们也有自己的说法。财政所的王主任说："税收本来就具有无偿性、固定性和强制性这三种特性，现在，众税之中唯有农业税不允许强制征收，上面却又强调下达的任务一分不能少，要按时按量完成，这就等于是把矛盾扔给乡、村两级，让基层为难。乡、村两级收不齐农业税，除了用其他资金垫付或者借款缴税之外，就没有其他办法。"（附录1：29）镇里分管农业的姚学明副书记也说："税改之前，村干部的收税积极性要高一些，因为'三提五统'中有一部分是由村里支配的，现在的农业税附加虽然也返回到村里，但村里不是征收主体，钱不从村里经过，积极性就有所降低。"姚说："上面把农民的觉悟估计得太高了，一方面任务必须完成，另一方面又不能强制征收，这样一来，乡、村两级就处于两难之中，结果，相当于是把困难扔给乡村，镇、村两级从农民那里收不齐，就只有想尽各种办法，到处筹措化缘，将缺口补上。"（附录1：30）

撇开农业税应否取消、我国农业税是否实际上是用于供养基层干部这些近些年来学界和政界争论得十分激烈的更为全国性的宏观问题，小镇乡村干部在此时所表达和抱怨的，实际上是现行政策与社会环境下农业税征收政策在执行过程中所遭遇到的特殊困难。说句公道话，这样一些属于"地方性知识"（吉尔兹，2000）或更准确地如杨念群所称的"地方感"（杨念群，2004）的困难是不大为习惯于从事宏观研究的学者们所关注的，[2]他们所关注的往往是一些带有全局性、主导性、战略性和政治正确性的大话语，而非这些新旧政策交替杂陈过程中所出现的技术性矛盾。例如，他们知道农民负担沉重已经或必将继续影响农村的发展和稳定，便主张减轻农民负担；他们认为农业税费实际上主要用于供养乡村基层干部，便力主以"倒逼效应"来进行乡镇机构改革（参见李芝兰、吴理财的分析，2005），或干脆取消乡镇政权，搞"乡镇自治"或"乡派"，将多余的乡村干部打发回家。（参见邓大才，2001；徐勇，2003；于建嵘，2003）[3]但事实上，只有身临其境的地方和基层政府以及那些具有丰富行政经验的中、高层领导者才更加清楚地知道改革所面临着的选择限制和社会成本。他们知道，因为历史原因而已经多余出来的乡村干部实际上是很难用打发回家这样的改革方案来化解的，那样做实际上是在化解农村社会底层不稳的同时却又在制造一个农村社会中、上层精英的不稳，而这种不稳在任何时候，尤其是在一个社会加速转型时期给国家和社会所带来的损害可能较前者更为直接和紧迫，也更加具有操作上的危险性。因为从政治稳定的角度看，底层精英的不稳往往是促成弥散状态的底层不满被转化为实际社会对抗的关键因素，因此也是更加不可取的政策选项。运思于此，倒使我想起了电视连续剧《走向共和》中慈禧太后的一句台词："兴一利必生一弊。"这话不知是历史上慈禧本人所言还是剧本所设计的台词，不过它倒的确十分准确地把握到改革比革命所面临着的更大困境和更为局促的行为选择空间的特点。（可参见亨廷顿的相关研究。亨廷顿，1988）事实上，这样的改革困境我们在近30年来的历史进程中已经屡屡遭遇，而小镇的乡村干部无非是站在他们所处的特定场域中去再一次体验。其实，不仅是小镇的干部，就是高于小镇的大江区、H市和省里的干部也未必就不清楚新政策所带来的困境。因此，他们实际上根本不可能采纳那种具有"意识形态正确性"却缺乏可操作性，或者说从根本上就是在添乱的取消乡镇政权和将多余干部打发回家的整体式改革方案（这些方案名为改革，实际上是对现存秩序的一种"革命"式颠覆，如果有哪个当权者采纳这些方案，将是政治上的幼稚和低能），而只能采取控制基层干部现有编制，花若干年的时间，用自然退休去逐步消化基层政府臃肿的这一更为温和务实的点滴式慢性疗法。这样，他们也就不能不继续面临收税养人这一虽然不尽合理却也无法避免的现实。这就是为何他们既要坚决执行中央的减负政策，却又要下达严格的税收任务的原因所在。他们是否知道在这两者之间本身就存在根本的矛盾，而使乡村干部无法操作呢？也许知道，也许不知道。若说知道，我们可以从现行政治—行政体制具有层层奉上的特点中获得解释，即理解的要执行，不理解的也要执行。若说不知道，则可以从我国政治与行政体制的信息反馈特点中得到理解。一般而言，在这一体制中，由于存在着信息自下而上层层屏蔽和筛选的特点，政策制定者很难预先充分估计到某项政策出台之后可能产生的复杂影响，它只能采取试错的方式，在政策的推行过程中去逐步发现和修正其负面作用；另一方面，在权力和责任并不均等的现行体制下，政策执行的中间环节也更宁愿以下层在政策推行过程中所遭遇到的困难去提醒政策制定者完善和调整该政策，而不愿意以违背上级意愿的方式，通过更为前瞻和主动的方式进行预先的忠告和进言。这两年我们所经历的从力图通过税费改革减轻农民负担到中央政府最终宣布在5年内彻底取消农业税这一政策的摸索与转变过程，就十分清楚地反映出上述特点。其实，不管是通过何种方式、何种渠道，政策制定者们都并不是在一开始就十分清楚地意识到税费改革不仅不能从根本上解决农民负担，反而会给地方基层造成新的财政危机这一局面。因此，只有当这一政策的推行本身将问题或问题的前景逐步清晰地展现在决策层面前的时候（这就是学界所称的“倒逼”与“反倒逼”的博弈。参见李芝兰、吴理财，2005），他们才最终做出了彻底取消农业税的决策。（其实，就是这一新的政策也可能产生始料未及的复杂影响。例如，它可能会使土地权属的矛盾全面凸显，只不过当这一问题前景尚未完全充分地展现在决策层面前，使他们感到不解决这一矛盾就将发生重大问题之时，他们也许不会将注意力完全放在这上面罢了。）

不过，当我在小镇调查的初期阶段，中央尚未做出全面取消农业税的决定，所以，作为政策推行者和接受者的乡村干部此时此刻所面对的，还只是税费改革政策在减轻了农民负担的同时却又导致新的基层治理困境的这一初期局面。因此，遵循同步记述历史过程的原则，还是让我们把思绪暂时拉回到历史事件发生时的“当下”这一时间断点上，去设身处地地分析和设想在这一历史时段上乡村干部对税改政策的种种反映，去尽可能体验和复原他们在当时当地条件下的思想和情感。

如果将乡镇干部也视作乡村社会的重要构成，那么，站在乡村主位的立场上，我们将能够意识到，小镇乡村干部此时此刻所遭遇到的困境是真实和值得思考的。例如，对于是否允许丈量土地和强制性征税，这两个问题带给中央高层、主流理论界和地方基层干部的感受是完全不同的。对于前面两个群体而言，可能是有意要放农民一马，但也可能的确对农村所存在着的“黑土地”问题和农民逃税行为的普遍性估计不足，但不论他们怎样考虑，不准丈量土地和强制性收税的规定在体恤和保护了农民利益的同时，又确实是给基层干部的工作造成了混乱。长期以来，20 世纪中国革命的历史以及由此而生的革命化意识形态早已经衍生出一套人们不再对其本身的对错进行思考的概念化和符号化的社会分析框架，遵循这一分析框架，国家是人民的国家，人民是国家的主人，农民是这个国家的阶级基础，理所当然地被设定为忠于和服从政府的道义行动者，而“经济人”和“理性人”这些现代经济学的基础性假设，在这些符号化和概念化的意识形态框架面前便戛然而止。一方面我们的学者能够以利益和理性的眼光看待政府，另一方面却少有人能够以同样的标准去看待农民在与政府互动中表现出来的行为特性。因此，在阶级斗争的分析框架被消解之后，面对农民大量和普遍存在的与政府的逐利和博弈，我们要么先入为主地将农民视为遭受政府和干部欺压盘剥的社会弱势，而去苛责干部鱼肉百姓和野蛮横行；要么因为缺乏分析复杂社会状况的理论框架而陷入严重的盲视；或者就是因为单纯地同情弱势而根本不愿意去正视农民作为社会角色之一部分而普遍存在着的阶层性弱点。结果，基层乡村干部在农村工作中所实际遭遇到的种种真实问题和真实困难，却反而会因为缺乏与主流政治文化和意识形态相一致的理论表达框架而或者被社会中上层（包括政界和知识界）所曲解，或者干脆就处于“失声”与“消失”的境地。

试想，当我们通过以上分析解构了主流话语和社会舆论得以形成的历史和意识形态根由之后，站在乡镇主位的立场上对上述乡镇干部的倾诉作一种“复声”的处理，我们难道不会正视和同意因不许丈量土地和不能强制性征税而给乡镇基层工作所带来的现实困难吗？至少，当我们把讨论问题的场域界定在乡镇之内时，这就的确是一个值得引起人们（包括政策制定者和研究者）充分注意的问题。乡镇干部不是政策决策者，也不是政策研究者，我们不可能要求他们去理解和体会一项政策的超越乡镇场域之上的意义和作用，而只能要求他们去思考他们所面对的问题和境遇的真实性。正是在这一点上，作为一个以乡镇为研究场域的田野调查者，也就自然应该尽可能设身处地去分析、理解和体验同样的问题，并以此出发去反思相关的公共政策设计和理论研究。

不过，困难归困难，抱怨归抱怨，无论是作为一项政策的具体执行者，还是作为基层政权体系这一特殊利益群体的构成者，这税再难也都得去收。

这是一个以财政论英雄的时代。小镇的工商税在总量上虽然超过农业税，但后者仍然构成财政收入的重要部分。武镇长就曾经告诉我：“农业税这一块虽然有难度，但最为实在，其他税种都按比例上解了，农业税的大头却在县区以下，收一分钱就能用一分钱，所以，区里也擂得紧，不完成不行。”（附录1：31）结果，在5月份之后，我所参加过的几乎每一次周一的政府例会或干部学习会上，林书记和武镇长都要对农业税征收这一问题做反复的强调。以下是两次政府工作会议上林书记有关农业税征收的讲话摘要。

2003年6月12日政府学习会。

林书记强调：目前要切实抓好的几项事关全局的工作中，当务之急、重中之重是财政收入和招商引资，重头戏在农业税收这一块。现在，有的典型已经冒出来了，如周湾、团结，这些都是过去的老大难村，今年却不错，但有的村到现在才搞了千把块钱，不知是怎么搞的。

到6月底，全年任务上半年要按30%的目标完成，大家都要对应这个目标找准自己的位置，星期六、星期天，我们也不能说休息就休息，你自己（指村干部）觉得该休息就休息，你觉得不该休息（还有距离）就下去擂。（附录1：32）

2003年6月16日政府工作例会。

林书记在讲到本周工作安排时，第一点就强调要抢前争先，确保农业税征收任务的完成和超额完成。他说："上周，为了发展蔸头生产的事，我们到南部几个乡镇去看了，感受最深的就是他们在政府的公布栏中把征收的任务、责任人和征收进度都公布了，他们上周完成的任务在60%以上，有的在40%以上。就全年完成的任务而言，他们已经走在前面，我们作为一个农业大镇，却滞后于南边的一些乡镇，从现在起，要把这件事情抓起来。（1）统一时间。要求各村在6月26日以前，以现金形式对这之前的征收结一次账；（2）统一基数比例。这一次的算法，基数点等于农民签字的一部分加上村组承担的一部分，比例＝基数×30%，要排队，我们是确保30%，力争35%；（3）统一奖罚办法。按30%完成任务的要表扬，超额完成30%的有奖励，没有完成任务的，按比例折扣干部收入的一部分。财政所也要参照这一办法，将工资补贴拿一部分出来作为奖惩；（4）统一结算办法。农户能按进度、比例完成任务的，每100元奖励5元；（5）统一征收纪律。做到财政征收主体责任制、日收日结制、工作连坐制，镇村干部协助做好协调工作，确保不强制征收，不超标、不超时限征收。农民有一次性缴清的，积极性要保护，但不能强制。实行双评制，现在的征收进度，财政所和政府都有底子，要争取两天或一天更新一次内容，要排列名次，以资激励。（附录1：33）

可见，为了将农业税征收工作擂到位，政府的主要领导已经想到了从精神和物质鼓励到确定明确的进度目标，再到与干部的收入挂钩，最后到实行乡村和财政所干部的责任连坐等可以想到和可以做到的所有措施。在这种情况之下，进入五六月份，在度过了H市防“非典”那段最为紧张和令人窒息的特殊时期之后，[1]在小镇的乡村干部之中，收税的压力也就骤然增大起来。

5月20日早晨，8点钟不到，秦家畈的村干部钱跃进打来电话，说今天他们就要开始收税，让我一同去。我早就与他们约定，待秦村的夏征一开始就通知我，我要亲自去体验一下农村的收税过程。

到了钱家，只见陈志华书记、老罗、马会计、钱跃进和财政专管员毕华英等一干人都在等我，大家相互问候了几句，小钱就领着小毕和我开始了今天对秦家畈四组的征收。这一过程，按照他们习惯的说法，还是叫“收公粮”。

四组就在镇街的范围之内，有50多户农家。但这里所说的农家仅仅是指户籍意义上的，由于就在（或紧挨着）街上，真正单纯务农的已经不多，大多是一些兼业户，有少许土地，再兼做一些生意，例如跑跑运输、摆个小店、搞搞机修之类，也有的人家干脆就是只有税而没有地的。按理说，这样的家庭手头总该有几个活钱，不然，这一天的日子如何开销？然而，一旦进入实际的收税过程，我才发现事情并不那么简单，手头有钱却不等于愿意把钱主动缴给你，更不等于你能够从他手里收走。临街的生意户尚属顺利，你找他要，他嘴里咕噜几句，说怎么这么早就收，往回不是在下半年吗？但是咕噜归咕噜，“早缴迟不缴，反正也是缴”，很快也就把钱缴了。因此，这收税给我的最初感觉，与在城里收个水费、电费的也没有什么不同，只不过多了个村干部带路。

离开街边，拐入临街房屋背后的田野，情况就很有些不同了。此时正值农忙，农户大多在田间地头忙碌，见有村干部带着一男一

① 2003年上半年全国暴发非典型性肺炎，在这段时间里，小镇与全国一样，同样经历了令人高度紧张的防治“非典”的特殊时期。

女两个陌生人来要钱，心里面就有些不痛快，这一不痛快，嘴上也就嚷嚷起来。

“这么早收么子钱，冇[①]，过两天再来！”

“现在急着要钱买肥料，着么事急，下半年再说！”

“不急，不急，早缴迟不缴，反正是个缴，有钱就把两个。”小钱打着哈哈，满脸堆笑。

“不是说减负吗，怎么今年比去年还多了？”

遇到这类发问，小钱就得解释了，说以前的“三提五统”由村里垫了，今年改为“两附加”，村里不能再垫，所以，与税改之前你们实际应该缴的相比，还是减了。小钱这样解释也不是第一次，在给各家下负担卡的时候就已经讲过，所以，农户的发问实际上是在故意为难和发气，毕竟从自己的荷包里掏得更多，总不会是高兴的事。

有的农户嚷归嚷，但嚷过了还是会缴的，四组农户的土地已经不多，一家的负担总共也就几十或百把块钱，少的甚至只有一二十或者几块钱的，但有的农户则可能是要给你来个恶作剧，要干部多跑几趟路，所以，他们说手头无钱，要我们下一次再来。一位中年妇女半真半假地说：“那么好收钱？不让你多跑几趟路还行？”有的干脆就说：“现在收么子钱，下半年再来。”我亲眼见一农户全年负担总数为6元，但他也说没有，可看他嘴里叼的烟卷，怎么着也总是一两块钱一包的。遇到这类情况，小钱也还是得笑，并不当真生气，在他看来，这种情况是再正常不过了。“第一次收钱嘛，也不要有什么大指望，就当是先去打个招呼，下个通知，让他们知道收税开始了，这样一来，你下回再去，这些人就会缴了。”“这些人总是这样，喜欢拖，真正的‘钉子户’在这个队还是蛮少的。”

小钱显然对农户的脾性早已摸透，一路上，只见他尽兴地与老农们开着没大没小的玩笑，与妇女们斗嘴，说一些有荤有素、一语

① 方言，没有的意思。

双关的话。小毕也是个老财政，对于已有七八年收税经历的她，这种状况也同样是见怪不怪，只是笑一笑，也不多说，任由小钱去插科打诨，倒是我这个观察者有些着急，说，这个月底看你们怎么完成 1.5 万块钱的任务。

沿着村湾转了老一阵子，到中午，约莫就走了大半个小组，我算了一下，零零星星的，一共收了 12 户农家的钱，总共近 700 元，小毕好一副高兴的样子，“只要总有收的，这路就算没有白跑”。

中午回到镇上老罗的餐馆用餐，这也是老规矩，算是村干部的工作餐，钱就记在村里的账上。

午饭之后，我们没有再下田野，而是去了镇上的菜市场。这里的几家农户以卖菜为生，此时他们正围坐在一起打牌（自然是带彩的，钱就摆在桌子上），但他们对来收钱的小钱并不配合，除了一户收得还算顺利，余下的几户干脆就直言不缴，说是政府去年该退的教育附加还没有退。关于教育附加退费一事，我在前面已有交代，钱正在退，但是要农户凭缴款的发票退钱，一些农户因为找不到当时的缴款凭据，暂时未退，需要他们自己到原镇教育办公室去查底子。但几个卖菜的不管那么多，说只要教育附加不退，就不缴公粮，“三年五年也不缴，一直到抵清教育附加为止”。农民就是这样，你多收我的钱就该退，我有没有发票无所谓，我才懒得去查账嘞，要查你帮我查，当初你不是追着要钱吗？退款就要我自己跑了？就在公粮里抵吧，至于账怎么做，那是你政府的事情。

小钱和小毕大概也已经习惯农民的这一类“东拉西扯”和“删繁就简”，此时，他们心里所想的，也是何必跟这些人扯，到时候直接在账上充抵就是了。“这种人，你跟他们讲不清。”小钱对我讲。这“讲不清”的背后，大概就是“这些人就这个素质”这样一类的潜台词。我又想起昨天老罗给我讲到的一句话。镇街上的农民比较“刁蛮”，不那么好打理。这“刁蛮”二字似有贬义，但不那么好打理倒的确让我体会到了，这大概也是在长期在街头里巷的边角社会中磨炼出来的一种地方习性吧。[4]

但“刁蛮”归“刁蛮”，“斗狠”归“斗狠”，我发现这些农户在与干部交往过程中的态度却又很难用“好”或“坏”这样的字眼来形容，说“坏”吧，他们在“要刁”“要蛮”和“斗狠”的时候脸上始终又挂着笑，叫你有气也不好发作；说“好”吧，这说出来的话又句句带刺儿，很不入耳。

“收钱你就来了？”

“怎么一年到头都在收？”

“搞完第三产业（指打牌），又搞第一产业来啦（指收钱）？”

总之是显示出一副十足的底层边缘人物所特有的“痞”气。而小钱久居当地，熟悉这些人的脾性，自然是久经战场，自得于其中。你“痞”我也“痞”，同样地笑容不失却又同样地回骂两句：

“不收钱来做么事？”

“不一年到头收还不自在了你？”

“是啊，第一产业第三产业两不误嘛，不跟你一样？”

…………

可见，他对于这种吃力不讨好的活计并不会觉得有什么不适应之处，反倒是很有些悠悠然地自乐于其中，因为这早就已经是他生活中不可缺少的一部分了。（参见附录 1：34）

此时，我忽然对村干部的角色定位有了更为深切的认同。一次交谈中，老罗说，这村干部确实算不得什么正经的职业，它叫人以痞来应对和消磨人生。当时，老罗用“青皮手”三个字来给村干部的角色特点进行定位，说这“青皮手”既非红道，也非黑道，是近似于过去江湖上青洪帮一类的人物；他们无正当职业，无所事事，不愿以体力劳动谋生，却通过协助官府维持地方秩序来获得自己在地方上的生存空间；这类人好吃懒做，却又头脑灵活，嘴巴乖巧，颇多心计，一句话，“是官刁死民”（即比纯朴的农民油滑）。（参见附录 1：35）老罗的形容中兴许带有几分自我嘲弄的“解构”意味，自然不能用在正规的学术场合，而且我以为也远不能够概括村干部角色与行为的全部特点，但是，想想今天小钱带着我们在四组的田间地头及农户的房前屋后来回转悠，以各种方式和技巧向农民讨钱，为此挨“通”挨“骂”，被善意或恶意地嘲弄和讥讽，却又要视若寻常，气定神闲，久而久之，自然就练就一身以“痞”对“痞”的职业特性，此时，这“青皮手”三个字安在身上，还真的就有几分贴切与接近。想到这里，我似乎也对电影《抓壮丁》中王保长的脾性有了进一步的理解，我甚至在想，如果自己长期置身于相同的环境，会不会也养成这样一副痞性十足的边缘性政治人格？[5]

一天下来，小毕总共收了700多块钱，有13家农户缴款，但秦家畈村总共有18个村民小组，大几百户人家，这样磨下去何时是个尽头？我对小毕说，你可要做好跑路的思想准备呀。可小毕却说还好，早就已经适应了，只要每跑一趟都能够收几百块钱，就总是有希望的。是的，“牛奶会有的，面包会有的”。小毕的回答不禁让我想起电影《列宁在十月》中列宁的警卫员瓦西里的那句台词。那台词曾经伴随着我们这一代人度过了自己的童年时代，现在，同样的期待好像又已经成为困守之中的乡村干部的精神支柱。

可是，在5月底之前要向财政结清1.5万元的现金呀！

这的确是一场消耗战，战场就在这四下乡野的田间地头和几乎每家农户的房前屋后，战士自然就是成天转悠在乡野田畴的村干部和财政专管员了。但如今他们的手上已经没有多少可以运用来“克敌制胜”的法宝，有的只是一双铁脚、一张利嘴和一张因职业需要而挤出来的笑脸。“打不还手，骂不还口，有钱就收，无钱就走。”凭借着上级领导奉送给广大农村基层干部的这四句经典之言而与整个村庄的农户作战，让他们缴税就意味着胜利。但是，他们究竟有几成胜算，能让农民自觉地从荷包里把钱掏出来呢？我没有把握。在已经有了对农民作为社会弱势群体的多年同情，并且还将继续同情下去之后，我忽然感到，是否也同样需要同情一下这些“痞气十足”的村干部呢？

从四组回到寝室，已过了下午3点，此时，只听见隔壁房间里吆五喝六，几位镇干部正围坐在一张矮脚玻璃茶几旁边“斗地主”[①]。只要不是在最忙的时候，一些镇干部往往以这种方式来打发下午的时间。“青皮手”，我又一次想起老罗这个带有几分自虐的词语。那么，镇干部呢？是否也可以找到一个类似的词语来裁剪其职业角色所塑造出来的某些人格特性？结果，想了半天，我也始终没有找到一个能够同样刺激起我那发现宝物般兴奋的词语，倒是招商引资办公室老洪在一次谈起收粮收款时说过的一句话不经意地溜进了我的脑海，“乡下的这许多‘苕事’总是要人去做的”。[②]（附录1：36）

接下来的几周，一直到6月上旬，秦村的征收暂停了，因为陈书记和老罗认为现在时间太早，农作物青黄不接，真正务农的人家手头缺钱，这个时候去催收是吃力不讨好。但是，这个决定却使挂村干部范维萍有些坐不住，按照镇里的统一安排，到6月份结束的时候，必须完成全年征收任务的30%，按镇里下达的15万元算，就是4.5万元。范维萍已经知道在四组收税不顺利的情况，于是，她决定开会再做一做村干部们的工作。

会议一开始，老罗就抱怨现在的税收越来越糟糕，说以往村里可以主动去收，现在没有主动性了，但政府还是把包袱给村里背，压村里。

“5月份我们已经垫了1.5万元，现在又是一个3万元，村里垫了是白垫，就没指望能收回来。”

村干部们纷纷表示，还是得下去收，这样下去，村里也没垫的了。

财政专管员小毕说，近来她又在四组跑了两趟，总共收了千把块钱。

---

① 一种几乎流行于全国的牌戏。

② “苕”在当地的方言中是指傻和笨的意思。

大家又讨论怎样个收法，是否给农户优惠。范委主张，只要农户一次性完成任务的，可以按规定优惠10%，但老罗等却说，没有用，你这样搞，那些后缴的也会比着来，自动少缴10%，“以前试过这种办法，没得效果”。

陈书记说：“还是只有村干部和组长先缴，干部由村里发工资，村里可以给他们打条子。”

老罗说：“往年村干部还有积极性，因为多收可以多提成，但现在不行了。如果不改革，村里马上可以垫8万元，但现在不敢垫，垫了找谁去要？现在只有收多少是多少，垫出去的1.5万我们也没有打算要回来。”

范委说：“去年改革时，我跟大家的想法一样，以为从此可以高枕无忧，结果空欢喜一场。但是，既然我们站在这个位置上，吃这碗饭，恐怕还是要支持工作，如果光靠小毕，她就是哭也哭不出来。当然，我也不是说要村里继续垫，秦家畈还有几十万块钱，但总是越搞越少，这样垫下去能垫多久？还是要靠各位的协助和支持，大家一起去收，下去磨，到了月底，肯定是有缺口，这个我心里也有数，但现在还有15天的时间，我们还是要想办法争取最大的效益，尽可能地去收。大家都是有这个能力的，我的意思是大家要做好安排，是一起去收，还是分班去收？”

陈书记：“怎么可能分班，谁开票？还是要以财政为主才行。”

小毕：“我有多大的能耐？还是要靠大家帮忙。”

陈书记：“每个队都要有干部去，要实行包干。”

钱跃进：“该扣的，如京珠公路的绿化带款，先扣出来，可以抵一部分。”①

陈书记对小毕说：“你要去哪个队，我们的挂队干部和队长都跟着你，每个队的挂队干部和队长的名单、电话，我们都写给你。”

---

① 指京珠公路绿化带的土地占压补偿费，这笔钱已经拨到村里，尚未发到农户手里。

接下来，干部们又一次对挂组做了分工，并分别把名单和电话抄给毕华英。

这样，会议就暂时告一段落，范维萍、陈书记和老罗有事先走，未走的干部纷纷给小毕打气，说“你还是要想办法，该蛮还得蛮，不能说没有就走，那样你就不要想收到”，干部们说：“我们现在只能给你带路，多的话也不好说。”

我问村民调主任周达民：“实在收不上来怎么办？”

周答道：“到时候政府还不是要压我们垫。”

“会垫吗？垫了又找谁要去？”

“那再说，但垫肯定是要垫的，不垫，你这个村的书记、主任还想当？为了保官位，也只能垫。”

周又说：“其实，在乡镇也是一样，上面只抓住书记、镇长就够了，乌纱帽在头上罩着，还怕你不垫？就是借钱，你也得分文不少地缴齐。”[6]

我又问小毕：“收不齐你们是否要扣工资？”

小毕：“已经宣布了，要扣的。所以，从现在起，天天都要去收，必要时还得住到村里去。”（附录 1：37）

秦家畈的征收困境，在小镇的各个村庄普遍存在。

6 月 16 日，我随挂村干部曹元新下到了大陈村。大陈村是一个典型的农业型村庄，我们去的是村支书钱秉贵所在的一组。到达那里时，约莫上午 9 点，农户们均已下地，此时，税是无法收的。曹元新告诉我，一般都要等到吃过午饭以后，农户在家，才好去收。曹元新是一位老乡镇，52 岁，曾担任过乡镇人大主席，现在退居二线，只做挂村干部，他的话自然不会错。于是，我们就坐在钱书记家的院坝里消磨时间，不一会儿，镇财政所的严和平与刘丽也到了。

午饭以后，我们一行人在老严的带领下开始行动。湾子不大，就十多户人家，除钱书记一家已经先行将全年任务结清之外，其他各户尚未起征，我们就一户一户地上门。令大家都没有想到的是，我们一家一户地磨嘴皮子，一个小时下来，竟然一分钱未进！

老严很有些受伤的样子。不过，他是一个老乡镇，按他自己的说法，心理还能承受。他知道，这个湾子的人家大多是纯农户，今年的油菜、小麦减产，农民减收，余下的钱又都用于购买种子、农药和化肥，此时，农民手上可能真没有什么余钱。这样一想，也就多少给了自己一些安慰。所以，他并没有摆出一副今天你非缴不可的架势，而是以商量的口气对农户讲，希望下一次进村时多少能够缴一点儿，不要让他们又空手而归。毕竟半年将至，6月底规定要完成全年任务的30%。

但是，手上无钱，干部却偏找他要，农户的脸色就不那么好看，话也不那么好听。一农妇对前来收税的老严说："家里人刚住过医院，花了好几千块，哪里有钱缴，要不，你们把牛牵去？"这哪里是叫你牵牛，分明就是拿话来噎你，好在这种情景老严他们也见得多，就不言语，任你说。就这样一家复一家，向农民说着各种好话，又听着各种讲理和不讲理、中听和不中听的回答，从钱书记的家里出去，最后又转回到钱书记的家，仍然两手空空。最后，大家相互对视一笑，老严和老曹各自点燃手里的香烟，就算是给自己找个台阶下了。只有我这个从外部世界闯入的陌生人还在想，这哪里是份正经的职业？

钱未收到，任务还得想办法完成，全乡镇各个村都相互比着。如果别的村完成得比你好，你就会有压力，还发不成工资，于是，大家就又商议着下一步该如何办。办法嘛，一是财政专管员天天下来转。今天走这个湾子，明天再到别的湾子，大后天又转回来，天天下来磨，能磨一分是一分，能收十块是十块。二是村组干部首先完成。大家算了一下，这样一加起来也有好几千。第三，还是得垫。钱书记爽快，答应先垫两万元，把上半年的账先对付过去。大伙儿一合计，看来也只有这个办法了。（参见附录1：38）

两天以后，征收的那份难堪又让我体会了一把。这一次是随皮德友副镇长到他挂的范家坝村去。皮副镇长是一位性格外向的汉子，能说会侃。他收税有自己独特的风格，对这种风格，我称为“讨饭战术”——一种强者有意向弱者“示弱”以换取后者合作的权力技术。皮在向农户开口之前，总是要先把自己矮化，将对方置于优势地位，然后以这种着意虚构的场域让纳税人感到不缴就过意不去。

“我的大哥，我的大姐，多少缴一点儿，是个意思，也让我们好走路哟。”“多少献一点儿爱心，五十、一百都行。”诸如此类的话是经常会从这位副镇长的嘴里冒出来的，有时候干脆就是：“你老人家就把我们当作讨米的，行行好，多少打发一点儿，也让我们脸上好看、心里好想哟。”

可被称为“大哥”“大姐”“你老人家”的农人大概也是见惯了这种阵势，有些油盐不进。“秧苗都干死了，还把（给）公粮？！”皮副镇长马上又应对道：“过去没吃没穿，还要支援解放军嘞，现在大家有困难，多少把一点儿，就当支援前线了。”如果再不成，就说：“大家把点儿面子给我，支持我的工作，让我也好交差嘞。”

话说到这个份儿上，一般心地善良又不是真拿不出钱的农家就有些被磨不过了，于是，陆续地便有人掏钱。这一下，皮副镇长高兴，掏钱的人也找乐，就相互开起玩笑来。一位孤老说：“我一个独人，你政府可要照顾一下哟。”皮副镇长就说：“缴公粮嘛，30、50不少，300、500不多，要我照顾，给你说个媳妇如何啊？”于是，大家一阵哄笑，这干群关系又其乐融融了。

孙立平、郭于华曾经讨论过类似于皮副镇长此刻在范家坝村所使用的这一类“讨饭战术”，他们把乡村干部通过自我矮化、情境错置和拟亲缘化等极富“人情味”的方式来行使权力、应对农民日常形式反抗的权力技术称作“正式权力的非正式运用”，并分析这一权力运作方式转变的基本原因在于社会转型下总体性国家权力的衰变，使传统“硬武器”的运用遭遇效用边界问题，因而乡村干部不得不转而寻求非行政化和非正规的民间权力技术去实现国家意志。（孙立平、郭于华，2000）应该说，孙、郭二位学者的概括和分析都是极有见地，而且适合于定位与解释皮副镇长的“讨饭战术”的。不过，我对他们所得出的——基层政府官员通过对正式权力之外的民间权力资源的巧妙运用在很大程度上强化了国家权力，从而强化了国家在农村中的权力效用——这一结论却持谨慎的保留态度，因为我认为权力非正式运用的过程也同时意味着公共权力的去公共化过程，意味着公共权力治理威权的自动放弃或丧失，这种公共权力治理威权的自动放弃或丧失不仅导致我在“双村”一书中所分析过的“催收与拖欠的博弈”以及在这场博弈游戏中政府和村组织被农民牵着鼻子走，（吴毅，2002）同时也意味着如下我们所看到的干部在面对一些“打不湿，晒不干”的“油抹布”[①] 时，陷入一种权力运作失效的状况。

是的，确有那等能够经得住恭维、横竖不吃皮副镇长这一套的“油抹布”，这个时候，任你皮副镇长如何“皮”也有些发不出力。一老年男性，说有困难，皮要他多少表示一下，可这人比你还会说：“你们当国家干部的成天东奔西跑，为了我们老百姓，也确实够难的，但我手头确实没有钱，等有了，不用你们下来，我亲自给你们送到财政去如何？”面对着这等人，你能奈他如何？一会儿，他的儿子回来了，也是说没有，老皮又说：“多少破个零，让我们好走路。”那人则说：“小伢读书要钱，买种子、农药、肥料要钱，的确是没有钱了，有了钱一定主动给你们送去，不需你们跑路。”就这样磨了好一阵子，对方也不见一丝松动。能说会侃的皮副镇长蔫了，终于带领一班收税的人马败下阵来。我回头向村干部打听，得知这家人已经有好多年都没有缴税了，以前可以斗狠的时候，全

① “油抹布”是当地干部对那些软硬不吃、长期抗税的老油子的一种称呼，有些类似于我在“双村”一书中所描述和分析过的“大社员”，但两者行为的基本取向不同。“大社员”是将拖欠税费作为一种与干部对垒、以争取自身合法权利的武器而运用，而“油抹布”则更多了些社会无赖的习性，因而他们各自所获得的社会评价极不相同。（参见吴毅，2002：228—238）

靠干部们使用传统“硬武器”，从他家里强行称点儿谷子、芝麻什么的充数，现在强制措施被禁止，干部也就没辙了。

“这狗 × 的收税！”“狗 × 的打不还手、骂不还口。”老皮终于口无遮拦地大声骂了出来。（附录 1：39）

看来，孙立平、郭于华等人所言说和分析过的“软硬兼施”、权力情境虚构与人情及亲缘化的情境逼迫，在丧失了国家权力强制这一“硬武器”支撑的背景下，也有失去效用的时候，底边社会少数的“油抹布”将使这样一类在新的官民关系格局中屡屡奏效的权力运作方式遭遇“哑火”，从而使基层治理面临真正意义上的死角和真空。而问题在于，无论在我们的政策话语还是学术话语中，“油抹布”对国家权力的软抵抗以及公共权力运行所产生的种种消解作用，似乎迄今还是一个处于盲视的区域，或者即使引起注意，也是将其笼统视为斯科特（James C. Scott）意义上的弱者的日常反抗的一部分，（参见 J. Scott, 1985）而不能有针对性地展开对此类现象发生的社会机理及其影响的研究，这最明显地表明了既有研究所面临着的另一种意识形态困境。

“税源不够，靠关系去协调”

提到征收，还不能不提与农业税一起共同构成乡镇财政收入重要组成部分的国、地税等工商税收，在这个以财政收入的增长作为衡量政府能力与地方经济发展主要标准的时代，国、地两税的征收及其增长，同样是事关小镇财政和政府运转的大事。

国、地两税是按照分税制的安排，由政府不同的税务征收机关向社会征收的工商税种，前者由设在与小镇相邻的 S 街道国税所征收，后者由小镇地税所征收，这两个税务征收机构分别隶属于大江区国税局和地税局，但是区里每年下达税收任务时，却同时向小镇政府下达，并把税收完成的情况作为考量镇财政增长的重要指标，加之国、地两税的各个税种收入均要按一定的比例返还乡镇，作为乡镇财力的一部分，这样，无论是出于政绩还是增大乡镇自身财力的考虑，小镇政府也都会把每年国、地税税收的完成和增长作为自己工作的一项重要内容。所以，政府干部在谈到财政征收时，就是指包括农业税和国、地两税在内的所有税种的征收。

与近些年来农业税基本稳定不同，国、地两税每年是按一定比例递增的，增幅一般在20%左右，但因某种原因也可能会出现跨越式的增长。例如，2002年，小镇的国税任务是145万元，2003年就增加到187万元，地税也相应地由150万元增加到280万元。可见，在减轻农民负担的总体背景之下，地方财政增收的主要渠道是国、地两税。

乡镇财政的递增比例是如何确定的呢？分管这一工作的田国全副书记说："那都是指令性的东西，戴着帽子下达的。"即由区里根据乡镇去年完成任务的数量，再确定一个递增比例而确定下来。任务下达后，区里就按照这个任务来考核乡镇。所以，接受任务后，乡镇就要想方设法完成，并且还要适当地超额完成，以显示自己的实力和工作效率。（参见附录1：40）田副书记的意思很清楚，那就是这个任务的确定纯属长官意志，而非从财政增长的实际出发。这话出自小镇分管财政工作的副书记之口，由不得我不相信，但问题是区里在确定这一增幅时，是否真的就不存在与乡镇的互动？后来，我在与主管这一工作的皮德友副镇长和武仁杰镇长交谈后，对于这一问题的了解更加全面。

皮副镇长说："财政任务年年增长，在各个乡镇都如此，这除了上面不实事求是之外，还与接受任务一级政府主要领导的个人意向有关，因为这涉及政绩，而且，任务完成了，主要领导还会得到一定数量的奖金。所以，今年区里考核地税所，只要求168万元，是我们自己提出来增加到280万元的，国税也一样。"（附录1：41）对于皮副镇长的这种说法，我旁敲侧击地问过武镇长，他未置可否，只是补充道："任务完成了，政府也有一定的分成，钱收得越多，分成也就越多。所以，乡镇对于财政增长还是有积极性的。"（附录1：42）

综合以上三位领导的讲法，我归纳出自己的观点：财政的增长既是一个政绩和形象的问题，也是一个利益实现的问题。因此，在上下级政府之间，实际上存在着一个既积极引导又主动追随的双向互动，这个过程也许会给下一级政府造成一定的完成任务的难度，但任务完成的本身却又会给下一级政府，包括它的主要领导带来种种经济的和非经济的好处，所以，它实际上是一个上与下相互迎合与追抬的产物。也就是说，若单纯从政府内部的运作和互动来看，并不能完全将其视为瞎指挥和长官意志，其中蕴含着强烈的地方利益动机的追求。正是受这一利益动机的驱使，一级政府的主要领导才会千方百计地去提高自己的财政增收任务。当我把自己的归纳讲给武镇长听的时候，他笑了，称赞我对政府运转实况的观察已经有些入门了。

但是，道理上虽然谁都知道财政增长的好处，真正做起来却是颇为吃力的，因为小镇的经济不发达，工商业税源并不丰厚。就现有工商业的数量和类型来看，一是数量不多，二是规模不大。镇上现有各类民营、私营企业 200 多家，前者为原镇办企业转租给私人的，后者属于个体所有，其中绝大多数都不上规模和档次，镇内没有大型企业和高新技术产业，能够称为规模企业，即年产值在 500 万元以上的只有两家，年上缴税收最多的也不过 50 来万元。[①]所以，小镇工商业的效益和贡献在大江区只能排在中游，而大江区在 H 市也只能算是农业大区，工商业并不突出。（参见附录 1：43）这种状况从小镇的税源分布也可以看出，虽然近年来引进的项目不断增加，但或者是非生产性的，或者并未真正形成生产规模，所以，地税与国税相比占了大头。

因此，对于具体负责财政工商税收工作的田国全和皮德友来说，按计划完成全年的财政任务，按进度完成每月的征收计划，就是一件十分艰巨的工作。而按照行政惯习，这个按计划，实际上所指的必须是在时间上提前，在数量上超额。所以，几百万元的财政任务，

---

① 参见第二章有关云宏铁业的情况。

分解到每个月内，月进度就应该在8%—10%，只有这样，才可能做到提前和超额，并为下一年的财政增收打下基础。每个月的20号以后是乡镇向上一级财政部门结账的日子，每个月临近这个时候，田国全和皮德友就得拳打脚踢地使尽浑身解数，与国税和地税部门联系和协调，指望他们能够按照政府的部署如期完成征收计划。

与农业税一样，在工商税收的任务和实际完成任务的能力之间是存在着很大差距的，如果说前者的差距是由于赋税悬空和征收不力所造成的，那么，后者的差距则是由于小镇本身就没有如此丰厚的税源。一方面，经济不够发达，税源增长有限；另一方面，增收任务却至少以20%的年递增率持续增长。这势必就在任务与完成任务的能力之间造成一个始终存在的缺口。

如何去填补这样的缺口，如数完成征收目标，成为田国全、皮德友和武镇长乃至S街国税所和小镇地税所必须共同面对的问题。关于这一点，田国全说："所有规定的任务都是不可以瞎报的，这些钱最后都必须落实到位。"如何到位呢？"这里面就要花很多工夫，要想尽一切办法完成任务。"

可田国全未向我讲明如何去花工夫，又需要想哪些办法。

"税源不够，靠关系去协调"，这是心直口快的皮德友的说法。即通过各种关系，请别人帮忙，主要是请税源好的乡、镇、街道让一部分税源到小镇的名下，把别处的税缴到小镇。"而这就要依靠国税和地税部门出面做工作了。"

"别人怎么会愿意？不是超额完成任务有奖吗？"我提出了这样的疑问。

"是有奖，但条件好的地方也不愿超额太多，每年的增幅都是在上一年完成任务的基数上确定的，超得太多，意味着下一年的任务更大、压力更大。所以，即使税源好的地方也只想适度超额，多的，他们也愿意让出来。"皮德友这样解释。

"仅仅凭关系就可以搞定？"

"那也未必，"皮德友进一步说，"条件不好，又想多征收的乡镇都面临这样的问题，所以，除了协调关系，还得花费一定的代价，例如送点儿烟酒、土特产什么的，必要时还得拨一部分钱给主管我们征收的国、地税所，补充他们的办公经费，然后由他们去想办法。这些部门，区里只拨给他们人头经费，其他经费也要靠自筹，有了这笔钱，他们才运转得开。我们在经济上支持他们，他们为我们办事就有积极性。这笔钱的总数一般控制在协税总额的10%左右。”

皮德友把这称为“协税”。

武镇长则进一步解释：“我们也是没有办法，按理说，乡镇没有自己的税务部门，不是征收主体，财政这一块只能考核区里，不应该考核我们，现在区里却来考核我们，因此，不这样搞我们就完不成任务。”

不过，他们又都补充说：“这一切都主要是依靠税务机关去做，政府主要是与各方面搞好关系，提供保障。”

那么，小镇每年需要别人帮忙协调的税源究竟有多少呢？

武镇长说：“以今年为例，国税任务是190万元，地税是280万元，我们实际上能完成国税130万元，地税170万元，其他的就都要靠想办法了。”

皮德友则说：“去年的地税完成了150万元，到外面去协了75万元。”

也就是说，每年有将近一半的工商税收都得依靠这种办法来完成。[7]

不过，他们也都承认，困难有，但积极性也有，因为收得多，返还到乡镇的也多。皮德友说：“钱缴了上去，区里按国、地税不同税种的比例与上级分成，余下来的又在区镇之间再分成。例如，一般地税是70%以上返还乡镇，大头在乡镇，国税也会返还一部分，大头在上面。”总的来说，税收得越多，乡镇的财政盘子就越大，这就叫作压力与希望同在。所以，武镇长就说：“这个圈子还是画得圆。”田国全也说：“你把这叫什么并不重要，重要的是把税征回来就好。”（附录1：44）

这一切真的是太有意思了！

而更有意思的是，我竟然也有幸亲历了一次他们所说的这种协调关系的过程，在这个过程中，我更加深入地体会到基层政权运转中一些不可或缺的因素。2003 年 7 月 22 日笔记摘抄：

随武镇长、田副书记和皮副镇长到 S 街国税所落实本月国税任务。

按月进度计划，本月小镇的国税任务为 18.7 万元，地税为 28 万元。为落实本月任务，由武镇长亲自出马，带上田副书记和皮副镇长去 S 街国税所，说是要加强联系。因为国税所与镇政府不是上下级，而是所谓条块关系，所以，这种经常性的联系和协调是十分必要的。由于我再三表示想去亲身体验一下他们的工作，武镇长就带上了我。

我们是乘武镇长的车去的。一路上，大家又谈到了“协税”的问题，武对我半开玩笑半认真地说：“这可不是你要研究的问题，你要研究的是机制问题。”我说：“是的，但如果这是一个比较普遍的现象，它就是一个机制性问题了。”

武说：“很对，你就是应该从机制上去研究这究竟是怎么一回事儿。现在我们连自己都弄不清楚自己在做些什么。”皮副镇长接过话头：“你可不要写到书里去了，你要写进书，我们就搞不成了。”我回应道：“如果机制改变了，大家也就不用这么去忙乎了。”他们说也是的。皮又提到，今年全区的财税任务肯定要过 6 个亿，到 2005 年，可能会达到 8 亿—10 亿。“这说明我们区发展很快嘛。”不知谁这样说了一句，接下来就是一阵笑声，也不知道这笑声中究竟包含着多少层意思。这样说笑着，不久就到了 S 街。

S 街国税所位于大江区通往 H 市一条新开辟的干道旁边，是一幢淡黄色仿欧洲中世纪风格的圆拱形建筑，它上下两层，一楼为纳税大厅，二楼为办公室，均装饰得气派体面。我们直接上二楼，来到国税所汪所长的办公室。

汪所长是一位中年男子，微胖，据说因为高血压，刚住过医院，但武镇长的到来还是让他十分高兴，又是沏茶，又是敬烟，显得亲热异常。皮副镇长说："汪所长是小镇出来的人，见到家乡的父母官自然十分殷勤，要接待到位，不能怠慢。"

坐定之后，进入正题，田副书记将一张单子递给汪，汪看了一下，说没有问题，答应将本月的征收进度按全年任务的8.3%算，为15.5万元。

一切也就这样搞定了，我问："就这么简单？"武镇长说："就这么简单，剩下来就要靠汪所长帮忙了。"我问："那离18.7万元的任务不是还差一点儿吗？"汪答道："差也差不了多少。"武镇长说："汪所长说行就行，今天算是不虚此行了。"

我抬腕看表，时间是上午10点，距我们走进这间办公室，不过10多分钟。

也许事情本来就很简单，因为一切都已在平日的交往中奠定了基础。

接下来，汪所长说要请我们吃午饭，但现在时间尚早，便将我们先安排到另一个房间休息。这个房间里除了一张麻将桌和几把椅子，别无他物，看来是专供玩牌的。

牌局开始，汪、武、田、皮四人正好凑齐一桌，我不会打牌，就坐在一旁，开始整理今天的笔记。

中午，汪带我们到H市内的望海潮大酒楼吃饭，酒菜十分丰盛、高档，汪因身体的原因不能多喝美酒多进美食，但他的副手将我们一行陪得很好。饭后，回到小镇，已近下午3点，酒足饭饱，天气炎热，大家都十分困倦，回到寝室，各自便都倒头睡了。（附录1：45）

"开的价高于亩平负担，地就得租"

与小镇政府一心要壮大自身的财力一样，小镇的各个村庄也面临着同样的选择，只不过与镇政府相比较，绝大多数村庄的生存环境都十分困窘，没有自己的经济，因此，不要说脱贫致富，只要能够想办法解决因土地抛荒而造成的税赋悬空、遏制村级债务的继续增加、确保村干部那本来就已经十分可怜的收入足额发放，就已经是令人十分满足的事情了。[8]因此，他们四处寻找机会，希望能够像洲头村那样引进客商，挤进小镇招商引资和土地开发的行列。实在不成，就退而求其次，想办法引进老板来租赁土地搞非农产业，靠租地换钱，解决村里目前一筹莫展的农民负担问题。

范家坝村就几乎寻到了这样的机会，而拼命要促成这种机会变为现实的，则是成天为范家坝寻找发展出路的挂村干部皮德友副镇长和村支书范世玉。

一次，我随皮副镇长下范家坝村，想了解一下他们独自搞起来的豆制品加工厂。范家坝是纯农业村庄，除了这个靠贷款建起来的豆制品加工厂，村里没有任何其他经济项目。加工厂设在原来的村办小学内，利用了村小的闲置教室，村部也设在这里。访谈结束后，我便与皮副镇长及范书记等村干部一起吃午饭。午饭很简单，却很实惠，主菜是皮从镇上带下来的排骨，①萝卜炖排骨，用一个大塑料脸盆盛着，满满一盆，外加三个素菜，一盘豆腐。大家围坐在火炉四周，一边喝酒，一边吃肉。不一会儿，皮副镇长的手机响了，他接听着，渐渐地面露喜色。关上手机后，他告诉范书记，下午 H 市职业技术学院的领导要来村里看地，说他们有意在三面环湖、一面连陆的东西范②这块地方租 1000 亩地，发展蔬菜基地，又说还想搞一些休闲旅游的项目。

村干部们连呼机会来了。经询问，方知是范书记湾子里的一户人家修房子园山③办酒时，范前去喝酒，席间与建房主妇的侄子、

---

① 为了不增加村里的负担，一些镇干部下村时就自己买菜带下去。

② 东西范是一地名，因半岛地带的两端均居住着范姓人家而得名。

③ 园山，即新房封顶，当地风俗，建新房封顶时要办酒请客。

H 市职业技术学院后勤集团一位姓古的经理相遇，此人称他们学校正在四处看地，范便抓住机会，邀请他们到范家坝村来发展。俗话说，亲帮亲，邻帮邻，肥水不流外人田。事情若是办成，也算是古经理给姑妈家乡做了一份贡献。饭后，范书记就带古经理在村内四处遛了一圈儿，古经理一眼看上了东西范这个三面迎水、一面连陆的景色宜人的半岛。他回去后，又把学院后勤集团的段文军总经理拉了来，段对东西范这块地方也表示认可。于是，双方大致议了一下交易的方式，学院一方提出想买地，但皮副镇长和范书记则只谈租赁，说买卖一事牵涉面大，手续复杂，等以后再说。皮、范二人告诉我，现在从小镇镇街到范家坝村的交通状况不好，均为泥土路，凹凸不平，一遇上雨天交通就要受阻，在这个时候谈卖地，地价起不来，不划算。皮说："镇里面有规划，明年全镇的所有村级公路都要改为水泥路，到那个时候再论买卖，地价就不一样了。"因此，当时双方只就租地一事达成初步意向，村里报价是每亩一年200 元，学校则提出每亩一年 90 元。皮、范等认为这个价可以继续谈，段、古等便讲定下一次将学校的分管校长请来，一是再看看地，二来在租地价格上也好拍板。

今天，便是"财神爷"要上门了。皮说："一会儿学院负责后勤的黄院长要亲自来谈，希望范家坝能出现转机，由此走出困境。"

匆匆吃完午饭，范书记招呼干部们将加工厂的院落打扫干净，说贵客来了，总得有个看相，顺便让他们看看加工厂，兴许引起他们的兴趣，这投资运营的钱自然也就不存在问题。这时，又有村干部说："钱少一点儿也不要紧，先把他们套上再说，日后地价起来了，有人要出高价买地，到时候不怕你不买。"大家就这样边说边干，手脚也都利索起来。

下午 2 点半，通过电话联系，得知对方已经出发。快 3 点半时，对方又打来电话，说车子进村之后转迷了路，不知道该怎么走了，要这边的人去接一下。皮、范和我等便坐上皮副镇长的儿子专门为父亲准备的那辆二手的桑塔纳轿车，顺着村路前去迎接。路上，只见林靖南的轿车也引领着两辆外地车经过村子，皮打手机，得知林书记也正陪着客商看地。皮将这边的情况向他做了汇报，林书记让皮做主，说先谈了再看。

我们的车与H市职业技术学院的车在村路口会合，对方是一辆银灰色的桑塔纳。我们在前面带路，直接驶往东西范，大家才下车握手致意。

对方来了四个人，经介绍，其中一位年龄偏大、略显斯文、戴金丝眼镜的男子便是黄院长；另外三人，一位是段文军总经理，一位是古经理，还有一人自称姓艾，说是司机，但从其气质风度看却不像，只能说今天这车确实是他开来的。为了观察的方便，我事先已经与皮、范等人说好，不对我做任何介绍，问起来就只说是镇里的干部。这样，当他们一边看地一边交谈的时候，并没有刻意来注意我。

黄院长在大家的陪同下站在高地上，端详着半岛的前方，半天不动声色。此时的空气中略带些雾气，水面和雾气浑然一体，能见度不是很好。过了好一阵子，黄院长才说："地方还可以，就是交通不行，像我们今天坐的这种车进来就比较吃力。"

皮副镇长忙说："用不了多久就好了，明年实行'村村通'，都要搞成水泥路面。"

"哦？"黄院长好像还是没有显出太高的热情，他提出要皮副镇长带他到龙岛开发区新修大桥附近的地方去看看，说是要办工业园，搞个600、800亩地都行。实在不行就搞200亩。于是，我们一行人又上车沿着来路往村外驶去。

经过村部时，应皮德友的力邀，黄院长下车看了范家坝村新建起来的豆制品加工厂。

皮副镇长："小镇豆制品远近闻名，连大英博物馆里都有陈列品。"

"是吧？"黄院长显出一种将信将疑的神色。见天色不早，他再次提出要去龙岛那边看看，并说晚饭由他来安排，他要宴请我们。

皮副镇长："那怎么行，你们到这里来，我们是主人，理应由我们安排饭。”

黄院长：“乡镇的财政紧张，还是让我们安排吧。”

皮副镇长不愿示弱：“今年我们的财政已经过千万了。”

“千万算什么？你知道我们学校一年的收入是多少吗？1个亿！”

听黄院长这么说，皮副镇长未再开腔，毕竟别人财大气粗，不然怎么跑出来四处圈地？

我们又都各自上车出发，黄院长的车在前，我们的车尾随其后。没过多久，黄院长在车上给皮副镇长打来手机，说时间晚了，龙岛今天就不去了，直接开到市里去吃饭。于是，车子又改变方向，朝H市的方向驶去。

约莫半个小时以后，两辆轿车在H市职业技术学院大门附近一家名为桃园酒店的地方停了下来。下车后，黄院长向皮副镇长解释：“本来要去市里吃饭的，只因这边也来了几位客人，所以临时改在这里一并接待，将就之处，不好意思了。”于是，我们一行人便进了饭店内的一间包房，黄先去了另一间包房，我们这边就由段总和古经理作陪。坐定之后，皮副镇长才向段总等人介绍了我，大家又是一阵寒暄，不过都说些酒桌上的应酬话而已。

菜上来，酒也打开，大家举杯畅饮，黄院长进来敬酒，天南地北扯一些只有在酒桌上才扯的闲谈，然后他就又转身去了另一间包房。这时，古经理才把话锋一转，指向正题，问皮镇长这边土地的租价是多少。我猜测，真正的节目在这个时候应该开始了。

皮副镇长不愿先露底牌，他要试探对方，让古经理他们先报一个价。皮副镇长既然这么说，古经理也就当仁不让地把话匣子打开了。

“我们也看了好几处，做过比较，也看上你这个地方，但你们也有你们的弱点，一是交通不好，离公路远，二是有水无山，所以，也只能说是马马虎虎。黄院长的意思是按40块钱一亩租，但依我个人看还是低了一些，上次听说你们一年的亩平负担是38块钱，所以，我想总还是要比这高一些，也好让村干部们有个想头，可以解决干部的待遇，平时也能弄个把工作餐吃。”

古又说：“我自己也出身于农村，深知农村很苦，也有意扶持大家一把，我斗胆向黄院长建议 50 块钱一亩，租 1000 亩，租期 30 年，黄院长交代说先让我们谈，你们的意见如何？”

皮副镇长和范书记一边听一边不断地摇头：“太低了，这样谈，就没得什么谈头了。”后来，皮告诉我，古这人太狡诈，上一次见面时还报的是 90 块钱一亩，这次一上来，就几乎杀了一半的价。

“这个价钱搞不成，不论是谁说的，就是黄院长本人说的也不成。”

但古经理事前显然已经做过调查，他知道小镇其他几处已出租的土地均是 50 块一亩，所以，他是铁了心不把价格往上抬，看你范家坝能坚持多久。

古说：“黄院长的意思是 48 块，还是我主动提出把价格涨到 50，还不知道黄院长同不同意嘞。”这是一种谈判的技巧，是暗示对方就甭想再往上抬价了。

段文军总经理坐在一旁，话并不多，显然，今天谈判的马前卒是古经理。

皮副镇长没有直接回应古的话题，而是说：“下午在你们来以前，我们的一把手也带着人来看地了，但我们并不愿意同他们做，而是想与你们做，今天我们在这桃园酒店相聚，这就是我们的缘分，但你这个价格实在太离谱了，让人没办法做。”

皮显然并不想真的中止商谈，他以退为进，把话题抛给坐在一旁始终未怎么说话的段总：“这样，你说多少？你说多少我就给你多少，你不给也行啊。”

这也是一种谈判技巧，即暗示对方太霸气，让其有所收敛。不过，看得出来，皮副镇长这一边其实也没有多少讲价的筹码，村里贫困的现实使他缺乏要价的底气。

“好了，我们也不多说，也不多要你们的钱，我们这块地每一年的负担是 8.18 万元，你们把这笔负担解决掉就行，我们也不想赚钱，只是村子穷了。你们把负担承担了，村里不用再垫，农民好歹还可以在土地上打工，只要村民的条件有改善，我们吃些亏也就算了。”皮副镇长提出了一个价格，每亩80.18元。而他的依据，就是这恰好是每一亩农民负担的数量。

“说到负担，你们的负担是38块钱一亩，那我们就出38块如何？”古经理显然不吃这一套，反而来了一个顺势压价。

皮副镇长感到有些恼火：“我干脆一分钱不要行不？只要你将豆制品厂承包过去，两边合办，每年向村里交3万块钱如何？”这显然是一个新的话题，也不知道皮心里面是如何想的，算过账没有，或者他就是有意顺着对方说，看你好不好意思来占这个便宜。

“3万块钱是个小意思，关键是土地的价格。”对方又把球踢了回来。说这话的是对方那位一直没有开腔的姓艾的“司机”，这时，他才亮出自己的身份，是一生意人，想合伙做成这笔买卖。

皮副镇长：“地价好说，只要把负担承担了就行。”

他又补充道：“这个价格不高，你们既然是做投资，几年以后地价肯定会涨的，这些天到村里来看地的人很多，我们都没有考虑，只是因为我们有缘，想把这笔生意做成。你们是大老板，不在乎这几个小钱，我看黄院长也是一个爽快人，今晚咱们在桃园喝酒，桃园三结义，大家就友情为重嘛。”

“我们黄院长平时不喝酒，今天为了把生意谈成，刚才还一口干了，这也说明了我们的诚意嘛。”古经理顺势回应。

“52块如何？”古终于提高了价码。

皮副镇长没有表态。

此时，黄院长又进来了。古、皮二人争着向他讲刚才的情况。

“黄院长，干脆由你来定，你说多少就是多少。”皮要黄院长表态。

“刚才黄院长不在，我擅自做主，定了50块一亩，现在又涨到52块，院长事先定的是48块，我这是自作主张，甘愿受罚。”古经理端起酒杯，感觉是在演双簧。

黄院长发言了。他说：“这件事情本来说好由段总和古经理来谈的，我不开腔，因为我不好开腔，平日里在学校，别人都说我是铁算盘。”他顿了一下，“皮镇长、范书记，你们一心一意想为农民造福，真是共产党的好干部，是真正在讲‘三个代表’，皮镇长把这件事情做好了，就是‘三个代表’，是出了政绩。”黄给皮、范二人戴起了高帽子，同时也暗示这事做成了他们的脸上也有光。然后，黄话锋一转：

“本来你们的亩平负担是38块，我想就多给点，40块，但古经理又说了给50块、52块，这可是下级不服从上级了，下级不服从上级，你说这叫什么？”黄也在演双簧，“如果实在要我说，我就说54块，再加两块，怎么样？”

古经理：“这个4字实在不好听，48块如何？”古经理又故意把价往回压，意思当然是说这已经是院长开的金口，已经是没得谈了。

黄院长：“54块，拆开来看，六九五十四，六是六六大顺，九是最大的数字，意思是好运长久，很吉利的。”

皮副镇长只说了一句“还是少了”，再没有开腔。

这时候，主角倒像成了黄与古二人，他们二人相互之间侃起价来，古经理一个劲地说只给48块，54块多了，黄院长则说就是54块，价格公道，意思也好。

而此时的皮副镇长则顾左右而言他，他似乎失去了继续讲价的耐性，因为再为这两三块钱去争，从经济上讲已经没有多大的意义，他终于做出了决断：

“就这样吧！改天你们再去看看，今天湖面上有雾，看不很远，不过，要一次性地首付5年的款。”

“行，一言为定。”

“不过，这农业税要是今后又涨了呢？”一直未怎么发言的范书记说话了。

“不会的，如果真要涨，那我们的租金也按比例涨嘛！”

范书记又不说话了。

终于胜券在握，黄院长十分高兴，他恭维起皮副镇长来，而皮好像也十分愿意在黄面前显示自己的能力和才干，他说自己和省、市的一些干部很熟，说 ××× 在小镇驻过点，而当时的公社书记就是自己的父亲。所以，“××× 是我干爹，他儿子现在是省 ×× 厅的厅长，就管这方面工作，我称他为干哥”。黄便顺势请皮在龙岛开发区帮他搞一块地。

皮说：“龙岛不属于小镇，要搞也只有在洲头，但现在的土地证很难办下来。”

“你神通广大，肯定有办法。”

“区土地局长我也熟，一起长大的，我叫他四伢子。”

“那就找你的四伢子帮忙嘛。”

一个在显摆，一个在恭维，反正正经事已经谈完，这类酒席上的话说得再过分，也没有谁会太当真。

看看时间已快晚上 9 点，大家便起身告辞。

黄院长：“我们改个时间再去看。”

“欢迎、欢迎。”

出门时，皮副镇长在与古经理握手时，狠狠地咒了他一句：“你这个狗 × 的。”意思是说，你这人可真够心狠手辣。

我们一行都上了皮副镇长的车。回镇的路上，我小心翼翼地问皮：“这个价钱能接受吗？”

“当然是低了——但这是清朝条约啊！”皮副镇长心里很不是个滋味。

是呀，如此低的价钱就把土地拿去了，心里实在有些不甘，但不租吧，别的地方马上就会以更低的价格将你要到手的生意抢走，况且不租出去，三五年之内，范家坝村也看不到开发的希望啊！

我又问范书记能不能接受。

范想了一会儿：“看怎么说，如果我们把六七百亩说成是1000亩，还是可以的，反正他们也无法丈量。”

真是道高一尺，魔高一丈，各有各的狠招：你狠杀我的价，我就给你虚报面积；你明着让我吃亏，我就暗着给你回报。

“目前这个价还是可以，但若干年后，肯定就低了，到那时候老百姓就要‘通人’的，但不租吧，村里这么穷，又没有别的出路。”范书记补充道。

农业真正是没有出路了，通过今天的观察，我算是彻彻底底地看懂了这一点。租金就是再便宜，只要能充抵农民负担，村里再稍微有些收益，能够保障干部的工资，皮、范他们也会答应出租的，毕竟在这个问题上他们处于一种没有办法选择的弱势地位。所以，他们将今天的谈判看作城下之盟，是被迫的，一句“这是清朝条约啊”，就表露出他们在内心深处的无奈。但是，不答应行吗？如果不答应，土地就还在那里荒着，没有人耕种不说，村里还得为每一年的农民负担发愁。黄院长他们正是吃准了乡村干部的这种心态才一个劲杀价的，他们知道，开出来的价只要高于现行的亩平农民负担数，范家坝村的地就是非租不可的。

这就是 2004 年前后小镇农业所面临的生存境遇，而小镇紧挨着 H 市，这里的农民尚具备抛荒土地的实力，村庄也还存在着将荒地出租的机会。

范书记说：“就是这样，也不能保证这笔生意一定能做成，因为他们肯定也还在其他乡镇看地。”

这真是令人心碎啊！

不过，范书记他们定下只租不卖的计谋也还是相当精明的。范书记说：“如果签约，我肯定要坚持写上这样一条，租 30 年可以，但这期间如果有开发，有人要来买地，那么，别人出多少价，你们也得出多少价，否则就只能退租。”看来，弱者也还是有弱者的狡诈，他们把希望放到了以后的若干年里去，他们坚信，随着 H 市城市建设的加快和城市规模的扩张，范家坝村的土地终究会有值钱的一天，现在，他们就把村子发展的希望寄托在这一天的到来上面。

范书记又告诉我，他也终于弄懂了对方搞蔬菜基地是假，圈地是真，只是因为目前国家对土地资源的控制非常严格，所以，一些单位才利用手里的闲散资金，通过租地抢占先机，为日后政策环境的改变做准备。因为租地不改变土地的用途，不需要报政府批，村里就可以做主，以后国家的政策一旦松动，他们就可以借这一先机进一步买进这块地，搞旅游开发。就是所谓租地，他们也可以以做生态农业的名义搭车搞一些旅游项目，“你没听说他们在问湖面上能否开冲锋舟吗？谁都知道湖的对岸就是仙女岛，是省里正在开发的旅游区”。

原来如此。（参见附录1：46）

又过了若干天，我在政府大院内遇到皮副镇长，问范家坝的事谈得怎么样了。皮说：“还没有进展，他们一直说要再次来看地，但一直都没有来，倒是来了政府一趟，也没有最后敲定。”看来，就是54元一亩的租金，H市职业技术学院也还没有下定决心。（参见附录1：47）

又过了几个月，到了2004年的3月下旬，我又一次问皮副镇长，范家坝租地一事谈得怎么样了，皮说：“他们要1000亩，但租金是每亩48元。”

“哦？！”我有些惊愕。

不过，这个时候的大气候已经有些转变。2004年年初，中央有关农民增收的一号文件出台了，中央采取了包括实行粮食直补在内的一系列稳农政策，市场上的农产品价格开始回升，一些抛荒的土地又种上了作物。在这个时候，范家坝村实际上就已经很难再按老价钱将土地租出去了。（附录1：48）

四
播撒希望

重振豆乡

皮德友副镇长是一个对工作抱有火一般热情的人，自从他到范家坝村挂点之后，就总是在琢磨，如何才能为村子的脱贫致富寻思出一条路来。为此，他除了在租地、卖地一事上寻心思、想点子之外，又瞄上了范家坝村的特色产品小镇豆。

关于小镇豆，刚来小镇时就听林靖南介绍过，说是小镇一绝，以后又接触到镇里的宣传资料，知道得更详细一些。资料上说，黄豆在小镇的种植已有上千年的历史，因粒大味香、品质超群，远销日本、港澳和东南亚地区而驰名中外，被称为“小镇豆”。又经现代科学检测，得知小镇豆的蛋白质含量达到48%以上，比一般黄豆品种高出百分之五六，从而证明了其作为豆中珍品的营养和经济价值。因而，当小镇政府在前些年跟从上级进行农业结构调整而屡屡受挫之后，便把目光收回本地，力图打好地方特色农业这张牌，这样，小镇豆自然就成为镇政府极力想要扶持和发展的一个品牌项目。

但也有干部向我讲述了关于小镇豆故事的另外一种版本，说所谓的小镇豆，严格地讲仅仅是指出产在范家坝村一个湾子土地上的黄豆。那个湾子有一块六七十亩大小的土地，属于油沙地性质，特别适宜种植黄豆，也就只有在这块地里生长的品种才具备上佳的品质，其他地里的产品其实也达不到这个质量，加上传统品种经过若干代的变异，其属性也早已有了变化，所以，现在的小镇豆是否就一定比其他的黄豆品种更好，也不太好说。只是因为小镇豆的名气大，政府遂决定打这张牌，借此做大本地的黄豆生产。（参见附录1：49）

其实，哪一种版本更真实并不重要，重要的是小镇豆早已经名声远播，在市场经济的条件下，名声就是影响，影响就是市场，市场就是效益，效益就是政绩。至于出在哪里的小镇豆算是正宗，被称作“小镇豆”的黄豆是否真的就一定好于其他黄豆品种，外人如何分得清楚？一般食客又有谁会去认真分辨？所以，利用小镇豆这一历史品牌做好地方特色农业这篇大文章，在竞争残酷的市场上为本镇的农产品杀出一条路来，才是真实的考虑，也不失为一项明智的选择。可以说，这也是市场经济的大环境下乡村基层政府为推动地方经济做出的谋划。如今，这一类谋划也已经成为一种带有模式效应的举措，人们在许多地方都可以看到类似的现象。

林靖南来小镇上任以后，旗帜鲜明地打出了“诚招天下客，振兴黄豆乡”的口号。政府一方面号召各村连片种植，要形成万亩以上的规模效应；另一方面，又想办法引进资金，联系老板，推动豆制食品的深加工。按照林书记的想法，就是要在小镇形成具有较大规模的黄豆生产和豆类食品加工基地，以实现重振“豆乡”的目的。为此，镇政府于2002年3月专门做了一份《万亩小镇豆基地加工和配套可行性报告》，对小镇豆的营养和经济价值做了系统评估，提出了发展小镇豆生产和加工的一揽子计划，如建设育种基地、创办龙头企业、实现产供销一体化、开发多个豆制品种等。（参见附录2：7）在这个计划中，作为小镇豆核心产地的范家坝村凭借着它所具有的培育良种的特殊有利条件，自然占据着一个特殊的位置。而这个时候被派到范家坝挂村的皮德友副镇长，也受命承担起全权负责小镇豆豆种培育和产品深加工工程启动的职责。

老皮所面对的范家坝是一个穷村，它不靠近镇街，不在高速公路和待建的快速铁路旁，在短期内几乎看不到任何开发的机会，村庄本身也没有任何集体经济收入和积累。由于村里耕地的抛荒面积在50%左右，所以税收任务难以完成，甚至连村干部的报酬也十分低。村里的范世玉书记就告诉我："作为一、二把手的书记和主任，去年拿到手的工资只有1400元，其他村干部则只拿了1000元，与那些干部一年能拿好几千块钱的村相比，范家坝差了一大截。"（附录1：50）范家坝村的困窘，正是老皮和范书记在与H市职业技术学院谈判租地时不得不一让再让，被迫接受对方苛刻条件的根本原因，也是村组干部平日里缺少工作热情，甘做消极无为的"守夜人"和"撞钟者"的根由，因为在看不到依靠自身力量找到脱贫致富路径的情况下，他们对村庄的发展前景并不抱有多大的希望。在一次聊天时，老皮就曾经对我抱怨，这些村干部，你急他不急，村里的事倒好像都成了政府的事，什么都要你反复擂才动。在这样一种多重困境下，范家坝村就算是坐拥着小镇豆这样一个历史品牌，也难以见到什么实际的效益，也同样难有什么实际的行动。因此，2002年皮德友的受命而来，对于范村的干部来说不啻是一次发展机遇的降临。

这倒不仅仅因为老皮系受命而来，或者他对工作十分投入，这些当然都有关系，但最主要的还因为老皮是一位真正的老乡镇，具有较广的社会关系资源。称老皮为老乡镇，一是说他从事乡镇工作的时间长，一辈子在乡下摸爬滚打，对农村的贫困有着真切的体会和同情，有一股子工作热情；更为重要的，是因为他是那种子承父业的乡镇干部。老皮的父亲作为中华人民共和国成立后的第一批军队转业干部，曾经在这里当公社书记，当时区里甚至市里的一些领导都曾经与之有过往来。加之小镇以前曾经是一位省长办的点，老皮的父亲也与其较为熟悉，这就为老皮日后的发展奠定了一个特殊的关系基础，使他能够从一个农民成为一个乡镇干部。现在父辈已去，子辈们又纷纷接上了班，这种纵横交错的历史渊源便也多少延续下来，成就了老皮这个人不同于一般无根的乡镇干部的较为丰厚的人际关系资源。（附录1：51）而这种在如今被视为“社会资本”的人际关系资源，在地方的熟人、半熟人社会圈子中也的确可能转换成为有效获取经济机遇和资源的能力。[1] 所以，村里对他寄予了期望。而老皮来到范家坝之后，也向范书记表态，要想方设法帮助村里把豆制品加工厂办起来，“我一个快退下来的人，也没有更多的想法了，做成这件事情，平生足矣”。话语间颇显出几分想以成就此事来为自己一生的事业画上一个圆满句号的意思。（附录 1：52）

老皮的到来无疑给困顿之中的范书记和其他村级班子成员注入了一支兴奋剂，范书记对我说：“去年老皮来了，他一提出办厂的事，我立马表示同意，我们早就想搞了，就是没有这个实力。我们商定，先生产腐乳和酱豆，用传统工艺搞，酱豆的名字我们都想好了，就叫‘豆宝’，突出它的营养价值和历史品牌。厂房是现成的，村校合并之后，房子空着，做村部办公室也要不了几间，还剩下几大排，需要的话，楼上还有，都可以用来做厂房，只是需要钱改造，总要简单地装修一下。”（附录 1：53）范书记所说的村校合并是指因计划生育导致新出生人口下降，以前一村一校的设置改为多村一校，故在“普九”达标时所修的校舍多已闲置，现在办厂也算是派上了用场。

在老皮的鼓动之下，村干部的积极性出来了，他们很快地行动起来。没有钱，通过老皮的关系，借来 3 万多块，把长期空置的校舍该修补的修补，该重新开门窗的地方重新开门窗，该打通、该隔断的也都按要求做了处理，还砌了灶台，建了全封闭的发酵室，最后又全部用白石灰水将室内的墙壁粉刷一遍。这样看上去就很有几分厂房的模样了。然后，又购置了最简单的设备，如买了一台冰箱和两口蒸煮豆子的大锅，什么箩筐、筛子、瓶子、木格架等家什也都先后备齐，又请来村里有制作酱豆经验的老人，试着发酵和生产，这样七折腾八折腾，还真就搞出来了。老皮又通过他的关系，把区里和市里有关部门的人请来参观，一是宣传，以扩大影响，更重要的还是要他们给予支持和关照。这样好歹到了 2002 年 11 月

26日，虽然暂时还未办下营业执照和卫生许可证，厂子却已经开始生产。工人由干部家属充任，每月开300元工资，人手不够时村干部就亲自上阵。这一次他们的心劲儿很足，都想干个名堂出来。接着，老皮又把省报和市报的记者弄来采访，又是拍照，又是发消息，为范家坝的豆制品生产做广告。省市的报纸也很抬桩，先后都发了消息，刊出大幅照片，还配发文字说明。省报的文字题头是"小小'镇豆'闯出大市场"，市报的题头是"镇豆飘香"。一幅照片上，工人们忙着生产，一位80多岁高龄的老师傅在把握豆子的成色和口味，皮副镇长则亲自为他掌勺；另一幅照片上，忙碌的工人正在为即将出厂的"豆宝"打包装，范书记也融入其中，干得十分卖力，总之是一派热腾繁忙的生产景象。文字说明还特意强调，为保持小镇豆的特有风味，豆制品全部采用传统工艺限量生产，这当然是想要着意勾起城里人对绿色食品的购买欲望。

就这样，一干就是两个年头，虽然没有上规模，产品也仍然没有进入市场，但通过熟人购买，向单位配送，一年加工1000多斤黄豆，纯利有1万多元，多少也能补贴一点儿干部的工资和村里的办公经费，村干部们初步尝到了兴办企业的甜头。（附录1：54）但是，范书记知道，如果生产的规模和档次上不去，长期这样小打小闹，局限在几个人的手工作坊水平，依靠朋友的善意购买，在竞争激烈的市场上总不是个长久办法，也没有脱贫致富的可能。只有扩大规模，将产品打入市场，变为卖得出去的商品，才会有出路。所以，范家坝村土法上马的豆制品加工厂究竟能否继续维持并进一步发展，还取决于是否能够找到一笔资金，或者是否有一个财大气粗的老板愿意把厂子接收下来。而这也是小镇村办企业发展所面临的一个普遍问题，即往往将企业办起来了，却因为缺乏资金而难以扩大规模，所以，引进老板经营就几乎成为村办企业要进一步发展的不二出路。这就是为什么林靖南会反复强调要引进老板的原因。（见第二章）这似乎也是在向人们暗示，再像上个世纪80年代那样，依靠十几个人七八条枪的小打小闹就能撑起乡村企业半壁江山的局面已经不可能重现了，现在兴办实业的门槛已经大为提高。而这也就是内陆地区乡村工业从总体上再难抓住发展机遇的重要原因。

资金如何解决自然也是老皮最为关心的问题，若有老板肯来扶持，当然是件极好的事情，但是，在这交通不便的穷乡僻壤，一时间又到哪里去寻找这样的财神爷？何况在全国城乡都将招商引资视为推动地方发展的一项重要举措的时候，资本便成为引发地方竞争的最为稀缺的香饽饽，（可参见贺雪峰对苏南农村招商引资的观察，贺雪峰，2003；也可参见更多的相关报道和研究）有身价的老板又有哪个肯上这里来施舍？上一次租地谈判时，H 市职业技术学院的人倒是提到过，但迄今并未见到任何实际的行动，看来也只是对方用来压价的一种策略，哪里说也就在哪里丢了。老皮也先后带一些朋友来看过，但人走之后也未见什么回音。看来，一时半会儿也不要期望有什么奇迹出现，一切都还得依靠自己先干起来再说。

对于酱豆的销售，老皮倒不是很担心。记得第一次邀请我去豆制品厂参观时，他一边陪我看，一边给我算经济账：“目前，小镇豆的市场收购价是 1 块钱 1 斤，为了鼓励农户把豆子卖给基地，我们提高价格，收 1.2 元 1 斤，加工成酱豆后，市场价可以卖到 10 块钱 1 瓶，1 瓶酱豆用 2 两豆子，1 斤豆子可以加工 5 瓶酱豆，除去各种开支，1 斤豆子的纯利就是 20 元，所以，搞好了肯定有前途。现在关键是要上规模，添设备，起码还需要资金 10 万元。办法嘛，一是申请上面拨款，二是向银行贷。但现在银行是不愿意向村里贷款的，怕村里没有偿还能力。那 3 万块钱都是我想的办法，是动用我的私人关系。上面拨款倒是有可能，镇政府已经向区里打了报告，我又亲自跑了几趟，找了人，上面比较重视，看来还是蛮有希望的。有了资金就好办了，我在税务部门干过多年，税务与超市的关系紧，通过他们帮忙，产品打入市里的超市肯定是没有问题的。”说到兴奋之处，老皮的眼睛泛起了亮光，又往我包里硬塞进两瓶他们刚生产出来的“豆宝”，说是让我带回家去品尝，同时也帮他们做做宣传，看看大学的超市里

是否愿意进货。这生意说着说着就做到我的头上来了，老皮这挂村干部的角色也真的算是做得十足到位。（参见附录 1：55）

不出老皮所料，不久之后，果然就听到了有关下拨资金的消息，经过镇里的努力，最后由市财政局的渠道拨款 20 万元支持小镇发展黄豆生产。在得知这一消息后，老皮和范家坝的村干部一片欣喜，付出的努力终于有了回报，这 20 万元投入范家坝，足以使小镇豆的生产和加工连上好几个台阶。一旦有了规模和产量，再设法打入 H 市的超市，一切就都活了。一想到这种前景，老皮和范书记好生高兴，到那个时候，不要说不必再像乞丐一样向村民讨要税款，他们还谋划着垫缴了农业税以后，干部一年能拿上几千块钱的工资，至于每天吃个工作餐什么的，就更不是个问题了。老皮和范书记开始谋划未来，他们都从这即将进账的 20 万元里看到了自己播撒的希望就要收获。

小蔃头，大文章

每周一和周四晚上的 7 点至 8 点半是政府干部例行的学习时间，学习内容一般是结合形势和中心工作，找一些文件报刊来读，偶尔也安排看一些宣传录像资料，如果阶段性的中心工作紧迫，主要领导也往往会利用这个时间来传达和布置任务。这不，在 6 月 12 日的晚间学习会上，武仁杰镇长就紧急传达了他在区里参加的关于进行农业结构调整、全区大抓蔃头生产的紧急会议精神。武镇长强调，大力发展蔃头生产，将蔃头做成大江区的品牌产品和“龙头老大”，是区里主要领导经过反复调研之后做出的重大决策。“区里这一次的决心很大，计划在 2 年内全区蔃头种植面积要达到 10 万亩，今年落实到小镇的是 1500 亩。”武镇长传达了区委书记谢世德的讲话精神，谢指出：之所以决定在全区大力发展蔃头种植，是因为内有种植传统，外有国际市场，中间有龙头企业负责收购，能够确保产品的销路和效益。因此，政府一方面要负责落实面积，另一方面要牵线搭桥，组织农户种植，在企业和农户之间安排好收购合同，确保万无一失。以后的一系列工作进程表明，以这一次武镇长传达区里的会议精神为标志，2003年全镇新一轮农业结构调整的大幕就拉开了。（参见附录1：56）

提及农业结构调整，可以说是这些年来农业上屡抓却又屡败的一项工作。一方面，小镇的工作重心早已经不在农业，开发才是乡镇领导真正魂牵梦绕的中心；但是另一方面，只要传统农业还是小镇区域内绝大多数居民的主要谋生方式，乡镇领导就又不可能完全抛开农业不管，加之上面也屡屡强调要通过优化农业结构来提升农业生产的效益，增加农民收入，所以，农业结构调整也总是每年都要强调和必做的一门功课。

不过，这项工作的效果不佳似乎也几近成为小镇、村干部的共识，我下到小镇之后，就曾经听多位干部谈及农业结构调整的困难。一次交谈中，秦家畈村的老罗就直言不讳地说："农业结构调整只是一句空话，农民并不配合，因为新品种并没有见到效果。乡镇干部则像无头的苍蝇，不知道搞什么，往往是上面说什么就是什么。"（附录1：57）

陈志华书记告诉我："上面号召我们搞过三次结构调整，第一次种油菜，第二次种榨菜，第三次种黑玉米，都失败了。要么是没有市场，要么品种的效果没有宣传的好，结果老百姓费时费工，没有见到效益，渐渐地也就不信了，就是政府出钱补贴，村民也不愿意再配合，村里也是一样。几乎各个村都是这种情况，上面的各种数字和面积（指关于农业结构调整方面的）大都是吹出来的，如果结构调整能见效，种田能致富，也就不会有那么大面积的土地抛荒了。"（附录1：58）

何以结构调整屡屡失败却又一试再试呢？我专门就此问题请教过负责农业管理的姚学明副书记，他告诉我：

"这几年的产业结构调整，酸甜苦辣都尝遍了，成功与失败，可以说是四六开，成功的少，失败的多。讲成功的，例如90年代上半叶推广柑橘，农民受了益，现在镇里的柑橘都是那个时候搞起来的。但是不成功的例子就太多了，如 1996 年县里搞林果带，以后又搞过红苕、朝天椒、西甜瓜、黑玉米和榨菜，都失败了，政府出钱出资，行政推动，但最后总也见不到效益。”

姚说：“这么多年，以我个人的观点，成功的经验有三点：一是各级政府高度重视。每一次农调，无论成功与失败，都是由政府发起的，而且也都是政府采取行政推动、资金和政策优惠的办法。可以说，没有政府的大力推动，在分户经营的状况下，缺乏资金、技术与信息的农户是很难进行大规模产业结构调整的。二是政府在多年的实践中对结构调整的难度、特点和规律逐渐有所认识，学会了因势利导，也学会了揣摩农户的心理，知道了农户怎样才会跟着政府走。三是农户也认识到结构调整的必要性，尤其是一些青壮年相信科学和新技术，愿意配合政府。另一方面，从无数次的失败之中，我们也总结出一些失败的教训：一是调整之后的政府服务与指导不到位。例如，2000 年搞黑玉米，区里规定我们搞 3000 亩，但农户的技术跟不上来，我们的技术服务也不到位，致使出了问题也无人可问。二是农户的管理不到位。新品种大多是采取行政推动的办法搞起来的，2001 年全镇搞了 5000 亩红苕，种下去以后，相当部分农户舍不得投工、投肥、投钱，缺水时也不抗旱，任其自生自灭，结果，全区几万亩的红苕全部都干死了。”

“由于屡战屡败，造成农民对政府的信心不足，逐渐地形成了这样的认识：政府让搞的都赚不到钱，越是政府让搞的越不能搞。而在政府方面，也充满了困惑：继续搞吧，没有把握；不搞吧，也不行，上面擂得紧，每年都要布置任务。我是主抓这项工作的，我自己也很矛盾，引进一个新品种，第一年也许能赚钱，但大家一窝蜂上，第二年就可能会失败。处在我这个位置，上传下达，上面叫搞，下面不动，我也难办。而且，一味地以行政推动的办法压下来，我对这种做法的效果也表示怀疑，现在的物质条件、市场条件和农产品供求的信息体系都不成熟，我也感到无从下手。按照区里的想法，田里的作物保肚子，旱地作物抓票子，但遇到天旱，票子又如何抓？这些问题，我们自己也没有想通。不过，这两年我们也逐渐明晰了一些思路，例如，根据镇里的地理和资源条件以及市里和区里的发展特点，我们确立了都市农业和设施农业的定位，如在茶山李我们就引进种田能手，发展大棚农业。建立中介组织，包括销售队伍，也是一个方向。还有就是要办好农产品加工企业，以这些企业为龙头，形成特色农业生产链条，以确保农产品最终能进入城市市场，实现从产品到餐桌的价格增值。此外，还要考虑本地的产业传统。例如，林书记来了以后，提出要振兴小镇豆的生产，这个思路就是对的。小镇豆一是质量好，二来农民也有种植习惯。农民认为，在旱地里一季油菜、一季黄豆，一年的收入有五六百元，在现有条件下还是不错的，也愿意搞。不过，这些考虑也只是一个思路，有的条件并不成熟，需要较长时间才能见效。”（附录 1：59）

姚书记的话是对自己多年来主抓农业结构调整工作的一个总结，可以说是肺腑之言，其中的核心就是强调要结合本地实际，适应市场需要，调动基层和农民两个方面的积极性，变上级的政绩工程为基层和农户发展的内生需要。也就是说，像农业结构调整这一类地方特色极强的工作，最好由基层自己来决定方向和内容，上级政府只扮演号召者和指导者而非决策者的角色，只有这样，方有成功的可能。可以说，这样的思路是有相当道理的。

不过，思路归思路，体会归体会，在当下的体制环境下，姚书记的话却是好说不好做。因为像乡镇政府这种从体制到决策系统都极不完备的基层组织，比较缺少自主选择的空间，决定其工作重心和走向的，往往最终还是上一级政府，这也正是从学界到政界再到乡镇干部自身均视乡镇政府为一级不完备政府的原因。所以，随着武仁杰在晚间学习会上正式传达区里要大力发展藠头种植指示的那一天起，藠头种植便在小镇 2003 年的农业结构调整工作中唱起了大戏。

那么，缘何又要选择藠头种植作为农业结构调整的主攻方向呢？汇集各方面的信息，我逐渐弄清楚了情况。

事情缘起于国内一家有名的专营农产品出口创汇的企业绿地公司在君山开发区投资建厂，专营藠头生产。该厂目前的年加工量为1.5万吨，到年底，计划将生产量扩大到10万吨，经过加工的藠头主要出口日本、韩国和北美，满足国际市场需要。为了确保产品原料来源，它需要10万亩土地种植藠头配套，所以，厂家承诺向农户收购藠头。这就相当于可以形成某种类似于订单农业的一体化的供、产、销体系链。一直以来都为农业结构调整选不准项目而困惑的区领导经过调研，看准这是一个难得的机遇，按照谢世德书记的话来说："发展藠头种植符合两个规律：一是自然规律，即大江区一些乡镇有种植藠头的习惯，大部分旱地也适合种植；二是经济规律，有国际市场，有经济效益，有龙头企业带头，也符合现在所提倡的订单农业和公司加农户的发展模式。"（附录1：60）因此，经过反复研究，区里下大决心以藠头种植作为大江区农业结构调整的突破口和主战场，决心把藠头产业做大做强，发展成为具有地方特色的品牌产业。这一思路最集中地反映在区里所办的《大江报》2003年6月14日第一版的两篇报道和一篇评论员文章中。这两篇报道一是介绍大江区传统种植藠头的乡镇中某村20余户农民种植藠头年收入过万元的新闻，一是报道全区推进藠头产业化经营工作会议决定将小藠头做成大产业的规划；评论员文章则以《小藠头，大文章》为题，详述了区委、区政府做出的将藠头产业做大做强，实现产业化规划的几点依据。文章指出："我区实现藠头产业化，具有明显的优势。首先是市场广阔，目前日本、韩国、北美需求旺盛，而且市场在进一步扩大；其次是在我区具有广泛的种植习惯，技术不复杂，农民易接受；其三是我区岗坡地、旱地较多，特别是南部乡镇，抛荒现象还很突出，土地资源丰富且适宜藠头种植；其四是龙头企业已初步建立，加工销售能力还将逐步扩大，完全可解决成品收购；更为重要的一点是，可比效益好，是其他普通农作物效益的几倍、上十倍，是农民致富的好途径。”（附录2：8）而我从一些政府干部那里听到的另一则小道消息，也似乎为这些依据增加了某种更为深厚的制度化背景补充。干部们说，区委谢书记在向省里主抓农业工作的领导汇报工作时，该领导提到省里准备拿一笔钱出来搞农业结构调整，希望大江区在这方面能够做出成绩。受到省领导的点拨，谢书记自然格外留心，经过反复调研，认准藠头的潜力和绿地公司在大江区落户的前景，遂下决心在全区发展10万亩藠头生产基地。（参见附录1：61）干部们的闲谈未必一定有据，却可能是符合干出政绩以引起上级领导重视的地方行政逻辑的，所以，此种说法有影儿没影儿倒不是太重要的事情，重要的是，我们看到，在一阵强劲有力的行政风暴和宣传造势之后，2003年大江区和小镇的农业结构调整便围绕着藠头种植声势浩大地展开了。

6月16日上午，我随姚学明副书记和负责农业的副镇长钟联驱车下乡，为藠头种植基地选址。我们沿着公路从镇街出发，车窗外不时掠过村舍和农田，每当途经成片的大块旱地时，姚学明便叫车开得慢一些，或者干脆停车下来目测，一是看地势是否足够开阔连片，便于上级检查；二是看土质是否“抛”（当地土话，疏松之意），适合种植藠头。一边走，姚学明一边告诉我，农调是否成功，关键看老百姓是否配合，为了调动农户的积极性，政府肯定要给予一定的支持，如种苗肯定是由政府先垫钱买回来，此外，还得贴上一些化肥和农药钱，但如果农户不加强管理，也未必能够成功。所以，姚说：“这件事一旦铺开，将有大量的工作要做。为了取得经验，镇里这一次准备由林书记和我亲自带队，组织干部到江西去考察，种子也从那边购进……”

就这样边说、边走、边看，最后选中了大陈村和邻近前王村的两块地。这两块地的特点一是地处公路边，在路旁即可看见；二是成规模，站在公路边往两旁和四下纵深望去，均有百余亩大小；三是距离镇街近，10多分钟的车程便到，这就易于镇干部下村督促，也方便上面来检查和参观的领导光临。[2]

后来，姚学明又告诉我，选址就这样定下来了，对大陈和前王两村，准备采取两种不同的做法，大陈由政府扶持，前王引进老板租种，但规模都不宜太大。区里要小镇今年搞1500亩，实际上很不现实，因为按1亩需要种苗400斤计算，1500亩面积就需要60万斤种苗；按1亩500斤种苗计算，就需要75万斤种苗。现在藠头的市场行情较好，一时到哪里去弄那么多种苗？1斤种苗从江西拖过来，要1.15元，60万斤要多少钱？75万斤又要多少钱？政府又哪里来那么多钱？其次，老百姓心里没有底，是否配合也是个问题。由于过去农业结构调整失败的教训太多，老百姓在潜意识中早已经存在一种抵触情绪，害怕搞不好又是劳民伤财。此外，还有肥料、农药钱，区里准备每亩补50元，镇里再补50元，这也是一个不小的压力。因此，政府的想法是在大陈村四组先搞百把亩，由政府垫付种子钱，再支持化肥和农药，然后政府与农户签订协议，以保护价收购，确保农民只盈不亏。如果成功了，第二年再扩大实验面积。而前王村则由政府介绍，引进老板租地种植，并由老板负责提供种子、化肥和农药，农户以打工的形式负责下种、管理和收获，然后得工钱，每亩500元，高产有奖。此事准备找君山教育办公室来搞，他们有兴趣，又与绿地公司有关系，已经决定租地。具体做法是先由镇政府与君山教办签订一个租地协议，然后政府再与农户签订一个生产协议，农户不与商家发生关系，这样做也是为了确保农户不吃亏。目前，政府已经在江西预订了5万斤种苗，预付了一半的钱。“此事搞得好，还是有成功的把握。前段时间，我们一些干部已经到江西去做过考察，心里有了底。只有确保今年成功，才能为明年的发展奠定基础。搞得好，亩产量在3000—5000斤，比种粮食划算。”（附录1：62）

按照这两种思路，姚学明副书记和钟联副镇长带领着负责联系这两个村的挂村干部曹元新和景江分头与两个村的干部商议，又与君山教办谈判，最后分别拟定了两个类别的三份合同。

附件 4-1

蔷头种植产销协议书

甲方：小镇政府（以下简称甲方）

乙方：大陈村四组（以下简称乙方）

为了增加农民收入，积极引导农民调整产业结构，大力培植藠头产业化的发展，保证农民增产增收，镇政府出台藠头收购最低保护价和优惠政策，充分调动农户种植积极性，经甲乙双方协商，达成如下协议：

一、种植面积

乙方今年种植藠头面积为　亩，藠种　斤。

二、收购价格

1. 乙方在2004年藠头收获期间，甲方确保最低0.30元/斤的价格收购。

2. 乙方在藠头收获季节，如市场价格比甲方收购价高，乙方可随意到市场销售或自留，甲方不干涉。

三、质量要求

1. 乙方在种植藠头期间要严格按技术要求来种植和管理，确保质量，防止青头和不合格产品销售，如有青头和不合格产品，甲方不按保护价收购，只按市场价来收购。

2. 乙方要按甲方要求整理好藠头，甲方认可后方可收购。

四、付款方式

甲方在收购期间一律为现款现货，不打白条，保证乙方货到收钱。

五、优惠政策

1. 乙方今年的藠头种子款由甲方先垫付购买，乙方种子款到2004年收购时甲方用藠头抵扣，一斤还一斤种子，按市场价格。①

2. 今年为鼓励乙方种植积极性，甲方每亩奖人民币50元给

① 此款为政府与农户协商后议定，详见下文。

乙方。[1]

六、此协议一式两份，甲乙双方各执一份。

甲方代表签字：

乙方代表签字：

2003 年 9 月 2 日

（附录 2：9）

附件 4-2

小镇政府与君山教办签订的耕地租赁协议

耕地租赁协议

出租方：小镇政府（简称甲方）

租赁方：君山教办总支（简称乙方）[2]

为大力发展藠头生产，形成藠头产业化，实现农业增效、农民增收目的，乙方决定在甲方租地 200 亩连片种植藠头。[3]经甲、乙双方商定，达成如下协议：

1. 乙方租甲方耕地 200 亩种藠头，乙方付租金。甲方应提供连片耕地，并保证足量的面积。

2. 乙方应付甲方每亩租金人民币 60 元，付款时间为签订合同之日，一次性付清。2004 年 3 月付出租方 20% 的劳务费，即每亩 100 元。

3. 乙方请甲方负责藠头生产的整地、播种、管理、收购的全过程。每亩劳务费按人民币 500 元计算，付给甲方做生产管理费用，此款在藠头出售时一次付清。

---

① 在实际操作中，奖励 50 元钱改为由政府提供复合肥料。

② 为减轻农民负担，乡镇一级的教育办公室已经撤销，但实际上机构和人员仍在，故对外交往、布置工作就以教办党总支的名义进行。

③ 在实际操作中，种植面积远远达不到这个数字，租地费是按实际租种面积付给的。

4. 甲方应按乙方要求掌握藠头生产的所有技术，按要求操作，定时把好栽培、清沟、施肥、除草、打药、收购等重要环节，确保藠头基地无杂草。若在管理环节上甲方拖延时间，造成减产，应由甲方负完全责任。

5. 甲方必须精耕细作、精心管理、确保高产，每亩4000斤以上，每超百斤奖人民币5元；每亩4500斤以上，每超百斤奖人民币10元。

6. 若甲方管理不到位，人为造成减产的，甲方应负相应的责任。

7. 此协议一式三份，即镇政府、甲、乙方各执一份，①共同遵守。

未定事宜，经甲、乙方共同协商后另行解决。

甲方：（签章）

乙方：

2003年9月2日

（附录2：10）

附件4-3

小镇政府与前王村农户签订的藠头种植协议

藠头种植协议

甲方：小镇人民政府（简称甲方）

乙方：前王村四、五、六、八组农户（简称乙方）

为大力发展藠头生产，调整农业结构，形成藠头产业化，实现农业增效、农民增收目的，同时，为保护农民利益，降低农户在结构调整中承担的风险，经甲、乙双方商定，就调整结构、种植藠头达成如下协议：

---

① 从此份协议前后行文来看，这里的甲方指代不明，文首指小镇政府，但文中和此处又似指具体经营藠头的农户。造成含混的原因既在于协议起草者的文字水平不高，也有因教办想通过协议来委托镇政府加强对农户管理的想法所致的原因。

1. 甲方将乙方耕地200亩进行结构调整，连片种植藠头，甲方付劳务费。乙方应提供连片耕地，并保证足量面积。

2. 甲方付给乙方每亩劳务费人民币500元整。付款时间为2004年3月付20%的劳务费，即每亩100元，余款在藠头收获出售时一次性付清。

3. 乙方负责藠头生产的整地、播种、管理、收购的全过程，并按甲方要求掌握藠头生产的所有技术，按要求操作，定时把好栽培、清沟、施肥、除草、打药、收购（装袋、过磅、上车）等重要环节，确保藠头基地无杂草。

4. 乙方必须精耕细作、精心管理，对藠头种植高度负责，确保高产。即亩产量超过4000斤，每高于100斤奖励劳务费5元；超过4500斤，每高于100斤，奖励10元。对亩产不足3000斤的，每低于100斤扣减劳务费15元。

5. 乙方必须按甲方要求及时出工，确保每亩出劳务工不少于25个。

6. 乙方由于未按甲方要求及时出工、规范操作，管理不到位，人为造成减产的，乙方应负相应责任。

7. 乙方耕地所产全部藠头属甲方所有，由甲方统一销售，乙方不得私自销售，如发现乙方私自出售藠头，甲方将给予乙方私自出售藠头金额双倍的经济处罚。

8. 此协议一式三份，即：甲、乙双方和村民委员会各执一份，共同遵守。未定事宜，经甲、乙双方协商后解决。

甲方：（钟联）（加盖政府公章）

乙方：（农户签名）

2003年9月9日

（附录2：11）

姚学明告诉我，以上两种形式各有优劣，共同的优点是农户的风险小，不存在吃亏的问题，而大陈村的优势在于种子钱由政府垫付，农药、化肥钱由政府资助，政府还以保护价收购，所获的利却归农户所有，有利于调动农户的积极性，而风险和成本由政府承担。“在现在这样的情况下，这也是没有办法的办法，不这样，农户就不会有积极性。但这总比以前好，以前一窝蜂地上，一搞就是上万亩，结果，一旦失败，农民的损失大，政府也吃亏不小。”但由政府承担成本和风险也就决定了这种方式只可能在一个小范围内进行，很难推广，如若推广，是否会因农民致富而导致政府致负，就可能成为一个问题。[3]而以前王村的方式，农户没有任何风险，他们不负责销售，只要按照要求做好工作就可以确保工钱。在这里，他们的角色相当于农业工人，赚的是打工钱。而可能出现的问题则是农户会不会因此而动力不足，以至于出工不出力。正是为了防止这种可能性，镇里才在合同中对农户提出了产量方面的要求。姚说：“农产品与工业品毕竟不同，受自然条件影响，可能会有一定的变数，但是，如果大多数农户都能达到规定的产量，少数人达不到，就说明你在管理上有问题，就必须扣除一定的劳务费。而另一方面，为提高农户生产的积极性，在合同中也规定了奖励的办法。”姚学明相信，通过这种双向约束，前王村的方式应该比大陈村更容易成功。看来，姚学明对这一次农业结构调整首先采取小规模试点的办法还是深表认同，而且对其前景也充满信心。他说：“下一步就是要深入小组和农户家里，进行反复动员和宣传，要与每一家农户签订合同，确保措施落实到户，只有这样，才能确保成功。”（附录1：62）

不过，这样一来，要做的事情就太多了，这几个主管农业的干部看来要大忙一阵儿了。

谢张村也想卖地

农产品深加工和农业结构调整的确是传统农业向市场农业转化的重要环节，然而，从资源变现的角度看，它们显然没有土地的非农化开发来得简单和直接，所以，对于小镇的镇村干部而言，如果说农产品深加工和农业转产是在尚无力彻底改变农业总体弱势格局下的一种无奈，甚至是行政跟从的被动选择，那么，正如秦家畈村的老罗所言，镇村干部现在所真正关心，甚至以某种急不可耐的心情去相拥相迎的，还是土地的开发。

在这方面，地处镇北的谢张村的时运尽管不如洲头村好，没有被列入已经规划并获得批准的镇级开发园区，却又要比交通不便的范家坝村幸运。因为谢张村紧靠H市的南环线以东，与南环线以西的龙岛开发区仅一条公路之隔，紧挨着区里的其他已开发地区，也属于小镇继洲头开发区之后要着重开发的位置。所以，在H市城市规模不断向四下膨胀、资本寻求用武之地的大背景下，谢张村也迎来了一拨又一拨看地的客商。正是在这种引领以待的看地热中，谢张村的干部们也看到了把土地变现为可以产生巨大经济效益的资产的机会。[4]

在村主任和挂村干部的四处出击下，谢张村终于迎来了拟筹建H市大学南岸分校的田老板。田是H市恒久投资担保有限公司的老总，准备买地办学，与H市大学合作，以公办民助的方式筹建H市大学南岸分校。所谓公办民助，即接受H市大学的领导并以它的分校名义招生，但资金的筹集和运营则采取民间方式进行。民营资本进军教育产业，依托公办大学建立独立的分校和二级学院，这是近年来我国高等教育在自身发展中与民间资本结合的一种重要方式，在H市已经有许多范例，即使如小镇，也已经有春日文教集团投资洲头村的待批项目在先。田老板称，拟建的分校以董事会的方式运作，校长和师资由H市大学出，公司出钱，实行利润分成，H市大学方面得30%，公司方面得70%，双方已经就合作诸事项谈妥。而公司目前急于要做的，就是要落实征地，择址建校，挂牌招生。据说，公司已经在大江区内看了10余处位置，最后之所以选中谢张村，一是因为这里距离市区很近，交通便利；二是与龙岛等区级开发区仅一路之隔，却因未被列入园区，地价上便宜了不少，就是与作为镇级开发区的洲头村相比较，一亩地价也便宜五六千，所以，在此处征地，实际上等于是坐享开发区之利，却又不承受其弊，两头的好处都占住了。有了这两点，恒久公司也就有了动力，他们力图抢在2003年将土地征下来，尤其是近年来土地买卖审批越来越严格，更是得抓住时机。所以，经过近两个月紧锣密鼓的与小镇方面的沟通和接触，他们终于在年底与小镇政府坐到了正式的谈判桌旁。（参见附录1：63）

正式的接触是政府与客商之间的对话。政府这边由武镇长亲自出席，镇招商引资办公室汤主任是主要的谈判者，恒久公司方面由田老板全权代表，而作为集体土地法人代表的村级组织负责人，则如政府的随从，坐在一个不起眼的角落默默地听着双方的谈话。

田老板向镇政府方面表明了公司的态度，拟建中的H市大学南岸分校分三期开发，总投资8个亿，第一期先征地1000亩，其余用地放在第二、三期征，总共征地2000亩，争取在明年9月份招收第一批学生。田老板在介绍这些情况时，显得十分豪气与自信，他说："资金不是问题，在投资担保这一块，我们目前是H市的老大，只是时间紧，还希望政府方面多多支持。"

"支持当然不是问题，你们的位置也选得很好，只是你们要求的时间太紧，如果明年要招生，有许多事情必须马上要做，首先就是征地的手续，但这个在目前很难办，如果你们走上面的路子，从上往下办，还有可能，要从下往上办就难了，在这方面，你们不能指望我们。我们可以在一个月内帮你们把相关材料准备齐全，区里的问题不大，但省、市以上就难了，得由你们自己去跑。春日集团也是办学，地址选在洲头村，都跑了大半年了，到现在也还没有结果，所以，你们要有心理准备，如果到明年3月份以前还不能动工，9月份招生就是天方夜谭。"

做这一番表白的是招商办的汤主任，作为今天的主谈手，他一上来没有向客商大谈谢张村的区位优势和镇里的支持，而是要田老板充分估计到办证的困难，似乎欲迎还拒。其实，这种态度也实属无奈，由于中央政府近年来严格控制耕地审批，一般性的商业征地已经非常困难。就以洲头村为例，近两年来看地的商人络绎不绝，与政府和村里签订了开发协议的也有五六家，但真正批下来的迄今为止只有省人防训练基地，形成了只开花不结果的局面。结果，招商办天天应酬各路财神，但往往都是说得热闹，而黄鹤一去也就杳无音信。这种事情经历多了，难免影响到他们自己的信心，所以，为了不放弃任何一个可能变为现实的开发机会，客商照旧接待不误，但困难要先向对方讲清楚，办不办得成，不取决于镇里的态度，就看你们自己有多大的能耐了。

对此，田老板表示理解，他说他们的报告已经打到了省教育厅，厅里在这个月就要往部里报，部里可能会在明年的2月份讨论。“这个我们要找专人攻关，目前办学校这一块问题不会太大，国家是鼓励的，没有政策方面的障碍。我们的想法是能在明年上半年先建一栋教学楼和宿舍楼最好，把学生招进来就好办了，其他的再慢慢发展。”

作为投资商，田老板的话说得没错，在国家严格控制工商业和住宅用地审批之时，却仍旧为教育用地的审批留下了一个口子，这也正是近几年国内各高校纷纷上演“圈地”大戏和民营资本纷纷进军教育产业的一个主要原因，由众多人口所决定的潜在教育市场的巨大，已经向资本展示出无限的商机。就以大江区为例，不仅众多老牌公办高校纷纷在此圈地，建立新校区，民营资本也纷纷与他们携手，创办独立的分校和二级学院。一时之间，大江区几乎成了H市的大学城。

不过，对于小镇政府，他们对于教育资本进入的态度则是欲拒还迎。他们最欢迎的其实是工业项目，因为引进一个企业就有税可收，税收直接增加了政府的财政能力，而且这种增长是持续性的；而办学的占地大，与政府财政税收增长的关系比较间接，基本上属于一锤子买卖（当然，对于拉动地方消费、提高就业和带动第三产业发展还是有好处）。所以，在未来若干年的规划用地已经被严格限定的情况下，首选的目标仍然是引进工商产业。为此，镇政府在不久之前还专门召开过一个班子会议，讨论未来15年内规划用地的安排与布局，当时我也列席了会议。从会议上得知，在未来的15年中，小镇可以支配的建设用地是499公顷（折合7499亩），其中政府最为优先考虑的是工业用地。按照会上汤主任的观点，强镇的关键还是要靠工业，其次是要发展沿湖区域的休闲旅游，最后才是引进大学。（参见附录1：64）然而，规划归规划，就基层的实际来讲，规划最后往往还得迁就于现实，由于H市的扩张势头暂时尚未大规模地渗透到小镇，所以，除了农产品深加工产业和在大城市中无法生根的一些高能耗、高污染企业，所谓大规模工业项目的引进，对于小镇而言暂时也还是一个理想。肥肉暂时还得看着处于开发核心地带的君山和龙岛这些地方享用，而来小镇看地的客商也仍然以休闲旅游和圈地办学者居多。在这种情况下，如果将客商拒之门外，也就等于拒斥了发展机遇本身，加之在工商业占地项目很难获得批准的情况下，在目前也只有办学才有获得立项的可能。难怪此时的汤主任会直言不讳地表达这样的实用主义观点："办学占地大，回报小，但能够带动第三产业，对农民有好处，我们也欢迎。"（附录1：65）

汤主任说："土地的价格，我们这边的前景很好，明年肯定还要涨，价格分为两块：不包水电，要两万六七；包水电，要七八万。当然，这都是意向性的，还可以谈，双方可以组织一个专班谈，争取搞快一点儿。我们15年的建设用地只有500公顷，洲头这边就搞了三四千亩，你们又要搞2000亩，我们也没有多大的搞头了，但为了农民着想，我们还是愿意的。"

武镇长插话："这件事情由汤主任专门负责，你们主要跟他谈，镇里的态度是衷心欢迎，但有一个情况要讲明，国土资源部目前对土地抓得很紧，大江区也很受上面的关注，目前正处在整治阶段，上面不断有人下来检查，这是大的背景。但地方要发展，搞还是非要搞的，就是手续问题难办，你们明年下半年要招生，对我们的压力很大，关键还是办证的问题，这是要先给你们讲明的。"

显然，主要的问题是如何办理以及能否办得下来征地的手续，没有这个把握，其他问题谈了也是白谈。

“恐怕非得找一个省里的领导出面帮忙不可，”汤主任对恒久公司是否有能力办好征地手续是有担心的，他十分熟悉整个事情的程序，深知事情的复杂与困难，“而且省里一次也只能批520亩地，对你们办大学肯定也不够，现在国家对土地市场卡得很紧，一个土地使用证，一个土地施工证，这两证我们都没有能力搞。”

武镇长也补充道：“有的项目比省人防基地谈得更早，也没有搞下来，现在没有两证，谁也不敢动工。”

政府方面并不急于进入实质问题的谈判，因为类似来谈的客商太多了，可最后能做通工作的总是少数，所以，在这里先把困难摆出来，让对方有个心理准备，也成了他们的一条经验。

田老板一面听，一面回头与身边的人耳语，然后转而对武、汤等人说：“现在国家对办教育这一块没有卡，应该是没有问题的，手续的事情我们来搞，镇里这头能不能把方位先确定下来？”

“这些事情都好说，大家要先草签一个协议，地确定下来以后，你们就可以搞总体规划了。我们想争取把你们征的地搞成教育用地，不占建设用地，这个我们倒是可以想些办法。”

接着，大家又谈了一些具体的操作细节，土地的价格没有具体涉及，大约在这种人多的场合也不便多谈，但经过前段时间的接触，彼此的心里也应该有本账。很快地，便到了午餐的时间。

会谈结束后，政府照例要安排客人用餐，地点在政府食堂。席间，大家没有再细谈生意的问题，而是闲扯一些风土人情，倒是在会上一直没有机会发言的谢张村谢书记在这个时候终于找到了说话的机会，他一杯接一杯地向田老板敬酒，表达谢张村与恒久公司合作的诚意。他说：“我们书记、镇长都是很有眼光的人，一看就知道田老板财大气粗，是个干大事业的人，所以才亲自谈，一般的小老板来看地，谈个一两百亩的，谈都不谈，说是宁肯再穷一两年，也要等来开发的大机会。”又说：“我们汤主任也是个很实在的人，从来不是十万八万的乱喊价，搞平，有一些盈余就行了，主要还是考虑地方的发展。”（附录1：66）谢书记的话能信几分，不必去深究，反正酒桌上的话能拉近人与人之间的距离就行。不过，谢书记所表现出来的热情倒是真的，作为村里的第一把手，他是一门心思想把事情做成。“村里相当穷，除了土地，别的什么都没有，只有想办法卖土地。”事后谢书记这样对我说。为此，他们不惜把地价降到每亩2.7万元，以此来吸引客商。但他们知道，就是这样，生意能否做成也没有把握，全镇未来15年的规划用地只有7499亩，放在他们这边的也就是500—1000亩，需求与供给之间的巨大缺口如何解决？而且，中央的政策卡得如此严，项目能批得下来吗？这些都是问题。不过，谢书记也知道，这些事情早已经超出他们所能操心的范围了，只有边走边看，看机遇是不是会垂青于谢张村。（参见附录1：67）

事后我又得知，双方最终草签了一份协议，恒久公司果然以每亩2.7万元的低价向谢张村购买2000亩地。为了表达生意合作的诚意，恒久公司给了小镇方面16.8万元的风险金，这风险金实际上就是定金，交了定金，就不必担心小镇方面会“一女二嫁”，也可以向上面申请立项并做可行性论证。至于说到测绘土地，那则要等到手续完备之后，而这就不是一时半会儿会有消息的了。

偶然参与到政府与恒久公司的这场商业谈判中来，又有对以前春日文教集团在洲头村的开发项目的耳闻，再联想到大江区一所接一所已经招生、正在建设和准备立项的民办高校，不由得激起我对下镇以来就已经注意到的这样一个问题的思考：为何民营资本近些年来会如此垂青于教育，纷纷向教育领域进军？民办高校存在着哪些问题？它们又会对近郊农村的土地征用带来哪些影响？带着这种思考，当天下午，我再次走进了招商引资办公室，向总是会给我满意答案的老洪请教。

老洪认为：在国家严格土地资源管理却又鼓励教育发展的大前提下，民营资本显然已经嗅到教育作为一项新兴产业所蕴含着的商机，他们纷纷利用国家的政策空间，先将土地圈占下来，盖上一部分楼，把学生招进来，然后再一边办学，一边发展。这种所谓大学，名头大都很响亮，许多都挂着某公立大学分校或二级学院的牌子，以换取社会公信度。其实存在着诸多问题，例如师资，往往并无固定人员，多是请一些退休或在任教师兼职，而这还算是好的，有的舍不得钱，就请一些在校研究生去上课。再如，图书、实验设备等，也跟不上，学校所设专业，也往往是跟着就业市场的行情走，就业市场上热什么他们就设什么，所以，与其说它们是大学，不如说更加类似于职业技术培训学校。而且，随着日后生源的减少，教育市场上的后来者未必能赚到钱，但先到者赚饱了，又可以将资本转移到其他行业，反正土地在他们手上，这个东西是不会贬值的。所以，虽然不能说民办高校中没有真正的办学者，但多数所图者还是一个“利”字，而且，以办学的名义申请土地，似乎也已经成为现时资本圈地的一种特殊方式。（附录1：68）

老洪的话有多大范围的解释力，是否公允，我一时尚不能得出结论，因为那毕竟还只是基于他个人的社会和生活立场而给出的一种意义判断，（杨善华、孙飞宇，2005）[5]但启发无疑是有的。我所真正关心者，与其说是民办高校本身的发展和办学质量，还不如说是目前这股借办学之名所掀起的“圈地运动”对近城区农村土地征用的影响。此时，我耳畔又回响起了上午谈判时田老板所讲过的一句话，“如果时间实在来不及，先搞个寄宿学校也行”。也许这才是一句真话，办什么并不是最重要的，重要的是要能够找一个名目圈到地。而要圈地就得抓住机遇，在H市的地价一路飙升的趋势下，早一年将土地圈占下来，支出就更少；早一年把学生招进来，赚头就更大。即使没有招到学生，土地圈占下来也是胜利，因为土地作为一种高度稀缺资源，其价格只会看涨不会看跌，谁占有了土地，谁就占有了具有最大增值空间的不可再生资源，这也许才是这些土地商人真正所思所想的。而目前在经济欠发达地区尚未完全升值的“闲置”土地的存在，以及地方政府领导急于在自己任期内实现经济跨越式发展的急切心态，无疑又为这些土地商人实现自己的黄金梦提供了现实的空间。

不过，如同H市职业技术学院领导去范家坝村看地一样，恒久公司的田老板这一去之后，也就许久没有下文了，至少在我继续进行小镇观察的时间里，我再未听到镇里的干部和谢书记他们谈论起此事。也许，恒久公司只是在谢张村虚晃了一枪，就如同他们到谢张村来看地之前也会在其他乡镇虚晃一枪一样，他们又到其他条件更加优惠、地价更为低廉的村庄看地和谈判去了。毕竟当下的中国已经成为资本纵横驰骋的疆场，居于绝对强势地位的它可以以自己最为满意的方式确定与合作伙伴的关系，而这样的合作伙伴在现阶段几乎是任由他们来挑选的，因为现在哪一个地方的政府领导都是一门心思想卖地。土地是国家的，等于谁的也不是，就看你怎么利用，不卖就谁的也不是，而且，我不卖后来者也会卖，还不如在自己的任期内卖掉，这样既能见到实惠又能创造政绩。这就给土地商人创造了通过不断比较和筛选生意对象以赚取最大利润的条件，这实际上就是现在的资本与土地之间所客观存在着的一种强弱不等的关系。在这样一种关系格局下，即使是相当低价的土地也可能照样会遭遇土地商人的挑剔，谁让你急着非卖不可呢？当然，恒久公司一去不复返，也有可能是如武、汤等人所料，田老板他们本来就不具备能够办齐征地手续的能耐，只是在试试运气。如若是这样一种情况，那协议签了也是白搭，顶多只等于是在为日后政策放宽、机遇重新出现时预先挂号。或者，也可能如武镇长在一次闲聊中对我所说的，这些人中的相当一些人其实本来就是在玩空手道，自己并没有多少钱，但通过各种关系，一方面想办法从银行贷款圈地，另一方面又通过圈地发财，只要搞成了就是一本万利。如今胆子大的人可是要发横财的，只是苦了谢书记和谢张村的一班干部，包括广大普通的村民了，黄鹤一去不复返，他们大概又得忍受几年困窘的日子了。如同范家坝村一样，这播撒下去的开发梦，何时才会迎来收获的时节？在如今的情势下，就是想被别人宰，也还得看别人愿不愿意宰和自己有没有这份被宰的福气。

五
周旋于商民之间

叶先生与洲头村的租地纠纷

在洲头村因省人防训练基地建设而开始的土地占压补偿工作中，令未理明、老洪和洲头村汪达海书记头痛的，还有已经先期出租给叶桦先生的150亩土地的收回及善后处理问题。

叶桦，台胞，美籍华人，现居美国新泽西州，63岁，近年来在大陆做生意一直不太顺利，曾经两次投资失败，后又在H市的安和山庄买下部分房产，准备开一间美式酒吧。安和山庄与洲头村四组隔湖相望，叶桦觉得岛上景致宜人，遂在2000年上半年委托安和山庄的一个部门经理贺志伟帮他在这里租一块地。叶本来只想租一二十亩，建一个私家葡萄园，盖上一幢楼，供自己休闲养老之用。因每亩地的年租金仅80元，十分便宜，便在旁人的鼓动下，与村里商谈租地150亩，意欲开发农庄，租期为50年。2000年时，洲头村尚未被列入开发园区，村里考虑到土地出租可以解决一部分农民负担，便与叶先生签了如下这份《土地租赁合同》，合同经过公证和镇政府同意后，于2000年6月10日生效。

附件5-1

土地租赁合同

甲方：洲头村（以下简称甲方）

乙方：叶　桦（以下简称乙方）

以党的十五大精神为指南，进一步深化农村土地使用权改革，依照“公平、公开竞价、公道合理合法”的原则，在保护农业生态环境的前提下，把有限的资源使用权最大限度地推向市场，有力地促进耕地资源的开发利用，以促进资源科学合理配置，充分运用农民和社会的闲散资金，加快农业资源的开发和利用，推进资本营运，尽快变资源优势为经济优势。经甲乙双方协商一致，特订立如下合同，共同遵守。

一、租赁面积

乙方租赁甲方土地壹佰伍拾亩左右。（以丈量为准）

二、租赁时间

时间为 50 年，从 2000 年 6 月 10 日至 2050 年 6 月 10 日为止。

三、资金到位

1. 乙方每年上交甲方租金每亩按 80 元计算，青苗费按 180 元／亩。此款在合同之日起交清。

2. 乙方先向甲方预付一年的租金。

3. 乙方向甲方交的租金，必须在当年的元月份以前交清，如有特殊情况，可提前打招呼，可以延期半年，否则甲方有权收回土地使用权。

4. 乙方每 5 年按上交租赁金额总数 5% 上浮，今后不得任意改变。

5. 甲方考虑到乙方投资的诚意，乙方所辖的水面滩因水涨水落、养殖部门等原因不交租赁费。

四、责任与义务

1. 乙方必须在 3 年之内投建成效，否则甲方有权收回土地。

2. 乙方转让土地必须经甲方同意才行。

3. 开发项目必须无污染，保持生态平衡。

4. 乙方在劳动用工无技术工种必须以本村的村民为主。

5. 甲方协助乙方办理土地使用证、建房证件、用电手续，但费用由乙方负责。

6. 甲方应维护乙方的治安。

五、未尽事宜，双方协商解决签约。

本合同一式四份，甲乙双方各执两份，望共同遵守。

签字地点：H 市大江区小镇

甲方（签字）：安靖[①]（加盖洲头村村委会公章）

乙方（签字）：叶桦

代理人（签字）：贺志伟

2000 年 6 月 10 日

（附录 2：12）

合同生效以后，叶桦又先后办理了土地承包经营权证和私人建房许可证，待一切手续齐备，他便委托贺志伟代为经营，开始在承租地上建房植树。葡萄园里先是盖了一幢建筑面积 800 多平方米的闭合式庄园建筑，以后又陆续在楼房四周种下一些林木。但总体来讲，因资金投入不多，进展不大，整个庄园尚未见到更大的变化。

2002 年，洲头岛被正式列入大江区“两区五园”开发规划，成为小镇最具有开发前景的镇级园区，在这种背景下，不断有一些单位和房地产公司进岛看地，并与村里签下意向性开发合同。省人防训练基地也就是在这种背景下上岛，并凭借自己的特殊优势率先获得开发许可的，而在它圈定的 300 亩土地中，也包括了叶桦所租赁的 100 余亩土地。

这就带来一个问题，洲头村将“一女嫁二夫”了。何以会出现这样的情况？一说是叶先生所租的土地没有确定坐落四至，（参见附录 1：69）又说是叶与村里签订的合同事前未经村民会议或村民代

① 安靖为洲头村村委会主任。

表大会讨论，事后也未报镇政府备案，是不受法律保护的合同。然而，细细考察，这两种说法都不能成立。查阅资料，可见在叶桦所持有的承包土地经营权证书的复印件中，清楚地标明了租赁土地的名称、类别、面积、用途和坐落（四至边界），其中地块名称为“洲头林场”，类别为“荒林”，面积为“150”亩，用途为“园林”，坐落（四至边界）为：“东边以路为界，西边以湖为界，北边以一组的沟为界，南边以四组的沟为界。”（附录 2：13）后一种说法见诸小镇政府为处理台胞叶桦与洲头村土地租赁纠纷回复 H 市外商投诉中心询问的信。（参见附录 2：14）叶桦与洲头村签订的土地租赁合同是否经过村民会议或村代会审批，我们将在下文讨论，若说此事未经政府同意或备案，却很难成立。洲头村汪书记自己就曾经说过，此事最早就是经由镇主要领导牵线搭桥的，（参见附录 1：70）且在租赁合同的公证书上作为证人第一个签字的也是政府干部，（参见附录 2：15）很难认为政府干部在公证书上签字只是个人行为。而且，在叶桦后来为维护自身权益寄来的一系列文件的复印件中，也有一份由小镇政府出具的同意将 50 亩荒坡荒水对外发包的证明。（参见附录 2：16）所以，我们至多只能说，叶桦这 150 亩地是分两次租赁的，第一次谈的是 50 亩，经过公证和政府同意；第二次的 100 亩，我虽然未找到类似的政府证明，但公证书上的内容说明它仍然是第一次谈判的内容，而且是这一内容的最终落实，所以，最后经由区政府发放的土地承包经营权证上才会写明承包土地面积是 150 亩。

附件 5-2

公　证

美籍华人叶桦在 H 市大江区小镇洲头村租赁土地伍拾亩左右，租赁期间土地的使用权属叶桦所有，不得转让他人，并予（预）留土地壹佰亩左右，时间壹年。

小镇洲头村

（盖章）

2000 年 6 月 10 日

（证人、合同双方当事人、代理人签名）

（附录 2：15）

因此，真实的理由只能是当 2002 年洲头村被整体列入区里的园区规划后，客商纷纷前来洽谈土地买卖。大利降临，租赁土地便成了小利，所以，镇、村方面就运用园区内土地只能出让，不得租赁的规定（因为按政府规定，租赁不得改变土地原有的使用性质），将包括叶桦已经先期承租土地在内的一共 300 亩土地一起卖给了省人民防空办，作为其修建训练基地的场地。

这样一来，就势必面临一个如何收回叶桦的承租地以及随之而来的善后问题。因为叶是合法租地，手续齐备，更为重要的，叶本人是外商，又是台胞，一旦触及国家保护外资和维护统一战线的政策，弄不好洲头村和小镇政府也可能惹上他们原本无意去惹的麻烦。因此，为了摆平此事，他们成立了专班，确立了“以金钱换土地”的原则。正是这样的一种处理方式，让我观察到一种特殊类型的官民互动，并引发了我关于官商关系的另一类思考。而如果我们将此种官民互动与同一时期发生在镇村组织与洲头四组村民之间的角力相比较，则会大大丰富有关官民互动多面性与复杂性的“地方性知识”。

从 2003 年 2 月起，镇政府即以招商引资办公室和政府自己的名义，先后几次给叶桦去函，告之其所承租的土地已经按规定整体性地纳入“H 市潭湖洲头岛休闲度假产业园”的范围，并已经出让给省人民防空办，并请叶回国相商，处理善后。镇政府承诺在不让叶桦蒙受经济损失的前提下妥善解决遗留问题。

附件 5-3

2003 年 2 月 28 日镇招商引资办致叶桦的信

尊敬的叶先生:

现就您在小镇洲头村所办葡萄园一事，特致函，请明鉴。

一、对于先生晚年仍不忘祖国，积极回国投资创业，我们表示十分的欢迎和由衷的钦佩。

二、由于洲头村整体已被列入大江区“两区五园”之列，岛内土地必须统一规划和建设，因而与您同洲头村所鉴（签）的租地合同发生矛盾。对此，我们十分诚恳地邀请您速来一谈。我们承诺在不让您蒙受损失的前提下，提供一些切实可行的方案供您选择。

特此

诚请！

小镇人民政府招商引资办

（盖章）

2003 年 2 月 28 日

（附录 2：17）

附件 5-4

2003 年 3 月 18 日镇招商引资办致叶桦的信

尊敬的叶先生:

您好！收悉您的来信，现就您来信中提出的有关问题做如下回复:

1. 您信中所述，承租地周围方圆一公里到处都是荒地，为何单要您经营三年的承租地。此事上次信中已告知先生，整个洲头村已于去年 3 月开始，整体纳入“H 市潭湖洲头岛生态旅游度假园”的范围，“旅游度假园”是大江区优先发展的“两区五园”之一，此事已经大江区人大常委会审议通过，有批文复印件，请先生过目。

先生的承租地按《中华人民共和国土地管理法》第二章第十五条规定：农村集体所有土地由本集体经济组织以外的单位和个人承包经营的，必须经村民会议三分之二以上成员或者三分之二以上村民代表的同意，并报乡（镇）人民政府批准，应该说您的承包条件是不合法的。[①]

2. 先生承租土地现已出让给省人民防空办，防空办已依法取得《中华人民共和国国有土地使用权证》，是受法律保障的有所有权的土地。

3. 先生信中所言：按《中华人民共和国农村土地承包法》，国家保护承包方土地经营权。此条不假，但请先生细看一下《中华人民共和国农村土地承包法》第一章第一条：为稳定和完善以家庭承包经营为基础，统分结合的双层经营体制，赋予农民长期而有保障的土地使用权，维护农村土地承包当事人的合法权益，促进农业、农村经济发展和农村社会稳定，制定本法；第二章第十五条：家庭承包的承包方是本集体经济组织的农户；第三章第四十八条：发包方将农村土地发包给本集体经济组织以外的单位或个人承包，应当事先经本集体经济组织成员的村民会议三分之二以上成员或者三分之二以上村民代表同意，并报乡（镇）人民政府批准。

以上所列数条，供先生细细斟酌，尽管先生承包的土地与“两法”规定有许多相违背的地方，但考虑到先生是外商，且在不合法土地上付出了辛劳，镇党委政府相当重视，诚请先生在近期于万忙中抽空回国一趟面谈，若确实抽不开身，请在国内委托一个全权代表协商此事，我们将严格按照法律、法规办事，切实保障在我镇投资客商（尤其台商）的合法权益，提供多种优惠的解决方案供先生选择，并一如既往地对先生的爱国情怀充满感激之情！

此致

① 着重号为原信所有，下同。

祝先生身体健康，工作顺利！

小镇人民政府招商引资办

（盖章）

2003年3月18日

传真：×××－××××××××

（附录2：18）

从以上两封较为全面地反映镇政府立场的信函中，我读出了它们所要传达给叶桦的信息，而正是从这些信息中，我又进一步读出小镇政府在处理此事上所采取的三种权力技术：

一是占领道义和法律的制高点，使镇、村在这场争议中立足于政治正确与法律合法的地位。子曰："名不正则言不顺，言不顺则事不成。"中国人为人处世，解决纠纷，务必讲求在情与在理，而在从人治向法治转型的社会中，这个在情与在理同时还必须合法，个人如此，作为乡村公共权力组织的镇、村就更是如此。我们知道，收回叶桦的土地，实情乃因租赁土地的利不如出让土地的利大，两相比较，即使租赁在前，出让在后，一个理性行动者如果不考虑制度与契约方面的规范，自然也会取大利而舍小利，加之省人防办方面所看上的是包括叶桦租赁地在内的一整块土地，要把买卖做成，也必须收回租赁地，这在小镇方面也属于可以理解，且必须解决的实际情况。但是，这种利益的比较与取舍以及基于实际情况的考虑乃行动之实，却不好同时又成为行动之名。[1]在行动之名上，就必须是"君子爱财，取之有道"，既合理又合法。于是，镇、村方面就需要有一个说得过去的理由，这一理由不仅要符合地方利益，还必须符合国家的政策和法律规定，以便能说服叶桦退租。而由大江区人大常委会通过的将洲头村整体性列入区"两区五园"的规划自然是理由充分并能够站得住脚的，因为这一由区最高权力机关做出的安排不仅是远较叶桦个人那150亩乡村庄园更加关涉地方社会整体发展利益的公共性大事，而且与叶桦同洲头村签订的合同相比，也更能体现地方社会共同体的最高权威，基于此，镇、村领导也就相信，他们这种废止合同，收回租赁土地的行为具有政治、道义和法律上的正确性。

但是，这毕竟又是一个逐渐讲求法治的时代，更何况对方还是一个素以强调法治优于强调道义的国家的公民，况且当初这位外籍人士同样是经由政府介入，与村里谈判，才签下租赁合同的。因此，即使镇政府一方认为自己正义在手、公义在胸，他们也知道对于生活在太平洋彼岸的叶桦来说（即使他是一个受过中国道统性政治文化熏陶，深谙政府能量的华人），问题并没有那么简单，因为他仍然可以以法律与你相持，而事实证明，叶桦也正是这样做的。所以，为了确保在法律上站得住脚，镇政府还得为自己寻求法律援助。这个时候，土地管理法中有关农村集体土地在发包给本集体经济组织以外的单位和个人承包经营时，必须经村民会议三分之二以上成员或者三分之二以上村民代表同意，并报送乡（镇）人民政府批准的相关规定就被纳入了视野。

这是一种很对路的策略，它向我们展示出中国法律文化的实用性特征。但凡研究过村民自治的人都知道，人民公社制度解体以后，随着集体经济日益缺失，在一个渐呈原子化社会结构的村庄中，村庄社会关联日渐消解，[2]不要说村民会议很难召开，若非因换届选举的需要，就是村民代表大会也已经很难召集。因此，尽管《中华人民共和国村民委员会组织法》对村民会议以及它的替代性设置村民代表会议赋予了相当于村庄最高权力机构的地位，并规定凡关涉全村重大利益之事均需获得村民会议或村民代表会议的批准，但在现实的村治场景中，我们所能看到的毋宁说是更为普遍和典型的“村组织自治”现象的常态。[3]这也正是洲头村没有将它与叶桦签订的土地租赁合同交由村民会议和村代会审批或同意的根本原因。进一步说，不要说类似的合同，就是其他更大的事仅仅由村组织做主，进而只是由村里的第一、二把手做主的现象，在全国农村也是十分正常（从发生的普遍性而非从价值评价上看）和普遍的事情。试问，洲头村出让包括叶桦租赁地在内的300亩土地这一更加重大的村庄公共事务，又是否经村民会议三分之二以上成员或者三分之二以上村民代表的同意呢？我知道这样提问即使正确却也可能并不接近于村治中的现实，但我要说明，这样提问的恰恰是叶桦本人，他在回复小镇招商引资办的信函中就提出了这样的问题。（参见附录2：19）可见，从法律规范的角度看，如果一定要问叶桦与洲头村签订的租地合同是否合法，恐怕的确难以得出肯定性的结论，但是，如果把事情放在当下中国农村治理的具体场景中去理解，其实又是再普通不过的事情。如果要事事守法，那很多事情是根本没有办法做的，这是我们在理解转型期的中国乡土社会时应该具备的常识。所以，完全可以认为，无论洲头村还是小镇政府，他们当初在签订和同意土地租赁时均不是想要有意违法，而是根本就不太可能想到要按照法律的规定去思考问题和采取行动。而在此时致叶先生的信函中提及村民会议或村代会当初并未同意土地租赁一事，当然也不等于镇、村方面就突然想起了法律，而实则只是在一种急中生智中唯我所需地寻找法律的支持，即以一种实用和功利的态度寻求对自己有用的法律解释，欲置叶桦的承租行为于不利地位，以尽可能改变镇、村在此事上的被动局面。

我以这样的立场分析问题，与其说是想批评小镇和洲头村对待法律的功利立场，不如说是想借此个案来分析中国乡村社会在当下的政治文化环境中对待法律的一种按需索取的态度。[①]十分有意思的是，我在小镇一年半的时间里看到了许多官—民和民—民之间利

① 作为一个田野研究者，职业道德要求我必须尽可能站在当事者的立场上去理解我所观察到的人与事在特定情景中的行为逻辑与理由，并对之做出合乎情理的解释。尽管这样做肯定会产生某些不可避免的局限，但我仍然坚持自己的学术追求，即作为一个观察和解释者而非改造和批评者的立场。以调查和写作来从事社会批评与社会改造会很有意义，但我始终认为人类学似的个案深描的功用还是在于理解，这也是我对小镇调查的全部叙说与分析所持的立场，故在此一并说明。

益博弈的故事，在这些充满着利益张力的故事之中，无论是处于强势地位的官还是处于弱势地位的民，法律之于他们，与其说是用来进行相互约束的一种硬性的制度规范，不如说更多的时候是用来扩张自身利益和削弱对手的武器。面对这一现象的普遍性，对于我这个观察者而言，我所应该做的，就与其是去苛责官民一方或双方法律意识的缺失，还不如去反思法制和法治距离民间乡土社会乃至于转型期中国社会的实际距离。[4]

不过，在此时此刻的“当下”，小镇政府倒是适时和恰到好处地运作起法律的武器，为自己在与叶桦的争论中，同时也为自己在日后不可避免地对上一级政府及其职能部门的说明与解释中构建起一个合法的操作空间——至少他们力图使自己确信能够构建起这样一个空间。有了这样一个前提，小镇政府就不仅相信自己占据了道义上的制高点，而且也同时拥有了（或自我建构出一个）法理上的正义性，并将对方置于不法地位。为此，即使是要部分地牺牲洲头村的执法形象，将不法运作的责任也让村里承担一部分（例如当初未召开村民会议或村民代表会议征求对出租土地的意见），却由此得以确保镇、村方面在废除租赁合同和“一女嫁二夫”这一更大事宜上的合法。从成本与收益的角度来衡量，这样做无疑是合算的。

二是表现出解决问题的诚意。其实，小镇政府着力要证明叶桦的土地不受法律保护，与其说是准备不给补偿地依法收回土地，不如说是以进为退，让叶桦意识到不能不让出土地的现实，在此基础上，再商讨可以解决问题的实际方案。小镇政府当然知道，叶桦不是此时正在与他们掰手腕较力气的四组村民，可以主要依靠自上而下的组织性力量摆平的，对方是外商，又具有台胞背景，事情的处理不仅关系到小镇、大江区乃至H市在海外的投资声誉，更关系到比较敏感的“统战问题”，而叶桦也可以比较容易地利用而且也的确利用了这些政治资源来进行自己的维权活动，从而置政府于被动的地位。所以，在建构出一个道义正确和合法性先机之后，镇政府所真正打算的，还是要在不使叶先生蒙受经济损失的前提下妥善地解决问题，以消除后遗症。所以，他们数次通过信函或让叶的代理人贺志伟传话，诚邀叶回国商谈，以寻找一个彼此都可以接受的解决方案。而当叶桦开始动用他所特有的资源进行维权后（如上书大江区政府、H市政府、省政府以及省市区三级的人大、政协、台办侨办、外商投诉中心、工商联等部门），小镇政府的这种态度又表现得更加主动。在相关信函中，他们甚至提出愿意由镇政府负担叶桦回国的全部往返交通费用，从而表现出中国官文化在对待和处理涉外事务时所一贯具有的那种泱泱大国“怀柔远人”的大度和体恤风范。由此，我们才得以对小镇政府与叶桦先生这一对特殊的官—民互动体在其后所要展开的一系列互动，以及双方在这种互动中所体现出来的行为特征有一个更加准确的认识，尤其是当我们把它与政府同洲头村四组农民的互动做一番比较时，就更是如此。

于是，我们便得以看到小镇政府准备采取的第三种权力技术，即在不使叶桦的利益蒙受损失并且还能有适当补偿的情况下，提供让他选择的各种优惠性的解决方案。这一点，几乎在政府每一次致叶的信函中均有所表示，即只要叶愿意回国面商，一切都可以谈，也有得谈。也就是说，政府是准备“出血”，而且也只能通过“出血”来摆平这一起十分特殊的废止合同事件。想想叶桦的特殊身份以及此一事件可能给小镇政府带来的诸多负面影响，镇政府也只能选择这样一种态度，即为了洲头岛的开发这一大利，土地要收回，但单方面废止合同所带来的经济损失也得由镇政府承担。这就是小镇在与叶桦的土地纠纷中所必须面对的现实，谁让叶先生是叶先生呢？

箭就这样发出去了，下面就等着看叶桦如何接招了。小镇的领导们当然知道，在这一过程中肯定会有许多麻烦，叶桦绝不会轻易就范的，就是他同意退租，还不乘机猛敲一笔？所以，政府这边可不能够轻易示软，在这场谈判中，一定要讲究有理、有利、有节，否则，政府出的钱会更多，毕竟，钱对于小镇来说是相当重要的。

合同也要随形势而变化

其实，洲头的租地纠纷还不仅叶桦一例，我在调查叶桦租地纠纷案的过程中，无意间又遭遇到洲头一组与安和公司之间的另一起租地纠纷。虽然对于这一起纠纷我未能完整了解其始末，而仅仅犹如一颗流星偶然间闯入另一个星球的轨道又匆匆别过，但就是这样仅有一次的瞬间交会，也让我领悟到它仍然蕴含了我在叶桦租地纠纷案中已经注意到的转型期乡土社会关于合同与契约理念的全部信息。

这是我所参与的一次小镇政府、洲头村和安和公司之间就洲头一组 270 亩租赁地纠纷的协调会，协调会在大江区政府的一号会议室举行。在描述这次协调会之前，先将纠纷的背景做一个交代。

1998 年，安和公司在洲头一组租地 270 亩建安和山庄，其中有耕地、非耕地和湖滩。土地价格也是每亩 80 元，湖滩每年 4000 元，租期 30 年，总共租金是每年 1.9 万多元。租地用途在名义上是发展高效农业科技示范园，实际上却是搞生态旅游开发。

安和山庄将租赁地设栏圈围，并修建了庙宇和一个简易码头，由此渐成开发之势。当初村里之所以以如此低廉的价格出租土地，原因如我在叶桦案中所做的分析那样，同样也是因为在尚看不到开发前景的情况下，想通过出租土地来解决因土地荒芜和征税困难而愈益突出的农业税负担。但是，随着 H 市城市扩张的摊子越拉越大，洲头村很快就成为小镇开发的前沿阵地，上岛洽谈的商家也越来越多。面对形势的变化，一组的村民便不愿意再与安和公司仅仅只维持一种土地租赁的关系。他们通过两种方式表达了这一想法，一是提出安和公司要么将土地买断，要么就中止租赁合同，将土地归还给一组。但在租金如此低廉的情况下，安和公司自然不愿意买地。于是，村民又自发地采取了第二种方式来传递他们的信息，即经常对安和山庄采取一些“偷盗”和破坏行为，如在夜晚将建筑物的门窗拆掉，扔进湖里，将电线割断，造成山庄的非正常停电等。这样一来，就使得租赁者与村民之间纠纷不断，投资者无法正常施工和经营，而村、组干部从村组利益出发，实际上也暗地纵容和默许村民的行为，这更加使安和公司恼火。但他们仗着有租赁合同在手，仍然不愿意改变土地的经营方式。由此，也更加激怒了村民。村民就抓住安和公司利用承租地做旅游开发，改变了农用土地的使用途径，是在损坏农民利益的前提下发展实业这一点大做文章，不断上访，因此，双方公开和暗地的摩擦不断。安和公司虽然财大气粗，老板也有一定的权力和关系背景，无奈强龙不压地头蛇，对手是一些在暗地里使阴招的村民，而且背后还有村组的影子，这让他们也不知道如何应对为好。一怒之下，他们告到了区里，要求区政府出面主持公道，维护投资环境。区政府既不愿意得罪投资商，又想为小镇和洲头村争取更多的利益，于是，就决定由常务副区长常知和出面，组织当事双方开一次协调会，以化解矛盾。以下便是我对这次协调会的现场观察。

安和方面参加协调会的是安总经理，此人 60 多岁，据说曾经在省里某机要部门任过职，见多识广，与市、区领导熟悉；小镇方面则由林靖南亲自带队，外加上招商办的老洪和洲头村的汪书记等人；常副区长则以居间调解者的身份参加。

协调会上，安总经理首先发言，他提到洲头村干扰合同的执行，并抬出了谢世德书记专门对此事所做的关于“要尊重历史”的批示，想居高临下地压服镇政府和洲头村。

“目前，大江区的招商引资势头很好，保护投资环境尤为重要，安和山庄主要是通过宗教项目来发展旅游。在我们国家，宗教无小事，关系到统一战线和地方稳定，但是，现在岛上的群众却明里暗里阻挠我们施工，我们多次与村、组交涉，都没有结果，我们也找了谢书记和常区长，谢书记说要尊重历史，要协调解决，希望镇、村的领导能够按照区领导的精神，做好群众的工作，管好你们的村民，让我们能够正常施工和经营。”

“1998 年，当时还没有人来洲头发展，我们是上岛进行投资开发的第一家，所以，我们对洲头的开发是起了很大作用的，而我们将佛教项目搞起来，也进一步优化了这里的投资环境，是在对你们的招商引资做进一步的贡献。现在，来开发的商家多了，你们就觉得当时签的合同价格低，想修改合同，这是纠纷出现的根本原因。但是，既然双方签了合同，就应该维护合同的有效性，不能因为情况变了，就借故干扰。而且，我们也正在搞第二期项目，涉及 230 亩地。谢书记认为，第二期项目应该以征地的方式解决，对此，我们也没有意见。目前，我们也正是这样运作的，涉及第二期 27 家农户的土地，农户都已经签字认可了，程序上也没有什么问题。但实际上我们的工作目前无法进行，因为房子（指第一期项目）的门窗被盗，门被扔进湖里，这显然不是一般的盗窃，而是有意破坏，这样会影响整个洲头岛名声的。我们也不是非得在这里搞不可，但我们一直珍视与大江区的友谊，领导对这些事件也相当重视，所以，我希望小镇的领导和汪书记真正地负起责任，被盗的门窗要安装起来，发现偷盗行为一定要严厉打击，维护好投资环境。”

安总的开场发言中显然包含着一种以上临下的打压，在他的眼里，这些乡村干部都只是一些不入官场的“土八路”，并没有多大分量，他大谈维护投资环境，就是欲借区领导的威势来压服镇、村。

可是，见过世面的汪书记偏偏就不吃这一套，他不卑不亢，在常副区长面前将双方矛盾的根由一一道来，而这话里的味道，就要由安总和常副区长自己去品味了。

“不错，安和公司是第一个上岛，当时是土地出租，我们的想法也主要是为了保公粮。最初，双方的合作很愉快，为何后来会出现问题呢？这主要是因为洲头被列为开发区之后，情况发生了许多变化，地价涨了，例如省人防办训练基地，我们是一亩暂定给农民补偿 4500 元，如果今后地价再涨，我们还答应追加，但是在这里

（指租赁给安和公司的土地），农民一分钱未得，原因是这些费用只能完公粮，把公粮款一扣除，剩下的就不多了。当时，我们村组之间有一个协议，村组四六开，小组得四成，村里得六成，但农民闹了一次，所以，实际上是对半分的。为何农民最后还是没有得到钱呢？主要是因为队里有一个村民被电线杆砸死了，小队赔了三四万，这样一来村民就基本上没有见到效益，加上土地又涨价了，站在村民的立场上，他们的心理就不平衡。”

汪书记在陈述中并不讳言是情况的改变导致了村民心理的失衡，其实，在他的心里又何尝就没有一种失衡呢？

常副区长接过话头：“周边的土地都涨了价，农民想翻盘？”

汪书记：“不能说农民的意见就对，但也可以供你们参考，农民说你们（指公司方面）把土地荒着，又没有用，是不是有圈地的想法？而公司方面又说村里没有做好群众的工作。你们批评我们，我们倒没有意见，但是，老百姓不会像我们这样讲道理。我们不是没有做工作，但群众心里的问题不解决，工作就有难度。”

作为书记的汪达海态度并不暧昧，他显然站在村民一边，此时他将责任都推给村民，只是一种说话的技巧，以使自己看起来更加公正，也可以借此来扮演一个村庄利益“当家人”和为民做主者的角色。只不过，此时他的这一角色所面对的并不是一些学者心目中预设的乡镇政府，而是与镇、村两级都存在着利益分割关系的投资商，这倒是一个十分值得思考的问题。[5]

“按你们这个合同，是不能改变土地用途的，但老百姓说你们改变了，所以，他们到省里和市里去闹，要求变更合同，我跟他们说合同签了就不能改，但农民不管那一套，他们只认现实。”

汪书记在明里没有半句肯定村民行为的地方，但他所传递的信息，即村里实际上认同村民行为的意思却非常明确，因为在此时村民与村庄的利益具有共同性，那就是共同从开发商手里争得更大的利益。因此，汪书记的策略很明显，就是要拿民意来压开发商修改合同。

安总当然清楚汪达海的葫芦里卖的什么药："你说是农民说的，但我们在岛上的所有建筑都是经过批准的，我们造了一个佛像，今年又准备搞森林，并不是私自乱建的。其实，农民的本意是嫌钱少了，想反悔，说到底还是一个利益攀比。这个问题如何解决，你们领导的态度很关键。"

安总点明了问题的实质，他将了汪书记一军，对于村里在这件事情上所扮演的两面角色，他十分了然。

汪书记没有正面回答，只是回了一句："我是为了把事情谈清楚，否则常区长也不了解情况。"他知道，从小镇出来、现在又任副区长的常知和是不会不顾及自家人利益的。

老洪发言了："我来小镇的时间不长，对这个合同是局外人，但现在我做的这个工作，又使我成为局内人。为了这件事，林书记安排我去了一组五次，做群众的工作。我了解情况后，回来向林书记汇报，说这个矛盾不是镇里能够解决的，症结在民心与民利。农民很现实，他们与前后左右相比，心里就不平衡，所以，这不是政府能够解决的，也不是单单靠村里的说服就能够见效的。农民讲，当初所签的合同是高效农业科技示范园，但几年下来，农民说他们也没有见到什么示范和对经济的拉动。"

老洪所说的合同名不副实，在许多地方其实是一个比较普遍的现象，这一点，对于谙达地方社会实情的人来说用不着大惊小怪。（参见吴思，2002）当合同双方的利益一致时，这种名不副实并不会造成什么问题，当事各方（包括农民）对此都会持一种心照不宣的默契，只有当双方的利益变化或不一致时，它才会成为一个问题，成为村民在明里、村里在暗里寻事的理由。对此，长期在基层工作的常副区长又怎么会不知道？问题是现在客商投诉到了区政府，而且又以维护投资环境为理由要区里做主，他也自然不会怠慢和得罪他们，所以，此时作为区政府代表的常副区长所能做的，就是做一个和事佬，尽可能地将两边都抚平。他转身问乡村干部们："你们说个意见，看么样解决？"

老洪以退为进："不是政府没有管，而是没有办法解决，按群众的想法，是按其他的项目套，改租赁为征用，但是，合同又已经签了，也不好办。"

常副区长怎么能不知道问题所在，但他照样得继续问："那你们说么样搞？"

林靖南一直到此时都没有发言，他只是让汪书记和老洪出面表明镇、村的立场，以便给自己一个回旋的余地。汪和洪在林靖南的鼓励下都直截了当地讲："群众要求买断土地，否则你们就把土地退还给农民，不这样就很难解决。"

显然，他们是要安总经理，当然也是要常副区长明白，在此时，民心和民利显然要重于一纸合同，如果不正视这一点，一切的解决方案都是白搭。[6]

常副区长又岂有不明白之理？只是安和公司所施加的压力也不能不考虑，于是，他便催林靖南表态："林书记，你的点子多，你说么样个搞法？"

林靖南这才清了清嗓子开始发言："这个项目，前期双方的合作还是好的，安和为洲头的开发做了表率，这一点大家都是承认的。但今年以来，农民对这个项目就越来越不满意了，其表现形式就是多次到省里和市里反映。问题的症结，一是'两区五园'的开发使情况有了新的变化，目前，洲头村的项目是开工的一个，签协议的三个，方式都是买断土地，省人防办的土地补偿价格落实到农户的暂时是每亩4500元，另外还给了青苗补偿。结果有的农户家里最多补到了10万元。但反过来看安和，安和是最早上岛的项目，却没有见到一分利，农民见不到利，自然会有想法。二是农民去上访，上面的部门就给他们宣传政策，说既然是租赁，合同规定又是搞高科技农业，就不能搞建筑，而你们不仅搞了建筑，还搞的是宗教、旅游，这就给我们的工作带来了困难。"

他讲得尽量平和中立，将问题局限在村民和商家之间，却并不掩饰政府的立场。

安总并不完全同意林的判断："可是我认为情况并不完全是这样。关于土地上的建筑，市土地局都是清楚的，还上岛来看了，而且，合同上只写了租赁，没有写明用途，加上区里也批了的嘛。"

"你们把上面搞通了，当然不会有麻烦，但是农民这头你们却没有搞通，问题就出在这里。"林靖南要尽可能给足安总面子。

安总也听出林靖南平和语气背后的偏袒（岂止是偏袒？），他有些忍不住了："这个问题如果将来搞不好，可能会上中央台，上《焦点访谈》的，为什么呢？因为我们这里一些土地的用途也不是没有问题的。"

安总这话里已经有些威胁的口吻了，他好像在暗示："你洲头岛上的其他项目，包括已经开工的这个项目批下来了吗？"

林靖南则继续软中带硬："你谈的这个问题正是我们要探讨的。你说你没有搞建筑，但路也修了，房子也修了，这怎么叫我们向老百姓做工作呢？"

安总："我们这些都是说得过去的，毕竟我们是有批文的，而且我们也是在恢复历史文化风貌，其他的项目呢？"

林靖南："省人防办这个项目的一切手续都办齐了，是合法施工，其他暂时未获批准的项目我们一律都没有动工。"

"这与我们无关。"安总连忙掩饰，他也不愿意把话讲得太露。

林靖南进一步声明："对这些项目，政府都采取了非常积极的态度，有专人负责。"

"我们这个项目为何麻烦不断？"安总又顶上了。

"你这个项目情况特殊，老百姓觉得你们没有按合同搞，他们吃亏了。所以，也不是我们能做得了主的。"老洪代林书记作答。

安总还是不依不饶："乡镇就是做农村工作的嘛，做不了主，就没有工作好做了。"

常副区长看着双方这样在一些细节问题上你来我往地纠缠，也不能解决什么问题，连忙出来打圆场："好了好了，这些具体的是非就不要扯了。林书记，你就说说这件事情该怎么办吧。"

“我看要从根本上解决，就只能把土地买断，否则是无法治根的。”

显然，这也是镇政府的立场，只是到这个时候才挑明。

“湖舫苑[1]的土地不也是租赁的吗？别人不是搞得蛮好？”常副区长回旋了一下。

“大江区的许多项目也都是租的土地。”安总补充道。

“那我们就探讨一下他们是如何租的，借鉴他们的办法。”林靖南顺势给了安总一个台阶。

汪书记：“我估计不太可能全部是租赁。”

安总：“林书记说的借鉴也是一个可以讨论的途径。”他也明白，是非争得再清楚，最后还是要坐下来寻找解决问题的办法。

“是的，今天请常区长出面，不是要争个谁是谁非，而是要找出一个解决方案，我们谈得再好，农民不接受，也没有用，我同意可以借鉴湖舫苑的方案，做进一步探讨，过去的事就不要再扯了。”林靖南也附和着。

这个时候，双方的立场就开始接近了，作为调解人的常副区长非常高兴，他顺势提出了自己的想法。

“今天大家要我出面协调，我感到这件事情蛮棘手，无论怎么解决，我们都是从共同推动大江区的发展这个立场出发来想问题。应该说两边的想法都不是没有道理，我在小镇工作过，洲头的情况还是熟悉的，洲头一队地宽人少，过去是连鬼都不去的地方，前几年安和公司上岛搞开发，出的钱虽然少，但当时只要你来搞，能将农业税负担解决掉，农民也欢迎，所以也没有人去计较利益的事情，当时村里是不是也是这个心态呢？”

“是的。”安总和汪书记都承认。

“但现在情况变了，所以人们的认识也变了，开始相互攀比，这就是问题的根本，不是吗？”

“还是常区长看得准。”当事双方再次附和。

---

① 湖舫苑是区里一家有名的餐饮娱乐场所。

"但是我们又只能面对这个现实，因此，我想谈谈自己的三个想法：第一，原来签的协议还是应该算数的，这是一个信用问题，没有基本的信用，还谈什么创建投资环境？第二，也要考虑到群众的现实想法，如果完全不考虑，以后其他的项目开工了，一队群众的想法会更多，更会影响到发展和稳定，农民毕竟只有这个认识水平。因此，我们要考察一下，看看湖舫苑、碧水山庄[①]他们究竟是一个怎样的搞法，看看有没有可以参考的地方，如果有利于开发，公司这边也适当地提高一点儿租金，让群众能接受，工作就好做。第三，如果要从根本上解决矛盾，最好还是一次性买断，征用下来后，不论搞什么，只要没有污染，都可以搞。区里也欢迎。所以，我还是建议一次性了断。"

说到这里，常副区长又重复了一次他的观点："第一，合同不能单方面撕毁；第二，面对现实，谋求妥善解决；第三，买断。"

显然，话是有些明显偏袒镇、村这一边了，于是，常副区长又反过来讲了几句安抚安总的话："最近发生的一些不愉快的事情，镇里要多做工作，电要送，门被拆了，要重新装上，派出所要立案调查，老百姓的素质低，政府和村里要教育，要加强联防，这些事情都不能再发生了，这样闹下去对洲头的开发也没有什么好处。"

这样一来，两边的人都接受了，安总就是再不愿意加价，也觉得话不好出口，于是，协调会的目的算是达到了。大家同意下一步要进一步探讨如何改善租赁的办法，而这实际上就等于是同意修改合同，增加租金，而且，双方也都赞同第二期的项目要以一次性了断的方式解决。（附录1：71）

协调会就此结束，我再一次体会到了基层社会在对待合同问题上的灵活性以及产生这种灵活性的乡土基础。会议结束后，我又左思右想了半天，看看能否有什么更为妥善的不改变合同的解决办

---

① 碧水山庄也是区里的餐饮娱乐场所。

法，最后不得不承认，事情除了这样处理，好像也再难找到更好的方案。我不得不承认，如若一定要坚持合同的神圣性，只会把事情弄得更糟。[7]

“没有硝烟的战斗”

叶桦及安和公司与洲头村的租地纠纷告诉我们，支撑经济合同有效性的那种本体论意义上的契约的神圣和不可变更，在乡土社会还是入根很浅的，一切契约化的约定都可能随着比较利益的变化而变通，变通的结果则由双方的实力较量所决定。而更为经常的现象，则是在经济性的活动中时时处处都显现出关系与权力的交替运作，以影响经济绩效和结果的状况。所以，转型时期向我们显现出来的乡土地方性经济活动，与其说是一种市场和契约型经济，不如说它是发生在乡土社会各种权力—关系网络中的复杂的“人脉经济”。

不过，“人脉经济”可以用来说明政府与开发商之间互动的特征，却未必能够概括乡村组织与农民之间在开发活动中的关系。我注意到，与官商互动所存在着的种种关系性交易特征相比较，开发中官民双方通过权力的硬博弈而达成某种结果，则往往是后一类交往中的一个突出特征，尤其在开发初期，这一特征就更加明显。就乡村组织而言，它们往往以一种不需要遮掩的权力运作与权力展示（包括对支撑这一权力背后的暴力潜势的展示），（参见吉尔兹，2000）运作出我在前文中归纳出的那种“开发的政治学”逻辑。面对这样一种逻辑，原子化状态的老百姓要么顺从于现实，要么因为不能顺从而相应地发展出一套弱势群体所特有的“缠闹的政治学”逻辑。两种逻辑的相互碰撞，便演绎出开发区的一些矛盾和事件。而要应对这些矛盾和事件，按许多乡村干部的话来说，简直就是一场“没有硝烟的战斗”。正是透过这些“没有硝烟的战斗”，我们又得以瞥见当下内地开发型乡镇中行政运作和官民互动的另一种特征。

小镇信访办公室主任浩明就以他所特有的职业立场，向我展示出在这样一场“战斗”中镇、村和农民三方的行动特点。

浩明告诉我，在小镇，土地开发有两种形式：一是国家的建设性征地，如穿越小镇的京珠高速公路及其绿化带的占压性征地；另一种是地方招商引资的征地，一般来讲，前者的补偿低，后者要稍微高一些。但是，无论低和高，只要钱经过各级政府和组织，就难免不被层层截留，所以，农民最后所能拿到手的，往往就只有原来政策规定价格的几分之一。这就难免造成镇村与农民之间为争夺土地利益而发生的激烈冲突。以前两年京珠线土地占压的补偿为例，当时从上面拨下来的钱是每亩7000—8000元，最后到农民手上的是每亩2000元。又如，H市南环线公路占压，市里按每亩2000元的补偿价格将钱下拨到乡镇，而到达农户手中时是每亩1000元。至于各级政府和村组织截留的原因，不是一个可以简单地从道义角度做出是非判断的问题，而是一个角色决定态度的问题。例如，站在乡镇的角度，它所面临的财政压力、债务负担和对地方发展的追求，哪一项都可以为截留寻找到充分的理由；而农民缺乏制度性谈判的渠道和能力，更是会使这种非个人化的截留冲动因为不受遏制而愈益膨胀，直到它遇到非制度化抗争的红灯时才停止下来。因此，这等于是在某种程度上提醒乡村组织，只要农民不闹，就可以把补偿的价格定得尽可能地低。反过来，站在农民的角度，也会形成相应的认识：如果不闹，也就只能听任上面的摆布。结果，镇村组织“开发的政治学”就势必会遭遇到农民“缠闹的政治学”，以至于这种循环的周而复始必然会转化为双方一种近乎固定的思维与行动定式：作为前者，先抛给农民一个最低价，试探其反应，如果接受了，就照此行事，一了百了，如果遇到阻力，又做不下来工作，就把价格往上提高一些；而作为后者，不管你定的是一个什么价，反正我不会接受你最初开出来的原始价，我必然通过上访、诉愿等方式逼迫你将价格提高。由此，就形成镇、村与农民在争夺土地补偿价格中变相的讨价还价。在这种讨价还价中，镇、村和农户三方所扮演的实际上是一种非政治化的商人角色，而他们借以达到各自目的的手段，则又往往是各自所实际能够调动的权力性资源和影响。

在我向浩明借阅的一本2002年小镇《信访工作卷宗》中，有这样一份报告，它记载了政府处理小岳村陈李湾村民反映京珠公路绿化带占压地问题的调查处理意见：

> 陈李湾系小岳村五组，总人口92人，总面积131.7亩，土地分布在京珠公路两侧，近年来由于国家交通事业的迅速发展，无形给陈李湾的土地面积带来了压力。今年3月沿京珠路两旁增宽100米进行绿化带的试点工程区，全组占压面积64.7亩，减去京珠路面占压和绿化带占压面积，全组实际面积只剩下37.15亩。按照上级规定亩平补偿1000元，在进行补偿的过程中，镇政府了解到五组的实际情况后，酌情在原补偿的基础上加补2万元分摊到每亩的平均数上。小岳村按照镇政府要求，如数将补偿数以农户签名领款的方式发放到户，实际亩平为1300元。最近镇党委根据群众反映的有关问题，派出了姚学明、未理明副书记、浩明主任、张琼珍等同志组成的专班三下陈李湾（5月15日、5月18日、5月19日），通过调查核实，该队反映的三件事：（1）京珠路占压比茶山李少800元；（2）绿化带占压补偿不到位；（3）6户农户无耕地。前两个问题不属实，后者6户人家无承包面积是真实情况。但经核查，6户人家有一定数量非在册、非承包面积，而且全组非在册、非承包的“黑面积”达110亩，加上在册面积37.15亩，其总面积达147.15亩，人平达到1.5亩，按照土地管理法、政策规定，因征用使人平不足0.3—0.4亩的可进行土地调整和增补土地补偿，按其规定，不属政策性解决的范围。在了解情况、掌握政策的基础上，向群众做合理解释，使群众消除了上访念头，同时镇政府考虑京珠公路占压该组水面面积较大，群众要恢复旱改水，而涉及水利设施问题，村组一时无法解决，镇政府支持

2万元，解决推当家塘和修复抽水机泵站之用，至5月19日陈李湾群众上访问题调处完毕。（附录2：20）

这是一份呈送上级信访部门备案的报告。它具有官方文件那种典型的制作性特征，即简化事件复杂性，突出政府解决群众困难的效果，强调矛盾最终以圆满的方式解决，很有些如赵晓力分析过的法律案卷制作时的那种叙事程式。（参见赵晓力，1997）从这份报告中，我们得以知道陈李湾的群众曾经因为土地补偿价而上访，又经过调处、上访平息这些最基本的信息，却无以从这些标准化和公式化的叙述中去重新建构出镇、村和农民之间围绕着地价而展开的一场激烈较量的真实场景，更无法透视出在这些较量背后当事各方所持有的理性算计与博弈策略。最后，还是通过浩明对这份报告背景的介绍和解释，我才得以跨越经由文件制作所形成的文字屏障，进入那更为丰富多彩的现实的事件—关系的场域。

浩明说："陈李湾的集体上访缘于对京珠高速公路绿化带占压土地的补偿。我们给农民的补偿价是每亩1000元，而市里有一个文件中写的是每亩5000元，但文件本身并没有写明这5000元是否全部归农民。从上面拨下来的款子看，到镇里这一级时，是每亩3800元，其他的自然留在区里了；接下来，镇里每亩又留1600元，村里每亩留1200元，这样，到农户手里就是每亩1000元。对于这些内情，农民未必清楚，但他们通过与其他乡镇比较，认为这里面有问题，因为同样项目的补偿，S街的一个乡就是每亩2800元。于是，农民就去上访，到我这里就来了好多趟，又去了区里和市里，结果，他们说看到了我刚才提到的那份文件，说是每亩应该补偿5000元。这一下，他们更是找到了理由，就轮番上访，换着班去，到大队，到镇里，又到区里和市里。到区里和市里就叫越级上访，群体性越级上访多了，就说明基层的稳定工作没有做好，因为按照信访工作的要求，是要坚持‘属地管理’和‘谁主管，谁负责’的原则的。所以，我们就下去做工作，给群众解释为什么镇、村要留一部分，一是公共事业发展的需要，二是镇、村也有权力留，因为土地是集体的，开发破坏了镇、村的道路、水利等公共设施，也需要资金去修复。但是，农民不听你这一套，他们反正就是一个字——闹，他们知道政府不愿意他们闹，所以，认为只有闹才能迫使政府让步。政府考虑到该组的占压面积过大，所剩土地不多，就答应再补 2 万元，摊到每亩的平均数上，这样，亩平就摊到了 1300 元。

“但政府这一让步，等于是进一步鼓励了农民的行为，结果农民闹得更凶。他们要求与其他湾子比，达到 2800 元，小岳村的原支部书记陈德金更是躲在后面煽风点火，给上访的群众出谋划策。农民又告到区里，区里通知我们去接人，我们把人接回政府，又请他们吃饭，农民吃了喝了，嘴巴一抹，下午又跑到区里去了，结果我们又得去接，又要去做工作。群众要求增加补偿，理由是所剩土地太少，不足 0.4 亩，因为按相关政策规定，因征用土地而使农民所剩土地不足 0.4 亩的，可以由村里调整到 0.4 亩，如果无法调整，可适当提高补偿。面对农民的要求，我们就要求先丈量土地，但他们又不肯，队长也不配合，这样，我们也无法丈量。最后，从维护稳定的大局出发，政府又答应再给 20 000 元，这就等于亩平摊到了 1600 多元。但还是有人不服，如陈德金就说他家的土地被占光了，要求多补。以他为首，约有 10 户人家继续上访。政府拿群众没有办法，就向村里施加压力，要求村里想办法摆平，并要他们注意区别对待，各个击破，暗示对为首者可以私下再给一点儿钱，让他闭嘴。这种办法被称为‘点发’，又叫‘一把钥匙开一把锁’。[8] 试想，这些个‘刺儿头’私下里多得了好处，还会再闹？结果，村主任就私下里给闹得最凶的 5 家农户每家 1000 元，村支书本来不同意这样做，认为‘点发’会引起后遗症，但看到主任装好人，自己却在当‘苕’，一狠心，也‘点发’了 6 户，每户 1000 元，这笔钱算是由村里私下给的。

“但消息还是漏出去了，或者就是那些还想得寸进尺的‘刺儿头’有意走漏的，结果，又有十来户闹将起来，又上访，其中有被‘点发’的，有没有被‘点发’的，因为他们彼此也搞不清楚谁被‘收买’，谁没有被‘收买’，谁具体得了多少，反正越闹他们内部就越团结，不闹反而会分裂。在这一点上，农民也很精，他们知道只有一起闹才能得到更多。他们又闹到市信访办、市土地局、区信访办，没有再到我这里来，我们就是主动找他们，他们也不与我们谈。正是在这次上访的过程中，他们真的看到了市里规定的每亩5000元补偿的文件。在这种情况下，政府只有要求村里面做工作，但村里不愿再做了，新老支书之间已经为这件事情搞僵了。没有办法，林书记就直接找陈德金谈话，先是给他戴高帽子，说他是老党员、老书记，应该带好头，后来又给他提要求，说共产党员不能参加集体上访，这是违反信访条例的。[9]林书记找他谈话以后，他倒是没有再去，躲到后面去了，但其他人还在闹，要求别人领了多少钱，他们也要多少钱。到今天为止，他们还天天到大队部去扯，而且轮着班，每家去一个女的。你想，现在大家都在防‘非典’，这样搞不是妨碍稳定吗？因此，林书记非常恼火，但我们眼下也没有什么好的办法，他们又没有乱来，也犯不上哪一条。但给钱是不能再考虑了，这样给下去终究也不是个办法。

“昨天，村干部告诉我，农民对我们前前后后‘点发’的情况也摸清楚了，村干部要求他们把被‘点发’的人头儿指出来，以便引起他们的内部矛盾，但这些人也很精，他们说村里面有记录，要我们自己去查，村里当然不会承认。林书记的意思还是要我们上门做工作，各个击破，弄清楚谁是为首的，好有针对性地解决问题，但农民不承认他们是有组织的，都说是一起来，一起走。看来，他们对我们的想法摸得很透，这一套玩起来也很熟悉。在这种情况下，村里又统一了想法：一是不再主动找农民做工作，主动找，反而授人以柄，而你找我闹，我就不作声，任由你说，跟你耗，反正当干部有的是时间，耗得起，你耗得烦了，自然就泄气了。二是农民要求补钱，村里就提出丈量土地面积，农民肯定不干，因为他们也知道自己的土地不止 0.4 亩，农民不配合，村里也就有理由不理农民，这就又回到第一条路上去了。村里也不想再给钱了，越给越出鬼，还会引起其他湾子的攀比。但村里的想法和林书记不同，林书记要求村里主动介入，村里则要避免主动，这是由各自站的位置不同决定的，林是一把手，闹大了对他不好。但我倾向于同意村里的意见，不要主动，反正你上访，我无非再去把你接回来。为这件事，我们也已经多次与上面沟通了，你就是跑到市里、省里，也就是那么一回事儿，无非是万一事情闹大了，上面压得紧，又来一个政府表态，村里买单。

"昨天，我又找陈德金谈，说每一次都是你在煽动，我问他是个什么原因。他说，村里上报说我们小队还有 100 亩的'黑面积'，实际上没有那么多，最多不过三四十亩，但我说，那为何又不同意丈量呢？他说不好搞，就是他家同意，别的家也不一定愿意。我就说，不丈量你们又非要解决问题，不是显得很失理吗？他没有正面回答。最后他说，他们看到了市里的文件，但我说市里的文件也并没有说钱具体怎么分割，而你们这样闹下去，政府也不准备再让步了。他就问，那政府能不能给他安排一份事情做？这等于还是在跟我讨价还价。"

讲到这里，浩明自己也笑了起来："我们与上访农户之间实际上是在打一场心理战。站在农民的角度，他们认为闹比不闹好，闹两次比闹一次好，我闹一次，你多少总要把一点儿，这就叫作'猴子不上树，多打几遍锣''会哭的孩子多吃奶'，而且，这些老上访们也会去查政策，搞咨询。而站在政府这边，也的确不愿意闹，因为这影响到我们的考评打分，对领导的面子也不好看。但是，你若闹一次，我就加一次钱，回回闹，回回加，也终究不是办法。所以，到了一定的时候，就只能采取冷处理，就是不理他，这往往是一场马拉松式的互动，比的就是哪一边的心态好。"（附录 1：72）

随着浩明的叙述，我眼前所浮现出来的仿佛不是政府如何去处理纠纷、做群众工作，而是一场典型的商战，在这场商战中，镇、村一方先抛出来一个每亩1000元的补偿价，等于是做买卖时的投石问路，对此，农民的回答是“不行”，只不过，农民不是以市场上竞价的方式回答，而是以一种缠与闹的行为来回答的。整个这样一宗本质上的生意过程，就在农民的反复缠闹与镇、村的反复协调之中达到双方立场上的逐步接近和最后成交。也就是说，等到镇、村方面感到无论如何也不能再做让步，而农民的无休止缠闹终于也使得其最初作为讨价还价的筹码——农村的稳定——已经不足以再构成对基层组织的震慑之时，距离成交也就非常接近了。换句话说，商场上的买卖是双方你来我往相互叫价的结果，而乡村组织与农民的利益竞争也是双方斗智斗勇的过程，所不同的只是前者也许是双方自觉的利益合谋，而后者却是农民“死缠烂打”对乡村组织“一把钥匙开一把锁”的互动。从这场较量一开始，农民就知道他们肯定是不能完全如愿的，而且也无法确知镇、村方面所能忍让的价格底线究竟在哪里，他们唯一能够希望的就是通过无休止的缠与闹来逼迫对方加价，所以，对于他们而言，唯一能做的就是利用现存社会结构给底层民众预留的一条制度化诉愿渠道——上访，来表达他们的要求，并且尽可能抓住一切有利于他们的理由使上访合法化。在这个意义上，决定“死缠烂打”是否会有结果，或者能够取得多大结果的便是这种上访行为合法性的大小。一般而言，行动中的农民会想尽一切办法将上访的合法性功用发挥到极致，以取得最大经济效应。但是，他们也非常懂得诉愿行动所不能逾越和碰触的底线，即不能有任何明显的违法和违规行为，因为一旦越过和碰触这条底线，将政府方面只是作为威慑影响的暴力潜势推向前台，也就等于是撤去了双方博弈的平台。可以说，经历过数十年革命和阶级斗争的“锻炼”，在中国社会底层的确存在着一大批“特别能战斗”而且又“特别善于战斗”的类“革命化”的农民，过去，他们把战斗的目标指向由特定意识形态所建构出来的“阶级敌人”，而当这一社会对象消失，他们便以同样的逻辑将战斗的对象锁定为与其争利的基层组织。因此，我以为，缠与闹的行动逻辑，实际上也是社会结构和意识形态环境长期形塑与孵化的结果。

不过，我在做这种分析之时，并没有忘却一个最为基本的事实：博弈双方的力量对比从一开始就是不对等的。看起来不断处于“进攻”态势的农民其实恰恰处于最弱势的地位，这就有些像小孩儿哭着闹着向大人提要求，大人反复哄着让着一样，看起来不懂事的小孩儿通过不断哭闹，似乎得到了一些他们想要的东西，但是，在多数情况下，这些东西与其说是小孩儿通过自己有理与无理的要求争来的，还不如说它们本来就是大人们准备满足他们的，而真正不想给的东西，再怎么闹也不会给。这就是目前农村基层社会官民关系在某个方面的特征，即掌握着权力资源的组织其实从一开始就注定是赢家，而农民通过他们的缠闹所能得到的，不过是逼迫对方从牙缝中多少再挤出一点儿小利。而且，即使是这样的一点儿小利，也可能并不是普遍性的让渡，而是通过“点发”的形式给予其中的少数人，乡村组织利用人性弱点来对付农民的缠与闹，似乎也能在相当部分的场合中见效。

当然，也应该承认，农民之所以能够缠，敢于闹，其前提还是作为“大人”（或“家长”）这一方的乡村组织操控能力的衰微，至少，当我们暂时撇开对这种操控能力的价值评价时，我们可以得出这样的结论。因为我们实在很难想象在上个世纪80年代之前的乡村治理中基层政权会采用诸如“点发”和个别“收买”这样的技术来达成与农民的妥协。可见，随着全能型泛政治化治理模式的逐步消解，我们虽然尚不能够得出农民相对于基层政权的地位有所提高的结论，但是，治理难度的加大却是一个不争的事实。

不过，我既不将治理方式的转换看作被治者地位提高的标准，却也不鼓励农民以这种方式去实现自己的权利。[10]“开发的政治学”与“缠闹的政治学”的泛化和它所具有的特殊传染性，毋宁被认为是治者与被治者双方共同的悲哀，因为在这样一种治理场景之中，我们所能看到的只能是一种“弱政”与“刁民”的相互促进和恶性循环。

在当下的乡村基层，的确存在着这样一种“弱政”与“刁民”相互促进的现象。前者由全能型政治蜕化而来，但它的前景未必一定就是人们引颈以待的“良政”——民主和法制的治理。一方面，全能型政治的治理能力的确在不断地蜕化；而另一方面，它的结构性外形却依旧存在，所不同的是，这一结构的生态背景早已随着时空变幻而由泛政治化转化为泛商业化。因此，权力组织虽然不再可能利用这一仍旧储蓄了巨大势能的权力结构去复苏全能型政治所曾经拥有的治理能力，却足以运用它去为自身谋取商业利益；而另一方面，去除了对全能型政治畏惧和走向市场之后的农民虽然未必能够改善自己的底层地位，但行动的自由权却无疑大大提高，所以，他们虽然不足以以合法的行动为自己赢得更高的政治与社会地位，却有可能以踩线和无视规则的行为部分地减轻一个日益商业化的权力组织对自己的“超经济强制”，至少是可以使这种“超经济强制”的道义合法性日益降低，从而愈益走向一种“弱政”。而“弱政”的出现无疑又会进一步鼓励“刁民”行为的普化，进而形成“弱政”与“刁民”的对垒，由此，乡村基层社会的官民互动便可能被染上一层“痞气”。

以“弱政”—“刁民”这样的互动模式来观照现实中乡村基层政治的某些特征，兴许不会被主流政治学分析框架下的知识视野所接纳，在这样的知识视野之中，人们已经习惯于诸如“集权—顺从”“专制—反抗”“民主—参与”这样一些舶来的却更可能是似是而非的解释模式下的经验观照。我知道，这样的一些解释模式不仅为长期的革命与后革命时代的经典政治文化所形塑，并且更为已被“普世化”的西方经验所鼓励，而且，因为多年来“历史必然性”教理的熏陶，在从“集权—顺从”“专制—反抗”到“民主—参与”的解释模式之间，似乎还存在着某种历史时序性的线性逻辑转换，以至于我们在不自觉中就会以这些理论模型去比照与重组经验。结果，当我们在面对复杂的现实时，就既没有足够的智慧去想象一个集权型体制的“弱”，更无法去想象与历史正确性和历史创造主体同在的底层形象的“刁”，因为对于这样的一类形象，我们既有的知识谱系早就已经为其准备好了对号入座的经典符号和评价标签。正是因为受到这样一些思维范型的奴役，我们的相当一部分学者无法看到当下农村社会真实的官民关系和治理特征，而只会以理性与启蒙主义的武器去从事对现实的批判，以泛道德化的同情去表达对底层群体的怜悯，而实质上我以为这些批判与同情却可能是在对社会秩序的维系、运行与改良进行着某种不负责任的撤卸，使本应通过“温补”或“清火”进行逐步改良的社会机制遭受到不应有的“革命性”破坏。

六
媒

洲头的突破

2003年"五一"节前的一天上午，在镇贤酒楼底层的一间包房内，洲头村书记汪达海、副书记汪达江和副主任叶铭烈正在对四组村民于祖文展开一场艰苦的劝说，要他按照政府定下来的条件出让土地，配合开发，签字领款。当时我也在现场。需要说明的是，自从上一次在汪书记家里开过干部动员会之后，洲头村的全体干部就下到四组，对15户村民展开了"人包人"和"户背户"的工作，在这种强力的"劝降"攻势之下，15户村民中已经有约一半的农户经不起反复的缠磨，私下签字领款了。不过，谁签了字，谁还没有签，并没有在村民当中公开，据说只有汪书记一个人掌握着名单。而眼下正在进行的是又一轮的说服动员，在这种工作中，镇贤酒楼的包房这些天来似乎成了干群之间进行谈判和讨价还价的"战场"，那杯光酒影与烟雾缭绕之中同时隐伏着激烈的利益搏杀。

汪书记开门见山，将这些天来天天都得讲的话又对于祖文讲了一遍："今年开春以来，我们就一直在做工作，但因为地价不高，老百姓不配合。这也难怪，老百姓不了解情况，老跟东西两边的园区比。但政府也做了承诺，今后价格起来了还要追加补偿，所以，现在无非是先给大家一部分，这一点，请大家相信。洲头又不是只有这一家开发，现在谈了6家，你们组是第一家开工的，大家有什么不放心的可以跟后面的比，政府和村里又跑不了，还能赖账？"

这一番开场白之后，汪书记便针对于祖文的具体情况“一把钥匙开一把锁”了：“今天，我们在这里做你的工作，是于公于私的事情。于公，开发是大势所趋，不是说你们有几户思想不通就可以不搞的，工作到了位，实在不通也照样要搞；于私，我们之间是这个关系（指沾亲），你又是党员，现在已经有好几户签了字，如果你签字太晚，落到10户以后，就没得么意思了（指面子上不好看）。”汪书记十分懂得人的心理，他针对于祖文的情况，着意制造一种情景和气氛，让其不好意思不就范。

于祖文是一位中年男子，他长得敦厚朴实。面对汪书记的情景逼迫，他首先采取的应对之策是只听不应，等把情况摸清楚之后再做表态。

见于祖文没有反应，汪书记继续独白：“我们的运作是单线联系，只有我汪达海知道谁签了字，谁没有签，你要想知道，等签了字之后自然会告诉你。如果十几户都签了，你还没有签，那我们可以摊牌，到那个时候你就被动了。你是个明白人，不要搞得那么被动。”汪书记攻人攻心，他想要拨动的是于祖文心中那根猜疑、要面子和自我保护的弦。

“我老汪50多岁的人了，干不了多久了，可你祖文才40岁，村里还需要接班人，你是党员，应该明白这层道理。当然，我也知道大家相互之间比着，谁带了头都要挨通，所以，我这一次就不要你带头，但你也不能拖后。这是个么意思呢？我跟你媳妇讲过，要求你不能拖到10名以后去，这样，以后村里有什么提名，别人才不会说闲话。”汪又暗示祖文要配合村里的工作，争取得到在政治上发展的机会。

“我不是拿这个来拉拢你，但你有这个心，还得有这个名，今后能不能做到，就看你努不努这个力了。现在15户中，我们已经弄了7户，你应该争取成为第8户，再拖可就被动了。”

汪书记的策略很清楚，于祖文是党员，正当壮年，于是，这“上进心”三个字就成为汪书记打开于祖文“心锁”的一把钥匙。

祖文还是没有回应。

汪书记显得有些尴尬，见我坐在一旁，就转而对我说乡下的工作就是这样，要针对不同情况采取不同的办法，该谈心的要谈心，该打麻将的要打麻将，该吃饭的就要吃饭。为免使汪难堪，我接连表示理解。而这也确实是我的真实想法，毕竟我并不是第一次做深度调研，也从来没有把真实的干群关系看得如一些理论（如果也可以被看作理论的话）所昭示的那么简单。

汪达江副书记接上了话，问祖文有什么具体困难和要求。说只要合情合理，村里又有这个能力，就一定会想办法解决，“但是，土地征用的大政策已定，工作还是要配合的”。

闷了半天的于祖文开口了：“是不是方案一点儿都不动，还是4500元，土地也不丈量？一点儿让步也没有？我一家5口人，你说怎么维持生活？”

见于祖文终于说话，汪书记很是高兴：“这就看你怎么看了，有人把5万、10万看成是终身的，但我不这样看。我给你交个心，洲头搞成了，5000人要富，现在村里只有千把人，能做事的又只有几百人，只要你想做事，会有做不完的事。我帮你算一笔账，你现在种田，一家一年收入四五千，已经了不得了，可等开发了，你一人一天搞20元，一年干10个月，也是6000块钱，一年就是7200，你家两口子就是1万多。所以，只要你肯做，你的收入就永远大于现在。补偿再多，也不可能把钱存起来不做事，还是得做，种田是做，干其他事情也是做，但肯定比种田强，你不做，给你100万又么样？”

汪的意思是劝祖文不要仅仅只盯着补偿这几个钱，而是要着眼于开发所带来的长远利益。

但祖文有自己的想法：“你说的道理我懂，现在我种田，还打豆腐，以后田地占用了，照样打，但眼下这地价也确实太低，一个是价格比别人低，第二土地还不丈量，我们的面积被压了好大一块。”于所要求的是一个公正问题。

“我只能说这个价是暂时的，很多事情都要发展地看，不是一成不变的。”

“可等我把字一签，就具有法律效力了，这以后的事谁又说得清楚？”

“这个你放心，要相信政府和村里。村里有一个总的盘子，洲头就只有千把人，等村里的公司运作起来了，[①]我们的奋斗目标，5年以后，一个人一年坐在家里就要分3000块钱。再说，以后土地征用完了，农民还是不是农民？如果变成了居民，国家还有低保。总之，这是一个机遇，要发展地看，观念要变，不发展地看，就是1亩给你1万元又怎么样？你想，镇上的人没有种田，做点小生意，也过得不比我洲头人差。不是我瞧不起洲头人，干一辈子还是土瓦房，连红砖房都盖不起。所以，观念要变。”老支书倒是有资格说这样的话，因为他自己早就在镇街上盖房安家了。

看来，“观念要变”是汪书记今天要做足的第二篇文章，尤其是在于祖文提到地价低、土地又不丈量时，他就劝祖文要发展地看，不要老纠缠于眼前的利益。

于祖文也渐渐悟出汪书记这一避实就虚的劝说技巧，于是他一次次地把汪书记的话头拉回到地价和土地丈量上来。

“可是这土地并没有荒着，为何就不丈量呢？这不明摆着让我们吃亏？”

“你还是转不过弯来，要把务农变为经商，只能将补偿的钱拿来做本钱，这样就想通了。”汪书记再一次回避祖文的问题。话又说回来，他不回避又有什么办法呢？补偿价早就已经确定下来，作为村支书，他的责任就是配合政府做好农民的工作。

可倔强的于祖文还是把话题往回拉：“道理我都懂，但目前给的这几个钱又能够做什么？再说了，经商也是有赚有亏，不是说赚

---

① 村里与一投资商合作办了一家公司，名为洲头产业，由投资商出钱，洲头村以土地入股，准备合作做房地产开发，但因土地无法报批，公司尚未进入实质性运作。

就能赚的。”

叶副主任插话：“可你也不能老盯着4500块钱吧？关键还是要把握机会。”

汪书记仍然一副“你打你的、我打我的”的套路：“你才40岁，还年轻，开发后，干10年，如果找不到30万，我只能说你没用。”

于祖文针锋相对：“如果丈量土地，我现在就可以搞30万。”

叶副主任：“可那是不可能的呀！”

汪书记：“山花村50块钱1亩，[①]那土地就不是土地了？别人不还是要面对？价格这东西，一个地方一个价，有起步有高潮，不好比。”

祖文：“既然有起步有高潮，为何不地划到哪里钱补到哪里？而要一次性补偿？”

“你么事这苕，土地面积是摆在那里的，今后价格上来了，先占用的还不是要补？”

“我的想法不同，我还唯愿就一个价，都是4500，要亏一起亏。你说10年后如何，地价涨起来后又如何，那不过都是工作手段。”于祖文还是不相信汪书记的话。

汪书记有些恼：“好了，该说的都说了，你的意思我也知道，现在的情况是15户已经做通了7户，你签不签字自己看，我也不再劝了。”

见双方有些僵，叶副主任又搭上腔：“祖文你听我说，你这人蛮精，村里对你的印象也较好，你是党员，村里也在考虑你，所以，许多事情还是要看远一点儿，你自己要努力。”

汪书记也感到刚才有些急，于是又缓和道：“我常说舍得两个字，舍得舍得，不舍哪来的得？”

叶副主任：“规规矩矩已经有7户签字，今天这个事，不论成

① 指租地的价格。

不成，也只有我们知道，我们也不出去说。如果你要知道有哪几户签了，签了字就可以告诉你。”

祖文：“等我签了，你又把我签的字给别人看，去媒别人。”

这话说得有些过于直了。

但汪达海是多年的书记，乡下人的棒棒话听得多，他一副大人不计小人过的样子：“上一次落实面积时，你带头签字，我们工作上有疏忽，让 ×× 给看见了，这一次我们领你这个情，不要你带头。”

祖文：“当时是落实面积，又不涉及拿钱，当然可以签。”

此时，汪达江和叶铭烈有事，退出了包房。趁着无人，汪书记对于祖文讲：“你尽管放心，我也不对别人讲。”一边说，一边往祖文身边凑，声音也压低了，他向祖文讲些什么我听不太明白，只听得他说：“现在签了字也不落日期，以免别人核实谁先签谁后签。”这样一边说，还一边从上衣口袋中掏出一份名单朝着祖文眼前晃。接下来，汪书记终于回应了祖文一再提起的问题。

“你说你有多少亩，国家是要看凭证的，农民的凭证就是本子（指土地承包经营权证），没有凭证，国家不把你，你也没有办法，这个亏吃也就吃了。其实，当初你们有那么多土地不上本子，不是也少缴了公粮？村里不是也偏袒了你们？”汪书记点出了“黑土地”这回事儿，并没有忌讳我这个外人的在场。

祖文这回没有吭声。

汪书记又接着说：“别人都签了，你还蒙在鼓里，当苕……”

这一下祖文坐不住了：“说句笑话，您呀也不要见气，不是我攻击组织，你们这个，完全是在做笼子。”

“我这是正常的，我又没有逼你，签不签还是你自愿的，么事做笼子？”

于祖文看不到村里让步的希望，他有些动摇了：“价格就不谈了，问题是这个面积实在太吃亏，连三分之一都不到。”

汪书记：“说到土地，×× 村的土地 8000 元一亩，但荒山荒田就与老百姓无关了，鱼塘也只算一半的面积。我们就不同了，价格是低了些，但荒山荒田是谁的？最后还不是摊到老百姓的头上？”

这话总算让祖文有些受用，他脸上渐渐地展露出一丝笑容。

这时，一直坐在一旁静观的我终于忍不住向祖文提了一个问题：“我是一个旁观者，也绝对不站在你们哪一边，我只想听你说句实话，你们到底担什么心？”

祖文答道：“其实，村民真正的想法还不是价钱，政府一时拿不出钱，我们也理解，只要能打个条子，几年之后给也行。主要是要求土地丈量，周边地区是 8000 元一亩，还丈量。”

祖文一边说，一边承认村里也还是向着村民的，就是过去的土地不上合同，也是这个原因，问题是耕作面积和补偿面积相差太远，这个亏吃得太大。

汪书记知道祖文说得在理，也不再多劝：“现在说这些话也不解决问题，人总要面对现实。”

“我这人苕，别人都躲了，只有我在家里顶着。”

“你的思路要变，这亏吃也就吃了，不要老抠着这事儿。”

站在汪书记的角度，他并没有讲假话，在以后的交往中，他就多次对我提到过农民是真穷，政府给得又少，所以，农民过去想少缴、现在想多要的心态很正常，换了他也一样。但作为村干部，总还是要帮政府做工作，不能一味地跟着同情心走，所以，也就只能启发他们朝前看了。而于祖文这边虽然也承认汪书记的话有一定的道理，观念肯定要变，问题是就他们而言，连眼前的利益都保不住，又何谈未来的机遇？说到“黑土地”，那也是种田人太穷才想出来的无奈法子，就算不对，镇里也总不能让农民承受所有的损失吧。所以，我这个观察者算是有些看懂了，村干部有村干部的难处，村民又有村民的行事逻辑，双方各自的道理和逻辑多半并非可以单纯从是非对错等道义层面上去识别，它更为重要的是由各自不同的地位和立场所决定的。汪书记是农民中的强者，他站在一个强者的角度替于祖文做规划，这种规划自然是充满信心和乐观情绪的。而于祖文只是一个普通农民，他就是再睿智，承认开发能够带来机遇，但人生的经历也告诉他，这个机遇未必就一定属于他。所以，在考虑、抉择时，他仍然首先是从生存而非经济理性的角度去做更多的思考，更何况这种基于生存的考虑本身就已经蕴含着理性计算的因素，这倒是印证了斯科特（James C. Scott）对东南亚农民生存境遇与行动逻辑的分析（参见斯科特，2001）。[1]

"么样？"

"签字？"

我的思绪又被这种"叫价声"拉回到现实中来，只听汪书记说："不签字肯定不给你看其他人的名字。"

于祖文终于感觉到，如果政府真的不让步，自己也只能面对这个现实，他又选择了沉默。

我突然间有了一种想法，即农户与镇、村之间表面上你来我往的谈判与讨价还价，在很大程度上是以镇、村方面所划定的一定界限和保持的一份耐心才得以展开和维持的，而一旦逾越这一界限或者镇、村方面的耐心不再，这场博弈也许就到了它结束的时候，此时，作为弱势的一方只能认命，并且抓住什么就是什么，并没有掌握自身命运的能力。我不知道我的想法是不是对。

"那我大哥的问题呢？"祖文开始退却了。

"你大哥家一个要签，一个不签，你要我么样的？我说你俩要协商好，签字就领钱，他想只领钱不签字，那么样行？"

祖文又开始打听其他人的情况。此时，他真的动摇了，继续犟吧，政府这边也不会让步，到头来只怕是别人都签了，他一个人硬扛着，还不真就成了"苕"？集体行动的困境在这里显现出来（参见奥尔森，1995）。[2]

汪书记突然转身对我说："今天我们就先谈到这里。"

我顿时明白，汪书记要进行最后的摊牌了，此时我的在场对于他们双方可能都不那么方便，于是，我就是再不情愿也只能起身告辞。不过，汪书记又加上一句："等会儿过来吃午饭。"我说："不用客气，政府食堂蛮方便的。”汪说：“大家都是朋友，还客么子气？”祖文也说：“也不是专门为你准备的。”我想也是，就恭敬不如从命，而要想继续做观察，也更不可能顾及那么多礼节，于是，我答应等会儿再来，便转身退出了包房。

11点40分，我如约再一次去镇贤酒楼，走进包房，只见祖文不在，只有汪书记一人在房内，我便问谈得怎么样了。汪说：“有希望，祖文说要跟他老婆商量，我让他老婆一块儿来吃饭。”

不一会儿，祖文和他妻子到了，那女人一进屋就朝汪书记喊“姑爹”，汪则回称她为“侄媳妇”，双方皆以亲戚相待，这便是乡镇社会关系网络中仍然得以保留的拟亲缘化特征。[3]

入席以后，无论是于祖文还是汪书记都未再提及上午的那场谈判，汪一个劲儿地给祖文两口子夹菜，要他们吃好喝好，汪达江和叶铭烈则在一旁作陪，大家都夸祖文媳妇会持家、为人好、明事理，又夸祖文勤劳本分。祖文媳妇则回应：“他（指祖文）什么都听姑爹的，姑爹说什么就是什么。”又说：“姑爹，我们的关系一直很好，祖文就是有什么做得不是的地方，也请姑爹多多谅解。”看得出来，尽管双方此时都只字未提签字一事，却又都趁着吃饭的工夫，借着拟亲缘关系和酒桌上的友善气氛在话里话外继续发力，可以说，这仍然是另外一种方式的较量。

饭毕，大家起身，汪书记问：“商量得么样了？”

祖文媳妇：“再等我们考虑一下吧。”

汪书记终于有些按捺不住：“还考虑个么事？都考虑这么久了，该说的也都说了，上午也跟祖文单独交换过意见，事情明摆在那里，早晚都得做。再说，你签不签我都没意见，现在祖文排在八九位，我看他是党员，才给这个名分，若是平头百姓，我也不给。”

祖文又提出要看看谁已经签字，汪书记说：“签了就看，莫非姑爹还哄你不成？现在是大势所趋，就看你怎么把握这个形势了。”

祖文再未吭声，祖文媳妇连忙打圆场：“祖文从来都只听姑爹的。”

“莫非姑爹还故意把亏给你们吃？”汪书记顺势反问，将两口子逼到了死角。

两口子都再未吱声，看得出来，他们正处在左右为难之中。签吧，怕被人知道后被认为是出卖大伙儿利益的“叛徒”；继续顶着吧，政府让步的可能性又没有，如果别人先签了，自己被蒙在鼓里，那还不真的就成了“苕”？

就这样僵持着，双方又都用眼睛的余光瞄着我，我知道，又是该我回避的时候了，这个当口如果我在场，祖文两口子最后要对村里提出什么个人要求就有些不好开口，而汪书记“一把钥匙开一把锁”的“诱降”技术也同样不好尽兴施展。此时，我意识到自己不仅成为一个多余的人，而且很有可能还是一个碍事的人。

我连忙说我还有些事情需要回去处理，便起身离去，我的确应该为他们留下一个私密的空间。（参见附录 1：73）

在观察过镇贤酒楼的这场“斗法”之后，因为预防“非典”的原因，我离开小镇大约两周的时间，等我在 5 月中旬重返小镇时，得到的消息是，在洲头四组的 15 户村民当中，包括于祖文在内，已经有 13 户同意出让土地，并签字领款，剩下来的 2 户也在犹豫之中。更重要的是，5 月 11 日，项目已经开工剪彩。这样，矛盾也就由每家农户签字认可土地的补偿价格转移到抽水机站和塘堰等公共物品的补偿和善后问题上来，而矛盾的波及面也相应地由四组转移到其他相关各组。正是在这样一个背景下，我随招商办的老洪和政府处理开发矛盾专班的干部陈其然再次下到洲头村，参加一个处理因拆除四组抽水机站而引起的 9 个小组的灌溉善后问题，会议由汪达海主持，与会者除了镇、村干部之外，还包括 9 个小组的组长。

汪书记简单地说明了根据施工要求必须拆除机站的意见，并传达镇里的善后处理决定，为妥善处理因拆除机站而造成的灌溉问题，镇里决定，在 9 个小组中，6 个主要依靠该机站灌溉的小组农业税全免，同时建议农民将水田改作旱地，其余 3 个小组未提及减免问题，但也希望听听大家的建议。至于今后是否再建机站，视园区开发情况而定。

老洪是会议的主角，他不仅讲到机站的问题，更主要的是利用这个场合再次就开发中所存在的矛盾与组长们进行沟通。根据我的笔记，老洪在讲话中主要强调了五点：

第一，洲头的开发很有潜力，但潜力并不等于一定能转变为现实能力。园区之间有差别，周边君山和龙岛开发区的条件洲头不能比，别人是客户进园区之前基础设施已经具备，而洲头是原始地貌，只有把客户请进来帮助开发。这就决定了地价差别。所以，不能认为河东是共产党领导，河西也是共产党领导，地价就一定要一样，如果是那样，开发就搞不成。希望组长们理解这一点，配合镇、村做好群众工作。

第二，园区开发如果不能乘势而上，也有被取消的可能。目前国家在审批土地开发的指标上从严掌握，洲头上报了许多项目，批下来的只有一个，如果就是这么一个项目也不顺利，大家像现在这样设置障碍，要守住防线不后退，到头来守住的恐怕就只能是原始地貌和开发区被取消。机不可失，时不我待，宁愿现在吃一点儿亏，也要把开发搞起来。

第三，各位当组长的一定要积极配合镇、村的工作，不能仅仅只是去反映群众的利益，当群众的尾巴。如果一味地支持群众抵制，或者像开工剪彩那天一样找领导扯皮，[①]还有谁敢再来？所以，大家要克服对立情绪，要看重长远利益，与镇、村保持一致，以开发的大局为重。

第四，拆除四组的抽水机站，镇里和村里反复做过研究，是没有办法的办法。目前的问题是，不建新机站，群众的利益无法保障；建新机站，如果有新的工程开工，投入的钱又打水漂了。所

① 据说，在开工剪彩大会那天，有一些村民想冲击会场，找上级领导反映意见，被强力劝阻。

以，目前这样免掉农业税和水田改旱地的做法也是无奈之举，而且各队也并不就只是完全指望这个机站灌溉。要顾全大局，保大利舍小利。

第五，对于目前镇、村组织在四组所做的工作要多讲正面效应，少讲负面影响。现在开工在即，矛盾仍在，但矛盾阻碍不了大势，请大家一定要多支持、多配合，不要设置障碍，不要想在第一道防线被突破以后（指四组农户的签名）又去设置第二道防线，组织新的集体抵制。如果有这个想法，诸位就会成为洲头的千古罪人。而且，就是抵制也没有用，组织上要想办的事情又有哪一件办不成？

老洪的讲话显得既全面又入理，让组长们不好再就开发本身讲什么。然而，不讲开发却不等于他们不维护本组的利益，尤其是未能获得减免的几个小组的组长就表明了他们的态度。

“别的队减免公粮，我们三个队为何不减？我们队完全依靠抽水，队里的机站也是自己凑钱搞起来的，免别的队不免我们，群众的心理不平衡，你就是免一部分心里也舒坦一些。况且，就是我们这三个队也还是有一部分土地依靠大机站（指要拆除的机站）灌溉，机站推了对我们也有影响。所以，不减我们的，群众有意见。就是不免，能不能由大队和政府帮助我们把现有的机站维修一下？”

“机站是大家一起做的，后来由于抽水远，队里又自己做了一个，每年的维修资金都是向群众收，免别的队不免我们，大家有想法，我们提出来，看看村里是个么态度？”

四组组长于祖安也有自己的想法：“我们队全部依靠这个机站抽水，机台要推掉，能不能要求政府和大队让我们在生活上有保障？另外，机站由我个人承包，所有的维修和损耗村里能不能有个态度？”

大家杂七杂八地提了一些意见，无非是全免农业税的小组要求镇、村确保村民收入不降低，没有被减免的小组要求减免或部分减免。对于这些意见，汪书记有的做了解释，有的则感到恼火，说："如果能全免或者确保收入不降低，还开个么会？给大家说么好话？""让你把田改旱地种你不听，不是无理取闹故意抬杠是什么？"不过，汪书记还是答应把组长们的意见带给镇领导，看看他们有什么考虑和办法，毕竟这些意见不是村里面所能答复的。（参见附录1：74）

会议之后，镇、村、组三级干部聚集在村部吃午饭，饭是由干部自己烧的，他们把从镇上买来的肉和菜烧熟，分装在几个大盆里，又打开几瓶啤酒，围坐在一起来一个酒足饭饱，这种情景倒是让我这个城里人体验了一次吃"集体"的感觉。

午后，汪书记说要带我到二组一户姓唐的农家去。这次施工占压的300亩土地除去四组这15户人家的之外，还有个别二组农户的，其中就包括这户姓唐的。前些天，他托人带话，要汪书记亲自去他家解决问题，说是其他干部说话也算不了数。汪书记说，无非又是要提出许多要求来要他答应。

下午2点，我们到达唐家，见到唐家夫妻，彼此一阵寒暄后，男主人就开门见山地直入主题。

"表哥，这一次我请你来，我的话，好听也听，不好听你也听，我这个人蛮理智，不是那种爱闹事的人，我也是支持你工作的，但有的事情我想找你单独谈。"约莫40岁的老唐称汪书记为表哥。事后汪书记告诉我，自己的奶奶姓唐，是洲头唐坳人，而此人也是从唐坳出来的，所以也算是扯得上一点儿关系。

"表弟"在切入正题之前绕了好一大圈儿，不过，被称作"表哥"的汪书记知道，接下来就该提要求了。

"我说话很简单，请你来是想说明，我当初在林场时，地是租赁的，后来林场被转包，已经10多年了，现在我还是没有地，……我并不是想增加村里面的工作难度，但是，这次开发，至少也要保我一个温饱，你说是吧？"

还是为了土地。唐说他曾经在林场干过多年，后来林场的地转租给美籍华人叶桦，唐就没有地了，而在小组这边是否有地，汪书记一时还想不起来。

“你叫我来，我马上就来了，不过，我还是没有完全听懂，你慢慢说来看。”

唐没有接着刚才的话说，又转而提起自家承包地面积的事儿：“我合同本子上登的是 8.7 亩，但实际上不止。”

“多少？”

“实际上有近 20 亩。”

“分给你的？”

“不是。”

“开荒的？”

“也不是，当时村里有的人不种，几亩作一亩，就给了我。”

“这次占压的有几块？”

“三块，都是田。”

“多少？”

“不知道，要搞清楚，尺子一拉不就知道了？”唐兜起了圈子。

汪书记有些忍不住：“你说个实话，你总共有几块田地，这次占压的又有几多？”

“我父亲给我的三块田是 4 亩，其他的我也没有量过。”

汪书记好像有数了，对方不想说出实际面积，是想要村里多补一些。

“你的意思是说，占压我的地，就要给我生活出路？”

“这是一个方面，但我也不是那种胡搅蛮缠的人。”

看来，唐姓农户不说出实际想法是希望汪书记首先有个态度，这有些像做生意时的摸底和探价。

汪书记清楚了他的意思，他顺水推舟：“今天我来有两个意思，一是我们家庭与家庭的交往，二是从工作上谈。从私情上讲，你称我表哥，我就喊你表弟，你承包林场那阵子，我们也闹过，但那是为公事红脸，我们从来没有为私事红过脸，对吧？你今天喊我来，说是找我谈心，我马上就来了。当着朋友（指我）的面我表个态，只要帮得到的地方我都会帮，但是，如果涉及千家万户的事，就不一定好说。”

汪书记以更加纯熟的方式运用起拟亲缘化关系来，却又将公私界限划分清楚，让姓唐的既舒服又无隙可乘。

“你生活上的困难我清楚，你家里的两个和尚（指儿子）也需要钱，只要有这个能力，把个20、30的也是个心意，有困难你给我讲，但在占压问题上你要支持我。”

“好，那我就从头说起。当年承包林场，别人要5年，我只1年就把地开垦出来，当时的承包协议是10年，但讲明白只要国家用地我们就拿出来，你村里只给了我开荒费，其他的没给我也不为难你。后来只搞了3年，协议上还有7年的时间，地就被拿走了，你还是应该有一些补偿才是。我去林场时，一片荒地，我做了许多，塘也推出来了，现在又要搞开发，我的投入都没有收回来，所以，多少也要考虑一下才是。当然，我也不是一个瞎喊乱要的人，这次搞开发，我不拖你的后腿，但是这个补偿费，他得六，我得三可以吧？”唐未在先前提到的承包地面积上纠缠，转而提起承包林场时的损失。

“可这个园区是镇里的，不是村里的，我汪达海也不过是一个工作人员罢了。说到补偿，许多人都说要补多少，没得那回事儿，只会按规定来。”汪对唐分析起土地占压补偿款的具体分项。

“可我当时签字，也说得很清楚，我种的树、种的苗，做的房子，总不能一分钱不补吧？”

“你认为你吃亏，别人还说我得了好处嘞，这主要还是一个心理摆平的问题。我今天找你谈，地价是没得谈的，你就提一个具体要求吧，只要我办得到，你就提出来，钱又不是我拿。”汪达海知道唐的想法不是没有道理，但他想把问题简单化，看从其他方面能否给唐弥补一些损失。

对方继续绕圈子，唐妻说：“当时他不想签字，我还动员他要支持你的工作。”

“这我感谢了，但签了字就不好改。如果没有签，法院就是判我们出 10 万，村里再没有，也只能慢慢给，可签了字……”

唐妻：“当时汪达江副书记说村里还会有些补助，我们给你反映了才签的，我们在林场那边的贡献也就算了，这次开发，能在承包面积上摆平，心里也平衡。”

还是唐妻结束了这种声东击西的游戏，直点主题。

“绕了半天，你们这样讲还是有些道理，你在那边守林场，湾子这边的地又没搞上，现在想在湾子这边补一些，这样讲还是有道理。”汪书记也感觉在理。

唐连忙迎合：“还是书记想得周全，就是这个意思了。”

“可道理归道理，这个板我在这里拍不了，我把这个意思带回去，只要有道理，总是可以考虑的。”

“是的是的，我也不紧说了，就是林场那边亏了，这边多少给我搞个心理平衡。”

“只是说话要在理，态度要摆正。现在还有一个问题没弄清楚，当时分地时，你家有几个人参加分？”

“没有分，因为当时我们在林场，这边就没有分。现在这个土地是老头子留下来的，他已经不在了，也没有对证。”

“事实总归是事实，可以查清的。”

话谈到这里，唐的想法搞清楚了，汪书记还是有心要帮唐家解决承包地的面积问题。接下来，汪书记又像开导于祖文一样，要唐家不要过于计较补偿款的多少，而是要转换观念。唐见汪书记有了态度，也就不再纠缠。于是，我们便告辞而去。一路上，汪书记向我解释，村里将林场租给叶桦以后，当时对唐有过一个承诺，答应在二组内划一些土地给他，现在应该兑现承诺，所以，唐这一次的要求会部分地得到满足，适当增加计税面积。当然，也不可能按他实际耕种的土地去计算。汪说，像这一类事情村里自己就可以做主，不用通过政府。（附录 1：75）

果然，几天以后，在汪书记家，我就见汪书记向汪达江副书记交代，要他给唐家在承包面积上多计两亩，并叮嘱他不要声张，以免攀比。

也是在这次商议中，汪书记又要汪达江给自己的哥哥带话，要他赶紧盖一间简易房起来，说如果没有钱，就直接找他。初听此话，我未解何意，事后联系到四组农户正在占压土地上大兴土木，纷纷“种房”，以求增加对土地附着物、建筑物等的赔偿，这才反应过来，汪书记实际上是在暗示自己的哥哥也“种房”，这一下倒是让我更加深刻地体味到村干部的双重立场。（附录1：76）

按下汪书记这种双重立场不表，单说通过观察汪书记做于祖文和唐姓农户的工作，以及旁听老洪在洲头村组长会议上的讲话，我渐渐地对乡村干部们时常挂在嘴边的一句话产生了一种特别的体会，这句话就是乡村工作“对上靠吹，对下靠媒”。初听此话时，我只是感觉到它对于反映乡村基层的工作非常贴切和到位，但究竟是怎样的一个贴切和到位，却未做进一步的深想。对于“吹”，比较好理解和体会，这大抵也是一切官僚科层体制中的一个特点，但对于这个“媒”字却觉得有些玄妙，而这些天来汪书记和老洪等乡村干部则以其运用精熟的“绵谈”技术向我展示出一幅活生生的“媒”的画面，使我心有所悟。一次，我专门向汪书记和老洪讨教“媒”字的讲法。我说，根据我的观察和体验，这个“媒”字首先在字义上就十分丰富，从你们的实际运用来看，似乎既有磨、耗、拖的含义，又有哄、诓及讨好与央求的成分，正是由于内涵复杂，究竟用哪一个字来表达这些意思就首先是一个问题。他们说是的，这是一个方言，平时随口说惯了并未去深究，真的要让写出来，用哪一个字还真拿不准。汪书记说，就用“媚”吧。老洪说，做农民工作虽然有媚的一面，但好像又不仅于此，例如，讨好、央求与“媚”的意思比较接近，但哄、诓、磨、施、压等又做何解释呢？最后，大家还是觉得“媒人”的媒、“说媒”的媒字意思比较接近。乡村干部处在国家和农民之间，上传下达，上承下接，两者有关联又有矛盾，却又必须将他们彼此相互黏合与勾连在一起，这样的角色特点，不是“媒人”又是什么？媒婆说媒，靠的就是上面两片嘴皮翻飞，下面两脚四处游走，所谓“两脚忙忙走，为的是活口”[①]，把男女双方说得天花乱坠，使人心向往之。而乡村干部为了贯彻政府的意志，与农民软磨硬泡，极尽“绵谈”功夫，既要维护政府和村庄的权威与形象，又要牵着、引着、诓着农民走，这与媒妁之言不是正好呈异曲同工之妙？汪书记还认为，这个“媒”字还有和颜悦色与和风细雨的意思，也就是与农民慢慢磨、慢慢泡，一直到把他们引上路为止，而这条路自然是上面和村里要他们走的路。而我则以为，这和颜悦色与和风细雨之中是不是也少不得一些巧言巧语的作料？两人听着也笑，并未反驳。老洪还说，即使那媒婆的“媒”字也很难将这个“慢慢地与农民媒”的“媒”字的含义道尽。可以说，媒婆的巧言，商人的经济，戏子的伶俐，掮客的算计，似乎都可以在一句“慢慢地与农民媒”中找到它们各自的位置，确定各自的谱系。可以说，小镇的乡村干部利用方言，以一个“媒”字来概括当下乡村干部对农民工作的特色，也实在是一种充满机智、幽默、自嘲甚至解构意味的地方性创造。

不过，仅仅是“慢慢地与农民媒”似乎仍然无法穷尽乡村干部的工作特色，或者说，它所概括的主要还是这一工作的过程化特点，而未能标示出该项工作的目标与路向特征。只有将其与另一句同样经常挂在乡村干部嘴边的话联系起来解读，才能真正全面地把握乡村干部在当下国家与农民互动关系网络中所起的实际作用，这句话就是：“政府要干的事你还能拦得住？”

“政府要干的事你还能拦得住”这句话，时常出自乡村干部在与农民们推心置腹的谈心之中，也出自他们在从心里接纳我这个“异域闯入者”之后的访谈之中。当他们说这句话时，“政府”这两个字似乎既与他们自己有关，又与他们无关，它更像是一个既不属于农民也不属于每一个具体的乡村干部个体的第三种力量。当他们

① 川东双村农民对媒婆的形容。（参见吴毅，2002）

在这个意义上用这个词来指涉公权的力量时，“政府”俨然就成了凛然不可侵犯和无坚不摧之物，它既具有崇高的权威，更具有坚强的决心和强大的权力能量。所以，干部们认为，只要是“政府”想要干的事就没有干不成的，相对而言，自己（乡村干部）就只不过是政府履行某个具体职责和公务时的一种工具化体现。所以，你就是有何不理解也怪不得我，更不用冲着我来，我不过是站在这个位置上履行某种职务，具体来承办这件事情罢了。所以，这句话就产生了既劝说农民放弃不合作，又不至于将矛盾引向干部自身的双重效应。其次，也是更为重要的，这句话凝结了乡村干部从自己的生活与工作经验出发而体悟出的关于官民互动模式的理解。在这种理解中，农民的工作就是再困难，农民就是再不配合，上面的任务也一定会完成。因为无数事实已经证明而且还会继续证明下去，只要是政府想要做的事都一定能够做成。所以，这句话又表明了乡村干部对自身权力能量背后的制度性支撑的信仰与信心，有了这种信仰与信心，“慢慢地与农民媒”就只不过是某一工作过程中的具体方法和态度，是一种上对下的理解、包容、忍让、怀柔与安抚。在这个意义上来言及农村工作的难，也就是一种强者面对弱者的难、长者面对稚者的难和组织性权威面对散状的马铃薯社会的难。所以，作为一种工作方法，“媒”并不是一种被动和无奈的选择，更不是基层干部从村庄社会的溃退，而是一种值得提倡和发扬的工作精神，是“治理艺术”（福柯，1998）从制度到实践在现实乡村政治场景中的落实。而在这些权力技术背后所隐含着的，仍然是早已经为霍布斯所论说过的强大、孔武和有力的“利维坦”国家形象。（参见霍布斯，1985）所以，当我们在听到乡村干部说如果实在“媒”不下来就要采取行政措施时，这“行政措施”所体现的恐怕就是“媒”这种权力技术背后的另外一副面孔。

由是，“慢慢地与农民媒”与“政府要干的事你还能拦得住”，便成为小镇的乡村干部用来形容农村工作特点的两句极富表现力的话语。

石场风波起

在秦家畈和茶山李两村与大江区区城接壤的地界上，横亘着一座不高却绵延逶迤的山脉，这座山名叫茶山，大概是因为原来山上的主要树种而得名。茶山在靠近秦家畈村这一端，形状似一虎尾，故人称老虎尾。老虎尾的名字易于使人联想到刚硬有力，的确，这里的石材质地坚硬，特别适合于做建筑材料。因此，随着近年来大江区内各个乡镇的开发形势日好，这里便被开辟为采石场。茶山李和老虎尾一带一顺溜地分布着近 20 家采石个体企业，而秦家畈和茶山李两村则靠山吃山，将山头发包给这些采石业主经营，每年通过收取山租来增加自己的村级收入。

杨宏军是我认识的第一个石场业主，他还是老虎尾下 6 家采石业主共同组成的采石联合体的法人代表。不过，我认识杨宏军，首先不是因为他是业主，而是因为他是秦家畈村的副主任，而且，他这个副主任又是在去年（2002 年）的村委会换届选举中未经支、村两委事先安排，而是在个别干部支持下通过竞选，最后击败内定候选人当选的。所以，支持者将其视为“老板从政”的代表，不支持者则将其视为“花钱买官”的典型。[4] 正是由于这个原因，我到小镇后不久，杨宏军这个人就引起了我的兴趣。

4 月 15 日中午之后，在秦村干部钱跃进家的楼上，我完成了对杨宏军的第一次访谈，对他的经历、他去年在换届选举中扮演的角色以及他的石场经营等情况有了初步的了解。正是通过这次对杨的访谈，我的小镇调查也得以进入一个新的视域。

杨 1962 年生于秦村，父母都曾经当过大队干部，但杨本人生来个头瘦小，也许是因为这方面的原因，这个农家子弟一生未做过农活。1979 年初中毕业后，他在当时小镇的第一砖瓦厂做烧窑工，以后还当过车间主任，后来砖厂效益渐差，他便回到小组承包鱼塘，并搞大米加工。这样，在社会大转型的背景下，不务农活的杨宏军反倒比那些庄稼户过得潇洒自在，惹人眼红。结果，据他自己说，当 1996 年他准备把自己承包的两个鱼塘改造扩大、连成一片时，就遭到了小组内部绝大多数农户的反对。

但镇里和村里的一些干部倒是十分欣赏这个头脑灵活的青年致富能手，尤其是村委会主任老罗，十分爱才，加之杨宏军与自己的妻子同姓，也算是一门未出五服的亲戚，便有心扶持。在这种情况下，杨宏军转而打起老虎尾的主意。他在政府人员即老罗的帮助下，贷了 5 万元的款，就带上妻子和 3 个工人上山采石去了。初时，石场的生产规模不大，一年仅赚纯利 2 万元，但几年下来，固定资产和石场规模逐渐扩大，现在，他有 3 台车，购置了碎石机械，雇用十几个工人，每年纯收入可达二三十万元，在秦家畈村已算得上是上等收入阶层。

杨宏军去年站出来竞选秦家畈村村委会副主任就是这种“富”而优则“仕”的结果。从我进行的访谈看，促使杨站出来竞选村干部的原因有三个：一是想为大家做事，希望借此获得一种社区地位；二是得到了村里个别干部的支持（如老罗）；三是一部分村民拥护。在这三种因素的合力作用下，他在竞选中战胜了另一位组织上安排的副主任候选人。但客观地讲，未经领导安排就私自出来竞选的事情在小镇并不多，因此，他的取胜也引来种种议论。好在镇政府最后还是依照法定程序承认了杨的当选，结果杨在当地就放了一颗政治卫星。杨上任之后，干劲儿十足，由自己出资八九千元改造村级道路。杨说：“我不缺钱，就是想做点事，钱这东西不能看得太重，人一辈子在这个世界上总要想法留下一些痕迹。”（附录 1：77）

就在杨宏军想甩开膀子大干的时候，他的“经济基础”——老虎尾的采石场却遇到了麻烦，区里要将其关闭。原来，因茶山的采石场靠近开发区，采石作业污染园区环境，破坏森林植被，区里对是否支持其发展一直心存犹豫，摇摆不定。2001 年 9 月政府曾下令关停整顿，后来在业主的一再要求下，区里于 2001 年 11 月、2002 年 7 月和 2003 年 2 月三次研究，反复论证，最后在划定开采区域、确保安全生产和不破坏自然景观的前提下同意恢复开采。但是，既要开采，又要不破坏自然生态景观，在操作上实在是一件难以两全的事情。放眼茶山面向秦家畈和茶山李村的山体，早已是赤石裸露，凸壁断岩，有人说，这样的山体就不要再谈什么恢复生态植被了，还不如就从经济效益考虑，允许继续开采，直到将开采面打平为止。其实，区里当初同意恢复开采，也正是此意，但无奈茶山另一面的林场和花卉种植园对这一端采石场不断开山放炮一直不满，不断向市里反映，构成对区里的压力。由于山体被损毁，前来洽谈土地买卖的客商对附近的土地皆不予理会，致使这块距离大江区城区很近的黄金地段无人问津。据说，最近省内某高校来大江区看地，被推荐到这里，但一看这被炸坏的山体，掉头就走。在这种情况下，区里遂下定决心，要彻底关闭茶山李和老虎尾这一带的采石场。

麻烦还不在于此，而在于政府关闭采石场的善后处理方式。谁都知道，政府决心要做的事，而且又是以保护生态环境这一公益名义要做的事，石场业主们是不太可能抗争，也提不出多少抗争理由的，他们所能做的只是尽可能多地从政府方面获得赔偿，以减少因关闭而造成的投入损失。他们有理由这样期待，因为他们是合法的经营户，手续齐备，而且每户又都投入了几十万元的资金用于购置固定资产和办理开采证照。但问题也恰恰就出在这里，区里要关停，善后问题却交由镇里处理，镇里财力不厚，自然不愿意多拿钱出来。这样，就在业主的赔偿预期与镇里愿意支付的赔偿数额之间形成了巨大反差，一切矛盾皆由此而生。

杨宏军告诉我，镇政府专门负责企业管理工作的绕定远已经召集石场业主们开过会，传达了政府决定关闭石场的精神，并要业主们配合政府的工作，不要闹，说是“闹了一分钱都没得赔的”。

“那政府究竟准备怎么处理？”这是我第一次听说石场的事情。

“听说一个场子只赔三五万元。我们投入那么多，镇里这样干，我们就亏得多了。我们准备上访，要么提高赔偿标准，要么让我们再生产一段时间，把本钱弄回来再说。”

“你怎么办呢？”我首先想到的是杨的村干部身份。

“老罗就是压着不让我闹，还要我做其他人的工作。”

“你做吗？”

“人要学得贼一些。表面上我当然不出头，但该我的利益我还是要维护的，我们已经咨询过律师，实在不行就告他们。”（附录1：78）

晚上，我在老罗家玩，提及石场一事，老罗也说：“这一次他们惨了，要破产。镇里这一次是搞‘三个十’政策，第一个十天做宣传教育，第二个十天自己拆除，第三个十天强行拆除。”

“镇里会赔多少？”

“估计也就是三五万。”

“老板们会答应？”

“不会，他们准备闹。”

“镇里的态度呢？”

“绕定远说了，不消闹，他们不怕。”

“老板们的反应呢？”

“一个姓郭的老板投资了好几十万，现在还欠了别人20万的债。他说，如果他们要强行关，他就到区里去喝药。”

“绕定远知道这话吗？”

“知道，他说不怕威胁。”

“那镇里这样做合适吗？”

“镇里其实也不情愿关闭。你想，小镇根本就没有大企业，全靠这些小企业撑着，有石场在，每年企业办公室多少还可以收几个钱，石场关闭了，不但少收了钱，这将近20家场子，镇里少说也要拿出近百万元才能摆平。你说这不是没事找事？但区里既然决定了，镇里也没有办法，只有执行。真是又出钱又得罪人，还断财路，谁真想做？”

我又问起老罗个人对这件事情的看法。他告诉我，从心里讲，他还是比较同情石场业主的，但绕定远是他的朋友，昨天在一起吃饭时，绕还专门拜托他，要他出面摆平这件事，说“只要你老罗出面，就肯定行”。

“你会出面吗？”

“会的，大家都是朋友。”

“绕定远的真实想法呢？”

“不要看他话讲得硬，私下里也有想法。场子停了，对镇里和企业办都没有好处，况且还要他们出钱，自然也不高兴。但是，屁股决定脑袋，上面让停就必须停，这是行政行为，由不得个人怎么想。”（附录 1：79）

从与老罗的谈话中，我得出了两点印象：一是作为一级组织机构的镇、村的职业立场与作为具体个人的镇、村干部的私人态度的错位。作为前者，他们执行上级的决定，而不论这一决定是否合理以及是否对他们自身有利，这也正是韦伯所分析过的现代官僚科层体制的特色；[5] 而作为后者，他们却可以在私下里表露自己的个人态度和情感倾向。尽管这一态度和情感倾向并不能明显地影响到他们的职业行为，却有可能使职业角色的履行在有意无意之中被浸润出些许非组织化色彩，从而直接间接地影响到具体关系—事件的处理，这便是乡镇基层政治运行的一个特色。分析乡域政治的运作，如若不考虑到这一特色，而一味简单地将二元式的“国家—社会”和“官—民”互动模式嵌入真实、复杂而具体的乡镇政治生活之中，就必然会影响到我们对这种政治的理解、解释与把握。二是官民关系的真正特点只有在场景化的关系—事件过程之中才能得到准确的反映，离开了这些具体场景化的关系—事件，仅仅从制度设计的层面去奢谈国家与社会和官民关系的“双强”发展与“互赢”格局，恐怕距离真实的状况甚远。[6] 回到现实中来，我发现小镇政府在关闭采石场事件上给人以十分矛盾的印象。一方面，出于自身的利益考虑，他们并不想主动去为难石场业主，甚至还私下里希望他们能够继续生产；但是在另一方面，当制度化的角色要求他们非得去执行关闭石场的决定时，他们又会习惯性地（而且也只能）利用权力的优势去尽可能地减少自身的损失，或者将损失下卸，而无法顾及甚至也不去顾及业主们的利益。在这样一种将损失下卸的逻辑支配下，处于权力结构底层（尽管未必是经济结构底层）的石场业主就有可能（在许多时候甚至只能）成为政府行政行为的牺牲品。这一现实促使人们进一步去反思以“官本位”为轴心的乡村基层政治与社会结构的基本状况及包括普通商、民在内的其他社会阶层在这一结构状态中的生存样态。

但是，虽然说基层社会的政治结构呈现出官强民弱的总体特点，却不等于说民就完全没有办法与官博弈，这关键要看处于特定关系—事件过程中弱势一方的民是如何评估自己的价值与能量以及体味自身的“冤屈”的，如果他们已经无法承受来自政府的“侵害”，便有可能运用合法的体制性渠道向上反映自己的意愿，讨一个说法。这种情况也有可能给基层或地方政府造成一定的压力，甚至最终迫使其改变处理决定。例如，老罗就说，镇里的态度是既不愿意在利益上做出让步，又不愿意业主们去上访，把事情闹大。如果业主吃准镇里的这种心态，合理利用其所能调动的资源与之相搏，事情的发展也许就还存在着一些变数，至少不会就这样顺利地解决。[7]听了老罗的分析，我与他约定，请他在方便的时候带我去听听石场业主们的想法。

第二天下午，我与老罗一起乘车去老虎尾采石场杨宏军家，并让杨将他这个采石联合体中的其他5位老板请来聊聊。人来齐后，就挤在杨宏军那间不大的房子里，老罗随即以村主任的身份做起他们的工作来，因为这样可以使老罗此行显得名正言顺，同时也能够为我提供观察的机会。

“今天下来主要是想听听大家的意见，前天，绕书记①已经把问题讲得很清楚，之所以要关闭，主要是大江区目前已成为H市的

① 绕定远曾经担任镇党委副书记，现任镇人大主席，但人们在习惯上仍以绕书记相称，这也反映出书记一职较之于镇人大主席在乡村中具有更大的影响力。

南大门，开发形势见涨，但许多客商来看地，都提到这个山被弄得断痕累累，又有污染，不愿意来。几年来，区里一直下不了决心，主要是考虑到大家投了资，本钱没有收回来，现在，终于下了关闭的决心。但区里说关，却不拿一分钱，要镇里掏钱，镇里也没有多少钱，这就为难了。这一次政府没有给村里下任务，只是要我们协助工作，我们彼此合作这几年，你们也给村里做了贡献，我个人还是很同情你们，不过，你老郭（老罗朝着一个中年汉子说）上午对我说的那句话，还是有些过激，我也担心出事，就过来看看。

“在这个时候，大家要团结，有的人损失大，如老郭，有的人损失小一些，如老曹兄弟，但现在大家要从整体上协调立场，不要政府的方案一拿出来，你认为自己的损失小，就把字签了。现在大家是同船共渡，要用一个声音说话，该熬的就要熬一下。”

老罗怎么反倒像是在为业主出主意？真是有意思，我倒要看看他这双面人角色究竟如何扮演。

“大家要注意政策，注意方法，在国家利益与个人利益发生冲突时，个人要做让步，但也不是说不应该合法地维护自己的利益。但不能过激，像老郭说的那样，真的出了事对谁都不好，要用法律维护自己的权益，该请律师的就要请，不要说我的损失小，就不愿意出钱。宏军就不要出面了，他是村干部，影响不好，你们要选一个代表，要能说会道，要弄懂政策，不要三下两下就被吓住了。当然，也不要提一些不合理的要求，要适可而止，不要得寸进尺。你们要把自己的投资、固定资产拉一个清单出来，然后去交涉。此外，不要抱有侥幸心理，以为政府又会像前几次那样，只打雷不下雨，吹一阵风就过去了，这一次肯定是动真的。所以，这段时间你们要抓紧生产，不要忙于销售，场子一停，石头肯定要涨价，多挣一分钱是一分钱。作为村里，我们也会向政府反映你们的情况。”

被称为老郭的汉子叫郭德银，约莫 50 岁，他接上老罗的话：“说句实话，我也不要他赔钱，最好是能让我们再搞两年。”

另一位业主：“君山那边，听说一台机子赔了不少钱。”

杨宏军："我们这个联合体也准备去咨询，绕书记说要停，也没见拿个文件给我们看。"

另一人："现在也不清楚是不是要停，也不知道要赔多少，如何去打官司？"

"可你们要预先准备，每一户都要有一个清单，"老罗继续说，"不过，如果只是吃一点儿亏，我看就算了，像老郭那种想法肯定不行。"

大家七嘴八舌地议论了一通，总的来看，业主们对于下一步该如何应对还没有完全想好。此时，大家有的在说气话，有的在发牢骚，有的则还抱有一线希望，而老罗则反复提醒他们要讲政策、讲方法，不要行蛮斗狠，同时也要他们注意维护自己的利益。看来，老罗是在极力扮演一个职务上的中间人和个人关系上的朋友这样一种双面角色，这一角色有矛盾，他却力图将矛盾弥合起来。

大家谈了一个多小时，这期间，他们认识了我，老郭问我是否能为他们准备材料，由于我事先对老罗有过说明，老罗帮我回绝了："他只是想来了解一下情况，不会介入，但也不妨碍你们的事。"老罗的这种解释，我不知道业主们是否能够理解和接受，不过随着以后彼此接触的加深，看来他们是接受了我的这一特殊立场。而作为一个调查者，我也始终是按照自己定下的只观察不介入的原则去行为处事的，也许正是因为这一点，我在整个小镇一年半的调查才有可能持续下去，并为各方所接受。[8]

从杨宏军家里出来，我问老罗今天为何要采取替业主着想这样一种立场说话。他说，今天是他主动找上门，肯定要先拉近与各位业主的关系，以免日后自己站在政府的立场上做工作时别人会说他不近情理，因为"我已经站在你们的立场上为你们考虑过，所以，日后我行使工作职责时，就是你们有什么不满之处，也请多包涵了"。

老罗不愧是长期混迹于乡村政治舞台、一个真正如他自己所说的高超而又老练的"青皮手"，他把左右逢源、两面应对、八面玲珑于乡村官民之间的那种纵横捭阖的操控艺术演绎得几至于炉火纯

青。（参见附录1：80）

不久，便听说石场业主向林书记和区里递交了一份材料。据说，这份材料是找一位老师帮忙代写的，它申述了业主的权益和要求，指出采石场系合法经营、投入大、生产时间短，如果立即关闭，将给业主们造成巨大的经济损失。因此，呼吁政府要“慎重决策，有情操作，平稳过渡”。如果政府在处理采石场关闭一事上确有经费困难，就应当延后关闭，让石场继续生产一段时间，这样既可以弥补业主的损失，也减轻了政府的赔偿压力。区和镇的相关部门接到材料后，认为这种思路有一定的道理，而且他们也从中悟出延期关闭可以免除政府的赔偿之忧，便先后派人去石场调查。接下来，于7月3日上午由区里有关领导主持，在镇政府召开了专题研讨会，会议最后决定将采石场关闭的时间延长至2003年12月31日，并在2004年元月31日前自行拆除一切机械设备，彻底关闭。为防止横生枝节，避免日后业主改变态度可能会给工作带来的被动，又决定各采石场业主必须就延期关闭的有关事项与小镇政府签订协议，保证安全有序地开采，到期自动撤离，又要求协议书签订工作在7月15日前完成，并进行司法公证，凡不愿意签订限期开采和到期自行关闭协议的业主，其采石场立即无条件关闭。会议还就限期开采期间不得新辟采石点、增加新设备，以及确保安全生产等问题做出规定，在这种情况下，业主们暂时赢得了一个喘息的机会，然而，决定中也再未提及政府的赔偿责任问题。（参见附录2：23）

然而，正如7月3日的政府专题会议纪要所指出，这一喘息机会的赢得必须以业主与镇政府签订开采限期和到期自行拆除的协议为前提。这就带来一个问题，因为站在业主的角度，他们所施展的只是一种拖延战术，是走一步看一步的算计，并非就真是只想多生产半年或者不要赔偿。[9]于是，业主的算计和政府的“反制”就在签订协议这个新的问题上再一次纠缠，形成新的较量。

在业主这边，开始为下一步的斗争做准备。为了防备场子和机械被强行拆除，丢失证据，由每户业主出资100元，请来摄像师，将相关开采证照、机械设备和石场形貌等全部录像，同时每位业主还在摄像中诉说心声和要求。录像被制成光盘，每户一份妥善保存，以备不时之需。业主们还经常自发聚会，商讨下一步的行动，如集体顶住压力，不签协议，与镇、村对话等，同时，他们也做好了到北京上访的准备。秦家畈和茶山李两个采石联合体的十几户石场业主达成了空前的团结，而其中那些资金投入最多、债务最多、立即停产损失最严重者，就成为抗争群体中的核心层和出头露面的代表。（参见附录 1：81、82）

政府这边则开始想办法要业主们在限期开采和到期拆除的协议上签字。协议很快就草拟出来，但他们知道要业主签字很难，因为他们断定由业主主动提出来的适当延长开采期的建议只是缓兵之计，并非真心配合。对此，政府自有应对之策。一是它可以通过控制炸药的发放逼业主签字，不签字就停止供应炸药；[①]二是它可以 7 月 3 日的会议决定为依据，要求业主必须先签协议方可继续生产，否则立即关闭，违者罚款。当然，政府也不愿意一上来就以这种“霸王硬上弓”的方式与业主硬碰硬，在这样做之前，思想工作作为一种得心应手的治理技术还是大有施展空间的。

杨宏军是秦家畈采石联合体的法人代表，又是秦村的副主任，而且在刚刚过去的“七一”党的生日上还被吸收为中共预备党员，个人身份上的这三个特征决定了政府将思想政治工作的重点首先放在他的身上。

7 月 8 日晚，我去老罗的餐馆，见绕定远、老罗和杨宏军等人均在，绕、罗等人在包房里吃饭，杨宏军一人坐在过道内低头不语。

“么样，有心事？”这段时期我与杨宏军已经相处很熟。

杨宏军未搭理我，自顾自地低头沉思。

---

① 开采石场属于安全要求很高的特殊生产行业，政府对炸药发放实施严格的管控制度。

肯定有事，我端来一把椅子紧挨着他坐下，又顺手递过去一支烟。

杨收下，并开口告诉我，就在今天下午，在绕定远和老罗的反复动员下，他已经被迫在政府拟订的协议上签字！

我有些吃惊。

“是村长非要我签的，拗不过他的面子，而且，他们又说我是党员，要服从组织决定。好说歹说，磨了一个多小时，不签就走不了路。”杨的心里十分窝火，感觉自己被人强迫。

不一会儿，绕定远和老罗走出包房，绕对杨开起了玩笑：“么样，是否需要保护？”

老罗则劝慰杨宏军：“不要顶了，顶不赢的。”又说，“当初你们向政府建议，要求把今年搞过去，政府不是也满足了你们的要求？”

“我们只是想把今年搞过去再来扯赔偿，但现在这样，政府就不承担赔偿责任了。”

绕定远笑笑，走了。

老罗继续说：“这肯定是一个不公正的协议，但既然扛不住，就只有签。你回去把话说得活一点儿（指对其他业主），说没有签，但不签恐怕也不行。”

杨宏军情绪极坏，不想多说，一扭头走了。

老罗转而对我说：“宏军有一肚子的委屈，对我有意见，是我强迫他签的。但我也是为他好，既然想在村里混，就得看远一点儿。”老罗对自己所起的作用十分清楚。

“如果不签会怎么样？”

“那党员肯定当不成，下一次换届选举也肯定上不来，这根本就不是一个民意问题。”

我默然，由老罗的嘴里说出这样的话，让我这个自诩为研究村民自治的人还有什么好说的？[10]

老罗又说：“我是真为他好，你想想，拗得过吗？到头来还不是签也得签，不签也得签？”（附录1：83）

第二天上午，我再次见到杨宏军，此时的他已经冷静了许多，他把昨天的情况和现在他所面临的处境一股脑儿地向我倾倒出来。

“昨天下午，绕定远到石场来组织开会，要我们签协议，大家不签，因为不合理，政府不承担赔偿责任。下午，老罗把我叫到他家，绕定远也在，他们反复给我做工作，说你作为一个刚入党的新党员，又是副村长，要带头，而且，不签明年肯定不能转正。唉，这一次我算是背叛了老百姓。昨天晚上回去后，他们（指其他业主）还到我家里来吵，要我不能签，情绪很激动，要是知道我已经签了，说不定还会出什么事。”

“我真后悔！现在我的场子，还有老婆和孩子的安全都可能受到威胁，我为什么要签？我还算是个男人？！”

“现在我最后悔的不是自己的财产受损，而是觉得损害了大家的利益，我被人当枪使，我是联合体的法人代表，我签了，也许政府就可以不找别人签了。”

“老百姓肯定会认为我得了好处，讨好卖乖。”

“我这是自己拿钱坑害自己，本以为当干部可以增加社会威望，没想到反而给这顶帽子罩住了。别人都说我是个苕，本来采石场搞得蛮自在，现在好了，为了这顶帽子把生意搞砸了，还不好站出来维护自己的利益。”

“我也不怪别人，只怪自己。”

“…………”（参见附录 1：84）

又过了 10 多天，我在秦家畈村部再遇杨宏军，此时，他看起来已经没有那么沮丧，他主动告诉我，业主们已经知道他签了字，是他自己承认的，他们虽然嘴巴上说能理解，但心里肯定有看法，认为我把官位看得太重。不过，现在情况又有了新的变化，前几天，其他业主也都签了字，因为企业办公室的人去了石场，反复动员大家签，说这不过又是一阵风，风头过了，还不是又可以搞？还说如果不服从，就要强行关闭，一些业主提出异议，机器就被贴上了封条，并要处以 2000 元的罚款。在这样一种情况下，业主们只好在协议上签字，以此来拖延时间，等明年开年以后再说。

而企业办方面在拿到业主签字的协议之后，随即到大江区公证处做了公证，这样，政府方面就完成了他们所想要完成的全部程序。

然而，杨宏军又补充了一句："这件事到现在只能是这样一个结果，至于明年如何，只有到时候再看。"（附录1：85）

附件6

小镇政府与采石场业主签订的限期开采和到期拆除协议及公证书

协议书

甲方：大江区小镇人民政府

乙方：大江区小镇秦家畈村（茶山李村）×× 采石场

根据有关法律法规和上级文件的规定，为了保护生态环境，进一步开放引进，按照区长办公会议精神，甲方决定将辖区茶山李及老虎尾区域内的采石场予以关闭。本着无情关闭、有情操作、尽量减少所有采石企业损失的原则，经双方协商，达成协议如下：

一、乙方至2003年12月31日止必须停止生产经营（乙方因本协议涉及与原有关部门或单位签订的采石协议同时终止），同时将相关的证照交有关部门注销，在2004年元月31日前必须无条件彻底关闭，将采石机械设施自行拆除。

二、乙方在经营期间，应严格依照法律、法规和甲方的要求，安全有序进行开采，不准在原基础上扩开新采石点、增加设备和加大爆破开采量。

三、协议执行期间，甲方按照上年同期供应炸药量与有关单位协调，经乙方给予供应，并对乙方加强管理，维护乙方的合法权益。乙方发生安全事故，除按有关法规进行处理外，并立即停止开采。

四、本协议到期后，乙方自行撤离，甲方对其搬迁费及其他相关费用不予补偿。

五、违约责任：乙方逾期不自行停产、关闭的，由有关部门强制拆除。

六、本协议经甲乙双方签字后生效，本协议一式五份，甲乙双方各执一份，公证处存查一份，二份送有关部门。

甲方：绕定远

乙方：（业主签名）

（加盖公章）

2003 年 7 月 ×× 日

公证书

（2003）H 大证字第 ××× 号

兹证明H市大江区小镇人民政府的法定代表人的代理人绕定远与大江区小镇秦家畈村（茶山李村）×× 采石场的负责人 ×××（男， 年 月 日出生，现住 ）于 2003 年 7 月 18 日，在 H 市大江区小镇人民政府企业办公室，签订了前面的《协议书》。

经查，上述双方当事人的签约行为符合《中华人民共和国民法通则》第五十五条的规定；协议上双方当事人的签字、印章属实，协议内容符合《H 市大江区人民政府专题会议纪要（22）》的规定。

H 市大江区公证处

公证员：×××

2003 年 7 月 23 日

（加盖公章）

（附录 2：24）

临时占地中的生意经

在小镇正在进行的开发和建设过程中，镇村有镇村的打算，农民有农民的理性，而生活告诉农民，不是他们谋利就是他们被谋利，因此，他们不能不打起精神来应对种种事关自身利益得失的事件。

天然气的西气东输是一项国家重大工程，天然气管道铺设经过小镇，要对沿线土地开膛破肚，又形成新的临时性工程占地和随之而来的经济补偿，这些经济补偿涉及诸如临时占压面积、青苗、房屋搬迁、鱼塘损坏和修复等方面，自然就又形成了诸多农民与镇村之间的利益争夺点，农民往往会以不配合施工的方式来提出或捍卫自己的要求。于是，镇村如何在这类临时性土地占压中摆平和理顺这些要求，又成为透视乡域政治的一个切口。

11 月 12 日，我随宋正良副镇长和镇干部宋德益到小岳村三组岳家湾去处理围绕土地临时占压补偿款而形成的矛盾。矛盾的起因很简单，区里下拨的土地临时占压补偿款是每亩 1000 元，到了镇里，政府和村里每亩各留下 300 元和 200 元，到农民手里时每亩只有 500 元。上面拨了多少，农民未必知道，他们只是认为 500 元太少了，有意见，不领款。于是，专门负责协调和处理西气东输工程各种矛盾的宋正良和宋德益便赶到岳家湾，找小组长做工作。小组长姓岳，他站在农户一边，提出钱太少，宋正良向他解释说全镇一个价，而且耕地只是临时占压一年，工程完了以后负责还耕。岳和宋二人争执间，湾子里的一些村民闻讯赶来，无形中形成了一个群众会议的场面，宋正良便借机向农户解释政府的立场。

“这是国家重点工程，钱都是上面拨下来的，大家有一些想法，我们也理解，我们也有想法，也认为钱少了，但没有办法改变。”宋举例说，“其他地方是永久性占地，也只补到 3000 元，而且，土地占了就没有了。我们这里只是临时占压，就是吃了亏，也要配合国家开发。”宋正良强调要服从大局，支援国家建设。

姓岳的组长却强调："虽然只是临时占压，但施工把土质破坏了，对农业的影响不止一年，这样的价格不足以弥补农民的损失。"

有旁听的老农插话，说某邻近乡镇同样是西气东输占压，每亩就补偿1500元。

宋德益解释："那肯定是别人镇里和村里贴了钱，我们这里没有贴的，你说怎么办？"

老农回答："那你们就把线路弯一下，不从我们的地里经过。"

"老人家，这是国家规划，不能弯的。"

众人笑。

"那就把价格再提高一点儿。"

看着这样你来我往也不是办法，宋正良改守为攻。

"你们说低，我也承认，在区里的会议上，我就提出至少要给3000元，为什么？一是破坏了土质，二是要连续影响两年收成，三是破坏了水利。我也在呼吁，但我说了没用，还是要请大家原谅一下，支持一下，以后永久性征地时有什么要求，你们可以反映，还有些灵活性，这个临时性占地钱都定死了，全镇一个价。"

"可我们这里离区里近，地价本来就该高一些。"组长坚持。

"话是这样说，但你说该怎样操作？别的湾子也有别的理由，这样公说公有理，婆说婆有理，我们的工作还做不做？"宋正良要组长和农户们换位思考。

见没有提价的希望，另一农户又说："我不想要你这个钱，你只要保证我们复耕后能关得住水。"

"我的天，我哪里就能百分之百保证？所以，还是希望大家要配合。说一千道一万，想法归想法，但国家工程是阻挡不了的，还是希望大家要明理。"

宋正良本是村干部出身，后来才招干进入政府的，他懂得农民的心理，所以，他做工作往往是站在农民的角度，以农民利益支持者和同情者的身份说话，然后又说事情是上面定下来的，即便自己想为大家考虑，也说不上话。这样，遇到一般明白事理的群众，就不好再说什么了。果然，姓岳的组长自己也说："谁都知道国家工程是阻挡不住的，我们现在主要是要把话说到，有了事情，你们要负责解决。"

"那好办，在施工和还耕过程中，你们有哪些具体问题需要解决，我们随叫随到，保证负责协调。"

就这样，岳家湾的农民算是摆平了，他们同意施工。（参见附录1：86）

但是，小镇的农民也不都像岳家湾的农户那样好说话，仅凭宋正良的三寸不烂之舌就可以摆平，如果遇到如宋正良等人所说的那种"刁民湾子"，那任凭你怎么解释说服也没有用，这个时候，就得下一番特殊的功夫了。

大陈村塘边李湾就是干部们公认的这样一个"刁民湾子"，素来不太配合工作，而且，不知是谁又走漏了镇村截留补偿款的消息，这一下引起湾子群众的强烈反弹，他们拒绝领钱，阻止开工。于是，我们离开岳家湾后，又赶往大陈塘边李湾，与村干部会合，在组长家门前的院坝里与群众代表谈判。这里的气氛果真要比岳家湾激烈得多。

一个中年男人首先发言："煤气管道这事说得很早，现在从我们湾子经过，听说上面一亩地拨的是1000块，但政府要留300，村里也要留200，到农户手里只有500，这是不是在吃我们？土地是承包给我们的，一定30年不变，但现在我不知道这个地到底是我们的还是政府的？如果是政府的，你们就全部拿去好了。"话一出口就有些刺人。

另一个发言者："上面拨1000，就应该给群众1000，如果你们还要从中拿，那公粮我们是不是也要减？"

组长："中央才在讲'三个代表'，其中第一条就要代表人民群众的根本利益。国家的工程我们拦不住，但你们从中抽取，是不是代表了人民群众的根本利益？"

发言一个比一个厉害，而且都既说事实，又讲道理，还扯上了政治。看来，在镇村干部眼里的“刁民湾子”其实是很懂政治，并且很会讲政治的，只不过他们是站在自己的立场和逻辑上讲政治，并且运用政治。

宋正良着实没有料到这个湾子的农户已经知道镇村组织的内部运作，略微显得有些被动，但他毕竟久经战阵，早已经历过无数次这样的扯皮拉筋，他知道，这些人其实都是在讲对自己有用的政治，而服从大局的政治为何不讲？一想到这里，他便重新气定神闲，讲起他所需要的政治来。

“大家也清楚，西气东输是重点工程，对农户的补偿规定是一年 500 元，上面按两年补下来，但我们实际上只耽误一年，全镇都是这样，剩下的钱留在镇村，主要用来解决遗留问题，如遇有特殊补偿或开支，没有其他渠道出钱，就要从这里面出，所以，这不能算是截留。如果标准不是 500，我们截留了，大家还可以争一下，但我们是按照规定的标准下发的，这个补偿标准是定死了的，我们并没有扣大家的钱。大家再想想，我们成天来回跑，做工程的协调工作，也要用钱，国家又没有从其他地方拨钱过来，只能从这里面开销，相信大家也能理解。”

干部在给农民算经济账时，也总是讲得头头是道，入情入理，叫你无以反驳，除非你能证明上一级政府或施工方还从其他渠道给政府划拨了处理特殊问题的专款或协调工作经费，否则你就很难找出其中的漏洞（如果有的话）。但是，一般群众又何以可能与政府共享同等的信息？又凭什么去证明施工方与镇里还有其他的经济交往？于是，一个显见的事实就是，哪怕是如大陈塘边李湾这样的“刁民湾子”，也很难不按照镇、村组织给他们所展示出来的逻辑去思考和行动，在这个时候，这种思考和行动要么变得十分消极和被动，要么就只有“明火执仗”地“行蛮”“斗狠”。

一群众：“一个 200，一个 300，有没有文件？”

宋正良：“这是政府的规定。”

“如果明年还耽误呢？”

“那就继续按今年的标准补。”

“你把文件拿给我们看看，是否写明是500。”

“政府随时可以制定红头文件。”

“可是也提得太多了，就不能少一些？”

“前面开工的村子都是这样。”

“别的村是别的村，我们是我们，500块钱是青苗补偿，土地损失呢？”

“国家只承认青苗补助费，土地是国家和集体的，负责复耕，谈不上补偿。”

“那就等我们把青苗割了再说。”

小组长：“说穿了，前面湾子的农民要纯朴一些，我们这里的农民要懂一些，不太好说话。不是要讲政治吗？我们这里的人就是更懂政治。”

与小岳村岳家湾一样，塘边李湾的组长也站在农户一边。

一直在旁听的村支书钱秉贵忍不住了：“不要钻牛角尖，土地为什么又不丈量呢？如果要丈量又如何？”

小组长：“我们各谈各的，现在谈的是煤气管道。说实话，我们也承认可以提，但你们也提得太多了，一锄头挖得太深。”小组长不想扯钱秉贵所提的丈量土地问题。扯皮就要扯站得住理的，站不住理的谁会去扯？这就叫作你打你的，我打我的，各有各的路数，我不会上你的道。他又提高嗓门：“政府干部、村干部都在这里，我们今天只是把意见反映一下。说句丑话，你们也做不了主，如果要强行搞，是么样搞法？打死人还是打死伢？”

宋正良被这一系列纠缠搞得有些恼火，他不想老这样扯下去，便忍住火气说：“你们的想法我会反映，但工程非搞不可，至于你们的想法是否会被采纳，就不一定了。说句实话，任何工程政府都是要留头钱的。”

小组长：“留头钱我不反对，但不能太多。”

宋正良："那今天就扯到这里，先把土地丈量了，不忙施工，谈妥了再施工，行不？"

群众同意。

小组长缓和了语气："宋镇长，你们也讲群众利益，群众有意见，也是为了维护自己的利益，说白了，就是你们提得太多，我们有想法，不解决，强行开工是不行的，肯定要出麻烦。"

宋正良也畅快了些："我明白你们的想法，但我在这里也不能表态，这件事情涉及管道沿线的6个村，不是你们一个湾子。"说完这话，便起身告辞。

上了面包车，我问宋正良："像这种态度强硬的湾子，政府有没有可能让步？"宋说不可能："因为已经搞了6个村，都是这样办的，如果这个湾子是另一个标准，那其他搞过的村都要推倒重来，而接下去还要涉及9个村，大家相互比着，如果谁狠就向谁让步，工程就没办法搞了。"

回答完我的提问，宋正良又转身问宋德益："这个3、2、5的标准是谁泄露出去的？"不该让农民知道的农民却知道了，工作的难题就加大了。

钱秉贵和村主任也上了车，启程后，宋正良叮嘱他们："遇到这种情况，不要硬碰硬，下来之后再从侧面做工作，例如组长，就是陈文庆（村会计）媳妇的哥，还有……私下里再找人去说，如果的确有困难，再商量，或者以后再想办法解决，但这一次已经这样搞了，就不太好改动。"

我又问村主任这个湾子的情况，他说这个湾子有名的难缠，有百十号人，326亩土地，却只上报了170亩。

车东行，钱书记仍然沉浸在刚才的激动之中："你丈量他的土地吧，他说上面的精神是让农民自报，不允许丈量；你让他自己报吧，他就多种少报，荒一升报一斗：典型的刁民。这次补偿到了村里，不能先发，要先把他们该缴的公粮扣出来，否则又收不上来。"

宋正良也插话："这些人也是吃硬不吃软，你真的把推土机开上去，强行开工，你看他敢不敢动，你看他要不要钱，他要都要不及。”

钱书记：“就是这个队长，在我那个湾子办了两个鸭场，占了村里的土地，已经有两年的承包费没交。他要办什么手续，对不起，一五一十地先给我把所有的东西结清再说。”

听了钱书记这话，我笑了起来。看来，我在双村看到的村干部与“大社员”的拉锯战在这里也一样存在。在目前的情况下，这似乎也是村里对付“刁民”唯一有效的办法，不怕你狠，就怕你不求我，等你求村里的时候，你就得听村里的摆布了，到时候，欠多少就得把多少，结清了账再谈要办的事。正式权力的制度化运作就这样转化为非制度化的运作，官—民之间的规范游戏转化成了民—民之间的非规范游戏。[11]（参见附录 1：87）

大陈纠纷的第二天，我们又驱车前往小岳村的另一个组查看天然气换气站的占地问题。路上，宋正良告诉我，关于昨天大陈村的纠纷，林靖南的意思是先放一放，先通过侧面做做工作再看。我问有无可能采取个别安抚的办法解决，宋正良一听笑了起来，说我对基层工作已经入门，但又说这一次不可能，涉及的村组太多，消息一旦泄露就不好办，只有通过其他途径做工作，也可以答应以后在其他事情上给予补偿。

到达占压地点，村里的李书记和小组长正等在那里，我们便一起前往建换气站将要占压的两亩地里查看。

这块地分别由三户农家承包，其中承包面积最大的农户刘代昭夫妻此时正好也在，见宋镇长来了，忙上前打招呼。换气站的界桩已打下地，夫妻俩就问地价是多少，宋答道“3000”，刘说：“太少了，谈都不要谈。”宋问他要多少，“起码 6000。”宋正良闻言笑了笑，未与他理论。刘又说：“我把话说在前面了，你当镇长的还是要反映一下，到时候不要说我们不好说话，不给面子。”

刘代昭又指着界桩外沿一块边角地：“这块边角地与别人的地

埂离得近，这边一占压，余下的一角牛不能去，又派不上其他用场，实际上也就报废了。”

宋正良看了看：“这好办，一起征用，不会让你吃这个亏。”

于是，双方别过。

我问宋德益：“这3000元还有没有回旋的余地？”

“有一些，区里拨下来不止这个数。”

“多少？”

“按每亩1.2万元下拨。”

闻言，我暗暗吃惊，这么说，大头都让政府拿去了？但碍于李书记等人在场，我不好追问，一直到中午我们在镇上一家路边店里吃饭时，我才重又接上关于地价的话题。

宋正良告诉我，这一个工程的土地征用，业主补偿给区里是每亩7.5万元，这大概已经是按新补偿标准给的了，区里拿到这笔钱后，还要按每亩20 000元左右的标准上缴到市里，接下来拨到镇里就是每亩1.2万了。宋正良说：“现在就是大官卡着小官玩，没治了，我们私下里也认为不合理。按说，土地是集体所有制，村、组截留还有一定的道理，其他就不好说了，但现在全国都这样，所以，我们的土地实际上还是国有的。”（附录1：88）

在川东双村调查时，我对于土地集体所有的性质与农民的关系曾经有过这样的看法，即认为站在农民的角度，也许并不会怀疑集体所有制的真实与完整性，尤其是大集体时期，当农民在生产队里劳动，同时又在生产队里分配口粮和现金时，他们更是会真真切切地认为自己是土地的主人，至于土地能否出租和转让，倒不是他们所关心的问题，因为土地始终摆在那里，他们从一生下来就看到它们，一辈子与土地打交道，土地是不会移动的，国家也自然无法把土地“拿走”。而从大集体转入土地家庭联产承包责任制之后，站在农民的角度，也许他们仍旧可以不去细究土地的所有权和使用权的差异，很大程度上，农民仍然是从对土地的使用和土地收获物的占有这一经验化的角度去判断土地属性的。正因为如此，农民普遍地将土地家庭联产承包责任制视为分田到户，并对承包土地产生“私”的体认。“至于在集体所有制下社员要缴公粮，在承包制下村民要完纳各种税费，这无非是亘古不变的国家与农民之间的游戏规则，是农民作为国家的臣民或公民所应该履行的义务。”因此，“在很多情况下，中国农民关于国家的公的观念和关于个人的私的观念是能够协调的”。（吴毅，2002：120）我的这种认识，对于反映土地农用性质不变状态下的农民关于土地的日常权利意识也许是不错的，但是我发现，当土地的使用性质改变，即面临被租用或征用的状态时，就可能是有问题的了。当土地处于非农化的流动状态中时，我发现不要说农民关于集体土地公私观念的惯常协调状态可能被打破，甚至土地集体属性不完善的面貌也会充分地展现出来。在土地非农化转移过程中，面对政府的强势，不要说农民，就是作为集体载体的村组也已经无法有效地维护自身的权益。如前所述，在征地收益的分配格局中，相对于各级政府，村民和村庄都只能得到小利。在这个意义上，村民与其说是集体社区共同体的构成者或集体土地的承包者，不如说是国有土地的租种者；而村级组织与其说是村集体权力与行政的载体，不如说是国有土地的代管者。[12] 因此，这就进一步提醒人们，评价一个制度及其效应，不能单看它如何书写，更重要的是看它如何运作，以及这种运作可能产生什么效果。

在既往关于土地属性的学术讨论中，私有化导致土地兼并，再导致社会矛盾激化，最后导致政治不稳定，可以说是一个在历史学和现实学术领域几乎被公认的经典命题，并且成为人们反对私有化的最为重要的现实理由。假设我们仍然承认这一命题在当代中国这个人口超大国家中的有效性，那么，我们是否也应该注意到，在中国历史和现实场景中其实还存在另外一种同样重要，甚至更为重要，但却往往被忽略的命题——以官本位为核心的资源运作方式和强国家—弱社会的力量对比态势，往往是农地被以另一种形式“兼并”的重要原因。相对于这种兼并，私有化对于农地的兼并，其过程可能更为缓慢，成本更为高昂，个体农民也相对更有能力抵御。

熟知中国历史的人都知道，对农民土地的大规模掠夺，与其说主要是地主以经济名义所展开的市场性行为，不如说是国家以公共名义所发动的政治和行政性行为。往往正是通过公共的名义，国家可以在一个很短时间内迅速征集到大片土地。相对于古代社会，现代中国的国家政权与土地属性均已发生质的变化，但是，在许多场合中，官民关系以及由此形成的博弈能力并未改变。结果，反映在一个具体的农地征用过程中，农民对土地就既无定价的权力（在集体的名义下，这一点甚至不如古代的私有），也几乎没有讨价还价的能力。农民所能做的，最多就是在承认政府定价乃至于截留特权的前提下，以种种方式想方设法地让政府再提高一些补偿价格，或者在左右攀比之后，得到某种程度的公正感受就知足了。至于说到要与政府就地价问题展开谈判，那他们连想都不会去想。由此，我们得以完整地理解在不同场域之中农民的可怜与“可嫌”这一两极状态的转换关系，既然并不存在从体制内捍卫自身利益的能力，他们中的一部分人在特定状态下以某种体制外的手段和方式博利，便也是一种不可避免的选择。

其实，不仅仅村民在与政府博利，一些村干部也在千方百计地利用开发之机与政府博利。11 月 19 日上午，我与宋正良、宋德益和镇城管所所长孙福临一起再次下到小岳村岳家湾。因为农户仍然未领青苗补偿费，这就意味着他们仍然不同意按 500 元一亩的标准进行补偿，于是，两宋便又得再次去协调。我们直接驱车去村部。

村部原是村办小学，后来因为村校撤并，[①]改作村部，现在又正

---

① 至少自人民公社时期以来，在大力发展农村教育的背景下，农村小学按行政村（生产大队）来设置，村村有小学已是一种普遍性的现象，但自上个世纪下半叶大力推进计划生育国策以来，随着人口出生率的降低，自然村和行政村内的学龄儿童逐渐减少，以至于按行政村设立小学已经极不经济，在我观察过的一些农村地区（特别是交通比较方便的地区），现在的状况多是两三个行政村共设一个小学，这样，原先的一些村办小学校舍闲置，多改做村部，或用于兴办企业。

在筹建小镇豆豆制品加工有限公司。上了二楼的总经理办公室，村里的李书记正在等我们（他现在也是豆制品加工有限公司的李总经理了）。他告诉我们，并不是像传言中说的三组的工作都没有做通，真实的情况其实是村治保主任私下串联与他关系紧密的几家农户故意不领钱，借此压施工单位将途经岳家湾一段长 2.8 公里的土方工程交给他们施工。土方工程是挖一道宽 10 米、深 2 米的沟，用于埋设天然气管道，工程施工价格为每公里 5000 元，2.8 公里工程量的毛收入就有近 1.5 万元，如果承接下来，对湾子里的人来说也是一笔不错的收入。宋正良听到这里，明白了问题的根由，他没有多说什么，依照惯例，只要有可能，他都会满足村干部的这一类要求。因为你要村干部配合政府的工作，就必须给他们一些甜头，而村组干部利用职务之便承接辖区内的公共工程，也早已成为基层社会比较普遍的事实。如果干部本人不好出面，就往往通过一些村民，甚至让社会上一些不三不四者制造麻烦，阻挠施工，一旦镇干部明白问题所在，满足了他们的要求，一切矛盾也就自然消解。干部承包了工程，出头制造麻烦者利益均沾，这其实也是如今城乡接合部地区在工商业开发中普遍存在的秘密，难怪一些政府干部会使用一些过激词语来描述这种现象——“没有黑道背景，你就根本不可能接到工程。”其实，在承接工程的背后是否真有黑道的影子，如何定位黑道，可能都不是一句简单的话就可以解释的，但一些村庄干部与地方社会各种权势力量结成关系网络，以尽可能地捞取利益却是事实。

从李书记的办公室出来，我们碰到了作为麻烦制造者的治保主任。宋正良亲热地与他打招呼，故作不知地要他去做几户思想不通者的工作，至于他本人的要求，宋没有当场承诺，只是说会尽力去与施工方协调。治保主任边听边点头，并对我说出一句耐人寻味的话：“如果工作都做通了，就没得酒喝了。”宋笑了笑，没有反驳。看来，治保主任以这种方式强包工程也不是第一次了。（参见附录 1：89）

村干部为自己博利，如果有可能，他们也为村民博利，这正是如今乡村干群关系的复杂所在。不久之后，宋正良等人再次为天然气换气站占地一事找小岳村的刘代昭等农户商谈。刘还是那句话："国家占压我们配合，但土地是农民的衣食父母，如果还是3000元，那谈都不谈，至少也要跟洲头村一个价。"

说不服刘代昭，宋就转而与小岳村的李书记沟通，李书记却说："我的态度也是4500元一亩好，难道我们村就是小媳妇生的伢？"于是，接着刚才的话题，镇村干部之间展开了一轮讨价还价，这一次，村干部明显是站在村庄的利益上讲话。

面对李书记，宋正良讲了实话："其实我的意思也是给4500，因为相互比着，工作做不平，但林书记的意思是参照小城镇建设征地的价，3000元一亩。这里靠近镇街，前些时候与其他村谈地，也是3000，林书记怕一旦给4500，其他村不服，更不好做工作。我和武镇长的意思还是给4500，其他村迟早要补上去的。但林书记既然定了调，我也就只有这样来回磨，你说好磨不好磨？这哪里是做工作，简直就是在谈生意。"

李书记仍然坚持他的立场："还是应补4500，你开发区是这么高，我们这边又只给3000，这叫我们怎么做工作？再说了，我们也该为农民讲点话了，4500元不多，吃不了一辈子，他们的地快占光了。我的意思还是前面的乌龟爬出路，后面的乌龟跟着爬，别人多少，我们多少。"

"当然啦，我们向农民做工作的时候，还是咬死3000，实在不行，再涨一点儿，3500、4000，但4500也就到头了，全镇的最高价也就是这样了，也不能由着他们要，真要依他们，一两万也不满足。"李书记在明确表达了自己的农民立场之后，又换了一副口气，站到了政府这边。

"对农民也要软硬兼施，到了4500再不干，我们就强行搞，一搞就耶啰[①]，你真要来硬的，不怕事的也少。龙岛开发区那边，开

① 耶啰是当地方言，有行了、不用再说了、搞定了等多种意思。

始还不是闹，最后强行开工，还不是耶啰？”

看得出来，李书记不仅是要在农民和政府之间来回磨合，更为重要的是要争一个村庄之间的公平待遇。李在刚才的谈话中就提到，小岳村无论从哪个方面看都不比洲头差，为何就要矮人三分？看到李书记这样的态度，宋正良不好再坚持，他答应晚上向林书记汇报，看他究竟是个什么想法，然后再做决定。（附录 1：90）

七
“可嫌”的农民

“农民既可怜又可嫌”

一转眼，农业税征收在步履艰难之中迎来了上下半年交界的当口儿，政府大院内的墙报栏内，出现了一张统计小镇各村上半年农业税征收状况的进度表：

附件 7

小镇农业税征收进度表

村　名	任务（元）	应完成任务（元）	已完成任务（元）	完成全年任务的比例（%）
茶山李	129 616	129 616	29 364	22.7
小　岳	50 453	45 391	13 617	30.0
秦家畈	150 000	150 000	46 438	31.0
山　花	153 631	150 264	48 000	31.9
刘家塘	199 125	168 811	50 643	30.0
潭　湾	149 628	138 664	43 135	31.1
柏树岗	189 431	173 231	36 800	22.0
前　王	79 200	79 200	23 760	30.0
南塘湾	101 987	101 987	35 700	35.0
洲　头	158 200	141 752	25 000	17.6
大　陈	127 522	101 583	35 065	34.5
谢　张	138 957	118 382	42 600	36.0

（续表）

村 名	任务（元）	应完成任务（元）	已完成任务（元）	完成全年任务的比例（%）
小 陈	105 461	103 150	31 190	30.2
刘 溪	111 783	98 765	30 000	30.4
范家坝	97 942	77 877	23 400	30.0
周 湾	121 332	74 549	25 950	34.8
团 结	137 800	137 800	41 340	30.0
杨 周	153 906	138 732	45 042	32.5
南 坝	50 489	44 711	14 626	32.7
谢 杨	126 634	120 480	34 000	28.2
联 合	152 306	127 580	38 350	30.1
前 张	125 300	110 833	33 250	30.0
后 张	136 700	103 179	31 001	30.0
燎 原	133 300	117 123	32 098	27.0
门 头	138 400	129 235	38 771	30.0
牛头山	100 000	60 688	14 200	23.0
张家嘴	108 098	108 098	20 088	18.6
玉兰湖	82 783	76 183	22 900	30.1
舟 山	64 215	59 130	10 039	30.0
合 计	3 574 200	3 187 002	923 667	29.0

（附录 2：25；参见附录 1：91）

将各个村的农业税征收进度以表格的形式予以公布，为的是激发乡村干部的工作责任感和自尊心。表格上各村的完成任务比例一公布，那些位次排在前列的村的干部和挂村干部便如释重负，且颇有几分成就感，而位次靠后的就会产生一种无形压力，虽然说谁都知道征收难，但别人能做到，为何咱们就做不到？这样一比，那些后进村的干部就产生了几分“技不如人”的挫折感。

不过，这种方法的激励作用还是相当有限的，因为谁都知道，这绝大多数完成全年任务 30% 以上村的比例是怎样得来的。在 7

月份的一次政府工作例会上，武仁杰镇长道出了问题的严峻性：

“上半年，全镇财政收入进度位列全区第二，29 个村上缴财政任务 90 多万元，绝对数字理想，绝大多数村都完成了上半年应完成全年任务 30% 的指标，但是，大家也都知道这个指标是怎样得来的，那都是乡村干部垫出来的，如果不垫，就差得远，这样下去，对于经济基础差的村总归不是办法。但就是这样，政府也还得垫。上面规定时间过半，任务过半，镇里农业税全年任务是 357 万元，要超过 50%，政府就还得垫 80 多万元。按任务分解，7 月份的安排是 10%，所以，还要为难大家继续苦战。目前，西瓜已经上市，大部分农民有收入，所以，镇里的要求是，各个村每天都要收，财政所只要没有其他重要事情，专管员每天都要下村，不然，不要说完成任务，干部们上半年垫出去的都收不回来。”

林靖南书记则进一步强调：“按区里的要求，每个月的财政收入必须以 10% 的进度向前推进，我们不能低于全区平均水平。为了确保进度，对干部的奖惩措施必须坚定不移，超额完成的奖励，保本的只发工资，未完成任务的，工资就要按一定比例折扣。”（附录 1：92）

可见，上半年任务的完成并不意味着可以松一口气，每个月层层递进的任务指标成了压在挂村干部心头的一座山。这不，会议一结束，范维萍就匆匆赶往秦家畈村部，与陈志华书记等人商量落实 7 月份的征收。

对于没完没了的垫税，陈志华十分恼火：“今年到目前为止，村里已经垫了两三万，这个税改改得村里更难了。”

钱跃进提议，可否带贩子进村，一边收购一边交款，因为早谷已经收上来了。范维萍认为可以试一下，但钱又说，如果双方的价格谈不拢，去了也白搭。于是，大家又都僵在那里。无奈，范委又转过来央求陈志华：“村里是不是想办法再垫一些？”

“我不管钱，你又不是不知道。”陈志华把挑子撂给了老罗。

老罗此时不在村部，他到区里喝酒去了，下午才能回来，这样，范委再急也没有用，只得悻悻地转身出了村部。我跟在后面安慰道："不要太急，也不是你一个村的问题。"

"话可不是这样说的。"

见范委心情不好，我没有多说。（参见附录1：93）

范委的焦急不是没有道理的，对于挂村干部而言，这里有一个干部之间相互攀比的面子和虚荣心问题。况且，税收已经与干部的收入挂钩，完不成任务还会损害干部的切身利益。乡镇干部的工资不高，工作20年以上者，一年收入也不过一万五六千元。许多乡镇干部还是半边户，妻子在村里务农或者没有工作，完全靠自己的这份收入支撑全家，其经济状况在乡里虽然说不能算穷，但是与区里和市里的同级干部相比，却差了许多。所以，当征收成为乡镇干部的主要工作，甚至是唯一硬性的考评任务时，征收对于广大乡镇干部的压力之大就可想而知了。[1]

税费改革之后，虽然说从体制分工上更进一步明确了征收的主体是财政所，政府干部的职责主要是协税，不能收钱和开票，但是，由于财政征收的考评仍然是县（区）对乡镇考评的重点和核心，镇里也就不得不相应地将这种考评压力转移到各个村以及相关的挂村干部身上。所以，税改之后，乡镇干部在征收中角色的制度性归位，并没在实质上将他们从沉重的征收压力之中解脱出来。如果说有什么改变，从小镇的情况来看，那只是解除了他们行使行政权力（包括以各种"硬武器"行蛮斗狠）的能力，却丝毫没有减轻他们的任务压力，这就是小镇的干部普遍感到税改之后征收更难，并普遍产生一种无力感的根本原因。也正是针对这样一种特殊的困难局面，林靖南在各种会议上经常引用的区委书记谢世德的一句话就格外有嚼头——谢说："财政工作的好坏既是干部工作责任心的体现，也是工作作风的体现，更是工作艺术的体现。也就是说，在当前这种十分特殊的局面下，财政收入＝干部责任心＋工作作风＋工作艺术。而谁能在农民不配合的情况下将这三者有机地结合起来，破解农业税征收改革中的这道难题，

谁就是英雄。”（附录 1：94）

小镇的干部当然不是这样的英雄，他们是凡人，他们找不到破解难题的办法，从现实的角度看，也根本就不存在这样的办法。但他们倒是不缺乏谢书记所说的责任心、工作作风和工作艺术，行政考评、面子和虚荣心，还有乡镇改革背景下裁员分流的压力，都容不得他们没有责任心。而工作作风转换为乡镇的说法就是“擂”，“对上靠吹，对下靠擂”的“擂”，即反复无休止的督促。不过，“擂”绝非不断下命令式的督促，而是反复与无休止的缠磨。在这里，“缠磨”二字本身就体现出“擂”的艺术，即所谓乡镇干部的工作艺术。在缺乏对村干部的有效控制机制与手段的情况下，如果“擂”不体现为包括拉关系、套近乎、说好话、吃饭、喝酒、玩牌、拟亲缘化等在内的各种“软武器”的施展的话，是很难设想它会有什么实际行政效用的。这不，不仅是范维萍，几乎所有的挂村干部这段时间都天天往村里跑，为完成征收任务而向村干部们施展种种“擂”的艺术。

面对着来自镇里的“擂”，各个村的征收机器再一次转动起来。7 月 23 日午后，我随专管员毕华英和秦家畈村妇女主任郭云霞下到秦村三组，再一次体验农业税征收。

我们来到一户姓曹的人家，他家的税费是 73 元，女主人说没有钱，谷子还未卖。

小毕说：“上个月来你家，你说等过一段时间再来，这次又说没有，你总不是只凭卖谷子为生吧？”

“我们家就是靠卖谷子，这谷子的质量也不好，我们还不吃，都是卖了谷子再买米吃。”

“你几时卖谷子，说个时间，我们好再来。”

“说不准，男人不卖，我又弄不动，不信你试试，你也不一定弄得动，”女人一副你急我不急的样子，“要不，你们把谷子拖走，自己卖了也行，往年不都这样吗？”

郭云霞：“往年行，今年不行。”

“有什么不行？往年不是斗狠吗？”

“好了，不扯这些，说个时间，我们好再来。”

“说不好，几时卖了，几时有钱，一年不卖，一年没有钱。”

这话让郭云霞有些忍不住：“那我们把贩子找上门来收，行不？现在的行情是 40 元一百斤。”

“这谷子我晒过的，没有 42 元不卖。”

听郭云霞说要找贩子上门收购，女人好像又不想卖了，[①]但话已出口，不好收回。就这样，郭云霞丢下一句“几时我们把贩子带来”的话，便离开了曹家。

路上，我问小郭，是不是真要找贩子来收，她回答：“户数多还行，一户两户的别人也不愿意出车。我这样讲，是怕她再拖延。”

我们又走进一朱姓人家，主人正躺在床上看电视，小毕说明来意，说他家 2.2 亩地，有 80 多块钱的税。那男的说：“我一分钱都不把，我的地早就给 ×× 了。”他朝郭云霞说：“你不知道，你爹清楚，问他去。”

郭云霞的爹是三组组长，听那男人这样说，小毕和小郭不好再多说，只得又退了出来。我问是怎么一回事儿，小郭说：“朱家原来种了他亲戚家的地，可能后来又还回去了，但手续上可能没有体现出来。”

整整一个多小时，我们头顶盛夏午后的烈日，穿行在杂乱无章的农舍之间。三组的分布很散，有在村湾的，有在街上的，我们就这样边走边问。天气很热，农户家的门大都敞着，往往是几家人凑到一家，围坐在一起打牌消夏。我问小郭：“这里的农民一般玩多大的牌？一下午输赢多少？”她说：“五厘的，很小，输赢也就是几张钱。”

的确不大。但农民有钱打牌，无钱缴税，这究竟是政府有问题还是农民有问题？连我也犯起了迷糊。

---

① 农妇不愿意卖谷子的原因是还想等着价格上涨。

一个半小时以后，从郭云霞家出发的我们又回到了郭家，走进屋来，其他的干部也在打牌，这也是惯常的游戏，午饭后自然要聚在一起玩上几把，过足了瘾才回家。见我们仨回来，他们问我：“么样，有何味道？”我答道：“味道足啊。”于是，大家伙儿呵呵地笑了起来。

还是毕华英最急，她跟钱跃进商量，要他陪自己再到四组去转转。跃进说行，但必须得晚上，住在街上的人白天不一定在家，“晚上收凉快些，我家也有住处，你不用回家”。

小毕一心想着白天晚上连轴转，便连声说好，她与小钱约好，晚上再见。（附录 1：95）

一下午的观察，使我再次体验到了“给钱就收，不给就走”的无奈。正是面对这样一种无奈，村干部的协税积极性不高，反正钱是帮政府收，又不从自己手上过，何苦去得罪人？村干部不积极，身着制服的财政所专管员便有些力不从心，毕竟村民不缴，财政所没有制约的手段，结果，任凭你挂村干部怎样“擂”，征收的成效总也不显著。

看来，在新的征收政策下，乡村干部放弃行蛮斗狠、牵猪撮谷的“硬武器”，并没有换来农民纳粮缴税的自愿配合，相反，它倒使乡、村两级实际上失去了对部分农户的征税能力。遇到那些软磨硬泡都不缴税者，除非村里正好有一笔需要下发给他们的钱物，以此折扣充抵，或者以不给拖欠者办某件事相胁迫（如果农民正好有事找村里），乡、村两级政权实际上已经拿这部分农户没有办法。不过，镇政府拿农户没有办法却不等于拿村级组织没有办法。前文说过，乡镇对村里的“擂”虽然主要是以拉关系、套近乎等柔性方式展开，却不能由此即认定这种柔性就是“擂”的本义。就乡村关系的本质来看，柔性的外包装毕竟还是以某种类似于科层化关系的行政硬核为支撑的，以对村庄权力资源的各种渗透性控制为纽带而建构起来的乡村体制性连接，仍然使得当“擂”的柔性一面不再奏效时足以确保其作为国家正式权力势能的硬性的一面能够发挥效用。而在市场经济的大背景下，硬性权力势能的展示未必一定会以摘帽子、换班子相威慑，它更为经常的倒是通过经济手段发挥效用，其中最为现成的就是运用“村财乡管”机制，通过控制村干部工资收入的发放权来促使村里完成征收任务。结果，村干部虽然也不再是征收主体，但完不成财政征收任务就拿不全工资的压力仍然将村干部“连捆带绑”地推上了征收的第一线。而当村干部也同样拿不缴税的农户没有办法，垫税成了村庄无法回避的唯一选择时，当初曾经对税费体制改革寄予期望的村干部们就无疑会产生深深的绝望。

对于像秦家畈这样尚有一定经济积累的少数村庄，垫税虽然十分不情愿，但至少暂时尚可应付。老罗告诉我：“7月份的任务我们根本完不成，不想再垫下去了。”但是，连老罗自己也清楚：“如果政府逼得紧，还不是只有垫？”老罗说：“账上还有二三十万，但这样垫下去也垫不了几年。”“那几年以后怎么办？”“没有钱我也不干了，还管那么多！”的确，村级经济空壳化必然催生村干部的“撞钟”心理，老罗坦承无钱的干部谁还有兴趣当。也正是基于同样的考虑，只要村里还有一些钱，这干部也就仍然值得当下去。（参见附录1：96）[2]

秦家畈这些年没有开发，它依靠的主要是小城镇建设的一些收入，而一些依靠土地占压获得积累的村庄，就用占压补偿款来垫税。大陈村的钱秉贵书记说：“去年下半年，建京珠高速公路的绿化带占压了村里400亩地，政府给到村里的补偿可能在每亩2500元左右，但我们不可能按这个数字下发给农民，我们给到农户是每亩2000元左右。我们必须这样，如果村里不留点钱，就无法办事，不要说村里的日常开销，垫税就没有办法。实际上，留在村里的钱大部分都垫税了：去年我们垫了6万，今年已经垫进去3万，可能还要垫4万。”（附录1：97）

有钱可垫算是幸运，那些既无积累又无开发的村庄就惨了，为了完成任务，就只能由干部自己出钱垫。挂村干部、村支书带头，或借款垫税，或以工资相抵，先把钱缴上去，然后再想办法从农民手里收回来；收不齐的，就转化为村级债务挂在账上，什么时候缓过来就什么时候还。于是，税改在保护了农民利益不被公共权力不法侵犯时，却并不能够防范乡镇权力对村庄的挤压，正如一些村干部在总结税改之后区、镇、村三级所面临的互动格局时所说的，“区里不能少，任务要确保，村里来兜倒”。结果，必然造成乡村之间的利益裂隙，致使村干部们从自身的利益境况出发转而对税费改革持否定的态度。

前张村挂村干部程列说：“税改实际上是国家故意为难乡镇政府，一方面不强制农民缴税，另一方面却又把税费完成的情况作为考核干部工作的指标，与干部的工资相联系。按规定，征收主体是财政所，却还要考核我们，可我们管不住财政所。昨天开会，林书记说要对财政所的同志实行考核，但实际上无法实行，他们的工资不由政府给，政府管不了他们。”所以，程列恳请我写文章为乡镇呼吁：“现在，为农民说话的多，为基层干部说话的少，媒体想当然地认为矛盾是由基层政府造成的，乡村干部的形象不好啊！”（附录 1：98）

财政所干部严和平说：“现在上面不允许向农民强制收税，但税收从法律上讲本来就带有强制性，[①]一旦不具有强制性就不好收了。现在的情况颠倒过来了，是我们向群众说好话，话说尽，口说干，路跑平，人搞生，狗搞熟，效果仍然不好。”

“谁说专管员的工资不与征收挂钩？如果完不成任务，工资照样受影响，今年是兑现的第一年。当然，从全镇来看，最后的账总要做平，但那都是垫的，镇里垫一些，乡村干部垫一些，水旱灾情等还可以减免一些。”

“我是老财政，快退休了，每月就 1000 多块钱收入，老婆原来是粮食部门的，早就下岗了，每月只有 120 元生活费。我有两个儿子，大儿子有工作，不要我管，小儿子还在读大学，我的经济很困

① 税收应具有强制性、稳定性和固定性。

难。没有办法，老婆只有在家里开牌场，星期六、星期天邀一些朋友来家里打牌，每人交10块钱，我们就给他们办伙食，这样一天下来能搞50元，如果一天有两桌人，就更多一些，一个月能够搞七八百元，如果不这样，就完全揭不开锅。农民难，我们也难啊。”（附录1：98）

镇党委委员王崇昊说：“既然不允许强制收税，还不如干脆砍掉农业税。农业税一砍，财政所的人就可以大幅精简，政府这边也可以减员，像现在这样是最麻烦的。”（附录1：98）

小陈村挂村干部程文启说：“农民苦，生活在最底层，但他们的思想境界还是有问题，上面高估了农民的觉悟。比如税改，减负是应该的，你不收也行，但农民根本就没有纳税意识，你不强迫他就不缴。以前，对不缴的我们可以强制执行，现在不行了，但老实人又缴了，这就不是一个工作能否搞上去的问题，而是一个公不公平的问题了，现在是教好人学坏。”（附录1：98）

前王村党支部书记王昭烈说：“国家的政策好得有些过了头，对农民完全没有约束力了。本来，种田纳粮天经地义，但农民实际上已经把土地看作私有财产，地是要种的，钱是不把的，这样一来，村干部就不好当了。”（附录1：98）

无疑，乡村干部是站在利益本位的立场上看问题的，他们未必对宏观局势和中央决策有全局性理解，然而，如果你深入乡村，随干部们下乡去多体验几次征收，也就只能承认，至少站在乡村干部的角度，你无法反驳他们的意见。

不久，我又去了小岳村的程古庙，再次体验收税的困难。

程古庙这个湾子包括小岳村的六、七、八、九4个小组，据说也是小岳村最不好收税的一个地方。干部们和我打赌，说今天能收到500元就不错了。当我们吃过午饭，上农户家收税时，情况果然很不顺利，绝大多数农户向我们叫苦，说晚谷还未收割，哪里来的钱？或者说伢们要读书，没有钱，下回再把。问下回是几时，又多回答晚谷卖了就缴。现在的村民都学乖了，他们不会硬扛着不缴，但是一句没有钱，就噎得干部没有办法，气得几个随行的村干部说：“上面不下死命令，下了死命令，你看我收不收得上来？”闻此言，我接过话：“是不是又要比谁更狠？”干部说：“农民就是这样，你不斗狠，他不理你；你一狠，他就缴。”专管员小谭则总结了一句：“农民既可怜又可嫌，你给他送扶贫款，他笑嘻了，什么好话都说；你找他要钱，他就是没有。”

遇到一家，只有一个小伙子在，两个村干部轮番动员，结果把小伙子说冒火了，要轰我们走，说是要钱找他爹，不要找他，他还未成年。就这样，两个小时过去，整个湾子转了一圈儿，只有两户人缴税，共收钱 220 元。小谭告诉我，今年她到这个湾子来了好几趟，每次都是这样，“其实，这里的老百姓条件并不是很差，许多人家都得了土地占压补偿款，也不至于没有一两百块钱”。而我从此时正在吃饭的农民碗里的菜来看，也认为小谭讲的不是完全没有道理。

我对小谭说：“昨天政府开会，林书记还说，要想办法把别人包里的钱哄出来，就看你的本事了。”小谭说：“说得轻松，他来试试，钱在别人的包里，不给你有什么办法？”（附录 1：99）

“农民既可怜又可嫌”是我在征收中听到的最有意思的一句话。农民可怜是我们一直知道并且深为认同的，他们生活在社会底层，无权无势，经济贫困，靠外出打工为生，这无疑是当代中国农民留在城市人心目中的经典形象。所以，一提及收税，人们所能想到的就是前些年那种“牵猪子，撮谷子，扒房子”的悲惨场景和“干部进了屋，数字一公布，大人吓得筛，小伢吓得哭，有钱就把钱，无钱就撮谷”的“动漫印象”，而有些农民调查之类的报告文学作品之所以能够迅速火遍神州大地，大概也与它们向读者所展示的若干收费惨境有关。无疑，这一切文学或学术的展示，都既是部分生活真实的再现，同时也偶合了人们心目中关于农民可怜的形象预设。然而，作为农民形象的“可嫌的”一面却是从来不入主流政治与德行话语的，除非日常生活际遇中与作为个体的某个具体农民的交往，在农民作为群体性社会形象塑造和评价性话语生产的领域，人们从来不会从“可嫌”这个角度做出任何正向度的思考。其实，这恰恰是单向性的中国道德与政治文化评价标准占据主流地位的结果，也是泛意识形态大话语与日常生活世界的“地方性知识”相互隔离与屏蔽的结果。正是这样一种单向度的话语与形象屏蔽，使我们实际上很难从比较复杂的，或者是比较贴近日常生活世界的角度去把握农民作为一个底层社会群体的政治与德行形象之复杂性和多向性，只有当研究者真正愿意并且实际走出政治与德行话语空间，与日常生活世界中的农民群体发生近距离遭遇，才有可能克服单向度的话语屏蔽，更加真实和复合地把握农民的道义形象。也只有在这个时候，乡镇干部诸如农民是“刁民”的定位，以及农民“既可怜又可嫌”的双重评价才有可能进入我们的理论视界，引起我们的认真思考，并且也将其视作一个可以讨论和研究的学术问题。于是，我自下乡数月以来，第一次感到了也应该认真地、主位地和正向地去思考关于“农民可嫌”之评价的生活、政策、学术与政治的多重意涵，如果不能够有机地交融这多重意涵，并且从正反两方面去思考农民的社会群体特性，那么，我们关于农民的形象研究，就仍旧可能是宏大话语与“地方性知识”相互分离的，因而我们关于中国农民的政治与社会研究也仍旧不能脱离泛意识形态与泛道德主义的自缚。[3]

好，还是让我们从政治哲理性的玄思回到小镇征收博弈的具体场景中来。小镇乡村干部对税收政策的不满不能不引起镇领导的重视，后者即便是在私下场合认同前者的看法，但出于职务角度和行政理性的需要，也不能不从正面去给干部做工作，以使他们化解郁闷，从积极的角度去认识当前这种困难局面，在征收中继续保持顽强的斗志。

为此，镇政府于8月中旬专门召开了一次有乡镇干部、各村党支部书记、村委会主任和会计参加的征收动员大会。在这次大会上，武仁杰镇长对当前乡村干部面临的形势、干部角色转换和进一步强化征收措施等做了分析、讲解和动员，以下是武镇长讲话的部分摘要：

一、要正确看待乡村干部的角色转变。乡村干部与农业税的关系经历了三次大的转变。一是改革开放以前，那时，征收与我们无关，年终时，从小队的账上直接划走；二是从改革开放到税改之前，农业税的征收成为乡村干部的主要职责，乡村干部开始向一家一户要钱，这么多年，这项工作一直压得我们喘不过气来，而中央之所以这样搞，是以增加乡村干部的工作量、牺牲干部的形象为代价，换取农业生产力的发展；三是税改以来，征收主体转变，我们由直接征收变为协税，但实际上，全镇两三百万农业税，仅仅依靠财政所是收不起来的，我们不能收钱，不能开票，但完成任务的担子仍然压在肩上，这就是目前的困难所在。我相信，在不久的将来，随着形势转变，不收农业税了，乡村干部的角色还会有一个转变。

二、要正确看待近段时期的征收状况。这种状况可以用三句话来概括。一是实际从农民手里收到的可怜。全镇29个村平均起来也只能收50%，差的村只有20%—30%。具体到农户，有的是年年清，有的是年年欠，十分不公正。二是把干部搞得可怜。收税是干部最头痛的事，收得最好的年景，干部也没有一个好的名声，尤其是我们的村干部，从官位来看是品外的，从报酬来看是义务性的，从形象来看是负面的，大家为收税做出了很大的牺牲，付出了很大的代价。三是窟窿兜得可怜。村里要垫，干部要垫，乡镇还要垫。乡镇合并以后，全镇已经垫了150多万元，今年又已经垫出100多万元，这还不包括乡村干部垫的。各村向上面伸手要的钱，垫了，镇里的开发所得，也垫了。好在这几年我们的开发形势好，这个情况要是落在农业乡，早就垮了。

三、要弄清农业税难收的原因。这包括：（1）村风湾风不正。“大包干”后的头几年，没有这个情况。(2) 干部的形象不到位。我们现在的村干部，实际上就是“阴阳保长”，两头儿不讨好，两头儿不是人。(3) 服务不到位。除了收税，在其他方面的管理我们跟不上去。(4) 思想工作不细。每出一次农民负担征收事件，上面的文件总少不了这么一句话：“乡村干部工作作风粗暴。”作为一个乡村干部，听起来自然不服气，农民不缴，上面又不能少，你要我们怎么办？但是，仔细想想，也不是说不存在这方面的问题。(5) 征收状况不均，造成农民中的不公正。有的湾子农户年年清，有的则年年不清，我们又没有办法，时间长了，老百姓不服，相互攀比，工作就更不好做。还有就是土地面积难得落实，不能排除村干部、队长家里有“黑面积”的，现在搞村民自治，主张村务公开，但真要是公开了，村民还不答应。所以，我们是左也难右也难。

四、要坚持正确履行农业税征收的职能。虽然目前存在着种种困难，但既然吃了这碗饭，站在这个位置上，再难也要上。所以，第一，我们要进一步理解征收的意义。在农业税没有免征之前，征收说得大一点儿是国家利益的需要，说得小一点儿也是村级经济正常运转和确保干部利益的需要，收起来虽然不归村里，收不起来却要由你们垫。任务是一级压一级，区里找镇里，镇里找村里，村里找农户，农户不缴，村里就得兜。各级考核，也是考核镇、村两级，不会考核财政所。第二，征收也是保护农民利益、维护社会公正的需要。它可以从一个侧面看出干部办事是否公道，收了这户不收那户，对纳税的农户就是一种伤害，一种不公。第三，要进一步探索征收的办法。现在的纪律约束多了，但工作还照样要做。我提一点建议，以情感化。省里领导讲了四句话，叫作“打不还手，骂不还口，有钱就收，无钱就走”。不仅如此，我们还要放下架子，有的农户家我们上门多次都收不起来，好话说尽了，那么，我们能不能有下跪的心理准备？有没有给农民当儿子的心理准备？说句不好听的话，只要哄得他把钱掏出来就是本事，就是能力。税改时，大家吃了苦，当时有一种期望，以为负担减轻了，政策也交给群众了，我们的担子会轻一些，但现在看来完全不是那回事儿。怎么办？还是只有反复擂，夜以继日地死搞。从现在起，挂村干部必须住到村里去，日日收，夜夜收，专管员也必须住下去，村干部必须配合，这是一条纪律。从时间上看，除去12月份，8、9、10、11这四个月，还有60%的任务，要按2、2、1、1的任务进度给政府结账，即8、9两个月各20%，10、11两个月各10%，要任务到人，责任到人，完不成任务只能扣大家的工资奖金，没有其他办法。理解万岁。（附录1：100）

武镇长当过中学语文教师，讲话流畅生动。他虽然没有过多地站在全国和中央的角度去把握农业税征收的问题，但多年乡镇工作的经验使他对乡村干部在征收中的苦衷体验深刻，一席话下来，让干部们深为折服。毕竟受党多年的教育，又端了这碗饭，关键时刻总要有些责任心的。武镇长真切、朴实的语言虽然不能减轻干部们遭遇的现实困难，但也总算帮他们把这些日子积郁在心头的苦闷宣泄出来。于是，会议以后，干部们又自我解嘲地调侃着下到了村里，继续这份吃力不讨好的苦差事。他们默默地承受着自上而下的“擂”的压力，继续去收，收不上来就继续垫……

中午在食堂吃饭，与姚学明和几位干部在一起，我又一次问起乡村干部为何会长期承受垫税的压力。姚书记说：这一方面是长期以来思想工作的能量，当干部就得讲奉献；而另一方面，村干部是农民，当干部多多少少总会有些额外的收益，所以，利益驱动也是一个方面。因为从总体上看，垫出去的钱多少还是可以收回来的，得到的总比失去的多，没有收回来的也挂在账上，村里私下里还会承诺给利息，虽然上面禁止这样做，但真不这样干，又有谁愿意垫？至于乡镇干部，则不能不垫，“米袋子”（意指工作）抓在别人手里，不敢不垫。另一位干部说：按说，把任务与工资挂钩不对，但下面的领导又只有这个资源可以掌握。现在的主要干部，一般在一个乡镇干几年就要走，他们急于在自己的任上出政绩，也不会顾忌给后来者留下什么困难。一般干部走不了，就只有老老实实干，现在找一份工作不容易，再怎么困难，在乡下当干部还是比农民强，所以，垫也就垫了。（参见附录1：98）

与几位干部的交谈，使我对基层乡镇在征收政策的高压之下仍然能够照常运转的原因有了几分明白。事后，我把维持这一运转的基本动力机制归纳为“自上而下的压力型体制＋自下而上的政绩取向”的互动。自上而下的压力型体制一直贯通到乡镇，乃至村，虽然它遭遇到农民社会的抵制，但在官系统内部（包括村）却能始终得以维系，一个根本原因就在于体系内部自上而下对各级政府（包括村组织）主职干部任免权力的掌握。上级对下级干部任免权力的掌握必然导致行政行为的奉上取向，即下级主官通过制造政绩来博取上级主官的关注，从而获得提升机会。所以，我在前面也提到，上级政府只要抓住了乡镇党政一把手，也就等于抓住了完成任务的龙头，主官们争取提升的动机是他们极力完成上级任务的最大动力。而在新的干部制度下，村干部虽然没有进入正式体制的机会，但他们的官帽实际上也仍然掌握在乡镇主要领导手里，除非这顶帽子已经完全不能带来收益，他们自愿选择出局，否则，为了自身利益，他们也仍然会骂归骂，怨归怨，骂完怨过之后，照旧自觉地去维护这一体系的运转。在这个意义上看，目前的村民自治体制实际上早已经被更为宏观的科层化体制所拆卸。

自上而下的压力型体制与自下而上的政绩取向的互动，还部分地吞食了国家以各种途径下拨的农业发展资金。这些资金往往是乡村以各种建设和发展项目的名义争取下来的，但是，钱到位以后，实际上都主要用于填补农业税的窟窿，结果，拨下来的钱最后又都返回到了上面，并没有真正用于农村，资金发生了空转。然而，资金的空转并不仅仅意味着它消耗掉大量的时间和管理成本，造成行政浪费；实际上，在这一过程中，由于争取资金需要动用各种关系网络，打通相关关节，结果，可以想象，资金在不停地自上而下、自下而上往返流动中，必然会发生总量损耗。损耗的这一部分或者是被干部们以各种名义吃掉花掉，或者是以礼物等其他方式送到了那些能掌握项目或资金审批权的相关组织和人物手中。结果，这种被小镇干部们比喻为“资金空转和损耗”的过程，虽然没有解决农业和农业税的问题，却给压力型体制与政绩取向的反复互动增添了润滑剂。

种粮不如“种房”

小陈村紧挨着大陈村，离小镇有 20 多分钟的汽车路程。10 月 28 日，我随挂村干部程文启去该村八组观察收税，却意外地遭遇农民“种房”的事件。

所谓“种房”，多见于城郊接合部地区。近年来，随着城市化进程加快，城市征用周边地区的农村土地成为一个不可避免的趋势。与这一趋势相伴随，一些城乡接合部地区的农民便趁开发之前，纷纷抢建住房，其中，除一部分是因为各种原因确需修建，且为政府部门同意之外，更多的却是没有得到政府批准的违章建筑。对于这股在待征农地上刮起的抢建风，人们戏称为“种房”。

“种房”的目的是牟利，按农民的话说就是“赌开发”，即借“种房”捞取开发补偿。开发补偿有一定的标准，而且标准至少都在当地建农家房成本价的一到两倍以上，一旦侥幸“种房”成功，就等于发了一笔小财。因此，“种房”实际上又是农民的一种投资（机）行为，对此，人们戏称为“种粮不如种房”。

小陈村不靠近城郊，之所以也刮起“种房”风，是因为规划中的沪蓉快速铁路线要经过这里，而且，测绘部门实际上也已经来村里做过地形勘测。所以，按干部们的说法，铁路建设征用农地只是一个时间问题。虽然国家建设用地的补偿标准不如商业开发性征地高，但老百姓算过一笔账，现行的补偿标准是每平方米拆迁房屋给200元，而大江区目前建农家房每平方米的成本价是100多元，多少还有赚头，这样，“种房”就有了利益上的驱动。

我们一走进村湾，便见满眼的砖红色，农户们正纷纷在自己的旧房上加层呢！有的加一层，有的加两层，有的加到了三层。据说，只要老房子的地基能够承受，就尽量地往上加。而一些农户则将自家的房屋向前后院落扩张，甚至个别房屋干脆就延伸到了耕地之内，大有借建房之机扩张地盘的态势。

我们来到了组长的兄弟家里，他的儿子也正在用红砖砌围墙。围墙呈四方形，将整个院落围了起来。主人说，这是在让儿子操练手艺，以便日后好出外谋生。但是，码放在一旁的红砖却明显是刚买回来的新货，说是练手艺，这教育成本的投入也似乎太大了一些。

我本是来观察收税的，可转了大半天，农户缴钱的却不多，都说是手头紧，没有钱。没有钱倒也是理由，但整个湾子“种房”的事又做何解释？程文启半认真半开玩笑地说：“未必建房有钱，缴公粮就没有钱？”

“哪里话，那都是借的。”农民们回答。

“我不管钱从哪里来的，只要上面不管，我也希望你们能多得些补偿，只是这公粮总还得缴吧。”

小陈村的“种房”吸引了我。程文启又告诉我，不仅小陈村，只要是规划中的快速铁路线所要经过的村湾，农户们都乘着有关部门尚未对拟占压土地上的建筑物进行登记和评估，大肆建房。而洲头村作为已经规划的开发园区，尚未搬迁的农户也早已玩起了这种“种房”的游戏。

无疑，土地占用，政府和开发商会对土地或土地上的附着物，包括房屋给予一定的补偿，但那只是针对合法建房，对于各种未经许可而私自搭建的违章建筑，根据规定，不仅没有补偿，还要予以拆除。果真这样，这些“种房”的农民不仅无利可赚，弄不好可能连本钱都要搭上，这个道理农民不明白？

“真要是这么简单，就不会有这屡禁不止的‘种房’风了。”程文启苦笑道，“镇里对这个问题不止研究一次，也拿不出什么行之有效的办法。”（附录1：101）

小陈村之行是我第一次遭遇“种房”问题，一个月之后，我再次经历了这样的场景。

那是随小镇城管所所长孙福临一起下洲头村查看违规建房。孙福临是一位黑脸汉子，我曾经就城管所的职能和现状对他做过专访。当时他告诉我，以前城管所靠收费养人，税费改革之后，中央整治乱收费现象，城管所职工的收入没有保障，人员已作鸟兽散，唯有他这个所长，政府有事还是照样找他，尤其是为了控制“种房”风，还要求他经常到各村去了解情况，以便及时上报。（参见附录1：102）

我们坐面包车首先到七组，七组有两家违建户。一户原来的住房是土砖砌的，年久失修，已属于危房，政府同意他家盖一间简易住房。之所以只让盖简易房，是因为洲头村已经被整体性地划为开发园区，如果建永久性住房，以后的补偿必然高，但这家农户却在原来的住房旁边盖起一幢两层楼房，这显然属于借机扩建。可见，政府想日后少赔偿，而农民却想多捞补偿，这实际上已经构成双方的一种博利。

第二家违建户姓蒋，孙福临问他是否报批，蒋说这两天下雨，未来得及，又说家里要娶媳妇，也是没有办法的事情。这一个多月来，孙福临天天在村里转，类似的情况见多了，听得此话，心头火起，他顺手操起一根木棒，朝着新砌的墙体用力捅去，“哐”的一声，墙被捅开一个大洞，砖块纷纷落地。蒋面露愠色，但又自知理亏，不好发作。孙福临也没有继续捅下去，只是责令蒋上报，否则马上拆除，说完，便上了面包车。此时，旁边围观的群众不少，却没有敢吱声的。

接着，我们又朝四组赶去，在车上，孙福临向我大倒苦水，说这个湾子相当多的房子都是50年代以前盖的，其中许多早已经属于危房，外人都不敢进去。所以，“你不让盖吧，真要是出了事也不好说；让盖吧，农民就得寸进尺，而且许多根本不经申报就自己盖了。你前去制止，他们支一些爹爹婆婆来应付，你人一走，他又照样建。”

“是否可以强行拆除？”

“倒是议过，但冷静下来，又不敢动。我们没有执法权，只有法庭才有权裁决和执行。但这种事情多了，政府都去起诉，还做不做其他事情？”“龙岛在开发之初，也遇到过类似情况，违建房越来越多，最后，区里出动公安、城管、土管，甚至还动用了110，一共几百人，将房子围起来，不让农民进去，然后用推土机推，才解决下来。现在我们是动又不敢动，说又没人听，我打了他，不好收场，他打了我，我不划算。所以，除了天天下来转，威吓一下，我也没有其他办法。可你转得勤了，老百姓又以为马上要开发，就建得更快，结果，弄得整个大江区的建材都涨价了。”

车拐进了四组。四组我比较熟悉，为观察省人民防空办训练基地征地的事，我多次来过，而大多数的违建房也都集中在这一地段。一进湾子，我们就碰到一户姓吴的村民，他家正在建的房倒是经过主管副镇长宋正良批准的，但宋让他只建60平方米的两开间平房，他却以耕牛也要用房为由，建成了90平方米的三开间。孙福临见状，火又冲了上来，上前就是几脚，将刚砌的墙基踹倒。这一招把吴镇住了，他说马上就去找宋镇长批，孙说批了再建，然后便上了车。

就这样，我们将车开进湾子，找到违规户，登记、警告，把刚砌好的墙体推倒，然后又开车进另一个湾子，将演过的节目再炮制一遍。孙福临说：“只要天一晴，就要天天下来转，但违建房太多，这种单兵作战的方式不足以制止全镇的违规建房行为。到底该怎么办，也只有等政府拿盘子。我现在倒是盼望天天下雨，雨天他们就无法施工了。”（附录1：103）

孙福临告诉我，对于农户的这种“种房”行为，村干部一般是不大理会的，你要建就建，我没有同意，也没有看见，这不属于政府要他们配合的硬任务，何必非管不可？再说了，干部同样有自己的想法，他自己不好建，还不兴让自己的亲戚建？孙福临的话让我想起一个月以前在洲头村汪书记家里时，汪托副书记给自己的哥哥捎话，要他也盖一间简易房的事情。是的，村干部也是农民，在这一类事情上，农民和农民自然有着共同的利益谋划，干部睁一只眼闭一只眼，将责任心揣进荷包里当好人，任由着农民去折腾，高兴了还会凑上两句：“只要上面没有登记，你们就抓紧建，我们也希望你们富起来。”

村干部任由农民折腾，镇里的干部好像也没有什么办法来防堵这股“种房”之风。我曾经为此事专门询问过主管城建工作的宋正良副镇长，他说：“按说，小城镇建设有规划，村湾也有规划，建房应该先向土管和城管部门申请，办了手续才能建，但这两年很自由，未经允许就擅自建，连街上也这样，就不要说湾子里了。”

“造成这种情况的原因与乡镇体制改革有关。目前，城管、土管部门的经费无着落，实际上已经瘫痪，没有专门的机构来管这种事，剩下的几个人也就只能四下看看，贴贴通告，推一堵墙，威胁一下，真要是建好了的也不敢强拆，我们没有这个执法权，干部们也不愿意负这个责任。况且，‘违建’一旦形成规模，要组织拆除，就必须政府干部外加公检法各路人马一起上阵，人多势众，形成压力，才能管用。但事关重大，没有区里的布置，镇里也不愿意找这种麻烦。目前，我们把防堵重点放在洲头，洲头是商业开发用地，一旦征地指标下来，开发商的补偿款一次性付给，也就包含了对被征地上附着物的补偿，如果房子建多了，就等于政府到时候要多支付。至于铁路沿线，不是我们出钱，只要上面没有下拆除令，我们的压力就没有那么大。”（附录 1：104）

但后来我注意到，无论是政府盯得紧的洲头村，还是盯得不太紧的拟建铁路沿线，连片的违建房正在拔地而起，大有一发不可收拾之势。这些违建房挑战了政府的管理权威，寄托了农民的发财梦，也押上了他们的赌博意识。一句“赌开发”，不仅说明农民十分清楚自己正在违规，也清楚地表明他们在“种房”一事上所具有的风险意识。看来，农民也是豁出去了。在这方面，身处社会底层的人从来就更能冒险，也更少规则意识。

农民也的确有下赌注的理由，他们是看准政府的软肋下招的，这个软肋就是政府忌惮于矛盾激化，酿成事端，影响稳定。加之镇政府自身所能调动的力量有限，又没有执法权力，事情出了，只能向上汇报，不敢擅自行动，而上级政府的工作千头万绪，若非矛盾激化，或者亟待开发，一般也顾不了那么多，结果，这一拖就拖出了若干段的“事实婚姻”。

“事实婚姻”的出现一方面使政府犯了难，另一方面又鼓励了农民的“种房”行为。于是，竞相攀比，法不责众，涓涓细水最终汇集成违规建房的洪流，等镇政府感到事态严重，不好收场时，就已经不得不面对成湾成片违章建筑拔地而起的事实。整个大江区建材价格因此而涨价，就已经说明了事态的严重性。

农民是弱势群体，但我却好像在“种房”中看到了他们得寸进尺、步步进逼乃至“反弱为强”的另一面。宋正良坦言，房子建好了，住进了人，土地征用时政府要强拆，又不给一点儿补偿，还真不好说。（参见附录1：105）2004年4月6日，当我在政府碰见刚接替宋正良主持城建工作的程文启时，他也同样告诉我：“目前在抓农户违规建房这一块的工作难度很大，其原因：一是因为乡镇机构改革，缺乏经费，城管、土管人员未到岗，缺乏一个稳定、有效的工作专班；二是市、区出台的农村村民建房管理办法过于原则，操作性差。因此，我们既面临行政不作为的困境，又怕越行政乱作为的雷池。就我个人的态度，目前只能采取拖的办法，除个别确系危房或有特殊情况的农户经我同意之外，到目前为止，我未批一户热点地区的建房。但对于顶风而建的，除了发发宣传材料和口头警告外，也没有更加有效的制止办法。”我问：“估计今后会对这些既成事实如何处理？”他说：“比较现实的办法是对多数人补办手续，只有极个别特别过分的才予以强拆，但这也不是我们能决定的。近期，区里出台文件，让对各乡镇已建的私房进行清理登记，目的是甄别可批建房和不可批建房。对可批准建的，要限期补办手续，否则，农户反告我们行政不作为，一告一个准。但就是这样，因为经费不落实，我们的工作也难以开展。”（附录1：106）

与宋、程二人的谈话促使我去思考弱势的农民在“种房”博弈中转弱为强，逼迫政府承认“事实婚姻”的原因。仔细分析农民的心理和行动逻辑，我以为还在于农民“恰到好处”地运用了两件武器，一是以法不责众的行为逼使政府承认事实，二是以“弱者的武器”无视社会规则。也许正是得益于这两件武器，使得总体上强势的政府在违建房这一特定事件中面对弱势的农民时有些进退维谷，并反为其所“制”。

一幢违章建筑，如果不及时拆除，三年五载甚至八年十载之后，新房变旧房，不仅早已成为农民当然的家，有的还连片连栋地发展出新的居住社区，在这些社区中又形成了新的人流和物流，不仅居住着众多的人口，还形成了相应的道路、市场等设施。面对这样一个人口众多、经济活跃的社区，对于任何政府，都不是一个简单的“拆”字就能够轻易了断的。这就好像面对一个计划外生育或非婚生育的孩子，并不能仅仅因为是违规和违法出生就可以“杀无赦”，面对一片已成事实的“违建”房，即使要拆，政府往往也得根据不同情况，给予不同对待，否则就难以处理。而媒体和学界基于对弱势群体的天然同情，也往往倾向于鼓励政府以承认“历史事实”的方式来处理“违建”问题。我曾经参加过一个“拆违”与“城中村”改造的学术研讨会，会上，不少学者与老记就引经据典，或计算成本收益，或援引海外经验，总之是希望政府能够合情合理地处理这些历史遗留问题，给弱势的违规者以一定的补偿。因此，在现实的操作中，政府所执意要强行拆除的，其实也主要是那些敢于顶风而建或存在着安全隐患或影响了待建项目的“违建”，而又只有那些在政府已经下了“拆违”的最后通牒之后仍然还在顶风而上的“违建”，才是既非拆除不可却又不能获得补偿的。而且，政府“拆违”的注意力往往集中在亟待改造的“城中村”，对于那些未开发地段的“违建”，一般情况下还无暇顾及。这样，当处于城市管理真空和半真空地带的违章建筑群几年以后因为开发和征地需要而进入上一级政府的视野时，又已经成了新的“历史事实”。面对这样的事实，政府实际上已经很难真的仅仅以一纸通告上所规定的期限来划定哪些应给予承认，哪些一律不予补偿，是非得拆除不可的。于是，“种房”农民就通过法不责众的行为达到了自己的目的。

如果说以法不责众的行为造成历史事实是底层群体规则意识模糊的产物，那么，斯科特意义上的“弱者的武器”的运用就已经是公开地以违规来表达弱者对社会游戏规则的不合作了。（参见 J. Scott, 1985）农民是弱势，这种弱不仅表现在自身的经济境遇以及由现行城乡二元结构所带给他们的不公正地位，而且还在更为根本的意义上表现为他们在实质上没有办法支配和拥有那本是作为他们赖以养家糊口根基的土地。法律规定，农村土地属集体所有，但是，从1949年至改革开放以来农村土地的实际变迁状况看，“集体所有”与其说体现为财产权利意义上的所有，不如说仅仅体现为对农地耕作权利的所有（无论是以集体劳动还是个体劳动的形式），一旦超越这个范围，无论是作为集体代表的村庄还是集体一分子的个人，就再也不是土地的真正主人。这最为真实和完整地表现在土地的非农化转移中，正是这一过程将无论是村级组织还是法律上仍作为集体一分子的农民个体的非主人翁地位展露无遗。在这个时候，他们完全不可能与开发商或征地的政府就地价问题讨价还价。此时，代表“集体”承担这一角色的只是基层政府，只有政府才掌握着对土地的最终处置权。正是因为拥有这种最终处置权，在招商引资与土地开发中，政府就不需要考虑对作为土地名义主人的村庄和农民给予赔偿，而只需要给予补偿！更为重要的是，补偿的标准并非取决于农村集体组织（更不用说个人）与开发商和政府谈判的结果，而只是取决于地方领导人的仁慈程度。至于政府一转手又以什么样的价格将农村集体土地卖给开发商，这就只是政府与开发商之间的事，与村组织和农民无关。于是，我们看到，农民世世代代赖以生存的土地在上个世纪50年代被“集体化”了（实则是国家化了），在当下的土地非农化开发中又被并不需要征求他们意见的政府卖掉了。政府通过卖地实现了地方发展与财政增长的目标，而农民在获得补偿之后，却从此无依无靠地被抛到市场经济的大潮之中。[4]农民一无技能，二无权势，要以补偿款作为重新置业转产的原始资本显然不足，他们十分清楚自己在失去土地之后的境况，所以，他们一方面盼开发（因为不开发也许就更无希望），另一方面又想趁着开发这个置业转产之前的最后机会为自己多争取一些利益。“种房”就是他们为此而下的最大的，同时也是最后的一笔赌注。

从通行的法律与道德规范上看，“种房”无疑是违规与越轨的行为，因此，“种房”的农民也自然是所谓的“刁民”。[5]这些“刁民”不仅“种房”，还会以各种借口向征地者提出种种要求，甚至也会狮子大开口地漫天要价。但问题是，在此时此刻，分清楚这些要求中哪些合理，哪些无理，哪些是讨价还价，哪些又是漫天要价真有那么重要吗？农民欲抓住这个“跳海”之前的最后机会，从开发商和政府嘴里再多抠一点儿利出来也许才是最为重要的。在这里，“刁民”的行动逻辑与洲头村四组村民的群体性抗争其实是一样的，问题只是在于，农民（包括其中被视为“刁民”或实际上也的确可以被视为“刁民”者）要实现自己的经济目标，从他们自身所面临的生存境遇和权利表达途径看，合情、合理乃至于合规、合法的途径并不多，即使有，其组织和经济成本也未必是他们所能承受的。因此，我们才会看到，斯科特在分析东南亚农民反抗时所发现的“弱者的武器”在当下中国中西部农民那里，也自然会成为他们能够寻找到的一个比较方便和经济的捍卫利益的工具。农民以种种不合作、违规、越轨、钻空子、打擦边球、耍阴谋、耍无赖、反行为乃至非法的手段来传递自己的声音，维护自己的权利。这些手法虽然不太能摆上桌面，并且都仍然无法从根本上帮助他们改变自己在整体上的弱势地位，却有可能以一种弥散和无组织的社会行动构成对既定社会游戏规则的冲击，使这些规则部分失效，进而形成特定时空场域中的反弱为强，以减少农民自身的净损失，甚至也可能因为成功地钻了政策的空子，利用政府的责任心与社会的同情感而使一部分农民捞上一把。从这个角度看，“种房”现象的确可以说是受“世纪末”心理支配的“弱者的武器”运用得恰到好处的经典版本。

于是，我得以体会，“种房”农民那貌似无理与刁蛮的背后其实深藏着他们自身所寻求的理性，这种特殊的理性是他们长期生活于其中的底层社会的环境教给他们的，更是一定的社会现实和政策所形塑出来的。弄清楚了这一点，我们也就弄清楚了作为阶级与群体的农民的弱和作为社区与个体的农民的强之间内在矛盾的联系。很大程度上，我们完全可以这样讲，正是因为在相当长一段时间内整个社会体制与政策并没有给农民提供一个公正与平等地表达和维护其自身权益的机会，才导致他们中间的一部分人也同样不会想到以一种更为合作与合法的方式来参与对于社会财富的重新分配及社会权利的表达。在前提并不合理的情况下，除非社会治理者以全控和高压方式促使农民“配合”，否则农民总是会以不配合或不合情理的“配合”来表达自己的意愿。对于农民的这种不合作，若是站在不问前提是否合理、只问程序是否正确的立场（这往往是作为政策执行者的基层和地方政府的最典型立场）上，农民自然就纯属不通情理的刁民。但是，如果我们肯进一步去深究这不问前提是否合理、只问过程是否正确的政策究竟是合理还是不合理时，我们才能透过农民的“刁蛮”去发现他们作为社会底层的无奈与无助，才能去思考那种不问价值是否合理、只问程序是否合法的开发政策究竟是解放了农民，还是在以一种新的不平等与不公正方式继续剥夺他们。君不见一些地方的政府在加大对“城中村”“拆违”力度的同时，却又拱手将农民视为命根子的土地半卖半送地交给开发商，再让他们去开发各种适合人居环境（有人说那其实只是适合富人居住的环境）标准的豪宅，去建设各种能给地方领导人增光添彩的城市名片工程，去引进能给地方增加财政收入的各种企业。在这些豪宅、工程和企业中，又究竟有没有先建后批或边建边批的违章建筑呢？一想到这里，我竟至对究竟是谁在搞“违建”，“违建”的标准究竟该由政府还是法律说了算，以及究竟应该先杜绝哪一种“违建”这些最为基本的问题也犯了糊涂。

于是，我感觉到，农民“种房”，赌的是开发，赌注却是自己的尊严，农民以牺牲自身社会尊严的方式来给我们的社会虚构出一个强弱“错置”的场景，并通过这一错置的场景达到“以弱制强”的目的。对于如此狡黠而又居然有效的生存技术，我不知道应该是欣赏还是悲哀。

“道上的伢们”

谈到底层的越轨政治，还不能不提及乡镇场域中灰色势力对乡镇经济与社会的影响。所谓灰色势力，只是我的一种说法，而在我的田野报告人那里，其实基本上都是以“黑道伢们”来指称的，有的人则直称其为黑恶势力。之所以这样定位，是因为这些势力的核心人物往往有过犯罪前科，坐过牢，而现在也仍然在有意无意地借助于团伙的力量，从法与非法的边缘地带涉入地方经济与社会生活，形成有别于主流社会的生存之道。但是我以为，如若仅以此为标尺，而不是以对法律的违反及受到相应法律制裁与否为准绳，就在学术话语层面将其定位为黑恶势力，却未必严谨，并且很可能还会陷入一种法律上的叙说困境。因此，我还是以灰色势力来定位这股在乡域社会中若明若暗的力量，并以越轨的视角来探讨其在乡域社会中所扮演的角色。

在小镇的调研中，只要涉及开发和社会治安的话题，几乎所有的交谈者都会向我提及黑道问题，并说在如今地方上的许多开发工程中都有他们的影子，更有一种几乎是绝对化的论断："没有黑道背景，你就根本不可能接到工程！"由此，灰色势力的问题进入了我的视野。不过，这又是一个难以展开田野调查的问题，因为叙说者多半都是以一种盖然性的语气谈及这一问题的，如果你要他们进一步举证说明，那多半是会被婉言谢绝的。对此，我能够理解，毕竟这是一个十分敏感的话题，它可能会涉及报告人对个人安全与法律责任的考虑，甚至也有可能会触及对地方治理绩效的评价，这些当然都是一个长期生活于本地的人不会轻易对局外人透露的。而这一问题的隐匿性又使得如我这样一个公开以调查者身份进入小镇的人几乎不太可能获得参与式观察的机会，因此，这里的记述也就只能是对田野报告人的盖然性叙述以及他们个人体验的整理。

灰色势力的崛起大约要追溯到上个世纪80年代改革开放之初，这些人在当初的确是一些滋扰地方秩序的流氓混混。那个时候，阶级斗争尚是有影响力的社会分析模式，因此，黑是黑，白是白，没有所谓的中间地带，流氓混混统统属于公安机关的打击对象，所以，这些人在地方上可谓恶名昭著，为一般百姓所不齿。这些流氓混混多出生于穷乡僻壤，是典型的农家子弟，他们聚在一起，没有明显的组织，往往以一两个因打架斗殴而闻名乡下的狠人为核心，结成松散的团伙，并活动于乡镇之上。因为贫穷的村落经济与邻里亲缘的村湾结构似乎不太有利于这种团伙的生长，而兔子不吃窝边草的行规和禁忌也使他们一般不在自己的村庄活动。1983年是乡下人迄今都还清楚记得的"严打"之年，在"严打"中，这些团伙的核心人物多因犯事而被抓入狱，其势力也相应地受到遏制。但是，到了20世纪80年代末，当那些经受了牢狱之灾的"老大"从劳改地放回来之后，却意外地发现当年严酷的生存环境已经有了很大的变化。

此时，市场经济渐成气候，城郊型乡镇也进入初期的开发阶段，这些有过牢狱经历的年轻人虽然恶名远播，但是在社会价值急剧变迁的乡镇，坐过牢似乎也成了某种足以慑人的社会资本。“此时，社会观念已经发生了很大的变化。80年代以前，人们崇拜英雄、劳模，那个时候，哪里出了这样的人，大家都十分羡慕，但很快地这些人就不值得羡慕了，人们开始崇拜那些有能耐、有板眼的人。狠气也是一种能耐和板眼，在乡下，能够让人害怕就是一种本事，所以，大家说起谁有本事，都是说谁狠，谁家的伢们是黑道、拳头大，谁家有钱。说起谁坐过牢，好像也不是在说一种耻辱，而是在炫耀一段令人生畏的经历，有过这种特殊经历的人总是让人不敢轻视。”（附录1：107）于是，在这些人的周围迅速地聚集起一些既无望通过读书升学或专业技能跳出农门又不愿意在乡下辛勤务农的年轻人，他们纠合在一起，利用一般人不敢招惹的心理，开始在各个乡镇初步形成的商海中寻求有异于常人的谋生之道。

一是聚众赌博。不仅自己赌，而且为其他赌博者提供场所和安全保护，并从中抽头。据说一场下来获利不菲，“很是来菜”，于是，许多伢纷起效尤。但凡在乡村做过调研的人大都会对内陆乡村打牌成风深有印象，大量的闲置劳力和闲散时间使众多乡镇人群在基本生活稍有着落之后，往往以打牌度日，形成一道独具特色的乡土生活景观。而这其中，哪些属于游戏似的“家麻雀”，哪些又是职业性的牟利行为，实难严格区分，加之开发渐起后，诸多个体工商户和开发商也参与其中，使这一“全民同乐”的活动更具社会生态氛围。于是，伢们可以说是生财有道，并且逐步形成了各自的地盘和势力范围。二是欺行霸市，垄断赚钱行业。例如，被屠宰牲畜的“下水”（又称“内货”）有一定的利润，这些人便凭借着人多势众，强行从屠宰户处买下来，再批发给一般商户，以赚取差价。三是擂肥、吃黑，或通过“仲裁”纠纷以及代人收账等特殊行业而赚取利润。总之，在大中城市较为少见的现象在县乡以下却并不稀罕，是人们日常生活的一部分。

不过，这些谋生之道毕竟不入正流，很难坐大，稍不留神还会阴沟翻船，招致法律的惩治。所以，在市场经济日益渗入乡村社会、正当赚钱途径已经愈益宽广的形势下，这些下三烂的营生至多也只能是作为这些年轻伢们“起本”时的小打小闹（或也可以被视为这类人群的一种特殊的资本原始积累方式），一旦渐成规模，那些有板眼的老大就想脱去那层被指为涉黑的外衣，由黑变白，跻身于主流社会的商界名流之中，而此时，他们中的一些人也已经确实具备了这种能力和资本。

在上个世纪八九十年代相交之际，一些伢们开始经营建筑工程，并依仗自己的“名声”可能给别人所带来的“恐惧心理”，省却了建筑施工中可能与农民和商人之间出现的诸多治安麻烦。一般建筑老板在与农民打交道时，多遇纠缠，但工程只要到了这些人的手里，一般农民可以说是“闻风丧胆”，还有谁敢去主动招惹的？[6]于是，凭借着其特有的“效率”与“信誉”，他们的生意迅速做大。这也使得一些建筑工程的发包方更愿意将生意交给他们，而不是一般的商人。同样地，一些缺乏背景的普通建筑商也不太敢与这些有着特殊背景的老板争抢生意。于是，时势造英雄，这些人的“价值”体现也就从争强斗狠转向了集聚财富，并开始修成正果，进入主流。人们常说，战争年代体现一个人的价值是当将军，那么，和平年代体现一个人的价值就主要是聚敛财富，所以，如果不是考虑到这些人物过去的特殊身份，以及他们可能还在若明若暗地利用这种身份的特殊影响来经营和扩大生意，此时，即使用“灰色人物”或“灰色势力”来指称他们，也有可能不合适，甚至于会招致法律和政治上的被动。

乡镇地方标志性灰色人物的成功对乡村的一些青年后生无疑会产生某种示范效应，而这些成功人物生意的扩张又进一步为同类年轻后生的“成长”提供了“劳动力后备市场”，于是，一些青年人也选择以此为自己的人生之路。一位挂村干部向我讲述了他所挂的那个村庄近年来青年劳力中存在着的这种特殊流向。

“这个村庄三面临水，水系是潭湖的一部分，虽然临湖，农业的灌溉条件却不好，土地贫瘠。过去潭湖与长江水系相连，鱼多，村子里的人多以渔业为生，并逐渐形成一种特殊的行业，当地人称作‘鱼霸’。这些人以团伙为主，与各界老板相交，保护他们的利益，帮助他们解决各种麻烦。这些年，第一代老大的年龄增大，逐渐从前台退居幕后，有的人步入商界，经营起发廊、饭馆、歌舞厅。他们的生意需要人保护，于是，后起的年轻人前赴后继，做起了前辈当年的营生。现在，潭湖与长江之间修了两道闸口，鱼少了，做鱼生意的也少了，后起的年轻伢们便多以为各行业老板提供安全服务、收取保护费为生。这些人好吃好喝，不愿意干体力活，但收入绝不比一般的打工者低，可以说是一项低付出高收入的特殊行业。在县乡以下，这种情况比较普遍。说他们是黑社会吧，一般情况下他们也不打打杀杀，不犯法，不招惹是非，所以你也不好定性；但如果说他们务的是正业，又显然不是那么一回事儿，国家规范的行业中显然没有这一行。可以说他们是一股介于黑白两道之间的势力，出现这股势力，还是说明基层治理存在很大的漏洞。可以说，他们构成了如今乡镇秩序的阴阳两面。

“当然，也有搞跳了的，例如不同团伙之间因为矛盾而发生火并、不得已情况下的违法乱纪，也有人为此坐牢，也有打架送了命的，所以，民间又称这些伢们是‘吃血饭’的。当然，一般正经人，你做你的事，你不招惹他，他也不会来招惹你，他们主要是在生意场子上混，发展大了的，就开始抢夺各种开发项目。与他们相比，一般正经商人和村组都不占优势，如果一项工程后面有他们的影子，你就接不到工程。”（附录 1：108）

毫无疑问，灰色势力如今已经构成乡镇社会一道若隐若现的独特景观，而他们的活动对于地方经济与开发的影响，则可以从以下几位报告人的介绍中得到进一步的印证。

林靖南书记曾经向我介绍过他与这些人的交涉。他说：“在乡镇工作难度很大，既要与菩萨打交道，又要与魔鬼往来。乡镇社会红黑势力都有，有的黑势力还到政府逼债，强行承包工程，有的甚至要到了书记、镇长的家里。但我这个人性格刚硬，不吃这一套。刚来小镇时，政府欠有200多万元的债务，到了年关，就有人带话给我，说钱不还年恐怕不好过，我当时就对带话的人说，你也带个话，如果有谁敢到我家里来要钱，我敢要他死。结果，我当了这几年书记，还没有哪个人敢到我家里去要债。但这种情况在其他乡镇就说不准了，有的书记年前把手机都关了，也不接电话，躲起来了，只用一个秘密电话与政府保持联系。有的乡，黑道伢们甚至敢坐在政府办公室的桌子上强接工程，书记也不敢硬顶。但我不信这个邪，现在镇里正在修的一条公路有好几股势力想插手，但我下决心顶住。他们派了十几个伢们去威胁施工单位，要强接工程，导致停工。我要求第二天必须开工，结果第二天又来了两车伢们，我于是调动了派出所，抓了十几个人。但这些人被扣下后没有口供，不承认阻止施工，说他们又没有打架闹事，凭什么扣？派出所问我怎么办，因为按规定只能留置48个小时，我说那就先扣48小时再说。结果到了时间还是没有口供，按道理就得放人，派出所又问我该怎么办，我问没有口供，特殊情况是不是可以关几天？派出所说那还是可以的，我就让先关起来再说，结果就关了半个月。从此，施工就顺利了，没有人再来捣乱。”（附录1：109）

林书记是镇里的一把手，只要他不软，灰色势力还是不敢以硬碰硬的，毕竟林后面有国家机器撑腰。自古以来，“民不与官斗”，也斗不过官，这一点道理谁都懂，也适用于这些人，但如果这些人吃住了某位干部的短处，或者彼此之间本来就有一种说不清道不明的关系，那就另当别论了。

但是，作为村里干部和一般个体工商户就多半不会像林书记那样行事了。工程是公家的事，而伢们却往往是冲着某个具体的人而来，所以，一般人就有可能因为怯场而让步。老罗坦言他就有过类似的经历：“我们村在1999年9月从京珠公路承包了一项土方工程，大约有11万立方米的工程量，合同刚一签订，这些人就得到了消息，他们到了我的餐馆，四处布满了人，为首的说话虽然还算客气，但明摆着是在向我示威。我开馆子也必然要有各方面的关系，要说怕倒也不是，但当时村里的干部都不敢到场，只有我一个人应付，所以，也只有就着他们。他们提出要接这笔工程，当时村里已经与一个包工头谈好，价格是5.9元一立方米，他们非要接，却提出6.2元一立方米的工程价，实际上就是强买强要，他们死缠着你，不答应就不撤兵。你说他违法吧，又不怎么违法，也是在谈生意，但生意有这样谈的吗？没有办法，最后好说歹说，他们同意让1角钱，以6.1元成交。当时我们还谈好由他们先垫资做，但干了三天，他们就停工了，说没有钱了，问我要钱，没有办法，村里只得又把钱给他们。结果，这项工程做下来，村里只赚了8万块，本来预计可以赚12万块的。生活在这样的环境里，你说怎么办？也只能适应。只要他们不公开违法乱纪，连政府也对他们没有办法，何况我们？”（附录1：110）

老罗讲的是村里与这些势力打交道的经验，一位在当地颇有实力的建筑承包商则向我介绍了他自己的感受：“我之所以能够接到工程，主要就是靠关系，我在红黑两道都有朋友。我很尊重官场上的人，下面就这么大，转来转去就是这些人，经常接他们吃吃饭，打打牌，彼此就成了朋友；而黑道呢，其实就是在场面上混的哥们儿，这些人在年轻的时候什么都干过，打架斗狠，拉兄结伙，有的还坐过牢，但现在他们都在经营正规生意了。因为他们有过那种名声，别人一般都惧怕他们，所以，他们的生意总比别人好做。生意场上仍然要讲兄弟相帮，这样别人就会让你几分，不敢敲诈你、找你的碴子，所以，还必须得维持这种关系。没有道上的朋友，在下面很难接到工程。”（附录1：111）[7]

灰色势力在进入主流社会之后，懂得维持与乡村社会中各色精英人物的关系，并习得主流社会的游戏规则。一位在小镇场街上有些分量的朋友告诉我，每逢年节，这些老大都会来看他，向他请教为人处世之道，而他也以自己的人生阅历规劝这些已入商海的昔日浪子要珍惜已经得到的正途。“既然已经成了气候，就要多结正果，要注意为人，再不要与人争强斗狠。自古以来，只有千里的人情，没有千里的威风，始终争强斗狠，终究不会有什么好结果的。对政府的干部，你们也不要时不时地接他们吃饭，别人也要顾及自己的影响和威信，要玩那个味儿。你们也要为他们着想。此外，要想混大，一个赌、一个色、一个毒是务必要远离的，这三样东西是吃人的老虎。”这位朋友说，这些老大十分佩服自己所讲的这番道理，他们也知道自己的运气好，赶上了时候，才有了过去连做梦都不曾想到的今天，所以，一些聪明的人也拼命要抓住机会，进入上流社会。“看来，这个过程他们大体上已经完成了，许多人不仅赚了钱，还有了地位，获得了社会承认。现在这些老大坐的车，最差也是十七八万，好的有几十万的，这就是下面的情况。”（附录 1：112）

老大们已经进入主流，更多的年轻伢们好像还在“道”的路途上苦斗，并希望借此能够最终修成如前辈老大们那样的正果。由此，通过越轨来完成资本的原始积累（包括如“狠气”这样的社会名声的积累）就似乎也成为一部分底层乡镇青年农民改变自身命运的一种选择。这种选择充满风险，却也同样充满诱惑，乡镇的开发工程源源不断，机会很多，而成功与失败就似乎全然在于各人的胆量和运气。

灰色势力的存在无疑是小镇基层政治与行政运作所要应对的一种环境，并且也增加了农民形象之“可嫌”的另外一副面相。

八
僵　持

叶先生的回应

面对着小镇政府的来信，远在大洋彼岸的叶桦十分意外。他感觉小镇这边不仅言而无信，不把合同当回事儿，而且还制造理由，把无理说成有理。激愤之下，他决定像洲头村四组的村民一样进行维权。

和四组的农民一样，与小镇政府相比较，叶先生也仍然是一个老百姓，虽然也可以称得上是投资商，但本钱不大。以镇干部的话来说，他建葡萄园这三年来，因为资金短缺，经营状况并不好。而且，他与自己的代理人同时又是生意伙伴的贺志伟之间还有些矛盾，在这个意义上，镇、村方面废止合同，甚至也可以说是给他和贺两人提供了一个体面下台和挽回损失的机会。（附录 1：113）然而，这种说法即使有一定的道理，也只是政府方面的盘算，从叶桦本人来讲，对方单方面废弃合同仍然让他感到气愤与无奈。作为一个文化和心理状态上的华人，他对东方社会官民之间的游戏不能说完全不熟悉，这次遭遇似乎也是要他有机会体验一下这种游戏。但在另一个方面，叶桦又不只是一个普通百姓，甚至也不是一个普通的内地小投资商，他有着在当下中国语境中十分特殊的身份背景，他也清楚这样一种身份背景在这场被迫展开的博弈中所能产生的效用。因此，作为一种本能反应，即使在最初的激愤之时，他也决定利用这一特殊资源来与小镇政府较量一番。而政府来函中所显露出的那种外呈强势、内含礼遇的心态，也使他感觉到至少自己在经济上应该不太会吃亏。所以，激愤之余，他旋即又以一个商人的精明拟定了应对之策。[1]

于是，同样是对洲头四组占压土地的补偿，小镇政府和洲头村村组织就遭遇到两种不同形式、内容和前景的对峙。

摆在我案头的是远在美国新泽西州的叶桦先生写给小镇政府的两封信，从这两封信中，我得以体会到叶桦在得知自己远在祖国内地H市小镇洲头村的150亩承租地已经被出让给他人后的那种心情和反应。兹照录如下：

信函一

2003年3月2日函于美国新泽西州

受文者：小镇人民政府、洲头村村民委员会

兹据贺志伟先生电告，谓大江区小镇及洲头村均发邀请函一事，知悉。

有关本人承租洲头村土地一事，贵乡、村曾向本人多次进行商谈，欲将已□[①]领承租在案之土地收回，另售他人之事，现敬复于后：

1. 本人因业务关系，工作需要，无法于近期返国。

2. 个人认为在我承租之土地一公里方圆内，到处都是空置荒地，为何单要别人已辛苦开发三年之久的土地？

3. 请求将有关单位批准要本人必须迁让之红头文件复印本，寄本人一份，以做参考、研究之依据。

4. 对所承租之土地，系合法行为，按年付租，近三年来由于形势发展，土地价格看好，心生悔意，多次逼让，“官争民利”令人烦恼不堪，苦不堪言。

5. 据告征用大于租用，在《中华人民共和国土地管理法》以及《实施条例》中，无此条款。

---

① 此处为何字，不详。

6. 根据土地管理法实施条例第二章第三条：国家依法实行土地登记发证制度，依法登记的土地所有权和土地使用权受法律保护，任何单位和个人不得侵犯。

7. 再根据2002年8月29日中华人民共和国主席第73号令，并自本年3月1日起施行之《中华人民共和国农村土地承包法》第一章总则第九条：国家保护承包方土地经营权，任何组织和个人不得侵犯以及同法第二章第四节第二十六条：承包期内（合法为50年）发包方不得收回承包地。

8. 根据上项两法，再依《中华人民共和国外商投资保护条例》《台商投资保护条例》内列举有关投资者各项权利上的保护等因。

基于以上各法、各条款之规定，以及本人爱国回归之决心，及种种外籍家族原因，对所提欲收回原租之土地一事情歉难同意，亦不愿接受任何补偿方式的迁让。

敬请对此事再予仔细之考虑，并请鉴谅是幸。

结论：自古以来，我们的祖先警惕座右铭是切忌：

一、“官逼民怨”。二、“官争民利”。三、“只许州官放火，不许老百姓点灯”的古训。但愿我们这些“爱国回归，拥护一国两制”、在国外受尽歧视的游子，能在祖国母爱下，依法得到应有的法律上之保护与重视，则国家幸甚，个人幸甚。

前联合国总部员工，美籍华人、台胞叶桦敬上

本件分行左列有关单位备案：①

一、××省人民政府、人大、政协、台办、侨办

二、H市人民政府、侨办、台办、人大、政协、外商投诉中心

三、H市叶×市长（同宗在H市一再遭遇到麻烦，恳请

① 叶先生的信用的是竖行自右至左的书写格式，故此处用“左列”而非“下列”来表示信函同时寄送的其他单位和个人。

关注）

四、大江区长谢世德先生、台办、侨办、工商联、人大、政协

五、小镇人民政府、洲头村村民委员会

六、贺志伟先生（电话号码××××－××××号）本人代理

七、Attozney Law. my Cazl Hayden

八、中华人民共和国驻美大使×××、驻纽约总领事×××

我的通讯地址：电话、传真：×××－×××－×××－××××

（该信后附有若干海外媒体对大陆投资环境及我国政府强调保护台商权益报道的复印件）

（附录 2：26）

信函二

2003 年 3 月 26 日函于美国新泽西州

受文者：小镇人民政府招商引资办

一、贵办 2 月 28 日及 3 月 24 日两函均敬悉。

二、函告本人承租之土地已出让给××省人民防空办，并已依法取得《中华人民共和国国有土地使用权证》，是受法律保护的土地，自在意料之中！

三、大江区人大通过议案实施两区五园，本人之园地符合规定，按照《中华人民共和国土地管理法》第一章总则第二条所列，如国家为公共利益的需要，可以依法对集体所有的土地实行征用，但此两区系生态农业旅游区，人民防空办不应在此设立训练中心，与生态农业毫无关联，全凭人事关系为子孙谋福利，显属“与民争利”，有违人大立案开发之精神。

四、按照土地管理法第二十条：“县级土地利用总体规划

应当划分土地利用区，明确土地用途，乡镇土地利用总体规划应当划分土地利用区，根据使用条件，确定每一块土地的用途，并予以公告！”根据右项第二十条，贵镇有否事先征询意见或公告？

五、规划此案，呈报上级，是否将本人租用之土地情况显示在规划图上？“若有”，叫我迁让则与法不合！“若无”，则属“暗箱”作业，未经公告及征询，更与法不合。

六、今贵办云及按《中华人民共和国土地管理法》第二章第十五条规定：农村土地由集体经济组织以外的单位和个人承包经营的，必须经村民会议三分之二以上的村民成员或三分之二以上的村民代表的同意，并报乡（镇）人民政府核准一事，系属洲头村干部对内职责，其行使与否，非本人能力范围内之过失与责任。

七、现今防空办取得本人之土地，有否经过三分之二以上之通过？“若有”，请与大江区人大常委会审议通过及批文复印件一并寄来供本人参阅；“若无”，则与本人何异？（人大会议批文复件，前函述及，但未传来）

八、本人租用之土地系属荒芜林地，滩涂养殖使用，并无违背相关法令，且经小镇人民政府出具同意使用此旧林场土地 50 年，有全体村民干部及贵镇书记 ××× 先生共 8 人签署同意将此 150 亩土地发包公证（附复印件二份），本人何处有“许多地方违背两法”？敬请不吝赐教是幸！

九、贵办云及防空办已取得土地使用证，方才发现本人原领有之土地承包经营权许可证，小镇人民政府出具之土地使用同意书，洲头村全体干部签名之公证书、合约等文件，贵办公室竟毫不知情，显见此项文件被人冒名顶替伪造，现检附全部文件复印本，敬请贵办仔细检查真伪，若有任何疑问，贵办应速向公检机关报案，请求立案侦查，以保贵乡声誉及防空办合法权益。

十、目前本人被贵办认为有违“两法”众多之状态中，有何颜面前来或派代表协商？一俟公检法鉴定程序告一段落，分别真伪，定当前来会谈并请教贵办之公文处理程序与档案管理方法！

复此查照。并致谢忱！

顺祝

商祺！

美籍华人：叶桦敬上

（该信后附有叶桦与洲头村签订的土地租赁合同、小镇政府同意土地对外发包的证明、合同公证书、土地承包经营权证、私人建房许可证等各项证明的复印件）

（附录 2：27）

我无法判定以上信函是否就是叶桦写给小镇政府以及其上级相关部门的全部信函，抑或他还通过其他的方式，例如电话、中间人带话等，表达了他在面临合同被废止这一突然事件时的那种心境和反应？不过，就是在我所能够看到的这两封信中，叶桦在突遇变故时的那种惊骇与复杂的心态也已经跃然纸上。

但叶桦也并没有因为事出意外而自乱阵脚，除了那种我们能够明显体会到的惊愤之外，这两封信给我的更为深刻的印象是，他拿起了法律和政策武器，利用自己的特殊身份进行维护自身权益的活动。

小镇政府不是多次催他回国相商吗？他偏偏不来。按镇政府回复 H 市外商投诉中心信函中的说法，镇里“多次真诚邀请叶先生能在近期回国一趟，面谈此事，往返的飞机、车船费由镇政府承担，而叶桦先生却以种种借口予以拒绝”（附录 2：14）。此一时期，国内正闹“非典”，不能回来很好推托，而家里有一已成植物人的儿子，无法抽身，也是最好的理由。（参见附录 2：28）他知道，在双方的立场相差甚远时，面商只会陷入一种没完没了的争吵和无结果的讨价还价，这对于像他这样一个在国内没有任何内援依靠的商人是不占优势的，而且也耗不起时间和精力。而他所想的，是以他所具有的身份背景向小镇政府施加压力。人在海外，可以直接从美国的新泽西州致函小镇所在省、市、区各个相关权力职能部门及通过中国驻美大使、驻纽约总领事等诸多环节，构成一种因各方的询问和转函而对小镇政府形成的外部压力，使镇、村方面不敢轻易否定或曲解事实，也不敢以一种单纯的行政力量来压服自己。应该说，这种考虑与应对是有道理的，从可查阅到的或前面章节转引的有关政府信函中（包括镇政府复函有关上级机关的询问信函中），我们一再看到，小镇方面虽然力图为自己的行为寻找道义与法律的理由，但它在实质上也仍然只能采取一种与叶桦平等协商的方针来处理此事，并一再保证不会让叶桦吃亏。可见，叶桦已经将租赁土地的经济纠纷转化并建构成一件涉外和涉“统战”的政治纠纷，将事件成功地“问题化”了。这种将经济纠纷政治化的“问题化”战术在实际上改变了事件之中官“民”之间的权力对比态势，使自己处在一种比较有利的位置上。这倒让我想起了福柯（Michel Foucault）所言及的在特定互动网络中通过权力的行使再创造斗争双方一种新的优劣态势的观点。（参见福柯，1999）[2]

小镇政府不是声称叶桦的承租地不合法，自己的行为合法吗？叶先生在回函中就针锋相对地做了辩驳，为自己的承租行为寻求法律的维护。所以，我们看到，在叶桦的两封信中均充满了对我国相关法律的援引。虽然叶不是专业法律人士，对法条的解释未必精当确切，但从解构对方立场这一点上看却是成功的。就是小镇政府功利性地搬用集体土地对村庄之外的单位和个人发包须经村民会议或村民代表会议三分之二以上同意一说，他也以“你们将土地出让给省人防办是否经历了同样一个程序”的反诘，成功地进行了反驳。叶桦指出，我的承租地未经这样的程序属于你们的行政失职，而非由此可以判定我与你们合同关系的无效。这样一种运用法律资源进行的自我救助，使得小镇方面自我建构的法律正义的理由在面临可能出现的法律纠纷时失去意义。因此，这就为下一步双方回到实质性的补偿性商业谈判做好了铺垫。因为小镇方面也明白，如果叶先生真的将此事诉诸法律，占优势的未必一定是自己，寻求法律之外的沟通还是更为妥当和保险。这样一来，小镇方面对于法律正义的自我建构与其被认为是针对叶桦的，不如被认为是应对上级部门查询的。

当然，在基层社会调查久了，我也深知在涉及对官民纠纷的理解中，一味去强调哪一方的法律正义性，并由此判定纠纷的解决会向着具有法律正确性的一方发展，是十分幼稚并且没有什么意义的。在前文的分析中，我其实早已十分明确地表达出一个观点：在这样的一类纠纷中法律的作用其实是远不够明显的。正是因为真正的法治距离中国地方社会，尤其是它的官民关系层面还有较远的距离（在这方面我无疑是一个悲观主义者），纠纷中双方之于法律的运用就往往都是断章取义和各取所需的，即只有当法律在不危及自身的利益和行为，而且又能破坏和有损于对方的利益和行为之时才是会被派上用场，并且起作用的。[3] 作为一个华人，叶桦应该清楚地知道这一点，所以，我以为他在信函中对相关法条的引述所要达到的目的，仅仅只是要反诘镇政府为其行为所建构的法律理由，并再一次声明自己的承租地应该受到法律保护，而不是真的要将这一纠纷引导向法律诉讼。所以，我们就得以看到，在整个事件的发生、展开和结束的全部过程之中，叶甚至一次都没有提到要实际运用法律武器来维护权益。法律之于他，同样也仅仅只是一件被刻意包裹起来并被置于斗争后台的潜在的硬武器。叶桦知道，如若真的将这一潜在的硬武器推向前台，变为显在的硬武器，以他所面对的对手和自己远在海外的特殊时空距离来看，无论在经济、时间和精力上，成本都将是巨大的，而最终的结果甚至也可能是未知的。

身为美国人却有着一颗“中国心”（文化思维定式）的叶桦还是选择了非法律化的政策投诉。他将自己与小镇政府和洲头村的往来信函同时也转寄给了国内相关部门，寄希望于他们对小镇的行政干预，甚至通过投书于中国驻美使馆和驻纽约总领事馆，使这种行政干预再添加上涉外的背景。而且，在他的信函中不仅附寄了与承租土地有关的法律和行政性的证明材料，同时还包括了海外媒体对大陆投资环境的报道以及我国政府对保护海外和台商投资者权益的报道资料，这就等于是选择将矛盾的解决置于一种特殊的民告官的行政化场域，即“上访”和“告状”的场域之中。关于中国民众在应对官民纠纷时一般不取法律方式而取上访方式的原因，已有学者做过研究，其中，我以为应星基于深度观察、对一个水库区移民上访维权故事的分析可以说是最为精彩和到位的。他对大河移民故事的描述和分析使我们看到，在一个政治与行政权力自上而下源出一体的社会结构中，法律本身的运作逻辑也得服膺于官僚化权力。既然如此，民众通过越级上访和告状就显然是比法律争讼来得更为便捷和节约成本的行为，而国家也有意识地从体制的角度鼓励（至少是容忍）民众通过行使这一具有中国传统政治文化特色的政治权利来进行“诉苦”，表达诉愿，并纠正下级机构的行政过错。[4]而叶桦所行使的也正是这样一种“诉苦”式的上访表达，他要让小镇政府的上级机关（甚至包括中国驻美使领馆）知道，作为一个爱国侨胞，心怀爱国意愿回国投资，其合法利益却遭受到投资地基层政府和组织的不法侵害。叶希望这些“青天”能够站出来纠正小镇政府的行为，维护作为一个海外华人兼台胞的合法权益。他相信，自己所同时具有的这两项“头衔”的确能促使相关部门过问和插手此事，从而使小镇政府面临来自行政体系上端的压力。

事情确如叶桦所期望的那样，因为事关维护外商在华投资利益和统一战线这两大敏感问题，叶桦所“上访”和投诉的几乎所有部门都做出了反应，通过相关渠道将信息反馈到小镇，一是了解情况，二是要小镇慎重处理此事。于是，叶桦便成功地借力打力，将经济纠纷政治化，逼迫小镇政府不再自迷于道义与法理正义的自我建构，而是走向更为务实的商业利益的谈判。

事情一旦按照这个逻辑发展，叶桦便摆脱了中国传统官民互动中通常“民”所不可能摆脱的弱势位置，他与小镇政府作为平等的商业谈判者地位，甚至他拥有的“外商”和“台胞”这两个身份的独特优势都显示出来。叶桦重构了一个有利于自己的谈判空间，在这一空间中，不仅他作为商人的精明优势可以完全地释放，而且他的特殊身份背景所独具的政治优势也无时不在增加谈判的筹码。这个时候，他开始后发制人了。

不过，此时的叶桦仍然不会亲自走向前台与小镇政府谈判，精明的他只是通过代理人穿针引线和中间带话来表明自己的立场，开出自己的价码，这样，他便可以进退自如，操控一切。这个时候，他所想所要的已经不仅仅是维护合法的利益，而是要把谈判变成一场商业利益再生产的机器，因此，由代理人来谈，便进可攻、退可守。这样，叶桦和小镇及洲头村因承租土地被转让而引起的纠纷，就由第一个阶段双方通过信函往来争夺道义与法律正确的制高点转向了第二阶段的谈判桌上的较量，而与一般纯粹商业较量有所不同的，就是叶桦会不时地运用政治资源使较量朝着更加有利于自己的一方进行。在这个意义上，小镇政府和村组织所面临的博弈对手，就不仅仅只是站在前台的贺志伟和隐身在万里之外的叶桦，还有那些随时都作为一种体制压力悬在头顶之上的各方权力部门，表面强势的镇政府和村级组织在这种无时不在的体制性压力下，已于无形之中居于下风。

开工前的反复

5月底的一天，洲头村汪书记家，未理明、老洪和陈其然等镇干部聚在一起商议洲头村的事宜。原来，5月中旬那次一至九组小组长会议所讨论的拆除抽水机泵站的善后问题仍然没有得到解决，而四组的集体抗争也并未停息。组长们为推掉机台之后的土地补偿问题还在与镇、村角力，因此，省人防基地开工剪彩已经20多天，施工方仍然无法动工。不得已，才由林靖南亲自与组长们对话，最后答应如因拆除机台而在大旱之年影响相关村民小组的收入，出现缺粮现象，由政府救济，并出台了专门的政府文件，才将事情基本上摆平。

附件 8

关于拆除洲头村杨家嘴泵站善后事宜的处理意见的通知

小镇洲头村民委员会:

为了确保洲头园区能够平稳、顺利、有序地发展，使落户客商有个安定的投资环境，经政府研究决定，特做出如下处理意见，现通知如下:

（1）涉及全部杨家嘴泵站抗旱灌溉的洲头村二组、三组、四组、五组、六组、八组的旱地、水田农业税全免。

（2）涉及部分由杨家嘴泵站抗旱灌溉的洲头村一、七、九组面积的农业税减免另行通知。

（3）涉及由杨家嘴泵站抗旱灌溉的小组农民，在水系未恢复前如在大旱之年出现缺粮现象，政府将给予粮食救济。

（4）洲头岛开发征用了以上小组的土地或镇政府恢复了水系，本通知将自行失效。

大江区小镇人民政府（公章）

2003 年 5 月 27 日

（附录 2：29）

然而，四组的村民，包括已经签字的 13 家农户却翻盘了。他们旧话重提，要求落实面积，并提出土地占压到哪里补偿到哪里，不同意一次性了断。还有关于拆除机台之后的水利问题，四组也提出他们的情况特殊，要求政府进一步落实解决措施。这些天来，他们就堵在湾子里，阻止施工，未理明等赶下去做工作，也仍然未见效果。

这一回搞恼了已经在洲头村连续奋战好几个月的镇处理开发纠纷专班的干部。在汪书记的家里，未理明抱怨，如果不是因为头上顶着这个帽子，他早想动手了。汪书记也很恼火，一反其温文尔雅的个性，说“中国人就是奴性，这件事看来只能强行动手，反正绝大多数农户签了字”。未理明也暗示政府不好表态，要汪书记找施工方商量，尽快拿出一个应对方案。

未理明走后，汪书记立即打电话要负责项目土方工程的金老板来他家。金老板来了之后，也感到十分棘手，说总不能动手打人吧，现在可抓得正紧呢！

“作为书记，我当然不好对你多说什么，但作为长期交往的哥们儿兄弟，我只能说政府和村里在目前这种状况下不好出面，只有看你的态度了。你们与村里签了施工协议，工期有规定，如果农户有意见，应该找我们和政府，不应该拦着你们。”

汪书记的话很明显，是在说现在只有施工方适宜采取行动。

金老板问：“这件事派出所能够出面吗？”

“没有冲突，派出所不好介入，只有发生了冲突才有可能。”

汪书记要金老板自己拿主意，并说：“农民就是奴性，你越让，他越硬；你一硬，他就软。”

不过，话虽然说得有些过，但汪书记其实是既不愿意出事也更怕出事的，他口出此言，实在是因为这些天来心里的火窝得太久，加之上面又压得紧，没有丝毫的松动余地，实在让他不好做人。所以，他又对金老板补充道：“你可不能说这是我的意思，那样的话就掉得大了。”金老板允诺。

但是，金老板究竟是否愿意强行开工，从他的脸上看不出来，汪和他耳语了好一阵儿，他便辞别而去了。

金老板走后，屋内只剩下我和汪书记两人，我问：“金老板敢冒险吗？”

“那就要看他是不是真想做成这笔生意了。”

我大致能猜出汪书记的意思，政府要汪书记解决问题，汪书记万般无奈之下，就只有拿生意来压金老板。看来，一向斯文的汪书记面对四组农民的一再抵制，也有些失去耐性。不过，他又补充道：“无论如何，我们都是有理的，施工方与政府和村里有协议，我们与农民也有协议。”

一会儿，汪书记又缓过情绪来，他告诉我，就在今天下午，四组有6个群众代表要与林书记对话，林已经答应了。看来，事情还没有发展到真像汪书记所忧虑的那样，一切也都还在可控范围之内。（参见附录1：114）

下午2点半，镇政府接待室。洲头村四组的6个代表已经到齐，其中包括组长于祖安、一位姓王的女代表和一个讲四川话的马姓老人。此时，林靖南尚在休息，未理明、汪达海等人就先与代表们聊了起来。从这种对话之前的聊天来看，四组的要求还是主要集中在土地面积的丈量和拆除机台之后的灌溉善后问题。与此前有所不同的是，现在四组提出土地开发到哪里补偿到哪里，不搞一次性了断，看来还是担心政府所做的日后地价涨了追加补偿的承诺不能兑现。

3点20分，林靖南步入接待室，聊天停止。落座后，林用眼光扫了一下与会代表，请他们谈谈自己的想法。于祖安代表大伙儿将事先商定好的想法向林书记和盘端出：（1）对四组的版图面积给出一个准确的数字；（2）这一次没有占压的土地不同意拿出来；（3）水利设施，四组与其他组的情况不同，要求特别对待，特殊解决。

马代表又补充了土地附着物的补偿问题。

听完了代表们的反映，林靖南开始系统陈述自己的意见，此后，对话的内容和节奏就按照林的讲话展开。

“今天，洲头四组村民的代表就省人防训练基地的建设问题与我们对话。其实，围绕这个问题的对话已经开展了很久，从2月份以来，我们就300亩地中的100多亩土地做工作，到目前已经有3个月，为的就是能够妥善地处理好你们四组和二组的土地。说句实话，如果不开发，大家恐怕也不会有想法，安贫乐道，几十年如一日，都相安无事，群众与群众之间也没有大的矛盾。现在开发来了，矛盾也来了，这也是正常的。但是，为了这一百把亩的面积搞了这么久，反复地解释，到现在还有许多问题不明白，这就不好理解了。说到底，矛盾集中到一点还是利益问题，即钱的问题，在这个问题上，我看普遍来说是嫌少了，还没有哪个人嫌钱多的。”

众人笑。

“归纳起来，就是哪一方面都不满意，政府方面有难处，村里有难处，小组长有难处，村民有意见；政府贴了钱，村里未见到钱，小组长两面为难，群众嫌钱少。”

众人再笑。

“有开发就会有矛盾，矛盾还很激烈，发展到最近一段时间农民拦着推土机不准施工。结果，省人防办方面天天给我打电话，问我为何没有把群众调平。部分群众到市里上访，签了字的农户也反悔了，又提出新的想法，结果，搞得我们天天接待上级下来调查的人。当然，这也是正常的，是你们的权利，我们也如实地把我们的情况和安排一五一十向上面做了汇报。上级听了汇报后，认为我们的处置没有什么不妥当之处，还留下来几条意见：（1）肯定我们的态度是积极的，工作是扎实的（镇里派了8名干部，组成调处矛盾的专班）。（2）给农民4500元/亩的补偿也是站得住脚的，而且，我们还有一个承诺，今后土地价涨，还可以补。上面的意见是也可以不留这个尾巴，因为根据相关政策，补偿价按开发前3年亩产值的3—6倍计算，4500元也够了，但本着理解和关心农民的想法，我们还是决定要留这个尾巴。（3）要求我们给农民再做一次工作。当然，上面也会给你们一个答复，我想，你们也肯定收到了答复。”

林靖南一上来就指出目前存在矛盾的症结所在，并且指出，尽管矛盾尖锐，但是政府方面是站得住脚的，这不仅已经为上级政府所肯定，而且即使农民如此不配合政府的工作，加剧矛盾，政府也仍然在为农民着想。林书记的这一开场白，自然是要在这场对话中首先为政府方面奠定一个能够站得住脚的基本立场。

林靖南进一步对代表们施以情感上的感化："矛盾已经发展到这一步，对此，我有一种感受，甚至有一种很是伤心的感受。我1982年就在这里工作了，对洲头的情况相当了解，1986年我就去过，当时的情况相当糟糕，几十年来，洲头有什么发展？如果不搞开发，我昨天给队长们讲过一句话，连媳妇都娶不到。不开发，总是穷，面貌依旧。"说到这里，林书记的嗓子也有些哽咽。

抒发完情绪之后，林书记进入正题："针对洲头的区位优势，我们决定进行开发，为此，我们专门把区领导请来看，区里同意我们设立园区，但是，要我们自己搞，以园养园，区里没有资助。开发的第一个难题就是必须从大江区专门开一条路通往洲头。当时我很犹豫，因为没有钱，区领导想办法帮我们筹了100多万元，其他的钱要靠我们自己解决。我们做了匡算，要修好这条路，还有跨湖的桥，要1500万元，钱从哪里来？只有从其他项目里面挤，从占压补偿款里挤。我们也是没有办法，为了把洲头搞活，带动小镇的开发，我们也只能这样。但是万万没有想到，村民提出了许多问题和要求，每一个问题和要求干部们都对我讲了。关于土地处理，我讲了一个意见，不丈量，以二轮承包面积为准，这也是按政策规定来的，但就是这个事情，双方搞了三个回合，还搞不下来，我们这才提出对你们经营权证上的面积一次性补偿，并且开发前还可以耕种，你们同意了，但现在又提出只补占压的，这实际上是在出难题。你们到市经管局去反映，市经管局对我们的工作给予充分的肯定，按计税面积补偿是合理的。你这么多年一直以这个面积给国家完税，国家也只能承认你这么多。"

在林书记讲话的过程中，农民代表一直在听，没有人插话，毕竟，站在镇政府的立场上，林书记的话表述得在情在理，让农民代

表一时无从找到缝隙以表达他们自己的意见。

“剩余的面积怎么办？我们也在考虑。我们认为，这种面积本来就属于机动面积，应该全部给到村里，但我们考虑到农民的利益，每亩给1000元，村里得小头（30%），小队得大头（70%）。到小队这一块怎么办？我还没有完全想好，但还是考虑再分给农民，一是按人头，二是按面积。本来我是想在村队之间五五分，因为像现在这样对村里不公平，但我跟汪书记交换意见的时候，老汪十分顾全大局，没有多说一句话，就说还是分给农民算了，可见，村里也是为大家着想的。”

林书记讲得非常动感情，在这样一种情境之中，农民代表还能再讲些什么呢？就算是他们想到这1000元的标准太低，想到土地的集体所有本来也就应该意味着村民所有，但面对林书记所讲到的镇、村在开发中的困难，面对村级组织从来就有权处置集体土地的这样一种制度（更为重要还在于现实的）“惯习”（布迪厄语），在此情此境之中再去斤斤计较或质疑否定，不是显得太过于自私和不顾大局了吗？就这样，林书记以自己在理在情的讲述进一步强化了政府关怀农民立场的情境，你只要走不出这样一种情景，就会遇到质疑的心理障碍，进而也就无法质疑。在这个方面，农民的代表是完全没有办法去抗衡乡村干部们所具有的知识与智慧优势以及支撑这一优势的话语言说体系的，就算是他们想得到前提的不合理将埋葬过程的合理，但长期以来上层社会对底层社会思想和话语的支配性影响，也使他们没有办法走出强者为弱者所铺设好的思维管道。正是在这里，我们看到了治者的言说是如何被转换成被治者的思想，治者的意识形态又是如何被输入被治者的身体并被内化为习以为常的行为方式的，也看到了权力是如何成为一种生产性实践的。镇政府以公共利益名义所确立的土地补偿政策，农民就是觉得不合理，也没有办法去系统地质疑与反对。他们所能选择的，大概也就是“胡搅蛮缠”地闹腾或祈求于“仁政”这样一种非此即彼的行动技术了。

"处理土地善后的第三条意见，"林书记继续施展他的安抚，"计税面积按4500元一亩计算，水塘按5000元一亩计算，土地附着物、青苗补偿，国家有文件的，都按标准来，有的树被扯了，干部都留有底子，你们也不要担心。

"此外，我们还给大家一个承诺，今后的地价高了，水涨船高，我们会把钱补起来。按市经管局的说法，也可以不留这根尾巴的，但我还是坚持要为农民的利益着想，给大家留下这根尾巴，今后，你们可以凭这个来找政府。"

林书记又提到泵站的问题："这个机台，有6个组完全靠它受益，另外3个组是部分涉及。6个组的农业税全免了，这就又产生了那3个组的攀比，但你们还要求特殊解决，这就有些让政府为难。我们也查了近3年机站使用的情况，也有可能会出现天旱。我昨天就对队长们说了，说一千道一万，你把水田当旱地种行不行？有人说，田的收成高一些，就算你说得对，我们把农业税免了，又行不行？市经管局也认为我们这样处理是站得住脚的。"

林书记几乎是在恳求这些农民代表的配合，代表们似乎也听入了迷，他们已于无形之中被林书记的道理和感情所征服。在这种气氛之下，林书记审时度势，转换语气，从一种恳求、谈心转向了表态，口气也逐渐转硬。

"综合上面的情况，我有几点想法，希望代表理解。（1）党和政府开发洲头园区，是为洲头人民着想，不是为政府着想，是想通过洲头的开发来带动和辐射整个小镇，希望四组的父老乡亲能够识大体，顾大局，不要只看眼前，要放眼长期，不开发，洲头就没有前途，不减少农民，就富裕不了农民。（2）洲头的开发和建设势不可当，哪怕现在做一些违心的事，也要开发，不是说你永远想不通，我就永远不开发。非开发不可。你们到市里找人，你们该反映就反映，但我该讲的话还要讲。可以说，在小镇，我讲话就封了顶，如果上面认为我讲得不对，我改正；如果对，我还要坚持。比如，你们提出占压多少就补偿多少，实际上的想法还是要重新丈量土地，我在这里明确地说不可能，这是最后的方案，再提就叫无理取闹。这个项目一开始就不顺，省人防的问我是不是工作不到位，我说，该做的都做了，只不过我不愿意像别的地方那样将公安派出去，我不愿那样做，因为我是一个农民的儿子！所以，方案是不能改的，除非你们指出我哪一条错了，如果指不出来，就应该由我来说服你们。又如，关于水系，我再说一遍，田当地种，如果出现灾荒，由政府负责补偿，如果四组出现这种情况，我可以重点倾斜，但你们也不要再想其他，以为不种地我们也会给补助。

“现在我听说有的人还去搞赌博，有的人发了几个钱还去押宝，我说这是忘记了农民的本色。我再说一句实话，如果不搞开发，有几家会存有两三万块钱？现在搞开发，反倒还搞出了麻烦！”林书记有些声色俱厉了。

看代表们听得专心，林书记又把口气和缓下来，并且开始结束他的长篇发言。

“我今天讲了这些话以后，对大家有几点希望：(1)希望大家明事理，不要行蛮耍赖；(2)你们个人的思想要通，只有你们通了，才能做通大家的工作，做通周围人的工作；(3)绝不能再影响施工，通过这个项目，是一花引来万花开，如果老扯皮，就把老板们吓跑了。关于开发，我曾经说过三句话，‘老板赚钱，政府收税，农民得实惠’，但是别人不来，地价就起不来，你就永远只有 4500 元。”

林书记这番持续一个多小时、一气呵成的讲话，看来已经从道理和感情上征服了四组的农民代表，使他们已经于无形之中忘却了他们这次来与小镇最高领导对话的本意，并且也已经于无形之中放弃了他们的想法而折服于林书记情真意切地表达出来的道理。在这种心态下，在此情此景中，代表们所要做的，早已不再是坚持土地的重新丈量和水利设施拆除后的特殊补偿，而只是想当着林书记这位小镇最高领导的面把他们所不放心的一些具体事情敲定下来。

操一口四川话的马姓老人就代表四组的 6 位代表表达了他们的

这种共同心愿：

“林书记，你也很忙，今天，我们几个代表得到了你的接见，你讲的一切，大家都很信任，这些话，未书记、洪书记也都讲过，但他们拍不了这个板。你今天讲了，我们心里就亮堂了，就放心了。但非耕种面积也还没有落实，你看？……”

代表们态度的转变使林书记的心情变爽：“我马上发文件，马上落实，不要影响工期。”

马代表：“是的，社员之所以不信任，主要还是他们拍不了板。今天你说了，我们就有了底，我们就好给群众汇报。主要是以前一系列的问题没有落实，所以，社员不信任。”

从老马的回应来看，代表们的使命已经从与林书记这个乡镇最高领导的对话和谈判，变成了要亲耳听到来自全镇第一把手的承诺，难怪马姓老人在这样说的时候，未理明等人在一旁耳语，“还是要第一把手说了话才上算”。

林书记顺水推舟：“那说明我们的工作还是有不到位的地方，我们一定取信于民。”此时，林又显得是那样的豪气。

老马又提到：“没有签字的两户今天也来了。”

林书记便循循善诱：“希望你们还是把字签了，别人么样，你们么样，标准都是一样的。说实话，到了这个份儿上，你两户签不签都已经无所谓，但做人要讲道理，你不领钱，我就把钱给你们存在那里。”

组长于祖安反过来帮林书记做两人的工作了：“林书记已经把话讲得很清楚了，还是签吧。”

两人动摇了，他们其实也都已经放弃了继续坚持的想法。但坚持了那么久，总不能当着这么多人的面说转弯就转弯吧？他们需要一个合适的时间和地点。

于是，大家又就一些具体的技术问题进行询问，林书记十分耐心而周全地回答起代表们的问题来。

6 点 15 分，林书记提前告退，他说晚上 7 点钟区里还有一个会。临走前，他拱手对代表们说："辛苦大家了，感谢大家了。"

对话会结束了。（参见附录1：115）

其实，从我的角度来理解，这很难说是一场真正意义上的对话会，毋宁说它更类似于一场地方最高领导对民众代表的召见会和群众代表要最高领导拍板表态的放心会。但是，不管怎么说，经历了这样一次会议，洲头四组从开年以来就一直在持续和坚持的群体性抵制就算正式结束了，接下来的矛盾转移到对具体补偿物的补偿评估方面。

按照约定，第二天一早，我随未书记、老洪和陈其然等人下到洲头四组去落实土地附着物的统计、登记和估价工作，村干部们随行。尚未下车，便见不远处的坡地上停放着许多台推土机，地面上，少数地块已被推过一遍，露出黄色的新土，但大部分施工地段尚是原生状态，或种有农作物，或长满荒草。下车走过去一看，见坡地上坐着几个村民，横挡在推土机面前，而推土机司机则远远地蹲在一旁吸烟，双方没有冲突，但一看便知是由于村民的阻拦，施工仍然无法进行。未书记走过去要村民让出地盘，不要妨碍施工，一个瘦瘦的村民（后来得知叫于祖成）起身回应："附着物的补偿如何解决？"未理明说："昨天与你们的代表谈好了，今天就是专门来解决此事的。我们一边落实，他们一边施工，两不相碍。"听得此话，于祖成等人才起身让出道儿来。蹲在远处的司机们见状，也慢慢地站起身，走过来钻进推土机驾驶室，打燃发动机，开始作业。"轰——轰——轰"，推土机作业的声音顿时响彻整个坡地。

这一边，干部们则开始一顺溜挨地块落实农民在土地上的附着物面积、产量及数量，村民们都围拢到地里，看干部们做事。此时，我又见到了昨天在对话会上的几位代表。经过林书记的一番开导，他们显然已经消除了与政府的对立情绪，或者说已经开始设法在新的现实格局内去修复前段时间因利益对峙而造成的干群裂痕。那位女代表甚至主动对老洪说："昨天实在是不好意思，有的话也并非本意，既然代表了群众，就不得不那样讲。"老洪连声回应："可以理解，可以理解。"老马则一个劲儿地邀请老洪和我到他家里做客。他显然已经得知我的身份，便告诉我他是从四川移民过来的，算是半个老乡了。异地闻乡音，格外亲切，我们的距离拉近了。而他的女儿则是于祖文的媳妇，在镇贤酒楼一起吃过饭的，这一下，大家就更是熟络了。

从老马这些农民意见领袖态度的转变之中，我再次得以感受到农民政治文化中那种强烈的"青天—贪官"（或"明主—昏官"）的二维政治认知模式。在他们的眼里，林书记无疑是小镇的"青天大老爷"，或者他们至少愿意将他归入"青天大老爷"的类型，而其他干部，要么是说话不能够算数的主，要么可能就被归入说不清、道不明的"贪官"或"昏官"类型。所以，在长达数月的较量之中，尽管未书记和老洪等人曾经多次就有关的补偿政策与他们沟通，但他们并不领情，而昨天林书记的一席话尽管没有增加任何新的内容，却仍然有如拨云见日，让他们吃了一颗定心丸。于是，他们彻底转变态度，由不合作一变而为合作。正是由于这些农民意见领袖的态度变化影响了村民的行为，施工才得以进行。

干部们在地里忙着统计各种作物、林木的数据，相关地块的主人（大多是主妇）则尾随其后。可以说，在这个时候，以小组为单位的利益共同体基本解体，农户开始更加关注起各自家庭的利益损益来。而大的矛盾了结之后，干部们在具体的补偿评估中也愿意通过多估产量、多计面积来做好人，给农民增加一些额外小利。农民们当然乐得占这些小便宜，虽然双方都知道这点好处值不了几个钱，但农民通过此种途径找寻到了些许心理上的平衡与安慰，而干部们则力图以此无须自掏腰包的小惠来改善与村民个人的关系。于是，在干群这一抽象的结构性对立因为种种宏观和中观社会性因素的存在而无法全然冰释的同时，作为具体个体而存在于乡村日常生活中的干群关系却完全有可能大为改善，甚至友好相处。这倒是提醒我们，在具体分析农村干群关系时不要轻易混淆了两种结构（公—私）和两种场域（公域—私域）的复杂交叠，不要任意地用任何结构或制度主义的分析框架去取代对于村落日常生活场景的考量。

临近中午，我们返镇。路上，老洪问我此行有何感受，我笑了笑，没有作答。可我心里在想，如果上午不来，那么，我对于政府—农民及干群互动的认知就一定还停留在那种彼此针尖对麦芒的结构化模型上，但今天我又看到这一模式的另外一个层面，当群众不管因何原因而接受了政府的条件之后，那种随着利益对立而建构起来的“敌对”关系也随之消散，十分融洽的官民关系似乎又重新呈现到现实的乡村日常生活中来了。这至少说明了一个道理：官与民、干与群的对立是一种“角色”对立而非“人际”对立，两者有时候会重叠，有时候却可以分开，尤其是在中国人行为处事的互动格式之中，人们往往都是尽可能将其分割开来，尽可能不要将制度—结构和公域层面的矛盾与对立扯带到生活和私域中来。干部如此，农民也同样如此。或者说，一个乡土社会中人之所以成为一个内部人（社会人）而非外部人（制度人），也正是因为能够较好地处理和区隔这两种不同的关系。[5] 于是，我重又看到了干部的与人为善和农民的质朴亲热。老邓说：“从此以后，农民会敲锣打鼓欢迎开发。”

闻此言，我感到欣慰，几个月来的艰苦工作总算是有了一个了结。

“不，起码还有一个回合。”车上，经验丰富的老洪回应道。他说：“等发钱的时候还会有争执。那个时候你再来看，人们又会为了利益的争执而红脸。附着物的具体单位补偿价还未确定，这又会成为引发新矛盾的焦点。”“农村工作就是这样，没有利害，大家你好我好；有了利害，就成了仇人。”于是，饭后，干部们就开始商议每一种附着物的具体补偿价格，准备进行新一轮的磨合。（参见附录 1：116）

断不清的土地案

因开发而引起的土地纠纷不仅表现在政府与农民及政府与商

人之间，也表现在农民与农民之间，而后者的一个最为突出的表现即是围绕土地流转产生的承包权属之争。当种田不划算时，一些人纷纷弃地外出，将土地转让给他人；而当开发临近，或风闻开发信息，预感土地即将升值之时，外出者又回村要地。由于当初在转让土地时或未办理手续，或手续不全，存在疏漏，结果，在让地者和接地者之间就产生出若干的矛盾和纠纷，这些矛盾和纠纷处理起来不仅让乡村干部颇感头痛，也使逐渐制度化的乡村司法面临着诸种为难。

7月15日，我在大陈村参与了这样一起土地纠纷的调解。

那是大陈村挂村干部曹元新主动邀我参加的，下村之前，老曹就向我介绍了纠纷的梗概。

大陈五组（大陈湾）村民陈向明于1989年3月24日将自己承包的6亩田地转让给同组村民陈向辉，并由向辉执笔立下转让协议，双方签字认可。到1992年11月，陈向明再次将自己余下的两块水田1.9斗（折合1.2亩）转让给向辉，[①]但这一次未立任何字据。2003年4月，向明的继子，一直在外做小买卖的陈同年回村，要求向辉归还土地，双方遂起争端。经村里几次调解未果，2003年5月，陈同年强行在向辉之子陈同文的一块水田（陈向明第二次转让出去的两块水田之一）上耙田，造成同文已经栽种下去的约一半秧苗被毁，又将另一块田的田埂挑开，将水放干。向辉不服，找到林书记和曹元新，要求主持公道。于是，在老曹的安排下，约定在15号这一天双方当事人同到村部，老曹力图来个现场断案，现场解决。

民事调解比不得法庭调解，没有什么正式的仪式程序。我们甫一坐定，同年的女人便开始数落她公公的不是，说公公写这份协议时他们并不知情，加之公公不识字，协议是由向辉叔代写

① 当地农民计算土地时仍然习惯用斗、升等传统计量单位，为理解方便，我在叙述时尽可能将其转换为现代通行的计量单位。

的，所以，协议上的内容与后来公公向他们讲述的不大一样。据公公说，如果自己想要回土地，向辉答应随时给。当然，这都是这女人一面的说辞，并未经过诸方求证。但这媳妇强调，此事的根本错误在于公公将土地转让他人时作为儿子和媳妇的他们不知情，如若知道，断然不会应允，言下之意自然是说这协议算不得数。同年的媳妇称："我家有 3 个小孩，一共 5 口人要吃饭，却只有 1 个人的土地，没有办法，只能收回土地。"又说："大陈不是开发地区，我们没有其他想法，实在是人口增加，无法糊口。"这话背后的意思谁都能听懂，就是为了表明要土地与谋开发毫不相干。

作为村支书的钱秉贵已经就此事调处过好几次，由于双方立场相差太大，始终没有结果。此时的钱书记想当一个和事佬，他一面对同年说："你们的土地已经上了他家的本子（指承包土地的经营权证），硬要是要不回来的，"一面又对向辉说，"你家的地多，也种不了，荒在那里，让给他一些算了。你们两家过去私自调地，没有经过村里，现在扯起皮来，又找村里解决，村里作为一级组织，还是要管。都是一个湾子的，我劝大家要高姿态，一边让一些就解决了，否则，你叫村里怎么办？"

吸取前几次调解失败的教训，老曹为今天的调解定下了调子："这可是最后一次由村里调，如果还谈不拢，你们就找司法机关解决，村里不再过问。"为了确保调解秩序，避免争吵，他又定下一条规矩："一家只一个人发言，以问答方式进行，问到的讲，没有问到的不许抢话，"又说，"主要由男人讲，没有问到，女人不要插话。"初闻老曹这种不太"民主"和"剥夺"妇女发言权的武断规定，我颇感疑惑，但随着调解的进展和局势的复杂，我才开始领略老曹对局势的预测能力和对乡情的了解。

约莫 10 点，调解开始，几个当事人都坐在办公室里，老曹则一边问话一边做记录。他首先问向辉对整个事情有什么看法。

"没有别的，以前，他（指同年）找我商量，说把 2 块水田还他，我说今年已经下秧，就再种一年，明年把。”

老曹：“说这话是什么时候？”

向辉：“约在阴历五月初十。”

“可算数？”

“我已经与他说了，今年再种一年，明年把，我说话是算数的。但是，他把我儿子的秧田耙了，造成了损失，这是侵犯人权的。”向辉尽力用一种现代的时髦字眼来表达他的不满。

“耙的田有多大？”

“9升（0.56亩），还挑了田埂。”

“你是个么想法？”

“想法？栽下去的肯定要保收，耙了的要赔，就这。这是侵犯人权的。”向辉再次强调。显然，他对同年一家的蛮横十分气愤。

老曹像审案一样，问完了向辉又转向同年：“你对这事又有什么说法？”

同年今年45岁，比向辉小了10岁，算是晚辈，他称向辉为叔。他说：“分田地时，我只分到1个人的，小爹（指继父）分了2个人的。当时我在外做生意，也不知道小爹与向辉叔私下写有一个协议，就把土地转了。我知道后问小爹，如果我要种怎么办。他说，说好了的，随时要随时给。现在我家有3个小孩，加上我和老婆，一共5口人要吃饭，所以，我得要回我的土地。这件事找村里反映过好多次，一直得不到解决。小爹将我的土地转给别人，没有经过我同意，不能算数的。”

老曹：“你的地与你爹的是不是在一起？”

“分开的。”

“是不是在一个本子上？”

“没有，我有我的本子。”

“地是伙倒分的[①]，他却给了别人，我们现在只有2斗田（1.3

① 即合伙分的，没有分开。

亩多)。”同年的媳妇忍不住插话，她担心同年这样继续讲下去对自家不利。

“那现在你们是个么态度呢？”

“要回全部土地，我家有 5 口人嘞。”

“要回那 6 亩？”

“还有这 2 块水田。”

同年不仅想要回 1992 年被继父转让出去的 2 块水田，连最初转让出去的 6 亩土地他也想一并收回。然而，对于这后一个要求，老曹却无能为力。他知道，这 6 亩地双方是订有协议的，不论协议是否由向辉执笔，向明毕竟在上面签了自己的名字。这白纸黑字，在法律上可是要生效的。想到这，老曹找向辉要了协议书，抄录在自己的笔记本上，也为日后留下说话的依据。

协议书的内容如下：

博土地协议书

向明土地到向辉家，两家商量互相同意以下四条：

一、博点子壹点肆正(整)。

二、博点子，无耕牛，无种子，无农具。

三、向明留下的土地，只同年可以要，如果同年不要，只向辉接受，别人都无条件干涉。

四、向明博土地向辉后无条件翻(反)悔。

以上四条，两家互想(相)真(遵)守。

向辉

向明　　　　作(做)证人：国全

1989 年 3 月 24 日

(附录 2：30)

老曹和村干部们并不是第一次看到这份协议书，协议的字写得不好，还有错漏，文笔也不通，但大意还是清楚的。老曹于是对同年说：“这6亩地的问题我们处理不了，如果上了他的本子，他更有权支配，你非要，只有通过法律解决，你可以去做法律咨询，我们只能解决这1.9斗的问题。”

同年不服：“我过继给小爹，该分3个人的地，小爹私下将地转给向辉叔，我并不知道。他现在的田地多，也种不了，一直荒着，太不合理。田埂是我挑的，但我挑的是我自家的田，而且，那6亩地也是我的，小爹无权交给别人，我要收回来。”

老曹：“这事我们无权处理，你们要扯，找司法机关，村里只有权调解这1.9斗。”

同年默然，毕竟他初通文理，然而他女人却不吃这一套，再次坚持小爹无权将同年的土地转让他人：“我们不承认这个协议。”

钱书记有些听不下去：“不管怎么说，你爹总是签了字的，如果说有问题，你爹能不能做主，那是你们家里的内部事务，不要在这里扯。”

同年当然不是不懂这个理儿，他只有耐住性子不吱声，双方女人也被老曹强行拦着不许插话。这个时候，我开始觉得老曹把握局势的高明之处了。

而向辉因为拿不出这1.9斗田的转让凭据，知道早晚得退，也不坚持，只是说今年已经下秧，要等到明年再退。同年要他先用另一块田相换，他则回答说，就是这2块田他也不想拿出来，“当初可是你爹种不了，主动找上门的”。显然，他觉得自己占了理，却又吃了亏，仿佛这好人是做不得的那种感觉。

情况十分明了，曹元新开始现场草拟调处意见。他是上世纪70年代末H市一所农业院校的工农兵大学生，很有些文字基础，不一会儿调处意见就写好了。他将调处意见交给当事双方过目，征求他们的意见。调处意见是这样写的：

关于陈向辉与陈向明后留下的
土地给同年壹斗九（玖）升的调处意见

一、陈向辉现种的壹斗九升同意给同年，分两期给，第一期从2003年7月15日给九升，第二期2004年元月给（明年中稻收后给，现时税费谁种该谁付），以后壹斗九升经营权属同年。

二、关于九升田，向辉栽中稻秧后同年耙两次，由同年赔偿适当的种子和肥料，资金为×××元，[①]由同年先交村，再由村给陈向辉。

三、关于协议第一条博点子壹点肆正（整），涉及法律性强，村级无法调解，请双方通过司法机关裁决处理。

四、此次调解后，请双方按“调解意见”条款严格执行，谁违反条款由谁负责。

此调解意见一式三份，双方各执一份，村级一份，签字生效。

向辉看后，没有说话，算是默认。但此时同年夫妇不在场，就在老曹草拟意见书的时候，同年两口子先后离开了村部，女人是寻公公去了，多时未归，同年便跟着去找。趁着这等人的当口，干部们就议论开了，说同年以地少人多为由要回土地，只是一种借口，真正的原因还是怕此地一旦开发，自己地少要吃亏，所以想多搞些土地。“地一征用就是钱啊！”是的，同年长期在外做生意，连他家现有的2斗田都由他哥帮忙种着，真的缺地，早干什么去了？

大伙儿正议论着，外面突然传来一阵号啕声，同年媳妇疯了一般冲进屋来，边哭边诉，就像念戏段子似的。听了半天，才明白她寻公公时，公公正与同年的哥一起耕田，女人对公公有气，嘴里骂骂咧咧，结果惹火了同年他哥，当哥的出手就是一巴掌扇过来，打在同年媳妇的头上。这一下可好，同年他哥是村干部，女人便要起

---

① 具体数字准备等当事双方协商之后再填写。

泼来，“不得了啦，你们来看啦，干部打人了！”这样又喊又叫地朝着村部跑来，要政府和村里解决，否则就要寻死。同年爹十分不满这媳妇的颟顸，也气呼呼地追到村部，要村干部治治这个不讲道理的刁横女人。

向辉见势不好，知道今天调解的事又黄了，便悄悄地退出屋去。老曹见局势又乱，自己宣布的规矩也不再起作用，就招呼着我也退了出来，只留下村主任应付这女人。女人哭诉着说，头像炸裂了一般痛，村主任只好说那就上医院看好了，该如何处理就如何处理。

此时的同年，经媳妇这样一闹腾，有些难堪，也知道今天的事又算白耽搁了。但媳妇既然闹起来，做男人的总不好另唱一个调，便拦着曹元新说：“反正我们的要求你们不同意，这1.9斗田的问题也解决不了。”就这样，今天的调解又失败了。（附录1：117）

第二天，我在政府大院内遇到了同年媳妇。她是来告村干部打人的，又说头痛了一晚上，肯定是脑子里有淤血，要求政府带她去医院做CT检查。武镇长被她磨不过，只好让派出所的干警带她去做CT，结果并没有发现什么问题。头是没有事情了，但村干部打人一事就不好处理，出手的是同年他哥，等于是家庭纠纷，外人不好插手，这打算是白挨了。这样，同年两口子又天天来磨老曹，要他解决土地问题。老曹可没好气：“我已经调解过多次，每一次你们都不配合。我早就说过，成不成这都是最后一次，你们就是找林书记也就那么一回事儿。我一个要退休的人，也管不了那么多了。你们还是找司法机关裁决吧。我可以帮你们联系司法所。”就这样，被烦不过的老曹将矛盾推给了镇司法所。

小镇司法所是区司法局的派出机构，它的职能之一就是代表基层政府处理疑难纠纷，参与基层社会治安综合治理工作。[6]经老曹的联系，陈同年夫妇找到了司法所冯所长，但冯所长告诉他们，经由同年媳妇这样一闹，本来有意归还一部分土地的陈向辉改变了主意，他义愤于同年夫妻的刁蛮，不仅不再同意归还土地，还要就同年耙地一事提起法律诉讼。这样一来，告人的人就成了被告，冯所长让他们准备应对官司，有理到法庭上去讲。

事情的复杂之处还不仅限于此，冯所长在琢磨了陈向辉和陈向明所签订的协议书后，发现其中“向明博土地向辉后无条件翻悔”一句中的“无条件翻悔”几个字，存在着解释上的模糊和两可性，向辉写这句话的本意是为了防止向明反悔，但乡下人的文字功夫不到家，结果写成现在这个样子，又可以解释为“无条件都可以反悔”的意思，这就看你怎么去理解了。经冯所长一解释，这种语义上的模糊不清似乎又给绝望之中的同年带来一线生机，让他仿佛看到几分重新拿回全部土地的希望。不过，这种希望仅仅只是一时的，当冯所长接着告诉他这种文字上的模棱两可实际上意味着司法机关很难再根据协议书的内容对 6 亩土地的归属做出裁决，而只能根据土地承包经营权证上的权属规定对土地的承包者予以认定时，同年便感到自己通过法律途径要回土地的希望又变得有些模糊了，他吃不准究竟是该打官司还是不该打官司。然而，主动权似乎已经不掌握在同年手里，现在并不是他要不要打官司的问题，被激怒了的陈向辉已经由不得他选择，向辉父子以同年侵害自己的承包地，造成 1.9 斗秧田被毁，当年无收成，要求予以赔偿为由，将同年推上了被告席！

陈同年与陈向辉由此走上了法律诉讼之路。这条符合现代治理理念的道路在乡下人看来可能同时又是一条费时、不经济、无法把握结果甚至于是自找麻烦的路。事情往往就是这样矛盾，邻里纠纷闹到对簿公堂的地步，不仅意味着增大了解决问题的成本，而且还意味着为未来埋下更多的矛盾和无序之因。（罗伯特 · C. 埃里克森，2003）因此，如果不是迫不得已，乡下人大多是不会选择这条路的。因此，曹元新要陈同年去找司法机关，实际上也就意味着他不想再管这一类理不清的烂事儿，要陈同年自己去品尝一下打官司的艰辛。其实，老曹也知道，像这种理不清的烂事儿司法机关根本就没有办法裁决，最后还得发回到村里来解决，这就叫作“石头飞上天最终还要落回地”①，事情发生在哪儿还得归哪儿解决。[7]但人往往就是这样，不经历哪来的感受，没有这样一番亲身的体验，同年是不大会配合政府和村里的工作的。

同年决定以守为攻，借机要回由小爹转让给向辉的全部土地。（参见附录 1：118 及附录 2：31）

① 这句话后来又被林靖南在处理石场纠纷时提出来（见下文），并被乡村干部们在多种场合引用。

九
基层的理性

“这是一种政治行为”

一转眼逼近了年关，老虎尾采石场延期半年关闭的期限马上就要临近，区里又专门召开会议，部署关闭事项。小镇负责此事的绕定远从区里开会回来后，即刻在 12 月 25 日的镇政府班子会议上传达了会议的精神。

绕定远说：“区里这一次是下了决心，统一了思想，一定要关，不再像前几次那样，关了开，开了关，搞得自己很被动。本来要求 7 月份关闭，后来考虑到老板们的建议，‘慎重决策，友情操作，平稳过渡’，同意在 12 月 31 日以前停药，春节之前停电。镇里的石场一共有 18 家，证照齐全的 14 家，不全的 4 家。区里强调，目前建筑行业很景气，采石效益好，要强行关闭，老板的抵触肯定很大，上一次他们提出延期，不提补偿，只是一种缓兵之计，这一点区里也清楚。所以，这一次一定要把工作做在前面，要逐个找他们谈心。据了解，老板们翻出了原大江区的文件，当时的政策是号召农民靠山吃山，靠水吃水，的确是鼓励开采的，可现在政策变了，强调要保护环境，这也怪不得我们，但业主们可能会抓住这一点上访。我想，停药大概不会有事，一旦停电就可能有事，他们会来找政府，找我们要补偿。现在，区里主要是担心他们上访，如果打官司还好一些。”

“区里要求我们成立专班，做好工作，石场所涉及的秦家畈和茶山李两个村的干部也要配合。对于老板，我想，先拆除的要给一定的奖励，但补偿是谈不上的，当时就说好了的。”

绕定远汇报完以后，林书记也做了补充：“这一次是非关不可，按照区里的要求，12月31日停药，元月8日停电，此后还有相应措施。这一段时间，工作难度大，大家要有思想准备，准备他们闹事，也要准备他们上访。镇里要事先做好思想工作，保持稳定，要把挂石场的干部名单重印出来，马上展开一对一的帮教。打官司可以，但不能闹事，特别是这段时间，元旦、春节马上就要到了，各项工作很多，稳定是压倒一切的。分管石场的干部这段时间要多辛苦一些，就算他们不来缠你，你也要去缠他们。衡量我们工作的标准，谢书记说了，是以稳定为上，以不闹事、不上访为标准，以全部关闭为底线。[1]我们还要做好秦家畈和茶山李两个村的工作，石场关闭了，他们一年也少了3万多块钱的收入，有的业主就是村干部，他们也会有想法。但是，小利益要服从大利益，要先做通他们的工作，必要时，可以对干部安排奖励，但我们暂时先不谈这一点，在关闭这一点上，是没有什么价钱好讲的。”（附录1：119）

获得了几个月的喘息机会后，石场关闭的大限就要降临。

会后，我想要做的第一件事情就是马上找到杨宏军，通过他了解石场业主们现在的想法。于是，我拿起手机与杨通话，问他是否愿意带我下石场看看，杨说行，并说下午过来接我。下午，我与杨宏军一起去了石场。这是我几个月之后再一次下石场，只见整个工地机器轰鸣，运碎石的东风牌大货车来回穿梭，一派繁忙。看来，老板们也已经知道政府方面的安排，他们正在与时间赛跑，争取在关闭之前再多开采一些石料。

杨宏军带我去了郭德银家。郭住在紧挨石场不远的一间简易房里。

郭德银，51岁，邻乡人，从1996年起一直在老虎尾上采石。他说，自己先后已投资30多万元，请有七八个工人，但因前些年采采停停，生意始终未上正路，这两年刚好一些，又面临关闭。所以，他到现在还欠着别人的债。

老郭告诉我，这几天政府暂时还没有来找他们，但听说马上就要断电，区电视台都已经播了，所以，现在大家心里没有底。

我问起年前为何业主们要签字，老郭愤愤地说："那都是逼着我们签的，说谁不签就封谁的场子，并准备拿我开刀。当时，我的机器开了，结果被贴上封条，罚了2000块钱后才准许扯掉封条重新开机。当时很多人都劝我不要闹了，说我们私人企业拗不过政府，我们的命运掌握在他们手里，你不签字，连这几个月都搞不了。签了字到时候再说，我们只得签了。"说到这里，郭德银又翻出他与政府签的协议书，我看了看，与杨宏军的一样，也附有一份公证书。

"这哪里是协议，实际上是'逼宫'，协议的内容他们早就拟好了，不容商量。当时，我们要求放宽年限，允许我们再搞两年，如果同意，我们就不谈其他的；如果不同意，就要求补偿。当时我们说补偿不要政府出，以后谁来开发谁出，但他们谈都不谈。说要么签字，说要么马上关闭。"

我说："我虽然愿意相信你的话，但口说无凭，你签的字却是凭据，这又如何说得清楚？"

郭德银闻言默然，过了好一会儿才说："他们说话不上算，年初刚同意复工，才过两个月又说要关。其实，他们并不是从环保上考虑的，只是因为有高校来看地，见山体被破坏，不要了，他们又才改变政策。这样一来，搞得我们很困难，因为同意复工后，大伙儿又都投了资。"

"如果真要关怎么办？"

"只有走一步看一步，你总得把红头文件拿出来让我们看看，不能说关就关吧？"

"拿出来了又如何？"

"我们不会就此罢休，但究竟如何搞，我们也没有想好，还要咨询一下。但我们不会打官司，官官相护，打不赢的。”

“搞不好会出人命关天的事，就是我不找别人，别人也会来找我（指讨债），了不起就是我在小镇的地界上消失。”郭德银又冒出来一句狠话。郭是一条莽汉，他现在的确有些走投无路了。

从郭德银家出来，杨宏军又带我去了胡洪国家。胡是另一个日后与郭德银一起组成石场业主抗争核心的中年男人。

胡洪国说：“说句实在话，环境已经破坏了，区里这两年的开发很火，石头非要不可，开采对区里也有好处。区里画了开采红线，等把开采区打平了再撤走也不迟，还比现在这样（凹凸不平）更好看些。过去我们都是响应政府号召上山采石，1997年贷的款现在才基本搞平，我的投资不低于50万，都是贷的，这对我们可是一个天文数字，我们都是高息贷的，场子要关，我们想不通。”

胡又提到：“炸药已经停了，听说马上又要停电。现在已经无药炸石，再没有电，就完了。半年前，我们与政府签了协议，但实际上是被迫的，当时我不签，派出所就贴了封条，没有办法，只有签了才允许重新开机，但还是罚了我2000块钱，协议书政府还拿去做了公证。”

“可这一切总不能单凭你口说吧？”

“贴封条是事实，罚款是事实，不签字就不允许开机也是事实，又不是我一家，当时在场的人很多，都可以做证。”

“如果这次又要强行封，不给一个合理解决，我们就要上访，也可能去北京。市里‘禁麻’还有赔偿，一辆麻木赔了两三千。[①]我们的机械是几十万，不是几千的问题。”

胡又对杨宏军说：“现在，百分之九十几的人都是这个想法，如果加上你就是百分之百了。”

---

① 在H市，人们俗称人力车为“麻木”，之所以如此称呼，有许多种解释，一种解释是说从前的人力车夫好喝酒，喝酒之后晕晕乎乎，故人称“麻木”，久而久之，人们也就称人力车为麻木。“禁麻”即禁止人力车作为交通工具使用。

杨宏军有些难堪："我也是没有办法。"

胡又对我诉说："从1997年借钱开始搞，边搞边还债，到现在就剩下这些机械，光买它们就花了50多万，如果不允许搞就成了一堆废铁，损失谁来承担？"

杨宏军也跟着伤心。对他来说，还比别人多了一层自责，无论怎么说，正是因为半年前他先签字，才导致了业主们先后被迫就范。当时，一些人劝他先签了再说，以后大家再帮着想办法，可事到如今，又有谁能为他们寻找到办法？（参见附录1：120）

公证书也是业主们所要面对的一个麻烦，他们都说是被逼着签的，可是，一旦对簿公堂，又如何举证？法律是要讲证据的，现在，他们唯一可以抓住的理由是公证必须有当事双方在场，但当时他们不在场，公证只是政府单方面的行为。然而，从前述所列公证书的内容来看，只是对所签协议内容是否合法合规、当事人的签字是否属实等内容的公证，并未涉及对当事者是否在场的证明问题，如果这样做在形式上并未违规，业主们又如何举证来支持自己的理由？当初镇里正是因为担心业主反悔才特意搞了这么一个公证，以求板上钉钉的。站在政府的角度，他们也不能不这样做，因为业主一旦反悔，他们的工作就又将陷入被动。但由此倒也的确引申出一个如何去看待双方互动中所涉及的程序及文本的合法与过程正义的关系问题。站在政府的角度，当他们不太可能仅仅凭借思想工作去说服业主配合关闭，而又没有其他控制资源可以调用的情况下，通过法律的运作帮助公权力增加合法性似乎是行动中的镇政府所面临的唯一选择（政府知道，要业主们在签字后再去配合对已签协议进行公证是根本不可能的），他们也是在规则所允许的范围之内出牌。因此，对政府而言，程序及文本的合法与过程正义无疑是统一的。但是，站在业主的立场上，却会产生政府利用法律来运作权力的感觉。对业主而言，这种感觉又不是完全没有依据的。因此，以他们的立场，也就势必会产生对法治指涉的单项性的质疑。在如此的质疑心态下，业主接下来所必须思考和面对的问题就是，既然法治主要只是一种治者与被治者关系的精巧安排，那么，他们就有可能会觉得寻求法律救济的通道过于狭窄，或者成本过高，无法承载，从而视之如敝屣。由此，我既得以理解政府的立场，也得以体会石场业主从关闭事件一开始就不断咨询和了解法律，却又始终不寻求运用法律的原因，也进一步体会到刚才郭德银所说的他们不会打官司的理由。业主们咨询和了解法律的原因在于，他们要为自己的维权行为寻求体制之内的合法和安全依据，而非行动路径，而真正的行动方案还是要在自己熟悉和可控的范围之内寻找。上访而非诉讼，显然是业主们更加熟悉也更愿意接受的维权方案。因为在他们看来，政府方面已经通过种种现代的法律制作技术，将其行政行为（是否也包括业主们所认定的行政强制）赋予了合法性质，置石场业主于法律上的被动；而上访则不同，上访所需要的不是细节举证，而是一种小民百姓在面对着青天大老爷时的那种呼天唤地的“喊冤”和情绪宣泄。通过这种“喊冤”与情绪宣泄，将开发中的官民纠纷“政治化”，以碰触而不危及地方稳定这根红线为赌注，逼迫区、镇政府按照政治的逻辑，即稳定压倒一切，大事化小、小事化了的逻辑来思考和处理问题。可见，政府在石场关闭事件中之所以愿意将纠纷法律化，的确是因为他们已经掌握了运用法律进行治理的优势资源和技术，而石场业主因为缺乏这种优势，就只能回到他们所熟悉的场域中去寻找“以弱制强”的武器，即以将问题政治化的技术、呼唤青天的技术、通过“喊冤”与情绪宣泄引起高层权力垂询的技术来实现对基层权力的“反制”。在这里，法治实际上成为治理者实施治理的资源，政治则成了“无政治者”反制治者的武器。[2]这是两种博弈策略的对撞，也是不同地位态势所引发的不同权力技术在乡域政治中的较量，这就是我通过观察政府和业主各自在石场纠纷中采取的行动策略之后所推演出来的结论。[3]

然而，分析归分析，现实归现实，当我从对理论的联想回归到现实中时，我开始思考石场业主们马上就要面临的现实处境，区、镇方面真的会在关闭石场的事件中完全不顾及业主的利益吗？业主们又是否真的会像他们所说的那样起而抗争？如果抗争，又将是一种什么样的结局？这一切的一切都使我在一时之间找不到答案，就是在这样一种对于局势无解的彷徨之中，我度过了 2003 年的元旦和春节。

2004 年 2 月 9 日，开年之后我第一次下镇，当天一碰到老罗和杨宏军，我便急切地向他们询问石场的情况。老罗告诉我，马上要关闭，电已经停了。杨宏军说，昨天上午，区里和镇里的干部由林书记和武镇长带队，包括派出所的干警，好几十号人，浩浩荡荡开到石场，要求业主立即停止生产，尽快拆除采石机械。宣布完决定之后，又将生产用电切断。听到这话，我心里一沉："那不是就完了？"杨宏军说："没有完，他们人一走，我们又把线接上去了，还在生产。"

"你们竟敢……？"听到这话，我好生吃惊。

"怎么不敢？自己的电，自己的机子。"杨宏军的回答简洁而干脆，顿时让我不知道应该是继续吃惊还是觉得滑稽和好笑，这可是政府组织的关闭行为呀！杨宏军竟然说得如此轻松，难道基层政府真的已经没有权威可言？这在过去可是一件连想都不敢想的事情。（参见附录 1：121）

当晚，我参加了镇政府的学习会，会上，林书记在讲话中果然提到了关闭石场，林的声调使人感觉有些异样：

"石场的整治，目前已经进入攻坚阶段。昨天，我们全体出动，断了电，但是，今天发现又有反弹，线又被私自接了上去。这件事情要追查，这是与政府公开作对，估计还会有反弹。一些业主见利忘义，置政令于不顾，估计还会闹事。在这个时候，我们处事要谨慎，但态度一定要坚决，开弓没有回头箭，一定要把事情搞下地。在这件事情上，我们不亏理，这是贯彻中央可持续发展方针的要求，也是执行区里北扩东移开发方针的要求，更是实践'三个代表'的要求。我们保护环境，治理污染，是代表了广大人民的利益，不能因为少数人要赚钱，就可以任其毁坏环境。在这件事情上，区里从去年上半年就做了布置，我们也与业主签了协议，还做了公证，所以，我们目前的行动是站得住脚的，不怕他们闹。其次，要摸清他们下一步的想法和动向，未雨绸缪，个别人有激进动向，我们要阻止，要防止出事。他们扬言要上京，我们要做好劝阻工作，防止出现群体性上访，如果出现了，那说明我们的前期工作没有做好。但是退一步讲，就是上京了，石头飞上天还是要落地，事情出在哪里最后还是要由哪里来解决。按谢书记的说法，如果他们为这件事情上访，不是我们的耻辱，反倒是我们的光荣。当然，我们还是要尽量把工作做在前面，防止此类事情的发生。我们的承诺是，在区里允许开采的地区，业主们可以去找场子，找到了，政府可以在变更手续上提供政策和资金方面的优惠，以前办证交的钱算数。关于电改资金，业主们提出当时他们开采石头需要电力扩容，他们自己交了电改的资金，要求退，这个我们可以再争取。但是，关于场子和机械的赔偿一概不谈，在这个问题上政府不会让步。”

林书记的语气无疑是坚定的，那就是坚决关闭，不谈补偿，因为这是半年前与业主们所签的协议里早就已经解决了的问题。为此，他不怕业主们上访，一句“石头飞上天还是要落地，事情出在哪里最后还是要由哪里来解决”，极具林靖南自信的个人风格，也形象地反映出小镇政府对待上访的态度。你就是闹上京城，最后还不是要回到镇里来解决，中央还能管那么细的事？所以，只要占住了理就不怕你闹。这个理就是林书记刚才所提到的体现了三个要求，再加上谢书记那句“不是耻辱而是光荣”的话撑腰，我镇里还有什么好怕的？所以，一句“石头飞上天还是要落地，事情出在哪里最后还是要由哪里来解决”，何等潇洒超脱，难怪话一出口即成经典，成为日后干部们做业主工作时讲得最多也对他们产生极大影响的一句话。

可话虽然说得潇洒，真要是出现了群体上访的事件，还是会影响到镇里的社会治安综合治理年度考核，至少上面在追究责任时会说你没有把矛盾消化在基层。而且，事情闹大了，上面追问起来，这半年来镇里在处理纠纷时的一些具体操作，也绝不是一句保护环境促进开发就可以轻易解释的。更何况上面如果来一个以稳定为重、妥善处理的指示，就又得要政府花钱消灾。到时候，事情由区里决定，执行却在镇里，根据区里在处理此类事情上一贯采取的“谁家的孩子谁抱走”的原则，还不又是区里开口子，镇里来买单？这“血”最终还得由镇里“放”。结果，镇里减少了收入，得罪了人，还要增加支出，透顶的倒霉。所以，就是从镇里的自身利益考虑，林书记也会采取既坚决顶住、不向业主让步，又稳住业主、使他们就范的方针，尽量不使矛盾进一步复杂和扩大。（参见附录 1：122）

遵照林书记的安排，在新的一年接替绕定远主管企业管理的未理明副书记与业主们进行了一次直接的对话。①

这是一场预先约定的谈判，地点在企业办公室，业主方面参加谈判的有以郭德银为首的八九个代表。

一位代表首先发言，他提出了三点要求：一、场子、机械的拆迁赔偿；二、由政府负责选定新的开采地址，并负责所有场子的整体迁移；三、事情没有解决之前不能停电，允许继续开采。

未理明不想与业主们直接冲突，乡村社会的熟人特性需要他将公事和私事分开，这样，即使是因为公事的冲突，也尽可能地减少私人之间的结怨。

“我们的想法其实是一致的，我也愿意你们的想法能够实现，但是，有的事情已经明确，也不是我们哪个人能够做得了主的。”

面对未理明柔性的太极推手，郭德银直截了当地说：“那没有用，你们不能说关就关，总得把红头文件拿给我们看看，看看你们

---

① 去年年末，绕定远被调往邻镇，由未理明接替主管企业工作。

不给赔偿的依据是什么。”

未理明没有接招，他知道这不是一个他能解释的问题。

另一位代表和缓了一下郭德银的问题：“我们这样三番五次来找你们，也误你们的事，但不来找也不行，领导只能一级一级地找，事关我们的切身利益，不找你们找谁？我们只对事不对人。我们都是自己吃自己的，也耗不起，不像你们，由国家开工资。你们解决不了，我们再到区里。我们不想这样，但你们总应该有个答案才好。”

业主们也不想因为关闭事件而与新近才接手企业管理的未副书记结怨，毕竟事情不是他定下来的，解决却还得依靠他，加之以后在镇上做企业，少不得还要求他关照。所以，业主们也是一方面在未副书记面前充分展示自己的弱势地位，以博取理解和同情；另一方面极力要表明自己都是守法企业户，为难未副书记也实在是没有办法的选择。

郭德银将一份由业主们共同商定后起草的意见书交给了未理明，意见书是这样写的：

附件 9

关于采石场关闭的几点意见

1. 采石场是通过有关部门认可，层层审批，有各部门合理证件，现政府强行撤除，要求赔偿。

2. 各采石场要求，政府部门提供场地，我们集体搬迁，能搬迁，现有证件生效。如有不愿搬迁，或政府部门不能合理安排的，应予以赔偿。

3. 供电部门与采石场在未供电之前有协议，各采石场曾上缴供电所增容费、电改费、整改费，在政府与各采石场未达成协议前请不予断电。

4. 关于采石场与政府部门的协议问题，协议是在政府部门强制实行封机的情况下，若有开机者，没有签协议者一次罚款2000元，采石场在没有办法的情况下签的协议，我们认为，这个协议政府部门都没有按法律程序办理。

5. 以上几点，望政府在一个星期内给予解决，如不能解决，我们采石场保留上访的权利。

（意见书上无日期及落款，是2004年2月10日由郭德银代表石场业主上交给未理明的）

（附录2：32）

未理明："不还是这三个问题吗？你们的想法我们清楚，这些天我们天天都在找区里汇报。第一，关于赔偿，去年7月，我们要停，你们要求宽延时间，结果签了一个协议，不再提赔偿问题，可现在你们又要提，这让我们为难；第二，集体搬迁，我们没有这个能力，目前大江区没有新批的开采点，但你们个人找到位置，在证件变更上我们给予协调和优惠；第三，你们提到的电改增容费，我们已做了汇报，还要等区里和供电局协商，目前的意见还不清楚。"

在未副书记讲话的当口，又不断有新的业主，包括他们的家属拥进办公室，使业主这边的人数增加到20多人。

业主："协议是无效协议！"

未理明："有效无效，不凭我说，有法律，有程序，退一万步说，打官司也要讲证据。"

业主："公证需要双方在场，双方签字认可才有效，那是你们单方面搞的，我们在不在？"业主们已经做过咨询，在政府给他们做的死扣上抓住了问题。

未理明仍然不接招："区里也说了，协议书说不赔偿，这是公证了的，只能说在你们找到位置后，我们在办理手续时可以给予最优惠的政策。关于电改费的问题，是垂直管理，要由区里去协调，所以，今天没有办法回答。今天上午，林书记还要专门向谢书记汇报这件事情。"

看到未副书记回避实质性问题，业主们也知道原因何在，他们开始相互商议，“关键是有没有办法推翻协议，在这里说多了无益”。

未理明也接过话头：“你们要能推翻，我们当然没有意见，这个钱也不由我们出。”

“但在问题没有解决之前不能停电。”

“必须停。”未书记在这个问题上态度不含糊，他必须坚持政府的立场。

“那我们就要行使我们的权利！”

业主们的情绪有些激动：“你们多少总要解决一些搬迁费吧？不能说不让搞就不让搞，我们一切证照齐全，各种规费也都缴了，一辈子辛辛苦苦搞点钱投在里面，每家都不下十万八万，就这样打水漂了？”

郭德银再次发言：“合同不公正，不能维护我们的利益。”

此时，一直没有发言的企业办周主任说话了：“你可以这么说，但就是我们同意你们的讲法，有的话你们也要对上面的人讲，我们不过是执行。”

企业办的人非常聪明，一方面他们必须执行区里的决定，另一方面他们又不愿意得罪业主。从内心讲，这些干部对关闭石场也有看法，在私下里对业主也抱有同情，所以，说起话来也总显出几分被动和无奈。

“去年的协议里说清楚了，12月31日到期，公证了的，你们既然签了字，现在就不好说了。”

“那都是你们逼的，当时不签，你们要罚六千八千。”

“那总还是要你们自己签嘛，我们总没有按着你们的手签。至于说罚款，你们要明白，那也是一种政治行为，我们只能这样做，你们也可以不签的。”[4]

“可当时你们说签也要签，不签也要签。”业主们有些愤愤不平。

“但当时你们自己也说了，签了字就判了死刑，不签也许还有赔偿的希望。”周主任并不讳言在当时有逼迫业主就范的意思，因为他刚才已经讲了，他们只是奉命行事，“这是一种政治行为”。

“当时你们还说让我们再搞半年，赔么事赔，这话也是你们自己说过的。”

“我们还不是想拖一拖，看看这又是不是一阵风。”业主们也不讳言自己其实同样是在“耍赖”。况且，这“赖”能不耍吗？“当时你们贴了封条，撕了封条你们又要罚款，没有办法才签的。”业主们认定这是政府做笼子让他们钻，政府的“赖”耍得比他们更大，而且主动权全部掌握在政府手里。

此时的未理明不想去纠缠这些属于基层政治“潜规则”的东西，（参见吴思，2002）他个人对这些当然了然于胸，可站在职业立场上，他又能说些什么呢？

“大家不要激动，不要冲我们冒火，站在我们这个位置，我再强调一遍，我能解释的就解释，决策不是我们的事，你们可以找上面，我们的权力范围只是在你们找到位置后，在变更手续方面提供优惠，拍板权不在我们这里，我们只能做到上情下达，下情上传。你们到区里、省里，只要告得赢，我们也没有意见。但是你们也要知道，石头飞上天最后也要落地，事情出在哪里最后还是要回到哪里解决。”

“你们总该帮我们反映一下吧？！”

“那是一定的。”

业主们又要求企业办在一周之内给出一个明确的答复，赔还是不赔。

“肯定要有答复的，但有一点也要讲清楚，千万不能再放炮，也不能再把线接上去，抓住了不仅要罚，还要抓的。”未理明终于使用了比较正式的行政语言。“不过，如果君山那边还在搞，那你们也可以搞。”他又补了这么一句，再次显示出人情味的一面。

看看也只能是这个结果，业主们决定不再跟未副书记纠缠下去，他们集体离开了企业办。

未理明也退出了办公室。显然，经过近一个上午的闹腾，他有些疲惫，我则抓紧时间就刚才业主们所提及的问题向周主任求证。

“关于电改集资，是1996年的事情。当时鼓励农民靠山吃山，他们来开采，还是我们帮助协调的，为了用上工业电，业主们每家花了三四万元，让电业局接电，但现在你用了这么多年电，又提出要退钱，电业局未必愿意。

“关于公证书，本来要求6月30日关停，当时政府方面也考虑了赔偿，一家赔个三五万，只是没有对他们讲，想拖一拖再看。但业主们要求多搞半年，说是不要赔偿了，区里知道后认为这样更好，但又怕业主变卦，所以规定要签协议，要公证，免得以后扯皮。协议书签字后是我去公证的。

“业主们说协议书是逼着签的，是因为不签字公安局治安科就不给他们发炸药，这也是区里要求的。

“关于贴封条，当时他们不签字，我们只有先贴上封条，只有签了字后才能取下封条，签了字的我们没有贴。”

周主任站在政府和企业办的角度向我陈述了他们行为处事的理由。

“区里既然决定关闭，作为执行者，我们有难处，只能这样做。如果区里多少补几个钱，事情也不至于这样。说句不该说的话，区里也该拿几个钱出来，决定是你做的，镇里还有损失，林书记去年就提出镇里没有钱，要财政局拿几个钱出来摆平，但区里不肯。镇里当然不愿意出钱，这事难就难在这里。”（附录1：123）周主任终于还是流露了他个人对这件事情的看法。

下午，我又随周主任去石场，这一次是和派出所的干警一起去调查业主们昨天私接电线一事。

我们乘警车沿着各个场子兜了一圈儿，这一次没有看到有场子在生产，只有一辆辆货车还在将积存的石料拖出去卖。干警们舒了一口气。对于他们来讲，在石场关闭一事上仍然是在扮演双面人的角色。就是在来的路上，他们还提到关闭石场对镇里是一个损失，并认为就是要关也应该给一定的赔偿，但是，现在他们又得配合好政府的工作，如果业主私下搭线派出所却不过问，那就叫失职了。

干警找到一位外号叫罗老六的业主，要他提供情况，询问就在车内进行。虽然说是在履行警务，但由于平时彼此很熟悉，所以，询问其实也是在一种轻松、随和甚至有几分调笑的气氛中进行的。干警要罗老六把业主们集体开会商讨的应对之策“传达”一下，罗老六也不含糊，坦承他们不会放弃，他说也知道场子是不可能再开下去了，但还是要上访，有必要的话就上京，目的是要赔偿。因为前两年区里允许搞，还鼓励他们加强技术改造，加强安全生产，所以，老板们又都纷纷投资改造设备，有的还为此借了高利贷。这一下好，说关就关，弄得有的人连成本都没有收回来，这自然很难让人服气，也肯定要反映。“但如何反映，到哪一级反映，大家的意见还不一致，有的说到区上去，区里如果不理，就把货车、铲车都开到政府门前去，有的说要上京，现在还没有定，这也不是什么秘密。”

干警们一边记录一边打趣：“那好呀，你们去了我们也好跟着走一趟（指去接人），马上就是春暖花开的时节，机会难得哟。”但话虽然这么说，干警们也还是劝罗老六：“石头飞上天还不是要落下地？你就是闹到北京去，最后还不是要回到区里来解决。”又劝他要务实，政府既然决定了，就不要闹了，闹不过的，如果亏得不太大就算了。

干警们又开始询问是谁把电线接上去的，这一回坦率的罗老六不吱声了，他说不知道，只听得机器在响。

“恐怕是知道了也不说吧？”

“真的不知道，我只能保证自己没有接线，也没有开机，因为当时我的机器坏了。”

罗老六这样回答，干警们也不再追问。在他们来讲，这种询问也是一种例行公事。做完笔录后，他们又按要求让罗老六签字、按手印。最后又说：“这件事情我们也不好多说什么。你也知道，吃了这碗饭，也得配合政府的工作，这种事情（指私接电线）被查出来就不好说了，如果再重新开机，也不好办，该怎样处理还得怎样处理，公事还得放在私事之前。”

问完罗老六后，干警们又找到了胡洪国，将刚才的询问重又来了一遍，胡也几乎以同样的坦率回答了询问，但只要问到是谁接的线，就推说不知道了，“想干的人多，也不知道是谁，但我保证自己没干”。

见问不出什么有用的信息，干警们也就草草地行完公事，驱车回镇里去了。

干警对石场业主的友善倒是给我以启发。长期以来，在我的头脑中自有一幅相对格式化的警民关系图谱，这一图谱的基本特征自然是“规制者”与“被规制者”的二元对立。我不知道这幅图谱形成于何时又因何而形成，却知道自己总是以这样的图谱去裁剪和解释观察体验的，而从来不曾想到还需要换一个角度，以“内部人”的眼界“主位”地去考量警察在那种无法回避的熟人交往结构中所必须遵循的为人之道。一直到经过今天的观察，才使我猛然间怀疑起自己在这个问题上是否可能掉进了某种对立式的意识形态思维框架的陷阱，并进而去思考那种被孙立平和郭于华从特殊情势的乡村权力运作中提炼出的“正式权力的非正式运用”（孙立平、郭于华，2000）的行政方式，是否原本也该是乡域政治一行政行为特征的正道。有此思维的转换，我开始重新设想，除非在某些特殊的场合，更多情况下，一个公务人员，即使他（她）身为警察，在乡村公务中又未尝不会尽量地将公事与私事分开，在履行职务的同时也表达出对工作对象作为人与人之间本应具有的友谊与亲善。如果事情本来的确就是这样，那我可以进一步去推测，这种友谊与亲善也未必一定是基于职业素质的要求或对“正式权威”缺失做出的权宜性弥补，更为主要的倒可能它们是由乡土社会的熟人（参见费孝通，1947）和半熟人（参见贺雪峰，2000）生态环境所陶塑出来的行为本能，抑或本来就是乡土社会中一直存在的一种打通制度与社会角色分界与穿透公私行动场域区隔的为人之道。由此，我开始扩展到对孙立平和郭于华提出的作为弥补国家正式权威不足的“正式权力的非正式运用”方式的反思。我在想，这一理论提炼究竟是基于对转轨时期乡村社会特殊行政逻辑的体验，还是由于对底层社会常态化的为政之道体验不够而做出的误判？也许我的想法并不周严，因为结论可能会因为场景的不同而相异，但作为研究者的我们在形成观念的时候，是否的确更多地受到了理性思维的惯性引导而少了一些对于生活常识的直觉领悟？（参见附录1：124）

回到镇里，我接到老罗的电话，要我请武镇长到他刚开张的新餐馆小镇酒家吃饭。乡村干部就是这样，有事没事常会找个由头相互请客，这既是为了工作，也有联络感情的意思。就老罗而言，还多了一层考虑。他以开餐馆谋生，乡镇上的生意90%以上都是靠政府照顾，真正的居民除了办事需要，一般不会上餐馆吃饭，所以，老罗对政府的主要干部自然得招呼好。受人之托，我也愿意成全他的好事，便与武镇长约定，要他直接去小镇酒家。

到了餐馆后，老罗对我说：“今天本来有心要请武镇长，却又接到了林书记的电话，说他今晚有空，一会儿过来吃饭，这下可凑到一起了。”我说：“没有关系，也不是有意的。”

不一会儿，要来的与要请的人都到了，林书记还拉来了教办的谢主任。有林书记在，这饭桌上的主宾自然成了他，林对罗说：“趁现在还没有喝酒，先说一件正事，这老虎尾上的石场老板大多数都在你秦家畈的地界上，他们服你，你要做工作，要他们别闹，不要上访。”

原来，林书记此行并不只是为了吃饭，而是要让老罗出面帮镇里做工作，这可真是会找人。

老罗一口应承：“林书记布置的任务，那是绝对不含糊的，只是要给个时间。”

“时间没有，明天就得解决。”林书记心里装着事呢，这吃饭就是工作。

“林书记放心，明天后天，反正解决就行。”老罗拍了胸脯。

“相信你有这个能耐。”一直没有说话的武镇长也附和了一句。

于是，大家进入包房。

几杯酒下肚，老罗显得更加豪爽：“请林书记、武镇长放心，你们交代的任务一定完成，不要说不让他们上北京，就是区里也不让他们上。”

林书记听了这话，自然十分高兴，武镇长也凑道：“有这句话就到位了。”林、武分别向老罗敬酒。

饭后，我退了出去，他们则留在包房里玩牌。

林书记懂得“一把钥匙开一把锁”，他常到老罗的餐馆里来吃饭，饭后即天南海北地谈天说地，这对于村主任兼餐馆老板的老罗可是一件很有面子的事，于是，双方除了工作上的联系，还成了朋友。此时，林书记以朋友的身份，在吃饭的场合要老罗抬他的桩，老罗自是不会怠慢，他只是提出要林书记指定一个干部具体负责，他则把这个配角当好。林书记说让未理明负责此事，未人年轻，干劲儿足。看得出来，林书记在会上说不怕石场老板闹事，但在内心里并不愿意把事情搞大，因为只要一出现上访，上级政府就总要找区里的麻烦，区里自然得唯他是问。林书记人年轻，有水平，文凭也不低，上过省党校的研究生班，还有向上发展的空间，他当然不希望这件事给他个人带来任何负面影响。

第二天，我特意去问老罗：“昨晚何以答应得如此爽快？”

老罗说：“林书记来吃饭的目的就是要我帮忙，你能不答应？”

“你真有本事说服业主们不上访？”

“不好说，这关系到人家的切身利益，没那么简单。”

“那你不担心说话兑不了现？”

“喝酒嘛，搞得他们高兴就行了，还那么认真？”

“…………？”

“这是由下面复杂的社会关系决定的。”见我发愣，老罗又补充了一句。

老罗坦率地承认，他与干部们搞好关系有着生意上的考虑，镇上的几家餐馆竞争激烈，政府和他们的客人是餐馆的主要生意对象，干部们高兴了，就会多带些客人来，这餐馆的生意自然就有了。

老罗不愧是一个谙达乡域政治的村干部，一个久浸于地方权力—文化网络中的真正的精英！（参见附录 1：125）[5]

然而，林书记担忧的事情还是发生了。等我回了一趟家，三天后再下小镇时，刚走进政府大院，就听说石场业主们上京了，而一个更让我吃惊的消息是，杨宏军被抓了！

“诱民致富”

从镇政府这方面看，藠头种植的一切先期工作都已经安排妥当，接下来要做的，就是镇干部们得分头下到村里与农户签订相应的种植协议。

进入 2003 年 9 月的第一天，姚学明带着钟联和曹元新直奔大陈村四组，找到村会计陈文庆，要他把组长叫来，马上通知召开村民小组会。眼下即刻就要临近中秋，季节不等人，最好能在中秋之前将藠头种下去。姚学明说：“要向群众讲清楚政策，让他们心里面有底，由政府定保底收购价，不会把亏给群众吃。”

午饭后，得到通知的四组村民陆续来到文庆家的院坝，前前后后一共到了约 20 号人，多半是女性，文庆点了一下人头，感觉家里有人的基本上都到了。看来，听说政府要支持农民兴鸟藠①，湾子里的多数人还是有兴趣。

如今镇干部亲自下村组织召开村民小组会的情况已然不多，但种植藠头是区里抓的大事，时间紧任务重，少不得又操起了老方

① 当地土话，把种藠头说成是兴鸟藠。

法。会议开始后，钟联和姚学明先后向村民做起了动员。

钟联的话简洁明了："马上就要兴鸟藠了，在大陈开这个群众会，与群众面对面地把政策讲清楚，取得大家的支持，中国革命就是这样搞起来的。大家在农村土生土长，藠头也都听说过的，有的人还种过，究竟能不能赚钱是大家最关心的，为此，区里专门开会做过研究。现在种粮食是增产不增收，而藠头有市场，君山建了一个藠头加工基地，它的市场不在国内，产品直接销往韩国、日本、美国，与外国人订有协议，所以，不愁市场。这就是为么事区里要号召大家种植的原因。关于产量和效益，前段时间镇里专门组织了人去江西考察，你们队长也去了。江西新安，一个地方全种藠头，亩产量最低是3000斤，高的达到5000斤，按今年的价格，在南昌卖7毛钱一斤，比种粮食划算。如果亩产达到三四千斤，一年就有2000元的收入。今年你们队是镇里的试验点，也就是全镇的种子基地，明年全镇要推广，你们光卖种子都不够。"

姚学明作为主持这项工作的副书记，话讲得更加正式，他从三个方面讲到种植藠头的意义："第一是要认清形势。现在种粮食不增收，只能填饱肚子，不能解决票子，如果再不搞产业结构调整，种田找不到钱，农民实际上是'隐形失业'。第二，之所以选择这个项目，是看准了市场，这项工作区里由谢书记抓，镇里是林书记抓。我们主要是依托绿地公司，绿地是全省农产品出口创汇的品牌企业，依托它我们就找到了市场，有了市场就确保了销路，解除了后顾之忧。第三，效益问题，请大家放心，我们这一次对农民实行'三包一定'，三包是包种子、包技术、包收购，一定是定合同，我们对大家的要求是强化责任心，加强管理。在座的人都是种田为生，有的还种过藠头，做农业不像造原子弹、解方程那样复杂，刚才有人说了，肥料要把足，讲得很对，这就是说要加强管理。价格是大家最关心的，我在这里做一个承诺：明年如果行情好，大家不想卖给政府，要自己卖，我们鼓励；如果行情不好，价格低，我们包收，每斤不低于3毛。我们就是要给大家吃定心丸，大家都找到了市场，赚了钱，把政府甩开了，我们的目的也就达到了。政府的目的不是赚钱，政府就是要帮助农民致富，你们都富了，我们的工作就做到位了。

"当务之急是要做好几件事情：一是地里的芝麻、花生，能收的要尽快收起来，耽误了季节会影响产量，中秋之前最好能栽下去，所以，地里的作物要收起来，迟芝麻实在收不起来，由我们想办法补偿，总之要赶快把地腾出来；二是要把路清出来，地埂上的草要组织人砍，不然，种子到时候运不进去，耽搁时间。"

姚学明还鼓励村民要珍惜这个机会："镇里之所以决定把点放在这里，最主要的原因是这里的人做事下神，把事当事做，我们就是看中了这一点。大家一定要把这件事搞成功，成功了，我在这里表个态，队里有么困难我们想办法解决。你们成功了，受了益，我们的心里舒服，我们林书记高兴，也愿意给大家支持。"

姚学明又问大家还有什么困难和顾虑，一位妇女就说："今年由政府垫种子，明年如何还？能不能今年垫多少斤明年就还多少斤，不问价差？"

姚书记一看群众有热情，便爽快地答应下来，并说可以把这一条写到合同里去。

听到这话，群众的情绪被调动起来。大家知道，今年的种子从江西拖过来是 1.15 元一斤，明年在本地是不可能卖到这个价的，如果一斤还一斤，相当于政府又给了优惠。倒是钟联感觉这事来得突然，事先没有商量，这样做不等于又增加了政府的开支？但姚学明既然表了态，他本人也不好再说什么。（参见附录 1：126）

在大陈四组开过动员会以后，钟联又与挂前王村的干部景江和我一起，马不停蹄地赶往前王村，要村里马上组织干部落实种植面积。前王村这边的管理方式与大陈不同，是将地租给君山教办，由教办提供一切，农民以打工的方式负责下种、管理和收获。这件事情牵涉该村的四、五、六、八 4 个小组，工作量大，因此，钟、景二人再三对村里的王昭烈书记说，这件事十分重要，一定要尽快落实，一来这是利民工程，对老百姓有好处；二来是一把手工程，区里是谢书记抓，镇里由林书记抓，君山教办的书记也是林书记的同学。所以，于民于官都不能怠慢。接着，景江和我又留下来继续参加村干部会。

干部会上，景江谈到了自己的担心，前王村的形式与大陈村有所不同，一切由君山教办包下来，农户只承担管理责任，得劳务费。农民在报酬固定而又完全没有后顾之忧的情况下会不会下神呢？

“平日里林书记关照我们，这回村里再怎么也要抬这个桩，”王昭烈书记拍了胸脯，“再说了，这么好的事如今到哪里去找？实在不成，就是请人做也划算。”

“也不要麻痹，农户的想法说不清楚，目前最要紧的是落实面积。大家也知道，面积从来都是挂羊头卖狗肉，虚的多，但这一次要逐户落实，不然会出麻烦。同时，要与农户签合同，人家老板把种子、肥料备齐了，你不下神，到时候没有产量就不好说话，所以，合同双方都得签字。”景江对农户是否会配合还是有些信心不足。

为了求得保险，干部会后景江又亲自与村妇女主任一起下到五组去摸面积。景江的想法是将划在租赁地范围内的农户土地面积一家一户地落实，并且征求意见，为正式签订合同打下基础。此外，还得提醒农户将地埂上的荒草除去，再过三天，君山教办的人就要过来看地，总要给人一个已经行动起来的印象。

在五组组长的带领下，我们挨家挨户地上门。此时农户们大都还在吃午饭，农户的态度似乎比景江想象的要积极，大多数人都表示有兴趣。我们到的第一家是一对老年夫妇，男主人患有肾病，已经失去劳动能力，农活全靠女主人，能否忙得过来不好说，但看过合同草案后，他们还是认为条件不错，没有风险，500 元一亩的劳务费也是一笔不错的收入，他们签字认可了自家的土地面积。第二家签字认可土地面积也比较爽快，主人家承认，利益不大，但没有任何风险，这对于一般务农者也就够了。在如今的情况下实际上种什么都不赚钱，农民不知道市场行情，选择余地不大。而对于究竟种什么赚钱，乡镇干部其实也不大清楚，都是听上面说什么能赚钱，什么有销路，并且包收购，就种什么，只要无风险，又有一点儿利，就可以接受。接下来的几家几乎也都持同样的态度，虽然有几家也提到了以前农调失败的例子，对于这一次能否成功没有把握，但一看到没有风险也就接受了。既然农民把握不了市场，不信政府又信谁？

景江一边征询农户的意见一边对我说："看来由政府直接与农户打交道还是对的。在君山教办租地一事上，镇里本来只准备当中人，让教办直接与农户打交道，但思来想去，认为农民对他们是否信任和接受可能是一个很大的问题，最后决定还是采取现在的办法，由教办与政府签订租赁土地协议，政府再与农户签订种植协议，看来，这种判断还是对的。"是的，政府的感觉还是准确的，原子化的个体农户在缺乏其他制度化中介联系的情况下，政府已经成了他们信也得信、不信也得信的唯一体制性中介。

让农户担心的一个主要问题是合同中不低于亩产3000斤的产量规定，因为只有达到3000斤才算完成最基本的任务，也才能够领到500元劳务费。所以，几乎每一家农户都问我们，产量如果达不到怎么办？面对疑问，景江总是这样回答："如果多数人做得到，你做不到，那自然是你的问题；如果大多数人都做不到，结账时就以多数人实际达到的亩产量为准。"这样的解释算是让农民宽了心。（参见附录1：127）

然而，景江的担忧还是很快就被证实了，尽管在落实面积时农户并未表示出不合作的意向，但事实上他们并没有像政府和村里所期望的那样很快地跟进。由于前些年农业结构调整所经历的挫折太多，现在农民对政府主持或倡导的新项目难免不持一种疑虑心态，总担心又吃亏上当，所以，即便这一次是由政府安排好一切，农民只是出工出力，他们也仍然决定要等一等，看一看。再说啦，既然一切都有人安排，无风险也无大利，做了事就能拿到钱，在失去风险意识的同时，农户好像也失去了积极投入的热情，结果，这“农业工人”的好处还没有开始享受，“铁饭碗”养懒汉的弊端倒先在农户身上体现出来。结果是政府急农户不急，一个星期之后，前王村的土地上仍然见不到人影，不仅地没有腾出来，连地埂上的荒草也没有除去。

眼看着时间一天天过去，负责主持工作的姚学明真急了。9月8日上午8点半，他带上钟联、曹元新、景江和我，又乘坐面包车赶往前王村。

焦急的姚学明对着一大片尚未收拾的土地对王昭烈说：“你这个书记的任务重得很啊！”

王昭烈回答：“群众还是有些信心不足，前些年的结构调整，农民没有受益。”

“这一次不同，这一次是要签合同的，还怕啥？这一次是拿钱让你们搞。”

“话是这么说，可你急他不急，你动他不动，这两天干部天天上门催，他们就是不动……”

“实在不行，村里先拿钱雇人把地埂上的草除了，到时候教办的人来了，也说明我们在动。”姚学明代村里做了安排。

“看样子也只好这样，真要是搞起来了，村里不投资也不可能。”王书记表现得很配合。

王书记又提到，天不下雨，地里很干，花生和芝麻收不起来，也是耽搁时间的一个重要原因。

“是啊，若还不下雨，江西那边的种子也收不起来，恐怕就要误事了。”姚学明也附和道，他也知道不能全怨农户，天气也的确是一个原因。

“所以，农业不像工业，不是说你想搞就一定能搞好的，还要看老天帮不帮忙。”姚书记又转身向我解释。

在前王村稍事停留后，我们又驱车去了大陈村。

大陈村的情况明显要好一些，地里能见到有人在收芝麻，有几块地也已经耕出来了，沿着田间地埂，我们一边走一边与地头的一位农妇搭话，问她准备得怎么样了。农妇回答说，她正盼着下雨，又说她家有5亩地，却只有她一个劳动力在家，到时候只怕忙不过来。看得出来，大陈村农户的积极性的确比前王村的更高。干部们开始意识到，不同的管理模式似乎是造成两村农户态度不同的根源。

说话间，又见村会计陈文庆朝这边走来。他正在整地，见到我们，便迎了上来。

文庆提到面积问题，说有的农户可能不会全搞，面积的落实会有困难。姚学明说："先将合同签了，签了合同才知道究竟有多少面积，实在不行再发动其他队搞。"

"签合同是当务之急，否则，天一下雨，种子一来，就忙不过来了。"

于是，文庆随我们去了镇上，钟联将盖有公章、签有自己名字的一摞合同交给他，要他带回去让每家农户签字。曹元新又交代说："合同只有一处变动，政府答应给的50块钱改为直接给肥料，一包肥不止50块，这样农民会更实惠。"文庆说："也好，只是不能把水货。"

文庆走后，我又想起了种植管理模式的问题，便征求曹元新对大陈村和前王村两种不同搞法的看法。老曹说："前王的难度更大，这主要还是一个利益驱动问题。大陈这边，由政府提供种子肥料，虽然也有一定的风险，但效益与农民的利益挂钩，你搞得越多收益越大，可以说是政府出钱农民得利。而前王不同，没有风险，利也被定死了，反正是你让我搞，我给你打工，利不在农民而在教办，这种情况下农民没有更大的想法，积极性也未必会大。所以，利益不同，心态也就完全两样。"

“既然如此，为何不都按大陈的办法来呢？”

“政府拿不出那么多钱。”

老曹为我算了一笔账，种子 1.15 元一斤，5 万斤种子就要 5.75 万元，明年农民如果一斤还一斤，市场价不可能达到每斤 1.15 元，政府肯定要贴钱。此外，还有肥料，一亩一袋复合肥，得买好的，一袋进口复合肥要 95 元，100 亩就要 9500 元，政府又要贴进来近万元，所以，为了确保大陈村的成功，政府实际上是不计成本的。而前王村是典型的市场运作模式，政府的主要作用是中介，能否成功，政府不付出经济上的代价，只付出管理上的代价。（参见附录 1：128）

老曹的分析让我想起了另一位镇干部对时下一些地方的基层政府不惜经济代价和管理成本进行农业结构调整的分析。那位干部这样说：“前些年搞结构调整是‘逼民致富’，但现在这种情况少了，现在一般都是采取引导的方法，如果农民不动，就先给农民看得见的好处，包他们只赚不亏。例如由政府或村里提供种子、肥料等，而且还通过与农户签订合同承诺包收购，等于就是用一定的利益来诱导农民跟着政府做，所以，可以说是‘诱民致富’了。要‘诱民致富’，政府就得花钱，而且，这些钱往往都收不回来，这等于就是把结构调整的风险和成本都转由政府承担，这样，农民得了利，政府却背上了包袱。所以，过去是‘逼民致富，逼死农户’，现在可以说是‘诱民致富，政府致负’。但你包得了一个村，还能包得了全镇？所以，这还是为了政绩和形象工程的需要，没有持久生命力的。”（附录 1：129）

“诱民致富”是我第一次听到的说法，很有些新奇和另类。按照这种逻辑，等于是说现在的农业结构调整是政府求着农民做，而老曹的解释似乎也在暗示这一点，这倒给我提供了从另外一个角度来思考当下的基层政府与农民关系的路径。不过，“诱民致富”的归纳究竟对不对，老曹的解释又有几分道理，我在此时还没有一个整体的判断，需要做继续的观察和思考。[6]

一转眼已经是9月9日，离农历中秋节只有两天，然而，由于天未降雨，种子未到，大陈和前王两村的农民也基本上按兵未动。按照民俗，中秋节期间农民也肯定不会动，中秋一过，天气转凉，蔷头还不下种，肯定会影响产量。一想到这里，武仁杰镇长也坐不住了，他一边加紧与江西方面联系，要那边赶快把种苗运过来，一边又拉上姚学明、老曹、景江和我，亲自下到了前王村。

看着大片未动的土地，武镇长有些急火攻心。他做出一个决定："如果还不下雨，就雇人搞机耕。"

"机耕？那成本可就高了！每亩机耕费得20元，200亩就是4000元，这还要不要计成本？！"景江惊叹。

"计成本？计成本就搞不成。"武镇长说出一句他以为平常、我却以为经典的话。[7]

武镇长和姚副书记蹓了一圈儿，便随老曹去了大陈，我则陪着景江和王昭烈书记下组。景江带来了合同，他今天无论如何也要把合同的事情搞定。

不要看上一次到农户家里摸底比较顺利，真要到了签订合同的时候，农民却变得谨慎小心起来。

农民一是担心蔷头的亩平产量是否能够达到合同里规定的3000斤的最低要求。几乎每一家农户都会问："达不到3000斤是不是就领不到起码的工钱？"二是担心合同上的承诺是否能够兑现。农民的担心不是没有道理的，因为历年来屡试屡败的农业结构调整已经在他们的心里留下了深刻的印迹，而每一次的失败，不仅使政府破财，也让农民劳神耗力，白白辛苦。久而久之，只要一听说政府又要搞什么新花样，农民就总不免担心又要吃苦受累瞎折腾，甚至还有一些吃够了苦头的人干脆就总结出一条反其道而行之的经验——"越是政府让搞的越不能搞"。面对农民这样的一种心理定式，一般的循循善诱和耐心说服多半无效，往往是干部说得口干舌燥，耐性全失，群众还是左右观望，十分犹豫。甚至还有一些偏激者干脆就将政府的惠民措施视为诱导群众去钻的"笼子"。"你先让别人签，别人签了我就签”，最后逼得进行动员的干部只有通过发誓赌咒，甚至以站在农民的角度去教唆他们“使坏”的方式，才勉强换得农民的将信将疑。

农民问，产量达不到是不是就领不到工钱？干部就说，大家都能达到，你还怕达不到？就是达不到也不用怕，蕌头在你手上，他不给你钱，你就不给他蕌头，除了劳力，反正你什么都没有投，到时候你自己把蕌头拿去卖了，包赚。

农民问，老板说话不兑现怎么办？干部就说，他不敢不兑现，他已经投入那么多，你就是一亩只产千把斤，他也得把钱，他不把钱你不把蕌头，他不更亏？

政府说话不兑现怎么办？那更不用怕，这一次你们是与政府签合同，如果政府说话不上算，你们明年可以不缴公粮！不信？不信我写个字据给你。

说服动员到了这个份儿上，效果也就产生了，听着干部这样支招，农民开始信了。最后，他们你看看我，我又看看你，将信将疑、磨磨蹭蹭地在合同上签下了自己的名字。

忙碌了半天，一个村湾的合同总算是签了下来。干部们一边休息一边发开了议论：“这老百姓还真是差智力，这么好的事，你把钱给他赚，他都会不过来。”于是，“差智力”成了干部们对农民态度的解释。根据我的观察，干部的这种解释不是全无道理，现在留在村里的农人大多是老人和妇女，他们一般来讲文化偏低，没有见过世面，已经习惯于传统作物的种植，对于新生事物不熟悉，自然也就有些信心不足，加之前些年结构调整失败给他们留下的心理阴影，致使他们普遍地抱着宁愿少赚也不愿意尝试冒险的心态。然而，更加深入的观察却又使我体会到，“差智力”还仅仅只是问题的一个方面，问题的另一个方面还是农民们对政府有些“信不足”，政府的权威感在他们心目中早就已经大打折扣，以至于干部常态化的劝说和引导已经无用，迫不得已只有用一些“另类”的方式去重新唤起农民对政府的信任，而话都说到发誓赌咒和教人使坏这个份儿上，也就由不得你不信了。

而且，话又说回来了，地方上的各种农业技术服务组织早已经名存实亡，在农民和市场之间缺乏中间性的信息媒介，在这种情况下，农民不相信政府又还能相信谁呢？所以，正是农民这种不太相信却又不得不相信，而更重要的还是必须相信和只能相信的心态——不相信政府，农民自己就更找不到赚钱的途径——才使农民表现出始而迟疑、继之观望、最后跟从的复杂心态。可以说，农民的这种心态和干部的这种应变，倒是更为准确地反映出村庄和镇政府在面对市场经济的不确定性时所共同面对的一种尴尬。

合同是签了，但前王村的农人们是否有积极性，挂村干部景江的心里面还是没有底，他知道自己的工作才刚刚开始，能在半个月之内擂着农民将藠头种下地就算是成功了，而这之后，还得擂着他们进行田间管理。作为前王的挂村干部，他身上的担子重啊！周三就是中秋节，昨晚政府例会上林书记已经宣布从周三到周六放假三天，然而，景江知道，除了中秋节这一天可以稍事休息之外（中秋节是农民重视的节日，这一天不会出工），其他的日子他还得继续下来，眼下一个最紧迫的任务就是要催促农民把地尽快地整理出来。（参见附录 1：130）

就在催促前王村村民的整地中，景江度过了 2003 年的中秋节，而大陈村那边，姚学明已经按照武仁杰“不计成本”的布置，出资雇人进行机耕了。

中秋节过后政府上班的第一天，姚学明迫不及待地驱车下村查看情况。与节前相比，前王村的情况有所变化，有的地里花生和芝麻已经收了上来，有的地已经耕出来了，但总体来讲进度还是太慢，姚学明说：“不能再等了，大陈那边机耕一搞完，就把机子调过来。”

在大陈村负责机耕的是两个河南人，他们在与大陈村相邻的团结村租有 100 多亩地从事规模化经营。小镇本地农民少有从事机械化规模经营的，所以，通过团结村顾书记的介绍，将他们请到大陈和前王帮忙突击，报酬说好大地块 20 元一亩，小地块机器不好耕，

25 元一亩。然而，刚耕了三四天，两位河南人就闹着要回去收自家承租地里的芝麻和花生，闻知此讯的姚学明和钟联即刻带上团结村的顾书记赶往大陈。

两位河南人吃、住在村会计陈文庆的家里，一位姓李，另一位姓王。见面后，顾书记便以“父母官”的身份询问出了什么问题，二人回答说，家里的芝麻和花生都未收上来，本计划出来三天，但现在光在大陈村就已经滞留了四天，他们说这样下去会耽搁自家的农活，提出要走。

“既然来了，看在我的面子上，又是政府出面相请，那就一定要把事情做完，家里有什么事尽管开口讲，我打包票负责解决。”顾书记拍了胸脯。

顾书记的这般态度让二人不好再提回去一事：“那就请村里派人帮我们把芝麻收上来，花生剥出来。”

“这没有问题。”顾书记满口答应，又向二人递上了他特地买的两条长城牌香烟。烟不贵，约 30 块钱一条，但也代表了村里的一点儿心意。

话题又转到大陈村究竟要耕多少地上来，二人提出希望大陈村方面能打个条子，结账时有个凭据，闻言，文庆报了 60 亩。

“60 亩？不可能，少说也有 90 亩，家家都找我们耕，有的地并不种蔃头，我们也帮他们耕了。”

“也就是 70 多亩吧。”大陈的干部又报出了新的数字。

二人还是不信，看得出来，他们认为大陈村没有如实向他们讲明机耕的亩数，是想占他们的便宜。我意识到，这或许也是他们找理由“罢耕”的一个原因。

“那就按 80 亩计吧！”姚学明一锤定音。

闻得此言，二人不再争辩，答应将大陈的地耕完就上前王。为了抢时间，姚学明又决定两边同时开工，先开一辆拖拉机去前王。

矛盾解决了，我们随即驱车去前王的地段，等着拖拉机过来。

不一会儿，姓王的河南人开着拖拉机过来了。他先要前王的村干部带他查看地界，确认面积。看得出来，他认为自己在大陈村吃亏了，那边的人很奸，一是报少耕多，二是老百姓好占便宜，你不耕吧，干部就不开条子。这一次可要先说好了再做。于是，王昭烈就带着他在地里转了一大圈。

王姓河南人看完地后，开始抱怨这地不好耕，地块分割不完整，机子不好操作，说先前谈好的价格不中。

王书记问："那你要什么价？"

河南人回答："油钱算你们的，我们一台机子，一个人工，早上 8 点出工，中午饭休息一小时，再接着干到晚上 8 点，你们派人看着，一天给 300 元。"

"你这价也开得太高，若是这样，我还不如再加点钱去买一台机子。"

双方又为价格争了起来。

团结村的顾书记又发言了："你有什么困难可以提出来，但说好的价就不要变了，再讲，你把机子开回去算了。"

顾书记发言让河南人不好反驳，但他坚持不让步，他知道，小镇各村的有钱人都不在家务农，无钱的种几亩地混个温饱，也没有人买机械，此时，政府不指望他们又能指望上谁？

"这地块太零碎，耕起来人特别吃亏，在大田里做事，一台机子一天能耕四五十亩，在这样的地里一天只能耕一二十亩。"河南人又叫起了苦。

姚学明再次发话："这样吧，无论地块大小，一律按每亩 25 元结账。"

河南人不再吭声，他立马操起手中的发动机棒，开始发动机器，"突突突……"，拖拉机朝着地里驶去。（参见附录 1：131）

"扶强不扶弱"

就在皮德友副镇长和范家坝村的干部对市里拨下来支持小镇豆

发展的20万元资金充满期待的时候，半路杀出来的小岳村却让范家坝人的希望落空，重新陷入一如既往的困顿之中。原来，镇里的主要领导对于如何使用好这笔钱有自己的想法，林靖南和武仁杰认为，范家坝村地理位置偏远，交通不便，村级经济没有基础，如果将小镇豆深加工基地建在那里，既不利于对外吸引客商，也不利于政府内部扶持，不如找一个交通便利、村级经济好的村庄来共建基地，以便充分发挥发展资金的启动效应，把事情做大做强。于是，经过镇党委会讨论，决定将基地建在地处镇街和区治之间的小岳村，同时，为了照顾范家坝人的情绪，又在武镇长的撮合之下，搞了一个由政府、小岳村和范家坝三家联办基地的计划，范家坝主要承担良种培育的任务。当然，这也只是一个初期的打算，在武镇长的心里真正想要做的还是筑巢引凤，引进外部资金来扩大生产规模和提高产品档次。

在小镇范围内，小岳村的村级经济与洲头村是不相上下的，它的经济来源主要得益于京珠高速公路及其两边绿化带建设的土地占压补偿。由于高速公路横贯村境达3公里，共占压了村庄1300多亩土地，村里所得补偿较多，这使得小岳村的干部与其他村子的相比总有一种财大气粗的自豪感。小岳村的李书记就颇为自信地对我说："我们村在镇里算是最强的一类，我们不欠债务，相反，实际上政府还差我们100多万元。"所以，当武镇长将镇里的决定与他沟通之后，李书记表现出了很高的热情，他决心以此为契机，将村办企业发展起来。（参见附录1：132）

对于林靖南和武仁杰的决定，皮德友有自己的想法，毕竟范家坝是自己挂的点，范村的小镇豆加工作坊又是在自己指导下一手搞起来的，这里面凝结着他的心血和汗水，也寄托了他的抱负和希望，而且，按他的话说："范家坝是小镇豆的正宗产地，小镇豆离开了范家坝，也就很难说还可以被叫作小镇豆，就是这20万元的资金也是以范家坝的名义要下来的，怎么能说变就变？"但是，林书记和武镇长是小镇的党政一把手，他们既然这样决定，而且又经过了镇党委会的集体决策，作为镇里具体负责此项工作的他就得服从和执行，而且还要配合镇里做好范家坝村干部的工作，说服他们从全镇的利益出发，搞好与小岳村的合作。而他自己还得表现出对小岳村工作的关心和支持。（附录1：133）

8月中旬的一天，皮德友邀我一块儿去小岳村，说是那里正在改造厂房，建设豆制品加工厂。“现在工作的重点已经不在范家坝了，这是最新的决定。”

小岳村的厂房同样是利用原村办小学的校舍，不过，与范家坝相比，这里的条件的确好了不少。主校舍是一幢七八成新的三层楼房，楼上做村部兼未来的公司办公室，楼下正在加紧施工改造，院坝内其他的老房子已经拆掉，工人们正忙碌着加盖新的平房，以扩大厂房面积，整个工厂规划区显得宽敞而气派。

李书记对我们的到来显得十分高兴，他带着我们参观他的办公室，又领着看施工现场，给我们讲解各种房屋的用途。已经很有些老板的味道。对于即将上马的小镇豆加工基地，他显得信心十足。他告诉我，村里一直都在琢磨办企业的事情，只是因为摸不清市场，不知道从何处下手，现在有政府的扶持，又借来小镇豆这样一个历史品牌，想来应该是大有希望的，“村里准备投资50万元，要干就干大，干好”。

让我没有想到的是，范家坝村的范世玉书记也在这里，他是作为合作的一方出现在施工现场的，不过，与在范家坝时的那种主人翁感相比，在这里他顶多也就是一个旁观者，一边看施工，一边说一些不痛不痒的话。在他心里，这小镇豆的牌子本该是范家坝独有的，小镇豆加工基地也是他们搞在前面，好不容易盼来上面的发展资助，却未曾想到领导一转念，眼看要到嘴的肉就成了别人盘里的菜。更要紧的是，作为三方联办中的一方，他们还得拿出村里自己凑钱购置的设备，而在未来的企业里，范家坝村究竟能有多大一块利益份额，作为范家坝村党支部书记的他究竟又能对企业的发展和管理拥有多大的决策权，更是一件看不见、摸不着的事情。一切都在顷刻之间反客为主了。他和村干部们有想法，村民们也有意见，他为此与武镇长做过沟通，但是，武镇长让他不要仅仅盯着自己碗里的那一点点利益，要从全镇发展的大局着眼，顾全大局。

武镇长的大道理未必能够说服他，但是，对于镇党委的决定，他只能服从，一来他毕竟是村党支部书记，下级必须服从上级，更为重要的是他没有钱，范家坝村也没有钱，市里拨下来的钱镇里不给范家坝，他也没有办法，因此，对于这样一个三方联办，他就是有满心的不情愿也不能不屈就自己，同时也屈就自己的村庄。此时此地与我相见的范书记，再也没有了在自己村子里谈起小镇豆加工时的那份热切和期盼，而是向我大倒苦水，说是村里的农业税如何难收，干部的工资又如何低，并且有意无意地向我强调，村与村的差别主要就是由地理位置和有无开发造成的，除此之外，没有别的原因。（参见附录 1：134）

我们刚坐定不久，武镇长也驱车赶来。与皮德友相比，武镇长对在小岳村兴办小镇豆加工企业显示了很高的热情，他不停地就厂房改造和厂区布置向李书记提出一些具体建议，并表示镇里会带着村里跑证照，又谈到了他关于小镇豆加工基地的发展思路，先由三方联办，如果有老板来，再看是拍卖还是入股。关于产品的名称，他提议就叫“镇豆”，可以搞一个酱豆系列产品，有香辣型、茴香型等多个品种。武镇长特地提到，在整个大江区还没有一家专门生产豆制食品的企业（显然，他说这句话的时候是没有把范家坝已经在生产的“豆宝”考虑在内的），如果搞得好，销路没有问题，打入市里的超市也大有希望。看得出来，由于武镇长亲自过问，小岳村的小镇豆加工基地建设从一开始就比范家坝的具有更大的优势和更高的起点，这种状况难免会对小岳和范家坝两村的干部造成不同的心理影响，并且影响到他们的合作关系。（参见附录 1：135）

小岳和范家坝两村潜藏着的矛盾很快就公开化了。进入 9 月之后，我多次去小岳村，再未见到范世玉书记和范家坝村其他干部的身影。后来，皮德友和范世玉都告诉我，两村已经分道扬镳，各走各道了。

事情的起因很简单。一次，武镇长带着两个村的主要负责人去省内某地考察，回来后在一家酒店吃饭，借着酒酣耳热，小岳村李书记径直提到未来的企业由谁来负责的问题。李书记问范世玉："谁来做老板？"李书记抛出这话，并不是真的在征询范书记的意见，因为这绝对不仅仅涉及范书记和他个人的位置如何摆，而是涉及两个村的实力对比和位置顺序这个更大的问题。也就是说，在李书记看来，这实际上是一个不容商量的问题，问话只是抛出问题的一种方式，也正是因为如此，李书记的话也才如此直截了当。在李书记那里，他是盘算着范书记应该有这个自知之明，知道范家坝有几斤几两，能够主动提出让小岳村来掌舵。但站在范书记的角度，这话却又直刺他心里面那根最敏感的神经，他偏偏就不愿意按李书记指的路走。"谁当都可以。"这是范书记的回答，不卑不亢，反倒有几分挑战的意思。

李书记没有想到范世玉会如此不给他面子，他感到很受刺激，仗着酒劲儿，他说出了一句让范世玉个人和整个范家坝村干部班子都没有办法接受的话："你们不能和我们比，我们能拿出100万元，你们能吗？"李这是明摆着在进行实力炫耀，也是明示范书记要退出对公司领导权力的竞争，范书记感到自尊心受到了极大的伤害，当即就想发作，无奈这话并非直接针对他本人而来，更何况别人也并没有说错什么。"人穷志短"，于是，他忍下了这一对范家坝村来说几乎是公开的羞辱，决心退出这一由镇里安排的合作。

从此以后，范家坝再也不与小岳村就小镇豆加工基地合作一事发生往来，而是独立苦撑，自谋发展。范书记对我说："我们是穷村，只有慢慢来，实在不行，我们由干部集资，自己生产，自己销售，解决干部的工资是我们眼下现实的目标。"

武镇长对两个村闹分裂有些不爽，他当然不是不知道矛盾的症结所在，但是，在资金有限的情况下，为了确保干出成绩，就像眼下的其他许多领导一样，他也只能采取“扶强不扶弱”和“锦上添花”的方针，将是非对错置于一旁，继续扶持小岳村。在一定的意义上，如果只能在两者当中选取其一的话，武镇长也没有更多的选择余地，因为市场经济从来就是强者的舞台，实力才是最大的真理，政府的投入可是指望着能够看到回报的，政府也只能是扶强不扶弱。为此，他改而动员范家坝村去搞“煨鸡汤”，将小镇豆的牌子让给小岳村独自扛。范世玉当然不可能答应这一点，因为他知道，小镇豆是唯一可能给贫穷的范家坝村带来资源的产品，如果连这个也丢了，那范家坝还有什么可以利用的资本？什么“煨鸡汤”之类的点子，哪儿来的市场？范世玉的倔强让武镇长颇感不快，从此，他很少过问范家坝村的小镇豆加工，要玩你们自己玩，能搞成什么样子就看你们自己的本事。而这边范世玉也下定决心，即使镇里不扶持，自己也要搞。（参见附录 1：136）

对于范家坝村的退出，小岳村的干部都很高兴，他们相信自己的实力，也相信自己会得到政府的全力支持，唯独皮德友的心里面有些窝火，他仍然是向着范家坝的，让他去管小岳村的事，他缺乏热情。于是，小岳村便在无形之中成了武镇长亲自抓的点，而皮德友则仍然将范家坝的加工作坊视为自己的作品，两边各搞各的，无形中就形成了另外一种意义上的竞争格局。老皮的资格老，加上范家坝人执意要搞，镇里在表面上也不好说什么，只是冷眼瞧着你究竟还能玩出多大的花样来。

一转眼进入了 11 月份，小岳村的厂房改造眼看着就要竣工，筹划开工生产的其他事宜也都先后提上日程。在武镇长的参谋之下，小岳村将马上就要成立的公司定名为“H 市大江区潭湖镇豆食品有限公司”，由李书记出任董事长，村主任张还远出任总经理，村会计做财务经理。产品的商标也找人设计出来了，广告词是“酱中精品，食中美味”。而眼下急着要办的事情主要有三桩：一是尽快申请注册，将正式的营业执照和食品卫生许可证办下来；二是购置机器设备；三是学习酱豆制品的菌种发酵和酿造生产技术，熟悉工艺流程。而在每一件重要事情上，武仁杰镇长几乎都亲自出马。

11 月 11 日，我随武镇长，还有小岳村的李书记和张主任一同到 H 市农业大学附近的一家豆制品加工厂考察。说是考察，其实也就是从一个新手的角度观察它的生产流程和设备种类，然后依葫芦画瓢地照搬照抄。这是一家私营企业，据说由农业大学食品专业的一位教授兴办，主要生产腊八豆、黑芝麻糊和八宝粥，武镇长他们曾经以谋求合作的名义来过一次，并与那位教授有过接触。其实，合作是假，想现场偷师学艺倒是真，但毕竟从未搞过，哪能看一次就能理解和记住？就是生产豆制食品所需要的机器设备的种类和品名，也不是一次就能记牢的，当着主人的面又不好多问，更不敢做记录，还得不懂装懂，以免被看出破绽。所以，今天打探好了教授不在，又专程赶来，目的是要看看对方究竟有哪些设备，记下产品的名称、牌子和用途，也好照着去买。

怕万一遇上教授难堪，武镇长把他的红旗车停得老远，让我先进厂子探听虚实，弄清楚了教授的确不在，厂子里只有一位负责技术的老师傅和几个工人时，武镇长他们才跟了进来。老师傅见多识广，一见这几个人又来了，还东摸摸西看看，一边问一边摸出笔来记，约略也就对我们的来路猜出了七八分。不过，他是被教授雇来打工的，不该管的事自然不会管。这样一来，我们也就渐渐地大胆自在起来，李书记他们一台机器一台机器地仔细查看，又分别把名称和牌子抄录在小本子上，而武镇长则问那位老师傅待遇如何，是否愿意帮助他们筹建企业，过来负责技术。

由于彼此不熟，老师傅对武镇长这样明目张胆地“挖墙脚”没有搭理，而是说：“那成什么人了，那不是背叛厂子吗？”

“你可以到我们那里兼职呀，白天在这里干，晚上到我们那边去指导，两边都不耽误，待遇可以谈嘛。”武镇长半开玩笑半认真地劝说。

听了这话，老师傅还真的有些心动：“到时候再看好了。”李书记又找他要电话，犹豫了一下，老师傅还是把自己的手机号码留给了我们。

我们又开始在车间里面四处转悠。趁着无人，武镇长随手从包装案台上拿了一瓶腊八豆，由于几个人中只有我习惯背包，武镇长便递给我，示意我尽快装进包里。我知道武镇长想干什么，便打开包赶快装，但这一举动还是被一位从外面撞进来的女工看见了，她嚷了起来，质问我们干什么。武镇长反应很快，忙说："不要嚷，没有别的意思，我们只是想看看。"言下之意是说只想学点技术，千万别误会，一边说还一边掏出5元钱递上去。那女工也看出我们非偷盗之辈，便收下钱说："那就算是买的吧。"武镇长连声说谢，一场尴尬也由此化解。而在那以后，我们也总是会拿这一段经历来相互取笑。（参见附录1：137）

小岳村发展豆制品生产有自己的长计划和短安排，从长期看，它准备发展成为生产豆浆、豆棍、豆腐、豆奶和豆品蛋白的综合性企业，而在近期则是首先将酱豆系列产品推向市场。为了迅速地由生变熟，镇里又帮小岳村联系了H大学生命科学学院的田教授，由他负责菌种培养，并且最终还真的将H市农大附近那家企业的掌舵老师傅以每月1200元工资的待遇挖了过来，传授酿造和生产工艺。这样，经过近半年的筹备，到了2004年开春之后，一切就都安排和准备妥当，并且试生产出了第一批酱豆。现在，他们只等着选择一个吉日，宣布开张正式生产。（参见附录1：138）

而范家坝那边却似乎有些像一个无人过问的弃儿，没有资金支持，维持着小作坊的手工生产规模，仍然由几个干部家属在操持，一切都得靠自己去想办法。然而，办法又在哪里？现在，好歹还有一个古道热肠的皮副镇长在帮忙，以后呢？当皮副镇长不再挂范家坝村的时候，又有谁能够去指望？

皮德友倒的确是真够意思，他自视为镇里的老干部，反正也提不上去了，再干几年就退休，也就不太顾忌领导的看法，仍然三天两头在张罗着范家坝的事情。就在我快要离开小镇之前，还听他说起H市职业技术学院的黄院长曾经打来电话，说是他们学院可以考虑买范家坝的大米和豆制品，“学院有8个超市和3个食堂，也可以帮忙代卖‘豆宝’”。这一消息十足让他高兴了好几天，然而，这一切总归还是小打小闹，靠着熟人圈子在维持，离真正的市场化生产还远得很。“要钱啊，没有钱就没有规模，也不可能有精美的包装和上等的产品。”皮副镇长十分感叹。

而为了避免别人说范家坝村不顾大局，有意搞恶性竞争，拆镇里的台，范世玉也开始考虑改做豆干和鱼品加工，“我们不愿意跟他们竞争，我们也争不过政府”。毕竟总不能老是跟领导抬杠啊！这是范书记的感慨。范世玉无法预知这正宗的小镇豆加工什么时候才能够盼来转机，也不知道他还能为村里的发展再做点什么。租地一事遥遥无期，H市职业技术学院是光说不动，你就是想让它占便宜它还不来。村子看来已经错过了第一轮卖地的良机，现在又被抢去了好不容易才盼来的生财机会，而新的发展机遇显然还没有显现出任何端倪。在既无资金又无权力和关系支撑的茫茫商海之中，敢问范家坝村级经济发展的路在何方？（参见附录1：139）[8]

十
又是一轮收钱时

当“讨要者”成为“被讨要者”

收钱无疑是乡村行政中的第一号难事，这种难不仅表现在农业税费的征收中，也表现在政府的其他行政事业收费方面，而且，这个难也并不只是农民对政府的为难，而往往是更为普遍的各种类型的被征收者对征收者的为难。当一个场合下的征收者在另一个场合下碰巧成为被征收者的时候，他也可能成为同样的为难者。一方面，辛劳无果的村干部会因为农业税征收的受挫而大骂那些有钱不缴的农户是“刁民”；但另一方面，当他们回到自己的家里，面对着前来向自己收取各种管理经营费用的公务人员时，他们却也有可能迅速“变脸”，像那些被他们骂为“刁民”的人一样，与收费者玩起种种催收与拖欠的游戏，以尽可能少缴甚至逃避规费。正是因为有机会观察这种“变脸”行为，我才得以对乡村社会中多层面的“讨要”与“反讨要”关系建立起一种更为立体与复合的理解，并在同样作为“被讨要者”而存在的普通农户和村干部身上，发现农民社会在应对国家治权时可能表现出来的某种趋于一致的行为特点。

12 月 18 日上午，本欲去镇司法所收集有关开发中的土地纠纷资料，但因为那里临时有事，未能如愿。临时之间我不好做其他安排，遂给多日不见的秦家畈村老罗打电话，说要到他那里去“混混点”。

上了老罗家的二楼，发现屋内坐着很多人，除了老罗两口子，罗的三弟，还有两男一女三位陌生人。这三人中，两位男的一位40多岁，另一位30出头，女的较年轻，看上去不到30，他们均身着工商制服，神情严肃地端坐在那里。屋内的气氛似乎有几分凝重，我忙问他们是否正在开会，老罗说不是，才起身为我做介绍。原来，三位陌生人分别是工商所的吴所长、贺副所长和办事员小兰。此时，他们正在与老罗商量他新开张的小镇酒家明年的工商管理费缴纳数额。

“不碍事，这不也是你的调查范围吗？”吴所长大概听说过我，他向我敞开了观察的大门。

屋内重又肃穆下来，只听见吴所长对老罗说：“我们昨天来查了账单，仅仅中午的营业额就有1000多块，如果按营业额2.4%的规定缴纳管理费，每天就该收24块。”

“那一年不就要收9000多？”老罗对这个数字有些吃惊。

“当然也不是那个意思，也要考虑你的实际情况，所以才过来与你商量，看看你是个么想法。”贺副所长回答得很谨慎，像是在谈论收钱，却又不完全像。

吴所长说：“我们这是第一次打交道，也不是说一定要按规矩收，你是领导，我们也想听你说个数字。现在的数字都是要进微机的，要联网，你得让我们也好有个交代。”

又一个收钱的场域！我明白过来了。只不过，这一次作为村干部的老罗已经由惯常的“讨要者”变为“被讨要者”，而“讨要者”是工商所，老罗此时的身份则由村干部变为与征收中的农民无异的百姓。这真是“天赐良机”，让我得以现场去体会一个“讨要者”在变为“被讨要者”之后可能发生的行为与心理变化。

“过去定的1500块，还是你们单方面定的，我也没有答应过。”老罗接话了，他知道今天工商所两位领导上他家的意思，但他并不打算依着他们来。

“1500块是太低了，要按营业额算远不是这个数。我们当然也不是说以前的领导做得不对，但恐怕多少还是有些问题。”吴所长不愿意去直接评论他的前任，但是，刚由区局调来小镇的他显然决心为提高工商所的收费数额而努力。

“以前生光（前任所长）一直都很关照我们，吴所长你才来，可能对我老罗还不了解，我这个人一贯配合工作，大家也都很给我面子。”

“这我已经听说了，你是我来了以后接触的第二个村领导，第一个是小岳村的李书记。我知道你这个人为人不错，所以今天特地上门找你商量。”吴所长是第一次与老罗打交道，他向老罗派送起了高帽子。

双方没有直接谈论该收多少钱，但谈判的架势拉开了。老罗在亮自己的筹码——自己是村干部，而且是镇街村的主职干部，你总得给个面子，以前的领导也都是很给面子的。而吴所长对这一点当然也很清楚，就是不清楚，以他的年龄和工作经历，他也多少知道应该怎么做才符合地方的“惯例”。这不，作为一所之长的他今天不是亲自带着副所长和办事员上门“讨教”了吗？

“要说按规定，哪里都没有按规定，我们每年还缴了那么多，说穿了，做生意就是为了赚几个钱。当然，钱多了也没有用，取之于民，用之于民，这个道理我懂，但是我现在没有么生意量。你看到的时候好，更好的时候甚至每天还有两三千的，但不好的时候一天都没有一桌。我还想把这个店盘出去嘞，每年只收 15 000 块钱租金，比如转包给钱跃进，但他还不干，嫌价钱高了，因为乡镇的生意不好做，只有这么大个量，还有许多账根本就收不回来。”老罗开始向吴所长诉苦了。这是一种策略，他要争取吴所长的同情，毕竟人家是代表政府职能部门来履行正式的征收职责，主动权在别人手里，自己不愿意多缴钱，就只有哭穷了。

“生光他们还有千把块钱的账落在这里，钱不多，但像这种情况的还不少。”老罗的夫人也搭上了话，并且在暗示工商所的人吃了饭没有结账。

吴所长有些被动：“这都好说，他带人来吃了，也是工商所的人来，叫他来签个字，都好办。”谁叫你又收钱，又要吃人家的？

“我们也是来和你商量，按政策，我们下个通知，你执行要执行，不执行也要执行，但我们没有那样办，工作是靠大家相互支持的。”贺副所长赶紧补台。

“在小镇，你的生意不亚于镇贤酒楼。论设施，你刚开张，还是一流的。他们一年定的是5000，你们就是少一些，也不能少过4000吧？”吴所长搬出镇贤酒楼来压老罗，“在整个小镇，就你们两家比着，总要有个大致平衡吧，不然，让我们如何去做他们的工作？”

“那谈都不谈。”老罗不能接受4000块钱的开价，回绝得很干脆，那情形仿佛不像是在央求工商所的人借个人情，倒像是生意场子上的相互叫价。

老罗的夫人不动声色地走了出去，莫非是要去落实一下吴所长讲话的虚实？

老罗仍然有些愤愤：“我建议你们把镇上搞熟食品生意的都召集起来开个会，大家自评、互评一下，看看应该缴多少？”

“这个缴费是有规定的，如何能够凭自己说呢？”一直没有说话的办事员小兰插了一句。

老罗没有回话，他显得有些被动。

不过，老罗不是那种只知道行蛮斗硬的人，他知道如何变被动为主动。稍事停顿之后，他又诉起苦来：“国家的政策也是大力鼓励发展工商业，我们还处在发展期，不要看房子修得这么大，其实都是借钱搞的，是为了发展的需要。我个人现金就借了20多万，还有7万多是用材料兑的，遇到关系特别好的，我就说没有差账，怕别人接济我。不信？有好几个人都说要给我钱，我都没有答应，绕定远就凑了4000块钱，他说‘是个心意，我也只有这个本事了’。你说，他一个拿工资吃饭的，我还能要他的？就是借也要找老板呀！”老罗有些动情，“我现在是负债经营，你们还是要扶持我一下，要放水养鱼，等我把生意做大了，钱还不好说？”

“还没扶持？前5年收得那么低。”小兰再次插话，显然，她在小镇待了多年，对镇上的情况十分了解。

“这我心里有数，也很感谢，但要增加也要逐渐来嘛，比如一年多个一两百块也好说。但现在可好，一下子翻了倍，还要带个拐弯，这生意不好做呀！”老罗硬撑着不让步。

此时，吴所长一行虽然是代表工商行政管理部门在履行职责，但他们知道，眼前这个人不是一般的工商户，他在镇上有背景，关系众多，今天你找他收钱，明天保不准你就得求他帮忙办事，所以，吴所长就是明明知道眼前这个人跟征收中不愿缴钱的农民一样在死守自己的钱袋子，也不好发作，更不好摆出一副公事公办的嘴脸，此时的吴所长只能顺着罗的话，以罗所讲的道理去反制于他。

“我也做过餐饮生意，在区司法局开过餐馆。”

“那你也应该知道生意不好做呀！”

“是不好做，但只要有三张桌子就能赚钱，就是一天一两桌也要赚。”

“下面的情况可没有那么好。生意不好做，开销也大，水电都是按营业标准收费，但为了图个气氛，晚上就是没有客人，店里所有的灯也都得打开，没得么钱赚呀。”老罗明白吴所长是在诱导他，他自己就经常对农户这样干，所以，他不会轻易上钩。

吴所长也同样不会轻易地为老罗的叫苦所动，因为这同样也关系到他们自身的利益。

“那这样呢，镇贤他们缴5000，你比他们差一些，缴4000么样呢？你也为我们想想，不要把难给我们为。”吴所长也像收税的乡村干部对待不缴钱的农民那样，以“弱者”的身份来将老罗的军了，只不过，征收中乡村干部的“弱”更多地是一种刻意制造出来的场景气氛，（参见孙立平、郭于华，2000）而此时的他们面对着老罗的固守还真有些力不从心。

老罗不领这个“情”：“那这样呢，以前是1500，从明年开始增加到2000，你们也不要再讲了，行不？”

“那不行，这个数字交不了差，整个区里都没有这么低的，别人一个小摊儿就是几百块，你总要讲个透明度，让我们好为人呢。”老吴自始至终都没有讲应该按制度规定办事，而是要老罗给他一个面子，让自己好为人。

双方的话讲到这里，该说的说了，不该说的也不好再往下说，总之是一方不让步，另一方又不好逼。眼瞅着这样耗下去不是个办法，老罗的弟弟便给他在区工商局一位当副局长的战友打起了电话，说是想见他，要他中午过来吃饭。在中国人的关系秩序里，一起服过役的战友就跟同学一样，是特别值得珍视的谊缘关系，就算现在双方的地位有差别，但都在一个地方，老战友喊明了要你来吃饭，这个面子还是得给的。所以，电话那头，那位副局长很爽快地答应一下班就赶来，而这边老罗也乘机说：“这个事情就不要老是扯了，你们说的数字我肯定接受不了。”这话怎么听都怎么像是老罗在向对方要钱。

吴、贺等人眼瞅着老罗的弟弟要将他们的上司搬来，知道今天这件事情再“究”下去也不会有什么结果，便起身告辞，说是时间不早了，意思都讲清楚了，你们也考虑一下，下次再来听想法。

老罗知道电话起了作用，便“转守为攻”，发起了人情攻势：“走么事？一会儿志刚要过来，就在这里吃饭。”

“还早，还早，还有两个多小时。”

“两个小时还不快？说说话就过去了。”

“吃饭的机会还没有？说不定哪天我还要请你老罗吃饭呢。”

“这就见外了，以前我们没有接触，今天算是第一次，如果今天这饭吃了，大家交个朋友，以后我也不把难给你们为，不吃这顿饭，还真不知要给你们找多少麻烦呢。”

“…………”

话说到这个份儿上，又明知局里的领导要来，吴所长不好再推辞，只好说那等会儿再来。

老罗起身相送，却不忘适时地补上一句：“2000 块么样？你们也再考虑一下，缴多缴少还不是凭你们一句话？等会儿吃饭时就不再谈了，蛮丑。”

吴、贺等人没有回答便下了楼。

老罗的夫人又回到楼上，她告诉老罗，已经问过镇贤酒楼的老板，哪里定了什么5000，谈都还没跟他们谈，也只是见了个面，只答应缴个千把两千的。原来，她刚才果然是下楼落实镇贤酒楼缴费的事情去了。

吴、贺等人的暂时离场却诱使我的思绪“出场”，让我有一个短暂的机会对刚才的观察做一个理论化的回溯。工商所所长和副所长亲自出面与作为小镇酒家餐馆老板的老罗就明年缴纳工商管理费数额一事协商，这件事情本身就说明他们对于乡镇社会人脉关系复杂性的重视，尤其是老罗作为秦家畈村主任这一特殊身份，使他们不能不更加注意这一点。虽然日后对工商所更多的访谈表明，对于乡镇小商小贩生意量的准确评估不是一件容易做到的事情，因此管理方大都会与工商户就费用缴纳数额进行协商。但正是因为老罗一身二任的特殊身份，使这场协商从一开始就注定了不会单纯在生意的层面展开，工商所领导要考虑的也绝非仅仅是一个生意量的问题，他们还得考虑这种协商可能会扯带出的生意、政治和乡镇关系网络中多个场域的交叉关联因素。因此，工商所与小镇酒家老板的协商就不是单纯的工商行政管理和执法的过程，毋宁说它更多地是工商部门与乡镇政治精英之间充分调动各种网络资源以维护各自利益的一场博弈。在这场博弈中，工商所从一开始就不太可能（甚至也根本就没有打算）要按照既定的制度规则办事，而是“礼让三先”，要老罗先就管理费的数额报一个数字，大家再做商议。可以说，正是基于对乡镇基层政治权力—文化网络的遵从，工商所从一开始就放弃了依法行政的想法，改而依照权力—文化网络中熟人关系的潜规则来与老罗打交道，尽管这样做也可能同时暗含着某种“以守为攻”的策略考虑。

然而，老罗却借力发力，顺势让这种“以守为攻”服从于他的

“以攻为守”。他成功地，甚至是有些“过分”地反复调用他所能够调用的地方关系资源，把这场工商所本已放弃了行政原则的商谈变为一场更为典型的商业化谈判——一场工商所究竟能给小镇酒家让出多大政策性优惠的讨价还价。老罗甚至回绝了工商所“主动”伸过来的“橄榄枝”，他要尽可能“得寸进尺”地维护自己的利益，就像一个有意拖欠和拒缴税费的农民不愿意向乡村缴纳自己的每一分钱一样。

双方的行为都充分遵从了基层官场的理性，老罗的特殊身份则使他在这场博弈中更居优势地位。之所以如此，除了钱在他手里，他不给，另一方总不能硬抢这一当下流行的“要钱是孙子，欠钱是大爷”的行为心态之外，还与老罗对于自己所能调动的关系资源的自信和他对乡村“半熟人”社会内部政治游戏规则的谙熟有关。[1] 老罗一开始就向吴、贺等人暗示他一贯配合工作，而历任工商所的领导，乃至乡镇政府和其他职能部门的领导也从来都很给自己面子，从而使吴、贺等人不能不面对并考虑对这一既存“惯习”（habitus）①的遵从，尽管他们从心里对前任领导的某些做法可能并不认同，并想加以改变。而当吴、贺等人软中带硬，“以守为攻”时，老罗则调动了他所能调动的官场资源，搬出作为区工商局领导的他弟弟的战友出面斡旋，从而将吴、贺等人置于一种虽然不想买账，却又不得不买账的以自上而下的行政权威为后盾的人情压力的境遇之中，并最终放弃自己的想法，改而按照老罗的意愿去解决问题。

老罗对于乡镇熟人关系网络中行政潜规则的熟悉，更是帮助他强化自己以攻为守的心态与行为的另一个原因。当吴所长以费用缴纳要讲透明度、你不能让我们不好交代为由，回绝了老罗提出的2000元的数字时，老罗则以自己的经验，适时点出缴多缴少还不

---

① 对于habitus这一构成布迪厄理论的重要概念，在国内学界存在着不同的翻译，如有人译为“习性”，有人又译为“生存心态”。（参见朱国华，2004：33）

是你们一句话这一“一把钥匙开一把锁”的因人而异的另一个潜规则，使工商所方面几乎无言以对。的确，在涉及收钱这一乡镇行政的第一号难事时，对于特别难缠的对象，以“一把钥匙开一把锁”的方式做出私下的增减，往往是比一把尺子执法更为普遍有效的方法。老罗熟悉这一点，并且也深知这一潜规则在乡镇场域中的普遍适用性，作为一个已经习惯于与“大社员”打交道的村干部，对于像“会哭的孩子有奶吃”“老实人吃亏”这样一些从长期的“征收战争”中总结出来的经验，他本人就体会甚深。所以，随着角色的转换，出于最大化地维护自身利益的考虑，在此时，习惯于向“大社员”让步的他也自然会以同样的“大社员”逻辑去迫使工商所向自己让步。在这里，我们所看到的倒不是某种人格的变幻莫测，而只是一个社会人在因应不同制度角色时的适应性表达——即使是眼前的这些工商行政人员在面对角色的转换时也难保不会有类似的反应。只不过，与那些只能软磨硬扛的“大社员”相比，像老罗这样的地方精英自有因其角色的复合而累积出来的多重社会资源来应对类似的际遇，而不至于非要把事情弄到如“丛林战争”那般赤裸和没有回旋余地，这便是地方精英和“大社员”在逃避征收时各自面临的不同境遇。

这不，老罗弟弟的战友此时已经走上了二楼。

来者是一位中年男子，大家都称他张局长，老罗的弟弟则称他为志刚。坐定之后，老罗的弟弟向志刚介绍了刚才发生的事情，并要他设法关照，张局长显然已经习惯了类似的说情，况且战友之情也非同一般。他一边听一边点头，说，看等会儿怎么搞。

吴、贺等三人也来了，这一次倒是老罗先问吴所长考虑得怎么样了。吴说：“这样，少 400 块，3600 块怎么样？”显然，这是吴所长所考虑的应该给张局长的面子。

“那就没得么意思了，我还不如就缴 4000，还谈这么半天干什么？我还是那句话，2000，大家都不要再争了。”老罗说这话的口气，倒像是在一场与他无关的纠纷中做最后的裁决。

尽管有上司在场，吴所长毕竟是公务所系，加之又涉及本所的利益，也并不准备就这么让步，他倒要看看张局长如何来解这个局。

弄明白事情症结的张局长开腔了：“你们要我过来，我也不知道有么事情，现在明白了。我说老罗，吴所长他们也并没有跟你较真儿，真要是按规定，那你也搞不起，能不能想想其他办法？”张的话没有明显向着哪一边，但至少说明他并不想对吴所长指手画脚，毕竟那并不属于他的职权范围。

吴与罗又争了起来，谁也不愿意在这个场合向对方让步，而老罗的心里却又指望着张局长能够帮他解这个围。

想了半天，张局长又发言了：“你们都不要争了，我看，就缴3000，老罗只缴2000，剩下这1000我来想办法。”

吴所长闻言，不好再说话。

“那话还是要说明，这缴费通知上还是要写明3000。”贺副所长想要把话说死，如果到时候张局长不想办法，让他们又去找谁？

“就这样写了再说吧。”张局长板上钉钉，他没有说明怎么个想办法。显然，张为自己留有余地，可就是这样，就足以制止当事双方再争执下去。

“那罗主任，您呀还是要在通知上签个字。”小兰没有忘掉要把手续办完。

老罗也没有再说话，他知道事情也只能这么模糊化，于是，他接过缴费通知单，签上了自己的名字。我看了看通知，那上面写的是每月缴300。

事情就这么过去了，大家开始点菜，下楼吃饭。

席间，整个气氛为之一变，彼此都不再提上午的事情，而是相互攀扯关系。吴所长说，他以前也是从小镇出去的，而贺副所长也说他的老家在小镇。就这么大一个大江区，总可以找出彼此的若干关联，于是，越扯大家发现彼此的距离越近，刚才的公私之争好像根本就未曾发生过，取而代之的是酒桌上杯觥交错中所显示出来的

亲热与随意。（附录1：140）

两天以后，我主动去找吴所长，请他就小镇酒家收费一事发表一下看法。离开了饭桌的吴所长显然又恢复了正常的职业理性，他对我说："乡下的情况比区里复杂，一是工商户少，收费少；二是圈子小，说情的人多。对此，我们也都有思想准备。像前天那种情况，一般我们会先打个招呼，再发通知，实在不行，再看下一步怎么办。老罗那里，按理就要照政策执行，但是你也看到了，很难，没有想到他把局里的一位领导也搬来了。其实，我的资格比张局长还老，但不好意思不给他面子，也就只能这样了，就看他怎么解决吧。"

吴所长虽然迁就了老罗的要求，内心里却不平衡："我本来并不想放弃，一放弃，其他工商户的工作都不好做。我和贺所长都是从区局机关下来的，还是想坚持原则的，但乡镇上的各种人情关系太复杂，躲都躲不开。你也看到了，他家的餐馆生意相当好，我们做过调查，平均一天不下1000元的营业额，如果按2.4%的规定收，一个月的工商管理费起码在700元，其实还不止这个数，也有的顾客把的是现钱，这些都还没有统计在内。

"关键他是村主任，镇街又在村子的范围之内，这些人比一般的乡镇干部能耐还大，他们与镇里历届领导的关系都好，各方面的关系也多，政府办事都得靠他们，我们在这里工作也得依靠他们的支持。"

"那么，是不是一般的工商户要强一些呢？"我问道。

"也都不好管。地方就那么大，生意做得大一些的也都与政府有来往，时间一久，还能不根深叶茂？就是不直接与政府有关系，也难保一些生意人没有黑道上的联系。餐馆、歌厅都是闲杂人聚集之地，也是主要的娱乐场所，这些老板方方面面的关系都有，我们一个拿工资的，虽然说在政府职能部门工作，但真要是出个什么事情，也没有人能帮得了你。这些，也都决定了下面的工作比上面更复杂。很多规定都没有办法到位，都是互相磨合，甚至反复磨出来的。这不，等会儿我们就要去镇贤酒楼，也是谈管理费，你要是有兴趣，也可以跟着去看看。”

“太好了，只是不用介绍我是干什么的。”没有想到，这么快就又遇到了一个观察的机会。

大约上午 10 点，我随贺副所长和小兰一起去镇贤酒楼。刚到时，只有男主人在家，寒暄之后，男主人向我们每人送上一包香烟，这也是乡里的规矩，以示对客人的尊重。贺问餐馆由谁当家，男人说是他老婆，自己另外有鱼塘要管。于是，我们便坐等。约莫 10 点半过，女老板回来了，约莫 40 出头，我因常随干部们出入这里，她觉得有些面熟，却又不明底细，以为是镇上新来的干部，所以，大家相互点了一下头，算是认识。

一听说要增加明年的管理费，女老板本能的反应是叫苦，她很能说，让贺所长几乎插不上话。

“去年的生意是可以，每天都在 2000 块钱以上，但去年底老罗的新餐馆开张以后，就抢走了不少生意，这些天我们清淡多了。但生意减了，开销没有减，我雇了 9 个人，厨房里 5 个，服务员 4 个，每天光工资开销都要几百块。生意不行了，我还是开了会，要求大家坚守。我还年轻，起码还可以做 10 年，我的心也不大，也不想发蛮大的财，多少有赚的也就行了。”

“每天的生意量总在 1000 块以上吧？”

“平均起来是差不多，但开销大啊！仅仅厨师一个月就是 1000 多。原来的厨师一个月 900，后来他不干了，觉得小镇不方便，每天来回跑，光车费一个月下来就要好几十块，我们提出给他加工资，他也不干了。”

女老板为了证明生意不行了，又说最近一两个星期甚至都没有去市场买菜，只是靠固定的关系户送：“老罗的新餐馆开张，抢走我不少生意，但我们也不怨，总在一个镇上做事，就这么几家，就当是相互支持吧。”

贺所长由着她说，等她叫够了苦，才不经意地又点了一句：“再怎么不景气，每天的营业额总在 1000 块以上吧？若按 2.4%的规定，一天 24 块，一个月该多少，一年又该多少？”

“哎哟，规定是规定，执行归执行，在区里，像我这样大的中型餐馆，十几张桌子，生意比我好得多，所有该缴的费用加起来，一年也在 1 万以下，就更不要说我们这个穷地方了，总不能那么收的。”

“那你说该么样收呢？”贺所长笑问，到现在为止，他还是由着那个女人说，没有提出工商所的意见，他知道这一场缠磨是免不了的。

“照我说呀，以前是 1800，去年我主动提出涨到 2100，今年你们才来，再高一些也没有关系，但高矮也要有个度的。”

“这样吧，考虑到你的实际情况，一年就按 5000 收吧。”

女人一听，马上苦笑着回应：“那样是没办法接受的，现在的税费年年涨，总还是要给我们留几个吧？不然又何必做生意呢？

“小镇这地方只是个过路的桥，很少有外人停留。当官的，你们也知道，中午在食堂里混混，晚上都回区上去了。镇上本来就有几家餐馆，现在又多出一个什么山庄，位置虽然偏一些，但人家条件不错，吃完饭后还可以包一间房打牌，搞一条龙服务，你在里面干什么别人也不知道。现在的人也不光讲究个吃，他还要讲究休闲，山庄又僻静，所以，前些日子武镇长来吃饭，还跟我说不好老到这里来，‘别人把门一推，又在这里’。车停在外面，别人也知道你在里面，影响也不好，不像在山庄，人家也不知道……”

“好了，不要扯这么多了，不管怎么样，这一年 5000 块钱还是打了折的吧？”

“那是，那是，”女老板不敢不承认这一点，因为餐馆每天的生意量有多大旁人也都是看得见的，“但总不能真这么收吧？真这样执行，镇上就没有几家有生意做了，国家的规定是对的，但乡下还得按乡下的情况来。”

“莫不是还要专门下一个文件，规定乡下该少收一些？”贺所长笑了。

女老板自己也笑了，不过她仍然不愿意让步：“帮帮忙，就按营业额的1%算，每月不能超过300。”

“可老罗的餐馆都缴的是300。”贺所长此时才拿出老罗来压女老板。

“真的？我不信，会有这样的事？”女老板显然没有想到这一点。

“票都开了，不信你到所里来查。”

“那说明他的生意量猛增了，没想到他会那么大方。”

“还大方呀？磨了整整一个上午。”

女老板还是有些将信将疑，可难道还好真的去查？她知道老罗是秦家畈的村主任，与自己相比，别人再怎么着也要给他更多的面子，可老罗一退，她这里就有些坚守不住了。

看女人不说话了，贺所长这个时候开始出招：“我前次来找你，你说要我们先把‘小镇酒家’搞定了再说，说我们离他那里近，一抬脚的工夫。现在他那里定了每月300，你可是说过不落在他后面的，现在总该决定了吧？”

女人一时语塞，刚才的那股推挡劲儿完全没有了，只是说：“涨得太多了，不好接受啊。”

“那几年你生意好的时候，我们几乎没有收，你怎么没说不好接受呢？”一直没有说话的小兰半开玩笑半认真地反诘。

“那是，那是，怎么能不记得你们的好处呢？但也不能涨这么快呀？”

“我看这样吧，一个月按350块钱收，一年收11个月，但通知书上还是要按一年来写。”贺所长看看女老板已经软了下来，知道是该做出决断的时候了。

女老板不好再说什么，她知道她总该比老罗缴得多，这除了老罗的面子更大之外，自己的生意也的确比小镇酒家更好。

“没有想到，老罗还这么好说话。”女人以这样一句话来表示她对贺所长决断的默认。

“签字吧。”小兰拿出通知单递给女老板，女老板看了又看，最后只得极不情愿地在上面签上了自己的名字。

“你们这样涨法，我们可接受不起啊。”签完字的女老板重又露出了笑容。一方面，她知道老罗都签了，自己终究抗不过去；另一方面，她也似乎仍然有高兴的理由，因为这仍然比按实际营业额来收少了不少钱。

“吃了饭走吧。”女老板又恢复了生意人的殷勤本色。

“不必了，还有下一家呢。”贺所长一边说，一边退出了镇贤酒楼。

“这可是一场真正的战斗啊！”走出镇贤酒楼之后，我不由得对着贺所长一阵感叹。

“是啊，上一次来，她拿老罗来挡我们，她知道老罗不好说话，你看，这一次不是又磨了一个多小时？”

“做生意的哪一个又是‘苕’？”我说。

大家笑了起来。（参见附录1：141）

这一次的观察进一步丰富和细化了我上一次在小镇酒家观察的感受。无疑，与上一次相同的一点是，即使工商所面对的不是一个有着特殊政治身份背景的村干部，他们也并没有以正式的制度规则去要求对方，而仅仅是借助于正式的制度性力量去逼迫对方让利，因为他们很清楚，国家规定在乡下是很难认真执行的。分手之时，贺所长就提到，在区里虽然要正规一些，但在政策允许的范围之内，实际上也还是有让步的。正是由于当事双方都已经充分地认知，并且承认这一现实。所以，正式的制度规定之于工商所，就只是行政的依托而非行政的依据，而作为工商户的女老板也才会公开地声称不能按政策执行，而丝毫不会觉得这种声明有何不妥。可见，制度是行政背景而不是行政依据，行政结果是执行者与行政对象谈判互动的结果，是乡域管理之不同于乡镇之上的其他更为科层化的管理的一个重要特点。

不过，与在小镇酒家的博弈相比，这一次工商所的干部少费了许多口舌，并且在实际上也居于真正的强势。他们也同样给了女老板面子，但那是他们所愿意和主动给予的，不像在老罗那里，有一种不能不给、不得不让步的感觉，尤其是老罗把张局长搬出来之后，他们甚至有一种兵临城下、强势反被弱势所迫的感觉。虽然张局长的最终裁决相当模糊，甚至可能只是在一种特定情景之下被迫做出的临时敷衍，当不得真，但是对他们而言，却是一种真正的让步。而在镇贤酒楼，虽然贺所长最终也没有能让女老板认缴5000块钱的管理费，但其实那是他从一开始就没有真想要逼她去认缴的数额。5000元与其说是他们所要得到的结果，倒不如说是他们压镇贤酒楼提高工商管理费缴纳数额的开价。所以，自始至终，工商所其实都占据着谈判的主动权，并且在稳居这一主动地位的前提下主动地让制度规定去适应地方情景。

不过，若从国家行政管治和经济汲取能力的方面来衡量，我们却又会发现，透过小镇酒家和镇贤酒楼的这两场官商角力，一个可以被归纳出来的结论是：现代“国家政权建设”（state-making）过程之于中国基层乡村社会的力度还远非如人们所想象的那么成功；至少，当不具有持久延续能力的泛政治化强控制被常态化世俗生活的复苏所消解之后，乡镇社会又重新呈现出国家正规性的管治化努力与民间社会逃逸管治这两种力量之间的反复博弈。这种博弈我们已经在乡村干部缺失强力支撑的收税场景中看见过，现在又在工商所与个体工商户的互动之中再次看到。尤其有意思的是，当村干部由国家基层政权的腿脚变为独立应对政府的个体利益主体，制度性角色发生彻底转换时，其行为所遵循的就仍然是农民社会中“大社员”所一再施行的尽量设法逃逸汲取的逻辑。此时，在这种场合，视他们的行为与“大社员”如出一辙并不为过，因为他们不仅具有同样坚定的逃逸决心，同时还拥有比一般“大社员”更加丰富的逃逸资源与逃逸手段。由此，我们便得以看到，民间社会对于国家的汲取其实是具有某种天然的逃逸心态的，只要存在着可以逃逸的空间，这种现象就必然发生。可以说，这既是人在摆脱了社会制度规制时的一种自然选择，同时也是作为整体的“民间社会”（中国文化语境下的）在对待国家时的一种天然倾向。（甘阳，1998）由此也就从另外一个角度提醒我们，在评价官民的利益冲突时，并非仅仅通过对国家征收本身的价值评价即可定论，更为根本的还在于应该意识到，官民的博弈其实是作为个体的理性人与作为整体社会表征的国家在任何状况下都必然会存在的现象。所以，问题从根本上讲，还在于国家既能较好地实现对社会的汲取而又同时能够免于后者对其行为的合法性挑战这一双向需求之间的平衡。而无论来自收税场景的“抗争”还是村干部在作为个体工商户时所表现出来的对于国家征收的“变脸”，都给我们提供了一个带有共性特征的启示，那就是这种挑战其实或多或少还是存在的，这就是说，安东尼·吉登斯（Anthony Giddens）意义上的现代国家对基层社会的渗透、决策贯彻及制度化努力在中国基层乡村其实还远不能说已经非常到位，乡镇基层政权及其职能部门作为基层国家的“权力集装器”（power containers），（参见安东尼·吉登斯，1998）其权力效能或者如迈克尔·曼（Michael Mann）所说的基础性权力（infrastructural power）[①]仍然在不同的场域受到各种地方习性和利益的主动与被动的逃逸性“抗衡”。这种逃逸性“抗衡”可以说是与国家对基层社会的弱贯彻能力相伴生的现象，虽然总体说来它并不具有对国家权力的颠覆性，却具有某种对国家能力的消解性，它在实际上仍然消解着官僚化国家的种种现代制度性建构的努力，或者致使这种努力最终形变为对乡村地方各种非国家利益的让步与妥协。写到这里，我突然之间感

---

① 英国学者迈克尔·曼（Michael Mann）区分了国家权力的两个层面：其一是国家的专制权力（despotic power），即国家精英可以在不必与市民社会各集团进行例行化、制度化讨价还价的前提下自行行动的范围（range）；其二是国家的基础性权力（infrastructural power），它指的是国家事实上渗透市民社会，在其统治的领域内有效贯彻其政治决策的能力（capacity）。（参见李强，1998）

觉到自近代以来官民之间的种种纠纷和冲突，从这个角度，而非从某种习以为常的“阶级矛盾”和“阶级斗争”的角度，似乎能够得到更加有说服力的解释。[2]

征收进入攻坚阶段

进入10月中旬以后，农业税的征收进入攻坚阶段。此时，晚谷已经登场，农户手中有粮可卖，这个时候若再不将钱收上来，往后的困难会更大。前段时间，为了应对上级时间过半、任务过半的规定，镇里和各个村都垫了钱，此时如不乘势收回一部分，也将对政府和村里的工作造成更大的压力。眼看着时间一天天地指向年末，征收的力度不能不进一步加大。武镇长在征收动员大会上向全体干部提出了“五个最”的要求，即下最大的决心，定最起码的目标，投入最集中的时间，掌握最基本的原则，拿出最合情理的考核方案。具体说来，就是在近期取消干部的例会和学习，集中半个月的时间，全体挂村干部住到村里，不分昼夜地连续催收，以确保能再收100万元上来，使农业税的缺口能够减少。①各个村的目标是：从农户签字率看，力争达到100%；从任务下达率看，力争达到80%。围绕着任务的完成，镇里要制定考核方案，镇干部与年终奖金挂钩，村干部与工资收入挂钩。武镇长强调：各位干部要分头负责，务必完成任务，只要不出事，不酿成农业征收的恶性案件，就要全力以赴，一句话，不死人就行。而林书记则提出，税收是国家的，干部领了国家的俸禄就必须为国家办事，要做到权利与义务的一致，征收一定要与干部的升降去留和评先评优挂钩。（参见附录1：143）

---

① 小镇2003年下达的农业税任务是357万元，上半年，包括干部垫资在内，只收上来127万元，不足40%，就是再收上来100万元，也只有60%左右，政府还得垫100多万元。（附录1：142）

基层政权的征收机器再一次发力。

然而，农民手中有粮却不等于会自觉缴税，加之近几年来土地抛荒严重，谷物减产，又导致了粮价的上涨。进入10月份以后，在整个大江区，早谷和晚谷每100斤的价格都在逐步地向着50元以上攀升，而且上涨的势头似乎还没有止住。这样一来，农民又普遍在持粮观望，希望能赶上这一近年来少有的价格景气，将粮食卖个好价钱。这种状况显然与政府提出来的集中力量打歼灭战的想法相悖，政府和农民再一次形成了利益上的错位。

要让农民跟着政府的想法走，把农业税如数地缴纳上来，艰巨的任务再一次落在了各位挂村干部身上。面对任务，按挂山花村干部刘涛的说法，就得“八仙过海，各显神通”。

刘涛所说的“神通”，其实就是利用他是本村人这一层关系来降低征收的难度。刘是山花村六组长房刘湾人，直到现在，他的父亲仍然住在湾子里，而整个湾子50多户人家，一多半人也都姓刘，属于同一祖宗所传。刘涛回自己的家里来征收，自然有别人不具备的特殊资源可资利用。为了弄清社会关系对于收税的影响，在武镇长开罢干部动员大会后的第二天，我便跟随刘涛下到属于他的村湾，同去的还有挂村的财政专管员老陈。

上午9点半过，我们开始在六组收税，老陈和我先上了刘涛的一个堂兄家。看上去，这一家人的条件较好，男女主人穿着时尚，家里的陈设也不太差。他们此时刚从镇街回来，正准备生火做饭，见到老陈进来，相互认识，知道是什么意思，便说让他过些时候再来。“现在手头紧，拿不出现钱来。”老陈是老财政，这种场合经历得多，当然也知道是不愿意缴，便和颜悦色地劝说。而两口子同样笑容可掬，绝不呈现出对老陈的半点儿有意为难之色，但是，态度毫无松动。我们这是今年第一次进六组，按照老陈的盘算，第一次进村主要也就是打个招呼，算是下个通知，要大家有个心理准备，“你不给，我也不究，相互给个面子，下次再上门，就得兑现了”。（老陈语）于是，在久说不动的情况下，老陈便自找退路：“那就依你们的意思，下一次可不要让我们再跑空路哟。”

正要上另一家，刘涛后脚赶到，一进门他就一口一个兄弟和嫂子地喊，显示出了自家人才有的熟络和亲热。听说他兄弟和嫂子要我们下一次来，便说：“那怎么行？就今天了。没有钱？嫂子，真要是没有钱就开句腔，兄弟我借钱给你缴。”

没有别的，就这一句话便把他堂兄和嫂子噎在了那里，不好说有，也不好再说没有。当兄弟的都说要借钱给你了，看你还有什么理由推托？再推下去就有些给自家人故意为难的意思了，无奈，被唤作嫂子的只得赔着笑进里屋取钱。老陈苦劝了半天都没有说动的这一家人，却被刘涛这一句话就搞得服服帖帖，亲情的攻势可谓旗开得胜！

第二户人家的女主人见我们上门，就推说老板[①]出门去了，自己做不得主。刘涛就说：“你们家明明就是你做主，找你老板，他还不是要我们来找你。”他把欲出门的女人堵在了家门口。可女人不说不缴，也不说缴，还是坚持要我们先去问她男人的意见，刘涛不理会这一套，只说“我就问你”，便坐下来不走了。

女人不好多说，只得赔笑。

不一会儿，男主人回来了，刘涛便迎上去打招呼：“你老婆要你来做这个主呢。”

男人知道刘涛是故意将他的军，便回答道：“那还不是要问她。”这样又说笑一阵。

女人有了台阶可下，便进屋取钱。刘涛说：“么样，还不是要找你？找他没有用的。”

“他不点头，我又如何给钱？”

看这气氛，与其说是在有意推诿，不如说是亲戚之间在相互调笑，整个征收被笼罩在一股亲情的气氛之中。

对于第三家的女主人，刘涛称她为老嫂子，看来，双方的年龄

---

① 当地妇女有把自家男人称作老板的习惯。

有差距，辈分却相同。老嫂子一家的税费是 254 元，她指着摞在堂屋里的一袋袋粮食，坦承现在拿不出钱来，等晚谷卖了一定给。又说：“种田纳粮，理所应当，跑是跑不掉的，只是想等晚谷的价格再涨一些，看看行情再做决定。整个湾子都是这个想法，不信你们可以去问。”

刘涛表示理解：“谷子少就无所谓，如果多，等几天还是值的。今天能不能多少把一些，是个意思，也不让我们白跑一趟。”老嫂子说：“行，254 元听起来也不好（谐音‘二百五’），就先缴 54 元吧。”

双方就这样决定了。

刘涛与整个湾子的人几乎都是同族和亲戚，这是今天这场收税的特殊之处，正是由于这个因素，他说起话来就特别随意，亲情在此时成了他征收时进行动员的有效工具。刘涛可以以诸如“没有钱我先借给你”这样一类外柔内刚和似退实进的话语，置欲拖欠者于不好不缴的境地，也可以制造出一个不缴就有伤亲情的情势逼迫，而更多的情况下，亲情则成了软化拖欠者心理的进攻利器，让被征收对象就想不到要去为难对方。“算了，再怎么着也不能把你为难，你在外面当干部，不能不给你面子，这个桩还是要抬的。”于是，缴钱纳粮这一公事就通过刘涛这样一个特殊的征收者转化为一场半公半私之事，仿佛钱不是缴给政府，而是与刘涛本人相关，不缴就成了跟刘涛本人过不去。

从私人层面上看，中国乡村社会的确仍旧是一个人情社会，100 多年的现代变迁也并未能建构起事本主义的交往原则，当情与利处于相互纠缠错综的关系网络中时，农民关于利的理性考虑有时也不得不让位于情的牵扯。刘涛正是很好地利用了这一点，在为自己挣得面子的同时也达成了政府的目标。如同他自己在事后总结的那样，他可以以亲缘关系作为特殊武器，去“勉强”自己的亲戚们。这里的“勉强”，既包含了别人必须得给他面子的意思，同时也意味着他能以亲情进行软强制，“迫使”别人难以拒斥他的要求。不像一般干部，农户坚持不给，就只能下次再来，而在这里，如果有钱不给，让下次再来，就明显是在有意刁难他个人了。一个湾子的，谁还不知道谁家碗里的菜？一味不顾情面地拒斥必然会造成对亲情的伤害，而这在亲缘网络之中显然是要力避的。可见，所谓强制，并非时时处处非要“大兵压境”，在某些场合，它完全可以示人以温情，却照旧展示出某种不得不服从的力量。

事情也的确就是这样，当刘涛一句“没有钱我借给你”的话出口时，除非已经决定执意要与刘涛本人过不去，欲不缴者还有什么其他可以逃遁的托词呢？于是，一上午下来，我们前后一共收到了 1800 多元钱，几乎没有遇到故意拖欠的情况（而这在其他村湾则是普遍存在的现象），有的农户承包地多，税款总数在七八百元以上，一时凑不出那么多，也主动地先缴几百元，并表示余下的钱等晚谷卖了再补上。“放心，到时候不消你来，我们会主动送到财政所去。”可以说，我在小镇前前后后参与了不下 20 次征收，却唯独只有在刘涛的这个湾子里看到了农户对征收相对配合的情况，对此，我深有感慨。午饭时，大家一边聊天一边总结今天的征收体验，刘涛说：“彼此都是亲戚，这个面子还是得给的。”又说：“好歹没有在教授面前丢面子。”因为他事先就对我夸口说，其他湾子没有把握，自己家这个湾子还是没有问题的。所以，是否能够顺利征收，也就成了刘涛用以测量他在自家湾子里是否享有充足面子资源的一把尺子。事实证明，同为亲缘网络中人的被征收农户给了刘涛这个面子，这也可以说是当下的乡村社会仍旧习惯于将公域和私域相互渗透的一个例证。正是通过这种公私领域的相互交叉渗透，亲缘网络所给予刘涛的面子，才转化成为他在履行征收这一公务时的日常权威，[3] 而这显然是缺乏相同资源的一般乡镇干部所难以具备的条件。

不过，亲戚们给作为镇干部的刘涛面子，却不等于刘涛可以甘于自享这一精神礼物的馈赠而不做出相应的回赠。在熟人社会和亲缘网络中，面子总是相互给予，形成一种特殊的“礼物的流动”，（阎云翔，2000）物质形态的礼物如此，文化和精神形态乃至于政治层面的馈赠也是如此。一定程度上，也正是这一“礼物的互惠”才构筑并生产出得以继续维系的社会网络，所以，即使是处于这一社会网络上端的刘涛，也不得不遵从“互惠”的规则而做出相应的表示（哪怕只是表示出一种回赠“面子之礼”的姿态），以期能够借助于这一“礼物的流动”而继续生产出他所期望绵延的日常权威感。[4]所以，在整个征收过程中，刘涛不断地对被征收家庭嘘寒问暖，询问他们的近况如何、身体怎样，遇到家中有未外出务工的青年女性，就说要把她们介绍到深圳去当保姆，因为别人正委托他帮忙在内地找保姆，“一个月可以拿四五百块钱，还管吃管住呢”。刘涛的这一主动表态是否最终兑现，我并未去追寻，但是，通过这一“回礼”的姿态，他却在公务履行中不断地生产出（或者是预期能够生产出）进一步巩固亲缘网络的氛围，使公务的履行始终为温情的私人化关系所包裹，从而在降低征收难度的同时，也寄望于日后在工作中能够继续得到亲戚们的支持和配合。（参见附录1：144）

不过，在小镇的干部中，能够动用亲情资源为征收服务的并不多，对于绝大多数干部而言，一旦缺少了可以利用的特殊资源，征收就仍旧是基层工作中的第一号难事，尤其是在农民持粮待价的阶段，这种艰难就更是显而易见。

山花村之行后的两天，我又随挂村干部程文启去了小陈村。小陈村的税收情况，根据政府大院公布栏上8月9日公布的数据，2003年下达的任务是105 461元，应完成任务是103 150元，到8月9日为止，已征收51 190元，完成任务的比例为50.2%。但实际上，这当中有许多钱是由干部垫的，如程文启垫了6000元，挂村的财政专管员垫了5000元，村支书垫了1000元，其他的村干部也多多少少都垫了，农户实际上缴的可能只占签字率的百分之十几。

程文启说，在1997、1998年的时候，小陈村的负担亩平曾经达到过90多元，现在是38—47元，负担减轻了，但是，征收的难题却一点儿未减。以前的征收多少带有暴力性质，靠着人多势众，不缴就强行将粮食拖走，这样以硬碰硬，每年也总能完成应征任务的90%以上。现在不允许使用暴力，全凭两张嘴皮的功夫去磨，别人不听也就等于是在自说自话，即程文启所说的演“单口相声”，有没有效果就不好讲了。

我这一次去小陈村观察征收时所看到的恰恰是两户与干部相关的人家，一户是八组新任组长的兄弟，另一位是前任组长。那位新任组长的兄弟死活不缴，说是家里穷，等过两年日子好一些绝不马虎。村支书一听就有些恼火了，“还没听人讲过要等两三年之后再考虑缴的”，程文启则耐住性子劝说：“你兄弟是队长，刚刚上任，你总得支持一下他的工作，你不缴，叫队长如何去动员别人？”

“可我家有4个伢，3个在读书，实在缴不出。”

“这种情况村里多的是，别人都把了，你不能说就不把吧？”又说，“我这个人蛮直爽，要说再穷，哪家总能拿出个三五百来的，不缴还是一个认识问题，过去每亩近百元，还不是缴了？”

而此时村湾里正在掀起的“种房”风也让程文启很难相信这位组长兄弟的话，站在他家门口，瞧着正在搭建的院落和码放在一旁的新砖，程文启说道：“未必建房有钱，缴公粮就没有钱？”（参见第七章相关部分）

“哪里话，都是借的。”组长的兄弟这样回答。

“我不管钱从哪里来的，只要上面不管，我也希望你们能多得些补偿，只是这公粮总还得缴吧。”

“没有办法，只是想让儿子练练手艺，日后好外出谋生。”

“这练手艺的成本似乎也太大了一点儿？”程文启的话里已经有些揶揄。

组长兄弟没有回答，却也没有响应的意思。程文启没有办法，又转而晓之以“利”：“无论如何，你今天总得把一些，多把少把是个态度，欠下的我下次再来收。今天是我来找你，你也不敢保证日后就不找到政府和村里。铁路线动工，多少总有些机会，比如安排工程，我们不总是先照顾干部的家属？你也想想，我不多讲了，讲多了你也嫌。”

话说了一大筐却顶不上这一句，组长兄弟想了想，便不再言语地进屋取钱。程文启松了一口气，这一家总算是没有白磨。

前任组长家里有十二三亩地，承包费480多元，我们进屋后见只有女主人在家，男主人干脆就不见面。“公粮我们从来不欠，每年都缴的，只是有一句话得先说清楚。去年，陈书记（村支书）在屋里，也是坐在现在这个位置上，当着会计的面动员我们家的，要他再搞一年，说你是老队长了，以后不搞的时候村里多少也表示一下，搞点把补助。今年，你们不要他搞了，但书记这话可说在前了，他如果不说，我们也不会这么想。有没有这个钱，我们既不会更富，也不会更穷，但你书记既然说了这话，十块二十块也总是个心意，这事儿不说清楚……”刚一坐下，女人就给我们摆下了这样一个“见面礼”。

程文启知道又遇上了麻烦，一般当过干部的一旦下台，较起真儿来会比普通村民更加厉害，尤其是因为某种矛盾而被解职的，往往会由工作的助手变为令干部们头痛的“大社员”。[5]程文启转身询问在座的村会计：“陈书记是否讲过这话？”会计答道：“以前是讲过，但今年他不搞，陈书记并未说过。”

为了解事情的真相，程文启起身去陈书记的家里落实。陈书记告诉他：“以前是说过这话，他年年说不搞，我年年动员，但今年我另外找到了人接替他，就再也没说这话了，这事也不可能，不能由着他来。”

程文启只得回来告诉这妇人：“以前村里有一定的积蓄，可以这样搞，但去年税改后，钱不从村里过，也没有收入了，这事就有些难办，还请能谅解。说穿了，还是村里穷，否则都不是问题。”程文启没有把陈书记的话如实转告，他只能拣听者爱听的话讲。这就是乡镇干部，他必须这样两边抹，以求摆平理顺，如果将陈书记的话如实转述，那就是一场冲突。

可这位妇人不是那么好糊弄的：“我一个女人家，说大道理找不到，我只知道书记说了话就要算数，他说话不算数，我们老百姓说话也可以不算数，这话不说清楚，钱是不把的。”

看得出来，书记撤了她男人的组长职务，引起这一家人的不满，要补偿费便成了他们发泄不满的借口，而以不缴征收相威胁，也成为他们要求村里兑现承诺的唯一机会。如今的农民就是这样，在村庄和农民的制度性关联日益减少的情况下，一些农民已经不是将上缴税费视为种田纳粮的义务和责任，而是将其当作向乡村公共权力表达意愿、要求服务和维护自身利益的工具；相反，村里要解决拖欠户的欠款问题，也往往只有在对方向村里寻求某种帮助时，才能以“相互拉扯”的方式解决——“先补缴欠款，后处理问题”。于是，国家的权利与农民的义务就衍变成了以私对私的民间权力技术的相互施行与较量，村级组织作为村庄公共权力的形象也愈发呈现出非公共化的色彩。（参见吴毅《催收与拖欠》，2004）

无奈之下的程文启又只得去把陈书记从家里叫过来当面解释，陈书记重复着他说过的话：“去年是说过，但那是当时的情况，今年税改了，村里没有钱，我也再没有讲过这话。”

“你说话不算数，我们也不缴钱！”妇人火了。

陈书记对这种类似于“讹钱”的做法大生反感，声音也高了起来：“你不缴是你的事，和我没有关系，补助的事是不可能的。”讲完这话就径直回到自己的家去。

眼看着事情处理不下来，文启只得又当起和事佬：“我看这样处理，先查查公泽（另一个组的前任组长）是不是有补贴，他有，你们也跑不了，你看如何？”

女人还不依不饶：“那陈书记刚才说的话还作数？”

“你这人也是，你总要给他一个面子吧，他是长辈，又是领导，你家里也当过队长，总要维护一下吧？这样，先减50元，回去查清楚了，该么办就么办。”

这一下，女人不吱声了，双方总算进入了算账、缴钱的程序，最后，程文启以少收70元为代价，摆平了这起矛盾。

走出这家，我问文启：“你说的公泽有补助吗？”

“好像没有。”

“那到时候她不反复？”

“只能这样，先编着她缴一些再说。”

“那明年呢？”

“一年管一年，明年再说明年的话。”

“…………”

我感到愕然，也为干部们悲哀，这收税已经走进了这等死胡同，你说还能让人看到什么指望？（参见附录 1：145）

然而，即使看不到指望也得继续下去，因为这同样是一种“政治行为”。晚上，我正在政府值班室里看电视，约莫 9 点，武镇长进来看是否有其他干部闲着，他说想找一个人陪他到自己挂点的谢张村去看看。此时，另一个挂村干部仍然在下面收税，其他干部也都还在村里“夜战”，作为一镇之长的他自然有所牵挂。我不顾白天的疲劳，自告奋勇地说愿意陪他前往，武镇长闻言，十分高兴。于是，我又背着包上了他的红旗车，摸黑驱车同他一起赶往谢张村。

我们在一户姓谢的农户家门口停了下来，谢张村的谢书记和挂村干部正等在这里，同在的还有财政所专管员。看得出来，他们已对这一户人家做了许久的工作。

谢家住的是一栋两层楼的房子，屋内基本家具齐全，儿子刚从深圳回来，一身西装革履，依当地人的标准，这家人的条件不算太差。

老两口有十几亩承包地，农业税 700 多元，老谢说：“今年受灾，没有收到多少，一时也没有钱缴。”这一家三口倒是通情达理，说历年来从未欠过公粮，只是现在手头实在没有，还请宽限些日子。

武镇长指着我说：“你看，我们的教授都下来了，你多少还是缴一些，也给我们一个面子。”又开玩笑地说，“你看，儿子西装革履，老婆戴着耳环，还住着这么大一栋楼，却不缴农业税。”又说要当儿子的为父母解难。

儿子说：“我在外面还不是卖力气的？在深圳能挣到钱的，还是老板和有技术、有知识的人，卖苦力的赚不到钱，这次回家坐火车就花了好几百，也实在是无钱了。”

谢书记进一步劝道：“如果真的无能为力，政府还是会救济的，但有能力还是要缴一些。”

“是的，先缴，到时候没有吃的再找政府。”武镇长也和颜悦色地动员。

女主人：“你这话说得很中听，但现在实在不行，手头没有。”

老谢：“现在种田根本就赚不到钱，像今年这样还亏了。”

武镇长：“你们说的都有道理，但上面不问这么多，他只是要我们一级一级地往上收，您呀也同情一下我们。”

武镇长做工作的一个最大特点，就是站在农民的立场说话，理解农民的难处，但同时又强调政府也是没有办法，希望农户能够配合工作。看得出来，这的确是在向农民“讨要”了。

然而却仍然没有效果。这是另外一种形式的较量，此时此刻，双方都在比试着谁更“弱势”，谁又更“通情达理”，到了最后，不给钱的老谢自然是这场游戏的胜利者，他既没有给我这个教授面子，也没有为武镇长的“示弱”所“勉强”，而是在同样的通情达理与和颜悦色中坚守着自己的阵地。结果，我们一行人只得留下一句“过几天再来”这样自下台阶的话，毫无收获地撤出了谢家。

谢书记他们又接着去下一家，我和武镇长驱车回镇。路上，武镇长感叹道：“像老谢这样通情达理的人你还真不好说什么，也不好冒火。”

我说，我已经多次见过这样的场面了：“你说要做他的工作吧，你想说的话他早都已经先替你说出来了。”

“是啊，听起来比你的觉悟还高，你说这思想工作还如何做？”

“原因何在？”

“除了缺乏过硬的征收措施，与种田不赚钱也有关。其实，哪家没有几百块钱，问题是农民从土地里所得不多，他缴得不情愿，结果，大家互相比着，谁家缴了还要挨通。”离开了征收的现场，身为镇长的武仁杰完全能够理解农民的立场。

“那上一次开会你为何还说只要不死人就行呢？”我有意想多听听武镇长的想法。

“实际上就是这么一回事儿，我只是讲了一句实话。上面要我们完成任务，农民又不缴，你让我们怎么办？不死人是一根底线，就是农民上告也不要紧，我们还可以解释，你一而再再而三地不缴，上面也能够理解我们的难度。可一旦死了人，酿成农民负担事件，任凭你怎么说也解释不清楚。”武一边驾车一边回答。

“算了，不谈这些，一谈起来就窝火，你这个问题触到了我们的痛处。”身为一镇之长的武仁杰是一个悟性很高的人，他十分清楚基层干部所处的尴尬地位。“我们都是‘苕’，既可悲，又可怜，上面叫你干什么你就得干什么，出了事情你还得顶着，还得承担责任。”

“那这半个月干部们是否真的住在下面？”我又问起了另一个问题。

“多半都没有住，但作为领导，你又不能不这样去要求，不然任务就更完不成。”

“那你在会上定的目标完得成吗？”

“不可能完成，可不这样要求行吗？”

武镇长其实什么都知道。

是的，无论武镇长还是林书记，其实也都是在知其不可为而为之，这就使他们往往会陷入一种内心世界与职务角色的双重人格分裂，如果是一个把个人的晋升看得相对较淡的基层领导，这种人格上的分裂将会更加严重。（参见附录 1：146）

陷入这种人格分裂的又岂止乡镇干部，村干部也同样面临着相似的困境。对于这种困境，秦家畈的陈志华和老罗做出了他们的解释。

陈志华说："现在农民不愿意把票子拿出来，政府就来压我们，我们呢，爱面子就垫，不爱面子就滑，走一步看一步。"老陈的意思是说，村里最终还是拗不过政府的面子。

可老罗认为这不仅是一个面子的问题，而是一个涉及村干部自身利益的问题："总的说来，征收的压力还是在村里，因为上面的要求是区里不能少，乡镇要确保，这样，村里收不上来就得自己兜起来。为什么呢？因为镇里有办法卡着你。为什么村里明明知道吃亏还要垫呢？这个问题，不站在村干部的立场上是难以体会的。按一般老百姓的讲法，认为干部是为了保官帽，其实也就是这样。说白了，关键还是因为我们是农民，一旦不当这个干部，你就是农民一个，什么也没有不说，自尊心还会受到打击。所以，到了最后，我们也只有打肿脸充胖子，踮着脚装长子。"

只有在这个基础上，面子才起作用。"镇里是摸准了这一点才卡着你玩的，而且，他们往往用感情来打动你，让你不好拒绝，为了自己的利益和荣誉，也为了这份感情，你也不能不继续垫，直到垫光为止。"

听到老罗这一番未加掩饰的自我解剖，我得以体会到乡、村两级干部在收税中的真实处境。（参见附录 1：147）

于是，面对着农民的不合作，小镇的征收仍然没有起色，乡、村两级集中力量打歼灭战的计划再一次受挫，他们所面对的也仍然是"内部挖潜"的选择。

国、地两税提前过关

与农业税征收战场上无望的挣扎相比较，负责国、地两税征收的干部却在提前度过自己的"年关"。9 月下旬的一天早晨，我在政府大院外遇见皮德友副镇长，见他一大清早就行色匆匆，便问他这些天都在忙些什么，何以难觅踪影？他答道："还能忙什么？每到月底，不都是为了这些事吗？"经他这一提醒，我才悟了过来，原来，每当临近月末，总是他和田国全副书记忙着协调和落实国、地税任务指标的日子。这不，这几天他又忙开了。

征得他的同意后，我决定跟随他继续了解一下这方面的情况。

老皮走进田国全的寝室，与他沟通这个月镇里的国、地税征收进展情况，老皮提醒田国全又该给相关各方打招呼了，免得到了年末工作被动。听完老皮的话，田国全便给S街国税所的汪所长挂电话，请汪所长中午过镇里来吃饭，说是“又有一些日子没见面了，前段时间大家很辛苦，武镇长一直说要找个时间好好地陪你们玩一玩的”。电话那头，汪所长大概是说他此时不在所里，抽不开身，又说“大家都是老朋友，用不着客气，已经答应过的事情肯定是没有问题的”。田国全挂上了电话，皮德友又补充道：“上一次联系时，汪所长已经答应这个月划20万过来，从电话里的口气看，应该没有问题了。”

田国全满意地点了点头：“国税就这样了，地税那头呢？”

“好像还有些夹生[①]，有些推，地税所的×所长要我们先跟区局说好，看样子还要努一把力。”

“那我的意思你还是再到区里跑一趟，找到××和×××，把我们的想法与他们沟通一下，最好是能到他们家里去一趟。”

“我也是这个想法，今天晚上我就去。”

从田国全的寝室出来，老皮径直到政府大院外的小卖部买了两条熊猫牌香烟。我问多少钱一条，他说：“200多，晚上要到领导的家里去。”

“那我就不好跟去了。”我有些遗憾。

“那也是。不过，去了也没得什么意思，不过是大家见见面，感谢领导对我们工作的一贯支持，希望继续支持我们的工作，无非就是这些话。都是老关系了，能办的人家自然会办，都是为了公事，别人也不在乎你这点儿礼，只是中国人讲究一个人情世故，总

① 夹生，土话，意即不太买账。

不好空着手去。”

“那倒是的，若遇到不喜好烟酒的呢？”

“那就送其他的土特产，如海子[①]、茶叶什么的都行。反正是表示个尊重。没得办法，每个月到了这个时候，就得求爹爹、告奶奶，要别人支持了。人家帮了忙，又得感谢，把他们请去吃个饭，钓个鱼，休闲一下，也属于礼尚往来。干我们这种工作，维持这层关系是很重要的，别人并不是非要帮你这个忙不可的，很多事情都是凭着感情在做。”

是的，来了这么久，各方面的体会都让我对老皮的这种说法深表认同。

不能随老皮上领导的家门，便决定趁他这会儿有谈兴，请他多介绍一些关于协调国、地税的情况。老皮倒并不忌讳这个话题：“你说它是‘协税’也行，不是‘协税’也行，叫什么都不重要，反正财税任务年年增长，我们年年请人帮忙，总之是要想办法完成任务才行。一般是由国、地税所到区局里统一协调，我们主要是要处理好各方面的关系，要别人给这个面子，镇里倒不用亲自出面去搞。”

“其他乡镇也都是这样吗？”我又将这个曾经提过的问题问了一遍。

“那倒也不一定，主要还是看各个乡镇的具体情况和领导的意向。条件好的地方，例如区里的几个街道，工商企业多，税源充足，就不存在这样的问题，他们能完成任务，但又不愿意超额太多，就可以帮我们一把。而贫困的乡镇能维持运转就不错了，也不会有这个动力去搞。只有像我们这样的中度发展乡镇，有一定的财力，又有开发，发展势头好，整个经济在往上走，在这种情况下，领导一般都想抢前争先，提高自己的乡镇在区里的排名，因此，这个意识就比较强烈。现在上面考核乡镇的工作都讲究以财政论英

---

① 小镇系湖区，盛产虾蟹，当地人把螃蟹称作海子。

雄，你说你的发展如何好，那就看你的财政收入怎么样，财政收入上去了，就说明你发展快，工作搞得好，领导有能力。这样，你这个乡镇在领导心里的地位自然就高，书记、镇长说话的分量也足，有升迁的机会时，上面也容易想到你。”听着老皮的介绍，我的眼前好像又晃过了一幅不知在什么地方见过的标语，标语的内容是：“环境创新是基础，项目支撑是保障，招商引资是手段，财税增长是目的。”（附录1：148）

“原来，在经济发展的背后还有这么多的名堂。”我对上面那幅标语的认识又有了进一步的理解。

“当然啦，在战争年代是打胜仗当将军，在建设时期自然就是经济增长出政绩，衡量经济实力的一个重要标志就是一级政府的财政增长能力，所以才叫作以财政论英雄嘛。”

“上面都知道这些情况吗？”

“怎么能不知道？大江区是农业地区，这些年财政收入虽然增长很快，但主要都是靠卖土地，真正的大企业不多，财政收入要增长，要提高自己在市里的地位，区里自己也面临相同的压力，你能说他们不知道？区里不也要到市里去抢前争先，提高自己的排名吗？”[6]

“你是说上下两头都有这个积极性？”

“那是你的理解，我可没这么说。”一向直爽的老皮这一次却耍起了“花腔”。

“不过，话又得说回来，还是我讲过的那句话，事情都有两个方面。财政收入增加，乡镇自己还是得到了实惠。税收是有分成的，收得越多，分成越多。比如，去年我们完成了任务，国、地两税镇里就分得了70多万，今年估计能分到100多万，我们与区里有一定的分成比例。所以，上面加任务，我们也要乐于接受才行。”老皮又提到他跟我说过的今年下达的地税任务本来是168万，但政府主动要求提高到280万这回事儿。（见第三章）

“看来这的确是一个上下互动、相互迎合与追抬的过程。”我又想起了自己曾经对这个问题的分析。

“是的，这对镇里也不全是坏事，光有一个积极性也搞不成。当然，这样一来，我们就得辛苦一些了。”老皮又补充了一句，他显然对自己在这其中所起的作用感到自豪，所以，他在诉说自己的“辛苦”甚至发“牢骚”时，其实也是在炫耀自己的成绩。（附录1：149）

老皮的观点进一步佐证了武镇长说过的话，记得在与武镇长谈到国、地税任务年年增长的压力时，他也不止一次地说过：“国、地两税任务的完成虽然要四处求人，有难度，但这个圈子还是画得圆，关键是我们也愿意把它画圆，因为将税弄回来越多，分成越多，乡镇的财政盘子越大。”所以，武镇长也说过，年年增加财政税收任务，虽然有地方领导的意向，但利益驱动本身也是一个重要因素。（附录1：150）

我在第三章中就分析过，财政的增长既是一个关系到地方和基层政府领导政绩和形象的问题，是一个涉及地方利益实现的问题。在上下级政府之间，实际上存在着一个既积极引导又主动追随的双向互动。现在看来，这种分析仍然是对路的，那种单纯强调政绩和形象的理路，在突出对上负责和压力型体制下乡镇主要领导个人行为动机对乡镇财政行为影响的同时，可能未能同时去注意考察领导个人与基层体制性利益之间的契合关系。而实际的观察表明，只有将强烈的地方利益动机也纳入分析变量，才能够更加清楚地看到乡镇财政行为中主要领导的偏好和体制利益的追求之间的一致性，进而去合理地理解和解释财政增长中上下级政府之间的正向互动。应该说，这是一个相当重要的考察视角。一级政府一级财政，财政能力关系到政府功能的实现效能。按照王绍光和胡鞍钢对国家能力的分析，在衡量国家的四种能力当中（汲取能力、调控能力、合法化能力、强制能力），汲取能力是最为根本的，是国家能力的核心，是国家实现其他能力的基础。因为只有当国家掌握了必要的财力，才能够确保其他功能的实现。（王绍光、胡鞍钢，1993）其实，把他们的这个观点借用来分析乡镇地方政府也仍然是有效的。当我们在衡量一个乡镇政权的治理能力时，财政能力无疑是首要的指标，因为无论是要实现本地区经济与社会的发展，确保公共政策和公共物品的有效供给，还是要实现对地方秩序和安全的掌控，保持一个不断增长的地方财政能力都是十分重要的前提。尽管我们不能将乡镇通过“协税”来实现财政增长视为政府财政汲取能力增强的正途，甚至也根本就无法将其视为是这种能力增强的表现，但是，若单纯从政府能够掌握和调度的财政盘子来看，“协税”的确以某种特殊的方式，在一定的条件下扩大了该政府得以掌握的财源，因而有可能对提高政府的办事能力产生影响。在不问前提只看效果、不看宏观只看微观的角度上，这的确会对一个具体的基层政府领导产生相当的诱惑力，这正是造成在财政增长中上下应合、相互追抬任务指标的根本原因。看清楚了这一点，我们也才能够比较全面地去理解如老皮这样的经办人员在访谈中一方面牢骚满腹、愿讲实话，另一方面却又自觉配合的矛盾心态；也才能够理解如武镇长这样的基层领导一方面厌恶不实事求是的做法，另一方面却又照样会自觉地继续维护和追求这种做法的原因。可以说，老皮的牢骚不但未影响到他的工作积极性，相反倒成为他释放自身工作压力和炫示工作能力的一种特殊方式。这不，当他发完牢骚之后，却又照旧乐此不疲，甚至还带着几分成就感和自豪感去与各种关系户打交道、施展他的协调功夫去了。而武镇长在数落完现存体制和政策的诸多积弊之后，却也照旧会继续殚精竭虑地思考和布置下一轮税费任务的完成。可见，所谓自上而下的压力型体制的运作，并非一味只是依靠行政考核的“加温加压”，它同时也依靠对任务责任主体的利益诱导和成就激励机制去达成目标。而在此过程中，让任务责任主体（包括组织和个人）分享到由完成和超额完成任务所带来的种种好处，是促使其体制效能得以维持乃至于强化的重要一环。

半个月之后，我再次碰到老皮，向他询问上个月的工作业绩，他颇为自豪地告诉我，小镇在财政征收任务完成方面是全区第一，至于全年的任务，他拍胸脯保证，起码会提前两个月完成。（参见附录 1：151）

果然，当我在国庆节之后碰到田国全时，他告诉我，除了农业税，小镇全年的国、地两税任务都已经提前完成了。我问他如何能够提前这么多天，他说："还不是靠着喝酒的功夫，你不也跟着跑了几趟吗？""在乡下做工作，靠的就是关系，大家经常在一起喝酒，关系近了，互相抬桩，办事也就爽快了。"

田国全又把他最近去北京旅游的照片拿出来给我看。原来，政府为了感谢国、地税所对镇里工作的支持，在任务完成之后，特地利用国庆长假，安排他和老皮陪着国、地税所的领导开车到北京去玩了一趟，一来是犒劳他们一年来对政府工作的通力配合，二来也借此进一步密切彼此的关系，以利于来年的继续合作。

看来，负责国、地税征收工作的田副书记和皮副镇长已经提前度过他们的年关了。

接着，我又听说老皮住进医院调理他的血压去了。老皮一直以来血压都偏高，但因为工作脱不开身，他一直顾不得上医院。现在，全年的任务完成了，离明年开年领取新的任务又还有一段时间，老皮终于有空儿来关照自己的身体了。（参见附录 1：152）

可以预料，小镇明年的国、地税任务又将迈上一个新的台阶，实现跨越式的增长。

十一
了结难题

洲头纷争的补遗

经过以未理明、老洪为首的一班处理纠纷干部的艰辛努力，持续了四个多月的洲头纷争终于接近尾声，土地附着物的赔偿也好歹基本落实。一天早晨，我刚吃过早饭，在政府大院里遇见老洪，见他满脸轻松的样子，便上前问候，老洪问我："你老乡不是要请你喝酒吗？去不？"

"我倒是想去，你去吗？"我反问道。

"去。"

"那我也去。"

"你赶快给他打电话，就说我们中午上他家去。"

原来，自从上一次下洲头四组结识了农民代表老马以来，这位从四川来的移民就一直说要接我这个四川老乡去他家喝酒。喝酒我是不会，但我确实想寻找一个机会与老马聊一聊，听听他从一个农民的角度谈谈对这场土地开发纠纷的看法，但又担心在人还不太熟悉的情况下主动联系会过于造次，老洪的提议使我找到了机会。

我随即拨通了老马家的电话，接电话的是他的儿媳妇，她说老马已经下地去了，我要她转告，说我们中午上他家去，她说一定。听得出来，她对干部要上她家做客还是感到高兴。

约莫9点，我随未理明、老洪、陈其然等人驱车去洲头四组。此时，我又约略地感觉，从这阵势上看，此行好像并不像老洪所说的“喝酒”那样简单，一定又遇到了什么纠纷或者麻烦，需要干部下去解决。

果不其然，当我们一行人到达村部会议室时，只见洲头村的主要干部和四组的农民代表都早已经等候在那里。一问，才知道四组的村民因落实本组塘堰的被占压面积和村民参与土方工程施工一事，要与镇、村干部对话。

所谓塘堰的被占压面积，据村民反映，推土机在作业过程中超过了规定占压的2.1亩，起码占压了2.5亩，所以，他们要求增加占压补偿。而村民参加工程土方的施工，是按照地方惯例，凡涉及开发中土方等简单的工程作业，如果本村村民有能力承担且又愿意承担，都应该首先考虑交由他们承担，以使施工能给村民带来增加收益的机会。但是，此次省人防训练基地的土方工程，政府却早就包给了镇上的金老板，农民们对此很有意见，他们要求政府做出相应的补偿，否则，“施工照样莫想进行”！

刚刚感觉可以放松一下的镇干部们自然觉得农民又在那里胡搅蛮缠、滋生事端了，可又不好发作，只有如约前来，把这“媒”的艺术施展到底。老洪反复劝说代表们要以园区开发的大局为重，不要一分一厘地与政府争利，“有的矛盾，只能在发展中慢慢解决”。

可四组组长于祖安却不愿意放过这个最后的机会：“塘堰反正占去了一部分，已经影响了灌溉，不如干脆就全部占完算了，我们也好另想办法。土方施工，我们与施工方发生了冲突，他们还拉了两车人来威胁我们，说是要打架，我们也不怕。这些人也不知道是谁叫的，未书记，如果是你们叫的，你可要负这个责任的。”

“不要说得那么难听，”老洪比未书记年龄大了一辈儿，每逢遇到这类尴尬的问题，他总会主动站出来替未书记解难，“塘堰的面积是早就已经定下来的，就不要翻盘了。你们没有参与土方施工，这的确是我们的疏忽，为了缓解矛盾，未书记上一次就已经答应补助你们3000块钱，现在也只能这样了，工程款都早已经划拨出去，也没有办法重新调配，以后如果再有机会，一定优先考虑你们。但你们这边派代表跟我们谈，那边却又组织人马去拦车，这就不太好了。至于说打架，那都不是解决问题的办法，政府如何会叫人来打你们？你们把政府当成什么了？黑社会？如果打架能够解决问题，还会给你们做这么久的工作？所以，大家一定要理解政府的难处，不要只是站在自己的角度想问题。”

于祖安却不吃老洪的“媒”：“土方工程施工的回扣我们也不多要，每立方一角钱总是要的吧？我们提出要接工程，政府不给，这就是政府不考虑农民的利益，你说我们如何没有意见？塘的面积最少要按3亩算，1亩补5000元，[①]3亩1.5万元，工程回扣款8000元。”

“行，塘就这样计算，工作中出现的变化我们也要面对。可你们要这8000块钱的工程回扣，让我们如何解决？要不，你们自己出面同老金头协商？”未理明这样表态。

“我们如何去协商？我们只能让群众去堵车。”

“你这不是有意把难给我为？当时谈好的3000元，你让我从哪里去给你出另外的5000元？”未理明有些愠怒。

“政府暂时拿不出来也没有关系，只要给我们写一个证明，说明这一点就行，我们也好找施工方要。”

“你们去要我不反对，但要我们写证明不可能，写了字到时候还不是政府来解决？”未书记坚持不就8000元工程回扣款一事表态，他知道，这样让下去村民们还会步步进逼，这可是没完没了的。于是，他写了一张施工占压塘3亩、补偿1.5万元钱的条子交给祖安，条子上未提其他问题，只是口头承诺工程回扣款一事可以再做商议。

拿到未书记出具的证明，于祖安也没有再提8000块钱一事。我在想，莫非这仅仅只是一种讨价还价的策略？以要8000块的工程回扣款为名，压政府在塘堰的占压面积上做出让步？

对话会就这样不明不暗地结束了，四组的农民达到了一个目

---

① 按镇里的规定，塘的占压补偿比土地高，1亩为5000元。

的，却未能达到另一个目的。工程回扣款要求的提出，只是换来未书记的一句承诺："以后凡在四组范围内的工程，首先征求组长的意见，看你们愿不愿意接。"（附录 1：153）

对话会结束以后，作为与会代表的老马一个劲儿地邀请我、未理明和老洪到他家去吃饭，未书记从老洪那里知道我已与老马有约，遂答应了下来。于是，我们一行人便冒着酷暑，前前后后地向四组走去。路上，趁着未、洪两人与我和老马之间相距一段距离，我径直向老马表明希望与他做一次谈话，并表示不希望其他人知道我们的这一接触。这倒不是出于对谁不信任，而是为了尽可能避免由此引起的误会和可能给各方带来的不利影响。老马是个聪明人，他很默契地同意了我的提议，"吃完饭后，你先回镇里，我随后再到"。我们约好在老罗的餐馆里见面。这种约见方式，倒是让我对田野调查所要面对的复杂性有了进一步的认识。

不用说，老马一家的招待甚是热情，他老伴儿特地为我们烧了一桌子的菜，又买了一箱啤酒，这倒弄得我有些不好意思，好在未理明和老洪能来，也算是给足了老马的面子。老马在乎这种面子，尽管这丝毫不会影响到他在与干部争利时锱铢必较的立场。与干部们一样，农民同样也会把官民的利益争执与熟人社会网络中的人际交往规则区隔在不同的领域。

饭后，我在老马家的楼上午睡了一会儿，老马陪着未书记他们继续喝酒，约莫下午 2 点半钟，我们离开马家，返回镇里。不一会儿，老马如约赶到，我便在老罗餐馆的一个包房内开始了对他的访谈。（参见附录 1：154）

"我队的承包面积是 168 亩，但实际上社员向队里承包的是 260 多亩，此外，还有一些杂地。我们当然是愿意开发的，矛盾主要集中在实种面积与计税面积如何计算，这里面有 90 多亩的差距。为什么会有这么大的差距？这是一个历史问题，可以追溯到土改，土改时登记的是 168 亩，土改后因为开荒，面积不断扩大，但我们仍然是按 168 亩来上报的。这当然是为了少缴公粮，这种情况各个队都有，大队也是一样。

“但这一次开发，政府就以这个来卡我们，这明摆着是揣着明白装糊涂。起初，我们要求丈量面积，政府不同意，说税费改革都不允许丈量，而是以农民上报的为准，所以，开发也不丈量，也以计税面积为准。我们又提出以农民的实际耕种面积为准，政府还是不同意，说你缴税时是那么多，现在国家补偿你也就只有那么多。站在政府的角度，他们这样讲也有他们的道理，但站在社员的角度，我们就背不起这个压力。这里有一个全大队社员的利益问题，如果依了我们，政府的利就少了；依了政府，社员的利又少了。所以，其他队也都希望我们争，要我们顶住。可以说，我们这实际上也是在为全大队争，全大队4000多人的眼睛都盯着我们，我们这里成了全大队社员利益的一道防线，我们低了，以后其他队也都跟着低。这一点，政府也知道，所以，他们也不愿意退，他们一退，也就等于是向全大队4000多人让步，他们自然不干。

“我们的确定了攻守同盟，商量好不单独行动，要不签字都不签字，要签字就在一个时间、一个地点签，谁都不能当叛徒。但我们在明处，镇里在暗处，他们在会上做不下来工作，就采取各个击破的办法，私底下通过各种关系逼迫我们签字。每一家的情况不同，结果有的人经不住压力，私底下签了，我们的防线也守不住了。政府很会想办法的，例如刘力民，多年前在外打工时曾经带回来一个女人，也未办证明，但不知什么原因，那女人喝药死了。这一次，村里就第一个找刘签字，刘不签，就说要追究他的法律责任，刘只好躲到市里去打工。村里又把他找回来，非要他签，刘没有办法，只有签字，签了字也就什么事没得了。又如，于兴明在自己家房子的前面私自盖了一栋平房，大队要他签字，说不签就要罚他私自建房。汪书记还找到于的连襟来做他的工作，于兴明还是不签，可偏偏这时候他家的偏房倒了，兴明要申请民政救灾补助，到底得了没有，旁人不清楚，可经过这样一折腾，他最后签字了。可签了字兴明心里也不舒服，因为你这是在利用别人的难处有意卡。

于祖文也是，把他拉到镇贤酒楼，又是吃又是喝，好酒好烟地招待，汪达海又把谁签了字的底子给他看，说别人都已经签了，你还在这里当‘苕’，祖文看了，心里很不是滋味，但也没得选择了。

“他们总是这样，把人拉到馆子里，请他们吃饭喝酒，还给几百块钱让你打牌，反正是给一点儿小钱让你赚，哄得你把字签了。今天拉这个去，明天拉那个去，给点好处，还叫你回去以后莫说，让人以为只有自己得了好处。结果，有的村民签了字回来还不承认，干部那边却拿着有你签字的名单去‘媒’别人，说××都签了，你还在这里当‘苕’。就这样，防线被攻破了，因为谁都不愿意当‘苕’。我也被拉去喝了酒，也只有签了。大多数人都签了，你一个人也顶不住。其实，大家也都是这样想的，签了也能过，别人都签了，我为么事还要顶？现在还有两户没有签，也吃了喝了，但吃了还是不签，不吃白不吃。可政府也不找他们了，因为绝大多数人都签了，他们也可以动工了。不签，就把钱帮你存在那里，什么时候你有台阶下了，自己去领。但他们不签也有好处，你动他的地他就组织人去拦车，一拦，政府就只有来人解决。拦车大都是妇女去，这也是为了避免真的冲突。就这样，你有你的办法，我们也有我们的对策。凡是解决了的地方就不拦，没有解决的就拦，大的利益我们争不过，就跟你扯横皮，争小利。

“昨天和今天上午拦车是为了塘堰和土方工程。塘是 5000 块 1 亩，他们也没有丈量，估了 2.1 亩，我们不同意。最后，经过昨天和今天上午这两个回合，女人到施工现场去拦车，代表们则跟干部谈，最后逼他们认了 3 亩。关于土方工程，原先做工作时，政府给我们表过态，说以后有工程就给我们承包，但实际上只是嘴上说说而已。我们不服气，就想出这个主意来，要趁机敲政府一笔。我们抓住了理由，未书记也不好说。开初是答应从工程款中扣 3000 块给我们，但祖安提出要 8000，反正我们是尽可能多要。

“老洪今天找我，是因为要修路又推了我的梨子树，但推之前没有数清楚，陈其然说是 61 棵，我老婆说是 95 棵，结果产生了矛盾。还有就是价格，他们提出 6 块钱一棵，我提出要 15 块一棵，双方也扯不拢。老洪找我，说私底下给我 500 块钱，以后再从其他地方照顾我 200 块，叫我不要闹了，可我不同意。按我的想法，怎么也要赔 1000 多块。”

原来如此，我说老洪怎么会要我打电话给老马呢，原来，吃饭也只是一个由头，还是矛盾没有摆平理顺，他不能不上门与老马“媒”。

老马又说：“现在大家都很后悔，认为当初不该签字，不签字我们还可以继续告，哪怕上北京呢，现在既然签了，我们也没有办法，只有扯横皮了。”（参见附录 1：155）

谈话前后持续了两个多小时，老马是一个明白人，一路娓娓道来，思路不乱。与他的谈话让我证实了自己的一些猜测，或者说知晓了仅仅从干部的嘴里无法知晓的一些情况。应该说，这些情况并没有超越我的经验所包容的范围。老洪不是早就对我说过乡下的工作要“一把钥匙开一把锁”吗？不是也早就感叹过“农村工作很精彩，农村工作真无奈”吗？（参见第二章“开发的政治学”）老马对于干部工作行为的这些述说和评价，已然可以补充这一类的“精彩”与“无奈”，而在跟随小镇的乡村干部们跑了这么久之后，我也早已经能够站在他们的角度去体会这些灰暗之中的“精彩”与“无奈”，甚至也能够理解和接受他们对于这一类“精彩”与“无奈”所给出的种种解释。但是，当这些故事从一个农民的口中述说出来的时候，还是引起了我特别的思考。此时，我真不知道究竟应该去指责乡村干部的职业品性还是去思考基层治理的制度性塌陷，当正式的行政行为不得不普遍地依凭于此类“鸡鸣狗盗”之术去施行时，我忍不住会去反思这是否就是我们所要索要的基层体制改革和重建双强的官民关系的原初愿景？于是，我愈发疑惑，并且觉得对乡村政治的理解是一件比我所想象的更加复杂和困难的事情。[1]

不过，与老马的谈话倒是让我捕捉到另外一个从前并未认真思考过的问题，那就是老马在谈话中对农民与政府对峙中“扯横皮”的自评。自下小镇以来，我已屡屡见到“扯横皮”现象，但作为农民，如此坦率地把自身的行为定位为“扯横皮”却并不容易，因为“扯横皮”是一个十足的贬义词，即使它是从作为农民代表的老马嘴里说出来，并且用以评价农民自身的群体行为，也并没有降低其否定性含义。对此，老马当然清楚，但他没有因为面子和自我辩护而选择其他哪怕是稍微中性一些的词来为农民的行为做辩解。他其实一开始就没有准备为这一类行为做任何自辩的想法，而是径直使用“扯横皮”这一明确充满自我否定意义的词语来为自身和同类的行为定性。这就促使我意识到，农民其实是深知自身行为在现行道德评价话语体系中所具有的价值地位的，农民的道德评价标准与主流社会通过它的规训和教化机制所倡行的道德标准其实也没有什么不同，所不同的只是明知站不住脚却还要照样去做，这便在道德标准与行动理性之间形成了一个错位。当你已经充分意识到这种错位也同样明显地为行动者所自觉时，你还能继续使用一些局外的话语，诸如“痞性”“素质低下”等去进行定性与评判吗？作为一个场域之中的思考者，你只可能对这一错位的自觉选择做更深一步的思考，去挖掘促成错位的深层原因，以及寻找错位对我们认识和理解乡域政治中的官民行为逻辑所可能提供的启示。正是带着这种挖掘的心理，我决定继续听听农民的解释。

我决定找四组组长于祖安，再听听他是怎么说的。经过事先约定，在与老马谈话之后的一天早晨，于祖安驾驶着他的“麻木”来镇上接我，然后我们径直去了他家。为了避免打扰，于祖安把我领到他家的楼上，关上房门，开始了他关于开发纠纷的叙述。

“四组的开发，政府说他们做了三个多月的工作，这我不反对，但这工作是如何做的呢？其实就是一家一家地相互背着搞分化瓦解。比如说，于兴策的土地，他本人在区里杀猪，村里找到他兄弟，要他代签；叶中文的土地过继给他的儿子，这儿子在市里一家理发店做事，没有种过田，也很少回家，不了解情况，就这样哄着、诓着要别人签字。我就直言不讳地对未书记说，你们那都叫做工作？不就是哄着骗着要我们上套吗？他倒是一点儿不回避，说那你去反呀。我说，说不定哪天就会反。”

“开始时社员们不是齐了心不签吗？怎么又都签了？”我想证实一下老马的说法。

“他们一家家地分别把人接到街上去喝酒，又给好烟抽，玉溪烟，20多块钱一包呢。有的人在市里做工，他们就让人把田地补偿款送去，说是湾子里的人都签了，就差你了。湾子里第一家签字的可能是刘力民，原因嘛，他多年以前在外打工时带回过一个女人，但不知什么原因那女人喝药死了，这件事当时村里都知道，但没有追究，这一次要他签字，就用这事来压他，说如果不签字就要追究，派出所都出动了。刘吓不过，晚上跑来找我商量，问么样办。我气不过，打电话给村治保主任，说，你们使用这等手段是不是太卑鄙了？治保主任要我莫声张，说他们这也是没有办法，又说不会让刘现在的媳妇知道，只要他签了字就没有事。我没有办法，只得向刘转告，签不签字是你的事，你就不要考虑别人会怎么想了，这件事搞不好要坐牢的，我不会为了小组的事要你去坐牢。在这种情况下，刘签了字。我是第二家签字的，村主任安靖是我的姨侄女婿，他对我说，未书记说了，你连自己姨爹的工作都做不通，还好做别人的工作？安又告诉我，上面说了，每个村干部承包几户，工作做不下来也就回家算了（意指不要再当村干部）。我知道他的难处，就说，你放心，等到一定时候，当姨爹的不会看着你为难，更不会看着你回家，但必须争一下。于是，我犟着没签。镇里又打听到我和原区里公安局的副局长程刚是一个湾子的，关系好，又把他搬来做我的工作。程要我看在他的面子上让一步，又问我有什么意见和要求，说可以提出来，他负责转告。我就提出了计税面积和实际耕种面积如何处理的问题。这也是一个历史问题，计税面积一直是168亩，大集体时期就是如此，但小组掌握的面积是260多亩，并且也一直是按这个数字承包给社员群众的。其实，大队也是如此，上报政府一个数字，内部掌握又是一个数字。我就提到希望能够解决这多出来的90多亩，结果，他们研究之后的答复是，计税的168亩按4500元一亩算，多出来的90多亩按1000元一亩算，版图面积当时还没有提，后来才又定为三七开，村里得三，小组得七，小组的全部给村民，但山林的价格还没有说。

“就这样，反复磨了好多次，也几次把我接到镇贤酒楼吃饭，车接车送，还给了我300块钱，说是让我打牌的。只得签了。签字之时，汪书记还说，不落年月日，免得群众埋怨，但事实上，我签字以后，村里就以我已经签字为由，又去做其他人的工作，你说这哪里是在做工作。就这样，村里把我们一家家地分化瓦解了。”

“但签了字，大家又都后悔，现在又都想反。”说着，于祖安从抽屉里拿出来一份由各户代表签名并按有手印的上访材料，上访材料写的是：

> H市大江区小镇洲头村四组全体社员向领导致敬！
>
> 因我队住在潭湖周边地区，大队、乡党委要开发实现洲头园区，社员实种63.3亩，其实暂（占）用小队面积120多亩，还有大机台一座，现实（时）大队、公社一次信（性）拿用全队土地按30年合同为准，30年合同全队只有160多亩，社员承包小队面积是260多亩，大队、公社以土地是大队所有，社员只有30年合同才属个人所有，以各个击破的方式叫我们签字，就把按合同上面积一次性付清，为此，我队社员不同意，就说我们违反了合同法，所以我们只好把钱拿了，我组社员一致要求把钱交给你局，要回我们未开发的土地（另我们组还有几户未签字，土地却已破土动工）。
>
> （附录2：33）

“写好材料后，我们又选出代表，一起到市土地局、经管局上访，反映问题。市里把材料转给了区里，区经管局的杨局长说，你们签了字，就表示你们已经同意了政府的方案。我们说，签字只是表示同意给已占压的，为什么要一次性征用？但杨局长说，已经签了字，就不好扯了，没有支持我们的意见。

“后来，市里也下来人调查了。他们找到政府，政府给他们看了材料，又说还对农民有承诺，留有尾巴，市里的人听了也没有再说什么，就回去了。

“我们6位代表又找到林书记对话，那天你也在场，林书记说市里认为4500元一亩够了，可以不留尾巴，但政府考虑到农民的利益，还是准备留一个尾巴。在这种情况下，我们也无话可说，我们农民的素质低，也不知道该怎么说才好。

“政府和村里现在还怕我们闹，时时都在注意我们。比如，上一次我找了6个队长来家里谈机台的事情，他们就威胁我说，这是在私下聚会，是违法的，还让一个不认识的人来我家里，说此人是搞政法工作的，叫我们不要再闹了。开工典礼那天，也对我们很防备，警察都来了，当时我们几个队长想找林书记，他们又说我们是私下聚众议事，警告我们要注意，不要乱来，说搞不好犯了法都不知道。

“对于开发，群众是全力支持的，但问题在于任何事情都是由政府和村里说了算，我们完全没有表态的余地。没有办法，我们就只有采取堵车、制造问题的办法来跟他们争。”

“你们提出来的8000块钱工程补偿款一事解决没有？”我问。

“没有，这件事最初还是我想到的。土地的补偿本来就低，如果把土方工程给我们做，总能弥补一些，这事汪书记也认为提得有道理，但事实上他们早就把工程包给镇上的金老板了，并没有打算拿给我们做。我就提出来要回扣。未书记也承认这件事情他们考虑不周到，就答应给我们3000块钱的补偿，我不同意。我提出来要8000元，也是算过账的，不是狮子大开口地乱喊价。工程量是18.9万方，如果1方提2角钱，就是3.78万块，提8000元，1方还不到5分。我说，弄不好我们就继续去堵车。未书记一听我们要堵车就吓得慌，就说还可以协商，但他不同意写证明。在这件事情上，村里要我们找政府，说这事是政府做主，村里无权，政府又要我们找村里，说土方的钱都给村里了，就这样推来推去，并不想真正解决。”

“下一步准备怎么办？”我又问。

“除了磨，还能怎么办？既然都签了字，大局也就只有认了，现在无非是能搞一点儿是一点儿，想方设法制造麻烦，撮一点儿小利。”（参见附录1：156）

于祖安的谈话进一步证实了老马的观点，在与镇、村的利益较量中，四组农民无疑处于全面的弱势。这种弱势不仅表现在他们作为自身利益维护者的主体地位缺失，也表现在他们在面对以公共利益为支撑的公权力侵害时缺少合法的自卫能力，甚至也缺少合法的自卫话语空间。对于前者，我能够从一以贯之的中国国家—社会和官民关系格局的历史延续中去寻求原因，而现在，洲头的经验则提醒我进一步去关注强调公共利益至上的政治文化是如何一方面强化权力行动者那种无须为具体行为承担道德责任的心态，另一方面又去消解农民维权行为的心理基础的。我注意到，当乡村干部在行政过程中遭遇农民抵制，正常的说服教育工作又无法奏效之时，他们往往以公共利益和公共意志为理由，为达到目的而做出一些在常态下可能被视为有违道德与人情的行为。对此，他们一般不会自觉不妥，因为角色和利益都需要或迫使他们那样去做，“人在江湖，身不由己”是此时对这一类行为的最好解释，即或偶有不安，一句“农村工作很精彩，农村工作真无奈”式的自嘲，也足以让他们抚平以强凌弱所可能产生的良心失衡，解脱道德的自责。而在农民方面，面对来自干部的种种明里暗里的“招数”，他们却很难有效地组织起行为与心理方面的抗争。不要说他们根本无法去否定公共利益至上的理由，就是面对被他们所视为的干部的“阴谋”，除了责骂，他们也几乎无话可说。因为换一个位置和角色，他们也不能不承认这是一种工作方式，与干部的品行无关，干部终归代表政府，政府终归代表公共利益，因此，即使对这些方式本身有看法，他们也无法去做进一步的深究，或者说，即使深究也无力改变现状。那么，作为农民的自己又能做些什么，又怎样去做呢？他们显然没有干部那样的组织资源可资利用，更不要说再去运用相应的技术手段，他们对于自己所面对的从制度、政策再到政府主张的合理性，也都说不出一个"不"字来。因此，他们只能去请求乡村组织体谅自己的利益，如果这一请求无效，剩下来的就是类似于小孩儿对大人那种不讲道理的"扯横皮"与"耍无赖"了，这似乎就是现实情景中四组农民所能够采取的唯一行动。但是，对于这种维权行为的道德基础，他们自己也未必会肯定，因为他们自己也同样长期为主流政治与道德文化意识所规训，因此，他们也同样会在道德否定的意义上对其定位。而这种定位无疑是一种自我的行为消解而非行为强固。结果他们发现，这些行动除了让自己在乡村干部面前显得更加"颟顸""无理"和"素质低下"之外——也许经由群体行动所表现出来的就更加低下（参见古斯塔夫·勒庞对群体道德的分析，2000）——并没有有效地增加社会的同情与支持，反倒只是加深了自己在道德上的无力感受。于是，农民看起来好像通过类似于"扯横皮"与"耍无赖"的"小聪明"争得了一些小利，但他们也因此而产生了一种深感无奈的心理挫折，因为他们清楚地知道自己既没有争到实利，也没有向世人展示出一种本可以作为自卫武器使用的"弱者的道德优势"，这无疑会让他们自觉沮丧，并且销蚀其进行维权的心理基础。

在此，我看到公共利益至上的文化评价机制在此时此地已经成为剥夺作为个体而存在的每一个农民具体利益的最为有力的武器，这一武器不仅赋予公权行动者在行动上几乎不受约束的自由，同时也灌输给农民在精神上的自我否定感。于是，农民不仅在利益维护的制度设计中成为缺位者，甚至也被合情合理地放逐出道德正义的话语空间。在这里，公权力自动成为无须证明的正义化身，而个体化的农民则无所选择地成为不伦不类的个人私利的表征性载体，“扯横皮”“耍无赖”和“故意制造麻烦”的延续似乎又都在继续地证明这一点。结果，农民自己也意识到，这是一场没有获胜希望的抗争。[2]

“扯横皮”“耍无赖”和“故意制造麻烦”，当然会进一步彰显乡村干部组织化行为与措施的合理性，而且，也最终帮助完成了抗争者作为“刁民”形象的塑造。于是，农民们一方面别无选择地继续粗痞，另一方面却又在粗痞之中进行道德的自我放逐，结果，到了最后，连他们自己也清楚，他们在征地这一过程—事件中所能扮演，而又实际扮演的早已经不是那种作为弱势维权者令人同情的单一正义形象，他们同时也在向社会展示自己作为小私有者的不顾大局、不讲道理与蛮横耍赖。这便是由体制、权力、文化和道德共同“合谋”，并经由农民最后自身去“参与”塑造的底层群像。于是，这一没有希望的抗争实际上又势必会不断地再生产出强固既有权力运作机制，包括它所习惯性使用的各种不上台面的微观权力技术的合法性与合理性。结果，一方面是“媒”和“一把钥匙开一把锁”的微观权力技术会一如既往地施展，并继续取得显著绩效；而另一方面，从农民的角度，他们即使是自感屈辱与受损，但维权手段的缺乏和道德观上的自我批判又只能使他们最终低头接受现实。而且，基于生活的需求与对熟人社会交往规则的遵从，他们还不能不对经由这一特定事件而恶化了的作为个人之间（而非社会结构之间）的干群关系置之不理，于是，他们又会去修复与干部个人的关系。

就这样，洲头抗争中的四组农民在经历了上访—“扯横皮”—获小利—道德的自我否弃之后，又开始以务实的态度面向现实，持续了数月的征地纠纷终于随着农民们对镇、村意志的总体接受而逐渐平复。

叶桦事件的终结

叶桦纠纷开始逐渐朝着叶桦所希望的方向发展。

2003 年 4 月 9 日上午，我旁听了一场谈判。谈判的一方是政府招商办的老洪和洲头村的汪书记，另一方是作为叶桦代理人的贺志伟，谈判在镇政府招商引资办公室进行。显然，这样的谈判不是第一次，也不是最后一次。

上午差 10 分 10 点，洲头村汪书记带着贺志伟走进招商办。贺是一位中年男性，成熟老练，他是叶桦乡村农庄的代理人，也是合资者，同时，贺在小镇待了几年，并且还准备继续在此发展。这样，我们便发现，此人在这场纠纷的调解中处在一个特殊的位置上：按说，作为代理人，他应该全权代表叶桦与小镇争利，因为这不仅为代理人的角色所要求，而且也是自身利益之所系。但我注意到，谈判中，贺好像并不打算因此而与镇、村方面形成对立，相反，言谈中他仿佛也在为小镇着想。叶桦也许能猜到贺的那点“小九九”，但自己既然不愿前来，也就只能任由贺发挥，因为不允许贺考虑自己的利益，他的利益能否得到保障，也难说清楚。小镇方面当然也能够洞悉贺志伟的骑墙心态，并且决定要充分地利用这一点。这样一来，小镇、贺志伟和叶桦，三者之间形成了一种复杂的利益关系，而无论叶桦还是小镇，都给贺留下了谋利的空间。一方面，贺为叶争到的利益越大，自己的收益也越大；另一方面，如果他能够帮助镇、村方面减少赔偿，兴许他本人也能得到从经济到人情方面的好处。因此，用“掮客”一词来形容贺志伟所起的作用，可能是一个较代理人更为准确的定位。

汪书记首先说话：“我们（指洲头村）一家，政府一家，你一家（指贺及他所代表的叶桦），坐下来研究一下，拿一个方案，看如何补偿叶先生。大家都好说好谈，不要老是扯那些不着边际的事情，毕竟叶先生来租地也是对我们的一种支持。”

贺志伟没有顺着汪书记的意思回应，而是首先提到政府给叶桦写的几封信，意思是说镇里较为强硬的官腔激起了叶桦的应战情绪。

“叶先生是台师大毕业的研究生，他两三岁就从大陆去了台湾，后又到美国，在那里生活多年，入了籍。他对美国的那一套比较熟悉，所以，不太能适应我们的习惯。其实，他也与我谈透了，他不是不愿意让（指承认土地被转让的事实，并在此基础上进行商谈），只是政府说他不合法，那么，他就首先要与你研究一下如何一个不合法的问题，而政府又去信告诉他如果不同意政府的方案，又要如何如何，这他就更加不习惯了。他处的位置和我不一样，观念也跟我们不同，听了这样的话，他认为是在威胁，由于他所处的社会制度同我们不同，所以，他很不习惯这样的做法，他认为这样不太好。”

这是我第一次听贺志伟讲话，他所说的这几句开场白我当时并没有嚼出什么味道，但事后重读笔记，却感觉此人颇不简单。三言两语，简单的几句话，就把一贯以来我们一些政府官员习以为常的居高临下在遭遇远方“夷文化”时所形成的碰撞点画出来，要听者明白，平时一些习惯的做法在这桩纠纷中可能会不灵，因为对方不是一般的人，最好还是不要让他感觉受了“威胁”为好。而贺在表述这些意思的时候，又很清楚地表明这都是叶桦的感受，不是他贺志伟的，从而又适时地将自己与叶先生之间的距离凸显出来，这样，既清楚地表明了叶桦的态度，又显示了自己的中立，还让听话者感到他这完全是在为镇里好。

“政府可以先拿一个方案，找人研究一下，看如何定，只要我同意，我想叶先生也会同意。关于补偿，我先拿一个评估出来，你们也研究一下。”

确定要给叶桦补偿是政府早就表示过的态度，所以，在讲完前面的两段开场白之后，贺又从上衣口袋里掏出一份有关乙方过去3年以来在农庄上投资的清单，递给老洪和汪书记。

汪书记没有马上看，说：“复印三份，镇里、村里和你各执一份，研究一下，拿一个切实可行、各方都能够接受的方案，一锤子敲定，老拖着也不是个事情。”

老洪：“对叶先生而言，这也是一次机遇，我们都希望这个事情有一个好的结果，不希望大家有什么过节。”

这之前，老洪已经向我讲述过叶与贺的经营状况，他们也遇到资金上的困难，二人之间也有矛盾，所以，老洪认为废止合同实际上还相当于给了叶桦一个走出困境和体面下台的机会。

“等我有 80% 的把握时我会表态，我表了态，我想他那边大致也就没有问题。”贺志伟一副胸有成竹的样子。

“那最后你们要求补偿的数字是几多呢？”

“87 万。”

“87 万？”汪书记一惊，“这 87 万中，有人工费，有其他开支，哪些该认可，哪些不该认可，要研究，不能由着你们说吧？”

老洪也同样吃惊：“怎么比上一次谈的多出了那么多？上一次不是说五六十万吗？”

贺志伟：“这里面有叶先生的 50 万元，我也投了 10 多万，还有其他钱，目前这个是总数字。”

汪书记又平静下来：“大家研究一下，哪些该认可，哪些不该认可，我们拍个板。”显然，仅凭贺志伟的一份开支清单就要汪书记表态是不太可能的。

“我们谈完以后，我希望有一个定板的方案，然后我可以去做叶先生的工作，让他转变立场。”开出价码之后，贺志伟又不忘显示他的中立。

“是的，以这个清单作为研究的基础，拿一个方案出来，然后由你去做叶先生的工作，你做工作对他有说服力。”老洪给贺志伟上油。

“我是协助政府把工作做好，但我也有我的利益。当然，作为叶先生的代理人，我也要保证他的利益。”这句话算是贺志伟在谈判中对自己所扮演的多重角色的一个定位。

老洪还是有些愤愤："老贺，你当时可说的是五六十万，现在这个数字也差得太大了。"

"我当时是说叶先生投了五六十万，但我自己也投了钱。我做人有两条原则，一是协助政府，一是保证叶先生的利益，但总的来说我还是要协助政府工作，因为我还准备在这里谈一块地。叶先生第一次开口还要大，说要300万，我跟他说想都不要想，第二次他又说要200万，我又跟他说也不可能，现在这个价还有得一谈。"

这是一个十足精明的商人，好像他完全是站在小镇的立场上在与叶桦讨价还价，而不是作为他的代理人为他争利。

汪书记："这个问题谈好了，对我们三方都好，你也可以解脱出来。如果他（指叶桦）借这个机会扯来扯去，打官司什么的，这种事情我是不愿意干的。你还是拉个大致差不多的数字出来，我们敲定了你再跟他通气，这个对你也好，否则你也被动。"

"那是自然，我在这里这么多年了，一向都很配合政府和村里的。"

"作为朋友，我说这么一句，我这个人爱说直话，你这87万当中有几多水分呢？"汪书记终于说出了看过清单之后就一直憋在心里的话。

"除了树苗，其他都是实在的。"贺志伟的回答显得很诚实。

老洪也有些忍不住，他指着清单中的工程费："你这里的工程费能不能搞得更详细一些？"

"那你派专业人员去落实，我把所有的单据都提供给你们。"贺将球踢给老洪和汪书记。

"我们把你们的投资补了，再补偿他10万，如何？"汪书记不愿意这样来回地磨，他当了多年的村支书，还不清楚这些东西根本就没有办法落实？所以，他希望简单干脆，一刀两断。

"是的，这个事情要扯还够得扯，我想也不要这么扯，汪书记的意思是把该补的都补上，再加10万。不要把事情搞得这么复杂，有的费用现在也扯不清了，如果数字突破了100万，政府也接受不了。这个事扯得无休无止，对谁都没有好处，我看还是搞一揽子方案，反正一条，政府对你，对叶先生，肯定还是向你倾斜。”老洪开始利用贺志伟心目中那把反复拨打的小算盘了。

“你们说的原则我都同意，但事先还是要带专家去，一项项地评估、查证。”

汪书记有些不耐烦，他指着清单上的数字问：“我说个丑话，我们估一下，到底这些东西值多少？”

“我们现在不谈估，你去人查，查出多少是多少。我跟叶先生也是说，就是七八十万，你也亏不了多少。”贺志伟还是让镇、村方面自己去判断。

汪书记：“今天我们就得个结论，至于法律，就不要扯了。我们就在几十万里扯。行不？”

贺志伟没有开腔。

“老贺，你把你的手段都使出来，把叶先生摆平，把政府摆平，你个人的也就在其中了。”老洪又进一步给贺志伟上油。

“我也向你们表个态，你们还是先评估一下，免得说我们报的数字不实。有八成的把握我就会表态，我表了态，有65%的把握叶先生也会同意，我的意思也是不要谈什么法律问题，叶先生最喜欢这个，他有的是时间和精力，你跟他谈法律，正好上了他的路子，他愿意扯。”

“我看也是这样，今天就不详细谈了，清单先放在这里，我们研究一下，过几天再谈一次。”老洪表示认同。

“不过，你这个清单就不要先传给叶先生了，以免增加难度，下个星期，我们约个时间下去一下，评估也好，查也好，总之扯拢了你再传给叶。”这是汪书记的要求。

“我也有个要求，你们给他写信就不要再打官腔了，他最不吃这个，他有的是闲工夫来跟你扯。”显然，贺又一次暗示正是政府那种习惯性的居高临下激起了叶桦的“求战”情绪。

老洪：“我们不与他打交道了，就与你谈，我们的原则是也不让你吃亏。”

汪书记又补充道："你最好准备一个详细资料，如叶的汇票、叶欠你的欠条，评估也好，其他也好，总要有一个凭据。"

贺志伟连连称是。

时间已经是 11 点半，谈判就这样结束了，大家一起下楼到政府食堂用餐。饭后，老洪私下告诉我，目前只有三套方案可以选择：第一个是以贺志伟的清单为依据，进行谈判；第二个是政府派人去评估，拿一个数字出来；第三是双方大致敲定一个数字，以双方都能接受为准。以目前这种情况看，比较好操作的还是第一个方案，而贺志伟是这个项目的留守人，他们究竟投入了多少只有他最知情，他当然也想借机搞一笔，所以，他的位置最有利。（参见附录 1：157）

这次谈判之后不久，贺志伟将双方商谈的情况传给了叶桦。但是，叶好像并不同意贺的想法，他认为 87 万少了，起码应该在 100 万以上。然而，贺志伟了解政府这边的态度，他知道政府这边所能答应的最多也就是五六十万，看来，事情的解决还有待时日。（参见附录 1：158）

这之后，事情沿着两个方向继续发展。小镇这边，为了不影响训练基地的施工进度，在大体做通了四组农户的工作之后，推土机进场开始平地，这便不可避免地动了部分叶桦的租赁地。为了避免出现新的问题，每一次政府这边也都口头通知贺志伟，贺表示了异议，但他也知道扛不过，遂希望能够尽快达成协议，以免将事情越搞越复杂。但双方在补偿价格一事上的距离仍然较大，所以，这事情也就继续拖着（参见附录 1：159）。而叶桦那一边，则继续向相关部门投诉，要求有关部门出面维护他的合法权益。这样，到了六七月份，经过相关部门的协调，上级决定让大江区统战部的侨务办公室参与处理此事。于是，就有了 7 月 13 日由区侨务办公室主持召开的协调会。这一次的协调会我未能参加，但事后看到了会议记录，同时又对老洪进行了访谈，得以知晓协调会的梗概。（附录 1：160）

主持这次协调会的是区侨务办公室的两位干部陈炎和杨春志，镇政府方面参加的有未理明、老洪和一个记录员，洲头村是汪书记，代表叶桦的仍然是贺志伟，地点在镇政府二楼的小会议室。

侨务办的干部首先为这次协调会定下基调：尽量尊重和维护台商的权利，力争在同等条件下适当放宽补偿，使问题得到解决，同时也希望叶、贺二人不要再到省、市去反映问题，此事已经在省市台办都挂了号。

这是一次由上级部门主持的协调会，也是事情走向结束的开端。会议一开始，当事双方就比较全面地表述了事情的原委和他们各自的立场，以下是这次协调会的记录：①

贺志伟：镇政府今年3月份正式提出租赁地的征用，在这之前于2001年11月14日已口头通知我方暂停建设，政府要征用，但当时只是说说而已，未采取任何措施；今年5月11日训练基地正式破土动工，镇政府要我多做叶桦先生的工作。叶先生现已经同意让出租赁地，委托台办具体办理。叶先生前几次在其他地方投资都严重亏损，这对他的打击已很大，我在未经叶先生同意的情况下，私自多次与政府接洽，同意人防训练基地动了租赁地的许多地盘，叶先生知道后，对我的信任已经大打折扣。最近叶先生给我的来信中提出的一次性了断补偿价格是150万，但我现在不开这个口，我知道这个价格镇政府是不可能接受的。政府承诺的价格是保证叶先生在此项目实际投资的基础上略有盈余，但此项目的实际投资是多少呢？须核实清楚。我主张补偿钱先入台办，便于管理。我个人不想阻挠施工，但希望能留点地不要再动。已经动的土地地面附着物很少，后面的附着物多一些，不然的话，叶先生对我的信任度还会下降。希望今天能搞一个初步的意见，争取8月20日之前

① 为了集中主题，我对记录的个别地方和文字做了删减及改动。

全部搞定。我在洲头村已有6年时间，愿配合政府的工作，我深知叶先生的租赁地是非要让出来不可的，这次开工的是大项目，叶先生的实力不能和他们相比。

杨春志：叶先生能回来一趟最好不过了，（叶桦先生）没有能力投入又占着地影响别人其他项目。

陈炎：叶先生已明确说因家庭原因，今年不能回来（须照顾儿子，儿子已成植物人），明年争取回来。

汪书记：3年前我就通过贺志伟与叶先生打交道。当时洲头村之所以把土地租赁给叶桦，是想每年能增加一两万元的收入，填补农业税征收的空缺。叶先生最初只想租50亩土地，建个别墅式庄园，以便养老，第二年才加的100亩，前后共150亩，以每亩每年80元的租金签约。去年3月份洲头岛列入大江区重点开发的“两区五园”，园区开发须整体规划，虽然我方于2001年11月通知停止租赁地建设，但当时征用土地的有关证件未办下来，不能动工，今年基地征地才批下来，要动土建设，所以才正式通知。当时多次和林书记协商的一致承诺是在租赁方实际投资的基础上略有盈余（指追加补偿），因租赁地块周边的土地已被多家公司预订，因此要基地易址是不可能的。叶桦先生是好人，但由于财力所限，没有充足的资金投入，照现在的样子，即使放手让叶先生经营三年，也不会出什么成效。上面对基地投资项目非常重视，那边的领导多次擂我，要确保项目顺利建设。我个人主张塘先让他们推，在不影响施工的基础上，我们边推边谈，如果施工停下来，就会有许多人找我，我实在没有办法。

贺志伟：如果让推，还不知什么时候能达成协议，从5月份开始推，到现在也未见任何协议，现在都快推完了，我怕会出现反复（指协商处置租赁地的事情）。

汪书记：去年接触时贺志伟说租赁地投资了40多万，今年又说是五六十万、80多万，一日三变，领导心里确实难以接受。从租赁地上的经营现状看，又没有多少东西，凭什么值几十万呢？东西都摆在那里，什么东西值多少钱，双方心里都非常清楚。另外，本地农民征地补偿标准为4500元/亩，叶先生的补偿标准总不至于超过当地农民吧！

贺志伟：去年说的是房子花了40多万元，许多看不见的开支未算，电、交通、租金、水、工钱都未计入。

汪书记：我们考虑问题有时要角色置换一下，双方都要站在对方的位置上来考虑一下，不能把其他开支都算到租赁地块建设上来，有些不相关的开支须剔除。

老洪：我涉足此问题是2003年2月，因基地用地批下来后要正式动工，我们已经向叶先生多次发信函、传真。现我方有如下几种方案供叶先生选择：（1）将租赁地变为征用；（2）易址还建150亩；（3）训练基地占压多少就补偿多少，余下土地继续给叶先生租赁经营；（4）整体补偿，销毁原租赁合同。但叶先生一直不回来，症结在于不能双方当面谈判，叶先生大概不愿尽快解决。贺志伟先生说（租赁地块）投资了四五十万元，后又说87万元，但补偿标准怎么说也不能超过当地农民的补偿吧！谈判首先需要搞清楚的是租赁方实际投入了多少资金，镇政府提出的整体赔付标准是按贺志伟原来所说的实际投资的50多万元，再追加10万元，共计65万元，这是政府提出的赔付价格。

陈炎：要尽可能地快点达成协议，协议完全满足双方的要求是不可能的，最佳方案是整体赔付，一次性了断，以实际投资为基础来谈，价格以有形投资为基点，有些无形投资还是要考虑。关于土地补偿，租赁方要土地补偿是无法律依据的，但可考虑租赁方为改良土壤结构付出的成本，不能让台胞吃亏，毕竟我们是同文同种。镇政府要酌情考虑叶先生前两次在其他地方投资的失败，高抬贵手，给予适当的补偿。

贺志伟：整体赔付87万的基础上不可能变动太多了，边谈边推要有个书面东西，多长时间能达成协议。

（这时，老洪又代表政府提高了补偿价）老洪：整体赔付镇政府所能接受的最高价格是75万元，再抬高价则不能谈。

贺志伟：我提供的实际投入87万元的详细清单，镇政府有疑问的可提出来，只要有道理，可协商删除，但87万元只能往上不能往下，要不然，我这里都通不过，更不要谈叶桦先生。

陈炎：谈判双方有不同观点是很自然的事情，75万与87万之间已经相差不太远了，希望双方再做出点让步，再斟酌一下，过两天再谈，今天就到此为止。

（附录2：28）

为什么政府又退到一次性赔付75万元呢？会后老洪告诉我："我们也做了匡算，建房、植树，加上人工费等，总共也就是四五十万，这样，他在整个投资的基础上还有近20万元的赚头，我们考虑他可能会接受这一方案，但不会十分满意。作为商人，他自然是希望越多越好，不会满足的。"看来，政府已经让步了。（参见附录1：161）

政府的让步还没有到头。8月底，区侨办再一次召开四方协调会，在7月份会议的基础上围绕着一次性赔付75万与87万元的差距继续谈，最终，政府又做出新的让步，双方达成了一个78万元的整体性赔付方案。以下是这份协议书的草案，而最终由双方签字认可的协议正是在这一基础之上进一步完善形成的。

协议书

（草案）

甲方：小镇洲头村

乙方：叶　桦

为了洲头岛的整体开发和利用，双方本着相互支持和谅解的原则，一致达成如下协议条款：

1. 双方同意自本协议签订之日起，解除2000年6月10日双方签订的壹佰伍拾亩土地租赁合同。

2. 甲方分两次给予乙方解除合同补偿费78万元，即正式合同签订并将财物移交手续办定后，第一次付48万元，10月底前付清余款。[①]

3. 乙方在原租赁土地上的建筑物及一切附着物，及其所添置的一切财产的移交手续（按乙方原提交的财产清单）在协议草案签订之后逐一办理。

4. 乙方在租赁期内所发生的一切债权债务均由乙方自行处理，甲方概不负责。

5. 甲方经请示镇政府同意，欢迎乙方在镇属范围内同等条件下优先，择地重建庄园。

6. 本协议一式四份，甲、乙双方各执一份，见证方和区侨办各执一份。

甲　方：安　靖
乙　方：贺志伟
见证方：未理明
　　　　陈　炎

2003年8月29日

（附录2：34）

叶桦很快就收到这份协议书，应该说，这个协议是基本上满足

① 这份合同的甲方虽然是洲头村，但它的背后实际上是镇政府，这笔钱实际上是从洲头园区的开发资金中支出，资金实际上掌握在政府手里。从这里实际上也可以看出，在整个园区开发中，包括在此次谈判中，相对于洲头村，政府实际上是起决定作用的，连资金也是由政府统管，而从合同协议书第5条的内容也可以看出，甲方在名义上是村，实际上是镇政府。因为欢迎乙方在镇属范围内寻地重建农业庄园与洲头村无关，已经是属于镇政府的权力范围。

了他提出的条件的，但他又通过贺志伟转达了两点要求：（1）葡萄园中他所种下的风景树他仍然想要；（2）78万元由甲方一次性付清后，再办理财产移交。老洪则要贺志伟回传政府的态度：（1）风景树不是财产，你挖出来也无法保存，因为你尚未选定新的租赁地址；加之现在也不是植树的季节，所以，这个要求可以放后一步处理。（2）款还是分两次付清。其理由一是在叶、贺经营土地期间与其他方面所发生的债权债务问题，虽然甲方不负责任，但分两次付有利于这些问题的解决，对贺志伟维护自己的利益也有利，故分两次付款也是贺本人的想法。其二，叶先生仍然有在镇内选址重建庄园的想法，如果选定土地，款子也可以在余款中扣。当然，如果他不在镇内择址，政府也会付清余款，对此，叶先生不必心存顾虑。（参见附录1：162）

这样一来便大局已定，在这种背景之下，自纠纷发生以来就一直不愿回国的叶桦终于在9月30日回国，10月12日正式与镇政府和村里接触。在区侨办的牵头下，叶桦又与小镇方面做了进一步的交涉，并再次向政府提出将土地上的花草树木等附着物返还给他的愿望，最后，镇政府又进一步满足了他的要求，仅仅保留了对建筑物的所有权。于是，叶先生心满意足地在正式的协议书上签了字，而政府这边也总算把这桩麻烦事儿给摆平了。由此，这一起因为政府及村庄出让已先期出租土地而引发的官商纠纷即告结束，余下来的就是叶桦和贺志伟去处理他们之间的利益交割问题了。（参见附录1：163）

无疑，在整个纠纷的处理之中，我们看到了这样一个十分清晰的事件—过程的逻辑：首先是镇政府和洲头村将叶桦先期租赁的土地转让第三方，引发纠纷；继之，镇政府虽然函请叶桦回国相商，立场和态度却是自居道义、法律制高点，软中带硬地压叶桦接受现实。叶桦得知情况之后，惊愤之余，遂利用其特殊身份给他带来的软性权力资源，从舆论、外交和体制三个方面向镇、村反击，不仅与镇、村争夺对于法律正义性的拥有，更为重要的还同时通过外交、行政和统战三个渠道将经济纠纷政治化，形成对小镇政府的反制，致使后者即使可以不理会一个普通商人的要求，却不能不去应对来自上下左右各个方面行政权力的敲打，从而处于被动的境地。接着，叶桦又利用他所已经具有的这种经过场域重构之后所获得的优势，尽可能多地钓取商业利益，将贺志伟与镇、村之间的一次次谈判和交涉变成了再生产额外商业利益的机器。而反观镇、村一方，一旦失去道义和法律的权力优势，处于各个方面有形与无形的压力之下，也就丧失了以行政硬武器以上临下地应对和处理一般性官民、官商纠纷的那种惯性优势，不得不转而以传统时期外交上那种“怀柔远人”的心态去接纳一个商人的要求。于是，叶桦像挤牙膏一样，一点儿一点儿地扩大他于维权之外的额外利益空间，政府则不得不一再让渡出自己的商业利益，而最终以一种近似于“花钱买平安”的办法化解了这样一场首先经由它自己发起的“战役”。

我们看到，决定这场战役中力量优势之转化与最终结局的核心因素，并非是叶桦作为商人的精明以及他所具有的法律优势（当然也不是与此完全无关），而是他对自己所持有的身份性资源的成功运用。正是这一资源运用的成功才最终迫使政府无心去计较“一城一地”的得失，而必须服从政治和统战这一更为大局的逻辑。在这里，叶桦所调动的那些逼迫小镇政府不得不改变权力运行逻辑的力量并没有完全和充分地展现给我，并通过我展现在读者的面前，但它们对于最终结果所起的种种隐含和显在的作用时时处处地让我们去体会和感受，在这个意义上，叶桦的得胜就并非是现代契约和法律精神的胜利，而仍然是一种政治权力资源的胜利，而同为洲头村四组承包者的那些农户因为不可能享有这样一种十分特殊的权力资源，他们与镇、村之间的博弈向人们所展示出来的，就完全是另外一幅不同的景象。由此，我又想起了汪书记和贺志伟在前述谈判中都不约而同地讲到的那句话——“不就（讲）法律”，也不得不反复地去咀嚼老洪在向我总结叶桦事件结果时所说过的另外一句话：“最后我们之所以让步，主要还是考虑到各种因素，这与他的身世

和身份也有很大的关系。”（附录1：164）

蔃头下种了

9月中旬之后，第一批蔃头终于到了，一共10吨，由一辆重型货车运载过来。一得到消息，我就与钟联、曹元新一起坐上一辆面的前去迎接，并引领着从江西开过来的大货车前往大陈村四组。然而，货到了，新的问题又摆在面前，谁来下货？几位村干部倒是都守候在陈文庆家的院坝里，货就得下在这里，但是要指望他们去干这份力气活是不大可能的，这些人早已经习惯了当干部，哪里还吃得下这份苦？按秦家畈村老罗的说法，“要能吃得了这份苦，恐怕他们今天也不是干部了”。为难之下，干部们决定打电话到附近的村预制件厂叫搬运工。不一会儿，搬运工来了，一共6个，看过货之后，提出每人20元，一共120元钱，村干部们你看着我，我看着你，还是答应了下来。

下货开始了，搬运工们将装满蔃头的一包包编织袋从大货车上卸下来，又将它们码放在文庆家的空屋里，钟联、老曹和我则带着司机和押车人回政府吃饭。一路上，老曹不断地对押车人诉说：“种子里夹带了太多的泥土，起码占到了总量的30%，这样搞群众肯定会有意见。”

押车人连连解释：“没有办法，收购上来的都是这个质量，就这样各地都还抢着要，实在不行，你们可以大体估算一下，适当减一些斤两嘛。”

话这样说出口，老曹等人也就不好再说什么，只是催问第二批货什么时候能到，这边可都等不及了呢。

随着种子的到位，政府为村民购买的化肥和农药也都运到，一切准备妥当，村民们就被通知来文庆家领取种子和化肥农药。

见种子里面含有较多的泥土，一位村民果然问道：“明年是还种子还是还泥土？”

干部笑答："你急什么？明年还种子还不是用袋子装，你也可以这样呀。"

听了这话，大伙儿都笑了起来："你们这些当干部的怎么不说好话，尽教群众学坏？"

不过，笑归笑，说归说，对于种子里面夹带有泥土，大家也都还是能够理解，退一步说，明年还种子时也的确可以如法炮制，所以大家也真的不用着急。

总的看来，大陈四组的群众还是有积极性的，这从前来领取种子的人说的话和表情上都可以看出来。连那位问种子中的泥土太多怎么办的人也说："别的村想都想不到的，你们却在这里挑三挑四。"一位年轻女人满面含笑一路走来，说："毛泽东的干部帮我把花生扯了，这次兴鸟藠，我要多兴一些。"这话说得好，道出了群众对干部行为的认可，但为什么这种认可却偏偏就被套嵌上了"毛泽东的干部"的名号呢？这倒是一个让我感兴趣的事情。[3]

下午，天色转暗，刚刚还无风无云的晴空此时却渐渐地爬满乌云，一场期盼已久的甘霖终于降临，这可真是天助啊！瞧着屋檐外的阵阵雨幕，干部和群众的脸上都布满了喜色。但就在此时，湾子前面又传来了汽车的声音，钟联坐着面的来了，面的后面还跟着一辆满载藠头的大货车，第二批种子也到了。这可如何是好，雨越下越大，种子怎么下？如果给雨水浸泡了，肯定会影响到种植效果，文庆着急了："这一下可好，好事都凑到一块儿了。"

终于等到雨停了，干部们又开始为下货而犯愁，文庆向其他干部提议："干脆我们自己吃点亏，把货下了，12 块钱一吨，以免种子给水泡久了。"

其他干部没有开腔，谁也不愿意动，磨蹭了半天，最后还是文庆家的邻居说了一句实话："湾子里的人还看不上这两张钱，这么一个雨天，如此拉瓜①。"没有办法，又只好到湾子外面去叫搬运工。

---

① 拉瓜，当地土话，脏的意思。

搬运工来了，一共5个人，讲好给他们60块钱，按刚才那位邻居的话来说，这些人是“喜死了”，“干得憨带劲儿”。（参见附录1：165）

大陈村总算走上了正轨，前王村却是另外一幅景象，干部急，群众不急，地里仍然见不到人影，许多地方连荒草都未割除，害得机耕时连耕刀都被荒草缠住了。眼瞅着这副样子，姚学明很有些气馁：“前王村搞不得了，这样下去，肯定会失败，这都还没开始，以后的麻烦事还多得很，弄不好反而成了政府的包袱。”

我问：“能不能想办法换一个位置？”

“换到哪里？现在都临近国庆了，时间来不及了，实在不行，就只搞大陈一个地方算了。”（附录1：166）

姚学明把自己的想法向林靖南做了汇报，林书记却不同意，他所要考虑的是更大的因素。第二天一早，林书记就把相关的干部召到他的办公室开会。在倾听了大家的意见之后，他讲了自己的想法：“到了这个地步，无论如何也要咬牙坚持下来。种子到多少就还得搞多少，没有办法，这件事情上面擂得很紧，昨天人大的刘主席还在问呢。事情到了这个份儿上，你能说不搞就不搞？现在我们只有把下面抓紧，前王村那边也还得擂。实在不行，到时候给村里安排一点儿补助，我们再加一个干部上去。至于经济方面，就不要考虑那么多了，折就折一点儿。200亩无论如何是要搞的，到时候可以充500亩。否则，冲不上去，老谢（谢世德）又要说我们农调无效果了。”

林靖南的坚定止住了大家的动摇，姚学明又显示出他的决心，他说：“昨天我就对钱秉贵说了，25号前再搞不下地就打辞职报告上来，王书记那里我也说了这话。”

“那就好，大家再坚持一下，好歹把种子搞下地，也就好办了。”林靖南再一次给大家鼓劲儿。他也实在是没有别的选择，既然走出了第一步，这第二步就还得硬着头皮往下走，别的干部可以泄气，他却不可以，他必须而且也只能对上面有一个好的交代，这就是位置决定脑袋的官场理性。

会后，稳定了情绪的姚学明等人又驱车下村。在前王的地界，景江先下车去召集干部开会，我们则继续前往大陈村。

又到了陈文庆的家里。这些天来，村会计陈文庆的家实际上成了大陈村部署蔃头种植的前线指挥部，干部们成天都聚在这里。此时，文庆正在登记每一位村干部种植蔃头的亩数。原来，整个公路边大陈四组的计划种植面积全部加起来也只有 80 多亩，达不到镇里的要求，为了凑够面积，姚学明要求每一位村干部不管承包地在不在规划范围内都必须种几亩。不要看这些干部在动员群众种植时还算卖力，真要轮到自己，却都磨蹭起来。这些人早已经习惯专门当干部，不太愿意干农活了。所以，姚学明布置的任务并没有落实。此时的姚学明真急了，只有拿出连动员带强迫的手段，径直给这些干部下面积，定任务，说 ×× 种多少亩，××× 又种多少亩，并一一记录在册，又说到了时候是要检查的。到了这个份儿上，村干部们才不得不勉强接受任务，因为再不接受就成了不买姚书记个人的面子。这样公与私牵扯在一起，才算把事情搞定。

仍然放心不下的姚书记又一次开会对大陈村的干部进行动员。

“大家都蛮忙，又都吃了苦，为何政府要花这么大的力气来抓这件事情？上一次开会就已经说了，这是谢世德书记亲自抓的农业结构调整的拳头产品，是一把手工程，乡里就是林书记亲自抓了。今天早晨我们还开了个会，统一思想，依我个人的意思是前王就不搞了，但林书记说不搞还不行，这是一把手工程。

“我们这边，看样子是胜利在望了，地都已经耕了出来，种子、肥料也基本到位，群众有积极性，老天下雨又帮了我们一把，接下来就是要把责任落实到位，按户头分种子，一擂到底。我要把名单抄下来，每天下来查看。其次是要督促他们施肥，要跟踪，不排除有的群众把肥料留下来用到其他地方去，所以，每一道工序，干部都要把好关，按技术要求和标准下种，如行距是6寸，株距是2.5到3寸，不能太稀，也不能插得太深，开厢要有规格，否则产量还是保证不了。政府投资了六七万，就是为了让群众致富，所以，好事一定要办好。关于时间，总的要求是25号以前务必搞完，太迟了就要影响产量，有的农户搞不完，就要请人搞。大家都要集中精力擂这事。我知道，大家也很忙，各人有各人的事情，但是在藠头下种之前，其他的工作不谈，天大的事情不管。我们每个干部刚才都领了军令状，各自都领了任务，但是你们的责任还是在这里，家里那头，你们自己没有时间就请人搞。

“我这不是在勉强大家，而是为了吸取以往的教训，要搞就搞好，不要再像以往那样，全面开花，一盘散沙，只有把这件事情搞完了我们才能解脱。你钱秉贵书记也是第一责任人，25号以前搞不完，你也脱不了身子。这不是逼你们，大家是群众选上来的，现在讲‘三个代表’，这个时候就是要能牺牲个人利益，体现出‘三个代表’来。当然，党委政府也会考虑你们的具体困难，这个事情搞好了，我们也会考虑大家的误工情况，林书记也有这方面的意思。搞好了，明年就在你们这里开一个现场会，推广经验，这对你们也有好处。

“关于面积，我们尽量搞，到时候就上报说你们村搞了200亩，这样大家都好交账。”

姚书记的一席话让大家没有了退路。村干部们知道，这真正是到了关键的时候，俗话说“养兵千日，用兵一时”，平日里再怎么松软疲沓、讲个价钱、“撮”点儿小利、贪图个小便宜什么的，能马虎也就马虎过去，上面并不会真的计较，但在关键时刻，那就还得顶上来替政府排忧解难，体现出战斗力来，否则，养着你们这帮干部做什么？[4]于是，大家不敢再有懈怠。（参见附录1：167）

前王村也终于动了起来，就在姚学明到大陈村做动员的时候，林靖南也亲自下到了前王村，要王昭烈书记无论如何也要把这件事情搞好，这样，当姚学明再去前王时，他就用不着再多说什么了。“这是政治任务，该说的林书记都已经说了，我们再说就多余了，林书记怎么说就怎么搞了。”王昭烈也表态，“既然镇里看得起我们，把基地放在这里，就是拼了命，再折本也要搞下去。”就这样，前王村也决定拿一部分钱出来补贴干部，要干部天天督促农户出工，赶快把地都收拾出来。（参见附录1：168）景江也说：“村里为了调动村民的积极性，不惜出资，凡家里无劳力，请外人搞的，一亩补40元，自己搞的，一亩给10元。”这样一来，人们终于下地了，不几天，一切准备工作都已经做好，就等着种子和肥料的分发。（参见附录1：169）

这些天来林靖南那一颗久悬不下的心终于放下来了。25号一大早，他就带着区人大的刘主席下到大陈四组视察，两个人在田间地头四处转悠，还不时与正在下种的农民搭话，说些亲热和平易近人的话来鼓励他们。刘主席的情绪很高，后面还跟着摄影记者，区人大主席关心小镇的藠头种植，这一类新闻是肯定要上区报和电视的。此时大陈村的地头，放眼望去，到处可见劳作的人头，这气氛很有些像是回到了大集体时期，刘主席看得惬意，满心欢喜地上车走了，林靖南也放心地走了。留下来的姚学明又告诉大家：“区里主管农业的叶（副）书记也要下来检查，村里要加紧搞，实在不行，再从其他湾子请30个人过来帮忙下种，一个人一天20块钱，这钱从政府开支。”钱秉贵听了，又忙不迭地去布置落实。

中午休息时，所有的村干部都集中到了陈文庆的家里。这些天来，干部们每天在文庆家吃午饭成了一种习惯，但酒是不喝了，因为午后大家还得下地去督工。

午后的阳光十分灼人，我们一行人每人戴一顶草帽钻进地头。此时，农民们也陆续出工，看见干部比他们来得早，便说：“你们的工作做到位了。”这也算是农民对干部工作的肯定。不过，干部们此时的作用主要是督工，帮助协调和解决问题，而不是亲自动手帮农人们干活。从钱秉贵书记起，一直到我，干部们依次坐在地埂上看着农民干活。太阳晒过来了，无处遮挡，就换一个地方坐下，又继续看。

就这样，农民在地里干，干部在一旁看。我设想此时若有一个行路人经过这里，他所看到的一定是一幅十分有意思的画面。而我则开始想象，在大集体时期是否也会出现这样的一幅画面？答案无疑是否定的。那时的干部只能选择带头在前，身先士卒，给社员做好表率。但转念之间，我又为眼前的情景找到了答案，在分户经营的情况下，干部们若要去帮农民做事，他选择帮哪一家好呢？看来，只要不打算每家都轮流帮一遍，最好的选择还是就这样坐着观战，谁也不帮。既然是分田单干，各家忙各家的，干部们自然不必非要做出事必躬亲的样子来。我想，只要干部不把“斗地主”的牌戏搬到耕种的现场来玩，农民们就不会视为不正常，正如一位村干所讲的那样：“只要人在现场，有什么事情帮着协调一下，就是在为群众服务，为农户提供支持了。”

我问钱秉贵：“你们这样干了多久？”

“已经四五天了。”

“还要多久？”

“还得几天，看着他们把种子全部下完，再盯着把肥料搞下去，就行了。”

就这样，我也像其他村干部一样，硬生生地在地里坐了一下午。后来，姚学明打电话来说：“这几天叶书记很忙，抽不出时间下来视察。”于是，“警报”暂时解除，我们也各自回家歇息。（参见附录1：170）

在大陈村待了几天之后，我又决定再去看看前王村的情况，在临近国庆节放假前的两天，我独自乘车去了前王村。

此时的前王村地头，的确是已经换了一副面孔，绝大部分的地都翻耕出来，但地里的人还是不多，一打听，原来大宗的种子仍未运到。

不过，王书记和他妻子倒是在地里忙乎，他家的责任地就在公路旁边，一下车，老远就能看到。我上前打了招呼，并询问起这两天的情况。

“还有什么好说的，林书记给我们下了死命令。前两天落雨，又专门召集我们和大陈两村的干部开会，武镇长、姚书记都参加了，要求我们不惜一切代价都要搞成。既然是这样，我们也就没得退路了，当然得搞。”

“不下死命令是难得搞成的，这一二十天，村干部什么事情都没有干，全部都在擂这件事，为了让群众配合，干部还帮群众砍草，扯花生、芝麻，有的晚芝麻收不上来，为了统一翻耕，村里还不是向农民赔了损失的。”

我无意中发现，王书记所提的篮子里装着一些藠头种子，他此时正在下种。

“不是说你们村的种子还没有到吗？这是？”

“这是昨天从君山教办拖过来的，只有七八千斤，先给八队了，这是我留的一点儿，也是带个头。”

“没得办法，地圈进来了，只有搞。我们倒是无所谓，但政府很急，景江天天下来擂，我们等于是在帮政府抬桩，让政府的脸上有光。[5]村里为折腾这事儿，已经花进去4000多块钱，没有办法，既然是不讲代价，也只能这样了，好在这一次政府还是补助了村里1000块钱的伙食费。”

“干部的积极性如何？”

“还过得去吧，毕竟都是干部，觉悟还是要高一些。但群众你若不帮他做事，不垫资，他就搞不成。”

“以前也是这样？”

“还不是一样，但没有这一次擂得紧。”

“那这一次能成功吗？”

“应该可以吧。如果这一次都还不成功，以后的农调就不要再想搞了。”

“明年什么时候能收获？”

“阳历五六月份。”

“那我到时候再来看。”

“你还能来？不会到别的位置去看？”

“能，个把小时不就过来了？到时候我会来的。”

“那我们欢迎。”

我又问：“前王村这一次总共能搞多少亩？”

“百八十亩吧。”

“那不是达不到政府的要求？”

“只有这些了，不可能达到。”

“区里不是要求全镇搞1500亩吗？”

“1500？ 300亩就不得了了。”

“镇里会往上报多少？”

“不知道，那是政府的事情。”（参见附录1：171）

在与王书记交谈后的第二天，前王村的种子就到了。曹元新告诉我：“前王的群众也不急，没有办法，干部们正用手扶拖拉机一车车地往各家送种子。”

“还有这种事情？你领我去看看。”

于是，在吃过午饭、稍事休息之后，我便敲开了老曹的寝室门，要他带我去看看前王村的干部们是如何为群众运送种子的。

前王村的藠头种子全部都堆放在村校的空房间里，已经通知群众来领，可没有人动。没有办法，村干部们只好开着手扶拖拉机一家一家地送，我们去时正好撞见。大家彼此招呼，还开着玩笑说，这可是在实践“三个代表”呢。

“好在还没有不要的人家。”（参见附录1：172）

就这么拖着拽着，在国庆节来临之前，大陈和前王两个村总算没有辜负上级政府的期望，让群众把藠头都种下地去了，这前后折腾了三个多月的藠头战役也暂时告一段落，接下来的，就要看日常的田间管理了。

十二
利益交关

花小钱办大事

经过近一年的施工，小镇的天然气西气东输工程逐渐进入尾声，小镇政府负责工程协调的主要内容，也由初期的土地临时占压转而为管道铺设入地之后的土地复耕。与围绕土地临时占压的补偿充斥着镇、村和农户之间的利益较量一样，在土地的复耕过程中，三者之间也同样演绎出诸多可以理解却又颇觉几分无奈的精彩出来。

负责西气东输工程协调的宋正良副镇长告诉我，与土地的临时占压有补偿一样，施工单位也拿出了一笔款子给镇政府，用于土地平整和水系恢复过程中的善后。因为由施工单位进行的土地复耕和水系恢复总是相对的，有的地形地貌要完全恢复已不可能，这就得委屈农民自己出工，补补火，再修理整治一番。还有的地方，地力和水系都已被破坏，恢复也相当困难，这就得给农民一些补偿，以弥补他们的损失。“这钱按每公里 9000 块钱计算，1 亩投 300 多块。钱到了我们这里，首先要确保解决疑难问题，如鱼塘的恢复是大头，村里无法解决，都是由我们直接出面处理。然后，村里我们一亩给 200 块，用来恢复田埂、地埂和小型地貌，村里用这笔钱与农民交涉，一个工按 30 块钱算，交给农户自己去搞。村里具体给农民多少，我们不管，你要留一部分也行，只要农民能够接受，矛盾能解决就行。

“当然，我们自己也得掌握一部分，不掌握不行，我们总要办个事、用个车、吃个饭，这些钱也总要有地方出才行。还有，哪个村有困难，你也得表示一下，如解决几百块钱的电话费。到了年末，还得给辛苦了一年的村干部买双鞋。多少总要表示一下，这些也都是必不可少的，工作还得靠他们来做。

“农民这头也不是好打发的，他动不动就会找理由向你要钱，稍微不满意就不让施工单位撤走，不在施工单上签字，或者干脆就把施工机械强扣下来，不让走。遇到这种事情，我们要么组织重新施工，要么就只能花钱‘消灾’。而且，不像占压时每一项补偿多少都有具体的标准，如坟头多少钱一座，大树苗多少钱一棵，小树苗多少钱一棵，比较明了，处理善后矛盾就没有明确的标准，完全靠双方谈，搞得我们一天到晚都在跟农民砍价钱，像做生意似的。”宋正良边说边发感慨。（参见附录 1：173）

一天午后，我随镇干部宋德益去南塘湾村八组，准备协调一起复耕纠纷，地点在一口水塘旁边，事由是施工时留在塘里的淤泥如何清运。一下车，我就感觉这地方很熟悉，似乎以前来过，一问，才知果然如此。那还是在土地占压之初，当时因为施工要毁坏一块菜地，也是为了补偿事宜，我们曾经来此协调。记得当时为了补偿的价格，宋正良、宋德益二人与农户磨了半天，农户提出来要 500，说是他一家人都指望着这块地吃菜，现在菜园被毁，他们只得到街上买菜吃。两宋回答，话虽然有道理，但这价钱还是喊得太高，只同意给 300。最后，双方以 400 元成交。还记得这件事情刚处理完，旁边鱼塘的主人又生事端，说昨晚自家的鱼被偷盗，施工单位要负一定的责任。因为施工单位的老刘答应给他看鱼，他自己就没有来。还记得施工单位的那位老刘说：“你这是瞎扯淡，我昨天问你愿不愿意为我们看机子（挖掘机械），反正你也要看自己的鱼，还能弄点钱。你说不行。结果我们是自己找人看的，但我们并没有帮你看鱼的责任。”农户说：“就因为你这句话我才没有来，你当然有责任。”结果双方又争了半天，并且还闹到了要阻拦施工的地步，最后也还是由宋正良出面说和，答应想办法给鱼塘主人弥补一点儿损失，事情才得以了结。（参见附录 1：174）今天，“故地重游”，大概又会有新的“故事”发生。

此时，南塘湾村的民调主任老万尚未到场，我们便先开始查看地形。看得出来，天然气管道曾经从水塘底下穿过，现在，因施工而被破坏的塘已经大体修复，水也还有，就是塘中留下了不少淤泥。塘的四周原先都是农夫的菜园，现在则变成了一片凹凸不平的低洼地，不用问就知道，那菜园中原来的土壤也就是现在余留在塘中的淤泥，只有将淤泥清出，回填到低洼地，塘和菜园才能够各归其位。但是，塘四周的地基太软，体重较大的挖掘机无法靠近，清除淤泥的任务只能靠人工完成，而如何组织施工，钱怎么出，就需要镇村和农户之间进一步协调。这不，见宋德益来了，附近的农户都围了上来，纷纷问什么时候能够搞好，说他们可都等着兴[①]菜和投放鱼苗呢。宋德益回答说：“那也得等到你们万主任来了才行。”

不一会儿，村里负责工程协调的万主任也深一脚浅一脚地赶来了，他是处理这种事情时不可缺少的角色。看得出来，万今天又喝了酒，一见面，他就与宋德益为恢复地貌所需要的经费数目争了起来。万报价 5000 元，说是土方多，施工难度大，而且宋正良也答应过要解决好的。宋德益则只同意给 2000 元，这可是钱，得节约着用，不能你要多少就是多少。万指着这堆土，说是要几多工、多少钱，又指着那道沟，说是又要几多工、多少钱。宋则针锋相对，寸利不让，总是要讲出一番相反的道理来说服万，反正是要把万的报价狠狠地杀下去一大截。万一激动，声音也高了起来：“我可没有办法搞！”宋压低嗓子提醒他：“小声些，莫让他们（指附近的村民）听见，”又说，“既然宋镇长答应过，你就找他比画去，我这里只有这个权限。”

听着听着，我算是领悟过来了，在这种报价的高低之中大概

① “兴”在这里仍然是种的意思，见前文的“兴乌藠”。

已经掺杂着乡村干部自身的利益考虑。宋正良曾经说过，施工方交给政府的复耕费就是由他们来具体掌握，政府对他们实行总费用承包，承包的目标是解决所有的遗留问题，承包的办法是超支不补，节余自行支配，只要不揣进自己的腰包，什么吃个饭、坐个车，以及手机话费之类的也都可以报销，难怪两宋总是希望能花小钱办大事呢。

这种管理方式也情有可原。干部们成天东奔西跑，“扑火灭火”，与农民打口水仗，解决各种疑难问题，十分辛苦，能有一些额外的报销，对于每月只有1000多元收入的乡镇干部已经是一个不小的激励。所以，虽然说“自行支配”不等于节余归己，所能报销的项目和数字也都有限定，但他们也真的就把公家的事情当作自家的事情来办，将公家的钱当作自家的钱来花了，只要有可能，就总是尽可能地少花钱多办事，花小钱办大事。

但是，像万主任这样的村干部是他们必须依靠的人物，乡镇干部再怎么能干，所有的工作最终都还得依靠村组干部去落实。为了调动村里的积极性，两宋对各村负责工程善后协调的干部，也如法炮制，实行费用总承包。这活儿我就交给你这么多，你具体给村民多少我不管，事情摆平了就行，余下来的钱当然也同样可以由你们自行支配。用万主任自己的话来说就是：“也没有更多的想法，只要能吃餐把饭、报个手机话费什么的，也就可以了。”

于是，自然就有了镇村干部之间为了善后工程费用讨价还价的事情。这不，万主任还在像菜市场上为自家买菜的家庭主妇那样与宋德益争执，而宋德益自然也不愿意让步。宋见无法说服万，只好让他直接去找宋正良：“他既然答应过你，你就直接找他好了，我这里只有这个权限。”于是，第二天一大早，万主任带上南塘湾村八组组长来到镇政府，希望能从宋正良的嘴里再抠一点儿利出来。

可宋正良非但没有让步，反而绕过万主任直接与小组长谈。宋懂行，知道在农村多少钱能办多少事，他对八组组长说：“那个塘，给你队里1200块，你请20个工，花600块，搞得漂漂亮亮的，队里还可以挪600块钱下来。看你们是队里的，我也不抠你们，就是这个数了。”这一次，宋正良对小组长只报了1200块钱的价，而不是昨日宋德益对万主任所说的2000块，至于他是否已就此与万主任事先沟通，以及万主任又是否与小组长讲明，那都不是我这个观察者在这种场合好进一步细究的。

小组长不想就此罢休：“搞不起来的，那都是稀泥巴，工程量蛮大。”

“顶多20方土，我去看过的，一个人一方，一天就搞定了，”宋镇长一点儿不让步，“我们也是没有办法，你们知道，施工方一公里就给了9000块钱，我们要应付所有的问题，也蛮难，所以，队里的利润就是小一点儿，也请大家能够谅解。”宋正良以退为进地坚持他的立场。

“哪里还有什么利呀？”小组长感觉到没有希望了，但又还有些不甘心。

“总还是有些辛苦费吧？政府也不想赚钱，只要能把问题解决了就行，你们也不要老是扯，就这样定下来了，一会儿我就去找武镇长，钱马上给你们到位，你们自己也赶紧安排人把工程搞妥。”

小组长没有再言语，他知道这是他今天所能争取到的最好结果。其实，他也早就能够接受这个价钱，他当然知道宋正良算的账是对的，现在这个价，除了能将工程搞妥，小组也总能挪个一半的钱下来，但这就好比生意场上的来回叫价，只有认亏的，没有认赚的，不到最后的成交也总是不会放弃叫价的努力。

谈完生意的小组长满身轻松地回去了。在整个过程中，昨天的主角万主任这一回倒是没怎么开腔，兴许他已经把生意让给小组长，或者他还另有所谋？这些就都是不得而知的了。（参见附录1：175）

可是，如此来回地相互叫价，却已经让镇—村—组之间在工作上的相互配合与协调变成了生意场上的商业往来，相对于施工方和农民，镇、村、组干部在这里也都自觉不自觉地充任起一个个大大小小的中间商。毋庸讳言，在镇、村、组干部一个劲儿讨价还价的背后，自然隐藏着无须言明的利益算计。所以，一方面，乡镇干部会尽量去杀村组干部的价；另一方面，村组干部也会尽可能地去杀村民的价。而村民也不都是“苕”，彼此信息一沟通，同样的问题，我家补200，你家却补了300，这不明摆着单叫我吃亏？于是，又忙不迭地反悔、赖账，重新与干部砍上了价钱。结果，整个工程善后过程就衍化成一桩桩的商业买卖，乡村干部们通过这样一种经费总承包的管理方式，也就把基层行政的运作经济化了。行政空间转换为依照市场规律运作的追求投入小、产出大的经济空间，行政管理的规则也于无形之中发生相应的变形，于是，行政过程的经济化成为如今乡村治理中的一大特色。

但是，规则变了，干部与农民之间身份差别的社会识别标准却没有变，干部的行政心态也没有变。在干部的眼里，农民就是农民，而不是可以与政府讨价还价的平等对手，所以，面对群众无休止的要价，难怪干部要觉得烦，觉得农民刁滑，觉得农民是在趁机敲诈政府。居然敢与政府争利，这还不可恶可恨？面对着这一首先由干部自己所确立的新游戏规则，干部们反倒有些不太适应——“如今的农民都变得过于刁滑，不好打交道了”。于是，诸多的埋怨也因此而生。[1]

但是，若能换一个位置思考，把整个事情当作一桩买卖，也许农民的行为也就没有那么不可理喻了。商场如战场，喊的是价，还的是钱，大家都是在为利益而斗争，乡镇干部如此，村干部如此，农民亦如此，这彼此之间又有什么闲气好生呢？但问题就在于，乡村政治中的名与实之间仍然存在着差异。当干部们在实际上已经将管理视作一种经济过程的时候，他们却仍然不愿意将农民视作市场上的另一个平等主体。

正因为如此，商战尚未开始，结局却是可以事先料定的。从实际的（非文本意义的）制度规则上讲，乡—村干部是上下级关系，我说你听，我指你做，我强你弱，身份地位的差别是明摆在那里的，但是，从实际的乡村行政过程来看，离开了村干部的配合，乡镇干部纵然有天大的本事，面对那些“不讲道理”和“死缠烂打”的“刁民”也没有办法，所以，他们也总是要在确保自身利益的同时给村干部预留出一份利益的空间。这样，每当双方争执不下时，乡镇干部们并不会强压，而多半会友好地说：“实在不成，这钱村里就全拿去，我们也不留了，只要能摆平就行。大家不都是在为公家办事？”乡镇干部这样讲，可以说是十分体恤对方，却也让对方欲言又止。试想，乡干部都这样讲了，你村干部还有什么好说的？人家是领导，又够朋友，你就好意思把好处都捞了？所以，村干部也绝不会如此“厚黑”，总得彼此兼顾才行。于是，争执的结果就总是“化干戈为玉帛”，最终寻找到一个彼此都能够接受的价位，获得一个双赢的结局。事情也只能是这样，倘若村干部继续顶着不干，一则有伤和气，二则乡镇干部干脆就绕过村一级，直接去找村民小组长谈，从而使村里失去一次做中间“经纪”的机会。小组长直接面对具体事务的处理，比村里少一层中间环节，要价也会更低，这就如同我在今天早上所曾经历的那样。“谁让村里不自己处理下来呢？”这是事后宋正良在回答我村里是否还会介入鱼塘清淤时所说的一句话。

不用说，进项最少的大概就是村民了，因为不论你有多“滑”多“横”，你总不能与镇、村两级共享工程善后补偿款的信息吧？村民们不大可能知道施工单位究竟给了政府多少钱，多少钱又是必须补偿给农民的，就是知道了，政府和村里也有许多理由可以说明自身行为的合情合理。而事实也的确如此，政府和村里不可能只解决你一家的矛盾，花钱的地方还多的是，自然不能事事都由着你要。就这样，一切都没有明示，一切都得视具体情况而定。一方在明处，另一方在暗处；一方是私人，另一方代表公家。这在明处的自然就要吃些亏，而私人利益更是无法大过公共利益。所以，政府、村庄和农民三方博弈能力的强弱，实际上从一开始就已经被既定的制度格局和文化评价机制所嵌格和决定了。也就是说，如果我们还要把整个事情继续想象成一桩生意，那么，这桩生意也并不发生在完全意义的经济市场上，而是发生在资源配置不均衡的政治市场上，交易的结果从一开始就是由交易各方所掌握的政治资源所决定的，而非简单的经济互动的结果。[2] 再加上如今的乡村干部也很会做群众工作，他们大都不会像一些走马观花的记者和学者所形容的那样搞什么强迫命令的老把戏，而总能够与时俱进并且又入情入理地乡情加亲情，哥兄老弟地，熟练运用各种地方性知识来协调矛盾。例如，干部会要村民发扬风格，顾全大局，体谅政府的难处，说施工方只给了这么多，而政府要应付的摊子却很大，也不能不留有余地，你就是吃些亏，就当是支援灾区建设了。总之，是先把你说得高风亮节，比雷锋还雷锋，最后让你自己都因斤斤计较而面生愧色。工作做到这个份儿上，这个竿子你还能不顺着往上爬？于是，大部分村民只要觉着差不多，有些小赚头，也就不好意思再争了。既然事情本来就只能如此，谁也不指望着靠这几个钱来发财，所以，这雷锋当也就当了。又说为人处世要通情达理，毕竟大家都是有觉悟、讲情义的厚道人，不能让人骂咱们唯利是图、发国家建设的财，于是，大部分的矛盾也就这样消弭与摆平。

大多数的村民的确很能够理解政府的难处，就是想到这干部可能也会有自己的小算盘，他们也不会进一步深究，因为这并不是他们所需要去思考和能够解决的问题，人各有命，“在哪座山唱哪首歌”，不属于自己分内的事情自然不会去深想，想也没用，不同的社会地位和生活圈子早就各归其位地安排和决定了这一切。所以，大不了干群之间一阵口角之后，也就各自相安无事，平静如常了，没有必要非要争个一清二楚。

不过，也常会遇到那等死活难缠、“不要脸面”的人，这个时候，干部们就还得准备再出点儿血，让些利，私下里再给加点儿价，并叮嘱其千万不要声张，以免造成攀比。不用说，这就用上“点发”和“一把钥匙开一把锁”的治理技术了。干部们说，这一招很灵，这得了好处的以为比别人多占了便宜，自然乐得屁颠儿屁颠儿的，还有不极力配合的？

就这样，这任务与经费总承包的法子还真的就管用了，在“商”言“商”，以“商”对“商”，西气东输工程中的善后问题也就这样处理下来。只不过在这种承包之中，姓公的乡村权力已经于无意中改姓了商，而我们那些吃公家饭的乡镇干部和吃百家饭的村组干部也相应地把自己从公务人员变成了小商贩，这恐怕倒是那些将承包制沿用到乡村治理中的干部没有去想，或者不愿意深想的问题。

最后的征收

粮价还在继续上涨，农民持粮观望。进入 2003 年 11 月份，眼看年关即至，农业税的征收却仍然处在僵持阶段。前段时间，经过大半个月的努力，全镇一共只收上来 18 万元，其中尚包括以其他经费相充抵的。关于粮价上涨的原因，存在着多种说法，一说是随着近年来的开发加速和土地抛荒，耕地大量减少，粮食减产，导致粮价上涨；又一说是新一届中央政府重视农业，对粮价进行了人为的调控。不管何说属实，反正小镇的晚谷每 100 斤收购价已经上涨到接近 70 元，这可是前所未有的事情。

一方面是粮价的上涨和中央对征收政策的严控，另一方面地方政府又没有减轻对乡、村两级税收的压力，这种矛盾使得小镇的干部身处 2003 年年末的寒冬，内心充满焦灼。

一个意外的事件又把这种焦灼催化为进一步的愤懑与受挫。不久之前，小陈村的财政专管员下村向一农户收税，尚未提及缴钱，只是说要将他的天然气管道铺设占压的补偿款用来抵税，即遭主人打骂，虽然经人拦阻，未酿成严重后果，但专管员是一个工作多年的老财政，遭此欺侮，内心郁结，遂病而不起。闻知此讯的乡村干部无不寒心，感觉目前的农业税是没有办法收了。

干部的情绪急坏了林书记和武镇长，毕竟他们是乡镇管理的责任人，如果税收任务完不成，不仅年终结账时镇里会垫得更多，更为重要的是明年的征收工作就更没有办法做了。所以，就是从工作的持续性着想，这“刀山火海”也得硬着头皮上。武镇长在各种会议上吹风，要干部告诉农民：“不要再观望，粮价已经涨到头，马上缴钱，如果再涨，由此造成的损失由政府弥补。”干部们说，这话说明领导自己也急昏了头：“你补得了吗？如果一补，那已经卖粮缴税的农民不是更应该找政府补？”

11 月 18 日，全镇再一次召开有各村书记、主任、会计、财政所专管员和镇挂村干部参加的征收动员大会，林书记和武镇长力图再次给全体干部打气鼓劲儿。会上，不仅由分管农业的姚学明副书记通报各村完成任务的进度，而且还特意安排征收进度较快的山花村和南塘湾村书记做经验介绍，以树立榜样，并造成对其他村的压力。

附件 12

小镇农业税入库进度表

2003 年 11 月 17 日

村　名	农业税任务（元）	累计完成（元）	占任务的比例（%）	农户签字数（元）	占签字的比例（%）
合　计	3 574 200.0	1 542 431.3	43	2 399 504.00	64
茶山李	129 616.4	98 345.1	76	129 616.40	76
小　岳	50 453	39 190.5	78	45 391.00	86
秦家畈	150 000	60 547.3	40	109 191.28	55
山　花	153 631	109 600.0	71	114 664.00	96
刘家塘	199 125	71 443.0	36	133 725.65	53
潭　湾	149 628	76 107.7	51	100 000.00	76
柏树岗	189 431	39 800.0	21	123 811.50	32
前　王	79 200	40 000.0	51	61 174.02	65
南塘湾	101 987	71 303.0	70	73 975.36	96
洲　头	158 200	25 000.0	16	101 885.00	25
大　陈	127 522	90 830.5	71	96 226.60	94

（续表）

村　名	农业税任务（元）	累计完成（元）	占任务的比例（%）	农户签字数（元）	占签字的比例（%）
谢　张	138 957	108 334.3	78	111 155.82	97
小　陈	105 461	51 190.0	49	74 983.80	68
刘　溪	111 783	39 876.5	36	65 894.40	61
范家坝	97 942.6	40 000.0	41	77 877.39	51
周　湾	121 332	44 900.0	37	57 771.20	78
团　结	137 800	54 780.0	40	114 451.00	48
杨　周	153 906	58 042.0	38	100 000.00	58
南　坝	50 489	19 626.4	39	36 739.00	53
谢　杨	126 634	45 913.0	36	68 088.85	67
联　合	152 306	65 350.0	43	124 558.00	52
前　张	125 300	41 250.0	33	97 571.00	42
后　张	136 700	68 721.0	50	69 800.00	98
燎　原	133 300	35 598.0	27	62 536.00	57
门　头	138 400	51 771.0	37	58 596.43	88
牛头山	100 000	20 200.0	20	51 907.00	39
张家嘴	108 098	28 073.0	26	28 709.66	98
玉兰湖	82 783	22 900.0	28	28 098.00	82
舟　山	64 215	23 739.0	37	46 567.14	51

（附录 2：35）

接着，武镇长再一次向全体干部通报了征收形势，并做了进一步的部署和动员。关于全镇的征收，武镇长强调要做到“三个一”：

第一，要有一本明白账。武镇长说：“我镇在全区财政收入的进度最快，提前一个季度完成任务，但是，各个村的实际征收进度却是历史上最慢的，在累计完成的 42% 当中，有各种垫税的因素，实际从农户手中收上来的差得远。政府垫税的额度也是最高的，去年，政府垫了 100 多万元，今年到目前为止已经垫了 240 多万元。

我们是对外争了面子，对内火烧乌龟——痛在里头。”

第二，要有一把尺子。武镇长要求各个村对照进度，对照以往的水平，对照邻村的情况，重新布置下一步的工作。他批评说：“从农业税的征收看，我们的许多村是上对不住党委、政府，下对不住村民。对上，整个签字数是240多万元，而镇里垫的就有240多万元，我们是用土地出让金垫的，这笔钱按规定是不能垫的，但现在没有办法。对下，老老实实的村民收了，不好搞的就不进户，这是处事不公，按区里谢书记的讲法，是阴阳保长，这样下去，今后如何开展工作？又如何去收？明年的纳税通知书还填不填？”

第三，要高举一面旗子。“现在讲‘三个代表’，落实到征收上就是看干部是否得力，从征收能看出我们干部的形象，干部处事公道，有威信，工作就好做一些。有的湾子，你干部自己的直系亲属、房分都收不上来，还怎么向别人收？我们干部的思想有所松动，我下去看了好几次，有的村，干部等着，专管员却不下去；有时候，专管员下去了，村干部却各忙各的。这如何当好主体？又如何搞好协调？”

“当然，我也知道大家都很难，我们的村干部在身份上是编外的，在经济上是义务的，在职责上是做了奉献的。进到农户家里，别人把我们往外赶，有的人还挨了打，而现在我们面临的大形势是管用的手段不能用，能用的手段不管用，有权的责任不大，有责的权力不大，上面不考核财政所，还是考核乡、村两级，是很难。但是，我们毕竟是一级组织，说大一点儿，征收是一个责任问题；说小一点儿，是镇里已经垫得受不了，年底还要拿60万元来解决你们的工资、五保。所以，我们也不讲那么多大道理了，下一个阶段的工作主要就是在为自己收，为烈军属收，为五保户收。收不上来，政府还要垫得更多。”

关于任务，武镇长强调：“按农户签字数，目前收了154万元，还差90万元，按下达任务算，还差200万元。从今天起，必须再收100万元上来。这是算大账，也是检验班子战斗力的标志，对于挂村干部、村干部、专管员，年终时都要搞考核，一是考核完成下达任务的比例，二是考核完成数与签字数的比例，干部的收入要与任务挂钩。”

最后，武镇长以“农业税的征收已经到了最危急的关头，一步坚持不住，满盘皆输，关键时刻，对我们每一个干部都是一个考验”这样近乎悲壮的话语，结束了他的动员。（参见附录 1：176）

动员大会一结束，我便与老罗一起去秦家畈村十五组。这是今年以来老罗第一次亲自下村征收。平时，秦村的征收都是陈志华书记带着一班年轻干部在忙活，今天，在我的催促下，老罗才决定陪我走一趟。十五组是杨宏军挂的组，组长是杨宏军的哥哥，我们到那里时，杨宏军、钱跃进和专管员毕华英正围坐在组长家的炉子四周吃火锅。饭后，我们决定先到一姓徐的人家去。徐 50 多岁，当过组长，在十五组是一个爱扯皮的人。最近，他因母亲的坟被老虎尾采石场施工压塌，提出要 1000 元的赔偿，而石场老板则因为石场关闭一事，不愿意赔。这样，徐便三天两头找到政府反映。我们上门征收，坟头赔偿就成了他拒缴农业税的一个理由。所以，当老罗尊称他为拐子[①]，并要他缴钱时，他便东拉西扯地说起坟头一事，并说他就是要“扯坟皮”（谐“扯横皮”的音），说此事不解决，这公粮就没得缴的，等赔偿解决了，再拿赔偿抵公粮。老罗自恃在村里也算是说话算数的老干部，不愿像杨宏军和钱跃进这般年轻人一样向对方说好话，听了徐的“扯经”便有些气恼，但碍于干部的身份，强忍着不好发作，就问：“你这样今年拖明年，那明年又如何办？”徐反问：“我怎么知道明年怎么办？兴许明年我就死了呢？”接着又发作了一大通，说现在的干部是只拿钱不干事，对老百姓的疾苦不关心。老罗的性子急，有些听不下去，又怕自己忍不住会发作出来，便闷声退出了徐家。

第二家的情况却让老罗还没开口就先打了退堂鼓。主人是一中年男子，他去年在帮人盖房子时，被垮塌的水泥板砸坏了腿，已

---

① 拐子，当地方言，兄弟的意思。

经在家里躺了一年多，对方只赔了几千块钱，多的也赔不出来。结果，他自己反倒花去一万多块钱，这一下家里的经济算是垮了。遇到这种情况，老罗不忍开口，坐了不到一分钟，又自觉地转身退出门，那份心情却更加低落。

我们又走进一家青年农户的门，此人正在装修房子，见我们进屋收钱，爱理不理，只是说现在手头没有，让过些天再来，说完便将我们晾在一边，自顾自地做活去了。老罗的脸色愈发难看："要是在过去，老子早就招呼干部上了。"

此行的最后一家只有女主人在，她说今年粮食减产，没有钱给，等有了钱再说。老罗看着堂屋里码放着一袋袋尚未出售的谷子，便说："你说个时间，十天半月的都行，我们再来。"女人不搭话，径直出门去了。这一下，憋了半天的老罗终于忍不住，他对几个随行的年轻干部吼道："种田纳粮，天经地义，这田地是国家的，又不是私人的，为何不把？老子不当这个村长了，回去就写辞职报告。"说完便起身离去。

见老罗动火，我连忙追出来劝道："这还早，才3点多钟，要不再试几家？"

"一连几家都搞不动，你还想收？""镇里拿我们当炮灰，上午一开会，老子下午就给他跑。"老罗越想越来气。

年轻的毕华英在一旁看着老罗一副撒手不管的样子，急得眼泪都差点儿掉下来了。杨宏军等人也都面面相觑，不知道该怎么办好。

老罗走意已决，我只得陪着他往回走。离开征收的现场，老罗的火气渐渐地小了些，但一路上情绪始终不高。也难怪，老罗自恃在小镇也算是有头有脸的人物，他的新餐馆开张后，生意火爆，更让他心生豪气，一般村里的工作他都不亲自出马，只是动动嘴，指派年轻人跑跑。今天他是特意陪我来的，哪晓得这征收的难度甚至超出他这个老干部的预料，村民们根本就不给他面子，这自然使他的脸上有些挂不住。我与老罗交往甚熟，知道他的心理，便劝慰道："我看了许多村，都是这个样子，这是普遍现象，不是哪一个

人的能力问题，你何必如此见气？”听我这样一说，要面子的老罗心情才好了一些，也不再提辞职一事。（附录 1：177）

晚上，我又给老罗打电话，想听听他下一步的打算。老罗说，此时他们几个干部正在村部商议。于是，我匆匆赶了过去。

果然，老罗、陈志华、会计、民调主任和挂村干部范维萍都在，这可算得上是秦家畈村的核心领导会议了。此时，他们已经商量好，借口这两天下雨，先从十五组撤出来，避避锋芒，改从其他几个较好收的小组开始收，然后逐渐收缩战线，再集中攻克十三、十四和十五组这几个堡垒。

回想起这几天毫无收获的经历，干部们的气又上来了。民调主任周达民说：“不动粗如何收得起来？大家一起动，怕个啰！”

“干脆就不收，看上面有什么办法？”老罗也说。

陈志华倒还明智，他说自己早就想动粗，但林书记三令五申强调政策，今天上午开会又专门强调不能出事，“我这把年纪了，为共产党干了一辈子，宁愿辞职，也不想犯这个错误被撤职”。

范维萍则安慰大家：“不是逼着大家一定要去完成任务，我好‘评先’，实在是今年不搞好，明年后年更难办，这两年垫出去的不收回来，垫光了，村里又怎么办？”

大家当然都同意范委的分析。秦家畈村的几个主要干部都是自大集体时期就在村里任职，跟了政府一辈子，在村上干了一辈子，真的要他们不听政府的话，不为村里着想，他们也做不到。而此时他们所真正恼火的，并非村民不愿意缴税，而是他们认为上面政策相互矛盾——村民从来就没有自愿缴税的，过去七八个人一上，什么事情都能摆平，但现在的政策使他们左右为难，不知道该怎么办才好。周达民说：“区里、乡里对农民不缴公粮没得法，但对村里说扣就扣，这是不是也有些违法？”是的，周达民的确说出了症结所在：一方面，政府一再地体恤甚至是有些“放纵”民情；而另一方面，上面的任务又始终不减，这样，就把负担从农民身上转移到了乡村基层组织身上，从行政体制外部转移到了行政体制内部，结果让基层干部处于上下为难、只做恶人的境地。想想税改之时，村干部欢欣鼓舞，以为从此终于不再与村民对抗，可以过几天舒心的日子了，哪晓得到头来压力没有减轻，手脚却反而被捆绑住。于是，干部们反倒怀念起以前允许动粗的时候，说那时候他们是如何如何地有办法："不要说连续三家搞不动，就是有一家，也早就一呼而上了，拉人的拉人，拖谷的拖谷，只要你这样一搞，对方包管就软下来。农民就是这样，你软他就硬，你硬他就软。"

"那个时候敢搞，上面拍了胸脯，说出了问题有他们担着，计划生育也就是这样搞下来的。上面说了，'上吊不拉绳子，喝药不夺瓶子'，不这样根本不行。但现在不行了，干了一辈子，有的事情越来越搞不懂了。"陈志华越说越上火。

范维萍也跟着发起了怨气："说什么'打不还手，骂不还口，有钱就收，无钱就走'。对方有钱不给，你又怎么办？这不是故意把难给我们为？"

"动粗我不怕，我本来就是一员鲁将，与农民斗了一辈子硬，但现在这样我没有办法。"陈志华继续沉浸于当年的豪气之中。

可是，怨气归怨气，牢骚归牢骚，气话讲完了，大家还是得回到工作上来。最后，大家商定，村干们分为两班收，等把其他队都收完了，就形成了对几个"刁队"的压力，然后再集中力量日夜突击，不信就收不起来。这样商议着，大家的信心又重新恢复起来。老罗说："一是这样垫下去不是办法；二是当了一辈子干部，总要有个上进心，其他村能完成，我们为何就完不成？"说干就干，于是，大家决定从明天开始，重振精神，再上"战场"。（参见附录 1：178）

第二天，我因要赴外地讲课，没有能够随同秦村的干部们继续"战斗"，然而，小镇农业税征收的进展以及干部们在征收中的处境却让身在外地的我时时牵挂，尤其是村干们在征收态度上所存在着的双面性——一方面怨气冲天；另一方面又始终服从于乡镇政府的调遣，甘当如他们自己所说的得罪人的"炮灰"——更是我想去进一步深究的。于是，10 天之后，当我赶回小镇，听村干部说他们这些天来的进展不错，已经开始集中力量对付最难啃的几个小组时，我便缠住老罗，要他给我谈谈税收之中村干部的角色和态度，并顺带介绍征收的进展。

老罗说："税改之后，农民都弄懂了上面的政策精神，知道现在的政策环境很宽松，缴不缴税都不是很违法，这就使农民在认识上进入了一个误区。一方面他们从道理上都懂得种田纳粮的道理；另一方面，不缴税不受惩罚，那就等于是教人不缴，谁缴谁吃亏，尤其是'打不还手……'那句流传很广的话——那可是上了电视的，更是直接加大了今年征收的难度。

"村干部的苦恼在于，好的政策到了下面反而成了对我们的约束。区里的领导讲，征收要以财政为主体，要规范征收行为，乡村干部不得直接向农民收钱，但目标考核照样对着乡、村两级，区里还是照样找镇里结硬账，镇里又同样找村里结硬账，完不成任务，责任还是在乡村。这就等于是把乡村的权力拿走了，担子却丝毫没有减轻。结果，下面收不上来就只有垫，垫不了就借，你想，镇里敢不结账？哪个当领导的敢不完成任务？这样，他们就擂干部，擂村里。村干部实际上不想收税，但政府把我们逼得很紧，只要你要当这个干部，你就还得配合。当干部怎么也比当农民强，就像我做这个餐馆生意，看起来与当干部无关，其实很有关。你是村主任，别人就抬你的桩，政府干部就把客人往这里带。其他的干部也一样，直接的收入不高，可总有些间接收入。例如陈书记，他媳妇在镇上开小车，生意好，政府和村里有事都用她的车，还不是看他的面子。所以，嘴上说不想当干部的多，真的当上了想不干的还是少，说不干，不过是过过嘴瘾，气出了，还不是照样跟着上面转。

"更直接的因素是现在的政府领导很会做村里的工作，他们不会用行政手段来压，而是以感情投资让你不好不跟他走。他平时对你好，关键时候你不配合就好像欠了人情，这就好比是为朋友两肋插刀，不能含糊。例如，我今年 5 月被车撞了，政府的多数干部都来看我，还掏了腰包；我爱人生病，林书记也有所表示。再比如，上个月我的新餐馆开张，绝大多数干部也来祝贺。别人把你当朋友，你能不回报？人在社会上，讲的就是一个关系，一个感情。当然，我也知道，如果没有工作关系，别人也不会这样，但如果我们拿了国家的工资，别人也同样不会做得这样到位，因为这就成了该你干的，不像现在，好像你是在帮镇里的忙，别人也很在乎你。不仅对我是这样，他们对各个村的主要干部都很注意人情往来。在这种情况下，你就是明明知道他们这样做是为了你支持工作，可一旦有了感情，公事好像就成了私事，不好推了。

“所以，牢骚归牢骚，怨气归怨气，真正在工作中遇到困难，到了最后也只能自己去平衡。你也看到了，在征收中干部们都很受气，但怎么办呢？既然端了这碗饭，就只有受这个气。自从上一次晚上开了会以后，我们就天天集中力量下去收。干部集中起来有好处，一是人多声势大，二是所有的干部集中到一家农户，总有干部与这家人的关系好，他就好去做工作。而且，全体干部上阵，也表明了我们的决心，农户总不敢公开抗税吧。总之，理在我们一边，力量也在我们一边。一户搞不动，我们就盯着老搞，一户也不开口子，不搞下来不撤兵。这样一来，一般在观望的农户也就会缴了，他也懒得跟你磨。当然，我们也知道哪几家真的有困难，遇到这样的人家我们也会另当别论，其他农户也不好意思攀比，湾子里哪家条件么样，谁心里都有本账。

“多数不缴的农户，其实也不是诚心要与你作对，主要是现在的信息很乱，一会儿听说哪里又减税了，一会儿又听说哪里都已经不收了，又说中央明年就要取消农业税，因此，农户们也都互相比着，觉得在这个时候谁缴谁吃亏，兴许一拖就拖过去了。[①]但你真的跟他较上劲，他也懒得跟你磨，毕竟你老耗在他家里也误

① 后来的事态发展说明，农民的这种考虑有一定的道理，果然在第二年，中央政府就宣布5年内在全国取消农业税，而H市也随即宣布从当年起在全省率先取消农业税。

他的事。

“经过这段时间的突击，加上前些时间的成果，我们总共收上来 6 万多元，村里的任务是 15 万元，农户的签字率是 11.7 万元。我们估计，再努把力，最多还能收 2 万元上来，余下的就真的只能靠村里垫了。

“小毕不在的时候我们也得收，没有办法，只有让她把发票本子拿出来给我们，不这样不行，有些规定真的严格执行，就什么也不要做了，这是在农村。”（附录 1：179）

听老罗介绍情况后的第二天，我们又一起下到了秦村十三组。这个组与十五组一样，在秦村也是属于村干部所说的“刁民”湾子之一。

果不其然，一上来就碰到一个“扯经”的。农户姓邓，农业税为 242 元，但他说他家的好田好地已经被京珠公路绿化带建设征用，剩下来的低洼地无法走水，他向干部提出来要重新调田，又要求村里帮他在低洼地里起一条沟，说是组长也答应过的，所以，现在得先解决问题，再提缴税的事。对于这种“东拉西扯”的惯用手法，干部们见怪不怪，但他不缴，你总不能动手，结果磨了半天也没有进展，无奈，村干部只得相让一步：“扣 40 块钱如何？”

“40 块钱顶么用？”

“是一个心意嘛，你不是说不好走水吗？”

姓邓的继续做他的活计，听干部们还有什么下文。

小组长又带着老罗去查看邓家的地，回来后，老罗告诉我说没有什么大问题，不影响生产，无非是以要地为名，想少缴些钱。这里还有一个情况要说明，因为老虎尾的采石场有一部分在十三组的辖区内，所以，小组每年都有一笔山租收入，这笔收入摊到每家农户，户均可以顶 100 元，所以，邓家实际上只需要缴 142 元，但他还想少缴。

小组长又对邓说：“把几亩荒坡地给你种，3 年免公粮，如何？”

“没有收，有收的话，别人早就要了。”

老罗：“我说句话，以后有田地出来，先照顾你如何？”

“那我也说句话，能否再减一些？”

“你只缴100块，这40块钱就算了，行不？总对得起你吧？人心都是肉长的，就算我们的工作没有做好。”老罗进一步退却。

邓听了这话，有些动心，但没有马上表态，一转身又去干他的活。杨宏军无奈，只得又跟上去，因为十三组也是他挂的小组。这时，专管员小毕小声对我说，他实际上已经答应了，只是还想进一步得到确认。果然，此后老罗没有继续找他，等第二天我们再来时，老罗打了一张条子给他，他就依从了。

下一家的税是400多元，山租兑掉100元，去年的教育附加退款再兑掉100元，剩下来的，主人让干部自己去称谷，于是，干部们便将一袋袋的谷子往小组长家里扛，最后核计的结果，共称谷388公斤，开票251.2元。

再下面一家又遇到特殊情况，男主人开车出事，脚骨折，已经有一年多未外出，他说家里就只有千把斤谷子，爱拖就拖。可干部们知道这一家有两个小孩在读书，这谷子是口粮，显然是拖不得的。陈志华便说：“往年可以，今年你不点头我哪里敢？这样，你是个爽快人，你说个时候，我们下次再来。”

“下个月吧，不给你通我的人。”

“行，痛快。”这一家搞定了。

除第一家外，后面两家都比较顺利，陈志华对我说：“你知道第一家不搞动不能轻易‘跳槽’的原因了吧？大家都相互比着，一旦没有做通工作就‘跳槽’，那你一户都弄不动。”

“但对那些答应过段时间再给的人家，也不能老缠，再缠就伤感情了。例如，刚才脚断了的那一家，他本人的商品粮户口就是我帮忙转的，他既然答应了，就会算数的。”陈志华又补充道，看来，村干部对农户的心理很会揣摩。

第四家的情况更特殊，全家4口人，只有男主人一个劳动力，两个小孩读书，女主人患有精神病，成天躺在家里不理事。一走进屋，我就注意到这一家与其他农户家庭有很大的不同，屋内几乎家徒四壁，什么像样的东西都没有。他家的公粮，兑了100元山租之后，还有300元。陈志华主动说："往年收你三分之一就行了，但今年不好办。过段时间我想办法给你从民政搞些补助来，但这农业税还得缴，这是一个桥归桥、路归路的问题。你放心，像你这种情况，我全村只答应了3家，我答应了的事是会兑现的。"

这家男人比较老实，虽然他同样不想缴，但听陈书记这样说，就不好再吱声。于是，干部们开始拖谷子。此情此景，顿时令我百感交集，我甚至有些控制不住自己的情感。看了那么多户农家，凭直觉可以认定，这是一个真正一贫如洗的家庭，看着他默不作声的神态，眼瞅着（实际上是想象着）里屋躺在床上的病人，我的手不自觉地伸向了自己的上衣口袋，掏出50元钱来悄悄地塞到那男人的手里。说实在话，作为一个职业性的农村调研者，我以为长期的田野经历早已经陶铸出自己超然与置身事外的冷静心态，[①]而且，我也十分清楚，这50元钱对于他根本就不能解决任何问题，就是500元、5000元也同样不能让他脱贫。所以，我这样做与其说是为了表达同情，不如说只是想借此抚平此时自己已经无法平静的心情。

陈书记看到了这个情节，因为男主人并不想接受我的帮助，推了半天，最后才不好意思地收下。陈书记是一个忠厚之人，他认为我支持了村里的工作，便把这件事情告诉了其他干部，其他干部也很感慨，说："现在一些老实巴交的人不会说话，讲不出道理来，上面让缴就缴了，能说会道的反而拿政策来跟你斗，就滑过去了，真是不公啊！"

晚饭时，老罗问我："像这种人家每个小组都有一两户，你是

① 这也是我给自己定下的一条规矩，为了不影响事情本身的变化逻辑，我应该尽可能地做一个置身事外的冷静、客观的调查者，尽量不以各种方式卷入所调查的事情之中。

不是都要帮助？”

我语塞。

晚饭后，大家又开始商议未来两天的工作，看来，通过这段时间的集体突击，能收的也都收上来了，收不上来的一时半会儿也肯定没有结果。于是，大家决定余下的时间再次分为几个小组，进行扫尾工作。

回家的路上，我与老罗再次谈到当下的征收困境，他说真不知道这样的日子还会持续多久，他庆幸自己终于可以不以当村干部为主业了。的确，老罗新开张的餐馆生意比较红火，一个月的利润至少也在万元，这样，村干部对他而言，与其说是主业，不如说是为生意铺路搭桥的副业。“村干部不是什么正儿八经的职业，天天看别人的脸色，天天跟人去求情、斗狠，不是‘青皮手’又是什么？造孽啊。”

与老罗一样，我也为目前这样的格局担忧，我同样无法把握这种让人人都尴尬难受的格局还会延续多久。与这种尴尬和难受相比，对于乡村干部而言，什么国家的逻辑和农民的道义都将退居到一个次要的层次，最为紧迫的是如何才能解开目前这个矛盾的结。（参见附录 1：180）

好在历史不是由我们这些小人物来书写的，以后的发展证明，2003 年的征收实际上成了历史大转折过程中小镇所经历的最后一次历练。年关一过，新年伊始，种种说法就传开了，说今年全市可能要取消农业税，市里正在研究取消农业税后基层政权的运转经费如何解决的问题。到了 4 月份，传言得到证实，H 市决定在全省率先取消农业税，决策者终于肯拿钱出来解决因取消农业税而造成的基层政权运转经费短缺的问题了。又过了不久，中央正式宣布用 5 年时间在全国彻底取消农业税。听到这个消息，我们的乡村干部如遇大赦，他们终于得以免除那局外人所难以理解和想象的洋罪了。闻此信息，我感慨万千，遂提笔作短文《最后的征收》，（吴毅，2005）以纪念我在小镇曾有过的那段最为奇特的经历，同时也力图让局外人知道农业税征收中曾经长期存在的另外一种被遮蔽和切割的现象。[3]

石场业主上京了

石场业主上京，杨宏军被治安拘留，让挨过了新年的石场风波再掀高潮。

2月中旬一个周四的上午，我向未理明打听石场关闭事件的最新进展，他告诉我，昨天已经正式封矿，区里和镇里去了很多人，然而，业主们仍然坚持他们的要求，没有放弃，当天下午，他们就结伙赴京上访。

业主们刚一离开，镇里就得到了消息，并决定马上组织拦截，“武镇长已经带着人进京去了，一定要把人找回来，但是到目前为止，还没有业主的消息”。

我连忙给老罗打手机，想知道一些更为详细的情况。手机通了，却没有人接听，一连几次都是这样。我去了小镇酒家，也没有人，只听服务员说他昨晚回家很晚，现在不知道上何处去了。我又去陈志华家，陈书记不在，但他家里的人告诉我，老罗上北京了，接人去了，早晨走的。我马上联想到了石场业主进京一事。

钱跃进向我证实了老罗上京的消息。他告诉我：“因为区里始终不答复业主的赔偿要求，并且正式封矿，业主们最终决定进京上访。政府这边知道后，也去了10个人，要尽可能把人接回来，以免造成不好的影响。老罗与业主关系熟，为了工作的方便，也随武镇长去了。”

“业主上京的事是土地所王所长给林书记打的电话。王本人也有一个场子，他不敢去，但他老婆去了，实际上他是等业主走了以后才打的电话，这样，他两头都兼顾到了。”

“哦？”如此复杂的问题却被王所长处置得如此简单！

“杨宏军被扣一事是因为私藏炸药的事情。”

让人吃惊的消息都赶到一块儿来了，看来，石场的事情真的闹大了。

“他哥哥也被拘留了。按管理规定，炸药从库里领出来后用不完必须回收，不能私自留下来，私藏炸药是违法的，如果引起严重后果还要严处。宏军也是活该有事，封矿后，治安科的人上山检查，在宏军家的门口发现包炸药的纸，就进屋检查，结果收了10公斤出来。当时杨宏军不在，就问他哥，他哥说是他放的，结果他哥被拘留了。宏军知道后，打电话问老罗怎么办。老罗劝他主动到区公安局自首，这样，在我、老罗，还有派出所所长的陪同下，杨主动去了区公安局，现在被关在看守所里。宏军这一次恐怕会有事，像这种事情要说重就很重，前年有一个老板就是私自弄炸药开采，结果人被抓，最后被罚了五六万元才了结。”（附录1：181）

正说着，民调主任周达民给钱跃进打来电话，商议大家一起去看杨宏军。不一会儿，秦村的几个年轻干部都来了。钱跃进说，没有熟人可能进不去的。周达民便给镇贤酒楼的男主人罗八打电话，说他有熟人，让他想办法电话那头，罗八一口答应。于是，我们租了一辆面的到镇贤酒楼接罗八，又一路往大江区公安局驶去。

进了公安局的大门，找到看守所的探视室，罗八给他的朋友打电话，说想请他帮一个忙。不一会儿，杨宏军兄弟俩便出现在探视室的里端。探视室分为两部分，里端与号房相通，外端供探视人员使用，中间以三道铁栅栏相隔，其间的间距在五六米，外端的铁栅栏上还装有一层细密的铁丝网，这样，里外相互能够看见，也可以说话，却无法接触，更无法传递物品。

看上去，杨宏军兄弟俩的神色还不错，比我想象的镇静，看来已经度过了最初的惊恐，只是说里面太无聊，什么事也做不了，如果没有书报看就只能干坐着，而进来时随身物品都被搜走保管起来了。“早知道就多带些报纸进来，好混时间。伙食很差，又贵。”杨宏军淡淡地谈起他的感受。

周达民问他怎么这么不小心。周是在责备他没有把炸药藏好。

“太忙了，没顾得过来。”

宏军哥：“我本来是想顶替他的，想让他在外面活动，没想到都进来了。”

“这种事还顶得了？”

我说：“看来你这辈子还得遭受牢狱之灾。”

杨宏军苦笑。

钱跃进：“石场的人都上北京去了，政府这边也去了不少人，这一下政府要花些钱了。”

“那是，一点儿不赔怎么说得过去。”杨宏军仍然惦记着石场的事情。

我们正谈着，一个人从探视室里端的门洞里冒了出来：“你们怎么不花些钱，好让他们早点儿出去？”

杨宏军未说话，大家也不知道该说什么好。

此人又消失在探视室里端。

“这人是看守所的吗？”

杨宏军没有回答，只是摆了摆手，表示不是。

于是，我们明白了，这兴许就是人们常说的“号霸”。

我们又问杨宏军兄弟俩需要什么东西，他们说：“不要，可能的话，带点咸菜进来。”

探视时间很快结束，杨宏军兄弟俩消失在探视室里端的门洞里面。

我们一行人在路经看守所登记处时，一位身着警服的中年人要我们替宏军兄弟俩把伙食费交了，又要我们为他俩买点东西进去，“这么多人来看，不买点东西，看么事看？”罗八知道，这里的东西很贵，又打电话给他的朋友。电话那头，罗的朋友要身着警服的中年人听电话，中年人边听边点头。这样，周达民才赶紧上街买了两条烟，又在登记处的货架上买了几袋咸菜，一起交给中年人，让他转交给杨家兄弟。最后，周达民又补交了 300 元伙食费，这场探视才算结束。（参见附录 1：182）

当天晚上，在政府干部的学习会上，林书记通报了石场老板集体上访一事。林书记说："昨天下午，石场业主集体进京上访，情况突然。我与武镇长商量，决定兵分两路，我在家镇守，武镇长带人赶往火车站劝阻，从6点多一直守到10点多最后一班进京的列车，都未拦到他们，可能他们下午就走了。这一次，业主一共去了17个人，涉及我们镇的是12人。经商议决定，镇里和区里组织了10个人的工作专班于今天早晨赶赴北京，但是到现在为止，还没有与业主取得联系。

"出现这起事情，说明我们的思想工作还是没有做到位，责任也没有尽到，尽管我和武镇长事先都上了对象户的门，也有思想准备，但事到临头还是让他们走了。而且，我们的反应也比较迟缓，人都走了才知道消息，这件事应该好好总结。下午，我已经向区里做了汇报，区里指示我们下一步要尽快把人找到，劝说他们回来，最好是不要上访，尽量减小影响。

"人员返回后要做好思想工作，但是，处理整个事情的原则不能变，这就是：第一，补偿没有，因为这是你业主去年自己主动提出来的，双方也签了字画了押，不能说变就变，节外生枝；第二，业主们提出要整体搬迁，这一点很难，但允许他们在区里可开采的地方重新选址，选定之后，在办证方面政府给予照顾和优惠；第三，业主们提出来要退还电改增容费，区里认为可以酌情考虑，正在协商。"

林书记又说："上访不可怕，有区里给我们挑担子，这么大的行动没有一点儿震动也不可能。所以，事情发生了，我也不责怪大家，因为站在业主的立场上，这也关系到他们自己的利益，工作是不那么好做。但是，人接回来以后，工作一定要继续做，他们在北京得不到结果，可能回来以后还会闹，大家要有准备。"

那天晚上，林书记的办公室很晚都还亮着灯，而具体负责此事的未理明副书记也一直保持着与区里和北京的联系，他要不断地把区里的部署转达给身在北京的武镇长，又要设法与业主们取得联系。看得出来，对于整整过去了一天还没有与业主取得联系的现状，未理明十分焦急。夜深了，他还在布置企业办的干部上老虎尾去观察动静。未理明告诉我："这些人肯定已经从家属那里知道政府的人跟去了，就与我们玩起了捉迷藏的游戏，不接我们的手机。我们的人已经去了国家信访局，发现业主还没有到那里去，可能他们是先去玩，有意在躲避我们。"当然，话又说回来，就是在信访局门前撞上了，也只能做工作，不敢强行阻拦的，这一点未理明也很清楚。而他现在最为着急的，就是不知道这些人的行踪，不知道行踪，工作就无法开展，也说明工作没有效果。未理明没有心思休息，不停地拨打电话，想通过业主的亲戚、朋友与他们联系。看得出来，业主进京给小镇政府造成了很大的压力，对于这种压力以及它可能产生的一些无法预料的后果和影响，并不是林书记一句"上访不可怕，有区里给我们挑担子"的话就化解得了的，也许更不是一句不赔偿就能够挺得住的。作为基层领导，区里给你挑担子，你又如何给领导分担压力？尤其是在涉及社会稳定这样一个十分敏感的问题上，一旦触雷，就是任何事情都可能会发生的。

第二天一早，未理明告诉我终于与业主联系上了。"我们通过许多关系给他们打电话，希望他们能与上京接人的政府干部见面，不要把事情闹僵，不要进信访局的大门。业主们答应见面了，约好今天上午在天安门广场左侧的国家博物馆前与武镇长见面，不过，为了防止万一，我们也分了一部分人去信访局门口堵人。"

听未副书记这样一说，我也感觉到了一些刺激和紧张，这还真有几分电影上的味道！

"这件事情会是一个什么样的结局？"我问未理明。

"按说一点儿不赔也说不过去。去年上半年决定关闭时本来也是准备赔一些的，区里准备仿照云龙乡关闭石场的先例，一家赔个三五万。但去年6月业主们又主动提出延期半年关闭、不再索赔的建议，我们当时觉得可取，就向区里汇报了，毕竟这样能减少一些损失。区里经过研究，认为这个方案如能成功，代价最小，就同意了。为了防止业主反悔，就签了协议，搞了公证。现在，业主抓住公证时他们不在场这一点，不承认公证的结果，又提出要退还电改增容费。这些问题，现在扯起来都是麻烦，可以说各人都有各人的道理，我们也不一定就有胜算。”

“准备怎么应对呢？”

“首先是争取他们不上访，把业主接回来谈，不到信访局挂号，内部消化是上策。挂了号等于就把政府前段时间做的工作都否定了，但就是挂了号也还是得按区里的布置操作，镇里说到底是一个执行的问题。”

未理明说得对，在石场关闭一事上，实际上从一开始，镇里所扮演的就是一个执行者的角色。作为行政机器上的一个环节，镇里必须执行区里的决定，然而，作为一个有别于区里的利益主体，镇里在这件事情上还真是有些吃力不讨好。不赔吧，像现在这样出了事情得由他们去处理；赔吧，到头来可能还是区里开口子，镇里来买单，让渡的还是镇里的利益。所以，镇里其实很矛盾，一方面他们并不想有意为难业主，但另一方面为了镇里的利益，他们又不太愿意区里面改变不赔偿的决定。但是他们也知道，石场业主每一家的投资都在几十万，说关就关，没有一个合理的解决办法是很难让他们服气的，这也是他们在延期关闭不提赔偿一事上“言而无信”“出尔反尔”的原因，就像现在区镇方面抓住与业主签有协议而不提赔偿一样，都是基于利益的考虑而采取的一种东方式的智力游戏。所以，“要想风平浪静地很快了结这件事情，恐怕没有那么容易，可能最后政府还是得拿一点儿钱出来”。未理明此时将自己假设为一个中立者，这样分析事件的走向与结局。（参见附录1：183）

不过，眼下的一切倒来得比未理明所想的更为顺利，业主们很快就被接回来了，而且居然没有去上访！这是周六一早从政府传出来的消息。

从业主周三赴京，周五双方接触，到武镇长周六早晨将人接回来，政府这几天的辛勤工作终于没有白费。业主们也表示他们更愿意在谈判桌上解决问题，上访只是一种被迫无奈的选择。看来，武镇长和业主们在北京似乎找到了对话的基础，事件有了转机。于是，我马上去找老罗，了解他们的北京之行。

老罗向我讲述了他们的北京拦访：

“周三下午 4 点半，林书记打来电话，说土管所王所长来电话，采石场老板集体上京了，他老婆也去了。实际上，王是等人走了以后才打的电话，他说他也是才知道的。林书记问我是否知道，我说不清楚。不一会儿，武镇长就开车来找我，要我一起上老虎尾了解情况。我马上给郭德银打电话，问他在哪里，郭支支吾吾，说在区医院招呼他爹，他爹病了。我们就开车去区医院，到了楼下，我打电话要他下来，可他又说到他哥那里去了。我说，这前后才五分钟，你就走了？你肯定不在家。但他不承认。我们由此判定他们的确进京了，估计他们应该坐晚上的车，武镇长就马上组织人到火车站去拦阻，没有拦到，我们又去了西站，一直候到晚上 11 点钟再也没有进京的列车为止，还是没见到人。我们就跟林书记汇报，林的意思是要不惜代价上京拦截。于是，我们当天晚上就买了第二天早晨 8 点 40 分的飞机票，一共去了 10 个人，有区信访办马主任、政府干部、企业办主任、派出所干警和我，由武镇长带队。9 点 40 分到的北京，一下飞机我们就直奔国家信访办。这地方不太好找，在崇文区的一条小巷内，一个大院子，门口挂着三块牌子，分别是中共中央办公厅人民来访接待站、国务院办公厅人民来访接待站和全国人大常委会办公厅人民来访接待站。[①]到那里去的人很多，一条巷子都是人，有上访的，也有像我们这样去拦访的。

“区信访办的马主任常来这个地方，与里面的人熟。他与工作人员联系，问是否有我们那里来的 17 个人上访，如果有请立即通

① 原话如此。

知我们，如果能不予登记最好，因为登了记信访办就会通知省里，省里就要点名。结果，发现业主们并没有到，后来一问才知道周四下午是政治学习时间，不接待。这一下我们放心些了，毕竟比业主先到一步，兴许事情还有转机。这样，我们才安顿下来，住进了朝阳区的一家宾馆。下午，我们又分作两路，分别到国家矿产资源部和天安门去找人，还是怕出什么事情，但都没有找到，一直到 6 点过了才回到酒店。这之间，我们也不断与业主通手机，问他们在哪里，但他们都不说实话，说他们在 ×× 地方、在 ×× 地方，说是在买机械。其实，他们也知道我们在北京，但胡洪国承认他在北京，说是来走亲戚的。武镇长对他说，你就不要再扯谎了，你们全都上京了，我们也来了，你们住在哪里？有什么事情可以坐下来谈。胡洪国没有退路，不好再编故事，但他也不讲他们住在哪里，说这是秘密。武镇长又问今晚能不能谈，胡说不行，明天给你们答复。然后，他们全部都关掉了手机。

“我们又商量下一步怎么办，最后决定第二天还是兵分两路，一部分人由武镇长负责，继续与业主联系；另一路人到信访办门口去守株待兔。第二天一早，我们去了信访办。早饭之后，武镇长打来电话，说与胡洪国联系上了，他们答应在天安门广场见面，武镇长赶了过去，见胡洪国等人正在排队等候参观毛主席纪念堂。没有办法，只有一道排队进去，等瞻仰了毛主席遗容后，武镇长才用的士把他们接回我们住的宾馆。

“我们这边一直守到上午 10 点半也没见人来，我给郭德银打电话，劝他不要把事情做绝了，遇事留一线，回去好见面，有什么要求可以坐下来谈。郭没有回答，我又说，我们已经等在去信访办必经的路上，你们来了也进不去，最好还是考虑一下我的建议。有那么十几分钟，他把手机关掉，不接电话，但很快又打开了，说明他们也很矛盾。我问他在什么地方，他说他看到我们了，有几个人，穿的什么衣服，都说了出来。这说明他们就在附近，我们就派人到四周寻找，结果在一个公厕门口把刘玉林碰到了。

我们对刘说，又冷又饿，还捉么事迷藏？找个位置谈谈，又问郭德银呢，刘说他早就跑了。你看，这都跟小伢一样，好玩得很。我们将刘先带回了宾馆。

“这一边武镇长与胡洪国倒是谈得蛮好，我们回去时，见他们有说有笑的。胡把他们住的地方告诉了我们，在天安门附近的一家小客栈内。姚学明就找了一辆交通车去接，结果，人全都在那里，我们就把人拖回了酒店。

“在酒店，武镇长又给业主做工作，说，区里高度重视这件事情，上访并不能解决问题，大家应该坐下来谈，并承诺绝对不会要大家卷铺盖走路，一分钱不给，但要按你们的想法赔也不可能，给多给少，总要回去谈。业主那边，其实也不是非要来告状的，他们也知道上访解决不了什么问题，主要还是造声势，逼政府响应，因为在上访之前，政府不谈钱，但一上访，区里终于松口了，所以，他们卖了两个关子，也坐下来谈了。这样看来，他们也还是留有余地，没有公开把脸撕破，材料也没有递上去。

“我们决定坐当晚的火车回来，业主提出来要玩，我们说这么多人，安全出了问题政府负不起责，只同意在附近找个地方玩半天，就去了恭王府，晚上就坐上了回来的火车。”

老罗讲得很精彩，像一篇短篇小说，他有这个口才。我又问他作为一个中间人到底如何看待两边的立场，他说：“政府开始关这个场子，想不谈赔偿，的确把问题想得很简单。别人都是合法经营户，你不能一会儿说开，一会儿说关，搞得人心惶惶的。可政府也的确有他们的难处，真的要赔，数额还不小，区里舍不得出这个钱，镇里更不愿意出，像云龙乡那样，区、镇两级就出了100多万元。本来关场子对镇里就是有损失的，但他们又没有决定权，只能执行。作为业主那边，后面肯定也有人指点，听说他们咨询过律师，所以，每一步都走得恰到好处：你不解决，我就上访；你有响应，我就跟你谈。没有把事情闹到国家信访办去，这说明他们也清楚只有谈才能解决问题。但我估计政府就是要赔，也不会赔多少，主动权还是在政府一边。

“我自己在这件事情中的作用就是以一个真实的人的身份出现，事情归事情，人情归人情，政府要我做工作，我得做，但我个人跟老板们的关系还是不错的，跟他们之间没有什么过不去的地方，他们要传什么话，表达什么意思，我都尽可能去做。

“不过，按我的真实想法，我还是情愿在北京能晚两天找到业主，这样也可以多玩几天。”（参见附录1：184）

后来，我又从其他当事者那里印证了老罗的讲述。

郭德银说：“这次上京，我们每个人都带了三五千块钱，做好了在北京待上一周的准备。但我们也没有想把事情做绝，我们也都知道，就是要解决问题也还是要回来谈。这次去本来就包含有试探政府态度的意思，因为事先几次与政府对话，他们都闭口不谈赔偿，所以，我们此行就是要看看政府的反应如何。如果派人来找，说明他们也不愿意把事情闹大，那我们就回来谈；如果他们不为所动，我们就只有把事情做到底，把材料交上去。我们一离开家，就知道政府的人跟来了，我们决定先回避一下，后来看到武镇长一个劲地找我们，并表示愿意谈，区信访办马主任也跟来了，说明区里也有了反应，我们就决定跟他们见面。我们做了两手准备，这边在博物馆前和武镇长见面，那边分一路人马去信访局，看谈的结果再决定那边如何动。结果两边都碰上了。政府答应回来谈，并为我们买好了当晚回来的车票，这样我们也就都回来了。我们也没有准备把脸撕破。不过，大家现在有些怪我们几个代表，说跟政府联系早了，害得大家没有玩好，可我说大家不是去玩的，还是要以大局为重。”（附录1：185）

姚学明：“双方都在斗智，都把对方的牌算得很清楚。业主的目的也主要是向区里施压，以促使他们重视和解决。应该说，他们的这个目的也基本上达到了。所以，在北京见面之后，武镇长也主要讲了三点意思：1. 你们上访的目的已经达到，你们上访就是要引起区里的重视，你们前脚走，我们后脚就跟来了，说明区里很重视；2. 区里已经有一个方案，准备酌情给予一定的补偿，但具体的方案只能回去谈，不可能在这里签什么协议；3. 你们要来北京玩，也玩了，这个目的也达到了，也应该回去了。

"当时胡洪国还跟我开玩笑，说早知道这么快就回去，还不如晚几天再与你们联系。我当时问他，你们是来玩的还是上访的。胡说当然以上访为先。我说，那你们就应该以解决问题为重，不要想怎么玩，你们耗不过我们，你们在北京吃、住都是花自己的钱，我们是出差，在经济上你们就拖不起。你们有时间，但我们可以长期派几个人盯在这里，这是我们的工作。这样一说，他们才不开腔了。其实，他们也还是想跟我们谈，还是比较配合。"（附录 1：186）

武镇长："总的说来，这些老板也还是给了我们面子。他们当初写信表示延期关闭，不提补偿，后来又不认账，也不是不可以理解，毕竟关系到他们的切身利益。听他们说如果解决不好，还要上京，这一次可不能让他们再走了，否则这工作又白做了。

"现在关键的问题是赔多少钱和由谁来出这笔钱。站在区里的角度，当然是希望由各个部门分别消化；站在镇里的立场上，就不愿意出钱——又不是我们要关的。如果像上一次区里解决云龙乡那样，区里和镇上就共出了 160 多万元，这可是一笔大数字啊！"（附录 1：187）

如果将石场业主和区、镇方面这场基于经济利益而展开的博弈置于中国乡村政治的具体场景，而非某种抽象的国家—社会二元关系的理论格局中来分析，我们不难发现，官民双方在这场博弈中所采取的实际上都是一种既向对方施压，同时又给彼此留下调整关系余地的行为逻辑。这表现在石场业主方面就是，即使是基于十分尖锐的利益对立，决心以上访这一从总体上看为体制所容纳，从局部范围看却意味着对地方政府告状的形式来捍卫自身权利的他们，在不到万不得已之时也仍然在小心谨慎地给自己与区、镇方面的关系留下可以回旋的空间，并不想将自己置于与政府完全对立的地位。之所以如此，是因为他们清楚地知道，事情要得到解决，依靠遥不可及的高层权力垂询并不可靠，事情到了最后也还得依靠近在身边、须臾不可回避的具体可感的地方权力的关照，也就是回到林书记所说的“石头飞上天也要落下地”的逻辑上来。退一步说，即使出现高层权力直接过问这样的奇迹，赔偿政策的具体操作也还得依靠本地政府，因此，业主们在维权时也总会考虑不要将彼此的脸面撕破。更何况地方场域中官民的互动并非就仅仅是围绕着某一特定的事件—过程而发生，它更为广泛地还体现在有形与无形并长期绵延的一种渗透于乡村生活方方面面的日常化领域，在这些方面，业主们是无法不依赖于区、镇政府的。所以，石场业主在维权之时也不能只想着维权本身，他们还必须顾及在日后更为广泛的经济社会活动中与地方权力系统无法割断的种种联系。[4]在这种情况下，我们注意到业主在此阶段对政府所采取行动的一个特点，即此时上访的目的，与其说是业主们力图越过地方，直接向高层权力进行“诉怨”和“告状”，不如说是他们要通过上访的姿态来对地方政府进行施压性试探，而所借压力就是前文所分析过的政治与社会稳定这个敏感问题。业主们知道，在我们这个行政体系的内部考量中，政治与社会的稳定具有特殊重要的意义，而有无群体性上访和闹事从来就被视为这一目标是否达成的一个重要标志，所以，上访的姿态就可能会给基层和地方政府带来某种压力，让他们感受到有可能因此而被置于高层“权力的眼睛”监视与评判之下，并面临被质疑的风险。业主们期望地方政府会因此做出相应的让步。

应该说，业主的算计是有一定道理的，因为任何地方政府基于维护自身工作业绩与政治形象的考虑，都不希望在本地区内出现群体性上访事件，这也就是前段时间区、镇方面既要关闭石场，又要防止业主上访的原因。由此，上访与拦阻上访的互动所要博弈的筹码，实际上就是地方政府的荣誉和面子。如果业主不使用这一筹码即能达成目标，可谓全胜，但事实上这几乎没有可能，业主只能以上访的行动或姿态去试探政府的反应，并由此去挤压政府的选择空间，即以触动政府荣誉和面子的手段去换取对方在利益上做出某种让步。可以说，这几乎是业主所能使用的唯一筹码，所以，即使是为了不上访就解决问题，也必须做好上访的准备。而在政府一边，如果业主真能够如他们所曾“答应”（不管这种“答应”是基于主动还是一种被动情景下由弱者施展的权力反抗谋略）的那样不索赔就自动关闭采石场，也可谓全胜，但区、镇方面也知道事情关系到对方的重大利益，恐怕不会如此顺利。于是，他们要求业主在关闭协议上签字后，又单方面对协议做了公证，目的就在于借助于法律使自己在未来可能出现的矛盾中居于主动。从事情的整个发展过程来看，区、镇方面实际上也采取了一个边走边看的方针，如果业主顺从，事情就此作罢；如果业主反应强烈，实施上访，为免使事情闹大可能给地方形象带来的负面影响，政府方面也准备退而求其次，由不谈补偿到给予一定的补偿。在这里，地方的荣誉与面子无疑是政府是否让步的一个核心考虑。事实证明，业主们很好地利用了政府的这一心理，充分运用了博弈的筹码，通过上访的姿态使让步的可能变成了让步的事实。

“业主的目的基本达到了”（武镇长语），当面临不赔偿与有限补偿可能给地方带来完全不同的政治影响的选择时，政府适时地调整立场，选择给予有限补偿，而业主方面也适时地终止上访，让政府保全面子与尊严。于是，政府也顺势鼓励业主的行为，认为他们顾全了地方的大局和政治荣誉，并把这解释为愿意继续与石场业主协商解决纠纷的原因，由此也给自己找到一个转变立场的台阶。

在上访的业主返回小镇之后不久，杨宏军兄弟也获得释放，这一是因为他们的行为没有造成严重后果，二是因为杨宏军能够自动投案，加之老罗等人从中斡旋，他在为自己的违规付出了一定的代价以后，没有被进一步追究。石场纠纷中的这一插曲就这样结束了。

就在业主们返回小镇后的星期一下午，在政府会议室内，区、镇相关部门的负责人与石场业主选出来的5名代表进行了回镇之后的第一次对话。对话会上，林书记和区信访办马主任再次强调了政府方面解决问题的诚意，并要代表们把他们的想法都讲出来。林书记强调：区、镇方面一直都很重视石场问题，当时之所以同意延期至2003年年底关闭，也是考虑到了业主的意见，区、镇还为此专门开过协调会，形成了会议纪要。年初的关闭也都是按照事先的部署进行的，这一点业主们事先应该清楚，后来有反复，并为此上访，政府也表示理解，但关键是要坐下来谈，有什么具体要求可以提出来，再研究。郭德银则代表石场业主具体提出四个方面的赔偿或补偿要求：一是电力设施的投资损失，即开办石场时为进行电力增容缴纳的电力增容费和购置扩容设备的折旧费；二是办理证照的手续费和因证照未到期所导致的各种生产损失费；三是各种生产资料投资未收回的损失费；四是石场设施拆迁补偿费。这四个方面的赔偿、补偿要求加起来，平均每个场子为30万元。业主代表还具体就每一个方面的赔偿、补偿依据提出了细目，并整理成文字资料上交政府。

对于业主们提出来的要求，区、镇部门负责人要求进一步细化，详细说明理由，并提供相关原始凭据，又对不应退赔的事项提出了他们的看法。例如证照费用，如果已经到期，就不存在退赔费用的问题。[①]再如安全生产培训费，如果已经参加过培训，发过教材之类的资料，也不存在退赔。电改费用则要提供相关原始票据，如果票据已经丢失，可以到电力部门查询。拆迁费用则要进一步准确，不能过于笼统。对于业主因扩大再生产增加的生产资料投资的赔偿，政府方面表达了与业主不同的意见，认为投多少资是由业主实际的生产规模和生产能力决定的，而且石场在2002年本来就决定要关闭的，后来是在业主的一再要求下又才决定恢复生产，所

① 例如，矿山安全生产许可证本来就是一年一审，一审一交钱，而采矿许可证上规定的生产期限是2002年6月20日至2004年6月20日，尚差半年到期。

以，业主对于自己的生产性决策理应承担一定责任。而且，生产资料在转场后还可以继续使用，政府也将在转场方面提供政策优惠，所以，业主不应对赔偿抱有太高期望。经过一下午的对话，电改费及拆迁补偿成为政府在原则上同意可以进一步协商的事项，其他费用政府没有让步。

这样，通过上访，业主们推翻了半年前经由自己签字“认可”的石场于 2003 年年底关闭、不提赔偿要求的方案，逼迫区里回到给予一定补偿的最初思路上来。而围绕着赔偿的内容和数量，双方又开始了新一轮的较量。（参见附录 1：188）

十三
新的年轮

突起的争地风潮

2004 年对于中国农村可谓好事连连，一开年，中央一号文件出台，表现出进入新世纪以来中央对“三农”问题极度的重视。继之，粮食直补、粮食收购保护价、5 年内在全国取消农业税……这一系列惠农政策的出台，对于连年萧条的农业恰如久旱之后的一场甘霖。接着，H 市又在全省率先酝酿并最终决定在当年即取消农业税，更是让小镇干群喜上眉梢。但与这一人人皆喜的开局相伴随，让人同样没有想到的，却是在整个大江区突然出现了一股争地的风潮，许多久已离村外迁者又纷纷回村索要他们当年的承包土地，而这些土地如今大都已经上了别人的经营权证。结果，一场始料未及的土地纠纷开始冲击许多村庄，并且将镇政府也扯带进了这场突起的矛盾旋涡中。

纠纷表现为多种类型。较为典型的，一是农户与农户之间的矛盾，如某农户外迁已久，当初或文字立据，或口头约定，将土地转让他人，或因土地撂荒已久，村组将土地收回重新发包，[①]此时，土地原承包者回来索要土地，形成纠纷；二是村、组、农户与外来专业承包大户的矛盾，即村、组为防止土地撂荒所造成的税赋悬空，在征得村民同意的基础上，通过调整土地，集中将某一片地以较低

---

① 按政策规定，如果承包耕地连续两年无人耕作，发包方有权收回，另行发包。

价格转租给外来专业承包大户，由他们投资去发展专业种植或其他副业，但现在形势变化，种粮效益增加，农民或村组又要求收回土地或大幅度提高租地价格，遂成纠纷；三是农户与政府之间的矛盾，即各种政策性占压的补偿过低，农民要求增加补偿。

面对这股突如其来的争地风潮，小镇的干部们普遍缺乏思想准备，感到措手不及，等到事情已经对政府形成压力，他们才想着要去思考原因和寻求对策。

招商办的老洪将这股突起的争地风潮归结为比较利益的变化与土地属性模糊所导致的矛盾。他为我算了一笔账："每亩免去五六十元农业税，增加20多元政策性补贴，加上今年省里宣布的粮食保护价为每百斤70元，这几笔加起来，按亩产1000斤稻谷算，农民每亩纯收入就要比去年至少增加300块钱，这当然刺激了农民的种田积极性。而另一方面，农民现在实际上已经把土地看成是自己的所有物，尤其是在免除农业税之后，所有权实际上已经成为一句空话，使用权就几乎等于所有权，这种类似于所有权的使用权又与村落社区居住权相结合，致使一些村民即便已经迁出了村庄，但只要户口没有迁移，社会身份没有改变，就仍然认为自己享有对村落土地不可被剥夺的分配权利。所以，即使他们已经将土地转给他人，也仍然可以以生存、吃饭为理由，理直气壮地向村、组和土地的现有承包者索要他们原有的耕地，如不应允，则不惜以力相逼，强行耕作。"[1]

老洪说："按理说，这种行为纯属无理取闹，可以按法律和政策规定处理，如认定土地使用权的归属，可以以经营权证上的记载为准，在本地就是以1998、1999年二轮承包时的认定为准，即使你当时没有将土地转让给他人，但如果土地连年荒芜，村组也有权收回，重新转包。但农村的情况并不这样简单，例如，要地者可以说村里当时并没有通知他们回来办理转让手续，也可以扯土地是老人转让出去的，自己不知道，所以也不予承认，甚至干脆就以武力相威胁，让村里和承包户不能不正视他们的要求。诸如此类，都使得现在这股争地风潮的处理变得复杂起来。

“这股风潮在各个乡镇都有，但以小镇最为突出。大江区的几个街道的农地大都已经开发，矛盾早已暴露，偏远乡镇的开发尚未成气候，土地的经济变现价值未完全显示，而小镇地处近郊，是眼下区里开发的热点地区，矛盾自然尤为突出，所以，这索要土地的背后也仍然有赌开发的意思。现在区里对这股争地风潮如何解决尚未理出头绪，区里要林书记好好琢磨一下，看能否拿出一个方案来供全区参考。林书记最近刚写了一篇文章，你可以看一下。”说着，老洪递给我一份林书记写的文章。（附录1：189）

林书记这篇文章的题目叫作“当前农村土地纠纷的现状、成因与对策”，文章将目前农村的土地纠纷归纳为六种类型：（1）权属模糊型纠纷，即由二轮承包时工作不到位而造成的“有权无证”“有证无权”“一地多权”等原因而出现的纠纷；（2）转包毁约型纠纷，即在谷贱伤农时农民把土地以低价长期转包，现在又单方面要求废除原转包协议或要求提高转包费用而致的纠纷；（3）开发占地型纠纷，即村组在农民弃田撂荒时将荒地集中转包给外来开发商进行农业综合性开发，现在农户要求收回土地而致的纠纷；（4）代耕索地型纠纷，即外迁农民回来索要当初请人代耕的土地，代耕方以各种理由拖延或拒绝退还代耕地而致的纠纷；（5）政策占压型纠纷，即因开发性征地的补偿较低而引发的纠纷；（6）综合交织型纠纷。（参见附录2：36）

林书记是农村通，又有文化和政策水平，对问题的把握远比我这个“隔着纱窗看晓雾”的书生准确。文章从农民对土地态度的变化、农民的法律意识、农地管理和政府行为偏向等方面分析了土地纠纷问题的成因，进而提出了“一个专班负责”“一套法规备查”“一组规定答疑”和“一剂良方对症”的对策方案。据说，林的文章得到了区里主要领导的赏识。林在我面前转述过谢书记的评价，谢认为“区里都还没有考虑得这样深”。后来又听说，全区处理土地纠纷的方案主要也就是在林书记这篇文章的基础上形成的。

林书记的文章写得漂亮，尤其是在他列出的一系列对策当中，那“一套法规备查”“一组规定答疑”和“一剂良方对症”，似乎已经把所有可能的解决方案都囊括在内，只要按方抓药，就能药到病除。[2]然而，当我与干部们一起参与到对矛盾的实际调处中时，我发现，在某种程度上，林书记也只是在谈应该怎样办，而实际上能够怎么办，就远远没有那么简单，在看到问题与实际解决问题之间，仍然还存在着相当的距离。

在大陈村，我亲自参加了一次此类纠纷的调解。那一次不仅是挂村干部老曹到了场，包括按林书记的意思组织起来的临时调处专班的干部也都参加了，调处专班由分管政法工作的镇党委副书记田国全带队，司法所冯所长则具体负责有关调处的法律解释。

事情很简单，有些类似于本村迄今尚未解决的陈同年与陈向辉的纠纷。事主李国辉的父亲1992年以后曾将家里的承包地先后转让给小组内的其他几家农户，几家农户又互有转让，后李父去世，李国辉本人也早已搬往区里居住。今年年初，李国辉却突然回来索要土地，在未获同意的情况下，又强行耕作别人的土地，造成矛盾。如老洪所说，这本来都属于无理取闹的行为。按照规定，土地的权属根据经营权证确定，既然土地早已上了别人的经营权证，证明此事当时无论怎么复杂，也总是经过组织认可的，因此，李的行为显然属于侵权，其他农户可以起而维权。但问题在于乡村社会是一个以血缘和地缘结构而形成的“熟人社会”，大家一辈子生活在一个村湾里，谁也无法回避谁，有了矛盾，就不可能单凭法与理来了断，更得考虑到纠纷了断之后彼此之间在绵长无尽的日常生活中的相互关系。因此，李国辉以一个村民所具有的“天赋”资格回村索要自己从前的承包地，其他人就总有所忌惮，而且，“也总不能为这件事打架结仇吧？”况且还听说李母已经扬言，如果有谁要拿出当初的转让凭据，她就喝药。此话一出，接收过李家土地的邻里们就不得不踌躇而三思，“这事闹出人命来怎么办？”于是便已经有人私下动摇。可各家的情况又不尽一样，有人动摇，有人却要维护自己的权利，而李国辉的想法又是要收回从前的全部土地，结果，这本来不成问题的问题经李国辉一搅和，就这样成了真正的问题。（参见附录 1：190）

在经过预先的调查摸底之后，纠纷调处专班的干部约好时间前来调解，地点在村部，由田国全副书记主持，纠纷相关各方悉数到场。

田国全：“这件事你们也反映了多次，我们也组织了调查，现在请司法所冯所长从法律的角度解释一下政策。”田国全从一开始就本着林书记的办法，将调处往法治的轨道上引导，这样，司法所冯所长就成了今天的主角。

冯所长：“中央一号文件颁布以后，大家对土地的积极性高涨，纠纷也多了起来。具体到我们这个湾子，现在正在使用的土地经营权证是二轮承包时发的，规定承包期一定 30 年不变，我们现在也主要是以二轮承包所确立的权属关系为依据，所以，有经营权证的要给我们看一下，我们再磋商，明确一个处理意见。”

村支书钱秉贵：“这起纠纷主要涉及李国辉和单伟成两家，今天主要解决这两家，而单家又涉及其他几家。李家的土地，1992 年小队做过一次调整，将 8 斗 2 升地拨给了单家，但现在李说当时不是队里调的，没有经过他。我还听说你母亲（指李母）放话，谁做证她就喝药。（李家夫妇插话：‘没有那回事儿。’）1998 年二轮承包时，又调了 1.2 斗给单，上了单伟成的经营权证，当时你不在家。”

作为当事一方的单伟成也做了解释：“这 1.2 斗田，李当时不在，我与他并没有协商，是村、组干部上门调的，说这块地荒了，问我要不要。当时我说，给我就要。我是移民，田地不多，4 口人只有 3 亩多地，多这一块当然好，所以，就上了我的合同本子，这些年我一直在种。现在政策好了，你们又回来要，连招呼也不打一个就把田舍（耕）了，我找到了镇里，冯所长也答应调解。我是从 ××× 移民下来的，没带一分田，这个土地上了我的经营权证，希望政府能够解决。”单伟成的意思很明白，他不准备让步。

李国辉则说：“1992 年调地时我在家，调给陈传松家 4.8 斗，这我当时是知道的，无权收回。后来我走了，我父亲又背着我将其他的 3.5 斗田调出去，这并没有经过我本人的同意。这些田地，你们几家愿种就种，不种就荒着，我回来要，你们当然应该还。这田地是我夫妻名义下的，不是我父母的。”

其他几家农户：“可我们的地是队里调的，不是从你手里接的。”

“但是我并没有同意过，我不要，你们可以种；我若要，你们当然应该还。”

冯所长站在法律的角度支持农户们的意见。他对李国辉说：“现在这些都不很重要，重要的是这些田地现在已经上了别人的经营权证，当时你家里肯定有人知道，现在只能以经营权证为准。”

“如果这样说，我现在的田就不多了。”李国辉不服。

冯所长一边查看其他农户交上来的经营权证，一边说：“那是另外一个问题，与这些土地的权属无关。”

“可我总要吃饭，队里总要解决。”李国辉强调他不可被剥夺的村民资格。

冯所长则继续坚持法律的逻辑：“这些土地，你同意的也好，你父亲调的也好，反正小队已经认可了，否则也上不了别人的经营权证。二轮承包又认可了这种情况，就等于你丧失了这个权利（对这些土地的承包权）。”

“你们总要弄清楚这些田是我调的还是我爹调的！”李国辉坚持他本人的权利。

“那我问你，从 1993 年到 1999 年间，你未种的田地完税没有？”

“没有，……”李国辉不敢否认这一点，但他没有马上明白冯所长提这个问题与纠纷的解决有什么关系。

“那队里就有权收回去重新发包，这是政策规定。”[3]

“…………”

“所以，我的看法很简单，以二轮承包为准，上了谁的合同本子就是谁的。至于你说你现在田地少，那是另外一个问题，你可以找村组协调，如果有人愿意还给你，也可以。但是你不能说这地1999年以前是你的，就永远是你的，那我们还可以说1949年以前这些地都是地主的。”

“那为何在二轮承包时村里不通知我们回来？”李国辉抓住最后一个理由。

“你不在家呀。”钱秉贵回答。

“计划生育我一样不在家，为何又找得到我们，孕检又通知我们回来了？”

这个问题的确是把钱秉贵问住了，这说明村里在二轮承包时手续上的确没有完全到位，小组在将李家的土地调给他人时，并没有像林书记所拟定的对策中所规定的那样通知当事人到场确认，以至于留下了后遗症。而这种情况在村庄中又是比较普遍的，如果你用规定来套，许多的工作可能都不合格。村里的事情往往就是这样，没有事情时怎么着都行，谁也不追究，可真要是有事了，就成为一个解不开的麻烦，这也就是老罗讲过的农村普遍存在的“糊涂官对糊涂百姓”的状况。

冯所长又和缓了一下口气：“我也愿意相信你讲的是事实，但问题是你现在所讲的这一切都已经没有证据，现在的证据就是土地上了别人的经营权证。所以，你还是要尊重这个事实，在尊重这个事实的前提下再来谈其他问题。”

“那我就管不得那么多了，反正是我的田，我就要耕。”

“出了问题你就得负责。”

“有什么责可负，还不成把我抓起来？”李国辉完全不吃冯所长这一套，双方争执起来。冯所长强调法律的规定，而李国辉则强调他作为村民应该得到承包地的天赋权利。

一上午的调解没有任何结果。镇、村组织虽然支持了其他农户对土地的承包权利，但李国辉强行耕作他人土地的事情并没有得到解决。像这种说大不大、说小不小的矛盾纠纷，就是从法律上给出一个是非曲直的说法，对于事情的解决恐怕也于事无补。结果，走出村部以后，冯所长向我提到，事情要解决恐怕还得寻找其他途径。

“农村的许多案子，就是判了，执行起来也难，这个矛盾要彻底解决，恐怕还是得动员其他几家农户多少把一点儿田地出来，否则大家永无宁日。”

“那不等于你刚才再三强调的依法处理是一句空话？”

“这就是乡情，你可以坚持法律，但最后处理还得按照乡情来。在乡下，合不合法不是最要紧的，要紧的是能否化解矛盾。你想，如果依法处理，李国辉不服，他继续跟别人扯，你总不能为这点事情就把他抓起来吧？政府又不能老是去管，这也犯不上什么大事。结果事情越闹越大，怨越积越深，最后大家只有比谁的拳头硬，还可能就真的闹出大事来。总是一个湾子的，谁都回避不了谁，这样闹下去谁都不划算。所以，如果不想走到这一步，还是协商处理好，一家调一些地出来算了。不要以为依靠法律，一清二楚，一刀两断，就可以解决任何问题，不可能的，大家一辈子都是邻居，怎么断得了呢？所以，在乡下搞司法工作，我们的办法就是先讲清楚法律和政策，然后根据乡情酌情处理。”（参见附录 1：191）

后来我得知，事情也果然就是按照冯所长的预期发展的，其他农户最终还是决定以放弃自己的部分权利、归还一部分土地给李国辉的办法来换取事情的解决，而李国辉也见好就收，毕竟他也知道，一味依靠拳头行蛮斗狠，即使一时一事赢了，以后大家也不好打交道，所以，他也没有再坚持要回全部土地。就这样，经过协商，纠纷双方在法律之外将一桩历史纠纷化解了。

这一起土地纠纷从表面上看，似乎以法律向行蛮斗狠让步而告终，但事实上我们看到，决定事情发展的更为基本的逻辑，其实并不能简单地归因于李国辉在纠纷之中所表现出来的强力（虽然不能没有这一点），而是熟人社会结构中永远无法回避的交往规则。这种交往规则不以一时一事的是非曲直来判断输赢和做出抉择，它所追求的是村落内部更为长久和广泛的相安无事，为此，即使牺牲一些眼前利益，躲避一下强势的侵犯也是值得考虑的策略。我开始明白冯所长在纠纷调解之初坚持依法办事，但最后又提倡妥协互让的原因，首先坚持依法办事其实可以被认为是在明辨是非，但事情的最终解决还是在明辨是非基础之上的对乡情的尊重，即依靠一种“回避法律的策略”来重建乡村社会内部的人际关系。[4]在这个意义上，林书记所提出的“一套法规备查”和“一套规定答疑”的作用，除了强调“送法下乡”，同样重要的也是要去适应科层制管理的文牍化需求。对于后者，林不一定是有意为之，但他应该比冯所长等人更为明白和自觉。

如果说围绕李国辉要地所发生的纠纷是现代法律契约性权利与乡土横暴权力和“熟人社会”交往规则的错综交织，那么，潭湾的土地纠纷则彰显出农业比较利益变化之后契约理性的无力与孤单。

潭湾的土地纠纷与村组为了克服前些年因土地撂荒而出现的税赋悬空有关。在潭湾村五组有一片低洼地，因为水源条件差被抛荒。农民不种，也就不会完税，但是由政府下达的税费任务不会因此而减少。为了解决税赋悬空的问题，村里决定主动引进专业水产户，将低洼地改造为鱼池，发展水产养殖，这也符合当时的政策导向。于是，村组召开小组会议，征求群众的意见，而当时一般老百姓所想的只是不找自己要税赋就行，土地怎么使用也管不得那么多。所以，经他们认可，村里与一万姓承包户签订了土地转包合同，由他承包 80 多亩低洼地，改田地为鱼塘。当时规定的承包费为每亩 50 元一年，十分低廉，但只要能够解决税费负担，村、组还能略有进项，也就满足了。所以，几年以来，万姓承包户如数缴纳承包费，村里再用这笔钱垫缴税费，村民因此减少了一笔负担，各自也就相安无事。万姓承包户后来还入了村籍，成了潭湾的村民。

去年，村里如法炮制，又将另一块 57 亩的荒地转包给一王姓专业户，改建鱼池，一切条件皆参照万。双方谈妥之后，姓王的遂开始投资经营，只是正式合同还未最后签订，但这也算不得什么，如今先上车后补票的事情多得很，像这种事情谁也不会因此赖账。可谁知年关刚过，随着新的政策下来，事情就在突然之间起了变化。

新年刚过不久，潭湾五组的农民起而要求收回两块承包土地，退池还田。因为在新的形势下，种粮有收益，农民感觉50元一亩的承包费吃了大亏，他们开始组织起来找村里反映，并提出如果不能退还土地，就应当将承包费提高到500元一亩，据说他们算过账，在如今的形势下，土地就值这个价。[①]

农民的要求是冲着承包户去的，却给村里出了难题，因为合同是村里签的，哪有签了约又毁的？整个大江区这样的租赁承包协议多得很，如果形势一变化就推翻协议，那就要出大问题。就算王姓水产户尚未与村里最后签约，但人家也早已根据约定投资生产，同样属于事实契约，并且这也是王与村组之间的事，村组与村民之间则是早有了断的，村民早已经签字认可转让土地了，因此，如果毁约，后果由谁来承担？所以，村里认为，即使要增加承包费，恐怕也只能在50元的基础上稍有浮动，这样，村里还可以凭借自己的组织优势去动员承包户让步，承包户无法应对从村民到村组的压力，自然会有所考虑。可像现在这样，就有些不像话了，作为一级组织，也开不了这个口。

“但是，老百姓并不管你这些，他们只找村里的麻烦，已经组织起来准备上访了。”潭湾的挂村干部秦春琳向我介绍新近的情况发展，“碰巧这几天潭湾的村会计因做群众工作过度操劳突然去世，他随身携带的装有各种合同及村民签字转让土地凭据的包也在抢救室被盗。老百姓知道这个消息后，就纷纷改口，不承认他们已经就

---

① 农民的依据是：按现在的行情，一亩田地的毛收入可达1200元，除去开支400元，可获纯利800元。农民认为，这800元中，姓万的可得300元，其余的500元就应该交给村里。

转让土地与村里订有合同，又反告村里私自做主，将他们的土地转包给姓王的老板，侵犯了他们的利益，致使事情进一步复杂化。”

群众推选出几个民意代表到区里去上访，被支了回来，区里要他们一级级地反映，先由基层解决。代表们又找到秦春琳，反映村里将村民的土地强行转包给他人，侵犯了村民的权利。秦春琳事先已经闻知风声，做过调查，便问代表：土地是否已经抛荒了？是不是也一直没有完税？代表们默认了，秦就告诉他们：“村里当初将土地集中起来转包出去，也是为了落实税源，可你们抛荒时却不会顾及这些。到了今年，形势有了变化，你们才看到土地的价值，但是，合同已经签了，别人都是合法经营，哪里能够随便收回的？”

其实，既然能当代表，自然是不需要开导就明白这番道理的，可利益交关，又如何能够轻易顺从？代表们表示：“土地抛荒也不是情愿的，同样为大形势所迫，国家的政策都可以变化，我们要回土地总不会有错吧？兴国家变就不兴农民变？”的确，站在农民的角度，代表的讲法也不是全然无理，农民们总是形势变化的被动承受者，谷贱伤农时他们吃亏，现在粮价提高了，种粮划算，土地却不在自己的手里，还是他们吃亏，这总让人不太好接受。所以，他们对秦春琳说：“这件事情不解决，我们就要去上访。”

秦春琳是年轻干部，又刚从外乡调来，不愿意激化矛盾，于是答应先了解情况再做答复。

后来，秦春琳便与司法所冯所长和对处理土地纠纷饶有经验的老洪一起去了五组，现场回答农民的问题，也讲解了法律和政策，中心意思当然还是要村民顾全大局，维护合同。因为村民的要求没有办法操作，如果合同可以变来变去，那任何事情都没办法做了。又说粮食直补说明国家的粮食安全肯定出了问题，一旦情况好转，这种政策能不能延续并不好说，因为这并不符合市场规律。所以，从长远看，是种粮划算还是像现在这样划算谁也说不清楚，希望大家能看得更远一些。可农民回答说，他们不要上政治课，只要收回土地。没有办法，老洪就建议村里将这笔承包费全部交给小组，小组再分摊到农户。村里先是不情愿，想留一点儿，但为了解决眼前的矛盾，也就同意了。可是村民们仍然不接受老洪的方案，坚持要求收回土地，却不谈当初抛荒和不缴税赋的问题。结果，这次调解没有任何结果，农民们声言还要上访。

焦急的秦春琳只好找武镇长汇报情况，建议将在区里工作的两个潭湾出身的干部请回去做工作。这两个人一个是前面提到过的区信访办主任马志安，另一个是云龙乡党委书记吴林俊，他俩与村里的联系一直较多，经常帮村里的忙，在村民当中有一定的影响力，秦春琳的意思是要请他们出山做村民的工作。

武镇长决定自己先去看看，随同还带去了区土地局和经管局的干部。武镇长代表政府向村民讲了三点意见：其一，在原来50元的基础上适当提高承包价，重新签订合同，但鱼池是不能收回来的，土地已经开发了，一定要尊重这个历史，否则，以后客商不敢到你这个地方来投资了；其二，做任何事情都要既符合政策法规，又结合实际情况，按照政策法规，村组有权收回抛荒的土地，所以，不存在村里侵犯村民利益的问题。结合实际情况，就是要根据形势的变化，在一定范围内想办法弥补农民的损失；[5]其三，既要保护农民的利益，也要保护投资者的利益，两个水产养殖户已经投资了30多万元，别人也是农民，所以，村民也要做一些让步。

武镇长的话在情在理，让村民不好硬顶，他们又以退为进，提出对姓万的鱼池可以不收回，但承包费必须提高到500块钱一亩，姓王的承包地却坚决要求收回，理由是他尚未与村里签订正式合同，而真实的原因则是王姓承包户平日不太注意与村民维持关系，农民从他的堤上过，他还放狗撵人。结果，武镇长也没有说服村民，而村民则放言要上京告状。

一听到上访就难免紧张的武镇长只得将马志安主任和吴林俊书记搬出来。马、吴二人又帮着做了很多说服工作，并表示在今年小组准备要搞的修路工程中，他们准备尽一份力，最后武镇长又代承包户做主，将承包费每亩提高到60元，再由政府补贴10元，一共

70 元，全部分摊到村民，村民才算大体同意以政府的方案来处理与万姓承包户的合同；而对王姓承包户，则坚持 70 元还少了。看来，他们对王还是有气，希望把他赶走。

迄今为止，事情也就只谈到这个程度，纠纷虽然还没有完全解决，但民情似乎也不再沸腾。在这种情况下，秦春琳说："武镇长的意思是拖一拖再看，让事情冷却一下。这两天暂时没有新的动静，村民没有改变他们的主意，却也因为农忙要插秧，没有继续来政府闹，政府方面想看看农民下一步有什么行动再说。此外，我们也想等等区里的意见，看区里有什么新的政策出台。这段时间，其他乡镇的矛盾也比较突出，区里总得拿出一个办法来。老洪也建议说，拖一拖兴许村民就懒得闹了，官司怕久，拖得烦了，农民也就没那个闹腾劲了。"（附录 1：192）

老洪对局势的分析真的很准确。后来他告诉我，这件事情一直就这样耗着，没有解决，也不可能解决，因为矛盾明摆在那里，村民的要求根本不可能达到。你既不可能撕毁协议、退池还田，把承包人弄走，也不可能大幅度提高承包费用。别人投了资，你要别人走路，就得赔偿，谁来赔，赔多少，这都是没有办法解决的问题。而要按农民的要求提高承包费，也根本不可能，按现在的行情，一亩精养鱼池的利润也就是三四百元，要 500 元不成了讹人？"像这样一类问题，就是由于政策变化太快造成的，不是谁的失误，也怨不得谁。你当然不能说农民没有他们的道理，但事实上不可能按他们的想法解决。要解决就只能是相互让步，农民不让步，就只能这样拖着，他不来找你，你就不要去找他。"（附录 1：193）

于是，只要没有人来反映，秦春琳就再也不敢主动去过问这件事情，生怕没事找事，又把事情挑了起来。

一个"拖"字最后真的见效了。事情的久拖不决让农民们失去了闹腾的耐心，他们也知道像这样的问题就是闹上去也很难解决，毕竟这事谁都怨不得，如果要怨，就只能怨自己的运气不好。所以，口头上他们坚持说要上京，但真要形成像石场业主那样的行动，那他们还是要计算一下成败得失的。而过了5月份，随着各村一些最为尖锐的土地纠纷的逐步化解，这场突起的争地风潮似乎也失去了最初的那股子势能，逐渐从突起的事件转化为乡村社会中扯不断、理还乱，最后干脆不理不扯的绵长的日常生活化事件的一部分。[6]

“伢们”也来凑热闹

潭水湾是潭水流经大陈、南塘湾和前王三村交界处的一段河道的拐弯处，过了这道弯，潭水就注入了潭湖。在河湾处，借着地形和水的走势，在大陈村的地界内，人民公社时期就建有一道控制着三村农田水利灌溉的分水闸口。闸口的上端水势平缓，河面较宽，形成一块有10多亩大小的水面。如今，闸口仍然属于乡镇公共水利设施，但水面早已发包出去供人养鱼了。水面的承包者是一个叫陈伟业的年轻人，这个人我不认识，也从来没有见过面，然而，通过以下这一段与他有关的故事，我却得以对自下小镇以来就一直有所耳闻的“道上的伢们”有了直观的体验。

这是在2004年的4月，这时，西气东输工程已经进入尾声，横跨潭水的天然气管道也早已埋入潭水湾水下的地底，施工单位已经撤走，但当初他们施工时只图自己方便，将挖掘出来的大量泥土堆积在河里，造成了整段河湾的淤塞。现在，大型挖掘机无法下到河里清泥，如果不及时组织人工清淤，不仅会影响大陈、南塘湾和前王三个村庄的农田水利灌溉，也会影响陈伟业养鱼。所以，有关当事各方均不同意工程的善后接收，都纷纷把情况反映到镇政府，要求解决，而这种啰唆事情自然又落到了作为工程协调负责人的宋正良副镇长的身上，要由他来负责协调善后。

经过协商，施工方答应给6000块钱，由镇村方面自己组织清淤。在一次有三个村的书记和承包人陈伟业参加的饭局上，宋正良将施工方的态度转告了他们，当时，陈伟业既没有赞同，也没有反对，只是说什么事情都好商量。大陈村的书记钱秉贵也没有表态，但从心里来讲，他还是希望能由村里负责组织清淤，毕竟这一段河湾在大陈村的境内，肥水总不能流进外人田的，只是因为有陈伟业夹在里边，他感觉这事情不太好办。因为钱秉贵知道陈伟业并非普通的承包者，他本人的社会关系复杂，不好惹，属于那种被人们称为“道上的伢们”的人。所以，钱书记心里虽然有个小盘算，嘴上却未吐露。

果然，3 天以后，陈伟业给宋副镇长打来电话，明确提出要接下工程，并表示会指派人来与宋正良具体商谈。接到电话，宋正良自忖事情大概也只能这样处理，陈伟业的背景他清楚，更不愿意去招惹，所以，他答应了。宋又把自己的想法告诉钱秉贵，钱自知村里同样无力与陈争抢生意，也只好退居一旁，不做他想。此后，钱秉贵除了要求尽快解决水系疏通问题，只能在这场工程善后中扮演一个中间协调人的角色。

陈伟业果然很快就指派了一个小兄弟来政府大院找宋正良，这人口称可以代表陈做主，但是，从他与宋正良的交谈来看，好像又并不太懂清淤施工，大概陈伟业向他交代的，只是要尽量把工程的价钱抬高，至于这个价钱的标准到底是多少，是否就是宋正良所提出来的 6000 块，来人也并未吐露。于是，宋正良只好向他解释施工定价的由来：“我亲自去目测过，需要清淤 35 米长、15 米宽、1 米 2 深，实需工钱三四千块，给你 6000 块钱，尚有些宽余。”可那小兄弟说：“好像不止这个面积？”于是宋正良又告诉他：“这是确保水系疏通所需要清淤的面积，如果你们还有什么其他想法，想加大施工作业的面积，去施工项目部谈的时候再提出来。”看来，这钱只要不是由政府出，宋正良还是比较大方的。而且，对于像陈伟业这样的承包户，谨慎的宋正良更是不想在经济上卷进去，他知道自己最好的角色就是当好一个居间协调者，他所应该关心的主要是三个村子水利灌溉问题的解决。所以，他已经与施工单位约好，那边的李总经理从市内赶来，这边宋正良则带着陈伟业指派的小兄弟，外加

上钱秉贵等人，赶到工程项目部去面谈。（参见附录 1：194）

上午 10 点，我与宋正良一行驱车去工程项目部。项目部设在茶山李村一个叫小李湾的地方，由一排临时兴建的施工用房组成，此时，李总和具体负责潭水湾工程施工的强伢尚未到场，只有项目部的刘经理在。刘经理告诉我们，强伢并不情愿来，因为天然气管道施工是层层发包，层层负责，谁的施工段出了问题，谁就得负责处理，所以，强伢知道来了就得出钱，但是，李总通知他来，他又不得不来，因为只要镇、村这边找李总的麻烦，不在复耕验收单上签字，李总就要扣他的工程款。

10 点半，李总先到。这是一个性格开朗的中年男子，整个天然气工程施工在小镇前后进行了两年多，他与当地干部也早就混得很熟悉。李总笑着对宋正良等人表示歉意，说这可是两年来唯一给宋镇长带来的一件麻烦事情，责任也在自己，只怪当初没有听宋的话，“原以为宋镇长只会种田，没想到还会施工，等会儿认罚，请大家吃饭。”“不过，事情也得一分为二，正是因为当初给你们造成了麻烦，现在也才给你们带来了效益，这就好比两辆车在公路上迎面穿过，如果不撞不擦，那就什么事情也没有，一旦撞了擦了，又是修理，又是赔偿，这经济效益和 GDP 不都上去了吗？”李总的这番话说得幽默，逗得大家一阵乐，觉得似乎还很有几分道理。不过，李总的话之所以说得如此轻松，也在于这个工程是层层发包的，既然事情是由下面施工队不听招呼造成的，责任自然也在下面，所以，他李总也不过就是一个居间督促处理的责任，并不会涉及公司利益的损益。

具体负责施工的强伢终于来了，这是一个 20 多岁的小伙子，长得很壮，一进屋就是一副怒气冲天的样子，好像有谁让他受了很大的气。他指着钱秉贵的鼻子斥责：“这件事说白了都是你村里挑起来的，本来无事，伟业说是村里要他来找我，他不好不找。”这个被称作强伢的小伙子显然认为是村里想趁机渔利，才撺掇鼓捣出这样的事情，此时，他把火气都撒到了钱秉贵的身上，他根本就没有把这些村干部放在眼里，说话毫不留情。

突然之间受到斥责的钱秉贵很是没有面子，一时不知道该如何回嘴，但他显然知道强伢是个什么样的人，只得忍下这口气：“这与村里面有什么相干？都是你们之间的事，我不过是做个中人。”强伢恶狠狠的口气与钱秉贵的极力避让形成鲜明的对比，让我这个局外观察者都能够看出并且不得不去想象强伢这人可能具有的特殊经历与背景。

此时，李总和刘经理等人均退避到其他房间去了，只留下相关几方的人在场，而交涉的双方一边是强伢，一边就是陈伟业指派来的那个小兄弟，宋正良和钱秉贵等人则坐在一旁不吭声。此时的强伢口气很硬，看得出来，对于有人找他的麻烦，他感到十分恼火：“说呀，开个价，要多少钱，该多少是多少，都算我的！”

伟业的小兄弟畏缩着不肯报价，更不去与强伢硬顶，一来可能他的确不熟悉行情；二来这本身也许就是一种谈判技巧，他心里有数，却不作声，只是为了要先看看对方的反应；加之他毕竟只是陈伟业派来的马仔，与强伢本来就不在一个层面之上，也不敢分庭抗礼，而真正能做得了主的还是陈伟业自己。

一旁的宋正良不得不催促小兄弟报价：“35 米长、15 米宽、1 米 2 深，你说该是多少价？”小伙子还是不直接报价：“该么价是么价，该多少方是多少方，但是未必整个潭水湾才只有 1 米 2 深？”显然，他是在暗示宋正良将淤泥的深度测量浅了，将工程量估算少了。

宋正良解释：“这 1 米 2 是按照闸口桥墩在水下的深度测算的，整个河湾就只有这么深了，之所以要清 35 米长、15 米宽、1 米 2 深，是从确保水系疏通着眼的，至于你们要养鱼，要清理鱼塘，那是你们自己的问题，不要混在这里讲。”经宋正良这一说，倒是提醒我想到陈伟业这是在借机捞钱，他所要的钱恐怕的确是可以用来将整个河湾都彻底地清理一遍。

既然小兄弟说要按市场行情论价，强伢便按起了计算器，他一边算一边问：“目前的土方价格是一方至少3块多，如果按宋镇长的测算，就是两三千块工钱的问题，你要多少？”

小兄弟不回答，也许这一数字与陈伟业所交代的相差太远。见他始终不入正题，强伢的脾气上来了，说话的口气更硬。按宋正良事后的讲法，他这也是以大欺小，要卡着对方玩。“你要多少，你总要说个价嘞！”

在强伢逼人的威势之下，小兄弟显得有些狼狈。显然，他根本做不得陈伟业的主。只听他自我作践道：“我懂个××，他又没有给我一个具体的交代，只是让我来谈。”

这一下可让一旁的宋正良着急了：“我问过伟业，问你是不是能够全权代表他，能不能做得了主，他说能，今天早上你也说你能，现在又说不能，那还怎么解决？”又说：“上一次在小镇酒家吃饭时，当着伟业的面，大家谈妥了5500，他后来又推翻了，说5500谈都不谈，说总要落个酒钱嘛，但今天你总要报个价嘛！”

小兄弟还是不回答。

强伢接过话头：“就以宋镇长说的为基础，5500，我再加1500，给你7000，包断，行不？”小兄弟仍然不表态，看来他是真做不了主的人，陈伟业将他支过来只是为了试探对方的水深水浅，好进一步要价。

这一下可真把强伢给惹火了：“这点把小事，就几百土方的问题，还这样磨，给你7000块，你起码还要赚一两千，你自己拿去解决个烟钱酒钱的也够了，总不是要想吃黑吧！我都是吃别人黑的！”

强伢的脾气很躁，看得出来，他根本不把在场的人放在眼里，好像是为了表明刚才对小兄弟的话说得还不够解气，他又把矛头指向了钱秉贵：“我跟伟业之间的事你来掺和什么？”钱只得再次解释：“既然伟业说事情是村里惹出来的，他为何自己不来，却支个做不了主的人来？”不过，钱说话的声音仍然不大，看得出来，他的确有些忌惮对方，坐在一旁的宋正良也没有开腔。

小兄弟和强伢又分头给陈伟业拨打电话。此时，强伢已经明白，伟业不亲自发话，这件事情就没有办法了结。可有意思的是，偏偏在这个时候，陈的手机却怎么都拨不通，对方没有开机。这让我不能不猜测这是否陈所设的一个商业谈判的技巧，他自己心里有个价，但碍于彼此哥们儿兄弟的情面，不好明说，便先找个人来应付。难怪强伢刚才说了，伟业说过，他们兄弟之间怎么都好说，就是村里如何如何。看来，陈伟业的确是有意要将村里扯进来，又推出一个什么都谈不了的小兄弟来应付场面，自己则关掉手机，不与外界联系，以便钓出一个让他满意的价钱。性格火暴的强伢经他这样一折腾，也就渐渐地没有了脾气。

小兄弟和强伢还在不停地拨打手机，其他人都静候在一旁，不便说话。屋内人多，两人又先后退到了屋外，屋内的人则乐得轻松自在。宋正良说："让他们去扯，当着大家的面，也许这小伙子也有什么不方便说的。"于是，大家都等着双方在屋外的磨合。遇到这种双方都有背景的生意，宋正良的原则是不介入、不掺和，任由他们自己去解决。跟这些人，宋正良不愿意去扯什么生意经，对方既然不是他所认为的正经农民，他也自然不想去蹚这道浑水。这也许就是乡镇干部在与另一类"百姓"打交道时所遵循的游戏规则。

约莫过了半个小时，陈伟业委托的小兄弟和强伢重新回到房内，此时的强伢好像换了一副神气，火气全然消失。他告诉宋正良："电话拨通了，伟业那边报过来的数字是清淤35米长、40米宽、1米2深，我准备给1万，如何？"不要说，强伢这人给我的印象还真是爽快，蛮够哥们儿义气，你说多少就是多少，并不还价。

看起来复杂的事情就这样简单地解决了，而它所遵循的是另一种规则——一种"江湖"的规则。（参见苏萍对"江湖文化"的分析，苏萍，2005）

正要拟定协议，那小兄弟的手机又响了起来，听他接听电话的口气，这是陈伟业打过来的。强伢说让他来说，于是他接过电话，两人又在电话里咕噜了半天。说着说着，强伢那张狠气的脸上也慢慢地绽开了笑容："行，咱哥们儿之间还有什么可说的，你说多少就是多少，钱是个么东西！不要伤了你我兄弟的和气。"说完，他合上电话，又对宋正良说："就给他15 000。"

陈伟业这人可真是会谋划！而强伢这人也的确爽快。这也许就是"道上"兄弟之间的处事规则？

价格最终谈妥，工程项目部刘经理进屋来帮忙拟定了一个协议，然后由双方签字认可。宋正良则交代，务必在一个星期之内确保水系畅通，至于你们的河道什么时候清完，那是你们自己的事情。那小兄弟说行。于是，一桩工程纠纷最终达成了处理意见，只不过这最后的价格并没有按照宋正良与施工单位商定的标准，而是大出宋的预料，按照陈伟业与强伢所谈的高得有些出奇的标准定了下来。谁知道陈伟业与强伢之间究竟是一种什么交易，又达成了一种什么样的默契呢？

"这是他们哥们儿之间的事情，我们就不要去管了。"望着强伢与小兄弟离去的背影，宋正良安慰刚才平白无故受了气的钱秉贵书记，"犯不着为这等人怄气，这些人不会有什么好结果的，要么是相互争斗而死，要么最终被共产党的一颗子弹打死。"宋正良有些愤愤。他今天所扮演的只是一个陪衬者的角色，完全无法把握事情的进展，甚至可能还没有搞懂整个事情的来龙去脉，你说他这个副镇长在这种场合就能没有一些特殊难言的感受？（参见附录1：195）[7]

宋正良的话确证了我对陈伟业和强伢这些人"道上"背景的身份猜测。是的，宋正良和他们打的交道多，也熟悉他们，他的预言无疑有相当的道理。"道上"的事情也许就是这样，相互争斗，又相互妥协，有钱大家赚，却不容外人插手，最后一旦出事，就来一个总的社会清算。这不免让我想起一些港台电视剧的内容，只不过那是编剧的演绎，而这却是我所经历的一种乡村实情。

但也许又不一定都是这样？有没有可能存在着第三种前景？我又想起镇上一些朋友对这个问题做过的分析。比如，这些人赚了大钱以后，由黑变白，进入主流社会，成为我们这个转型社会中日益扩大的社会精英阶层的一部分？我不知道我的想法是不是有些荒诞和不合常理，但我真的不敢肯定就一定没有这种可能性，还真的说不准呢，看看一些既有的经验，谁又能确保事情一定就不会是这样发展？

也许这三种前景都是这些“道上的伢们”所面临的可能选择，而第三种路径甚至可能就是他们自己心目中最为理想的期盼，他们所努力争取的，也正是这样一种前景，至于最终的结果如何，则要看各自的造化了。

“耗油”与“就范”

石场业主与政府的谈判再次陷入僵局。

从北京回来以后，石场业主代表与政府又进行了几轮对话，业主的要求还是每户赔偿30万元，而政府也仍然坚持除了退还电力增容费和适当给予一定的搬迁补偿外，其他费用不予考虑。由于双方立场相距太大，对话没有取得进展。

业主们开始商议下一步的对策，他们经常聚集在一起，互通信息，听取代表传达与政府谈判的情况。他们认为，政府要求填写的财产清单，不宜写得过细，一是因为有的旧账已经记不清楚，二是各家的情况不一样，写得越细，越不利于统一和协调立场，所以，他们只是捆绑式地提出一个赔偿数字，不去做政府要求他们做的“作业”（这是他们对政府要求填写固定资产明细单的说法）。

下一步的活动方式也是他们经常讨论的内容。几个代表提议，由每家出一点儿钱，设立一个“小金库”，由代表掌握，作为活动经费。大家已经意识到，这件事情远比他们刚从北京回来时所想的要复杂。人一回来，主动权就好像又操在了政府手中，而政府却没有表示出有进一步退让的意思，事情看起来很难在短期内解决。所以，设立小金库也可以凝聚人心，便于行动。作为核心成员的郭德银激励大家："每家最多出5000块钱，把这件事情摆平，我们搞回来的钱总不止5000。"郭又说："我有滚钉板的精神，希望大家也都坚持住。"对此，业主们予以响应。此时，几个代表成了大家的主心骨，有什么事，只要代表一喊，就随时集中，随时商量，随时决策。此时的老虎尾上虽然再也听不到以往开山炸石的隆隆炮声，但是，业主的心中却在擂响另一面战鼓，他们决心为维护自己的利益继续抗争下去。

事情的发展也的确如业主所料，在既无法说服业主，又不能满足而且也无意满足他们的赔偿要求的情况下，区、镇方面又习惯性地操弄起"拖"和"拦"的策略，而区镇之间不同的利益算计，则进一步放大了这一策略的效用。

当业主代表到区、镇有关部门反映情况，递交材料时，相关负责人总是说他们会将情况向上汇报，但三番五次如此往复，却又始终不见结果。同时，政府虽然要求业主上交固定资产明细单，但是，他们的立场仍然是只给有限补偿，不考虑赔偿问题。他们仍然抓住去年由业主签字、做过公证的那份关停协议，以此为行为依据。对此，一位干部曾经私底下做了这样的评论："他们事实上还是不愿意以平等的身份实事求是地面对石场关闭问题，总是能拖就拖，能压就压，想把大事化小，小事化了。之所以出现这种情况，又与区、镇政府内部的利益分歧有关系，区里总是想把矛盾下压，让镇里出个三五万块钱摆平；作为乡镇领导，既不愿意出钱，又不敢违背区里的意见，结果，对上只讲服从，对下工作被动，更不愿意区里多开口子，最后就只能以牺牲业主的利益来达成行政目标。"（附录1：196）

当然，政府方面也不是不知道存在着化而不了与拖而不决的可能，所以，区里指示镇里要密切注意石场业主的一举一动，防止他们再次上访或做出任何意料之外的举动。于是，企业办的干部便几乎天天往山上跑，对石场实施明里暗里的监控，当得知业主们情绪激愤，准备谋划第二次上京时，为了把握主动，政府当即决定让未理明等少数干部先期秘密赴京，以便掌握主动。

业主们终于从期待之中清醒过来，他们摸清楚了政府的想法，政府派人把他们从北京接回来，并答应给予适当补偿，主要还是出于维护政治稳定与地方政绩的考虑（参见郑卫东，2004），而非真的是要做出赔偿。按照业主的话来说："电力费本身就是我们自己的，政府实际上只答应给撤迁费，其他损失完全不涉及，我们上当了。"激愤的业主决定重走上访之路，他们又先后将申诉材料递交到省、市、区各级信访办和其他相关职能部门，呼吁政府解决他们的问题。而此时正逢每年一度的全国"两会"，2004 年全国"两会"的一个重要议题正好是讨论将保护合法的个人财产增写入宪法，各种媒体也与此呼应，这好像让困顿之中的石场业主又看到了维权的希望，而省、市信访部门一些干部的个人表态，也更加增强了业主们坚持下去的信心，他们相信自己最终能够获得赔偿。

在此一时期的一次交谈中，秦家畈村的杨宏军就乐观地告诉我："在目前的情况下，区里既然不愿意拿钱出来，最好的办法就是同意重开石场，让我们再搞一两年，以弥补损失。但就是这样，我们也不想搞了，怕又有反复，我们的要求就是每户赔偿 30 万，现在区里想用三五万打发我们，这是不可能的。"杨的话说得斩钉截铁，很有些不成功不罢休的味道。他说："我们每户准备再出 1 万元，同时，也做好了干大事的准备，实在不行，就来个鱼死网破。郭德银已经把话放出来了，实在不行，他就找当头的同归于尽，到时候我们每家给他 1 万元，有二三十万元，他的家属也够了。当然，他心里是怎么想的不好说，但既然话放出来了，也能吓得住人，万一他真的做了，看你又怎么办？"（附录 1：197）

我也不止一次地亲耳听郭德银本人说过类似的话。不过，我还是宁愿相信那只是在表达一种抗争的决心，有了这种决心就能够凝聚人心，人心齐了，业主们才可能将上访坚持下去。

不过，这里有一个疑问又一次被提出来了，既然业主们坚持自己有理，既然他们也认为政府方面对关停协议所做的公证在法律上并非无懈可击，却为何始终不肯选择法律诉讼，而只是一味坚持上访，甚至不惜考虑以越轨行为来达到目的呢？

在第九章第一节中，我分析过作为“舶来品”的法律在乡村作为一种治理手段所发挥的效用。我认为正是由于这种效用，让治理者在调节他们与被治者的关系时可以尽可能地使自身的行为显现出符合法律的样态，并且也同时使被治者在面临由治者所安排的被称作“法律”的精巧关系时会觉得法律救济的通道过于狭窄，成本太高，不如传统的“诉怨”将问题政治化和事件化，以引起高层垂询来得便捷和易于把握。但通过更加深入的访谈，我发现，业主们即使能够克服对官官相护的顾忌，愿意承受法律诉讼的成本，也可能遭遇到一个关键性的技术困难，那就是石场的固定资产在关闭之前并没有做过详细的资产评估，许多机械的原始购买票据也已经无法找到，因而将可能面临法律举证的困难。因此，在既不愿为也不能为的情况下，他们也只能是寄希望于“青天”来拨云见日，解决他们的问题。更何况要在本地找到一个愿意出面为他们打官司的律师也相当困难。这并不仅仅是一个钱的问题，而是一个微观的地方政治生态环境问题，谁会如此不识相，在官民纠纷中公开站在业主这一边呢？可见，在当下的乡村社会中，即使是存在着民告官的制度通道，也未必存在这样的操作条件，凡此种种，都只能促使业主们继续选择上访之路。

3 月 21 日上午 9 时许，正在家中的老罗又接到林靖南打来的电话，林告诉他业主们又上京了，这次一共去了 24 人。“林书记要我们务必于今天下午之前坐飞机赶到北京，设法拦阻，想办法不让业主将申诉材料交到信访办。如果已经交了，家里会与我们联系，告诉我们应该怎么办。”就在老罗放下电话不久，政府的车就来接他了。老罗在匆忙之间随手拎了一个包，揣上千把块钱，跟着车走了。

此次进京拦访，带队的是前几天还一直待在北京的未理明，同行者除了老罗，还有企业办和区信访办的干部，一共6人。现在，政府方面也有了与业主打持久战的心理，已经不会派出大批干部拦访。未理明一行坐上中午的飞机，到北京时已经是下午3点。这一次他们轻车熟路，从机场直奔国家信访办，到达那里时已过了4点。进去一问，得知还是晚了一步。这一回业主们动了真格，一行24人已经先期到达，并且已经将上访材料送了进去！（参见附录1：198）

原来，业主们也是说走就走。这些天来，他们每天都聚到胡洪国家的院坝前，有事商议，无事打牌。一位业主告诉我，那天他们正在打牌，见企业办的人又在远处窥探，大伙儿的气一下子就上来了，大家一呼百应，决定第二天就走。这一次，政府是在他们走后的第二天才知道消息的。星期一企业办的人上山探风，见人都不在，急忙给业主打电话，结果发现业主的手机全都处于关闭状态。但家属还是告诉了前来询问的干部，也是有意要他们来寻。这一次，为了防止政府阻拦，业主们一下火车就直奔信访办，先将材料递交进去，然后才安排住宿。

业主们还是住在第一次住过的迎宾旅舍，这里离天安门广场近，出行方便，又比较便宜，40元一天，但选择住在那里的最重要原因还是为了让政府干部找到。业主们还是按照上一次的思维在与政府玩猫捉老鼠的游戏，只不过他们是有心要你来捉。反正材料已经递上去了，业主们倒要看看这一次政府方面的反应如何。在几经失望的等待之后，业主们终于不得不冲破了给自己设定的行动界限，将通过上访来试探政府的立场变为直接通过上访向政府施压。（参见附录1：199）

这样，政府方面就面临着与第一次进京拦访完全不同的局面。第一次进京，他们成功地阻断了业主的上访，没有给自己造成不利影响。按照武镇长的话来说，“这些老板也还是给了我们面子”，没有造成任何麻烦。因此，当政府决定退还电力增容费，并给予适当搬迁补偿时，就没有觉得是被业主们搞了一个“城下之盟”，反而觉得这样做是在对业主的配合进行肯定和奖励。但这一次业主已经将材料送进了信访办，实际上就等于与政府公开撕破了脸。拦访没有成功，地方的面子和荣誉已经无暇顾及，政府只能去应对新的形势，研究新的对策。区、镇方面指示在京干部，一方面是要打探到业主的住地，搞清楚他们的行踪，防止发生过激行为，但又不要马上与他们接触，以免调高他们的胃口；而另一方面，则要采取措施，尽可能弥补由上访给地方工作带来的不利影响。

上京干部按照家里的指示开始了他们的行动。他们找到大江区驻京办的王主任，通过王，又找到已经上京的石场业主罗老六。罗是王主任的朋友，他没有与其他业主一起住。罗告诉政府干部，其他人还是住在老地方。于是，干部们打了一辆的士，直奔迎宾旅舍。迎宾旅舍不大，招牌也很不起眼。到了那里，一查入住登记簿，除了罗老六，23个上访业主的名字一个不少。但是，政府干部并没有与业主们见面，而是就近找了一家酒店住下来，以便随时查知对方的情况，同时，又想法与信访办取得联系，对石场关闭事件进行沟通，希望能够尽量缩小此事的影响。（参见附录1：200）

业主这边也很快就知道政府的人跟来了。迎宾旅舍的老板告诉他们，有人来询问过他们的情况，店老板不愿意惹事，建议业主另找住处。但业主们没有搬，他们仍然在等待政府干部能够像上一次那样尽快与他们见面。可是，不久之后，他们意识到自己的判断可能错了，尽管未理明和老罗给他们打过电话，业主们自报了住址，未和罗也说马上过来，却始终没有来，甚至有一次都与未理明联系好了，仍然派胡洪国在国家博物馆前与干部见面，对方却失约了！业主们开始明白，这一次政府是要有意“耗他们的油”。你们不是要玩吗？那就让你们玩个够，看你们能够撑多久。可此时业主们哪里还有什么玩的心思，他们去了一次故宫和海底世界，其余时间全都待在旅店里。慢慢地，他们就有些等不及了，他们感觉政府这一次没有把他们当回事儿，便又往省信访办打电话，询问北京方面是否已经将他们的材料转去。对方回答不知道有这回事儿，并要他们有什么事情回去处理，不要在京滞留。

业主们再也待不下去了，星期五一早，他们集体退掉房，收拾好行李，再次来到信访办，一是要看看他们上交的材料情况如何，二来也是要主动去会会政府干部。他们估计能够碰上，如果还碰不上，再商议下一步的行动方案。（参见附录 1：201）

在信访办的大门口，业主们与政府干部果然遭遇了！原来，干部们虽然不去见业主，却几乎天天都去信访办，以防止业主们再次上访。见面之后，干部欲将业主们挡在信访办的门外，却又不敢硬拦，就说最好只进去两三个代表。就在此时，区信访办的马主任也给郭德银打电话，劝他们不要走进信访办的大门。业主们心里本来就有气，哪里还听得进劝阻，还是全部拥了进去。据郭德银说，他们在电脑的上访人员记录中未能查到自己的名字，也没有看到上交材料的记录，业主们认为这其中恐怕有什么问题，就找到一位负责接待的干部。这人表示，她已经看到了相关材料，而业主们此时也发现，自己递交的上访材料就摆在她的办公桌上。那位负责人劝业主们有什么事情回到地方处理，不要在这里聚众闹事，又说材料由北京转到省里也还需要一段时间。在这种情况下，业主们突然感觉自己在北京的使命似乎就这样完结了。

业主们开始把这些天来积压在心头的火气撒向拦访的干部。他们指责干部没有良心，明明知道他们住在哪里，却就是不来相见，“这也未免太过分了，如果是谢世德的儿子走丢了，你们会这样？我们来了 20 多人，这么多天了，就算是错了，你们也该来找”。接着，为政府是否管饭一事，业主们又与干部发生了冲突。一位干部说，如果大家听招呼，回去谈，互相给个台阶，就接大家吃饭，车票也还是给你们买好，如果不是这样，就把行李背走，自己管饭，自己找地方住。业主们对此话大生反感，气头上，他们辞别拦访干部，自己另外找一家小店住了下来。失去了目标的干部又三番五次打来电话，询问业主们住在何处，这一回业主没有告诉自己的住处，他们不愿意让店老板为难。

可是，失去了目标的业主内部却出现了分歧，一部分态度坚定者主张留在北京坚守，至少也要等到信访办有一个明确的答复，有人甚至提出到天安门广场静坐的极端意见，但相当一部分业主觉得还是应该回去等候消息。在这种情况下，作为核心之一的郭德银只能与未理明和老罗联系，问他们是否真有诚意接自己回去。干部们回答，我们来京本来就是接你们的，但也要看你们配不配合。这话说得不软不硬，却又给了业主一线希望，业主又派出代表与政府干部在国家博物馆前谈判，要求回去以后解决问题，干部经过电话请示后表示，回去以后，区里答应由一位副书记牵头负责对话。这样，业主遂答应回家，而车票也还是由政府买的，只是全部都是硬座。在回家的车上，为了干部是否管饭，双方又发生了争执，最后是政府干部同意给业主们晚上买盒饭才平息了争端。（参见附录 1：202）

业主此时的心态也许能有助于我们深入理解中国官民关系的某些特征。我们看到，业主们要上京告状，要与政府抗衡，但是，他们这样做的目的始终不是为了将政府置于自己的对立面，而是为了引起政府的重视，并最终依赖政府解决问题。这很有些像一个家庭之中的父子冲突，儿子顶撞父亲，使父亲难堪，未必真的就是要断绝父子关系，而是希望做父亲的能够尊重自己的意见，顾及自己的利益。所以，当第一次进京上访后，武镇长率多名干部跟随拦阻，又是主动联系，又是请吃陪玩，最后还给买了返程车票，这让业主一时间找到了某种被重视的感觉，也正是这种感觉，强化了他们将上访作为一种向政府施压武器的作用与威力的认识。但是，如果说业主的这种感觉的确存在一定的可验证性，那它也是有限度的，这一限度就是业主只是做出要上访的举动，而不是真的实施上访。当业主们突破这一限度，真的上访，将申诉材料送进国家信访办，使政府已经无法保全面子和政治荣誉的时候，也就是说，儿子的这一行为给父亲造成了真正的难堪，以至于后者觉得此时最为要紧的是要维护做父亲的尊严时，业主们的“越线”便反而帮助政府摆脱了心理上的犹豫，他们决定不再向业主“施惠”，而是要给予某种惩罚。于是，按照从小镇传到北京的意见，上京干部对业主应该采取的对策是：（1）要求他们全部返回；（2）不管食宿，自己买票回家。这不能不说是带有对“违规”行为进行惩处的意思（尽管在操作中拦访干部又做了适当的变通），在这种情况下，缺乏相应心理准备的业主们自然无法忍受这种有意的冷落。

更为重要的是，中国现代社会中的官民关系也早已不是简单的拟“父子关系”，即一种忠诚与庇护的关系，至少就发生在小镇的这场石场风波来看，它实质上已经潜藏着某种利益纷争的性质，正是这种基于利益的考虑，又使得纠纷之中的官民不可能始终以拟“父子关系”相处。从乡镇到区里，作为每一个自然人和社会人而存在的干部和官员，可能都能够理解甚至于十分同情业主的遭遇，但是，当他们凝结成为地方政府利益主体这样一群制度人的时候，却只会基于自身的利益考量去决定对待业主的态度。既然业主已经公开给自己难堪，让政府无法在顾及自身面子和政治荣誉的前提下通过“施惠”和“恩威并重”来解决问题，那么，再像上一次那样“惠顾”业主也就没有必要了，因为那只能导致信息传递得更加混乱，进一步抬高业主的“要价”预期。所以，剩下来的选择，就是要告你就去告，正义、法律外加权力均握在手，政府是绝对不会再做什么让步的。总之，区、镇方面感觉到再也不能被业主牵着鼻子走，如果那样，对方只会“得寸进尺”“步步进逼”，不要说政府的威严，恐怕连最为核心的利益也要“伤筋动骨”了。所以，据老罗介绍，如果到了周日业主还不回来，政府就决定再加派一些干部和民警到北京拦访。“我们就堵在信访办门口，不让你进去，看谁耗得过谁。”老罗说，这种情况几乎每天都发生在信访办的大门外，上访的，拦访的，熙熙攘攘，热闹非凡，并不稀罕，因此也没有什么好怕的。（又参见林僧，2004）（附录 1：203）

在北京时老罗对郭德银的一次劝导，就颇能透射出老罗这个“青皮手”基于长时期乡域政治的经验对官民关系的某种体验，尽管这种体验只是他个人的一种感悟，全然不代表政府立场，但是，也许它仍旧是能够给人以启发的。

老罗劝郭德银："不要在这里耗了，自古至今，哪里有民与官斗赢了的？你不要以为你们的想法能够实现，不可能的，你们斗不过的。你们就是在地方打官司，法院也要听政府的。"

郭德银："你这样说话，哪里还是站在农民的立场上？"

老罗："你们也不是正经的农民，哪里有农民上访像你们这般潇洒的？又住宾馆，又打手机，还到处玩？你们这是为了个人的利益，政府可是为了大家的利益。"

"我们已经被搞得倾家荡产了，你说我们怎么办？"

"各位老板中，除了你郭老板没有赚到钱，哪一个又真的亏了？"

"话不能这样说，我们是在维护自己的合法权利。"

"政府也是为了保护环境，这个山已经有几亿年的历史，还要留给子孙后代的，总不能只让你们几个发财吧？"

"政府要关闭，我们没有意见，可我们是合法经营，你总不能不管我们的死活。我已经准备了遗书，实在不行，我会制造一个惊天大案的。"

"你不要吓人，你要是这样死了，那是白天白死，黑天黑死。"

"我的身价现在已经值60万了，我死了，每个老板都会出2万。"

"那你更是个'苕'，60万你也用不了，你用死来为儿孙换钱，儿孙也用不下去。人来到这个社会，什么都不公平，只有这一生一死是公平的，你可千万不要当殉葬品，而且，你死了，政府要调查死因，你家里得了钱，出了钱的人都跑不掉，所以，这个钱你家里人也得不了。"

"那不是说我们就完全无路可走了？"

"也不是这样说，路也许有，就是要争取各级领导的同情，先讲理，后讲情。讲理，你们与政府讲道理，要政府明白不能搞霸权行为，不能你说开就开，你说关就关，我们的利益你们也要顾及；讲情，你们要多讲困难，讲清楚你们的投资和欠款，多讲你们目前的处境，要争取他们的同情。实在不行，还可以民告官，走行政诉讼的路子。不用到北京来，来了也解决不了问题。你们上京无非是想造成影响，向政府施加压力，争取解决得快一些，而打官司来得慢。你说我说得对不对？”

“是这回事儿。”郭德银此时并不愿意承认他们其实也很难走打官司的路，他有些黯然。

“是就应该听我的劝。你们总是说如今当官的有多大的问题，他们怕闹，这你们又错了，你那还是过去阶级斗争的推理，一个‘莫须有’的罪名就可以把人吓住？现在不管有没有问题，都需要证据，不能凭口说。老百姓都说现在当官的问题多，但为何真正搞出来的还是少数？这就有一个讲证据的问题，你能不能拿到证据？没有证据，就是明知道他有问题也是白搭。就是告到法院，也要讲证据，没有证据，那你还是诬告。你以为还像过去那样可以闹得垮的？”（附录1：204）

老罗是真正吃透了基层官民关系的实质，句句都说到关节点上，如果说连以违规和越轨行为来维护自己利益的道路都难以走通，那么，余下的也就只有通过博取权力者同情来争取问题的解决这一条路径。谁都知道，过激和情绪化的语言并不能真正作为一种理性的行动方案，尤其是当维权是一种集体行为，而维权本身又是为了获得应该获得的利益，而非想连本带利全部输光的时候。所以，郭德银那些过激的话语便也多半只能起到激发业主斗志和宣泄义愤的作用，并不可能真的付诸实施。

业主们终于还是被带回小镇。郭德银说：“这一次回家很惨，上车前，我对干部说：‘把人交给你们了，路上的一切费用由你们安排。’但他们没有开腔，中午吃饭时也不管我们。业主们气不过，中途就想下车，还是我们几个代表把大家劝住了。既然人是他们接回来的，当然应该管饭。我提了意见，结果，晚上他们才给我们买了盒饭。回来以后，我们又去找区信访办的马主任，但马主任说我们不听他的话，他也帮不上忙。公安局治安科又把我们叫去问情

况，说我们这样做是违法的，说上访只允许个人上访，不允许群体上访。”（附录 1：205）

不过，政府还是在 4 月底再次召集业主开会，希望说服他们接受政府的方案。会议就在胡洪国家前面的院坝里进行，未理明副书记和区里相关职能部门的领导参加了会议，以下是我旁听这次协调会的记录：

区乡镇企业局任局长：“今天，我们工作专班把大家找起来开会，主要是互通情况。我讲三条：第一，区委、区政府对关闭的意见，关闭是坚定不移的，必须关下来，这是一个原则，但给予适当补偿，这主要是：（1）电力方面，包括报装费、增容费，只要有发票和证明，就给予补偿；（2）搬迁费，小的碎石机一台补 8000 元，大的补 1.2 万元，以上两笔费用由相关部门负责落实；（3）愿意异地开采的，在选址和办证时，我们提供帮助。第二，我们工作专班的职能主要是传达区里的意见，并协助做思想工作；其次是协调各部门的资金到位，愿意搬迁的，我们提供帮助。第三，区里自 2003 年下半年以来，总共关停了 51 家，其中只有我们这 27 家有这两项补偿，不信你们自己去看，我说话不哄不骗。讲完这三点，我还想讲一句心里话，这个地方，过去一直有很大的争议，风风雨雨的一路走过来，现在区里下决心关闭，你们不愿意，我们也不好受。关了，对你们无好处；不关，对我们也无害处。但是，区里既然决定了，就要执行。矿山是国家资源，不搞几十年不变，国家允许你开就可以开，不允许开就不能开，谁代表国家？县、区以上的政府。”

矿山办贺主任：“上访大家也搞了几次，我们还是听取了大家的意见，虽然相互达不成一致，但我们仍然继续听取意见。我上次给几个代表都讲了，提要求还是要实事求是，不要狮子大开口。今天我们来，也不一定能够满足大家的要求，但可以把意见带回去。”

任局长：“愿意接受这个条件的，会后来找我，不愿意接受的，我们继续帮你们反映，我如果站在你们的角度也是一样的；但反过来，站在我现在这个位子，问题也总要解决，你们对我的工作不满意，也可以提意见。”

郭德银：“我们对职能部门没有意见。这次政府关停，我们只有两个要求：（1）把政府的关停文件给我们；（2）把政府处理关停的意见给我们。其他的话我们也讲不到（不会讲）。”

另一位业主：“我们去北京，目的就是希望能与区里的领导谈一次话，为何一拖再拖？你们来能谈些什么？”

“我们就能代表这三条。”

“这三条我们在上京之前就知道。”

郭德银：“昨天把我们叫到公安局治安科去是个么意思？我们只是维护自己的权利，多的话我说不上来。”

此时，业主的情绪逐渐激动，有业主质问干部读过《宪法》没有，干部们没有回答。

郭德银：“你们总要拿个游戏规则出来，我们要求看文件总没有错。”

任局长没有接郭的话头，而是按照自己的逻辑继续讲：“你们的手续并没有废止，你们还可以找位置。”

郭德银：“集体搬迁还是可以。”

任：“那是不可能的。”

郭：“我们提的要求，你们能回答几条？”

任：“我只能当两个家，8000、12 000可以马上把。我再说句话，我是里外不好做人，每次开会，我签了字，别人说我权力大，而你们这边又拿着我签字的东西去上访。”

一业主：“8000、12 000后面再加个零看能不能搞妥。”

任：“大家的心情我理解，这里是区里最好的地段，最好的石场，但区委、政府已做了决定，有么办法？我再劝你们一句话，民不跟官斗，子不跟父斗。我这句话，是我的心里话，你们不要又拿着到处乱讲啊！”

郭德银：“那你这个会也可以散了，未书记，我下来要找你啊。”

未理明：“为什么只找我？”

郭：“你是我们的领导。”

“那你听我的话？”

“怎么没听，你叫我们回来，我们不是就回来了吗？”

“那我让你们别去，为何又要去？”

“你那实际上是变相要我们去。”

“？！……”

任局长：“这样，想搞的，会后来找我。”

众业主：“我们都想搞，就在这里搞。”

任：“这些话就不要说了，你们又能告倒谁？××这地方是告状最厉害的，又告倒谁了？×××还不是当了××××。”

“我们不是想告倒哪个，我们是为自己的利益讨个说法。”

仍然没有任何结果，各路领导想要走了。

…………

（附录1：206）

协调会再次无果而终，双方仍旧处在僵持之中。不过，现在是政府处在有利位置，你不撤走，他也不准你生产。业主反映的问题仍然无依无着。

不久，从上面传来消息，谢世德调往其他区任书记，由陈区长出任大江区委代理书记。刚履新职的陈代书记显然不愿意在自己由代理到转正的过渡时期出现任何可能激化矛盾的事件，因此，区里对石场纠纷的态度也一度有些模糊，这似乎又让业主们看到了解决问题的转机。于是，业主代表也开始调整策略，由过去单纯的上访改为一边上访，一边托人说情；而在私底下，一些业主则开始为日后的生计寻找退路。

果然，上面不久就传来了新的精神，但这一新精神并不像一些业主所想象的那样乐观。区政府下达了一个采石场限期撤迁的通知，通知规定：凡在6月10日之前签字撤迁的，奖励1.5万元；6月20日以前签字的，奖励5000元；7月1日以后还不签字的，强行撤除。看来，陈区长没有考虑重开石场，关闭是一项政府决定，于公于私，他都不会去修正前任的决定，他所能做的也就是以稍微灵活的措施来刺激业主的配合，但这实际上已经等于向石场业主又让了一步，而且这一步极有可能对那些在时间的碾磨中逐渐失去信心的业主产生影响！

业主内部分化了，那些亏本较少或者多少赚了几个钱的业主心思活动了，在看不到政府会做出任何赔偿的迹象，拖下去对自己又越来越不利的情况下，少数人转而采取向现实妥协的态度，多得一分是一分，多得一块是一块，有4家业主首先在政府的领款单上签字！

事情来得有些过于突然，个别业主的放弃立刻就在整个业主群体内部产生了雪崩效应，在知道已经有人先行签字的情况下，其他业主的心理防线再也难以坚守，他们虽然心有不甘，却又唯恐别人签了字自己还在当“苕”，于是吃不住干部们的轮番劝说，终于迟疑着签了字。顷刻之间，洲头四组曾经发生过的一幕在石场再次上演。到了6月中旬，老虎尾采石场的17家业主当中，已经有13家签字领款，而仍然坚持不肯就范的，只剩下4家组织这次抗争的代表。[①]这样，在经历了一年的久拖不决之后，感觉到耗不下去的大多数业

① 石场代表一共是5人，其中刘玉林因为已经找到新的场子，需要在搬迁中得到政府的支持，所以签了字。

主的心理防线再也无法坚持，就在顷刻之间，他们相继选择了就范。

企业办周主任告诉我："这些天我们天天都在上门做工作。现在政府主要是补偿撤迁费和撤迁奖励费，电力增容费和电改费主要是凭发票或到电力所去查底子之后再领取。这样，少的补了2万多元，多的补了7万多元。这钱还是由镇里出的，镇政府预计要拿80多万元出来，说不好还可能突破。现在，还剩下郭德银、胡洪国等4家没有签字，他们每一家的要求都在8万元以上，但这不可能，给了他们，其他13家又怎么办？"

"个别业主已经找到了新的场子，但大多数人还没有着落，准备转产，杨宏军就准备筹办一个彩砖厂。"

"郭德银呢？他的态度又如何？"

"他还想上访，但已经不可能成什么气候。"周主任终于可以为能够了结这起已经持续一年多的石场纠纷而松一口气了。（附录1：207）

"大家也不想闹了，还闹个么事？时间拖了这么久，大家的心都冷了，耗不起了，政府非要搞定，你还有么办法？"在另一个场合，杨宏军向我表达了他的无奈和沮丧。杨的无奈比一般业主又多了一重，他是村干部，虽然同样利益受损，但碍于身份，他却连上访都不敢去，虽然大家做什么事情都没有瞒他，但他知道自己在众位业主眼里的形象并不好，被视为把"官位"看得太重的人，而且也有当叛徒的嫌疑。为此，他只能承受，人在江湖，受到太多的利益牵扯，真是左也难右也难，怎么取舍都不对。不过，他还是为这一次自己终于没有带头签字而深感庆幸："我在村里做事，他们又要我带头，不过，这一次我是第四个签字的，不是第一个。"杨宏军到现在还在为自己去年第一个签字而懊悔，所以，他认为这个第四足以洗刷自己作为叛徒的嫌疑。

"要说心理平衡也是不可能的，但你能怎么办？还是那句话，跟政府搞是搞不赢的，如果老是对着搞，对自己以后的转产也不利，毕竟最后还是要请他们帮忙。”

“其他老板也都在找退路。胡洪国在区上新开的菜场里买了一个门面，准备经营蔬菜，他还算是最好的，多少还赚了些钱，郭德银算是最差的了。”

“这一次他们又是采取‘一把钥匙开一把锁’的办法，背对背地做工作，又是说好话，又是承诺以后帮忙，还请吃饭。[8] 村里的书记、主任也做我的工作。他们是领了任务的，不做下来交不了差。他们说，你要是不签，这个干部就不要想当了。我扛了两天，最后还是扛不住。话说回来，你就是不当这个干部也不解决问题，他们是一级组织，有人，用的是公款，你跟他搞狠了，他日后还要整你的砣子，不搞狠他们又不理你，你说有什么办法？”

“其实，真的亏了的还是很少，主要是没有赚到钱。”杨宏军最后又自己安慰了自己一句，以求得心理上的平衡。（参见附录1：210）

“为何大家突然之间又签字了？”我采访了郭德银。

“被这1.5万块钱的小利吸引了。在小利面前，大家的心不齐，毕竟农民的素质不高，当了叛徒。”当最初得知别人已经签字的消息时，郭德银有一种被出卖了的感觉。“这13家都是在10号那一天签字的。当时，我们几个代表还到省里去了，省信访办的还要我们写一个报告，要我们拿一个可行的数据出来，说他们尽量协调，但下午回来后，发现大部分人已经签了字。当时我们很气愤，但也没有办法。”

“那你们几个怎么办？”我问。

“我们几个人的心还是很齐的，我找过《大公报》驻北京的记者，他答应7月份过来看看。”

“在大多数人都已经签字的情况下，你们这样搞会很困难的。”我劝他也算了。

“我们也不是强要，只是政府也要凭良心，多给一点儿，我们几个人这几个月也跑得最辛苦，亏得也最多。”[9]

“如果那 3 个也签了，你又怎么办？”

“那我也不签，搞这个石场够寒心的。我的固定资产就是 20 多万元，现在只能当废铁卖，一块多钱一斤。唐老板借了银行 12 万元，现在也不知道该怎么办。胡洪国只是保本，在区上做了一栋房子，买了一个门面，就没有钱了。陈老板是几个兄弟合开一个场子，他是茶山李村的，村里也早就把他的地转给了别人，他就是想回去种田都不可能。”郭德银向我诉说起几位尚未签字的业主的情况。

“签了字的情况又如何呢？”我想进一步了解整个业主的情况。

“说起来，他们也是各家有各家的情况。有 4 家本来就没有证，也不敢闹狠了，否则，政府一分钱不给他们也没有办法；有 3 家已经没有资源，就是政府不让停，他们自己也要停；一家是无能力搞，一人是村干部，还有两个是已经找到新的场子，再闹下去也担心事情有变；还有一个是党员，不敢闹；还有一家姓李的，当初只是办了个证，一天都没有搞过就遇到关闭。”

逐渐平息了情绪的郭德银也开始理解其他 13 家业主的处境与态度。

“但问题不在这里，问题在于你出尔反尔，又不给我们赔偿。政府现在实际上只给了撤迁费，电力费本来就是我们自己的，我们的机械设备投资他们完全不考虑，所以，就是签了字的心里也不服，只要我们坚持，他们也会反水的。”郭德银又说出了他对事态进一步发展的推断。

“真的？”

“这一点我有信心。”（参见附录 1：211）

但是，不久以后，我听说作为代表之一的胡洪国也签字了。

十四
未完的结局

故事没有止境，记述与研究却需要时间。

转瞬之间，我在小镇已经待了一年半，作为一个田野调查者，我不可能永远在这里住下去，再长时间的田野工作也总要有结束，是应该退场的时候了。

我知道，小镇自身的生活流程不会因为我的退场而终结或转向，它仍然会一如既往地按照自身的逻辑与节奏继续伸展；我也知道，我在小镇所遭遇的过程—事件远不是其政治生活的全部内容，它们只是一些日常政治的片段和碎片，甚至它们也可以说是我本来就意欲进入的场景，因此，肯定还有更多的故事以及故事背后的故事会因为理论无知所导致的盲视从我的眼皮底下轻易溜过，令我无法察知，但我也只能面对这样的事实。进而言之，即使如这些已经遭遇的过程—事件的时空关系，也只是我作为经历和记述者的一种有选择的理解和建构（即使是无意的），而未必是其曾经发生的自然样态的全部再现（这本身已经是不可能的了），但我也只能就此作罢。研究就是这样，无意间遗漏的肯定比着意要呈现的更多。

而为了叙述，我必须把自己在小镇日子里曾经着意去体察的那些相互交织与穿插的事件—过程做一个了结，以便于进一步的意义理解。

藠头种植的喜与忧

一年过去了，被小镇政府寄予厚望的藠头种植有了结果。不过，这个结果却既在意料之中，又在意料之外，既令人一喜，又令人一忧。

大陈村的藠头长势良好，站在四组的公路旁放眼望去，整个基地内一片绿色的藠苗随风摇曳，甚是喜人，看得出来，收成有了保障。几个村干部乐观地估计，今年的藠头价格可以，肯定要赚钱。果然，到了6月份的时候，一些农户就以每斤6毛钱的价格开始将藠头卖给前来收购的贩子。这个价钱已经远远超过当初的预期，虽然由于2004年国家的政策保障和粮价提升，种粮一亩两季可获纯利500元左右，但干部们说，按今年这个行情，藠头一亩获利至少在千元，种植经济作物仍然比种粮划算。

为了确保继续扩大藠头种植，镇政府决定将大部分尚未收获的藠头全部留作种子，不得外卖，并答应继续对大陈村进行扶植。这样，政府在大陈村的投入终于见到了效果。（参见附录1：212）

然而，作为另一个试点基地的前王村的藠头种植却遭遇全军覆没、颗粒无收的结局！

5月中旬的一天，新近接替景江挂前王村的小镇信访办公室主任浩明告诉我，村里的农民正在为这件事情找政府扯皮，要政府兑现合同规定的500块钱劳务费。农民认为自己投了工，藠头无收的责任在政府，一是种子有问题，二是缺乏技术指导。例如，农民说在清明节以前，地里尚有藠头存活，但农户在领到农药并将药打到地里以后，就再也未见过藠头继续生长。

为了证实浩明所讲的情况，我要他陪我去一趟前王村。果然，与大陈村不同，这里的地里完全见不到藠苗，由于完全无收，许多农户已经将土地重新翻耕。此时，四下望去，远远近近的整个一大片土地都是新近翻耕过的“白地”，而这就是当初花了九牛二虎之力才搞起来的藠头基地，整整百余亩的面积就这样完了？

农民亏了，他们至少耽误了一年的工；君山教办亏了，他们白白地投入了种子和农药；镇政府亏了，他们不仅预支给农户每亩100元的工钱，还承担了当时的机耕费用；村里也亏了，村里花了钱，干部出了工，费了力，他们一家家地送种子，又一家家地盯着农户把藠头种下地，村里甚至还向农户赔偿了当时尚未从地里收上来的花生和芝麻。而更为重要的是，藠头的无收再一次无情宣告了由政府组织的农业结构调整的“宿命”，续写着“政府搞一次农调就失败一次”的故事。

这可是谁都没有预料到的结果。这之前，景江的确曾几次告诉我，前王村的藠头管理差，农民不肯下神，地里的荒草与藠苗混杂，到时候肯定会影响产量。但就连他也没有想到，辛苦了一场竟然会颗粒无收。这可着实不好交代，面对眼前的这份尴尬，当初投入了大量精力的镇村干部的心里都窝着一股子火。

农民闹起来了，因为当初是政府和村里求着、哄着、惯着要他们搞的，他们要求按照一季油菜的价格，一亩至少赔偿 300 元钱。之所以要求赔偿 300 元，是因为他们也知道，在完全无收的情况下要拿到每亩 500 元的劳务费大概有困难。农民找到村里的王昭烈书记，吵着要去找政府，王书记急得没办法，只得先把农民稳住，说由村里去找。“你们去干什么？吵架吗？只会把事情越闹越僵的。”

王书记与姚学明协调的结果是，姚答应给村里 5000 块钱用于善后，5000 块钱如果落到种植户身上，就是每亩 50 元，再加上去年已经先期预支的 100 元，一共就是 150 元。浩明说：“按照合同规定，没有产量就一分钱都不应该给，因为合同对亩产量有一定的规定，每亩至少要达到 3000 斤才算合格（参见第四章）。但是农民如果真的闹起来也不好看，现在中央政策的大势是减负，农业税取消了，粮价也涨了，社会舆论对农民很有利，加上颗粒无收的责任也的确不可能完全归于管理。农业不像工业，作物种下地，再怎么不管理也多少会有些产量，就是荒草，只要不除，它也会长。也不好说其他环节就没有问题。”所以，姚学明也认定亏就亏了，总还是要拿几个钱把农民摆平。但是，“超过了 5000 块钱也不行，农民若还不干，就让他们打官司去好了”。这是王书记向我转述的姚学明的话。可农民的聪明之处就在于他们绝对不会为这种事情跟政府去打什么官司，那样的游戏虽然现代，却过于麻烦，而且没有胜算，从成本上看就更不合算。“他们只找政府，去年是政府非要种的，政府要是不解决，他们说还要闹到区里去。”王书记一面介绍情况，一面帮我分析农民的心理。农民自有一套产生于乡土社会、适用于乡土特性的行为规则，也不需要准备，只要有几个领头的人一喊就行。“人去了，领导总要接待，再不解决就又去，闹得你烦了，只有理会，毕竟你是政府，找你解决问题也不犯法，农民也不怕。农民什么都缺，就是不缺时间，这种无本的买卖也跟你耗得起。”不能说农民的算计不理性，相反，在这种情况下打官司反倒可能才真的不理性。王书记一边分析，一边也急得不行，毕竟他是村里的第一责任人，农民如果去闹，善后还不又是他的事情?

“这可怎么办，我真是急‘苕’了，听说山梁乡的藠头也全部完蛋，这个结构调整也太难整了。”

浩明说：“估计种子也是有问题，不然怎么先运到大陈的那批没有事，后运到前王来的就有事了呢？”

“听说第一批种子是从江西调来的，后来各个乡都要，区农业局把种子老板擂急了，老板就从云南调种子，云南的地理和气候条件与这边相差较大，难免不出问题。”（参见附录 1：213）

我又随浩明和王书记一起回到镇上，王要再次向姚学明反映农户的要求。

作为小镇主管农业的副书记，姚学明为藠头种植的事可没少跑路、少下神，如今，大陈村的藠头长势好，是他的面子，而前王村颗粒无收，又让他十分恼火。姚学明坚持认为是农户的管理不到位才导致了问题的发生。他对王书记说：“同样的一批种子，在别的乡长得蛮好，到了你这里就出问题。那天，你们几个队长来找，我也说，你们究竟管了多少，自己心里有数，队长们没有开腔。”姚学明又让浩明去查合同，合同拿来了，姚学明指着其中的第五条对王书记说：“合同要求确保每亩出劳务工不少于 25 个，有哪家敢说他出到了 25 个工？”王书记闻言，没有直接回答，他兴许是赞同姚书记的话，兴许却是另外一种想法。现在扯这些还有什么用，又有谁能证明农户就没有出到 25 个工呢？

姚学明又说："上次队长来，我就讲了，政府当初的出发点是好的，我们现在也认为这种管理方式的保险系数最大，如果按照合同的要求做到位，500 块钱是没有问题的。现在如果要追究责任，一半在管理，另一半可能有两个原因，一是下种的季节比大陈迟了十几天，二是种子拖回来以后没有及时分发，堆在学校里捂了几天。所以，就是要考虑农民的要求，也只能是在误工的问题上酌情补一点儿，政府去年已经先期预支了 100 元，现在再给四五十元的补助也相当于种植油菜的价钱了。"

看着姚书记已经做了这样的决断，汇报工作的王书记也跟着插了一句："其实，在种藠头以前，大部分的地也都荒着，又有几家在种？"看来，王书记还是比较同意姚学明的处理意见，适当地给点补助，摆摆平也就算了。"当真还要乘机讹人？"王书记答应尽量去做农民的工作，这样继续闹下去他这个当书记的也伤神。（参见附录 1：214）

午饭后，我回到寝室，正好碰到曹元新，想到他是学农出身，在整个政府大院内可以称得上一个真正懂行的技术专家，我便请他就姚学明所说的管理问题发表看法。老曹是个实在人，说话从来不藏着掖着，他说："我看主要的问题还是当时种子被捂狠了，种子拖回来的时候，天气很热，堆在一起，缺少氧气，肯定要出问题。下种晚了也是一个原因。大陈是在落雨之前舍（耕）的地，落雨后水渗到地里，地里有湿度，而前王在落雨时尚未舍地，地是板结状的，水流走了，雨后再舍地湿度就不够。说到管理，再差也不会颗粒无收吧？"

至于姚学明书记的看法，老曹认为那是不想让政府承担责任："农药也不应该有问题，前王和大陈打的都是一种药，至于种子的产地，我不是专门搞这一行的，不好评判，但就算是不适应，也应该只是产量高低的问题，不会颗粒无收的。我判断还是种子被捂久了，烧了。"（附录 1：215）

老曹坚持认为，种子被捂是导致无收的主因，这倒使我这个农业上的外行回想起去年运种子时的一些情况。我还清楚地记得去年国庆节前我和老曹冒着大太阳专程去前王村小学看干部用拖拉机给群众分发种子的情形，当时干部们还自我调侃是在实践“三个代表”呢，并说“好在还没有不要的人家”（参见第十一章）。后来，我又亲眼看见干部一家家地盯着农户将种子播下地。这样想来，就算是种子被捂久了，这责任难道就只能单由镇村方面承担？农民的不配合难道不也是造成问题的原因之一？可转过来又一想，种什么不种什么原本就是农民自己的事情，就算是农业结构调整能够收获黄金，可农民不愿意配合也不能算有什么错，我不情愿，也信心不足，你却非要安排（甚至可以说是求着）我种，这前期的活儿由镇村干部多担待一些也就是再正常不过的事了。也许还是那句老话，像这样一种自上而下，由政府拖着、哄着、惯着搞起来的农业结构调整，在干部一头热的情况下，任何一个环节出现问题，都有可能会导致最终的事与愿违。所以，浩明就说，看来农业结构调整还是应该交给农民自己去搞，政府的责任只能是引导。

浩明经常接待上访，他当然可以做此设想，但是，作为一种既定的政府行为，却又不是任何一个普通干部能够把握和改变得了的，区里早就已经做出决定，今年还要进一步加大蔮头的种植面积，而镇里也已经跟着响应，实验点将增加到三个村。看来，农业结构调整并不会因为前王村蔮头无收的插曲而改变运作逻辑，它仍然还会按照自身的惯性继续前行。

后来，浩明告诉我，为了摆平前王村的矛盾，政府最后答应再多给村里 2000 块钱，“这也算是一种花钱买平安的稳定投资吧”。（参见附录 1：216）

陈同年的困窘

一直到我离开小镇，陈同年与陈向辉的土地纠纷案都未能有一个了结，这期间，因为陈向辉父子义愤于陈同年强行耙了自己已经下种的秧田，造成秧苗被毁，而将后者告上法庭，并进而要求法庭支持自己对 1.9 斗田地的承包权利。这样，最初力图凭借强力要回土地的陈同年反而成了被告，陷入被动局面。法院因为无法对当初由陈向辉拟定、陈向明签字的博土地协议书中“向明博土地向辉后无条件翻悔”的字句进行细究，依据二轮承包时土地经营权证书上的权属认定，事实上承认向明将 6 亩土地转让给向辉的事实。但是，由于陈向辉父子的土地经营权证中并未包括 1992 年 11 月由陈向明第二次转让的 1.9 斗水田，法院也没有进一步支持陈向辉父子对 1.9 斗土地的支配权利。另一方面，法院又以土地承包经营权归属认定不是民事调整的范围，应由土地发包方和有关职能部门确认为由，同样没有支持陈同年要法院确认他对 1.9 斗水田的承包经营权的要求，因为陈向明本人也未提出索回这 1.9 斗土地的要求，法院的民事判决书也同样未言明这块土地的使用权属，只是做出了要陈同年为自己的蛮横行为向对方赔偿 230 元的决定，从而回避了双方对这 1.9 斗土地的承包权纠纷这一最为棘手的问题。（参见附录 2：31）很显然，法院还是希望把这起难以断清的案子发回到村里，通过调解解决。可是，镇、村干部早已为双方的反复纠缠所烦，不愿意再理会这等“烂事儿”，便以一句“既然选择了法律，就应该坚持在这条路上走下去”，将纠纷的双方挡在重新调解的大门之外。所以，即使在年初突起的争地风潮中，陈同年与陈向辉的土地纠纷也一直不在镇、村干部调处的范围之内。（参见附录 1：217）

经过一番司法的“折磨”，陈同年逐渐失去了最初的那股子狠气，镇、村方面的一再推托，又使他只能耐住性子沿着法律的道路继续前行。既然法院的民事判决书没有支持陈向辉对 1.9 斗土地的承包权利，陈同年似乎又看到一线要回土地的希望，于是，他便也像陈向辉那样运用法律的武器去主张自己的权利。这一回他是原告，陈向辉是被告。陈同年将状子递到了中院，要求要回那 1.9 斗土地，当然，若能再多要回一些已经转让出去的土地就更好。这是此时同年自己的想法。可村支书钱秉贵却以为没有那么简单，法院的民事判决书既然没有言明1.9斗土地的明确归属，那就意味着这块土地的支配权在村里，谁是谁非最后还得由村里说了算，这可真是再一次应验了林靖南那一句已成经典的格言——“石头飞上天还是要落地，事情出在哪里最后还是要由哪里来解决”。“早就叫你们听村里的调解，你们不听，偏要打什么官司，结果如何？到头来还不是要回到村里解决？”但是，这也仅仅是从道理上讲的，若从实情上看，土地现在掌握在陈向辉父子手里，他们不退出来，村里说了也等于白说。这就是如今农村的实情，乡村政权早就已经没有了大集体时期那种一言九鼎的权威，所以，钱秉贵也并不想再次卷入纠纷，去惹这个麻烦。“让他们自己去扯吧，有的扯。只怪同年，向辉当初本来是同意交还1.9斗土地的，可你硬要行蛮斗狠，把人家惹急了，也就不怕你了，你就继续打官司去吧。但这官司又怎么打得清楚？农村情况复杂，许多的土地转让当事双方全凭口说，根本没有留下文字依据，你让法院如何去断？如果向辉硬是不让，法院也没有办法。”

法院断不清，村里断了又没有人听，干脆也就懒得断，最后，土地操在谁手里也就还是在谁的手里，这样，最初本想以硬气逼迫对方让步，却反被对方送上法庭的陈同年在经历了一番“现代性”的折腾之后，实际上又从终点回到了起点。只不过，此时的气氛已变，当事双方已经反目成仇，回旋和调解的余地愈来愈窄。

既然陈同年已经选择法律之路，硬气在他那里也就再也派不上用场，或者说，在体制的碾磨之下，陈同年已经失去了以争强斗狠来求得问题解决的勇气，此时的他也只能将索回土地的期望寄托于那并不怎么可靠、按镇村干部说来则是完全无望的司法裁判上。

这一回，该是陈同年显示出可怜巴巴的时候了。他一次次地跑政府，一次次地跑司法所，却又被后者一次又一次地以法律的名义挡回来。“等着法院的判决吧，一级不行就再找一级，总要有个说法的。”冯所长如是说。而事到此时，倒也的确不完全是镇、村方面不想招惹麻烦这样简单的问题。陈同年既然又告了上去，在法院没有一个明确的判决之前（尽管镇、村方面料定也不可能有什么明确判决），你又如何让干部们表态呢？那就继续等待下去吧。到了这个时候，当初曾经对要回土地充满信心的陈同年夫妇对前景越来越失去希望。

当然，陈同年也可以无视法律的裁判，不去理睬法院做出的要他赔偿对方230元经济损失的判决。对于这一点，对方的确也没有什么办法，到法院申请强制执行，费时费力，显然得不偿失，而且也同样未必有效。[1]可那对陈同年来说又顶什么用呢？相对于1.9斗土地，陈向辉才不会真的稀罕这230块钱呢，你不给正好，这不又找到了不归还土地的理由？于是，陈同年发现自己当初一步走错，如今步步被动，法律这一现代性的武器似乎并不能有效地帮助自己解决问题。而这一起不大不小的土地纠纷看起来也如同农村日常生活中诸多不易解开的纠纷一样，还得继续去经受时间的碾磨。（参见附录1：218）

征地被冻结了

进入2004年，小镇的开发可以说始终是雷声大雨点小，来看地的多，真正谈成的却很少，原因在于国家实行了越来越严格的土地控制政策，对许多商用土地开发停止审批。这样，开发商就是看中了某块土地，并且与区、镇政府谈好价格，甚至于签了合同，下了定金，也可能都是白搭，因为他们根本就无法办到相关的土地开发手续。这样，不要说小镇，就是被划入“两区五园”的镇级开发区洲头村，除了已经开工的省人防训练基地和以后终于得以启动的春日集团办学项目，其他诸如各类房地产、休闲和旅游等项目，都一律被搁置在那里，所谓的开发，大多也就停留在纸上谈兵的阶段。与此相关，那些本来想借租地进行圈地的商家们也因为吃不透国家土地政策的变化而左顾右盼，踌躇不前，不敢真的来村里租地。结果，慢慢地，镇、村干部也发现，这小镇的开发与振兴还是剃头挑子——一头热，你就是想把土地租给人家，让别人来占便宜，也未必会有客商真的敢来。

一次，我正在洲头四组人防训练基地的工地上做调查，就遇上了一拨来看地的客商，据说还是省××厅的，但是我注意到，此时就坐在工地看守房内打牌的汪达海书记却再也懒得去应付了。他说去了也没有什么用，来看地的人多得很，签了约的也有好几家公司，要想办到手续却是难上加难。可来人又好像很有些背景，不去应付一下也不好说，结果，在旁人的一再催促下，汪书记才极不情愿地从牌桌旁起身。

来人说想在这里买1000亩土地，至少也要700亩，准备为厅里的职工买地建房，同时，也准备搞一些房地产开发。他们问汪书记沿湖周边的地带是否还有未与人谈定的土地，汪回答说："有倒是有，问题是你们能够办得下来手续吗？"来人又要求汪书记带他们到湖边看看，汪说："看了也没有用，现在这里属于园区，已纳入市里的规划，你们最好先到市规划局去看规划图，先了解清楚哪些土地是什么用途，可否搞房地产，否则，看了也是白搭。"来人又问这里的地价如何，汪仍然回答说："地价你们也不要跟我们谈，要到区里找土地局。区里有规定，村、镇两级没有资格谈判地价。"来人又请汪书记指一条打通关节的路子，汪强调："从下往上办不可能，只有从上往下办才可能有希望。"来人又问找谁才管用，汪说："找别的人也不顶用，在区里就只有找一把手，我这个老百姓也听他的，他说动我就动，不敢不动，他说不动，我说动也是白说。市里也一样，你们不是××厅的吗？让你们厅长找我们书记不就行了？"

就这样，因为汪书记根本就没有谈话的兴致，见面很快就结束了。送走客商之后，汪书记又回到麻将桌边，"他们根本就办不下来手续，谈了也是白谈"。他很快便又沉浸在麻将牌之中，将刚才看地的事情置诸脑后。这种场合汪书记这一年来经历得太多，也早已由最初的兴奋与期盼转入了如今的麻木与冷漠。他知道，由于国家现在执行严控土地的政策，园区的开发实际上已经陷入停顿，要像潭湖对岸的君山和龙岛那样获得开发的机遇，恐怕得等到下一轮开发高潮的到来，洲头显然已经搭不上现在这班车了。中国的事情就是这样，就是一个机遇，撞上就发了，错过就只有等下一次，而下一次是什么时候也不知道。汪书记有些无可奈何，他不知道自己这个书记还能不能当到那一天。

与汪书记的失落不同，年轻的村主任安靖对于开发的停滞却有着另外一番想法。就在那天的午饭之前，我和他在基地看守房的门外有过一番对话。安靖告诉我："从内心来讲，我倒并不急于在这个时候卖土地，因为现在小镇的地价还没有起来，有的农户被征的地有 20 多亩，才得了 9 万多块钱的补偿，还不到 10 万，20 多亩啊！太低了。9 万多块钱能干什么？建了房就不能谋职业，有吃的就没有玩的，根本不能解决农民的谋生问题。所以，我倒真是希望国家能再严控几年，等到君山、龙岛那边的地都用光了，只能向这边扩张的时候，地价就起来了，到那个时候，洲头岛就是一块肥肉，谁都想来割。"

"这大约得要几年吧？"我说。

"是的，国家的政策就是这样，发展得过快过热时，就要收缩一下，控制一下，等下一个周期到来了，又要放。结果，谁的机遇好就撞上了，撞不上的就只有自认运气不好。这一轮我们是等不着了，看下一次吧。"看来，给中国宏观经济运行号脉并不只是一些经济学家的专属权，像安靖这样的村干部似乎也有自己的特殊体会，而且还颇有几分见地。

"汪书记也这么想吗？"

"他的想法肯定不同。他都 50 出头了，当然不愿意等，再等上几年还在不在这个位置上就不好说了，他当然希望在他任上的时候能够迎来开发的高潮，能在自己当书记的时候干成几件大事。他已经盼了好多年了。"

我十分理解安靖的立场，并且同意他对汪书记心态的分析。其实，他之所以不急于开发，除了地价太低的因素，还与他自己的年龄和位置有关。安靖年轻，才30多一点儿，在村班子中算是最年轻的，他又是大专毕业，小镇村干部中有他这样学历的人几乎没有，他现在已经是村里的第二把手，只要与镇领导和汪书记处好关系，按正常情况，这个书记早晚也就是他的，所以，他等得起。也许，到那个时候开发，他还更能够实现自己的一些想法。可汪书记就不同了，汪已经干了多年的书记，如今50出头，在强调干部年轻化和知识化的大背景下，说不清楚还能干多少年。多年来，汪为洲头村的发展倾注了大量的心血，开发也一直是他的主要关注所在，他当然就更希望能够在自己的任上迎来开发的高潮，亲眼看到自己的努力能够结为收获的果实，否则，一旦下台，就像前任书记，虽然说早已经不愁吃穿，村里还会给予一定的照顾，却再也不可能像现在这样说话管用、按照自己的想法去做事了。俗话说“有权就有威，在位能做事”，所以，无论是出于一种精神和事业上的寄托，还是出于利益方面的考虑，他都希望这个地能够在自己的手上卖出去，开发能够在自己的手里搞起来。但是，如今这件事情好像也已经由不得他个人做主，甚至在很大程度上也已经不是由区里的领导说了算，大的经济环境和政策限制了洲头村的发展空间，只要这一点不变，洲头的开发也就不可能有大的突破。所以，汪书记难免有些沮丧，这缺乏热情的背后，实则也是出于对大局无法把握的一种无奈。（参见附录1：219）

看来，洲头村和小镇的开发真的得等待下一次机会，而我是不能亲眼一睹了。

业主们欲罢又起

胡洪国的签字领款，成为持续一年多的石场关闭纠纷由僵持走向尾声的分水岭，因为在政府的眼里，胡洪国是一个能够出谋划策的人，是与郭德银一起共同发起抗争的两个核心领袖之一，而在业主这边，胡则是继刘玉林签字之后又一个签字领款的业主代表。如果说，刘的签字是因为他找到新的场子，急于办理转场手续，得到了其他代表的谅解，那么，胡洪国的签字等于是抗争的核心堡垒已经从内部被攻破，对郭德银等人无异于致命一击。所以，政府决定乘胜出击，一举结束整个战斗。

唐其能是未理明要重点攻克的下一个目标。政府答应给他的补偿数字是 6 万元，唐本人则坚持 7 万元，企业办的周主任力劝唐接受条件，说："事情都到了这一步，你们 3 个人就是再耗油又能耗到哪里去？就是你们再上北京，上面来人调查，大多数人都已经签了字，领导也不好说我们的工作没有做细吧？"周还向唐保证剩下的两户（指尚未签字的郭德银和陈刚）也不会超过个补偿数字，"超过这了你来找我"。

可是，唐还是坚持没有 7 万块钱不签字。

负责纠纷处理的未理明和企业办周主任又找到刚刚签字的胡洪国帮忙做工作。胡洪国既已签字，就不再是政府的对手，大家交往还算客气，但另一方面，胡显然也并不愿意出卖昨日的战友，所以，当未理明问他唐其能 6 万块钱能不能搞定时，胡也说恐怕还是要 7 万，"说起来我们也都是合法经营，不签字也判不了刑的"。闻此言，未理明决定再让一步，把补偿数字提高到 6.5 万元，并要胡洪国帮忙做工作。胡答应打个电话，劝唐继续跟政府谈，但他又向未书记言明，现在他这个身份不太好讲话，"他们都在骂我"。

"过去是我狠他们，现在是他们狠我，昨天，唐其能还打电话追问我到底得了多少钱，他们还要拉我上北京呢。"

"上北京我也不怕，无非是再多跑几趟路，现在就不要再说这些吓人的话了，还是要想办法帮助政府做工作。"未理明知道胡洪国也未必真的服气，便对他进行抚慰。（附录 1：220）

两周之后，唐其能终于也签字了。

在唐其能签字之后，郭德银和陈刚显得更加孤单，不过，他们还是决定再坚持一下。郭德银告诉我："香港《大公报》驻北京的记者终于来了，上了山，也摄了像，采访了各位业主，又到区里和政府了解情况。"据郭的转述，记者好像表示业主们是有道理的，说这就好比香港被割让给英国100年，只有满了100年才可以收回，他们认为民营企业应该受到宪法保护，又说这种事情如果发生在香港，早就成了特大新闻。

"记者们走后还打来电话，问是否需要报道，并要求核实有关情况，如果要报道的话，业主还必须就有关材料签字确认。我现在的想法还是先缓一下，我们还不想一步就把棋走僵。现在，业主们正在跑场子，包括我个人，只要条件大致合适，我还是会考虑签字，毕竟还得在这里混下去。"

郭德银的想法较之当初已经发生了很大的变化，他已经从激愤转而变得现实。他很清楚，如果把事情公开出来，可能会使结局朝他们所希望的方向发展，但那样一来也就彻底与地方政府闹僵了，就是赢了官司，自己最后也只能卷铺盖走人，小镇乃至于大江区肯定是待不下去的，而这正是他迟疑不决的原因。

"你要多少钱才肯签字呢？"这是我关心的。

"胡洪国这一次得了65 000元，如果按政府制定的标准，他只应该得29 500元，他多得了35 500元。我的态度是，按照政府的标准，我应得57 300元，你政府也应该多给我35 000元，就是92 300元。陈刚也是这个要求。我们4个人相互之间不拱（不出卖），彼此有什么事情还是通气的，但政府这样处理，说明他们也没有一定的原则，我心里不服。"

"政府现在准备给你多少？"

"只同意给77 000元。"

"陈刚呢？"

"比我要少一些，他的基数也要低一些。"

"…………"

"实在不行，我们还要再次上北京，虽然现在我们只有两个人，但其他业主其实还是支持我们的，不要看他们已经签了字，可心里还是不服气，真实的想法是得一点儿算一点儿，把钱拿到手以后再说下一步的事情，真的再闹起来，他们也会站出来响应的。”郭德银的话说得十分肯定。（参见附录 1：221）。

不过，后来我得知，《大公报》的记者要业主们就他们提供的情况签字核实，业主们出于多种考虑，最后没有签，因此，《大公报》的文章最终还是没有见报，也许更为真实的原因是业主们也不想闹到那一步。这样，一直坚持到了 10 月份，孤军苦斗的陈刚和郭德银最终还是选择了屈服，他们终于也签字领款了。郭德银最后得到的补偿仍然是 7.7 万元，到了这个关口，政府就是有心多给，也不太敢开口子，怕走漏了消息其他业主又要“翻翘”。

“事情结束了，业主们现在是各奔前程，他们终究还是扛不过政府。”这是我在离开小镇之后与老罗的一次电话交谈中了解到的情况。（参见附录 1：222）

但是，到了 2004 年的年底，又听老罗来电话讲，石场业主们又“翻翘”了，他们又组织了第三次上京，还去了 17 个人。业主们仍然坚持要赔偿固定资产，还提出要房屋撤迁补偿，因为当初在石场建临时住房也是生产的需要。看来，业主们好像不是在屈服，而是改变了博弈的策略，既然不能一步到位，就步步为营，一点一滴地蚕食，先签字，等把政府答应给的补偿款拿到手之后，又提出新的要求，逼政府做出进一步的让步。业主们开始玩起“不守信用”的游戏来了，而回忆起来，这似乎还真的就是他们的一种有规律可循的抗争策略。

“事情还不知道要拖到什么时候，镇里也被他们搞烦了，又派干部把他们接了回来，我也去了。最后政府又让了一步，每户赔了 1 万多块钱的房子钱。”

连老罗也不好判断，像现在这样，究竟算是一个事件的了结，还是事件另一个阶段的开端，而每每提到郭德银，老罗也总是说他还在准备继续闹。看来，对于底层的抗争，的确不能够用通常的策略技术和道义标准去衡量，而必须进入他们的生存场域所具有的特征和状态中去理解。（参见附录1：223）

以后，我又从杨宏军和郭德银等人那里得知，业主们还不时地在找政府反映情况："房子钱并没有扯下地，政府说我们无证，但我们说房子钱就不要了，场子我们是办了证的，总要赔场子钱吧。还有一个炸药库，也是业主集资建的，总要赔偿吧。此外，像镇里收的安全保证金，每户一年10 000；水土流失费，一年3800元，我们都要求退，而政府都没有答应，两边就这样继续耗着。镇里也被我们搞烦了，我们一闹他们就要收摊子，但他们好像也学精了，你闹你的，他该怎么还是怎么，大概他们也怕一让步就没有止境。"（附录1：224）

看来，纠纷仍然没有结束，业主们仍然不愿意放弃，但是，当政府当真不准备让步时，业主"不守信用"的游戏，也可能根本就不会产生什么效果。

不过，上访活动好像也还没有到此为止，听说业主们又闹出了些新的动静，但似乎仍然没有什么结果。

不收税干部做什么？

"现在的干部好当多了，再也不用昧良心、狠心肠地从农民家里撮谷背粮，也不用求爹爹、告奶奶地与人求情了。"取消农业税以后，镇、村干部们都长舒了一口气，他们终于从征收的艰辛与尴尬之中解脱出来。艰辛倒不怕，可一提起要钱的那份尴尬，干部们就直摇头，他们完全清楚自己在老百姓心目中是什么形象，"那哪里是人做的事情，为了沾点儿当干部的好处，成天跟人要钱，下到村里，人混生了，狗子却混熟了，做人的面子和尊严都不顾了，哪里还有一丝一毫的形象？"是的，在收税的日子里，农民不好过，干部也同样不好过，农民不好过有全社会的同情，而乡村干部做了事还挨骂的那份苦涩又岂是局外人所能够理解的？

好在取消农业税在免除农民负担的同时也免除了基层干部的苦恼，历史合上了旧的一页，小镇终于在2004年进入无税时代，一切曾经经历的艰难困苦都将随着时间的推移而淡化为如烟的记忆。但是，一个新的现实问题又摆在镇、村干部的面前，已经习惯于围绕税收来安排工作的干部们一旦无税可收，又能干些什么？或者说作为镇、村干部，在无税的时代里怎样才算是找准了自己的位置，尽到了自己的责任？

"免税之后，干部有没有能耐，有没有板眼，就看他能不能给村里拉来项目跑来钱。只有拉来项目跑来钱，村里才有希望，镇里才能发展。与这一点相比较，搞好服务只是低层次的要求。"这是武镇长对今后乡村干部工作重点的定位。武镇长自己从来就是这样做的，除了日常工作，他一门心思都扑到如何引进项目、如何扶持乡村经济发展上，他知道抓农业只能解决肚子问题，不能解决票子问题，要增加票子还得靠发展企业。当然，武镇长也知道这不是什么深奥的道理，人人都知道的，可正是因为人人都知道，人人都想去做，才说起来容易做起来难。有专家说，农村的发展一靠农民进城，二靠资本下乡。农民进城就不谈了，属于农户的自由选择，尤其像小镇这种城乡接合部地区，农民既有信息，也有行动能力，不需要政府操太多的心；但资本下乡就不同了，资本是要讲求效益的，没有效益，你凭什么要它下乡？所以，对于小镇而言，一年能抓住一两个机会也就算是不错了。好在这里的交通还算便利，H市城市规模的快速扩张正在不断优化小镇的经济区位，在这种情况下，镇招商引资办和企业办的责任越来越大，他们就是要为企业的引进和管理创造一个良好的环境，让企业成为拉动小镇经济发展的火车头。

小镇目前的企业规模从总体上看说大不大，说小不小，处在街头镇尾的位置，这恰与小镇在大江区的总体经济实力相匹配。小镇的企业多为建材、金属和农副产品加工，规模都不大，但自己的孩子自己爱，多一个企业就多一份财政收入。目前，像小镇这样的待开发地区主动进行项目选择的空间还不大，只要有项目愿意进来，镇里都尽可能提供优惠的政策和宽松的经营环境。所以，因为种种原因在H市站不住脚的企业，也有到小镇来寻求安身立命之地的，而为了增加税收，镇里照例是来者不拒。所以，在取消农业税以后，小镇政府的工作目标做了调整，对干部的工作重心重新做了定位，乡镇干部的职能面临新的转型。

不过，吸引老板和引进企业往往得举政府之力，非个人所能为，对于一般的挂村干部，他们所思所想的还是如何通过关系向上面多争取支农项目，支持村庄的发展。现在的各种支农项目审批权掌握在区里相应局、办的领导手里，给谁、给多少，都主要取决于领导的考虑。所以，镇里年轻一些、学历高、想晋升的干部，尤其是那些已经进入乡镇领导班子的年轻干部，平日里总会花上相当的时间和精力用于区、镇之间各种人际关系的维系和应酬，这样做的一个目的，也是希望能够有机会从上级那里为自己所包的村拉来项目和资金。有了项目和资金，自己有面子，在村里说话有分量，借机解决个通信费、餐费什么的也方便，而更为重要的还在于，有了钱就可以给村里办几件实实在在看得见的事情，这就既推动了村里的发展，又给自己的工作留下了痕迹，按他们的话来说，这就叫作“人走一处，总要留下一些脚板印”。

那些上了些年纪的干部考虑就不同了，他们没有晋升的奢望，不收税了，工作上也就没有了压力，此时他们最大的愿望就是平平安安地再工作几年，到时候好退休。如今乡镇机构改革的重点在站所，暂时尚未涉及行政系列的大规模精简和分流，但是，上级还是鼓励干部提前退休，并且通过加工资的办法来推动这项工作。所以，一些接近退休年龄的干部也在考虑是不是要提前退休，他们担心政策有变，过几年说不定就没有这种好事了。看看那些站所的干部，说不要就不要，几十年的工龄一笔钱了断，从此再也没有人管你。说是让你在市场经济的大海里去游泳，但下海的好像也始终都是一些普通群众，站长、所长之类大小有顶官帽的，却都还留守在岸上观望。相比之下，政府行政系列的干部算是相当幸运，他们属于公务员编制，端的仍然是铁饭碗，所以，在这瞬息万变的改革年代，能够站好革命的最后一班岗是他们的最大心愿，不收税了，他们也落得一身轻松。

与乡镇干部相比较，村干部又有着不同的心境。只要不去收税，他们还是很有些干部模样的，而现在的问题是，过去村里的工作围绕收税来安排，正是基于收税的压力，他们不能不想方设法为老百姓办几件实事，以便征收时群众能够配合。现在不同了，村里不找农民要，干部们也不觉得再亏欠农民什么，自己的工资来自上级政府的转移支付，虽然不多，但这也相当于政府开始把村干部养起来了。这样一来，村干部为政府办事会觉得是职责所系，而为农民办事则可能就仅仅只是出于职业的责任和个人的社区道义感，因此，取消农业税在减轻了干部工作压力的同时，是不是也会相应地解脱干部为村庄和农民服务的压力呢？这是一些研究者所担心的问题，也是基层政府在无税时代要着力解决的问题。好在小镇各个村的干部收入普遍不高，他们仍然有发展村级经济的动力。发展村级经济从大处讲能够推动村庄的建设和发展，从小处讲则能够解决村组织的日常运转经费，增加干部自身的收入。由此，作为基层社会一个特殊的职业群体，村干部的利益同质性会增强，他们可能会为了群体的增收形成自身的工作目标，成为乡村社会中一个自谋福利的职业集团。[2]与此可能的变化相适应，村干部与政府和农民的体制性连接也可能会发生某种新的变化，而这一变化的趋势是否就是“食君之禄，为君分忧”，作为国家政权体系在基层社会根脚的一面强化，作为村庄基层社区代表一面的减弱呢？这在目前还是一个有待观察的问题。

后来，宏观的农村发展战略又逐渐显露出它的新轮廓，听说小镇的乡村干部也忙活起社会主义新农村建设来，小镇还争取到了实施全国重点小城镇建设的机会，两个机会加在一起，干部们又有做不完的事了。老罗告诉我，建农民新村就是他们要打的第一个战役。

农村基层组织面临的情况就是这样，一项中心工作结束之后，紧接着又会出现新的中心工作。

又到了迎检的时候

小镇政府在疲惫之中迎来了又一轮的检查，这一次是市里定期的计划生育工作考核，每个乡镇抽检一个村。没有办法，只要一遇到上级的检查考核，迎检就总是会立刻成为镇政府的工作重心，全体干部都得全力以赴。

如今乡下的计划生育工作早已经不像前些年那样是与“大肚子”的超生游击队作战了。随着农民生活水平的改善、年轻一代生育观念的变化以及子女受教育成本的大幅增加，农村中愿意超生者已经不多，所以，农村计划生育工作的重点也逐渐由对超计划生育的控制转移到对新生儿男女性别比例的控制和计划生育优质服务上来。[①]前者以全程跟踪怀孕妇女的孕情变化、严格控制非病理需求的B超检查、杜绝性别选择性流产为主，后者则主要体现为计生干部的各种上门服务和计生政策宣传，例如，为符合二胎生育条件的已婚育龄妇女办理二胎生育指标，对育龄妇女进行一年4次的“三查”（查病、查环、查孕），举办村人口学校，宣传计生政策等，多体现为优生优育的事务性服务。然而，若从科层化的管理和上级的工作考核角度看，这一系列基层事务服务则转而体现为各种标准化

① 新生儿男女性别比例失调是目前一些地方农村计划生育工作面临的新矛盾，主要原因在于部分按政策可以生育二胎的农民夫妇利用医学手段对胎儿的性别进行检测和选择。

的计划生育账、表、卡、册的填写和制作是否规范和符合要求。也就是说，从上级工作考核的角度看，乡村计划生育服务工作是否到位，并不是直接体现为上述实际的计生服务是否完备，而可能更为显在的是体现为各种管理文本的制作是否准确与齐备，因为具体的服务过程在计生迎检时已经结束，无法再现，再现的只能是按照上级政府标准化管理思路与要求制作出来的表格数据，所以，首先是这些表格数据，而不是实际工作本身会成为体现基层工作业绩的主要依据。与此相对应，每年的计生工作检查，实际上更多地是上级对下级各种相关账、表、卡、册是否齐备与规范和各种数据是否合乎要求的考核，是对下级组织具体服务实践的文本抽象化能力与质量的考核。

具体服务内容的文本抽象化过程涉及计划生育工作的方方面面，往往上级一份文件的发布就意味着一项工作的布置，一组数据的制作就意味着一项工作的总结。按镇计生干部的话来说："从国家和省一级计生部门看，他们的要求相对简单，只要求检查上环、结扎数、有无计划外怀孕和计划外生育，但越到下面工作越细，各种表格和数据也越多。而且，市、区计生部门还要求在工作中突出创新性，于是又横生出无数的表格和数字。"（附录1：225）将日常的行政管理抽象为"可操作化"的数据指标，本身就是现代科层化标准管理的特色，而各级行政管理部门为了反映工作的业绩，也天然地倾向于制作出更多的标准化表格与数据，于是，将实践中的日常管理内容转化为经过标准化制作的文本，便成为乡镇迎检之前必做的"案头作业"。[3]

不仅案头工作要精心准备，还得让被检查对象①对这些案头工作内容熟悉和认可，因为现在上级主管部门的检查越抓越细，他们不仅要重点检查各种账、表、卡、册，还要直接进村入户，访问计生对象户，从他们那里直接核实计生工作的落实程度。例如，计

① 重点是近3年内生过小孩和近期有生育意向的育龄妇女。

生干部是否上门随访，去过几次，什么时间去的，都说了什么事情等，都是检查考核的内容。如果对象户对这一类问题一问三不知，或者说不清楚，检查者就可以由此去反推基层组织文件制作的真实性，从而直接影响到他们对基层计生工作质量的评定。由于计生工作属于一票否决的内容，基层政府不仅对各种标准化的文件制作不敢马虎，对检查人员进村入户后可能会调研、核实的各种问题也同样不敢掉以轻心，务必要想办法让对象户熟悉与掌握。但村落日常生活本来就以散漫与无规则为特点，偶发性的事件—过程、不经意的询问与对话，如果不经过特殊的强化灌输，你能肯定对象户一定记得住？如果计生干部做了工作，但对象户在接受检查问询时回答不上来，这就有可能形成对已做工作的否定。还有就是有的对象户与干部有矛盾，也有可能故意乱说，或把有说成无。为了防止类似情况的发生，计生干部在既没有办法向农民做强制性灌输（这样做可能会引起对象户的反感，导致相反的作用），又没有办法确保农民一定会主动配合工作的情况下，便只能另想办法，让计生干部把平日里已经做过的工作通过某种特殊的方式在对象户的头脑里反复地“印象化”和“程式化”，由“无事件境”转化为可以由特定的时间和空间切分的“事件境”。[4]

通过特别安排的自检自查，将上级检查时可能会涉及的内容预先操演一遍，便是这样一种印象化和程式化的有效方法。自检自查由镇政府自己组织，计生办的干部进村入户，以检查者的身份反复询问上级检查时可能会涉及的事项，以使它们在对象户心中形成深刻印象，如有不知者，则现场解说提示，加以消化巩固。由于检查者并未事先告诉农民这只是一场预习，对象户便在这种完全仿真的经历中习得了应对检查所需要的所有知识，于是，未经被检查者察知的灌输达到了强化记忆的效果。

国庆节后，我跟随计生办的陈羽和肖为去谢杨村体验这样一种记忆操练。我们所到的村落空空荡荡，家家都关门闭户，显得十分冷清，好不容易找到几个对象户，大家便抓紧时间逐一“检查核实”。各家所提问题大体一致，除了核实基本情况，主要就是以检查者的身份向对象户询问村干部、计生专干是否上门，宣传资料是否发放和张贴、上环是否收费、避孕药具发放是否收钱、“三查”时干部是否通知等。显然，这后一类问题是在逐一核实村里的计生工作是否规范与到位。假如对象户回答说上环或发放避孕药具收了钱，那就等于是查出村里的计生工作有违规之处。好在对象户的回答大都能让计生干部们满意，没有违规的情况发生，干部上过门，宣传品发放过，基本的工作也都做过，而一旦遇到对象户有记忆模糊、回答不准确的地方，村计生专干便在一旁帮助被问者回忆在什么时候、什么地点、什么事情确已做过，在这种引导下，被问者也果然想起确有其事。就这样，镇计生办就按照上级检查的内容和要求，在对象户并不知情的情况下预先将检查“彩排”和“预习”了一遍。

陈羽说：“上面下来检查都是抽签，抽到哪个村是哪个村，有一定的偶然性，但我们通过这四五天的自查，相当于把每个小组的对象户都操练了一遍，让他们熟悉上面检查的内容和套路，这样，偶然性也就不存在了，确保了在检查过程中不会出现差错。”而实际上，就在镇计生干部上门自查以前，各个村的计生专干其实也早就依葫芦画瓢地先如法炮制过一遍，他们也模仿检查者的提问内容和方式，将有关的内容预先让对象户统统地操练了一次，所以，看到陈羽等人只抽查近3年有生育史和近期有生育意向的农户，而没有普遍进育龄妇女的家门，谢杨村的计生专干陶子似乎还有几分遗憾，因为她未能让陈羽等人普遍地感受自己工作的成绩。她问陈羽：“你为何只问这些人，不普遍上门？”陈羽笑了起来：“你这人很精。”言下之意当然是说：“你早就已经预先操练过一遍，你以为我不知道？”是的，政府“挖空心思”地迎接上级的检查，村里不也以同样的态度在应对镇里的自查吗？好在谁都是为了确保万无一失，目标一致，所以，在陈羽的微笑里，何尝又没有包含对陶子工作的肯定？

陶子是一位健谈的女人，她提到如今的计生工作与前些年大不一样，“这些年农民的观念变了，许多人第一胎生的是女儿，按政策还可以生一个，但许多人不再想要了。村里许多农户靠养鱼、贩鱼为生，年轻人则在市里务工，多不种地，年轻媳妇主要就是在家里带伢，闲来无事，就抹抹牌，日子过得十分快活”。

“现在计生工作的难度也降低了，主要是搞日常服务，如每年组织 4 次孕检，用试纸，方法也很简单，我们自己就能做。此外就是组织查病，上面会把 B 超机带下来，群众也很配合。生活水平提高了，大家也都重视健康保健，定时检查对自己只有好处，没有害处，加上全免费，大家也愿意来，上医院做一次少说也要 30 元钱。”（附录 1：225）

陶子的话使我感受到农村计生工作形势的变化，大家也都在为这种变化而欣慰。然而，工作难度的降低却没有使国家对计生国策的重视度降低，也同样没有让小镇政府对频繁的检查有所懈怠，这不，当市里的检查到来之时，经过精心准备的镇政府仍然打起十二分精神来应对。

又一个周一。按照一年多来已经养成的习惯，我早晨 5 点半起床，搭乘早班车从市里赶往小镇，走进政府大院时，刚好 8 点。此时，只见林书记和武镇长等政府主要领导都站在院坝里，似乎在等着什么人的到来，一问，得知今天正是市里组织检查的日子。

“抽到哪个村？”我问。

“秦家畈。”

“怎么今天才来？”

“推迟了。”

我跟两位领导讲好，等会儿随行观察，他们同意了。武镇长还幽上一默：“你不要背包，以免他们以为你是记者，那他们会检查得更认真。”

林书记则说：“市里下来检查，主要领导如果不在，会说你不重视，第一印象就不好。”

此时，分管计生工作的副镇长刘振凡和计生办罗主任也都在前后张罗，在紧要的路口、计生服务站和秦家畈村部等检查组必到之地，也都有专人守候，以免人来了政府还不知情。

林书记又专门打电话给城管所所长孙福临，要他把紧要路口，尤其是悬挂有计生宣传牌路口的各类小摊贩弄走，以免有碍观瞻，罗主任又专门布置人将镇街和秦家畈村的暂住人口清走。这一切都在我的面前进行，为了免生误解，林书记又特地向我解释：“一些外来人口住在这里，本来不属于我们管，但出了问题要由我们负责，所以，只有弄走。”我连声说：“理解，理解。”我已经在镇里住了一年多，许多事情早就已经能够设身处地地站在当事者的角度去思考。

“不过，弄到哪里去呢？”这使我好奇。

“只要弄出检查范围就行，检查过了他们再回来我们就不管了。”武镇长在一旁补充。

我不由得联想起我曾经待过的另一个地方在迎接上级检查时专门派人监视一些“不安分守己者”，以免他们乘领导视察之机告状生事。看来，中国政治文化真是具有同质性的，事情发生的时间和空间可能不同，运作的基本逻辑却大体相似。我进而联想到，在这个意义上，深度的个案研究只要能够容纳足够的时空与关系张力，展示事件—过程足够完整与复杂的面貌和机理，的确是可以揭示其所具有的普遍性启发意义的。[5]

秦家畈村的电话来了，说检查组已经到了村部。现在的检查组也相当精明，他们绕过镇政府，径直前往受检查村庄，直接进入工作状态。但你有高招，我有对策，小镇这边早有准备，电话一来，林书记、武镇长等人立刻分乘数辆小车赶去，到了村部，见已有七八辆小车停在那里。检查组来了十几个人，也才刚刚下车，正在进行分组，以便分头进入受检的村民小组。在这个时候，检查组是主角，镇、村干部成了受他们调遣、为他们带队并回答他们询问的被检查对象。

我随杨宏军去十三、十四、十五组，检查者是一个小伙子，同去的还有镇计生办的肖为。我们先去十五组，直奔计划生育中心户长[①]的家。由于事先已经得到通知，中心户长专门等在家里负责接待和带路，检查组的小伙子一进门，就四处寻找中心户长的家里是否贴有计划生育宣传资料，又查寻联系户的名单，看到一应俱全，便开始提问题，如是否如数发放了宣传资料、是否按时通知妇检等等。对于这些问题，中心户长早就已经了然于心，自然是能够流畅回答的，检查者表示满意。

检查者又要中心户长带他到对象户的家里去，后者早就通知相关人员等在家里，所以，检查者往往是进了家门就径直开始询问情况，无非是姓名、年龄、有几个小孩，采取了什么节育措施，是否按时参加孕检，以什么形式接受检查，例如是做B超还是做尿检，做B超是否收费，对计生服务质量是否满意，村里是否发放了宣传资料，计生专干是否经常上门等一系列程式化的问题，果然与我上一次随陈羽下谢杨村自查时所问的内容大体一致。由于早已经在不自觉的状态下接受过类似的"训练"，对象户回答起来也就熟练流畅，一切都完全按照镇里的预想进行，没有任何差错。其实，从村里到镇上的几次预演不就是为了今天这样的效果吗？我不由得佩服基层干部的政治智慧。

问完基本情况，检查者又拿出一份计划生育妇女调查问卷来，要被问者在试卷给出的问题中做选择填空，这等于是另一种方式的情况摸底。现在农村中的青年女性大多已有一定的文化，对这种标准化的调查方式已经逐渐适应，能够在多项选择题中选择自己认为是正确的答案，遇到拿不准的，村干和计生专干们就在一旁递点子，检查者也不介意。不一会儿，一份调查问卷就做完了，检查者

① 中心户长是基层村落落实计划生育管理的一种制度设计，一般十几户人家设一名中心户长，多由村民小组长或党员担任，中心户长要承担一定的计划生育管理职责。

又要求被调查者写上自己的姓名，这一户的检查就算是完成了。几乎每一家都是这个程序，而每组大抵抽检4到5户，得到的检查结果也大抵相同。也难怪，从省市到区，3个级别，每个级别每年2次例行检查，就是6次，再加上村、镇的自查，如此高频度的重复，农户焉有不熟之理？于是，这检查结果也总是能够令各级检查者满意，除非个别农户对干部的工作心存不满，有意反着说，一般的情况也总在镇、村的掌控之内了。由此可见，年复一年的计生检查本身就已经成为灌输村民计生知识的一种方式，这种灌输不仅在改造着村民的理念，也使各级检查者如愿以偿地得到他们所要得到的检查结果，于是，计生国策的行政运作部门就通过这种反复的规训来实现它对村落社区居民的行政监控，而“权力的眼睛”也因此化作“权力的操控”。

将近中午11点，我们终于完成任务回到村部，此时，其他几路检查人马也都先后回来，检查组集中到三楼，汇总各小组的情况，核对村里的计生台账，然后再与镇计生办的资料复核。林书记让秦家畈村只留下几个人听候调遣，其余村干部先回去吃饭。（参见附录1：226）

辛苦了一上午的村干部纷纷前往老罗的餐馆用餐。一路上，村干们议论纷纷，说这次检查镇里比村里着急，区里跟着镇里着急，反倒是作为被检查者的村干部自己没有那么着急。又有村干部说，看见副镇长刘振凡向检查组的人派送信封了。他们说起这件事情时，用的是“上菜”这个词，又说如今已经是这个风气，没有上这道“菜”，反倒好像缺少了一道程序。

席间，村干部再次提到，今天检查时村里的计生专干已经不是郭云霞，而临时改由计生办挂秦村的干部小玉顶替，因为郭云霞刚上任不久，许多情况并不熟悉，万一有什么疏漏村里不好交代。此时，小玉就在席间，我便问她穿帮没有，她说没有，只是说当检查员在问自己的年龄时有些吃不准，报了一个27岁，好在对方也只是例行公事地问问，并未深究。在郭云霞被小玉临时顶替的同时，计生办的陈羽也成了村里打杂的，因为怕小玉一个人吃不准情况，有的问题无法应对。陈羽是村里陈志华书记的儿子，两头的情况都熟悉，自是不会穿帮。只是听他们说计生办的小文穿帮了，本来安排她客串一下五组的村民，大概帮腔时给人以太熟悉情况的感觉，检查员便问她是不是计生办的，窘迫之下，她只得承认，退出了“演员队伍”。

大家边吃、边说、边笑，并不回避我。小玉说：“检查组说我们秦家畈是在追求完美。”这话可真有意思，是真的对检查十分满意还是看出来有过于做作之处？不过，我想这并无多大的矛盾，因为检查组的干部也都是从市、区各级计生办抽调的，他们每年在检查下面工作的同时也要迎接上级同样多的检查，对于检查之中会出现的各种情况，他们其实与下面的干部一样熟悉。（参见附录1：227）

最后，我们得到消息，这一次的计划生育检查考核秦家畈村以高分过关，仅仅因为性别比没有达标而被扣掉4分，但仍然名列全区第二，全区得第一的是××村，99分。不过，这已经足够让镇里的主要领导高兴了。老罗告诉我，检查组评价小镇的计生工作是“有责任意识，有创新意识，有完美意识”。

晚上，我主动去了老罗的餐馆，想听听他对这次迎检的评价。老罗是那种真正的明白人，许多云遮雾障的事情经他深入浅出地一点拨，便洞若观火，正因为如此，我视他为乡域政治的真正阐释者。

老罗用了整整一个晚上来向我讲述他所理解的关于检查和迎检的奥秘。

“这次检查是市政府的考核，由于涉及一票否决，区、镇两级不敢怠慢，如果评比的分数低，进了‘笼子’，不仅要挨批评，不能评先评优，还要继续消耗大量的人力财力，大大小小每一次检查都逃不过，直到出‘笼子’为止。这就逼得你不得不重视，‘上菜’

也可以这样去理解，就是为了确保高分过关。现在已经是这个风气了，哪行哪业不是这样？所以，你不上，别人上，或者你比别人上得少，都说不清楚会有什么结果，只要你想到别人可能会这样做，评比的压力也就逼得你不得不也这样做，而且这还是有行情的，马虎不得，大的形势逼着你不能不跟风。我们的书记、镇长都还年轻，还有向上走的机会，他们能怠慢吗？①

“说到计生政策在农村的推行，这些年来难度确实是大大降低了。一般家庭的生育观念已经改变，也不想多要小伢，超生问题基本上是解决了，我们村已经连续七八年没有出现超生现象，所以，硬指标方面不会出现问题。但为什么还要如此重视呢？按我们的话来说，现在的检查都是在鸡蛋里面挑骨头，硬指标没有问题，但软指标就说不清楚了，如流动人口登记、管理，计生服务跟踪管理、各种台账记录等，就不敢保证没有问题。如果因为软指标出问题，进了‘笼子’，就够磨人，所以，政府仍然不敢怠慢。村里就是不急，但政府擂得紧，也由不得你松口气，这就等于是八公山上草木皆兵，看到一根绳子就以为是蛇。镇里事先从内部得到消息，知道抽到我们村后，林书记和武镇长就专门来村里开了几次干部会，再三强调要高度重视，不能马虎。为了在细节上不出差错，确保各种数据准确、一致，政府又专门安排计生办的小玉临时顶替郭云霞，一来郭的业务还不熟，二来许多数据本来就是小玉做的，只有她才说得清楚，所以有了她就比较保险。

“最麻烦的是抱小伢来串亲的，是不是超生的我们心里也没有数，即使不是，检查时中心户长若说不清楚情况，也要扣分，所以，最好的办法是要他们在检查时回避一下，等检查过了再回来就没有事了。

“你说这个检查是真的，它也蛮真，是假的，也蛮假，就看你怎么看了。说是真的，是因为即使被检查者有些弄虚作假之处，但在大

① 不过，老罗又特意强调，这只是他个人的一种感性认识，并未经过验证核实。

原则上还是没有犯规，基本的硬指标肯定能够确保，而且，通过这样反复的检查，形成一种持久的压力，也的确能够促进工作。如果没有检查督促形成的压力，依中国人的品行，还真难保证能够做好工作。这些年的轻松，其实也正是得益于前些年的高压。所以，上面就是知道你在小节上有些虚，他也相信检查对于督促工作是很重要的。

“但为什么又说有假呢？就是说在技术细节上，有的东西实际上是很难做到精确的。现在的人口流动很快，有的指标，如计划生育优质服务的一些指标，实际上是不好统计的。上面也不可能不知道许多数字有水分，但他仍然鼓励你通过这种作假去得高分。人都有虚荣心，你受到鼓励，得了高分，下一次就没有台阶下了，就要继续重视，继续追求完美，这样，他的目的也就达到了。上面说我们‘有完美意识’，其实他这种检查机制本身就鼓励你去追求完美，去创造完美，他就是知道你在作秀，但戏做得真了，也就达到了目的，他要的就是这个效果，让你去认真对待，不得马虎。所以，检查本身就是推进和督促工作的一种手段。不检查，有的事情就落不到实处，不仅计划生育工作是如此，其他工作也都是如此，什么是国情？这就是国情。”（附录1：228）

真不愧是老罗，一个真正谙熟政治的“化外高人”——尽管他一辈子就只生活在小镇这样的镇街上，并且也只当过村主任这样一个小得不能再小的品外之“官”。

此时，我又想起了刚来小镇时所看到的那场税改迎检，那已经是一年多以前的事情了，其间，大大小小的迎检也还经历过几次，但印象似乎都没有这两次深。我寻思自己在退出小镇之前为何再次遭遇类似的情景，这是否是要着意强化我的某种记忆？也许是的，但更可能它原本就只是乡域政治运作逻辑的再一次常态化显现，因此，即使事件与过程的内容全然不同，你却仍然会从其中感受到某种相遇性。

从何处来就从何处离开，也许正好可以由此将关于小镇的记述画上一个句号。

十五
幕落幕启

研究关怀与策略的自白

本书所展现的是一个有关乡域政治实态的故事，故事由若干组相对独立却又互相联系的事件交织而成，这些事件虽然复杂，各有脉络，却又有如一棵大树的巨大树冠，内部始终存在着可以清晰辨理、回向根系的枝蔓结构，而生成这一结构的，则仍旧是在当下有关乡村治理研究中居于核心位置的基层政权、村级组织和农民的生存与互动逻辑。所以，如果将本书的叙事文体置换成为学术分析的话语，便可以清晰地看出，笔者所欲探讨的，仍旧是国家—社会理论视角下一个有关基层政权、村级组织和农民在复杂的互动结构中博弈共生的主题。笔者欲通过对这一主题的探讨，在乡域社会的日常生活世界中展示一种流动的政治事实和实践的政治关系，以探求和发现蕴藏在这些事实与关系背后的乡村底层治理之谜的谜底。（借用孙立平评应星著作语，转见应星，2001：封底）

就我个人的学术理路而言，这是一项承接“双村的表达”的研究，（参见吴毅，2002）是又一次以“叙事”方式，甚至是更为彻底和典型的“叙事”方式切入当下乡村治理研究的尝试。相对于前者那种长时段、历时态的村庄记述，本项研究更加注重对当下时刻（时段）乡域政治运作过程的多层面展示与剖析，以求在多重复线展开的“叙事”之中去求得对研究对象更为立体的体察和理解，而相对于“双村”研究中那仍旧明显的结构化布局谋略和分析性语体表述，本项研究又是一次通过“过程—事件”分析的研究策略和故事化（甚至“准小说化”）表述形式去洞察与解释底层政治、切入当下乡村政治研究的实践。在这个意义上，我把本书看作“双村的表达”的延续和推进，同时也是笔者在完成了自己对20世纪中国村庄政治变迁的纵向分析之后，向当下乡域政治研究领域的拓展和抬升。

自从完成“双村”一书之后，我就有一个愿望，希望自己在粗针大线地勾勒出20世纪中国村庄政治变迁的个案图谱之后，能够有机会以更加细腻的笔触和更为场景化的叙事去展现当下中国乡村政治的某种类型化和地方性的动态画卷。这样做，从我个人的角度讲，是为了弥补因为长时段的历时性再现研究所容易造成的对复杂多变、纵横捭阖的乡村政治关系的条块切割和线性化处理，确立自己对现代化转型期乡村政治实践的更为复合和立体的理解；从参与学术对话、推进学术发展的角度讲，则是力图通过更加细致的个案研究去反思既有研究的局限，在“叙事”之中表达理解的立场和研究的信仰。因此，本书是在自觉地归依《金翼》（林耀华，1989）、《叫魂》（孔飞力，1999）、《王氏之死》（史景迁，2005）等“叙事”性作品的学术传统，以“讲故事”的策略去承接与更为宏大的学术关怀的关系。

在既有的关于当代中国政治的研究中，底层微观政治当属一个比较薄弱的环节，即使是由于上个世纪90年代以降因为村民自治实践而激发出对农村“草根政治”的研究热潮，在方法论引领的意义上，它也仍然不占据学术高端的位置。既有的乡村政治研究在方法特征上向人们所展现出来的基本上是宏观政治研究特征的微缩景象，并且也多是以宏观政治研究中所惯常依循的理路去处理微观政治的材料（通俗地讲即所谓“从上往下看”），因此，学界对于宏观政治研究特征的若干评论，在一定程度上也适用于对乡村底层政治研究方法状况的评价：注重正式制度与组织结构的铺陈；围绕政府与准政府组织的职能分区去“构制”基层政治与行政过程的内容；重视以既有政治学或行政学概念去切割和填充微观政治的经验。这些特征莫不反映出某种宏大关怀下的结构—功能主义方法论的底蕴，而由此展开的乡村政治研究在有助于条分缕析纷繁复杂的乡村日常政治的同时，也易于使这一政治的若干非体制、非结构和非正式的特征被遮蔽和忽略。尽管因为易于接近的原因，较之于高层政治，人们更容易观察到底层政治过程与日常生活的关系，因而也更加重视对其经验性的展示，更加重视对政治的社会基础的研究，（贺雪峰，2003）从而在一定程度上化解了结构分析所导致的对经验材料的"移情性"处理，但是，科学主义结构化文体表述方式本身所具有的种种"再制"经验的功能特性却是无法彻底消解的。

人类学民族志叙事文本和作为研究立场而凸显的"地方性知识"视角的引入，无疑有助于化解结构—功能主义在处理理论与田野经验关系时所遭遇到的矛盾，故而，持此研究立场的乡村政治研究无疑更加关注乡土政治中种种非正式、非制度和非结构化的面貌，并且也注意将作为文明社会的大历史和复杂的国家情态作为影响变量引入微观的乡村政治研究之中，注意处理宏大而悠远的政治文明模式与微观乡土情景的互涵与际遇关系，（参见王铭铭，1997）而格尔兹所倡导的"深描"方法也确已成为他们分析和揭示这种关系的利器。但是，以科学主义为圭臬的结构化文体表述本身，却仍然使人们在展示和还原经验的复杂性、流动性与自洽性时遭遇到方法论上的局促。的确，只要我们还在有意无意地讲述"规范的故事"，（Van Maanen，1983、1988）[1] 以某种去情景化和去过程化的化约主义方式来对待和处理经验材料，即使我们有意识地由结构分析转向故事叙述，经验展示的非"地方化"和"可旅行性"就仍然是难以避免的。这种非"地方化"和"可旅行性"的经验对于构建各种"科学化"的"形式理论"无疑非常有用，（参见陈向明，2000）并且也是一切政策科学得以成立的基础，然而对于经验之意义的"解释性理解"（interpretive understanding）却可能是远远不够的，因为这种对于经验意义的"解释性理解"要求研究者将经验置于特定的发生场域中，尽可能彰显经验作为生活本身的完整性、复杂性和自洽性，在对作为研究对象的特定过程—事件的观察和体验中去确立相应的分析和意义建构。由此，我们才看到了近些年在国内逐渐流行起来的诸如《林村的故事》（黄树民，2002）和《大河移民上访的故事》（应星，2001）这类作品的文体方式在进行“解释性理解”时所具有的独特优势。对于这种独特优势，孙立平在方法的意义上总结为在由静态研究转入动态的“过程—事件”分析中去呈现复杂社会关系的实践形态。在孙立平那里，过程本身已经成了一种独立的解释变项或解释源泉，也成了对社会事实本身的一种新的假设，即在对作为社会事实而存在的动态的过程—事件中去寻找那些在静态结构中无法显现的因素与出人意料的变化，去探求过程本身对影响事件走向和结果的不可预知和把握的作用。由此，即要求将研究对象的呈现由一种结构化表述转化为一种故事文本的叙事，在对这一故事文本的描述性建构中去建立起理解和分析，在动态的、历时性的情景呈现中去把握研究对象之复杂的、随机的和充满偶然的因果序列。（参见孙立平，2000）受此启发，讲故事作为一种研究策略于我而言，更成为在双村的研究之后继续进行关于乡村微观政治的研究时所自觉选择的方法归依。

讲故事作为一种学术表述的方式自有其历史的脉络与路径，它以特定的话语形式来表达关于这个世界及其结构和进程的体验和思考模式，（参见海登·怀特，2003）以叙事来展示意义的自我解释。（参见陈新，2005）但因为本书不是一篇务求格式完备的学位论文，而只是想通过故事建构来寻求关于当下乡域政治的意义理解，也就不准备细致梳理与展示作为故事“叙事”的学术历史，我们只需要明白，学术的探幽入微之路从来起自多元而非一元，即可明了此中之智慧。我相信，随着中国社会科学研究方法的愈益拓展，尤其是在历史学和社会学近年所表现出的力图以“叙事（述）”来克服科学的历史编撰学信仰所导致的“非人格的”结构—功能化分析的若干弊端之后，（参见卢晖临《迈向叙述的社会学》，2004）我在这里讲述一个处于改革和开发之中的内陆小镇的故事，并借此介入当下中国的乡村治理研究，大概是不会再招致质疑了。因此，我有可能比那些以故事方式去完成博士论文的学生幸运，不至于被导师们视为在浪费珍贵的材料，也不至于屡屡遭受故事是否学术及知识之真实与普适性的偏执考问，因为随着学术反思的加深，知识的真实与普适性这两个问题本身也成为需要我们进一步反思的对象。因此，本书的"叙事"所需要认真应对和回答的就主要是：通过小镇的故事去切近当代中国乡村政治关于基层政权、村级组织与农民关系的互动研究时，究竟能够因此而较传统的分析性表述多呈现出哪些新的观察视野，进而发现什么样的新知识，并且是否能够借此更加深邃地洞见乡域政治运行的复杂结构。

透过故事，我所要探讨的是乡镇政治的运作过程及其影响机制，对于这一过程与机制在乡镇基层社会的展开与铺陈，我称作"乡域政治"。乡域政治作为一个相对于村庄政治的概念的提出，肇端于我所在的一个交往紧密的学术群体，贺雪峰、仝志辉等人都曾经在非正式场合使用过这一概念，尽管他们并未对其做方法论上的阐释。而在我所使用的范围内，乡域政治中的"域"无疑是一个布迪厄意义上的具有相对自主意义的完整的时空关系网络（arena），而在此处则更是相对于已成研究规范的作为研究单元的村庄政治而言的。也就是说，"乡域政治"作为一种研究单元的提出，实则包含着我对将村庄政治提升到乡（镇）政治研究的方法论上的思考。当我从宏观研究进入微观领域的乡村研究时，我注意到我国学界既有的基层乡村研究的对象一般是村（自然村或行政村），这种明显受中国早期本土人类学研究传统影响的以村为考察单元的微观社区研究，在费孝通那里是有着明确的方法论依据的。费先生认为："以全盘社会结构的格式作为研究对象，这对象并不能是盖然性的，必须是具体的社区，因为联系着各个社会制度的是人们的生活，人们的生活有时空的坐落，这就是社区。"（费孝通，1985）然而，这种起自于20世纪上半期的本土村庄研究，后来却遭到海外汉学界的质疑，弗里德曼（Maurice Freedman）提出对于中国的研究不能局限于村庄，而必须综合对于文明史的考察来对中国做更为宏观的表述；（参见 Freedman，1963）施坚雅（G. William Skinner）提出研究以“标准集市”为单位的基层社会共同体，从而置村庄研究于一个缺乏方法论归依的尴尬境地。（参见施坚雅，1998）为了回应这一质疑，同时坚持村庄研究的方法论价值，后来的研究者围绕着村庄研究与超越村庄的社会实体及观念形态的互动展开了自己的思考，（王铭铭，2003）在这种思考中，即使是政治学的农村微观政治研究，也仍然在村庄找到了自己进行学术表达的场所。[2]

但是，上述诸多的思考多是在文化与观念形态的层面上去建构村庄研究的方法论意义的，而如若从地理空间层级的基层政治发生的角度去把握作为研究单元的村庄，则不难发现作为政治学意义的基层政治过程的确未必能为村庄所包容。考察现代民族—国家大体系背景下的乡村基层政治，我们应该承认，将研究视点放在乡（镇）比单纯放在村庄更为合适，尽管从韦伯的官僚政治理论的角度看，乡镇在相当多的时候也仍然只是这一政治过程的中间节点而非原发点。但是，相对于已经高度官僚化、科层化和部门化的县级政治而言（更不要说县以上的中高层政治），乡域政治无疑更能体现出乡村基层政治在体制与非体制、结构与非结构以及制度与文化的贯通方面所呈现出来的时空统一性和完整性。所以，我们看到，虽然不断有学者倡导以县作为研究农村政治的最合适单位，并以县作为一级独立政权所在地和地方经济文化区域的历史稳定性与延续性为佐证，但受制于某种操作上的困境——规模上的操作困境及体制与非体制、结构与非结构和制度与文化贯通方面的困境——却难以成功。所以，我们迄今所看到的为数不多的几部关于当代县级政治的研究著述，都始终难以摆脱以科层化体制描述替代对相应政治过程分析的困境，（杨雪冬，2002；周庆智，2004）反倒是完全不受这种结构和体制限制的地方事件史的研究更能让我们看到实然中的县域政治运行的若干断面。

但是，从方法论意义上看，地方政治事件史研究本来并不是作为对村庄社区研究的方法论反思而出现的，它也自然无法满足人们对乡村政治整体性透视的需要。因此，如何实现由村庄社区向乡域社区政治考察的研究单元的提升，确立对农村基层政治更合适的透视点，同时又吸取历史社会学在“时间性”的叙述中展示社会关系的独特优势，在乡域社会的时空结构中展现复杂多变的政治过程，就始终是我思考的一个问题，由此，才有了这部以故事方式去展示“乡域政治”之复杂面貌的著作。

以“乡域政治”作为研究单元来部分地解决有关县域政治研究在田野操作中的困难，并克服村庄政治研究在时空展示上的局限，可能是一个易于出新却又现实可行的方案，所以，本书所提出的作为研究单元的“乡域政治”概念，就包含了力图超越村庄社区研究的局限，在一个更大范围内更加完整和整体地理解基层政治的想法。既然是在布迪厄的“场域”（arena）意义上理解“乡域”，就意味着强调作为研究对象的乡村政治社区的时空化特征，而不是仅仅将其作为基层政权的层级结构来看待。在这个场域中，既不排斥乡（镇）、村、组层级区分的考察视野，又更加强调作为乡村政治过程本身穿插互切于各层级之间的逻辑展现，由此，“乡域政治”研究就并不等同于农村基层政治与行政体制的研究，较之于一种体制研究，它显然更加着意凸显一定时空关系网络中事件—过程本身所具有的社区整体感。本书就力图贯彻这一思路，它由乡村政府（组织）的中心工作、市场经济背景下的乡村城镇化开发、作为税费时代“农民财政”基础的农业税征收、农业结构调整和乡村组织对突发性官民纠纷的处置这几组故事的穿插互切构成。这几组故事的铺陈基本上能够涵盖和展示地处内陆、经济发展属于中等程度的小镇日常政治的基本内容与特征，即使有所遗漏，通过这些故事来透视小镇乡域政治的基本机制和内在逻辑也是足够的。而各组故事的展开、延续及其结局的呈现，基本上依循着特定过程—事件本身所存在着的时间顺序，并尽可能完整地给予呈现，以实现让故事走向的本身去预示结局和揭示逻辑的初衷。我想，由此也有助于体现场域化研究的特点。同时，在书中，我还尽可能清楚地向读者交代作为研究者的“我”与故事的遭遇关系，以便尽可能让读者与“我”一起去经历体验、理解与判断的过程。因而，本书显然不是那种要着意向读者灌输“客观”知识和可移植“不变”真理的规范化的研究，而是仍然力图在分析中彰显出场域化的特点——在这里，场域不仅是属于小镇自身的，同时也是属于作者和读者所共有的——我想，这大概才是田野个案研究的神髓。

我还要说明，本书之所以如此细致繁复地铺陈作为故事的事件—过程细节，是因为我相信，这些事件—过程绝非如布罗代尔（Fernand Braudel）所视作的只是一些在暗夜里闪显着微光、亮了又熄了、最终为黑暗所吞噬的萤火虫或由环境所决定的海面表层的波涛那样对历史的发展不起作用，而是如葛瑞芬（Griffin）、阿明扎德（Aminzade）等人所强调的在时间性（temporality）的流程中呈现、对结局产生影响、对变迁的动因具有本体论价值的独立一环。（以上转引自卢晖临《社会学的历史转向》，2004）所以，对于将这些故事赋予文本之中心性地位的叙述性的建构，本身就埋设了作为观察和研究者的我对它们的提问、思考与解释的期待，即如“将一个行动置于一个故事的章节中，并且将此行动与该故事中以前的行动联系起来，就是一种理解什么‘引起了’此行动，因而‘解释’其发生的方式”的方法。（同前）所以，这种故事叙述的布局所反映的无疑是这样一种关切——一种相对于实证“科学主义”的历史主义关切，即相信与自然现象及自然科学相比较，社会和历史现象始终是独特的，因而对其进行观察和研究的方法也是独特和量身定做的，故事的逻辑和机理只有在故事本身的呈现之中才能够展现出来，小镇之“乡域政治”的呈现和理解也离不开对这些故事本身的叙述性思考。

当然，小镇的乡域政治是一个足够复杂、始终无法完全展现的多重面貌的故事与事件集丛，而作为一个研究者所能做的，不过是选取由他的问题意识所决定的关切角度的尽可能切近式的故事“再现”，因此，我并不打算隐讳自己的“再现”角度——本书主要是一个置身于乡镇政权组织和乡村干部“主位”立场的观察、思考、讲述和解释，而如果因此无法不忽略甚至是隐没基于其他角度的观察、思考、讲述和解释，那也只能是心存遗憾了。

权力格局“错置”与官民行为“悖论”

在目前有关乡村政治的研究中，基层政权—村级组织—农民的三重互动仍然是一个很有影响的概化分析模式，这一模式以国家—社会的二元理论为支撑，同时又对应了中国传统政治视野中官府—民间社会的解说，两相混合，便沉积出“强国家—弱社会”及“官强—民弱”的互动模型。这一模型虽然不能被认为在根本上存在问题而失去对宏观状态的解释力，却因为其过于宏观和形式化的理论特性而无法帮助人们进一步去理解特定时空场景中乡村政治博弈的复杂情态，因而也就弱于型构若干能够相对贴近地反映乡村政治实景的类型化“中层理论”（theories of the middle range）。（Robert K.Merton，1996，转见杨念群，2001）因而，简单地以模式的套用代替对复杂问题的分析，不足以丰富学界关于乡村政治实践的知识，反倒有可能以德行的话语去代替学术的研究，使我们关于乡村政治的认识处于一种缺失历史和语境的状态。在这种情况下，小镇的故事可能会是一种反拨，它有助于彰显概化的解说模型在特定情景中的局限，也有助于呈现微观状态下乡村政治实践过程的特性。

本书考察了小镇在2003至2004年这一时间片段中的政治实态，并以非学术化的语言“喧嚣”（也可理解为“嘈杂”）相比喻，以说明其在多种力量与利益动因的交织和碰撞之中所形成的复杂“剧场”效应。（参见董建辉，1999及克利福德·格尔兹，1999）[3] 我以为，如果化约地分析，型构这一复杂“剧场”效应特征的背景，一是自上个世纪80年代以来单向度的经济改革对于乡镇基层政权运作特性的改变，使其从一个公共权力载体变化为一个介于政府和“厂商”之间的权力与经济复合体，其运作愈益表现出某种经济营利性特征，或具有赢利的潜势。正如刘世定所分析，追求可支配财政收入的增长成为乡镇政府的重要行为目标。（刘世定，1996）因此，在市场化环境中涉及不同权利主体之间的资源与利益配置时，相对于企业、村庄和村民，基层政府与它（他）们的政治—行政关系也就有可能顺理成章地转化为一种准经济关系，其本身所具有的权力强势也有可能转化为运作资本与调配资源的力量优势，从而确保其成为乡村地方经济的操控者。因此，我们看到，地方治理的过程同时也可能就是一个资本和资源的权力化经营过程。二是改革开放以来由基层政权的变迁所促成的官民关系的变化。随着土地下户以及被学界所概括的“乡政村治”治理格局取代人民公社治理体制，（张厚安等，1995）基层政权与所辖社区居民之间的关系由全能型的人身与资源操控转变为有限的资源操控。所谓有限，即指在土地下户，农民获得人身自由的情况下，只要不涉及对承包土地使用权的转移，官民关系在一般状态下都表现为一种相对的间隔，即所谓“有田有地不求你，缴了税费不欠你，种啥做啥不干你，有了问题却找你”（乡村干部语）。而与此相对应，村民与村级组织之间也围绕着税费的缴纳和征收而相应地形成一种缴纳与服务链条，即“我缴税，你服务”。因此，在乡村政治的常态运作中就形成了与大集体时期完全不同的运作模式，这一模式的核心可以被归纳为在不改变传统“官控民”这一核心关系前提下的表面上的“官求民”。正是这种格局使宏观背景下强国家—弱社会的互动格局在微观的底层乡村社会中遭遇悖论，演变为日常行政运作中的“民强—官弱”。或者如迈克尔·曼（Michael Mann）所言及的国家基础性权力（infrastructural power）的削弱，（转见李强，1998）即基层政权在并未从根本上失去对农民总体性强制权力前提下的渗透和整合能力的降低（即所谓强“强制权力”与弱“基础权力”的并存）。[4]当我们将以上两大制度性变迁所导致的普遍性特征置入地处省会H市市郊、处于开发之中的小镇这一特定的政治场景中时，便不难想象它将会碰撞出何等复杂和热闹的“喧嚣”来。这其中，一面是作为政者与商者身份交相重叠的政府，一面是作为“赢利型”与“保护型”经纪并置的村级组织，（Prasenjit. Duara，即杜赞奇，1988）一面是无权却又获得了人身自由的农民，三者在乡村政治舞台上的互动博弈，便滋生和演绎出一幕幕令局外人所无法想象的复杂而又精彩的乡土政治剧，而决定剧情发展变化的，则是由上述三种角色的诸多权力特性所交织、叠加和构制出来的特殊政治逻辑。

一是日常行政过程中治理者与被治理者强弱关系的“倒置”（事实上而非价值评价上的）。自1949年以来，自上而下生成的中国政治与行政权威的能量和强势都是不容置疑与挑战的，这一态势在人民公社时期达到极致。即使是在改革开放以来全能主义政治不断消解的时代，整个乡村社会的权力运作也仍然围绕着基层政权确立与发生，并依其与政权组织的时空距离而决定各自在乡村权力格局中的位次。但是，失去对作为农民基本生存资料的土地的日常控制权的乡村政权毕竟也相应地会失去对农民经济与社会生活的日常控制权，加之宏观背景下城乡二元结构的松弛，人口流动愈益频繁，这使得基层政权与农民之间日常的制度性互动——税费的征收与缴纳势必会变得越来越困难。而过去10余年来地方和基层政权因发展而面临的愈益增大的财政压力，又使其不得不增加它们对农村的征收，当这种征收因为宏观经济与政治的变化而越来越缺乏相应的社会基础时，基层政权组织便往往只能面临两难的选择，即要么依靠强制性和半强制性征收获取财源（如世纪之交那几年在一些地方的农村所发生的那样），要么便不得不转而通过向农民讨要来完成财政任务。在强征的政治代价过大、政策空间又愈益狭窄的情况下，讨要似乎成为唯一选择。这样一来，基层政权与农民之间围绕征收而建立起来的日常化互动的主动权便不可避免地会转向农民——当掌权者无论因为什么原因或考虑而自我冻结了依靠国家机器的暴力潜势去实现自己的权力和利益的途径时，制度结构上的强者便有可能转化为微观乡域政治行动场景中的“弱者”。在这种情况下，如果撇开对农民负担是否合理与沉重以及农民是否具有作为公民的纳税意识这些道德与价值的评价不论，我们将会发现，在这里，起作用的将只是“要钱的是孙子，欠钱的是大爷”这一民间非道德化的博弈铁律。因此，要钱的乡村干部自然成了欠钱农民的“孙子”，反过来，欠钱农民也自然成为要钱者的“大爷”。既然是“孙子”向“大爷”要钱，前者除了自我弱化与矮化，千方百计地向后者说好话、套近乎之外，也的确找不到更好的制度化办法，由此，征收政策本身便会因为陷入死胡同而不能不面临重新的选择。这种强弱倒置所产生的宏观与微观场景中的悖论，是置身其外的人不太容易理解的，但这恰恰就是从税费改革到取消农业税这样一段特殊时期内小镇征收状况（并且还远不只是小镇的征收）的实情。

“倒置”不仅仅表现在征收中，但凡在政府需要农民配合，而农民自身又缺乏积极性的互动中都可能出现这样一种“倒置”，这在小镇最为典型地表现在农业经济结构调整这样一类活动之中。农业经济结构调整本来是政府和基层组织积极引导农业经济转型的利民工程，但是当这一利民工程与各级领导的升迁挂钩，转化成为一项形式化的行政任务和政绩工程时，它就同样需要采取诸如“诱民致富”的方式来进行，这种“诱”不仅是要事先给农民以看得见的好处，还得确保所有可能的风险都由政府承担，结果，余下来供政府选择的就自然只有“哄着、诓着和捧着”农民去干这一种办法。（参见吴毅《农村政治研究》一文，2005）于是，我们便得以看到，一个被学界习惯性地嵌格在“强国家—弱社会”官民互动视野中的基层政权组织就不得不“屈就”于其治下的百姓，以类似于向农民“行贿”的方式来完成行政任务和相应往自己脸上贴金的行为。这种状况再清楚不过地表明，在宏观上的“强国家—弱社会”格局并未被动摇的情况下，底层乡村社会却已经出现了基础性治权流失的“弱国家”面貌。

然而，这一“弱国家”面貌所反映的绝对不是简单的“官权退—民权进”话语框架下国家与社会博弈格局的重组，而只是一种因为宏观与微观的制度裂隙和政策不接轨所导致的特殊治理困局（诸如乡镇一级不完整的政权职能、直接选举止于村庄一级而造成的微观与宏观权力运作规则不接轨对这一职能的进一步蚕食、上级政府出于各种考虑对基层政权及其组织权力的限制等等），因此，虽然我们也的确看到在这种“弱国家”面貌下基层政权与村级组织在行政过程中屡屡遭遇农民“反制”的现象，但是，这些“反制”在多数情况下并不表明制度格局内民权与民利的增长，而只是意味着农民通过对上述制度裂隙与政策不接轨的利用，以牺牲社会公意为代价而获取些微小利。所以，这种农民的“反制”在削弱基层政权的治理绩效时其实也牺牲了社区的公共利益，使治理者和被治理者陷入一种实际上是“双输”的循环之中。

因此，它只是一种为黄宗智所定义的“悖论”，即那些被“规范信念”认定有此无彼的对立现象在事实上的同时并存。（参见黄宗智，2000）例如，强权力掌控与弱治理绩效的并存，治者对社区经济政治资源的根本性操控与被治者利用种种制度和政策的裂隙挤压前者的利益空间，甚至在一些特殊的事件—过程中迫使前者就范现象的并存，由此，基层政治便显现出并不依循一定“规范信念”而发生的“乱象”，这种“乱象”往往使得概念化的理论解说显得十分苍白。

这种“乱象”也表现在乡—村关系上，官民关系的“倒置”也相应地决定了乡—村组织及干部互动关系的“倒置”。为了适应新的官民互动格局，顺利贯彻政令，乡镇干部不能不重新设计他们与村干部的关系，在这种关系中，他们所主要考虑的已经不是制度性设置的权力势能，而是作为具体社会场景中乡镇干部与村干部的个人情谊与交往。也就是说，乡镇干部在日常行政中主要不是依靠行政命令，而只是以行政命令为底色，依靠各种面子与人情资源来推动行政运作。而这里还要特别说明，这一互动特性所反映的并不是村民自治制度设计在人际关系上的体现，而是基于官民互动中村级组织作为政府与农民的居间者所具有的特殊位置和他们在连接国家与底层关系时所发挥的特殊作用，是政府体制性权力对村干部作为乡村社会“经纪”地位的实际承认。

二是在各种经济性开发的利益分配中由政府掌握主动，呈现出政府得大头、农民得中头、村庄得小头的利益分配格局。所谓经济开发中的利益分配，在小镇的故事中以卖地最为典型。对卖地所得进行的分配实际上已经成为开发过程中政府、村级组织与农民进行利益再分配的最为常见的形式，因而也成为测量在彼此的博弈中最为真实的力量关系的主要场域。按照现行法律，农村土地属于集体所有，这里的集体，既指作为村庄成员的村民集合体，也指作为相应村庄法人代表的村级组织，既然土地属于村集体所有，那么，土地转让的收益权从制度设计上看无疑应该属于村庄和村民。但是，如果我们暂时撇开现行农地在制度属性上的残缺性不论，仅仅从操作的可能性层面看，就不难发现制度设计上的集体土地与个体化的农户经营之间实际上存在着权属关系与经营关系的脱节，这种脱节使得任何单一个体的农户或者一群农民均无法作为集体的载体来显示存在与表达利益，因此，村民与村庄的关系实际上类似于村内土地承租者与“地主”的关系。但是，村庄作为“地主”也仍然只是在最不完备的意义上才得以成立，因为基层政权对其所辖社区经济资源所具有的终极意义上的操控权，使它在实际上才是最终意义上的土地主人（或者更为准确的表达是基层政权代表国家行使作为土地真正主人的权力）。这一社会事实虽然并不见诸任何文本，却为现实的国家—社会关系所决定，所以，我们才看到前来购买土地的开发商实际上都是与乡镇政府而不是与村级组织打交道，并且，从价格的商谈、确定到最后协议的形成，作为土地卖方出现的也都始终是乡镇政府（顺便要说明的是，乡镇政府在这方面也要受制于上一级政府）。

因此，土地买卖的过程从卖方（基层政府、村级组织、农民）来看也仍然是一个政府行政的过程，即由政府来决定土地处置权和土地收益分配权的过程。这样，与制度规定相比较，土地权属关系在农用土地的非农化转移过程中实际上就发生了反客为主的变化，政府成为土地的主人，村民和村庄则“客居”为土地的经营者和管理者。所以，在土地买卖中，农民所得到的也只是土地经营权补偿费、青苗补偿费、土地附着物补偿费以及劳动力安置费，村庄得到的是土地补偿费中的一部分，而政府所置留下来的却是土地收益中的大部分。

政府这样做自有它的理由。例如，它需要充足的经费以确保自身的正常运转，它需要投资改善地方的开发环境，以争取更多的外来资金和项目，它需要向上级政府上缴各种土地开发规费，而这些钱也只能是羊毛出在羊身上，从土地买卖费用中支出，所以，由政府掌握土地开发中所获得的大部分收益的理由也就顺理成章地得以成立。但也正是基于这些理由，基层政府的角色便发生了由官而商的转换，在地方的土地开发之中，乡镇政府也实际上是作为土地商人而存在的。既然作为土地商人而存在，在商言商，政府在土地开发中为自己寻求相关利益的最大化无疑也是其一切行动的基本出发点，因此，与日常行政运作中政府、村级组织与农民互动关系中的强弱“倒置”相反，在纯经济性的利益互动场域，政府的地位与角色又出现了另外一种类型的变化，即政府作为公权体现者与土地所有者的一身兼二任。作为公共体现者的政府得到了卖地收益权的大头，而制度文本上的土地所有者、经营者和管理者则只得到中头和小头。正是在这样一种利益的分配格局中，政府充分显示出它具有决定性的威权地位，它不会允许村级组织或村民与自己处于平等的讨价还价位置，也更不存在政府被农民牵着鼻子走的情况。总之，在这一类关涉核心经济利益的权力博弈场域，一切皆由政府说了算，既由政府制定规则，也由政府操作规则，尽管它在这样做的时候，也必须考虑与照顾到村庄和村民的接受度、历史的惯习、制度规定的合理性以及与左邻右舍地区的参照等诸多因素，但这些因素的被确定都同样不是一个商业谈判的过程，而只是一个行政决策的过程。因此，如果我们有可能会因为政府在日常行政运作中显现出某种弱势而对其权威的势能表示怀疑，那么，在这里，人们所看到的将主要是政府作为一个“权力的经营者”（参见马明洁，2000）运用强势的政治与行政权力对利益经营与算计的垄断。农民若想打破这种垄断，除非采取种种非制度手段甚至是越轨或踩线行为，否则就几乎没有可能。在这个场域，治权仍然显示出其一贯具有的强势地位，官民之间的利益博弈即使存在，也基本上按照既有的游戏规则进行，所谓权力关系的倒置并不存在，存在着的只是与某种理论系谱相比照而呈现出来的角色和行为的反差。

非正式权力技术的凸显

正是在上述政治—行政与经济活动中政府、村级组织和农民的多向度角色“倒置”与“错位”，以及由此而生的种种悖论现象的并存，形塑和生产出了小镇这一场域中作为政治行为主体而存在的官民各方施之于他方的种种权力技术与策略。

“擂”与“媒”无疑是理解小镇政治的两个首先要被提及的关键词。“政府的任务靠‘擂’，农民的事情靠‘媒’。”这里的“擂”与“媒”均是在价值中立的工具意义上使用的，它所表述的是对一项日常乡村治理技术的生活化概括，而非主观的价值评介。在自上而下的压力型体制和数字化的政绩考核模式下，不“擂”就完不成上级的任务，通不过考核，因此，诸如在“收粮收款，刮宫引产”这样一类关系到国家任务的最为基本的任务指标上，不“擂”不行。这种“擂”既是上级政府对乡镇的“擂”，也是乡镇对村组的“擂”，同时也是村组对村民的“擂”，正是通过反复的“擂”才得以将行政压力层层下传。“擂”得多了，也总会产生一些效果，一般的任务也就在这种反复的“擂”中得以完成。但是，乡镇的任务又不能仅仅靠“擂”，遇到棘手的事情，“擂”没有效果，就还得辅之以“媒”。从这个意义上看，“擂”与传统计划体制下高效的行政推动有类似之处，所不同者，就是简单的行政推动已经遇到阻力，效果锐减，所以才需要反复地“擂”，以确保政令生效。“擂”内含着诸多非制度化的人为之力，也就是说，“擂”所依凭的绝不是简单地将任务往下压，不是简单的科层化命令式作风和文件制作术，尽管“摇”离不开行政指令和文件传输，但指令和文件在更多时候所体现的只是一种行政运作的合法性依凭，而非推动工作的基本手段，若论及推动工作的基本手段，就主要还得依赖于人力的推动。在这种推动之中，除了层层传递压力的基本一面，也包含了通过“媒”来增加的压力传递，可以说，“媒”本身也就是一种“摇”的艺术。

前文已经对“媒”的技术特性做过分析，这里要进一步说明的是，“媒”并非就仅仅指向农民。在乡村的互动中，“媒”首先就是乡镇干部与村干部打交道的一种基本方法，即乡镇干部依靠特殊主义与人本取向的人际交往和感情投资，与村干部建立感情和友谊，并且在强调感情与友谊的基础上，将政府对村庄的公事转化为乡镇干部对村干部的私事。一旦将公事转入关涉人际关系和感情的私人性领域，村干部不干或者干不好就成了不给某位乡镇领导面子，欠了乡镇干部人情的私事，进而也成了损害朋友利益的“背德”行为。乡里社会的熟人交往方式是十分注意给面子和不欠情的，欠情如同欠钱，都是应该偿还并且期待被偿还的，而有损于朋友利益的行为更是为人所不取。因此，基于对“礼尚往来”与朋友间利益互赖的期待，“媒”在这里成为乡镇干部从情感上“套牢”村干部、借以推动工作的重要方法。

村干部当然很容易“识破”这种来自乡镇的“伎俩”，因为它根本就不是一个“阴谋”，而是“阳谋”。“媒”是乡镇领导和乡镇干部对村干部的一种明示，村干部很容易就能读懂这种明示，他们知道乡镇干部期待着自己在工作中的配合，以偿还这一笔人情债。试想，政府干部为什么偏偏要来“媒”你，而不去另找他人？如果你不在这个位置上，人家也不会来“媒”你。在这里，位置已经成为一种制度资源，村干部则是掌控这一资源的人，政府只有“套牢”资源掌控者才可能进而去施展乡村治理术，所以，村干部在接受这种“媒”的同时，也等于是对将要开展的工作做了某种愿意配合的承诺。村干部之所以为村干部，既是基于对职业责任和利益的考虑，同时他们也期望能借此收获到一种社区荣誉与尊严的自我满足感，而“媒”本身在诸多的时候也的确能帮助他们在乡镇社会确立起作为地方精英的地位，所以，他们不仅接受“媒”，而且也需要被“媒”。“人就是这样一种复杂的动物，明明知道镇里这样对你是有所图的，但自己偏也就需要这种器重。”（老罗语）更何况，“媒”反过来还能够帮助再生产和扩大村干部的人际关系网络，增大他们所掌握的社会资本量，有利于扩大他们自己的经济和社会机会。所以，“媒”与被“媒”在实质上又是一种乡村双方的利益合谋。这种相互迎合的利益合谋起始于变化社会中乡镇的政治—行政环境，却又进而生产出乡村干部行动的合力与动力。虽然我们相信在任何时候的行政运作中都要强调行政者个人之间良好的关系和上级对下级的尊重，但是，也只有理解了日常政治—行政过程中乡政所遭遇到的特殊问题以及由此而生的强弱“倒置”现象，才能对“媒”作为一项乡村日常治理技术在乡村干部之间运用的重要性与广泛性存有深刻的体验。

对农民的“媒”则既是乡村熟人社会化公为私策略的一部分，又是对官民互动中传统主动性地位“倒置”的一种回应。在农村做过田野调查的学者都不难发现，只要是涉及需要农民配合的事情，干部们大多会对自己的工作对象表现出一种友善的态度，这种友善既是基于彼此之间本来就是熟人，又是因为干部的工作给农民带来了麻烦。虽然说是公事公办，可是一旦落实到某一个具体任务执行的过程当中，事本性的公事公办便又都在实际上转化为一种熟人之间的人际交涉。所以，在工作中向农民表示友善，与其说是文明行政，表现了干部的职业素质，不如说更体现了一种熟人社会的交往规则。因此，这种友善是不能与“媒”相联系的，也不能简单地被视为正式权力的非正式运作，即使是在农业税征收这样一类愈加困难的行政过程之中，因为同样身为农民，或出身农家，干部对农民抱有同情之心，因而更本能地倾向于通过说好话的方式让对方把钱掏出来，干部们也绝对不会自认为这会有失身份，更不会想到这是在“媒”农民。只有在那种干部

（或政府）与农民的利益发生冲突，尤其是存在着利益相争的关系，而干部（或政府）必须设法让农民按政府的意志行事，并且为此施展种种说服与控制的权力策略之时，作为一种"驭民之术"的"媒"的丰富内涵与意蕴才充分地显现出来。

开发征地之中，为让农民接受政府提出的补偿价格而对农民展开的种种工作，诸如请客吃饭，施以小恩小惠，用"一把钥匙开一把锁"的方式在私底下多给个别意见领袖（或也可称为"刺儿头"，这主要看评论者站在哪个角度看问题）一些补偿，以化解农民的集体抵制等，无疑都属于"媒"的范畴；为防堵上访，通过各种关系消解农民的抗争意识也是一种"媒"的运用。这类技术最为典型的特征，就是通过对个别人的"收买"（也可视为一种特殊的"行贿"）来瓦解农民针对村级组织或基层政权的集体行动，最终让农民承认并接受由政府（或村庄）所做出的利益安排格局。在这样一类"驭民之术"的施展中，乡村组织实际上是力图以柔性的方式达到自己的经济目的，因此，此类行为在反映基层组织对于官民互动格局变迁的应变之时，也充分彰显了乡村组织作为基层社会中一个权力—经济复合体的特性。而考虑到这种复合特性在乡村场域中所具有的垄断性与排他性，作为观察者的我们就不应该忘记在这一柔性技术背后所存在着的权力刚性，正是这种权力刚性的无所不在，才使我们意识到，这种所谓的"柔"所体现的仍然是强者对弱者的"怀柔"，它的目的只是为了要继续巩固已有的强势。这就促使我们更加清醒地认识到，所谓官民互动主动性地位的"倒置"，只是限定在那些上级政府对基层组织严格规定了行动空间的领域，而超出这个领域，在经济利益的角逐场上，掌握了强制性权力资源的乡村组织其实也牢牢地掌握着经济利益分配的不可动摇的主动权。可见，在全能型的治理模式逐渐消退之后，借助于市场经济中类似于商业运作的方式和一些隐蔽的"驭民之术"，乡村组织仍然能够在关乎自身利益的领域和事项上维护自己相对于离散的小农社会的强势地位，尽管这些商业运作和"驭民之术"的实施可能会有双面杀伤的作用，即它们在消解农民的抵制之时也同样在消解乡村组织作为社区公共权力组织的特性。

在对乡域政治权力主体行动特性的探讨当中，还可以将乡村干部做进一步的区分，这一区分的依据在于，无论我们多么强调场景因素对行动特性的塑造，从结构化的角度和程度上看，乡镇干部毕竟更多地还是被赋予了科层化的体制性色彩，体现了政权体系的结构化要求，与之相比较，村干部则是真正被置于这种正式权力与非正式的地方社会与文化网络对接中的主要角色，这也是既有研究从来都将村干部视为结构与文化的连接者，将乡镇干部视为结构的人格化表征，将有关乡村社会中的国家与社会的对接性研究集中于村干部身上的主要原因。

而在这方面，我个人认为杜赞奇的“经纪”角色理论（参见杜赞奇，1988）仍然是今天我们在界定村干部的制度角色时所能够借鉴的最好理论，几乎关于当代村干部角色与行动特征的所有讨论都无法不受这一理论的影响。但是，也正如我曾经指出的那样，几乎所有借用“经纪理论”的研究，在方法论上都存在一个明显特征，就是注意到了（或者说较多地注意到）国家与村庄互动关系中的村治结构与环境（客体）对村干部（主体）角色与行为的塑造和影响，而没有注意到（或者说较少注意）作为行为主体的村干部对村治环境的适应与选择。（参见吴毅《双重边缘化》，2002）因此，如若转换考察视角，探讨作为行动主体而非制度影子的村干部在特定场景中的行动特色，我们又会得出与“经纪理论”这一“形式化”概括有所不同的村干部角色与行为的类型学结论。

“青皮手”是迄今我在小镇的日常生活中所能找到的一个能够最大限度地包容和体现村干部行动特色的词汇，“青皮手”不是一个结构化的分析，而是对行动特色的一种漫画，“青皮手”这三个字一出现，村干部在小镇场域中那种种积极与消极、跟从与敷衍、明朗与灰暗的形迹便会浮现于我的脑海。而更为主要的还在于，对这一形象的描画并非主要来自知识界，而是村干部对自身角色与行为的一个明智却又自觉的心理认定，仅仅从这种自我的认定中我们就可以得知，村干部绝非只是国家权力在乡村社会中不自觉的腿脚，而是具有明确主体意识与行动能力的地方政治舞台上的主角。这一主角在乡土政治剧中所发挥的作用以及这种作用与乡镇政权的关系，可以用“跟从、借重、应对、平衡”八个字来概括。所谓“跟从”，即在哪座山唱哪首歌，当上干部就得为政府办事，替政府说话。尤其是在税费改革和取消农业税之后，村干部在经济上日益与村民脱钩，不再由村民供养，其经济来源主要是政府下拨的财政转移支付和村级组织通过各种途径所获得的创收。在这种情况下，作为一个愈益自主性的职业群体，村干部在经济上与农民的关系日疏，与政府的关系日近，加之个人的进退上下在实际上由政府说了算，而非村民说了算，地方开发中利益分配的决定权又掌握在政府手中，所以，无论从制度定位还是利益取舍上，村干部的跟从色彩都会愈加明显。而之所以以“跟从”而非服从定位，则主要是由他们那外于政权体系的身份与角色特征所决定的。由此，我们又引申出了村干部相对于权力体系关系的第二个特色——“借重”，即借重于村干部这个位置，借重于这一位置所产生的与权力体系的亲和关系，借重于这一亲和关系所派生出来的村干部作为地方政治精英在乡域政治舞台上所享有的荣誉、面子等符号化资源及人际关系网络，以及由此而生的可能的经济机会等社会资本，村干部得以实现自己作为一个农民所无法实现的个人经济与社会理想（政治晋升的路径则因为目前的制度设计被堵塞）。在这里，“借重”一词最为显著地彰显出科层体制内外乡村干部与政权体系的不同关系，前者是镶嵌在这一体系内部的零部件，而后者则是借生在这一体系四周的半独立“经纪人”，借助于基层政权这样一个载体和平台，村干部得以实现自己的社区抱负。既然如此，他们与政权体系的关系也就自然地会过渡到“应对”与“平衡”的阶段，即既跟从又应付。具体表现为行动过程中的上下应付和利益取舍上的官民平衡，而具体到某一个事件—过程之中应该如何去实现这种应对与平衡，则是以村干部作为一个自在、自为和自觉的主体行动者的利益考虑为标准的。也正是基于此，我们也才得以更加充分地理解乡镇干部转而对村干部“屈尊俯就”的种种心态与行为。

可见，作为“青皮手”而存在与行动的村干部绝非糊涂与缺乏素质之辈，相反，他们是由当下乡域政治的特殊环境所塑造出来的真正的基层政治精英，是那种活跃在国家权力链条底边的政治操盘手，他们能够很好地把握自己在权力边角地带从事“跟从”“借重”“应对”和“平衡”的行动游戏中的时空边界，因而也能够比较好地把握“跟从”“借重”“应对”和“平衡”的分寸和技巧。进而言之，他们对自己身居政府和农民之间，感情与理性难于协调，却又必须寻找一种协调的尴尬与艰辛是非常自觉的，因此，他们会不加掩饰地自喻为“狗腿子”，仅仅是这一自喻便足以洗刷掉海内外诸多研究基于某种意识形态的定位而泼洒在他们身上的“污泥浊水”，回归他们作为政治市场上的理性人与乡村文化网络中的社会人复合交织的多重面相。

而从制度主义的分析方法观之，关于“青皮手”的行动特征所展示的，其实又无非是作为村干部游走于政府与农民之间，并且最终被两者所切分与撕裂，锻造一种“自我的他性”（参见流心，2005）的过程，这种“自我的他性”的确从一个侧面反映出当下乡村权力在失却文化资源的浸润之后所表现出来的某种愈益物化的生存状态。

现在，让我们进一步转换分析对象，将讨论的焦点对准乡域政治互动体系中的农民，探讨他们在官民利益对立的博弈中有可能选择的行动策略。在讨论这一点之前，有一点是需要说明的，那就是并非在多数情况下都实际存在着弱者对强者的对峙，因为“强国家—弱社会”格局对被治者身体与意识两个方面潜移默化的规训，使顺从早已经成为多数情况下农民的一种不自觉的历史习性和集体品格，从而确保了乡民的政治服从会成为乡村官民互动中更为常态化的现象。但是，伴随转型时期政治控制的放松与官民互动中利益紧张关系的显露，在特定的条件下，作为弱者的农民的确也可能出于自利的考虑而超越历史习性的束缚，表现出一种对乡村权力组织的不合作态度。在这个时候，我发现相对于自上而下的“擂”与“媒”，自下而上的“示弱”和“行蛮”则有可能作为一部分农民在与基层权力的利益对峙中交替使用的权力策略。

在一般的印象中，示弱总是与顺从相关联，但是，当农民有意识地将示弱作为一件武器加以运用时，它所要达到的目的却恰恰可能就是要规避顺从。农民的示弱可以细分为两种形式：第一种形式是以示弱博取同情，让可能出现的“恃强凌弱”因为忌惮道德上的自我否定而消解，甚至也让弱者有机会解脱社会义务，例如由此得以减免税赋。如果这种示弱的确是以真实的物质生活境况为背景，那它往往可能获得成功，使乡村权力对示弱者做出某种类似于“慈悲为怀”与“体恤民情”的让渡。在这里，示弱者无疑是有意无意地调动了人类普遍存在的社会同情心。基于此，同情的施与便不会让施与者感觉到某种“以弱逼强”的情景压力，相反，弱者在获得同情与免去一个社区成员的公共责任之时，却可能会进一步丢失自身那本来就少得可怜的面子和社区地位。在这一点上，大集体时期那种“越穷越革命”“越穷越光荣”的伦理取向，在经历了近30年的改革历程之后，已经被“越穷越狗熊”的评价标准所代替。因此，如果不是出于某种无奈，一般贫困和老实的农民也不会愿意想到要以此种手段来显示自己的聪明，进而安于被同情和被施与的地位。第二种形式是“以弱逼强”。“反正我没有钱，就这么了，看你能把我怎么样？”采取这一手段应对经济汲取的农民在物质生活状况上未必真的极度贫穷，但他们在个性上一定要足够强悍，眼界也要充分开阔，他们知道自己不会因为相应的行动而付出代价，因此，他们往往会主动利用政府在体制和政策方面的错位，将示弱作为逃避社会义务和责任的手段。以征收为例，作为局内人的村干部其实是可以准确判断哪些人真的无力承担税赋，哪些人又是有意逃避的。但是，既然中央政府三令五申，明确禁止基层组织以强制的方式进行征收，这就在客观上给后者提供了逃脱赋税的理由和机会。我们看到，在从税费改革到取消农业税的这段时间里，这种通过示弱而拖欠和在实际上拒缴农业税已经成为小镇农业税征收难度增大的主要原因，并且也在事实上把征收逼上了一条死路。

一般说来，“以弱逼强”的战略并不会让运用者自觉到道义上的自我否定，相反，这很可能还会是他们展示个人能力的机会。这些有意拖欠和拒缴税费者会因为此一策略在村庄社区内所引发的示范效应而增强自己的地位和感召力，他们因为扮演着如同川东双村“大社员”那样的角色而被人们视为某种村庄社会的新能人，并且为一些农民所效仿。（吴毅，2002）在这个主要以利益得失作为衡量个人能力的年代，农民往往崇拜狠人，忌惮于“拳头大”的人，虽然他们未必愿意在日常生活中与这样的人打交道，并且还很可能会耻于为伍。另一方面，当弱的戏剧化展示可以被用来当作一种抗争的权力策略时，“示弱”在乡村干部看来就无异于“刁民”的行为，而当乡村干部将这种“以弱逼强”视为“刁民”的行为，而示弱者也因为示弱的成功而对乡村权威日益表现出一种挑战般的不屑之时，“以弱逼强”的弱的展示就与行蛮斗狠相去不远，并且在事实上成为行蛮斗狠的另一种表现形式了。

在既往的乡村政治研究中，农民作为社会弱势的蛮与狠的一面是不入学术视野的，也就是说，在学者的头脑里根本就不会有这样的问题存在，即使有，他们也将其归入少数人违法乱纪的另一类序列中去思考，而不会将其视为现时乡村政治的一道常态景观。如若有人研究这一类问题，大概也会止步于立场与感情方面的自我质疑而不愿意进一步前行。究其原因，除了农民作为弱者天生容易获取的社会理解与同情之外（包括对其行为品性的宽容），还在于长期以来由“强国家—弱社会”格局所反向积淀出的历史观给整个社会（包括知识界）所带来的对底层弱者的泛道德关怀，这种泛道德关怀使我们不愿意像批判权势者那样去透视社会弱势的人格缺陷（集体的和个体的），从而形成了知识界实际存在的对治者与被治者的双重评价标准。而治者愈是表现出对被治者的强，这种彼紧此松的双重评价标准也就愈加明显，以至于在知识话语以及由知识话语所泛化出来的社会德行评价体系之中，强政所面对着的往往就一定是顺民（真实的或想象中的），而在实际生活中很可能存在的“良政与悍民”或“强政与悍民”并存的现象从来是不构成问题的，因而也相应地不进入学术思考的范畴的。

但是，做过深入田野调查的人都一定会发现，后两种现象不仅实际存在，并且在一个愈益崇尚利益和力量、既定文化与秩序规范（暂且不论这种文化与秩序有多少存在的合理性）不断遭遇解构的时代还愈加突出，因此，对于基层治理而言，“悍民”或“刁民”从来就是基层治理者所必须考虑应对的真问题，并且还是构成对既存治理秩序冲击的一种真实的力量。

这里的所谓“刁民”当然不是指那些违法乱纪者，而是指那些惯于利用体制与政策的不接轨以及在基层治理能力弱化的情况下有意以违规行为来进行博利者。在这里，“刁民”一词是对民间长期使用的一个习语的价值中性的工具主义借用，不代表笔者对这些人的评价，只是借以表明干部对其行为的否定。在干部的眼里，所谓顺民与“刁民”在不同的场域也是可以相互转化的，一种场域中的顺民完全可能在另一种场域中变为“刁民”，变化的标准即视其是否有意违规。促成以违规来进行博利的多数原因，在于力量非均衡的乡村政治场域对部分不顺从的农民行动者逆向性的心理与行为塑造。由于乡村组织借助于社区公共权力这一特殊资源取得对农民的经济强势，所以，在没有其他的途径和办法改变自身博弈条件的情况下，“行蛮斗狠”与“不讲道理”确实可能是情景之中那些不愿意安分守己者从乡村组织嘴里抠出些许小利的一个办法，所以，这里的“刁”所揭示的就是杨俊凯在其硕士论文中分析过的“不讲理就是讲理”的逻辑。（参见杨俊凯，2004及2006）因为“讲理”意味着他们只能在现有的权力与利益配置框架内接受由乡村组织做出的安排，博弈的前提根本不存在。而只有利用体制与政策错位所造成的缝隙，以“踩线”甚至部分“越线”的抗争技术拼命撑大这一缝隙可能带来的机会，并借以挤压乡村组织的利益空间，才有可能在实际的利益较量中逼迫对方让步。由于这些不讲道理的“刁民”往往以政府的政策作为行为依据，并因此而陷乡村组织于被动，结果，在特殊条件下的“无赖却又有理”的行动的确有获得成功的可能。在这个意义上，这种“不讲理就是讲理”的“刁民”行为就有些近似于斯科特分析过的日常形式的反抗。（参见 J. Scott, 1985）

不过，这也确有可能诱发出真正的“刁民”行为，即以既无理又无赖的方式来与乡村组织抗衡。反正他们已经视缺失了意识形态浸润与着色的政治市场如赤裸裸逐利的经济市场，他们便也会采取一切可能的手段展开博利行为，并设法逼迫乡村组织做出经济上的让步，结果，官民双方以政治行为营造出来的博弈场就真正成了一个不加任何掩饰的经济利益的竞逐场，政治是经济的体现这一文明社会的逻辑便被置换为经济是政治的结果的“丛林逻辑”，一切都以对力的追逐与展示来决定博利的结果。由此，基层政治因为愈益缺乏一种文化正当性的支撑而显现出某种赤裸裸的利益争斗的喧嚣与嘈杂，基层政府、村级组织、示弱与行蛮的农民在这一喧嚣与嘈杂的利益场上为着各自的利益，以各自所能调动的资源与手段展开了或明或暗的较量，在这些较量之中，各方都以调用非正式化的权力技术作为最为显著的特色。

然而，从这些非正式权力策略的运用来看，它们所要达成的还基本上都是经济方面的目的，那种认为基层组织与农民的利益张力已经不断政治化的看法是很有些言过其实的，不要说这种看法在实际上忽略了作为大传统而存在的主流意识形态尚存的政治文化整合能力及对农民集体意识的融解作用，它们也完全没有去考虑基层社会中各方的力量对比存在巨大差异这一基本事实对农民集体心态的反向影响。

政权建设抑或治理转型

上述乡域政治中诸行动主体的权力策略与互动特色似乎正在向

我们彰显出这样一种治理上的困境：因为缺乏某种文化意识形态合法性的自我证成，小镇乡域政治的过程已经被一种愈益显形化的利益博弈的喧嚣所支配。

由利益博弈构成政治的基础，这本身并不是新近才被揭示的问题，宏观政治社会学的研究早就清楚地说明了这一点，只不过研究越面向基层，这一点越容易被清晰地观察到罢了。问题是博弈是需要有规则的，规则的确定则需要有合理与合法性的支撑，我们如何在历史的延续与变革之中去重新建构规则的合理与合法性，进而构筑起公正合理的博弈平台，是确保博弈被纳入规范化制度渠道，进而确保治理能够向良性方向发展的关键。这种建构，既涉及博弈各方对某一项具体的权力技术策略运用是否合理的论证，又涉及对支撑这一技术合理性评价机制的更为广泛的文化与意识形态正当性的论证，还涉及对各种权力特性之发生与嬗变及其复杂关系的认识。我所特别关注的是，在转型期乡域政治中的行为主体各方是如何合理地以一种再意识形态化的方式，来言说自身行为中愈益凸显出来的利益追求取向及其相应的行为原则的，如果这种言说不仅能够为行为主体自身确认，而且也能够为该行为所指向的其他各方认可，那么，博弈将会沿着一条良性互动的轨道发展，并逐渐生成以对新的利益政治确认为基础的乡村治理文化与模式。反之，则会因为缺乏这种合理言说而使乡村政治陷入一种赤裸裸的力与利的摩擦和碰撞之中，使进入政治过程的各方都陷入某种缺失合理性和合法性的恃强凌弱或反过来的“恃弱凌强”之中。这种以力与利的较量为特色的博弈将会对转型期的乡村政治造成诸多复杂的影响，消解博弈的道德和文化合法性基础，而小镇的故事向人们所展示的可能正是这样一种景况。

这就又回到了类似于杜赞奇在《文化、权力与国家》一书中所探讨过的主题，即现代“国家政权建设”（我现在更加愿意用“国家治理转型”来说明此类主题在中国的实践过程[5]）将如何处理与地方文化网络的关系而实施治理。在杜赞奇所研究的 20 世纪上半叶的华北农村，基层政治不断劣化的一个重要原因，即未能成功地经营这种关系，结果，所谓的“国家政权建设”反而破坏了国家自身在基层的权力基础。（杜赞奇，1988）而在当下阶段，当我们从革命和阶级的历史话语支配中走出，迈向以经济利益为中心的世俗化政治时，我们却发现无法抹去的历史经历其实也早就已经在20世纪中、下叶的历史沉积中化作某种无法回避的影响当下乡村政治发展的新传统资源，以至于当我们在否定了传统的全能型治理方式（包括支撑它的意识形态资源）之时，却又因为无法寻找到新的政治与文化正当性证成方式，无法搭建以确认新的利益政治为前提的规范合理的博弈平台，而使各种行动者暴晒在未加任何遮挡的利益竞逐场上。由是，在小镇的乡域政治场中便隐约地显现出官不官、民不民而“礼崩乐坏”的准“丛林”境地。

与此相关联的另外一个现象是，全能型治理模式消解之后的基层权力运作仍然显现出整体主义的特征，受这种整体主义逻辑的影响，基层权力组织在其强制性和基础性这两个不同层面的关联上显现出一进俱进、一退俱退、一荣俱荣、一衰俱衰的特征。即当强制性权力受到约束之时，基础性权力也相应地被削弱；反之，为了强化基础性权力，似乎又只能重新去寻找某种强制性权力做支撑（如人民公社时期那样）。在权力弱势的一方，相同的逻辑也同样在发生作用：当多数群体仍然一以贯之地延续着对强势的官权力消极回避的“无政治”行为取向时，人身自由的获取和对自身利益维护的彰显，也可能让他们中的一小部分人同时放弃作为现代公民所应该承担的社会职责，成为不受规则制约的“悍民”或“刁民”。上述两个方面特征的偶合，便塑造出前文所分析过的“强政—悍民”或“弱政—刁民”模式凸显于乡域政治的局面。这样一种整体性逻辑无疑与更大的体制、历史文化特点相关联，它说明多种权力配置同出一源给现代政治发展所带来的结构与文化性困难仍然难以消除，使得权力博弈中的行为各方仍然只能到历史的武库中去寻找达成自身目标的“利器”。这种状况不仅导致了现实中的底层权力精英和作为研究者的知识阶层中的一部分人对历史记忆的遗忘，影响到他们对现代政治理念及其价值的认同，也同样会影响到底层民众政治心态的成熟，使其依旧徘徊于消极顺从与激进反弹的两端，甚至也有可能让官、民、知三方都共同到历史的旧式循环中去寻求化解困境的药方。而这三种选择显然都是无法舒解转型期乡村社会所特有的治理困境，开拓出新的治理文化模式的。

因此，在完成了前述理解性的分析与阐释之后，我还想要顺带做出也许并非新颖的建言：当下乡村治理的改善，已经不太可能只是一种单向度的行政架构重置，也不应该试图在集权与分权、收权与放权，或为民做主与让农民自己表达之间做出非此即彼的选择，更为重要的是如何让政治行动主体各方从目前像小镇这样的类"丛林状态"走到一种新的有序竞争的合作博弈中来。让基层政权在确保对社会有效渗透的同时，完成自身作为基层社区公共权威主体的塑造；让农民从消极无为的顺民或激进抗争的"悍民"，转换为按照现代权利规则行为处世的公民。而这一系列变化所依赖的，首先便是各种权力格局的重构，其中既包括对基层国家强制性权力的制度约束，也包括对其基础性权力的改善与增强；既包括对民权、民利的尊重和保护，也包括对底层群体的政治重塑，当然也还包括对进入乡域政治过程的各方之权力运作和竞逐方式的文化正当性证成方式的重建。

这是一个超越对小镇故事的学理性分析与阐释的宏观国家在乡村社会治理转型中的紧迫主题。

注　释

引子

[1] 依据我的经验，在中国做田野研究，没有政府部门的支持和引荐，包括利用“公事私办”和“私事公办”等形式所做的引荐，是很难入场的，这即如苏力所说，“尽管我们运用这多种关系所了解的仅仅是一些非常平常的情况，没有任何窥探机密或单位隐私的企图，但是我们都本能地知道，如果没有这些关系，我们完全可能会受到冷遇”。因为被调查对象“没有任何必要同一些与他们没有丝毫关系、不可能给他们带来任何直接利益而唯有可能带来麻烦的人交往”。（苏力，1998）但是，政府的引荐与支持却又往往使研究者容易受到官方的文献、知识和话语的屏蔽，及为另一种权力关系所支配，而忽略对于民间知识和民间意见的收集。要克服这一局限，确保田野工作具有较长的时间与深度是很有必要的。只要能够确保这一点，我就宁愿相信，以局部性田野经验为基础的“深描”（thick description）较之于统计性的量化分析，在理解中国社会与政治特性方面可能具有更大的优越性。

[2] 1998 年上半年和下半年，我在四川省达州市磐石乡双河口村（简称双村）进行了长时间的驻村调研，在此基础上，撰写出博士学位论文《村治变迁中的权威与秩序——20 世纪川东双村的表达》，论文运用政治人类学的田野调查方法和“民族志”的叙述架构，详细考察了个案村在 20 世纪的百年中的村治历程，村治变迁中权威与秩序形态的变化是这一考察的核心。通过这种考察，论文阐释了“现代性”“国家”与村庄

“地方性知识”这三种逻辑在20世纪中国社会由革命向改革发展变化的历史大场景中共同塑造村治格局的历史过程，归纳出20世纪影响个案村村治变迁的基本逻辑是“现代化背景下从国家、现代性依托革命对村庄社会的改造到超越革命后的国家、现代性与村庄地方性知识这三种历史逻辑共同重塑新村治格局”的过程。我认为，这一历史解释模型的提炼，不仅对理解个案村村治历程，而且对重新理解整个20世纪中国的村治历程都具有一定的学术价值。（参见吴毅专著，2002）

[3] 对所研究对象进行立体化、情境化和动态性（时间性）的叙事呈现是“深描”的基本要求，（陈向明，2000）这样做倒不仅仅是因为要刻意区别于统计式量化分析的抽象和条理特性，而是基于要通过叙事本身来帮助我们克服在结构主义的社会分析中容易导致的唯智主义“符号暴力”。（李猛，1998）同时更为重要的，还是基于一种有别于科学结构主义的历史叙述主义的方法论立场，即认为事件本身与它的后果紧密相连，过程本身构成理解过程变化及其相应结果的重要原因。因此，对于研究对象进行立体化、情境化和动态性（时间性）的叙事呈现就不只是一种能或不能用来表现作为被研究对象之真实性状况的形式，而是对它的一种组织——一种包含了作者的认知和解释在内的组织，一种不同于科学主义的历史主义分析方法。即如海登·怀特（Hayden White）所主张的，叙事不只是历史再现的一种可用或不可用的话语形式，它还包含着意识形态，它不仅传达意义，而且还创造意义，不仅是形式，还是内容本身。（海登·怀特，2005）因此，作为一种研究立场和方法的“叙事性的分析和思考”，也正是救赎缺乏时间和历史感的科学主义社会研究的法器。

[4] 根据我的观察，作为日常乡镇工作的一种延续方式，吃饭和喝酒不仅在政府食堂里进行，常见的地点还有镇上的餐馆和村干部家里，如果对其做一个大致的功能分类，那么，政府食堂主要用于各种会议之后的常规接待，而更为常见的带有工作午餐性质的吃饭或更具礼仪性的接待则经常是在镇上的餐馆里进行。在这些场合，或者是由政府干部做东，宴请宾客和领导，或者是村里出面款待政府干部或客商。实际

上，在像小镇这样一个外来人口不多、工商业不发达的城市边缘乡镇，餐馆主要就是依靠这一类权力型消费来维系的。这在另一个方面又将小镇的餐馆塑造成了一个乡镇权力精英群体半制度化互动的结构化空间，这一空间的主要功能是利益型（即政治型）而非文化和休闲型的，除非因为各种红白喜事，居民需要到餐馆来包宴席，餐馆与乡镇民间生活基本上无缘。出入餐馆的主要是政府干部（包括乡镇各个职能部门的干部）、村干部和一些工程承包商，而后者中又多有介于黑白两道之间的人物。由此，我发现了一个能够观察操控乡镇权威性秩序的人群的空间场所，透过这个场所，我们得以确知乡镇精英的构成及其网络化互动的密度和频度。在村干部家吃饭，主要是为了接待下村工作的政府干部。至于吃饭与喝酒的社会功能，有干部为我总结了三个原则：（1）上级来了不能不喝；（2）朋友来了不能不喝；（3）有事要求对方办事不能不喝。喝酒有融洽气氛、拉近关系、联络感情的作用，是乡镇工作必不可少的润滑剂，也可以被视为地方社会资本交换的一种方式。

一

[1] 一般地讲，除了农忙时节，农民在家里并无固定的事情非要赶着做，生活范围的相对狭小，使农民们对像我们这样的外来者多少会怀有一些神秘感，或者他们就干脆把你看成政府派下来了解民间疾苦的干部。所以，只要他们相信你，觉得你没有架子，好接近，他们一般都愿意跟你谈，而且也总有说不完的话，一些能说会道者还往往以能为你提供尽可能多的村庄知识作为在村人面前证明自己能力和价值的一种方式。正因为这样，在村庄从事田野调查，入场的难度相对较小。然而在乡镇则不同，干部们与我们一样，从本质上都已经是不同于农民的城里人，他们多少都读过书，有见识，生活方式、行为处事与待人接物也与我们不存在根本的不同。因此，对于像我这样一个从外部闯入，以刨根问底、打听他们的工作和生活为职业的局外人，在彼此熟悉之前，他们未必会配合。而且，政府干部的职业心理，也容易使

他们把你视作新闻记者一类的人物，而新闻记者在这里几乎就等同于需要防范者，这样，那种无形的距离感和被调查对象随时表现出来的自我保护的“职业警惕”，会使调查者感觉到与访谈者之间总存在着一道不易穿越的无形之墙。访谈之中，他们要么会以下级向上级汇报工作的惯有方式来适应你（或应付你），要么会有意无意地隐去一些他们认为不适合让外人知道的事情或情节，而无论哪一种方式，都可能会影响到调查。所以，作为调查者，我只能以尽可能多地参与他们工作的方式，通过工作中的观察、询问和直接体验来弥补结构性访谈的不足。这兴许就是我的小镇调查与双村调查在方式上的最大不同。这种不同将注定会影响到我对小镇调查结果的整理和表述。

[2] 应该说，并不仅仅是由于税改迎检这一“事件”的自然牵引打乱了我最初所设想的结构性调查的安排，在国内由孙立平等人所首倡的“过程—事件”研究策略从一开始就对我的小镇调查思路的形成具有影响。孙主张将研究对象由静态的结构性分析转入由事件所展现的动态过程的研究之中，并将过程本身看作一种独立的解释变项或解释源泉。孙认为，通过对这一动态的“过程—事件”的研究，展现流动着的“社会事实”，能够更为深入和准确地认识与把握中国国家—农民之间实践着的复杂关系，揭示这种关系中的种种隐秘。（孙立平，2000）而事实上，我已经读到的即有关于中国政治的研究著述中通过特定“过程—事件”的展示性研究来揭示政治特质与机制的成功之作，如孔飞力（Philip A.Kuhn）的《叫魂》（孔飞力，1999）和应星的《大河移民上访的故事》（应星，2001）等书，都对我的研究具有先期的影响。尽管如此，我还是要承认，我仍然是在学理上尚未完全准备好的情况下遭遇到历史社会学所强调的时间性叙事并开始思考这一问题的。

[3] 对于安徽省农村的税费改革，国内学界多有研究，而某些对其过程进行介绍的农民调查报告文学作品则详细而形象地向人们展现了税费改革从缘起、发展到在全国推开的过程。此类书的出版也使该问题的影响超出政学两界，成为新世纪初叶国人对“三农”问题高度关注的重

要中介。而在这之前，曹锦清的《黄河边的中国》（曹锦清，2000）和李昌平的《我向总理说实话》（李昌平，2002）等书也都起到了类似的作用。

[4]“三个取消、一个逐步取消、两个调整、两项改革”即：

（一）取消乡统筹费等专门面向农民征收的行政事业性收费和政府性基金

取消现行按农民上半年纯收入一定比例征收的农村办学经费（即农村教育事业费附加）、计划生育、优抚、民兵训练、修建乡村道路费。取消所有专门面向农民征收的行政事业性收费、政府性基金。取消乡统筹费后，原由乡统筹费开支的农村九年制义务教育、计划生育、优抚和民兵训练支出，由财政预算安排。修建乡村道路所需资金不再固定向农民收取。村级道路建设资金，由村民大会民主协商解决，乡级道路建设资金由政府负责安排。农村卫生医疗事业逐步实行有偿服务，政府适当补助。

（二）取消农村教育集资等涉及农民的政府性集资

取消所有面向农民的各种政府性集资。取消在农村进行的教育集资后，中小学危房改造资金由财政预算统筹安排。

（三）取消屠宰税

停止征收屠宰税。原来随屠宰税附征的其他收费项目一律停征。

（四）逐步取消统一规定的劳动积累工和义务工

全镇用3年时间逐步取消统一规定的劳动积累工和义务工。2002年每个劳力每年承担积累工和义务工最高不得超过22个，2003年不得超过15个，2004年不得超过10个，2005年起全部取消。劳动积累工主要用于农田水利基本建设、农业综合开发和植树造林。劳动义务工主要用于防汛、义务植树、公路建设、修缮村办校舍。对于农业基础较好、过去投劳任务本身就比较少的地方，在取消劳动积累工和义务工的过渡期间，每年“两工”的投入量要相应减少，有条件的地方可以一步取消。“两工”取消后，村内农田水利基本建设、修建村级道路、植树造林等集体生产和公益事业所需劳动，必须遵循“量力而行、群众受益、民主决策、上限控制”的原则，实行“一事一议”，由全体村民或村民代表大会民主讨论决定。筹劳严格实行上限控制，每个劳动力每年承担劳务数额不得超过10个标准工日。除遇到特大防洪、抢险、抗旱等紧急任务，须经区级和区级以上人民政府批准才能临时动用农村劳动力，任何地方和部门均不得无偿动用农村劳动力，不得强行以资代劳。

（五）调整农业税政策

一是确定农业税计税土地面积。农业税计税土地面积以农民第二轮承包用于农业生产的土地为基础，按政策据实确定。对二轮承包后，经国家土地管理部门批准征（占）用的计税土地，并按政策规定办理了耕地占用税征、免手续的，不再作为农业税土地面积；对二轮承包后新开垦的耕地按规定免税到期的，应纳入农业税计税土地面积。各级农业税征收机关建立农业税计税土地档案，实行规范管理。计税土地面积发生增减变动时，农业税则同步进行调整，防止出现新的有地无税和有税无地的现象。从事农业生产的其他单位和个人的计税土地面积，为实际用于农业生产的土地。非法占地不能拉减计税面积，应负担的农业税及附加，由占地单位或个人承担，不得转嫁其他农户。

二是调整农业税计税常年产量。农业税计税常年产量以1994—1998年5年农作物的实际平均产量折合成主粮确定，并保持长期稳定。除计税土地面积发生增减变动外，常年产量不得随意调整。

三是确定农业税税率。改革后农业税实行比例税率，按照省里规定，全镇统一执行7%。

计税常年产量、税率和农业税征收任务，经区农村税费改革领导小组批准后，分类测算到村，并落实到农户及其他纳税单位和个人。

农业税计税价格及社会减免和自然灾害减免政策按省农业税征收实施办法执行。

（六）调整农业特产税政策

1. 减少征收环节。取消原部分一个应税品目两个环节征税，实行一个应税品目只在一个环节征税。

2. 简化征收办法。按照农业税和农业特产税不重复交叉征收的原则，对在非计税土地上生产的农业特产税产品，只征收农业税，不征收农业特产税。严禁两税重征。

3. 农业特产税应税品目、征收环节、税率以及减免政策按省《农业特产税征收管理实施办法》执行。

（七）改革村提留征收和使用办法

村干部报酬、五保户供养、村办公经费，除原由集体经营收入中开支部分仍继续保留外，凡由农民上缴村提留开支的部分，改革后缴纳农业税的，采取新的农业税附加方式收取；缴纳农业特产税的，采取农业特产税附加方式收取。农业税和农业特产税附加比例确定为改革后农业税和农业特产税正税的20%。收购环节的农业特产税不征收附加。农业税附加和农业特产税附加采取征收代金制。用农业税附加和农业特产税附加方式收取的村提留属于集体资金，由农业税征收机关负责征收，经管站负责管理，实行镇管村用，专户储存，专款专用。

村提留改革后，村内兴办集体生产和公益事业所需资金，不再固定向农民收取，按照“一事一议”的原则，年初由村民委员会提出预算，经村民大会或村民代表会议讨论通过，报经管站审核，经镇政府同意，报区农民负担监督管理办公室批准。筹资额严格实行上限控制，每人每年最高不得超过15元。经批准后的筹资额，用省农民负担监督管理部门统一监制的农民负担监督卡登记，监督卡由村委会组织发放到农户。筹资款由村委会按卡收取，按议定的用途使用、管理，并张榜公布，接受群众监督。村内一事一议的集体生产和公益事业筹资的提取、管理、使用，接受农民负担监督管理部门检查监督，防止出现限额失控的情况。

原由集体经营收入负担村提留和乡统筹费的，改革后可以采取适当方式继续实行以工补农。对不承包土地的务工经商农民，可以按照权利、义务对等的原则，经村民大会民主讨论确定，在原乡统筹费和新的农业税附加和农业特产税附加的负担水平内，由村委会向其收取一定数额的资金，纳入村内一事一议筹资款项统一管理，用于村内集体公益事业。

（八）改革共同生产费征收和使用方法

用于村庄统一组织的抗旱排涝、防虫治病、恢复水毁工程等开支的共同生产费，不再固定向农民收取。用于农村抗旱排涝的计量税费和电费等，按照“谁受益，谁出钱”的原则，由受益农户据实承担。用于村组修复水毁工程所需资金，纳入一事一议范围内统一安排。（参见附录 2：1）

[5] 根据杨雪冬和周庆智等人的研究，这种目标管理体系生成于计划经济时期，借助于农村承包责任制的成功而被广泛地纳入县乡政府的管理之中，被作为各级党委政府进行管理的一种手段来运用。（参见杨雪冬，2002；周庆智，2004）周庆智认为，已经确定的行政任务通过逐级签订责任状的形式向下派发，一般经由三个层次完成。第一个层次是县委、政府与上级党委、政府签订责任状，责任人是书记和县长。第二个层次是由县委、政府与各乡镇党委、政府、各职能部门签订的责任状，责任人是乡镇的书记、乡（镇）长以及各职能科局的负责人，责任状规定完成的任务以及任务完成与否的奖罚措施。第三个层次在各乡镇、职能部门内部展开，乡镇领导、职能部门领导与自己下属部门的负责人签订责任状，行政任务在这个层次才算是真正落到了“实处”。这种做法被称作“政治承包制”。（周庆智，2004：131）

[6] 在乡村干部的工作交往中，乡镇干部普遍不以正式的权力关系而以非正式的人际关系作为推动工作的基本手段的状况，是与当前村干部体制性的角色特征相关的。在内陆农村，科层体制之外的边缘化地位和较低的经济报酬，使作为一个特定体制性群体的村干部缺乏积极配合乡镇政府工作的热情，同时也使得乡镇政府同样缺乏制约和激励其工作的制度化手段，而经常性地撤换干部（无论是通过行政任免还是选举方式）则又有可能造成乡村工作新的矛盾和阻力。（参见吴毅专著，2002）因此，作为体制性连接力量不足的一种补充，通过建立和维系良好的个人关系，以人情和面子作为督促村干部配合政府工作的方式，就成为乡镇干部对待村干部的一种普遍的方式。对于这一点，乡

镇干部不讳言，村干部心里也清楚，并以受用这种来自乡镇干部的友情和敬重为满足。因为这种友情与敬重能够有效地转换为巩固村干部自身精英地位的资源。但是，明智的村干部绝少会因为这种受用而忘却了自己相对于乡镇干部的真实的下级地位。所以，他们总是会“投桃报李”地在工作中给予政府工作上的支持，而不是不知好歹地去轻视或者挑战政府干部的这种“示好”。因为他们知道，真正处于弱势的还是他们自己而非政府，而他们自身作为乡村基层社会精英地位的获得和维系，从根本上讲也仍然取决于来自政府的体制性赋予（在相当数量的情况下，即使村庄选举也难以不受到政府的影响）。所以，即便是要维护村庄的利益，抵制可能来自乡镇的非正当利益侵犯，他们一般也不会以牺牲与政府干部，尤其是主要领导干部的个人关系为代价。由此，我们就比较好理解老罗所说的“就怕政府跟我们讲人情”的话了，这句话恰到好处地表现出村干部在面临来自镇政府领导的友情与礼遇之时，那种既不想牺牲村庄利益又不愿意破坏乡村干部之间个人关系的两难处境。

[7] 按村委会组织法对村干部职数的规定，村干部是3—5人，即小村3人，大村5人，但实际上，据我在各地的调查，村干部超过法律规定的职数并不是个别现象。超编的原因多种多样，如村级经济发达，工作量大，干部人数不够；又如在换届选举中落选的干部因各种原因，又重新聘回，另行安排（例如本人不愿意下，不好做工作，在位时经手的事情多，了解情况多，不宜下或者下了以后会给村里的工作造成麻烦和被动等）。就秦家畈村而言，在2002年换届选举中，本来新班子的人选不拟变动，但半路杀出一个采石场的老板杨宏军，他在个别干部的支持下站出来竞选，并承诺当选之后愿意出钱为村里修路，结果高票当选为村委会副主任，这样，原来的副主任就只能以聘用干部的方式继续留用。还有一种情况就是，某些村民小组的影响较大，但没有村干部作为代表，村里也只有将小组长作为村里的聘干。这种种的原因都使得村干部的实际人数超过编制人数。对于此类情况，乡镇政府实际上也都是知道的，不过他们还是只按制度规定的职数拨付给

村里转移支付款，只要政府不多给钱，村里自己愿意多拿钱养人，或者降低自己的工资水平，那也就由着他们了。但是，在应对各种考核和检查时，村里上报的干部人数却必须和制度规定相符，因此，在一些迎接检查的表格上，许多村的实际干部人数并不会（也不允许）反映出来。

[8] 连续一段时间的税改迎检也给我提供了一个观察与分析乡镇干部行政心态的较好机会。通过这种观察，我对他们的行政心态做了以下的粗略分层，当然，这种分层也许仅仅关注到了制度对角色的塑造，而没有去考虑其他社会因素对特定环境中的特定人物的影响。

主官层。这主要是指乡镇党政一把手。如今的乡镇党政一把手大多比较年轻，有文化，工作能力强，能说会道。这些人中，相当部分已非起自基层，而是直接由区县下派。因受上级主要领导的信任，他们到乡镇任职多带有锻炼与提供舞台施展才能的意思。在这种背景下，在任职期间尽可能快地干出成绩，取得上级的承认和重视，争取进一步的晋升机会，是他们行政心态中一个相当重要的动机。这部分人中，出身农村者居多，他们熟悉农村和农民，了解基层工作的艰辛，对上级的政策要求与基层实际可能存在的诸多脱节和错位，他们其实知道得很清楚，但在其位就要谋其政。仕途竞争的激烈与不可预期往往使他们的行为决策更主要地服从于紧跟上级政策需求而非面向基层实际的逻辑（如果两者存在冲突的话）。即便是内心有矛盾，存在着自己的判断，但这种矛盾与判断在多数时候都必须服从紧跟上级的理性，因为你不跟别人也会跟，那么，你在仕途竞争中就必然会落于下风。这就叫作人在江湖身不由己。无疑，选择紧跟上级的行动理性是比选择违背上级的行为更加容易和普遍的，若非各种特殊机缘的集合，李昌平式的干部并不容易产生。

次主官层。这一层人多为乡镇副职，即一般所说的班子成员（包括副书记、副镇长和乡镇党委委员）。其中又可以做进一步的分层。

（1）上级下派、年纪较轻、文凭较高的副书记类。他们有与乡镇党政一把手类似的经历和背景。因此，其行政心态与前者有近似之处，但他们与上级政府之间毕竟隔着一个主官层，责任、机会与风险都较小，所以，他们主要是以完成任务来取得主官的信任，同时，尽可能通过各种关系打通与区县一级领导的联系，争取得到他们的关注，也是他们所必须经常考虑的。

（2）起自于基层的中年以上的次主官。这些人多是从基层干起来的，是按传统干部人事模式选拔上来的。在如今强调干部的年轻化、知识化和专业化背景下，他们获得进一步晋升的可能性较小。但是，“年龄偏大不要怕，不进政协进人大”的预期仍然会促使他们跟上，至少是不违上；另一方面，这些人起于基层，在性格和气质上有更多底层干部的民间性和草根性，他们往往能够比较坦率和独立地表达他们对上级政策举措的看法和评价。

（3）一般班子成员。这些人经过奋斗，进入了乡镇领导班子，虽然说他们的职位从科层化的行政序列上看十分卑微，但在乡镇好歹也算得上是一个副乡级的领导，所以，从职业理性上讲，他们会完成上级任务并预期能获得进一步的升迁。但在实际上他们都知道，除了个别的幸运者，他们当中的大多数人都只能在现职上干到退休，顶多解决一个待遇问题。所以，“干加混”往往是这些人最为典型的行政心态。

一般干部。这其中又可以分为两部分，一是接近退休年龄的干部，他们当中的许多人是从班子中退下来的，一部分是进入政府工作不久的年轻人。前者是老乡镇，对乡镇工作熟悉，因为临近退休，已无所顾忌，所以，其中多有能向你直陈和分析现行乡镇政治的利与弊者，与他们接触，收获颇丰。后者年轻，他们工作发奋努力，想争取一个好的前途，但从整体上看，他们对乡镇工作还有一个继续熟悉的过程，体会也未必很深。此外，还有一些人到中年却未有晋升机会的一般干部，对于他们而言，做好工作、过好日子是主要考虑的事情。

然而，心态归心态，无论上述诸类人物的地位与想法有何不同，一旦进入体制，在自上而下的行政压力型运作机制的驱使下，他们对待工作也是不敢怠慢的，尤其是在目前乡镇机构面临精简分流和下岗压力的背景下，干好本职工作仍然是他们的第一行为选择。

[9] 赵树凯在《乡镇政府的应酬政治》一文中指出，在各类检查中，为了确保检查的真实性，上级往往不预先给下级打招呼，而是采取突然袭击的检查方式，其行动诡秘犹如特工。但下级总有办法事先知道检查的信息，如检查时间、线路、检查者的行踪，甚至检查组的车号等。在应对自上而下的检查中，地方上存在一种规律性现象：如果是省里来检查，市、县、乡、村都会紧急动员起来，共同应付；如果是市里来检查，县、乡、村则都紧急动员起来，共同应付。比如省里检查时，市里有关部门就会提前探情况，向下边的县提供某些检查信息和应付方法的“公共服务”；当市里来检查时，县里有关部门就为乡镇提供这样的服务。在这个过程中，检查者永远处于被孤立的状态，犹如一叶扁舟驶入汪洋大海，而被检查者则利益一致，团结一心，共同对“上”，犹如布下天罗地网，将上级的检查活动消解于无形。谈及这种上级检查的“孤舟效应”，有乡镇干部称为“魔高一尺，道高一丈”。（参见赵树凯，2006）赵文的分析无疑有助于加深我们对目前各类上对下的工作检查的认识。

[10] 荣敬本等人认为，随着改革开放以来的放权让利，县乡管理体制开始从传统计划体制下的集中动员型体制向分权的压力型体制转变，其具体表现是分层化的政治承包制。即一级政治组织（县、乡）为了实现经济赶超，完成上级下达的各项指标而采取的数量化任务分解的管理方式和物质化的评价体系。为了完成经济赶超任务和各项指标，各级政治组织（以党委和政府为核心）把这些任务和指标层层量化分解，下派给下级组织和个人，责令其在规定的时间内完成，然后根据完成的情况进行政治和经济方面的奖惩。由于这些任务和指标中一些主要部分采取的评价方式是“一票否决”制（即一旦某项任务没有达标，就视其全年工作成绩为零，不得给予各种先进称号和奖励），所以各级组织实际上是在这种评价体系的压力下运行的。他们认为，压力型体制的运行大致分为指标、任务的确定，派发，完成和评价四个阶段。（参见荣敬本等，1998：25—35）应该说，压力型体制这一概念的提出对于理解县乡政府的运行特点是有解释

力的，而导致这一体制运作特点的根本原因还在于权力层层向上负责的集权体制。

[11] 按照邹谠的解释，全能主义（totalism）指的是政治机构的权力可以随时地、无限地侵入和控制社会每一个阶层和领域，全能主义政治则是以这个思想为基础的政治社会，它是用于表述政治与社会关系的一个概念。邹谠认为，全能主义政治的起源与晚清以降中国所面临的全面危机以及人们对这一危机所采取的应对方法和手段有关，即以社会革命与政治统揽全局的方式来克服当时整个国家和社会所面临的危机，由此也就造成了以政治全能主义来控制、引领国家和社会生活全部领域的特点。邹谠认为，当这种危机过去以后，全能主义政治就失去了它的历史功能和任务，其应用范围应当逐渐缩小，进而全能主义政治会逐渐地消解。（邹谠，1994）

[12] 老洪认为，在现行的行政体制下，挂村制度是有用的，因为它本来就是革命时代的动员和集中领导体制的产物，只要我们仍然习惯于以统一的思路来解决千家万户小农的问题，要将上级的统一意志传达到分散的个体化的小农，那么，在政府与村庄之间就必须有一个制度性的连接链条，这就是挂村干部制度。当然，如果管理体制有变化，这一制度可能就多余了。（参见附录1：11）

二

[1] 在一些纯农业乡镇，税费改革在减轻农民负担的同时也引起了乡镇财政运行的困难，相关的研究已经注意到了这一点。例如，李芝兰和吴理财就指出，始于2000年的税费改革实际上是建立在将农民负担加重的原因归结于基层政府的“赢利化”和“黑恶化”判断基础之上的，因此，改革本身即内含着某种自上而下的“倒逼”机制——中央力图通过堵住基层政府“三乱”方面的收入，促使基层在十分有限的财政资源约束下不得不对自己进行“革命”，最终达到精简机构和转变职能的目的。但是，将“三乱”问题完全归咎于乡镇政府并不合理，事实上，农民负担问题的加重既与乡镇财政制度本身的设计有

关，（参见陈永正、陈家泽，2004）也与上世纪90年代开始实行的“分灶吃饭”以及1994年开始实行的“分税制”改革有关，这些制度设计和政策改革所造成的一个结果是：一方面自下而上地逐级集中财税资源，另一方面上级政府尽量地将事权下移，层层向下“甩包袱”。而最终承接“包袱”的农村基层政府为了完成上级压力型的考核指标任务并利及本级财政，只有千方百计地将“包袱”转移给农民群众，结果加重了农民负担。因此，基于将农民负担加重归咎于基层政府的税费改革在“倒逼”乡镇、堵住了基层“三乱”收费的同时，也自然就加剧了基层政府的财政困难，使其陷入财政危机和运行困难当中。作为对这一危机和困难的一个反应，基层政府减少乃至放弃向农民提供基本公共服务，结果进一步加剧“三农”问题，造成治理危机。（参见李芝兰、吴理财，2005）

[2] 这让我想到了孟德拉斯（Henri Mendras）所著的《农民的终结》（孟德拉斯，2005）这部书的书名和它的某些内容，但两者的内涵相去甚远。孟德拉斯所揭示的是随工业化和农业产业化而来的传统农业为现代农业所替代的过程，而小镇所呈现出的却是在尚看不到农业产业化前景下的传统小农经济的自弃。这种自弃固然也是缘于城镇化和工业化的拉力，尤其是基于特殊的地理区位，这一拉力对小镇农村劳动力的流出效用表现得尤为明显，但它显然更是中部欠发达地区近城区农民对农业产业化前景不抱希望的一种反映，因此，它的社会效用只是破坏性和浪费性的。因为在目前的土地制度下，被弃置的无数小块耕地尚不能够自动转化为可供规模化经营的大地块，而中部地区的欠发达也阻滞了城市化和工业化在近期可能对它们的利用，使其无法出现我们在发达地区城市近郊或若干地区的“城中村”所看到的土地在农转非过程中急剧升值的情景。（近期的研究可参见李培林，2004；蓝宇蕴，2005）这也许就是目前内陆地区城郊农村所要遭遇的一个困境，即既因为发展又因为不发展而不能不遭遇的土地资源的浪费现象。

[3] 对于林书记所说的通过引进种田能手搞精细农业一事，镇里分管农业

的姚学明副书记曾经亲自带我去看过。示范基地位于小镇通往大江区城区的公路旁，去年刚建起来。政府通过村庄以反租倒包的形式，先以每亩330元的价格从村民手里将土地租过来，然后再以每亩260元的价格租给一些懂技术、擅经营的专业户，实行适当的土地集约化经营（其中的差价由政府补贴），种植瓜果蔬菜，包括各种反季节蔬菜。这些专业户经营的产品销往大江区市场，一年下来，纯收入能达到八九千元，对于务农而言，这已经是很不错的收入了。姚书记告诉我，这些专业户与村里第一期签了6年的土地承包合同，而政府则给予他们多方面的支持，如为他们联系大学教授来讲授种植技术知识，组织他们到邻近的乡镇参观学习等。专业户要建房，搭建大棚，政府都出面联系材料或设法给予优惠。姚书记说，政府通过这种引进和扶持，希望能对当地农民起到一个示范和带动的作用。（附录1：14）

[4] 我国中西部地区乡镇财政危机（更广泛的意义上应该说是县乡财政危机）一直是学者研究的一个问题，一般认为，造成这一问题的原因主要有这样几个方面：（1）税源不足，财政难为无米之炊。自分税制改革后，地方税收占地方财政收入的比重呈下降态势，乡镇一级税源贫乏，主要依赖农业税收；（2）机构膨胀，财政供养人员过多，超出财政承受能力；（3）收入上移，上级政府层层集中财力，县乡政府争饭吃，导致乡镇财政最为贫弱；（4）支出下移，县乡财政支出加大，进一步加剧乡镇的困境。乡镇财政的困境与现行财政体制不完善有关。这主要表现在1994年的分税制财政体制改革，中央将主要税种增值税的75%划为中央收入，留给地方的只是一些征收成本高的小税种，使得经济不发达的县、乡两级财政收入明显下降；分税制改革考虑了如何提高中央的财政收入，却较少顾及地方税的有效性，执行分税制以后中央和地方之间的职能划分没有真正做到明晰、合理，地方政府承担着许多本该由中央政府承担的职能；与农村各种经济和社会发展相适应的公共开支缺少相应的税收来源，从而迫使地方政府不断寻求各种预算外收入，以解决财政困境。可参见《五大因素导致县乡财政危机》，《中国经济时报》。

[5] 魏昂德从制度变迁的角度把变迁经济中的地方政府比喻为工业厂商，（参见 Andrew G.Walder，1995）怀婷（白苏珊）运用经济学中的委托代理理论讨论乡镇政府发展乡镇企业的制度效应，（参见 Susan H.Whiting，1995）刘世定等人从财政激励的角度认为政府预算约束迫使乡镇政府不得不在体制之外寻找可支配的财政来源，（参见刘世定，1996）邱泽奇从乡镇政府对非约束性的组织运作扩展费用的追求的角度探讨乡镇政府介入乡镇企业的动机，（参见邱泽奇，2000）他们所讨论的均是乡镇政府在乡镇企业发展中的作用。其实，乡镇政府对于地方经济活动的热衷并不仅仅局限在企业方面，而可以推而广之地扩展到乡镇地域之内的其他经济活动领域，在这些凡是能有助于确保或提高自身财政能力的活动中，乡镇政府几乎都在扮演着类似于某种特殊的厂商或公司的角色。

[6] 对村干部"当家人"角色的定位缘起于对村干部的"双重角色"定位，即认为在村民自治状态下，村干部的角色与行为一方面呈现出村庄事务当家人的特征，另一方面又体现出国家利益代理人的特征。（参见徐勇，1997）这一理论上接历史上"双轨政治"的思想，（参见费孝通，1947）下对目前"乡政村治"的制度设计，从制度—结构主义的视角较为准确地把握了农村村干部在国家与村庄社会这一二元分析框架中的地位与角色。但是，随着研究的深入，人们逐渐意识到，"双重角色"也仅仅只是一种制度—结构上的静态定位，或者说还只是对一种应然状态的论证，（参见吴毅《双重边缘化》，2002）它是否能够准确地反映具体"过程—事件"中动态的国家与村庄关系对村干部角色与行为的塑造，还是大可进一步深究的。所以，一些学者进而对"双重角色"理论进行修正，提出了诸如"监护人""庇护人"等一系列的解说。我注意到，无论是"双重角色"理论或者是对这一理论的修正，在分析的方法上都存在着一个明显的特征，那就是注意到了（或者说较多地注意到）国家与村庄互动关系中的村治结构与环境（客体）对村干部（主体）角色与行为的塑造和影响，而没有注意到（或者说较少注意到）作为行为主体的村干部对村治环境的适应与选

择。而经验告诉我们，作为社会行为主体的村干部并非仅仅是作为某一种制度安排和社会结构的影子消极地存在着，作为存在和活动于国家与农民之间的一个特殊中介群体，他们是可以在制度和结构所给定的框架内进行思考、选择和行动，并最终给制度和结构的运行造成影响，乃至于改变制度结构的特征与性状的。所以，主要从制度—结构方面对村干部角色与行为的静态分析可能与动态的过程—事件中的经验观察不相符合。我在对中西部农业型村庄观察的基础上，提出过对此类村庄村干部角色与行为"双重边缘化"的类型学理解，即认为在村治环境比较局促的情况下，村干部既不可能较好地充任国家代理人的角色，也不可能当好村庄事务的当家人，而是陷入一种国家与农民两头够不着的双重边缘化地位，就是力图从动态角度理解村干部行为特征的一次尝试。（吴毅《双重边缘化》，2002）而在小镇洲头村的观察，又进一步丰富了我的这一想法，即村干部的这一双重边缘化地位在增加了特定利益变量的条件下，会呈现出新的变化。就洲头村而言，这一变化明显地表现为主动向基层政府代理人这一边倾斜，且在这一倾斜中努力去实现作为一个特殊中介群体的村干部自身的制度利益。

[7] 正是通过对许多干部的访谈，以及日后多次亲临开发现场的调研和体会，我对基层政府在农地征用中深度介入所导致的复杂作用产生了自己的认识。一方面，我意识到这种深度介入是官本位格局下强国家—弱社会的力量对比态势所铸就的非制度化的越俎代庖和与民争利；另一方面，我又意识到，在目前的情况下很难彻底避免这种越俎代庖和与民争利。因此，在政府的介入和越俎代庖背后，似乎也存在着某种不得已而为之的"被动"与"无奈"。因此，现实就往往是：政府的深度介入既会引发制度化的消极后果——农民利益受损，却又可能是地方发展，甚至农民利益（哪怕只是小利或微利）实现的一个前提。而在这一宏观状况被改变之前，要想得到它的好处，也就可能不得不同时承受其坏处，现实并不允许我们只想得利而不想受损。要么全要，要么全无，这很有些像"诺斯悖论"所表述的，国家的存在对于经济增长来说必不可少，但国家又是人为经济衰退的根源。也许现实

就只能是这样既矛盾又复杂地存在和发生着，人们所能做的，只不过是在这种主动和被动、有为与无奈以及损益之间的权衡与平衡，而非简单的道义性指责。具体分析可参见我发表在《读书》杂志 2004 年第 7 期上的《农地征用中基层政府的角色》（吴毅，2004）一文。

[8] 应该指出的是，“黑土地”问题在历朝历代都存在，并且见诸历史记载。在传统社会，受国家治理能力的限制，这一问题更加突出，只不过随着现代国家治理能力的增强，尤其是其信息监控处理和统计能力的日益完备，现代数字化管理才在很大程度上将这一问题解决，尽管如此，似乎仍然无法从根本上将其杜绝。例如，在韩丁所著的《翻身——中国一个村庄的革命纪实》一书中，就记载了 1949 年前农户隐匿土地不报，以躲避缴税的“黑地”情况。（参见 William Hinton，1966）而 1949 年以后，这一现象也仍未消失，只不过隐匿土地不报的行为者由土地所有者个人变为农民集体组织。这说明官方统计学的发展仍然要受到各种来自非官方的民间利益考虑的限制。而我所要指出的只是，随着这一问题的缩小，一些地区仍然存在的“黑土地”现象似乎已经很少进入人们的视野而成为一个仍然应该研究的问题，这是否在说明日益完备和几乎无所不覆盖的官方统计作为现代世界的一个“构成部分”，（安东尼·吉登斯，1998）在帮助我们提高管理社会和反思性自我调节能力的同时，也在一定程度上屏蔽和限制了社会研究者的能力，以至于研究本身也已经被系统地纳入它们所要分析的现象之中而缺失了对其保持分析和批判的能力？

三

[1] 关于少数农户不缴税对多数农户的影响，我在 2002 年出版的《村治变迁中的权威与秩序》一书中就曾经进行过讨论。我当时就认为，“拒缴和拖欠这一不法运作的成功是具有扩散效应的，因为拒缴和拖欠款项的人不受惩罚，就会使循规蹈矩的人觉得自己吃亏了，于是，拒缴和拖欠行为可能会像流行性感冒一样传染给其他循规蹈矩者，拒交和拖欠的面可能会扩大。实际上，这种推理已经被更大范围的观察

所证实”。（吴毅，2002：237）显然，小镇广大乡村干部对我的诉说以及我自己在小镇的亲身体验也进一步证明了以上判断。问题是在以往关于农业税征收难的研究中，我们只是将注意力集中于农民的困难和乡村干部的强制性征收所带来的负面效应方面，却比较缺少这种基于乡村官民利益博弈角度的分析，从而易于将一个复杂的问题简单化和泛道德化。而以此泛道德化评断为基础的农村政策在化解一个积累已久的官民矛盾的同时，却又可能会制造出一个新的治理绩效的问题，这也许就是目前的政策选择在实践中所经常遭遇到的困境。而本项研究的一个考虑则是希望能够最大限度地克服这种基于简单的泛道德同情的研究，尽可能将问题置于特定的场景之中去对相关的研究对象分别做出“主位”式的理解和分析，也因此而尽可能去凸显基于不同利益、立场和位置感而表现出来的不同行为者的情感和行为逻辑之间的张力，而我以为，这才是对实践着的真实的一个最好的再现。

[2] 杨念群认为吉尔兹（Clifford Geertz）“地方性知识”（local knowledge）概念的提出虽然有利于对抗知识的“全球化逻辑”，将底层社会的感性认识提升到规范认知的水平，但仍然还是知识人从思想的意义上对知识进行“分类”的结果，所以，还应该进一步注意区分“地方性知识”和“地方感”的不同。他认为“地方感”是一种更接近于底层精英或民众自身的主体感受，强调乡村社会（也包括城市社会）中人们的行动和思维逻辑往往并非能用“知识”分析的方法加以解读，而只能在特定的区域中去体验，所以，不能依然沿袭“知识类型学”的方法把民间世界构造成与精英世界相对立的图像加以把握。他认为，民间世界之所以区别于上层精英，可能恰恰在于其存在着难以用上层精英的知识加以把握的感觉世界，乡民往往是凭借从“感觉世界”提炼出的原则来认知和安排日常生活的，所以，要理解这些“感觉世界”，仅仅应用“地方性知识”的解析方法就十分不够，还必须注意到“地方感”的存在和它在乡村日常生活中所起的作用。杨认为，感觉世界未必是一种可以明确把握的“知识系统”，而是一种在日常生活中积累起来的感觉经验，这种感觉经验在一定的区域内有效，越出此边界

则会消失，所以不具备普遍意义，只具备区域性特征，不能用上层的规范性知识去描述它们，而只能从乡民自身的经验世界中去体验。我认为，杨念群以“地方感”进一步区别于“地方性知识”，有助于在人类学和区域性的地方研究中进一步准确地把握被研究对象的思维感受和行动特点。（参见杨念群，2004）

[3] 最有代表性的观点中包括将乡镇政权改为县政府派出机构和撤销乡镇政府的主张，（参见徐勇，2003 及于建嵘，2003）这些主张都力图通过减人减事，使乡镇社会回归到类似于民国之前无固定的体制性设置的状态来减轻农民负担，乃至于消解“三农危机”。但它们既没有清楚地告诉人们被精简的多余人员将如何消化这一事关改革成败本身的技术性操作方案，更不能令人信服地回答新治理模式下乡镇社会将如何去因应现代化社会中愈益复杂和繁多的发展与秩序建构的问题。须知，经过前些年的合乡并镇，现在一个乡镇的规模大都在方圆 100—200 多平方公里，人口在 5 万—10 万之间，而需要处理的公共性事务则甚至远多于前现代时期的县级政府，因此，它在实际上不可能再按照传统地方政府的方式来运作。而即使是传统时期的县级政府雇员也远比我们所想象的要多得多。（关于前现代时期中国县级政府职能、运转与人员构成的研究可参见瞿同祖的《清代地方政府》。瞿同祖，2003）如此大范围地区的社会发展和秩序建构是很难想象用诸如村民自治意义上的“自治”“消极行政”“协调”或“社会中介组织发育”等方案就能够应对的，因此，北京大学潘维教授就针锋相对地提出了质疑“乡镇行政体制改革”，加强乡镇政权建设的主张。（参见潘维，2004）进一步的研究还可参见其著作《农民与市场：中国基层政权与乡镇企业》（潘维，2003）。而我认为，学界的类似主张很大程度上是建立在对实践比较陌生的观念信仰的基础之上的，他们甚至没有能够注意到传统政府与现代政府之“无为”与“有为”的基本区别。

[4] 从空间上看，乡镇社会无疑是一个介于城市和农村之间的社会，它与它们的不同不仅表现在经济生活上的交叉与共融，而且也表现在社会构成、生活模式、文化和人们行为习性上的交叉与共融，而且，这种

交叉与共融并不仅仅是体现在它交融了两者所共有的一些经济与文化特点，我以为更为重要的还可能是它作为一种典型的城市与乡村社会的边缘地带所具有的某些边缘或底边文化的特点。所以，在乡镇，作为农民社会和城市底层街角社会所具有的一些共通性弱点也表现得比较充分，在这方面，怀特（William Foote Whyte）的《街角社会》所揭示的某些社区生活模式与习性也许能够给我们提供某种启示。（参见怀特，1994）对此，我将其称为介于城乡之间的边角性特点。应该说，乡镇社会所显现出来的若干生活模式及行为习性与基层治理所遭遇到的一些特殊问题都与这种边角性有关，而对此的深入挖掘无疑将丰富学界关于转型期乡村社会特性与治理的研究。

[5] 我在第二章的注释[6]中，已经对村干部的角色特性做过分析，我认为老罗对村干部角色“青皮手”的定位，可以说又从职业性格的角度丰富了我关于农业型村庄村干部行为特性的认识。我以为，我的“双重边缘化”是从制度环境对村干部行为塑造的角度所做的定位，而老罗则从自身长期的底层生活经历出发，提醒我去注意特定的文化环境对村干部政治人格特性的塑造，这的确是一个非常重要的补充，它更加立体化了人们对村干部这一类底层角色的认识，提醒人们去注意这一角色所可能具有的社会习性。也许老罗并不能够完全理解我在第一次听他说到“青皮手”这个词时所显露出来的那种探掘到宝物般的兴奋，但是我相信，那些长期与农村基层干部打交道的田野调查者都一定会从这个词中找到他们一直在经历和体悟，却未必已经明确归纳和提炼到位的某种体验和认同，这便是田野研究所特有的魅力。

[6] 县—乡之间自上而下的压力型行政运作机制的核心其实就是行政首长负责下的政治责任承包制，在这样一种层层对上负责的政治责任承包制当中，上一级政府只要抓住下一级政府的第一、二把手就能够贯彻自己的意志，因为这些第一、二把手升迁与去留的决定权实质上掌握在上一级政府的核心领导者手里，对官帽的控制实质上成为上一级政府制约和监控下一级政府的主要手段。乡—村关系也有类似之处，村委会虽然是依法选举产生，但是在目前的情况下，相当部分地区的村

委会选举，其主要核心成员在实质上也都是在选举之前由乡镇政府物色的，在这些地区，选举的主要功能在于把领导的意图转化为群众的选择和法律的认可。而且，村庄的第一把手是村党支部书记，书记的任免权掌握在乡镇党委手中，因此，村级组织之于乡镇党委和政府在实质上仍然存在一种下级对上级的政治责任承包制，这也是许多村庄在不得已的情况下要借钱垫缴农业税而背负上沉重债务的一个重要原因。这种情况也并非个别地区，在全国内陆农村是一个普遍现象，这方面的情况可参见杨琳和孙自铎对湖北和安徽乡村债务的相关研究。（参见杨琳，2001 及孙自铎，2001）在这个意义上，县—乡压力型体制也是向下延伸到村庄的，只不过村庄的组织方式不同，压力延伸的方式和效用可能会有变化。

[7] 小镇的干部一般将这种做法称作“协税”而非买税，表明他们对这种事情持一种较为谨慎的态度，但其实类似的情况在其他农业型乡镇也都可能存在，而且程度可能有重有轻。例如，在李芝兰和吴理财的一项研究中，相关被调查对象就将自己的做法称为“买税”，这位被调查的乡镇财政所长是这样说的：国、地税人财物都归条条管理，乡镇（政府）管不到。但是，他们的任务却算在乡镇。国、地税收多少税，乡镇只能干着急，不能干涉它。县政府考核（财税收入）却只对乡镇政府，年终考核压乡镇！为了完成（国、地税）任务，乡镇只好挪用乡镇财政的钱先垫付给他们（给县里交差）；另外，如果还不够的话，只能（从外地）“买税”（交任务）。这样就会造成乡镇财政的“空转”。这位被调查者还说，这种现象比较普遍，他们县里大部分乡镇都存在这个问题。有一个镇甚至专门组织一个班子，在外面“筹税”。（李芝兰、吴理财，2005）可见，在“分灶吃饭”的财政体制和县乡压力型考核体制的双重作用下，农业地区乡镇政府大都面临着共同的财政压力和困境，而出于政绩和自身利益的考虑也多会采取一些措施、“技术”来应对这种困局。

[8] 关于小镇村干部的收入，我专门做过调查。税费改革后，按有关规定，村里正职干部（书记，主任）的年收入可以达到 6000 元，副职

干部可以达到4800元，但这笔钱并不完全由政府通过转移支付来解决，而是政府出一部分，村里自己解决一部分。就小镇政府来说，他们是按正职一年2400元、副职1800元下拨，其余差额部分由村里自己想办法补齐。而实际上在整个小镇能补齐的也只有一两个村，其他绝大多数没有集体经济的村均不可能达到标准，干部只能拿到政府下拨的那一部分。但村干部要足额拿到政府下拨的钱，还必须完成农业税赋上缴任务，完不成任务的就拿不到应得的数字。所以，从各个村的实际情况来看，相当部分村庄的干部都拿不到应得数额。至于小组长，情况好的村庄一年有600元的收入，差的一年只能拿到200—300元，奉献和面子的意义也许更大于实际的经济意义。当然，讨论村干部的收入，除了以上政府所规定的，还应将一些可能存在的隐形收入也考虑进来。例如一些村庄虽然没有大的集体经济收入，但诸如山林、果园、鱼塘等仍可能存在一些承包管理费收入，村里也会用这笔钱对干部进行一些补贴。此外，经常性的工作餐实际上也已经成为干部补贴的一部分。而对诸如此类的收入，政府在一般情况下都会采取默认的态度。如武镇长就对我说："如果不允许他们私下撮一点儿（即占点儿小便宜），喝一点儿，谁愿意跟你干？"因此，与一般农民相比较，干部的收入还是更高，因为多少总是存在着一些制度性寻租的机会，而政府也会有意识地给村干部预留一些寻租的空间，这也是当干部虽然吃力不讨好却仍然有人愿意干的一个重要原因。

四

[1] 社会资本的概念虽然最早由布迪厄（P.Bourdieu）等人提出来，但将其作为一个解释范式加以运用，并使之引起学界广泛重视的却是哈佛大学的社会学教授罗伯特·D.帕特南（Robert D.Putnam）（参见帕特南，2001）。帕特南将社会资本理解为能够通过推动协调的行动来提高社会效率的信任、规范和网络，而其他学者也基本上是在帕特南的意义上使用和发挥这一概念的。就国内的研究来看，十分注意社会网络作为社会资本的一种存在形式在推动地方经济发展中的作用，对

之，不仅有经济学家做过分析，而且也为许多社会学家所强调。不过，围绕着社会关系网络作为一种社会资本形式在经济社会发展中的作用，却存在着争议。如托马斯·福特·布朗就认为应该从宏观、中观和微观三个不同的层次来分析社会资本，他认为有些网络资源对于某个（或某些）个人而言，即从微观上可能是一种社会资本，但是对于多数人而言，即从宏观上看就未必是一种社会资本。因此，不能简单地从网络的意义上来理解社会资本，还要考虑网络中的规范、制度、信任、道德等范畴。（参见李惠斌、杨雪冬，2000）不过，如若把考察的视角集中于微观和中观层面的乡镇社会，不能否认关系网络对于地方经济发展的作用是显而易见的，在这个意义上，我们就仍然可以将老皮通过家庭所积累起来的关系网络视为他所拥有的一种社会资本。

[2] 一般地讲，将农业结构调整的地块选在公路两边的交通便利处几乎是各地的通行做法，目的当然是为了便于参观和上级检查，这其中自然包含有面子和政绩两个方面的考虑。在一些地方，为了引人注目，还特地在进行结构调整的实验区地块上插上醒目的标志牌，以区别于其他地块。从中国政治文化的角度看，这些似乎都是可以理解的做法，但在土地分户经营的情况下，这样做却势必带来一个问题，即为了使结构调整或实验的地块成片成规模，往往就必须在结构调整之前进行农户之间的土地调换，调换的方法当然是让愿意参与调整实验的农户与不愿意参与调整、承包地却在实验区内的农户进行土地互换，但这种办法实际上往往因为诸多操作上的困难而难以实施。要设法让土地在调整区内的农户配合政府，参加调整，就必须让这些农户得到看得见的好处才可行。尤其是在结构调整的效果难以预计而农民又存在疑虑的情况下，政府为了推动工作，往往不得不事先将实惠施与参与调整的农户，而且还会以诸多的承诺让农户觉得参与实验包赚不亏，所以，由政府（或村里）提供种子、农药及承诺以保护价收购作物就是最为经常的做法。这就叫作对农民施之以利，使他们愿意配合政府的工作。若不如此，在结构调整屡战屡败而基层组织又不得不屡败屡战

的情况下，是难以让农民跟进的。但是，这样做在解决了农民的配合问题之时却又势必增加乡、村两级基层组织的经济负担，对此，笔者称之为由“诱民致富”所导致的“政府致负”。（吴毅，2005）结果，往往是本欲利民的结构调整在民利未见之时却可能先“坑”了乡、村两级基层组织。而且，基层组织的这些先期投入往往是很难收回的，如若结构调整成功，农民获得实惠，基层组织的支出还可以被认为是政府为带领农民致富所必须付出的代价，但若失败，则实际上就成为基层组织的净损失。而实际上，对于这样一类现象的解释是很难仅仅局限于经济领域的，就像我们在前面所看到的，为了通过税费改革的检查评比，本欲减负的改革却增加了基层政府的负担。它们实际上都是基于政绩政治（或也可以被称为“礼的政治”）所必须多支出的基于政治面子考虑的开支，或者也可以被视为现实政治运转所必须支付的实际运转费用的一部分。

[3]“诱民致富”与“政府致负”相对于前些年基层政府以行政手段推动农业结构调整而致的“逼民致富，逼死农户”现象而存在。如同注释［2］已经指出的那样，其原因当然是地方和基层政府主要领导为了追求政绩，不顾行政和经济成本地推行农业结构调整。既然逼民致富的大环境不复存在，就改逼为“诱”，给农民以看得见的好处，让他们自觉自愿地跟着乡镇政府走。“诱民致富”式的操作也许颇受农民的欢迎，却是以基层政府对农民的经济和实物支出为前提的，而且，它往往是不计成本和有去无回的，政府把种子、化肥和农药送给农民，说是等来年收获时再扣回来，但如今在一些地方，乡镇政府连该收的赋税都很难收上来，又凭什么能够把已经送出去的东西再要回来？再说结构调整是政府要搞的，并非农民自愿，所以，要将已经垫付的钱物从农民那里收回来就没有那么容易。这即是“诱民致富”导致“政府致负”，造成政府负债的原因。如果进一步考察，我们还会发现，如今像农业结构调整这一类惠民的举措越来越多，好多东西都需要政府出钱，因此，对于一些地方的基层政府来说，往往是好事办得越多，负债也就越多。可见，“诱民致富”所致的“政府致负”凸

显出政府行为的某种反经济性的一面，从这个方面讲，它比之于早些时候的“逼民致富”，手法虽有不同，原理与精神却相通。不过，如果话就仅仅讲到这里，即使问题本身已经说透，却仍然不够，因为谁都知道，为了政绩而牺牲经济本身就是一个对上负责的压力型行政体制不易克服的痼疾，从这个角度上看，“诱民致富”无非是“逼民致富”的另外一种表现形式。只有对上述问题做进一步的追问，思考促使形式改变的深层次原因，才会加深人们对由这一问题所折射出来的当下基层行政运行现状及其特征的认识。这一追问就是：一个被学界习惯性地嵌格在“强国家—弱社会”官民互动视野中的基层乡镇政权何以至于连在为自己的脸上贴金时都不得不屈就于它所治下的百姓？一种意见可能会认为，这是中央政府强制性政策约束使然。这话可能不错，然而，需要注意的是，在中央政府的强力约束之下，基层乡镇所丧失的恐怕绝非仅仅是“逼民致富”的能力，它所丧失的毋宁说首先是自身的部分治理能力本身——一些地方依法征税能力的部分丧失就是一个最重要和最基本的指标。这样说绝非是指责中央政府造成了此种状况，而是说中央政府的硬约束在某种程度上的确使乡镇政权近年来逐渐积累起来的问题以一种更为原生态的方式暴露出来。这一问题就是：由于种种原因，部分乡镇政府在治理过程中与农民的互动实际上已经陷入要么依靠强力及相应的越权和越线来维持，要么处于无能和无为境地，要么干脆只能以向农民“行贿”的方式来实施治理这样一种多重困境之中。所谓“强国家—弱社会”景象在特定的乡镇场域中未必是对官民互动状况的真实描摹，在更多的时候，它实际向人们所展现出来的可能更是一种“弱国家—弱社会”双向并存的状貌，即基层政权治理资源和治理能力的不断流失已经成为困扰基层政治与行政运转的重要原因，并且在实际上也同样阻挠着乡村社会本身的健全发展。因此，我们才可以看到基层政府往往被农民所“反制”的种种奇特现象。谓其奇特，是因为这种“反制”在绝大多数场合并不意味着“民权”的增长，而仅仅只是意味着“官权”的式微，它实际上向人们展现的是一种有效治理缺失的景况。

[4] 土地无疑是村庄集体所有的最重要资产，但是，在不能进入流通领域的情况下，这一资产无法产生经济上的巨大价值，在这个意义上，只有可以买卖的土地才可以被视为真正的资产，而在当下的中国农村，将土地变为可以增值的资产、产生巨大经济效益的主要途径就是被征用。

[5] 例如，作为一个经常参与招商引资谈判的乡镇干部，在此类过程中，老洪一般所更多关注的自然会是土地商人在圈地行为中表现出来的某种经济投机心理，而非他们的办学成效。他对于后者的印象可能也更主要是来自社会对目前民办高校在运营过程中出现的一些负面效应的评价，这是我们在理解老洪的评价时应该注意区别的。（也可参见杨善华、孙飞宇在有关深度访谈的论文中对社会—个人生活经历与受访对象之叙事意义的建构关系的讨论。杨善华、孙飞宇，2005）不过，这并不妨碍我在这里引证他的话，并基于他的判断展开进一步的分析，因为我的关怀与老洪的关怀具有一致性，即更多地关注资本投资教育对于城郊区农村土地征用可能产生的影响。

五

[1] 关于个人或组织行为的名与实的关系，吴思的研究不无启发，他以“潜规则”这一概念来指涉那些虽然不符合制度性规定却在事实上支配着实际社会生活运行的现象。应该说，“潜规则”概念的提出为我们洞悉社会现实提供了一个解释性工具。只要用心去观察，我们就会发现如吴思所说的“潜规则”现象是大量存在于日常生活之中的，因此，如果说同样的现象也存在于乡土社会的政治与行政运作之中，也没有什么不好理解。这就如同人们常说的那样，“能说的不能做，能做的不能说”“凡游戏必有规则，但规则未必明说，明说的又未必当真”，这乃是日常生活政治中的一种常态而非异态。由此，也可以引起我们对单纯制度主义研究视角的反思和警惕。（参见吴思，2002）

[2] 根据贺雪峰和仝志辉两人的研究，村庄社会关联是指处于事件中的村民在应对事件时可以调用村庄内部关系资源的一种能力，“社会关联”

一词借自涂尔干（Emile Durkheim）的 solidarity（又译为社会团结或社会连带，参见涂尔干，2000），在涂尔干那里，solidarity 指涉整体社会的结构特征，所强调的是社会作为优于个人的因素所发挥的作用，但贺、仝则用以指称村庄内部人与人之间的具体联系以及这种联系的强弱对于村庄整合与秩序建构能力的影响。他们认为，如果一个村庄中的多数村民能够有效地通过调用各种村庄内部关系资源来应对日常生产和生活中的事件，形成合作，降低生存风险，说明村庄的社会关联程度高；相反，如果多数村民普遍地不能有效调用村庄内部关系资源来应对日常生产和生活中的事件，无法形成合作，说明村庄的社会关联度低。贺、仝又以社区记忆强弱和经济社会分化程度这二维因素的不同组合，区分出 A、B、C、D 四类理想类型村庄的不同社会关联度，并指出，随着社会转型期传统社区记忆的断裂和村庄内部经济社会分化的加剧，在一些内陆农村正面临着村庄社会关联度日益降低的趋势，这一趋势的加剧无疑会消解村庄秩序的建构并进而影响到村庄社区公共生活的组织和公共物品的生产与供给，弱化村庄治理能力。其具体表现就是在村庄内部村民无力应对共同的经济协作，无力对付地痞骚扰，无力达成村庄内部的道德和舆论监督，也无力与政府讨价还价，结果致使村道破败，纠纷难解，治安不良，负担沉重且村德败坏。（参见贺雪峰、仝志辉，2002；贺雪峰，2003）依据笔者的经验，若以最近 20 多年的历史变迁作为考察的维度，这一分析对于理解当下一些内陆村庄，尤其是缺失集体经济资源的“空壳村”的治理失效还是有相当效度的。这些村庄在人际社会结构特征方面的一个比较形象的比喻就是原子化状况，这种原子化状况甚至已经严重影响到了村庄社区公共生活的形成。

[3] 与村民自治政策制定者和呼吁者的预期相反，实践中的村民自治并没有成为村民对村庄实行“三自”“四民主”的有效工具，而是愈益成为一个相对独立于乡镇政权和村民之间的村庄治理机制。对此，我、杨震林和王亚柯曾经将其称为“村委会自治”现象，而考虑到村党支部与村委会的关系，我现在认为不妨将其统称作“村组织自治”现

象。称其为“自治”，是承认村级组织与乡镇以上的其他行政层级在制度设计和实际运作上确有不同，许多行政任务到达村庄这一级后，的确不可能再仅仅依靠单纯的行政性指令推行，而必须依靠乡村之间的协商和关系网络来贯彻，村组织具有一定的自主性；而称其为“村组织自治”而非“村民自治”，是承认现实村治中的自治主体实际上是村“两委”而非村民。我们曾经根据利益关联度的下降弱化了村民与“两委”的关系（村民选择自由的扩大加快了乡村权势的分散，导致村民经济生活与“两委”联系日少；“经济人”意识在农村的勃兴引发乡村关系的变迁，在乡村之间形成一种“弱政治、强经济”的关系模式，村级组织面临的财政压力使其日益成为一个相对独立的利益集团；“乡政村治”模式下，乡村之间、村民与村组织之间的委托代理格局提供了村组织自治的可能等五个方面）分析了“村组织自治”形成的深层原因及其表现。我们认为，无论从当前宏观的国家治理环境还是从微观的乡村治理运行来看，这种“村组织自治”都不是个别现象而是普遍性现象。（参见吴毅、杨震林、王亚柯，2002）因此，在评价和衡量现实的村治状况时，与其用制度性的规定去评判或裁量，不如首先对现实加以把握和理解。在这个意义上，我即使认为现实并不完善，也不会去过分地苛责或者持一种不予承认的态度，反倒认为“村组织自治”本来就只能是现实环境给我们提供的唯一可能选择，我们只能去逐步地改造它而非一味地从道义上否定它的存在。

[4] 在这方面，苏力等人的研究无疑是值得注意的。苏力指出，中国的法治进程实际上是20世纪以来建立中国现代民族国家的基本战略的一种延续和发展，（苏力，2000：35）而“送法下乡”更是国家权力试图在其有效权力的边缘地带以司法方式建立或强化自己的权威，使国家权力所求的秩序得以落实的一种努力，（苏力，2000：30）因此，法制便被赋予一种治理的功能，成为一种国家对社会所采用的程序和技术性的精巧治理术，意味着一种国家治理技术的转型。（强世功，2003）正因为如此，法制便不可避免地表现出操作时的诸多功利性考虑，而非社会成员普遍发自内心的一种视如宗教般的共同生活信仰的

形成。（参见苏力，1999）在这种情况下，我们便很难避免人们基于利益得失的权衡而对其进行功利的取舍。而且，直接来自田野的经验也使我注意到，与城市社会相比较，现代法律及其相关的制度也更难进入乡村，从而加剧乡村社会在对待法律进入问题上的功利性、选择性甚至是规避性。（参见吴毅《法的正义抑或情的入理》，2004）

[5] 第二章的注释[6]和第三章的注释[5]都讨论过村干部的“双重角色”问题，这里做进一步的延伸讨论。现实村治环境中村庄领袖是否能够扮演村庄利益“当家人”的角色，其“当家人”角色所相对的对象是谁，往往由特定事件情景中村庄领袖所处的利益地位和场域特征所决定，而非由某种理所当然的制度设计所框定。因此，先验性地将村庄中的“两委”关系结构化为政府“代理人”与村庄“当家人”的关系，并将两者置于利益对立的地位是缺乏普遍化的经验支撑的。就以村庄党支部书记的角色定位而论，如果考虑到特定场域中的人际关系网络和地缘关系，也很难就一定可以非时空化地将其认定为政府利益的“代理人”而非村庄利益的“当家人”。进而言之，如果再考虑到现实村治环境中相当数量村庄的党支部书记都是由村主任“升迁”而来，即村委会主任实际上只是作为村党支部书记的副手——村庄中的第二把手而存在，那么，这种结构并置的二元理解就更加不能够概括现实中“两委”主职干部间的纵向递进与“上下级”关系特点。而经验表明，这种纵向递进与“上下级”关系才是村党支部书记和村主任以及“两委”关系的更加日常化的制度性特征（制度经济学家一直都把并非一定由法律明文规定，却在实际生活中支配和规范人们行为的一些约定俗成的习俗、文化与规则均视为制度的一种重要构成，这无疑拓宽了我们对于制度内涵的认识。可参见 R. 科斯、A. 阿尔钦、D. 诺斯等，1994）。但可惜的是，在政治学的乡村研究中，许多学者却仍然习惯于将理论和宏观上的党政关系移植到微观的村庄社会内部，并作为考察和分析村庄权力结构和关系的一个具有解释性的分析框架，这无疑是有些狭隘的制度和结构主义至上，而忽略了村庄日常政治非结构化的一面，而且也更加忽略了我国自 20 世纪中叶以来就形

成了的政党国家化的列宁主义国家结构模式。

[6] 这让我再一次想起了川东双村二组村民肖心维与小组的果园承包纠纷案，此案例也是小组在无人承包的情况下以低价将果园发包给肖心维，肖受益后引起小组其他村民的不满，后继组长便代表村民意愿提高承包费，如果肖不同意则退出承包果园。而肖心维则坚持合同未到期，小组的要求属于违约行为，不予服从。此事最后闹到村里也无法解决。该案例的焦点也是坚持合同的肖心维在村组内得不到支持，而违约的小组长却代表了民意。如果我们不是一味地站在国家大传统和法条主义的立场上看问题，就会发现在此案例中，坚持按合同办事的肖心维在村里实际上成了犯众怒的“大社员”，而违约的村组干部则无疑是村情民意的表达与主持者，在这里，有理与无理从大传统和小传统（参见 R.Redfield，1956）的不同角度看刚好是颠倒的。由此可见，由外部植入的现代契约理念在遭遇村庄道德主义的冲击之时是多么无力，后者甚至会“胁迫”懂法的政府干部都“不得不”（其实更可能是主动地）去适应村庄特殊主义的要求。（参见吴毅专著，2002）

[7] 但愿这不会给人以反法制的印象。我只是想借此案例提醒人们，当一个社会还普遍地只是将法制作为某种治理工具与治理技术的时候，社会也就可能同样会为了治理的需要而放弃或改变这一工具，就如同我们曾经根据需要强调过“砸烂公检法”，推崇以党治国一样。在这里，讲法与不讲法也许是具有相同的依据的，那就是视它们对于解决实际社会问题的效用，尽管这种效用有可能很不一样。因此，我们其实很难期望在当下的情况下，法制能如同它在理论上所坚称的那样，在任何情势下都具有一种形式至上的权威，以至于人们为了维护这种权威而可以不惜牺牲实质的正义。这也许就是中西社会在对待法制问题上的不同态度，如果你愿意，将其视为传统与现代或人治与法治的区别也未尝不可（只要你愿意这样简单地看问题）。所以，当我们在视法制作为一种治理工具和国家治理术时，是既包含着对现实的事实判断，同时又对其持有一种基于建构主义而做出的批判性价值评价的。在这个意义上，我无疑是一个法制派。

[8]“一把钥匙开一把锁”是如今一些乡村在处理官民矛盾时经常采用的方法，而“点发”则是这一方法中最常见的摆平技术，其他的技术还包括动用亲缘和谊缘网络对对象户构成亲情、友情的压力，使其最终放弃与组织作对。这就是老洪所说的“针对某个农户的具体情况，制定特殊对策，背着其他农户，有针对性地做这一家人的工作”。（参见第二章相关内容）但是，在普遍市场化的社会环境下，特殊对策如果不辅之以一定的经济激励，对于务实的农民来说就很难奏效。所以，“点发”就应运而生。“点发”可以说是集中了“一把钥匙开一把锁”的精华，它表明转型期乡土社会的官民关系已经具有了日益显著的世俗化特征，也表明在当下乡村治理普遍遇到障碍时，乡村组织越来越倾向于依赖非正式的民间权力技术，而不是制度规范和空泛说教来与农民打交道。我在小镇的调查也表明，“点发”具有节约成本、对症下药的利益诱导和利用人性弱点的作用，在处理十分棘手的矛盾时往往能够奏效。但是它也带来相应的问题，那就是让依赖这一手段的乡村组织在农民面前愈发失去其应有的道义与公共权威，从而最终损害到治理本身。

[9]档案查阅表明，大江区信访办为杜绝共产党员上访，还专门转发过中共中央组织部《组工通讯》（总1290号）刊载的一篇《共产党员不能参与集体上访》的文章，文章指出，党员参与群众集体上访，甚至带头和组织群众集体上访，违背了党的原则和纪律的要求，是错误的，要求党员必须用《党章》和《关于党内政治生活若干准则》来规范和约束自己的言行，不能以任何理由参与集体上访，更不能带头或组织群众集体上访。（参见附录2：21）而在我所查阅的信访卷宗中，也有区里就党员参加集体上访而发出的通报批评材料。（参见附录2：22）可见，上访虽然是中国官民沟通的一种特殊的体制性安排，但在当代中国特定的政党国家化的体制与文化下，上访行为对于党员而言却存在着难以躲避的意识形态陷阱。

[10]但我们不能不承认，以社会良知和农民阶级代言者身份自居的学者在当世是较多且深得媒体追捧的，这些学者在各种场合以各种方式

为改善农民地位、实现农民利益而研究和呼吁，其情可嘉。然而，不无遗憾的是，其中的一些研究与呼吁与其说是基于对现实问题的深入理解与把握，不如说是基于对某种道义和意识形态信仰的需要和承诺，诸如不顾时空条件地呼吁成立农民协会，夸大村民自治的社会效用，将乡镇直选视为化解“三农”问题的一剂万能药方，将“三农”问题泛政治化等，都或多或少具有这种倾向。我虽然不在一般意义上否认这种研究的学术和社会价值，却也难免不去思考其研究质量以及客观的社会效果。当然，它的另外一个潜在功能也许还在于制造或放大了某些问题，将需要通过非常专业化的持续性努力才能解决的问题（例如“三农”问题本身）泛政治化，从而助长解决问题的急躁心理，误导社会舆论。对此，有学者就私下指出，这实质上也是在以另外一种方式“吃农民”。

六

[1] 斯科特在分析20世纪中叶的东南亚农民时，认为“由于生活在接近生存线的边缘，受制于气候的变幻莫测和别人的盘剥，农民家庭对于传统的新古典主义经济学的收益最大化，几乎没有进行计算的机会。典型情况是，农民耕种者力图避免的是可能毁灭自己的歉收，并不想通过冒险而获得成功，发横财”（詹姆斯·C. 斯科特，2001：5—6）。由此，斯科特确立起自己的“道义经济学”理论。而以于祖文为代表的洲头四组农民与20世纪中叶的东南亚农民虽然不可同日而语，从总体上讲，他们已经面临一些可以进行理性计算的机会，例如过去以少报多种、隐匿“黑土地”、少缴税赋的方式与国家博弈，现在坚持实际丈量土地，多得土地补偿等也正是这种理性的考虑。但是，当他们真的即将告别传统农耕经济，转而跃入市场经济的汪洋大海而随波逐流时，他们对自己的未来就仍然充满某种莫名的恐惧，这也就是如秦家畈村老罗所说的“农民是既盼开发，又害怕开发”。所以，他们此时此刻的全部所思所想，也就是要尽力抓住跳海前的最后一次机会，争取从过去有意隐匿的土地中再索取一些

提高今后的生存水平或者说是用于投资冒险的资本。从这个角度讲，我们的确很难用是非对错这样的道义性词语去评价农民当初隐匿土地和现在要求国家承认“黑土地”行为的性质，这其实都可以大体归入斯科特所归纳出的底层弱势群体在经济活动中首先追求“安全第一”的生存伦理逻辑当中去。

[2] 曼瑟尔·奥尔森（Mancur Olson）的集体行动逻辑说明个人理性不是实现集体理性的充分条件，因为理性的个人在实现集体目标时往往具有搭便车倾向，而且集体行动的规模越大，搭便车行为越多。所以，集体行动只有在特定条件下才可能存在，即组成集体的人数足够少，并且集团内部存在着迫使或诱使出现集体利益的选择性刺激机制。（参见曼瑟尔·奥尔森，1995）就洲头村四组15户农民抵制镇、村土地补偿价格的行动而言，一定条件下的集体利益选择性刺激机制是存在的，那就是共同维护小组全体成员的利益，即在小组成员内部，其利益的损益是共同的，而他们与乡村组织之间则是一种零和博弈。但是，当农户的集体行动遭遇到镇、村方面寸步不让的立场和“一把钥匙开一把锁”的户背户式的分化瓦解时，官民实力对比的悬殊和农户内部因为彼此之间信息不对称而引起的相互猜疑，就可能最终瓦解农户坚持集体抵制的决心，使其改而以个人利益最大化为行为选择的依据，一旦出现这种局面，集体抵制即告结束。我们现在所看到的洲头村四组的情况即是如此。

[3] 我在川东双村的调查表明，亲缘关联仍然是村庄社会建构内部秩序的一个重要因素，这首先就表现在村民之间的交往结构被罩上了一层亲情的面纱，只要能攀扯上一定的亲戚关系，无论亲疏，人们之间皆以亲缘中的辈属相称。这种情况的泛化便是在没有亲缘关系的人们之间通过各种形式构置出一种虚拟的亲缘关系，于是就形成了村落内部成员之间的泛亲缘化关系网络。（参见吴毅，2002）相对于双村，小镇的发展程度更高，更接近城市社会，但传统乡村社会的人际交往结构和特征仍然在这里发挥着相当明显的作用，从而把小镇与距离它仅仅几十公里的H市在人文地理上区隔开来，而且，往往是在小镇这样的

城乡接合部地区，人们更容易明显地感受到现代城市文化与传统村落文化的碰撞。

[4]“老板从政”和“富人治村”是村庄实行直选之后在乡村基层权力结构变迁中出现的一个重要现象，对于这一现象的出现，相关研究较多，学界一般也都从村庄发展的角度对之给予肯定性评价。而笔者所关注的是，从政治学的角度看，这一现象的出现在实质上意味着自1949年之后村庄权力结构和政治文化的再一次变迁，变迁的方向与1949年至1976年期间所强调的革命化意识形态的精英筛选和评价机制是逆向的，但与这之前的中国大历史轨迹是吻合的，尽管并不是一种完全的复原。这其实也是在从另外一个角度说明1949年至1976年时段在中国历史发展的大脉络中的殊异性。但我还是要特别说明，革命化意识形态的精英筛选和评价标准在新时期仍然留下了特殊的深刻印迹，以至于村庄的社会舆论和道德评价仍然带有一定的革命化意识形态色彩，并且它们仍然也会对村庄治理精英的行为构成一种规范和制约的环境机制，这是我们在理解新旧不同时期的“富人治村”时所应该要注意区分的（传统时期更加重视富人治村的德治基础），所以，应该看到历史并不是在简单地循环，而是某种扬弃式的超越。正是从这个角度，我们得以理解人们对杨宏军当选为村干部的两种完全不同的评价。

[5]韦伯认为，官僚制是根据合理化的原则组织的，职务与权限按照高低次序排列，其活动不带私人色彩。通过这种组织手段，现代政治和经济才可能有大规模的计划性和可预测性。所以，在他看来，官僚制是造成现代政体、现代经济、现代技术的一个特殊工具，它高于其他各种管理形式，正如机器生产高于手工方式。然而，官僚制的局限性在于它导致管理的非人化，即从公务活动中排除爱、恨和各种纯个人情感的特殊主义因素。（参见刘易斯·A.科瑟，1990）在这个意义上，官僚体制内的公务人员就只是执行公务的机器，而非有着特殊生活背景、思想和感情的活生生的生命个体。随着20世纪中国现代化进程中“国家政权建设”（state-making）进程的加深，

作为一种体制和治理方式的现代官僚制取代特殊主义的士绅治理制度成为乡镇社会的基本管理方式，从而也就使传统人性化的治理方式在呈现出日益规范化趋势的同时，也必然表现出非人性化的特点。然而，与上层和中层官僚制更多地是直接面对“事”（即无情感的文件），处理“事”的“事本主义”至上，而间接面对“人”（即各种特殊的事件—过程）的不同之处在于，处于最基层的乡镇体制更多地还是直接面对和处理“人”的问题，即将无生命感的文件传递转化为有生命感的行政过程。这样，其事体化的程序运作特点就更多地面临着各种特殊主义的“人本”问题的碰撞，这也就是许多乡镇干部在履行公务过程中常常处于“事本”与“人本”的情感冲突之中的一个原因。

[6] 在近年来流行的有关国家与社会关系的研究中，诸多学者都设计了国家与社会发展的“双强”和“互赢”路径。例如，王旭认为，由国家倡导和推动的乡村中国的自治实践，是国家试图对付改革以来其在农村地区面临的统治能力与合法性双重危机的一种努力。他说：“迄今为止，这场基层民主实践在一些成功的地区产生了使国家和社会权力互强（mutual empowerment）的效果，即它同时加强了村民的民主自治能力和国家在农村地区贯彻其政策的能力，它表明了对新的社会力量的授权（empowerment），并不必然削弱国家管理社会的能力。”（王旭，1997）但我以为，作为一种理论预期或者政治实践的建构性努力，这本来无可厚非，而且是一个方向性目标，然而，如若以此作为观察经验的视角或某种前实证研究的既定结论，再反过来作为裁量经验的依据，则可能会影响到实证研究的可靠性。事实上，衡量国家与社会的关系状况，不仅应从制度生成与发展的层面去思考，更为重要的是要对特定关系—事件过程中的互动状态进行考量，只有在流动着的事件与过程之中，才能更为准确地完成对变动中的国家与社会及官民关系的考察。

[7] 上访机制就是现有体制为民众提供的一种特殊的诉愿机制，这一机制在政府与民众的体制性沟通之中之所以一直占有十分独特的位置，既

与帝制中国出于安全考虑而有意为民众预留一定诉愿渠道的传统有关,（参见应星，2004）也与 1949 年以来国家政权建设中行政权力独大（笔者将当代中国场域中的党权也视为广义的行政权）的现状有关。因此，就民众而言，当他们遭遇“冤屈”，尤其是来自基层政府方面的“冤屈”，而又自觉无法伸张“正义”之时，他们就可能会选择通过上访来向上一级政府诉愿，以求高层的“青天”能够拨云见日，越过“官僚主义”的层层阻碍为民申冤。而就中、上层政府而言，接待人民来访是他们倾听人民意见、了解民间疾苦、克服官僚主义和化解人民内部矛盾的一种机制。（参见赵晓力，2005）当然，这只是就上访制度的一般功能而言，上访制度在不同时期的作用，其运作本身对各级政府及上访者本身的多重效应则是一个复杂得多的问题。在这方面，应星通过对大河移民上访故事的展示和分析为我们提供了一个精彩的案例。（参见应星，2001）而随着小镇故事的延伸，我们将看到石场业主们也将运用这一机制来寻求对于自身权益的维护，正是在这一过程之中，上访对当事各方的作用、效应等问题得到充分展露。

[8] 一个田野调查者经常会面临这样一种职业立场与伦理责任的冲突，使你不得不将所谓“社会良知”（如果有或者可以这样说的话）甚至是做人的真实都掩饰在一种被称之为“科学观察”的冷酷外表之下，而无法顾及被观察者的命运际遇所可能引起的对观察者自身的灵魂折磨与拷问。此时，我们可能不得不将同情心埋藏在心底而表现出一种职业的“中立”，这无疑是一种近乎残酷的选择。但是我知道，如果要将这种被称为“中立”的观察持续下去，而不被当事一方或另一方以种种理由拒绝或放逐，甚或卷入某种麻烦，似乎也别无选择。从这个角度讲，一个田野研究者的确无法像一个记者那样去充分展现自身的“价值”“正义”与“同情”。但也如同其他同行所经常会遭遇到的困惑一样,（参见应星，2001；朱元鸿，1997）我承认自己在这样做的时候仍然无法摆脱这种职业的伦理困境。

[9] 这是我在石场关闭事件中第一次体会到业主们的“痞气”。在整个小

镇调查中，我都有机会反复地体会底层群体（包括这些石场业主）在与政府交往过程中所表现出的种种“不讲信用”的“痞”。对于这种“痞”的认识、承认和理解，对于当代知识分子可能会是一个艰难的过程，因为在主流意识形态理论中，要么将底层群体塑造成创造历史的英雄，要么视为“历史的灰色背景”，或者根本就可以忽略不计的抽象符号的时候，底层群体在社会主流的心目中就要么是历史的发动机，要么是根本无须言说的“存在的无”。只有当斯科特以“弱者的武器”（weapons of the weak）（参见 J. Scott, 1985）来言说东南亚农民在与官府互动中的抗争技术时，他们才开始由一个模糊的“他者”逐渐地显现出自身的存在形象。“弱者的武器”所着重概括的是一种弱者生存的政治技术，我所指导的一位硕士研究生又以他的学位论文让我更进一步感受到底层农民在乡村政治场域中选择这一技术的依据——“不讲理就是讲理”的义理逻辑。论文述及湖北某地陈村水事官司中组织者一句“不讲理就是讲理”的“怪论”在激发群众斗志时所产生的巨大作用。作者指出：底层群体善于把自身的生存困境和不公待遇构筑成为危及社会稳定，使基层政府无法回避、推诿、拖延和敷衍的紧要问题，以富有诱导性的话语体系和诉求方式，包括身体性的诱导语言，动员和聚集民间力量，发展出一套独特的“问题化”的抗争艺术——“不讲理就是讲理”，迫使基层政府接招。在这里，“不讲理就是讲理”不仅是“弱者的武器”的运用依据，而且也是这一武器的绩效倍增器，它往往以“耍痞”“犯横”的方式，利用基层政府不愿意将问题闹大的心理，乃至于利用强者对弱者的同情和忍让，以“不讲理”的方式暂时地实现特定时空场景中官民力量的强弱互移，从而有可能迫使基层政府重视甚至解决农民提出的问题。然而，这种抗争艺术的使用也意味着农民将为此付出心理和道德的代价，改变其在世人心目中令人同情的弱者形象。但如若不这样，他们又似乎没有什么其他更好的选择，“组织化的努力只是一些学者的房中呓语，或者说他们根本就无视现实中权力的力量对比与配置”。所以，农民习惯于或者说也只能运用这种弱者的反抗力学来对抗基层政府，以维护自己的根本利益和起码的社会公正感。可以说，这是一种因贫弱而发展出来的斗争智慧，“这种斗争智慧虽然不一定能确保他们在与官府的抗争中取得胜利，却可以在特殊环境下使官府的治理失效，从而使对手和自己一样，陷入一种双输的局面”。（参见杨俊凯，2004；又见杨俊凯，2006）应该说，这位学生的分析是相当有见地的，尽管其中还有着某种绝对化和情绪因素。而我所要进一步追问的是，这种基于质性观察而建立起来的逻辑在一种什么程度和范围内有效？什么情况下又无效甚至产生反向作用？例如，具体到石场关闭事件中，这种“不讲理就是讲理”的结果究竟会是小镇石场业主与政府的“双输”，还是人们已经惯常看到的“零和”结局，随着石场关闭事件的展开和深入，我们会看到它将以自身所特有的过程特征做出场景化的说明。

[10] 老罗的直率让我这个以研究村民自治起家的“学者”脸上有些挂不住。我怀疑自己前些年关于村民自治的一系列研究在他这个知情者面前是否能够经受住检验，尽管这样的怀疑并非就是起于此时，而且我还可以继续用老罗的话只是一种个体的经验或“地方性知识”这样的理由来继续维持自己的立场和心理平衡。但是，我不能不承认，没有一种作为“内部人”的体验，一个所谓的调查者是很难真正洞悉村庄选举的内部运作机制的。回忆既往的村庄选举调查，我也注意到在与村干部初次接触时，他们往往会大讲选举是如何按照程序去做，但当彼此熟悉以后，他们则会坦率地承认，其实选举之前对候选人的物色和掌控远比遵守程序更为重要。因为站在乡村组织的角度，考虑选举之后的治理远比选举本身更多。相对于前者，后者无非是一种赋予型的政治仪式，它的意义可能更在于一种追认，或者按乡村干部的话来说，是通过选举把组织的意志变为群众的选择。慢慢地，我便也能够站在乡村的立场上去思考这个问题。毕竟，在现实状况下，村治的逻辑不是依着选举，而是依着选举之外的另一套逻辑去发生和展开的，相对于这样一套逻辑，选举毕竟是在村庄日常生活世界（甚至包括村庄政治本身）中没有根柢的“外生之物”。所以，乡村领导所最为关心的，就只能是在这样一套逻辑支配

下的选举后工作能否顺利、平稳地进行，乡村关系是否能够有效衔接，上级任务是否能够顺利完成以及既往的村治秩序是否能够继续稳定与延续等一系列事关村治目标能否达成的问题，而非以仪式牺牲内容的问题。因此，即使是村庄的民主化，也不得不服膺于治理的目的和要求。正是在这个意义上，仝志辉提出“乡村民主的治理化”概念，其所指为村级选举的人选确定不以是否体现民意和依照民主原则选择而定，而是以是否有利于实现对村庄治理的目标而定，决定这些人选的民主程序的贯彻程度也以是否会有利于治理目标的实现而定。（参见仝志辉，2001）不知仝的概念是否与强世功所分析过的“法制的治理化”呈异曲同工之妙？（参见强世功，2003）在这样一种逻辑下来实际思考选举程序与村治目的的关系，在操作中就只能选择事先物色和操控候选人的技术，以求得充分尊重民意、严格依法办事和加强党的领导这一选举的三合一目标的结合（这三点的结合是政府评价村级选举成功的标准）。而作为一个“转生为熟”的田野调查者，只有在充分认识到这一点的前提下也才可能去理解选举的操控技术在既定政治场域中的工具合理性，而非一味从政治道义的角度去进行评价。因此，随着对乡村调查的深入，我开始产生这样的想法：在现实的宏观和中观社会政治环境下，选举中的操控大概是使村治秩序和乡村治理能够维持的一种不得已的选择。如果村庄选举真的到位，形成微观与宏观治理原则及村落政治与宏观政治的错位，我真的不知道对于村庄治理的达成究竟是好事还是坏事，因为你不可能不去考虑乡—村政治与行政的接轨问题。因此，有的时候我甚至在想，是否正是“得益于”这种选举中的操控，目前的基层治理才得以维系？我这样说当然不是要从价值层面去否定选举，而是想提醒人们注意微观的村庄政治不可能脱离宏观社会的政治状况而单独存在和发展。如果两者根本就不能接轨，除非是改变宏观环境，否则，微观的村庄民主就难免不会为它的特立独行而付出代价。而如果宏观环境改变，微观社会又是否一定需要这样一种高成本的管理方式就可能又成为一个需要重新思考的问题。正是基于这样的考虑，我同时也认为，从经验的角度看，作为由外部植入的一种制度和文化的民主政治的确很难自下而上地生成。

[11] 其实，不仅在双村和小镇，前些年，村干部与部分农民之间围绕税费征收与缴纳而展开的拉锯式博弈已经成为一种比较普遍的现象，即后者将拖欠或不缴税费作为维权和利益表达的工具。面对农民这样一种越轨政治学或如类似于高王凌所称的“反行为”（参见高王凌，2006）的表达，村干部缺乏相应的惩治手段，只能“投桃报李”式地“以其人之道还治其人之身”，即运用社区组织所掌握的公共资源，在欠款户要求村里为其办事时也祭出“相互拉扯”的撒手锏，将结清欠款作为办事和解决问题的前提条件。这种权力运作技术其实是在公共组织缺乏有效制度化手段的情况下对非正式民间生活技术的借用。但这种借用在维系权力运转的同时也会产生相应的负面效应，即当乡村公共权威舍弃正式性的权威手段不用，转而借用一种具有很强特殊主义色彩的民间技术的同时，也就同时在使自己的权威形象民间化。因此，也可以认为乡村组织对民间权力技术的借用过程同时也就是自身公权地位的去公共化过程。

[12] 刘金海在他的博士学位论文中从财产权利的角度探讨了农村集体所有制问题。他认为，1949 年以后，农村土地在作为集体财产权利的形成与变迁中，国家起了至关重要的作用。所谓集体所有制，首先是一种国家意志（意识形态）的体现和安排，无论是最初的合作社还是后来的行政村，其对集体财产的占有、权力边界的确定与享用，也都是国家权力认可、赋予和安排的结果。在这个意义上，它本身就与那种社区个体成员经由市场和非市场行为集合而形成的集体财产具有根本不同——所谓集体所有制始终是以保留国家对土地的最终所有权为前提的。而且，在土地使用性质不发生改变的情况下，土地这一集体资产作为“财产”也并不可能真正在流通领域体现，它只是一种理论形态而非经验形态的财产。（参见刘金海，2003）刘的研究对我有所启发，我以为，正是基于这样一种从一开始就存在于集体财产权利中的国家主导性，在土地的流转中，农村基层政权

实际上也就很难真正地让自己从所有者的主位中退让出来；也同样是在这个意义上，我才形象地将村庄视为国家土地的代管者，而相应地把农民视作国有土地的经营者。进而言之，即使我们承认法律对农地集体属性的规定具有真实性，现行征地制度也在操作上否定了这一规定的实现，因为征地补偿所考虑的只是农作物的产值、土地附着物和劳动力安置等因素（暂且不论其所定标准是否合理），并未将土地属性转变后的地价增值因素考虑在内，从而在实际上否认了农民对土地收益权的完整拥有。例如，高勇就认为，根据马克思的地租理论，级差地租可以分为级差地租Ⅰ和级差地租Ⅱ，级差地租Ⅰ形成的原因之一是土地位置的差异，级差地租Ⅱ产生的原因是在同一块土地上连续投资的劳动生产率的差异造成的。同时，按照马克思的地租分配理论，级差地租Ⅰ应该归土地所有者所有，级差地租Ⅱ应当由土地所有者和征地者共同所有。而当今土地征用后之所以会产生增值，是由于土地的位置差异、国家规划和开发投资造成的，增值部分当然就包括两种形式的级差地租，因此，在对增值部分的分配上就应当考虑被征地者的利益。（参见高勇，2004）

七

[1] 作为我国最基层一级政府，小镇政府内部设有许多科室，干部编制按科室分列。但是，除了政府办公室、民政办公室、计划生育办公室、招商引资办公室等少数科室有相对饱和与恒定的工作量之外，其他科室的工作大多都是季节性和突击性的。所以，这些科室中的干部除了季节性地从事本业外，一年中的绝大多数时间实际上以挂村为主，而督促村里完成农业税征收任务，则是其最为主要甚至是唯一硬性的工作。所以，对绝大多数乡镇干部的工作考核，就主要不是看他们将本职工作做得如何，而是看他们的挂村工作，即征收任务完成得如何，这构成了乡镇干部所要面临的最主要压力。所谓以数量化考评机制为核心的自上而下的县—乡压力型体制，在存在农业税征收任务的情况下，就构成对农业型乡镇干部最为核心的考评压力。在这个意义上，

说农业型乡镇的广大干部一年到头都围绕着农业税的征收在忙碌和奔波，并不为过。

[2] 关于村干部作为“撞钟者”的角色和心理，是我首先在一篇学术随笔中提出来的，其所针对的是一种村干部角色的制度主义应然分析。意指村干部在既无法归属于国家科层化体制又不被村民所接纳的“双重边缘化”村治实态下，实际上无法扮演好他们本应扮演的国家代理人和村庄当家人的制度性双重角色，而一定制度利益的存在，却又使他们当中的相当多数人不会轻易放弃其已经获得的职位，所以，他们实际所能做的，也就是充当一个无为的村庄秩序“守夜人”，并从中寻求其既得的制度利益。在这种情况下，干部角色与行为上的最大特征是：一方面，不会有意怠慢行政任务；另一方面，要他们在操持村庄事务中竭尽全力也是不太现实，此时，他们运作村政的全部动力在很大程度上就决定于其作为一种中间角色所能够获得的实际制度性利益的大小。所以，我们经常看到的便是缺乏发展的无为而治以及随利益而动的有选择性行政，这也许就是近年来中西部农村最为常见的一种村治景观。（参见吴毅，2001）

[3] 单纯以道义上的同情取代对底层群体社会特性之多重复合分析，是政治文化和政治研究缺乏成熟和理性的表现之一，而导致这种缺陷的原因，我以为与政治尚未进化到理性阶段有关。正因为现实政治中权力与资源的专一特征，官民矛盾就往往构成了民间社会和知识精英进行政治批判的中心，相应地，也就自然易于对社会政治上的弱势阶层怀抱单纯的道义性同情。结果，我们看到，政治研究往往都是激情式的批判有余而冷静的理性分析不足，受此激情化取向影响的政治发展战略也自然易于接受理想主义路径而缺乏经验主义和保守主义特征。可以想见，由于激情式批判和改革会对政治资源垄断者构成生存能力的挑战，结果往往被禁止或打压，而禁止和打压的结果又会再次强化政治道义性批判情结，从而使宽容的政治文化难于生成。如此周而复始，政治格局即始终在激愤与打压之间来回摆动，理性、中庸与宽容的政治文化与体制格局始终难于呈现，故而并未摆脱从宰制到反抗的

二元困境。

[4] 国务院发展研究中心农村经济研究部韩俊领导的课题组所做的调查显示，土地增值部分的收益分配有20%—30%留在乡以下，其中，农民的补偿款占5%—10%；城市政府拿走土地增值的20%—30%；各类城市房地产公司、开发区、外商投资公司等拿走土地增值收益的大头，占40%—50%。而据中国改革杂志社近两年直接接触到的投诉、上访案例看，即使是与土地溢价悬殊巨大的征地补偿款，农民最后也不一定能拿到手。对此现象，中财办副主任陈锡文概括为“拿别人的地，发自己的财”。中国社会科学院农村发展研究所党国英教授算过一笔账，从“一五”开始，农民通过剪刀差为国家的工业化做出了30万亿元的“贡献”，农民在土地的收益上又为城市化做了近30万亿元的“贡献”。中国经济体制改革研究会副会长石小敏做过一个比喻：“正在崛起的中国，形象多少有些畸形。有两块胸大肌特别突出，一块城市房地产，一块出口加工。这两块胸大肌之所以发育超前，是因为把农民的土地增值收益和农民工的剩余劳动力及社保扣除当成丰乳剂，抹在了上面。”国务院发展研究中心农村部研究员刘守英指出，按照《土地承包法》，农民拥有长期的土地使用权，但同为法律的《土地管理法》又规定，在城市化和工业化的时候，农业用地要变成城市建设用地，国家要将土地由村集体所有变为国家所有，同时给农民一定的补偿。结果，在农地的使用和非农化转移问题上，农民实际上面对着两套相互矛盾而又互不衔接的法律，许多由征地引发的问题，其深层次原因与两套相互矛盾的法律有关。而分税制改革后地方政府依靠城市化战略实现财政收入增长则是其热衷于土地开发的制度诱因。这些研究都为我们理解征地过程中政府与农民的利益紧张提供了更为宏观的背景。（参见王平等，2005）

[5] 这里的“刁民”可以被视为胆大妄为、敢与政府作对者。有意思的是，对于这些“刁民”，不同的话语体系可能会有不同的评价标准。例如，在乡村干部的眼中，这些人是违规者，是“刺儿头”；在循规蹈矩的农民眼里，这些人是爱闹事、不安分守己、道德不完善的“大社员”，即农民群体中的边缘性角色；（参见吴毅专著，2002）而在

媒体和一些学者的眼里，这些人则可能是底层正义的化身和农民意见领袖。这里的确有一个内部评价和外部评价的标准问题。站在维系既存秩序和道德的角度，村干部多会对这些人持否定态度，并相应地对其他评价标准有所保留。例如，秦家畈村的老罗就不止一次地对我说过，知识分子的位置站错了，如果这些人的形象真像他们所说的那么好，为何村组干部里没有他们？所以，老罗认为，真正的乡村精英还是那些有理性、在体制内活动并遵循体制游戏规则的人。老罗的话不一定都对，例如，要守体制，首先就得细究体制本身的公正性，但的确又是富于启发和反思的。排开纠缠不清的意识形态评价，从工具理性出发，考察古今中外一些激进的政治与社会运动，我们会发现，其核心集团多是由富有激进政治理想的青年知识分子和这些底层社会不安分守己者（边缘人物）构成的，而一般对既成体制规范持认同态度的精英阶层和社会主流，如无特殊原因不大会卷入。这就促使我们重新去思考不同乡村精英的类型及其在不同社会时态下的不同作用这样一个带有更为根本性的历史评价的问题。其实，视野更为广阔的研究也有助于我们理解这一点。例如，勒庞在其研究法国大革命的著作《革命心理学》中，就对革命者的各种社会构成及其心理基础做了冷峻却不乏深思的研究。（参见勒庞，2004）当然，指出这一点并非是要以单纯道德的标准来评价人的社会行为，而是相反，想要对促成社会行为的人的道德基础做出更加场景化的复杂理解。

[6] 调查发现，一般农民并不惧怕政府和乡村干部，却畏惧地方黑恶势力，因为前者终归是正规的权力象征，有起码的行为规范，而随着全能型政治治理结构的解体，政府与村级组织又已经很少能对农民的日常生活施加制约性影响，而后者却与不可捉摸和把握的阴暗罪恶与恐怖想象相联系。因此，在一些棘手的工作中，当村干部无法说服农民配合却又找不到其他更为有效的制约手段之时，也是有可能利用地方黑道来压服农民的。一些干部甚至还认为这一招很灵，“道上的伢们一出动，农民马上就老实了”。由此也可见，随着社会转型所带来的传统地方秩序的崩解和正规权力规范在治理中的失效，灰色势力在地

方秩序的建构方面开始发挥比较复杂的作用。一些学者由此推断出农村基层组织黑恶化的结论，但我认为，虽然不排除个别地方农村基层组织黑恶化的问题，但借用黑道（灰色势力的表述在这里可能更为准确）参与地方秩序建构这一问题的更为普遍的原因，主要还在于乡村政权和组织存在着的正规化治理能力的短缺，致使基层组织缺乏有效手段去完成由体制所传递下来的繁重的科层化任务。这一点在传统乡村社会也从来都是存在的，虽然应该解决，却不应以危言耸听的方式进行"学术"式的恐吓。以一种二元对立的思维方式对复杂的社会问题做出阶级斗争式的理解，如若仅仅停留于学术层面倒也无大妨碍，一定情况下也有助于传递作为公共知识分子的激愤式忧思（尤其是在一个言论日益开放的社会），但若以此作为设计社会改革方案的依据，则会对社会选择做出误导（尤其是在一个言论尚未完全放开、对信息的获取和评判存在严重不对称情况的社会）。

[7] 所有我调查过的人对此都持几乎相同的看法，使我不能不去思考这一现象的范围和普遍性问题。但遗憾的是，在整个小镇调查期间，我都无法对此展开一个亲身的观察体验或者如社会学所要求的起码的统计分析，因此，我也无法对此展开相应的学术上的推理分析。我只能说，这样一种盖然性的推论成为从官到民再到商的所有情况介绍者的共同叙说话语，也许至少说明了此类现象可能的确已经成为乡镇中人的一个共同生活体验。而它向我们所展示的，显然是不为城市白领阶层所熟悉的另外一重社会世相，这似乎也是中国转型社会所经历的结构性断裂在城乡地域空间上的一种表现。

八

[1] 在小镇与叶桦租地纠纷这一故事的发生、展开和结束，包括叶桦本人在故事接近尾声时悄然返国的整个过程中，作为故事解读者的我都始终无缘与他相见，因此，我无从亲自去体验他在这一过程中所曾经历的那种复杂的心理变化。然而，从我所看到的他写给小镇政府的信以及他的委托人贺志伟自始至终代表他与政府的交涉之中，我又的确能

体会到他从最初得知这一消息时所表现出来的激愤和寸步不让，到面对现实，以商人的精明运筹帷幄，充分调动各种资源，重构事件的发展逻辑，并在交手中逐渐占据上风的用心和智慧。

[2] 在福柯看来，权力不是一种固化的支配关系，而是支配者与被支配者双方在相应关系网络中所实施的一系列战略的结果，是一种生产性的实践。这种实践一方面作为事件，通过社会机体的各个不同局部，体现为形形色色的策略和技术；另一方面作为关系，编织出一张网。"它的支配效应不应被归因于'占有'，而应归因于调度、计谋、策略、技术、运作；人们应该从中破译出一个永远处于紧张状态和活动之中的关系网络，而不是读解出人们可能拥有的特权，它的模式应该是永恒的战斗，而不是进行某种交易的契约或对一块领土的征服。"总之，权力不是支配者获得或保持的"特权"，而是其战略位置的综合效应，并且也是由被统治者的位置所展示的。（参见福柯，1999：28—29）因此，在权力的行使过程中，就充满着权力强势和弱势之间的交互作用，这种交互作用充满了冲突、斗争、不稳定、机变甚至于权力关系的颠倒。也正是在这种交互作用中，支配者与被支配者不断地创造出他们在特定时空断点中的复杂关系。而从围绕叶桦租赁土地纠纷和洲头土地开发而展开的一系列官民博弈来看，我们也发现，官民之间的博弈的确如福柯所揭示的那样充满着复杂的机变，而完全不像我们一贯所想象的那样呈现出某种固化的一边倒状态。

[3] 现代意义上的法制之于中国和西方的效应可能十分不同，中国现代法制的确立是伴随晚清以降国家转型及合法性的重建而发生的，甚至其本身就是这种转型与重建的一部分，因此，它实际上是一个自外而内与自上而下的"送法下乡"的过程。（苏力，2000）在这样一个过程中，法制与传统民间习惯（即如苏力所说的一个民族的生活所创造的"法制"，而非由外部所移植的文本意义上的"法制"）难免不处于相互隔膜之中，惯常意义上的民—民互动和官—民互动所依据的实际游戏规则，不是基于典章制度的规定，而是基于关系、人情、面子甚至口头承诺等。只有当这些因素因为某种原因被改变而处于失效状态

时，人们才不得已会去想到要求助于由法学家所创建的（移植的）法律的援助。在这个意义上的求助自然是而且也多半只能是功利的而非基于生活和文化惯习的。

[4] 由于行政权力独大仍然是现行权力配置的基本特征，因此，当民众与基层政府发生利益争端，或他们认为遭受到基层权力组织的“侵害”时，首先想到的自然就是寻找上一级党政组织进行“诉冤”，以求得“正义”伸张，而非运用法律武器进行维权。即使到法院上访，也往往只是寻找“青天”的一种附带行为，而非寻求问题解决的主要途径。所以，应星所说的中国人更愿意将司法问题政治化、将上访视为解决官民争端的主要渠道的观点是有道理的（参见应星，2001：366）。在这个时候，上访诉苦而非司法诉讼，往往会成为再生产国家合法性认同的一种更为普遍被选择的手段，而政府各级信访部门的设置也从体制上适应了这种需求。所以，上访其实是与我们这个体制及它所倡导的文化相一致的行为。上访看似一个民告官的过程，看似挑战了基层政治或行政权威，看似制造了地方的稳定问题，但在一个更大的层面上可能恰恰会再生产体制和相应制度文化的权威，让上访者感受到公理和建基于正义的权力秩序的存在。这也正是在建设现代法治国家的过程中，官民双方都不愿放弃这一看似存在问题而实则便捷和安全的沟通渠道的一个原因。关于农村上访的个案实证研究，还可以参见郑欣的作品（郑欣，2005）。

[5] 如果不能够很好地理解这种区隔，将导致我们对乡村官民矛盾持一种过于简单的制度主义看法。事实上，这种简单化的制度主义视角在近年来的乡村研究中有较大影响。我们看到，一些学者或者以某种耸人听闻的观点分析当前农村的干群矛盾，或者将局部矛盾概括或凸显为基本趋势，或者视农民的心理宣泄为行动信号，或者将个别地方的现象概括为普遍具有的关系模式。应该指出，这种简单化的做法与掩盖矛盾、粉饰太平一样，对于社会舆论的形成和公共政策的分析与制定都可能产生误导，因为绝大多数的局外人（包括一些政策研究与制定者）未必有条件亲身去体验乡村实情，他们只能消费这些情绪化的片

断信息，并据此形成自己对当下乡村社会政治关系同样可能是具有情绪化特征的判断。情绪化的信息供给与消费虽然容易引人注目，但也会诱导社会激进或民粹主义意识的形成。故而，作为一个关于乡村社会的深度调查，我以为有责任将事情的多面性和复杂性尽可能详细地予以展示，而这种展示本身即可以具有理论解构与建构的意义。

[6] 根据谭同学的研究，乡镇司法所的兴起与上世纪80年代加强农村法制建设的宏观社会背景有关。80年代末，首先是在沿海地区的乡镇政府中创建了司法办公室，下设乡镇司法所，并由司法办公室直接管理。这一举措在80年代中期得到中央的肯定，之后乡镇司法所的数量迅速增长，成为一种体制性的设置。根据司法部的要求，司法所主要承担的职能有：协助基层政府开展依法治理和依法行政，指导管理人民调解工作；指导管理基层法律服务工作；组织开展普法宣传和法制教育；组织落实对刑释解教人员的帮教和过渡性安置工作；代表基层政府处理疑难民间纠纷；参与基层社会治安综合治理工作。需要说明的是乡镇司法所与乡镇法律服务所的关系，后者是由司法助理员和部分聘用人员组成的法律服务组织，其性质对应于城市的律师事务所。法律服务所不属于政府系统，在业务、人事、财务上都实行“自主经营、自负盈亏、自我约束、自我发展”的机制；前者则是乡镇政府的一个机构，其人员占用司法行政编制或者地方行政编制，称为“司法助理员”。但两者的关系又紧密相连，司法所指导法律服务所开展工作，法律服务所的所长一般也由司法所所长兼任，在许多地方，司法所与法律服务所实际上是“一套人马、两块牌子”。（参见谭同学，2004：74—78，又见谭同学，2006）

[7] 在论及陈向辉和陈同年土地纠纷的过程中，小镇司法所冯所长对我讲过的几句话迄今令我印象深刻：“解决乡村土地纠纷的最好办法未必是通过法律”，“处理纠纷合不合法不是最要紧，最要紧的是要能够理顺摆平”，“干部将农民之间的矛盾和纠纷推给法律其实就是撂挑子”。乡村调研的经历告诉我，这几句话里的确包含了符合乡村实情的道理。由于农户之间土地纠纷形成的原因往往比较复杂，有的由于

国家政策多变，有的因为土地流转之初缺乏规则和契约保护意识，有的由于契约约定含混不清，有的则由于经过多次转手，多家矛盾相互纠结，年代久远，已经无法理清（参见朱冬亮，2003；王甲午、曹颖，2005）。结果，许多案子最后也不是法律所能轻易了断的，棘手纠纷多有经法庭审理之后又重新发回乡村建议通过调解解决的。结果，事情绕了一大圈儿，当事各方费时费钱伤感情，最后还是面临正文中所说的“石头飞上天最终还要落回地”和“事情发生在哪儿还得归哪儿解决”的局面。正是基于对事情复杂性的理解，一般有经验的农村基层干部会建议纠纷各方慎言官司，而选择各让一步、通过调解解决的办法。而基于亲缘或地缘联结等多种不可回避的原因，通过各让一步调解解决在当时尽管未必能够令各方完全满意，但是因为当事各方维持和保存了相互之间的面子和人情，从长远来看往往比单纯通过法庭判决的效果更好，这即是熟人社会中村人在解决诸如土地的矛盾和纠纷时所必须予以考虑的因素，因此法律在此时是可能会遭遇其效用的局限性的（关于法律被非司法的纠纷解决机制替代的情况，还可参见徐昕对有关华南民间收债案例的研究。徐昕，2004），并且也的确未必是最好的选择。

九

[1] 在中国政治与行政的运作中，政治与社会的稳定是上一级政府衡量下一级政府工作绩效的一项重要指标，这里的稳定有其特定的内涵，即无目标指向政府的闹事事件、群体性上访和其他突发事件等。稳定作为一项政府工作目标被特别强调，与上个世纪 80 年代以来中国随改革开放进程而出现的一些政治不稳定因素相关，在这些因素的影响下，90 年代以后，中国政治进入一个以行政发展替代政治发展的时期，确保经济与社会发展中的政治稳定也作为一项特殊的目标被反复强调，在一段特殊时期内，甚至提出了“稳定压倒一切”的口号。这一目标转换为行政考量指标，可以被形象地表述为“为官一方，保一方平安”。理解这一点，对于我们理解老虎尾采石场纠纷中地方及基

层政府和石场老板之间的博弈逻辑是很有帮助的，一定程度上，博弈双方均以此作为计算自己及对方行动目标与范围的底线原则。就政府方面而言，他们既不想石场业主们将事情闹大，例如，出现群体性上访，以被上级指责为没有能够确保一方平安（有无群体性上访是作为衡量稳定工作是否做好的一项重要指标存在的，这也是为什么地方和基层政府不愿意在自己的辖区内出现群体性上访事件的重要原因。也正是基于这种忧虑，在一些地方也就有可能出现如于建嵘所说的地方或基层政府为了抑制上访的增加和升级而采取各种手段控制上访甚至对上访者实施打压的现象。参见于建嵘，2005），又不想向业主们让步，实施补偿；另一方面，石场业主则既通过群体性上访等方式向区、镇政府施压，逼政府做出可能的让步，却又不愿意真正去碰触“政治稳定”这根红线，将政府逼到没有退路，转而实施高压的地步。双方实际上都是在围绕着“政治稳定”这个雷区跳舞，即既要维护自己的利益，又要尽可能地不去触雷。

[2] 罗伯特·A. 达尔（Robert A.Dahl）依据人们对待政治生活的态度，将社会成员划分为无政治阶层、政治阶层、谋求权力者和有权者四个部分。他认为在一个社会内，相当数量的公民对政治冷漠、不积极参与政治生活，是无政治性的。达尔从六个方面分析了人们不参与政治的动机：其一是“不期望从政治活动中得到报酬”；二是“如何选择差异不大”；三是“不相信自己的参与能够改变结局”；四是“认为自己不行动，结局也会满意”；五是“缺乏关于当前问题的知识或技能”；六是“参与的障碍大”。（罗伯特·A. 达尔，1987：133—137）达尔的分析主要是基于对多头政治体制下人们对政治的态度做出的，如果我们将分析置于21世纪初的中国乡村社会，这一情况就更为普遍。就此一时期的中国农民而言，他们在经历了上个世纪泛政治化的激情与癫狂之后，又重新回落到相对远离政治旋涡中心的平和与世俗化的生活节奏之中，日复一日的生产和生活重新成为支配农民心理与行为的基本逻辑。与这一基本逻辑相比，诸如村庄选举等焦点性事件无异于热闹的村落节庆仪式，而远非村庄生活的

主流，即使如一些村庄突发性事件，也不过是平静的乡村社会中偶尔掀起的浪花。从这个角度看，作为一种现象，村庄与农民的“无政治”可能是此一时期的一种更为常态化的时代政治特征。（参见吴毅《无政治村庄》，2002）但是在另一方面，我也并不将农民的“无政治”状态等同于不懂政治。其实，20 世纪中国革命的历史经验和文化早就已经深深地积淀于农民政治文化结构的深层，一旦遭遇突发性事件，他们还是有可能习惯性地重拾能够寻求到的政治资源和能够实际运用的政治技术来表达自身的意愿的，这就是较为普遍的“无政治”状态与局部性焦点事件频发并存的原因所在。所以，我认为要深刻理解与把握此一时期中国乡村底层政治的特点，就要注意并理解农民政治行为特征中的这种两面性，只关注或强调其中一点都是片面的。

[3] 作为一种延伸性讨论，这里不能不涉及对李连江、欧博文在分析农民维权活动时所提出的“依法抗争”，尤其是于建嵘所提出的“以法抗争”的解释框架的认识问题。“依法抗争”的解释框架是李连江和欧博文在论文《当代中国农民的依法抗争》中提出来的，其指涉范围也包括以政策为依据的抗争（policy-based resistance），用来说明和分析农民运用国家的法律和政策维护自身的政治经济权益不受地方政府和官员侵害的政治活动的特点。李连江等人认为，从内容和形式两方面看，“依法抗争”兼具政治参与和政治抵抗的特征，而就其过程和结果看，“依法抗争”又有可能通过促进国家法律和中央政策的落实而演变成为完全的政治参与。它的特点是利用国家法律和中央政策来对抗基层政府的土政策，以上级作为解决问题的诉求对象，是关乎一定的具体“事件”和利益的抗争，基本形式表现为上访。（参见李连江、欧博文，1997）而于建嵘认为，自 1998 年以后，农民的维权抗争已经由“依法抗争”发展到“以法抗争”的阶段，即直接以法律作为抗争武器，通过将矛盾和问题直接诉诸“立法者”的形式进行维权。于建嵘还分析了当下阶段“以法抗争”的诸多特点，例如，已经从资源性权益抗争向政治性权利抗争方向发

展，抗争者已经具有一定的组织化特征，形成了初步的制度化决策机制，具有了层层推进的梯次性抗争目标等等。（于建嵘，2004）应该说，作为对农民维权活动的现象性归纳，这两种解说各自具有一定的适用范围和解释力，但是如果想进一步将其作为具有相对普遍性解释效用的理论框架，它们又均有需进一步精确化的必要。例如，在当下中国农民已经有了较明确的法律意识的情况下，如果仍然笼统地将国家法律和中央政策均等同于广泛意义上的“法”，就有些不太合适，进而也就有可能会影响到对具体的维权事件—过程特点的解释。事实上，我们看到，在小镇石场纠纷中，业主们就能够十分清楚地区分法律和政策的界限，他们所采取的行动策略也是有意回避使用法律（至少在行动层面上是这样），而选择走政策维权的道路。所以，我以为在法制建设至少在制度和文本层面迅速推进的情况下（即“送法下乡”的情况下），作为理论解释框架，首先应该明确地将“依（以）法抗争”与“依（以）政策抗争”加以区分，以使其所指更加精准。而事实上，基于不同考虑，在维权活动中回避法律选择上访仍然是农民在现阶段进行维权抗争的一个重要特点，如果不对不同的抗争类型做出明确的区分，也就无法凸显维权活动的时空特点。其次，两种解释框架将农民的抗争明确定位为政治行动，可能也存在着以偏概全的问题。尽管农民以任何理由进行的维权活动都会直接和间接地产生一定的政治影响，而且我们也不否认农民直接进行的政治性维权活动有增加的趋势，但是，根据我的调查，在一些具体的维权活动中，即使纯粹出于策略性的考虑，农民可能也会自觉地注意把握和区分政治与非政治的界限，只要有可能，他们一般也都不会去碰触那些可以被称作是政治的问题，而且，这种把握和区分往往是其维权活动能够成功的一个重要前提。指出这一点对于我们认识当前农民在维权中的行为特点是非常重要的。所以，不能因为维权抗争的对象是地方和基层公共权力机关，就简单地将农民的抗争行为泛化为政治行为，许多问题尚需要做进一步的区分。最后，于建嵘将 1998 年作为农民维权活动由“依法抗争”发展到“以法抗争”的一个时间性区分标志，我不知道他所依凭的理由是什么，在他未进一步做出有解释力的说明之前，我更愿意将他的看法视为一种“地方性知识”和“地方性眼界”，而非对普遍性情况（即如他所说的目前中国农村特别是中部地区的农民维权活动）的理解和概括。我以为，对普遍性情况的不同估计会直接和间接地影响到我们对当前国家和农民整体关系的判断，进而会影响到相应对策措施的拟定。

[4] 当乡村干部们在履行有难度或自己不一定认同却又必须执行的上级决定时，总会说“这是一种政治行为，没有办法的”。意思是说并不是我们要与你们为难，这都是上级的决定，非服从不可的，你们也不要埋怨我们。在这里，“政治行为”实际上相当于韦伯意义上的科层化行政行为，相当于一种不容商量的行政指令。将非执行不可的行政任务说成是“政治行为”，除了干部们不愿意因为公事而与私人结怨，有意要在公事和它的执行者之间画出一段距离的考虑之外，进一步讲，也还与他们对这类行为的合理性认定有关，这是十分有意思和值得思考的。在长期的底层行政和人生经历中，乡村干部对于什么是政治形成了自己独特的体验。在他们看来，凡是涉及权力、上级意志和政府非办不可的事情就是政治。所以，政治对于下级而言就意味着执行，即理解的要执行，不理解的也要执行，哪怕在执行过程中会对政治行为所指涉的对象带来某种伤害和损失也是必须去做的，并且是与具体执行者的主观意志无关的。可见，“政治行为”这个词在特定的语境中既显现出了乡村干部对待权威的态度，也表达出他们与这种权威的距离感。向“政治行为”的承受者明示“政治”与它的执行者之间的这种距离感，其实也是乡村干部在任务越来越难执行情况下采取的一种自我保护措施，以免农民将矛头指向自己。

[5] 像老罗那样以两面态度对待乡镇政府布置的任务，是村干部在与乡镇干部交往中的又一行为特征，这一特征在乡镇以上的正式行政层级中比较少见，在乡村之间却属常见现象。既然一方面村干部的

去留与待遇在制度安排上已经不完全由乡镇控制，村干部也不可能通过职务上的勤勉进入政府干部序列，另一方面他们却又希望能借乡镇权力之力长久地留在村庄政治舞台的中心位置，以获取职务连带性效益，那么，他们自然就既要为自己保留一定的行动自由，不会事事听命于政府，又要充分利用乡村“权力的文化网络”（the cultural nexus of power）（杜赞奇，1988）来维持与乡镇干部，尤其是乡镇主要领导的私人关系。这其实是另外一种意义上的将公私相连、以公共资源搭建私人关系平台的政治游戏，也是村干部基于对乡村关系特质的认识而做出的一种理性选择。这一理性选择刚好与乡镇干部通过交朋友、套近乎的方式寻求村干部对乡镇工作支持的理性选择相结合，构成了当下乡村干部之间人际关系上下互动的一个完整链条。

[6] 那位镇干部说“诱民致富”与“逼民致富”在实质上一样，也是为了制造政绩和形象工程的需要，这我当然可以同意，但又总觉得好像还没有把问题的实质点透。作为一种常识，我们都知道为了政绩而牺牲经济本身就是一个对上负责的压力型行政体制所不易克服的痼疾，从这个角度上看，我们不妨认同“诱民致富”是“逼民致富”的另外一种表现形式的说法。但问题是，何以会出现这种“富民”形式的转换呢？这似乎正是我们需要进一步去思考和解释的问题。那么，沿着此种思维路径，透过对“富民”方式改变的思考，我们似乎可以由此改变对于政府与农民互动博弈中的一些传统观点的看法。因为在一个被我们习惯性地嵌格在“强国家—弱社会”官民互动视野中的基层乡镇政权在“制造政绩”时（暂且就依照那位干部的讲法）居然都不得不十分被动地屈就于它所治下的农民，这在过去可是一个无法想象的问题。人们可能会解释说这是由于中央政府的强制性政策约束使然，这样讲也不错。但大量的观察使我注意到，在中央政府的强力约束之下，基层乡镇所丧失的又岂是“逼民致富”的能力？也许它同时还丧失了自身的部分治理能力，前述若干收税案例中政府依法征税能力的低下就是一个最重要和最基本的指标。我当然不是说中央政府造成了

此种状况，但是否可以认为中央政府的硬约束在某种程度上使乡村治理在近年逐渐积累起来的问题以一种更为原生态的方式暴露出来了呢？也许这样分析问题才是更加全面的。因为我们已经看到，由于种种原因，部分地方的乡村治理实际上已经陷入要么依靠强力及相应的越权和越线维持，要么处于无能境地，要么干脆只能以对农民“收买”和“行贿”的方式来实施这样一种多重困境之中。由此可见，“强国家—弱社会”的图像在特定的乡村场域中未必是对官民互动博弈状况之“地方性时空”特征的准确描摹，在一些时候，乡村治理和官民博弈的新特征用“弱国家—弱社会”状貌的双向并存来解释可能会更加准确，即基层政权治理资源和治理能力的不断流失未必导致人们所期望看到的“官权退民权进”，相反，实际出现的可能更主要是一种民权未进状态下的官权式微，这种单向度的官权式微向人们所展示的实质上是政府有效治理能力的缺失。由此，我们才可以进一步去理解被人们所戏称的基层组织在无法做“坏事”时候也很难做“好事”的奇特现象，也才可以理解为何政府在“制造政绩”时也必须屈就于其治下农民的原因。

[7] 随着调查的深入，我自己也悟出了武镇长这句话中所蕴含着的深刻道理。但凡在涉及与政治和政绩相关联的任务上，经济的计算往往都得服从于政治的考虑。在这个时候，人们首先要计算的不是经济上的收益，而是政治上的获得，是算政治账，而不是经济账。这里的政治所指涉的也已经不单是让农民致富，更为根本的还是地方主要领导主抓的中心工作是否能够得到贯彻落实。既然如此，自然得全力以赴，不惜代价，局部利益服从整体利益，经济利益服从政治利益，小损失服从大收获。只有站在这个角度看问题，一个乡镇领导才叫作有高度、讲大局、讲政治。与这个高度、大局和政治相比较，花多少钱就都是技术和行政层面的问题。况且，考虑到在数量化考评机制之下各个乡镇之间还要讲贡献、比能力、比排名，你不讲政治别人也要讲政治，那么，对于一个乡镇领导来说，做出类似的决定也就更是可以理解的。

[8] 如果从一个更为宏观的背景上看，随着全球经济一体化进程的加深和国内统一市场的日益完善，上个世纪八九十年代中国经济大转轨时期留给乡村企业白手起家的空间实际上已经不复存在，由此也就决定了发达地区及发达企业愈是发展，后进地区与新兴企业的发展空间就愈是狭小，因此，广大内陆农业型村庄走农村工业化和城镇化发展道路的可能性究竟有多大就将是一个值得探讨的问题。明白了这一点，我们也就能够明白范家坝村的发展困境。进而言之，就中西部地区普遍面临的情况来讨论，如果缺乏十分特殊的机遇，一般农业型村庄几乎不太可能重新去复制20年前乡村企业大发展的奇迹。但现有关于中西部乡镇企业发展困境的原因分析多半都集中在人才、资源、观念、政策、体制等就事论事的层面上，少有从跨地区宏观市场结构与资源配置的角度着眼的，这不能不说是一个疏漏。其实，当我国从改革开放初期的卖方市场转变为结构性过剩的买方市场以后，现有的宏观市场结构特点就必然会构成对以后的市场配置状况变化的影响，如果再考虑到我国工业在全球经济一体化进程中所处的位置，这一影响就会更加明显。

十

[1] 费孝通提出乡土社会是一个“熟悉”的社会，即没有陌生人的社会的观点，这种熟悉表现为村民拥有与生俱来的共同的地域、经济、宗族、人际和公共文化生活空间。在费孝通的所指中，“熟悉”的社会多是以自然村落为地理区划的社区，（参见费孝通，1947）针对于此，贺雪峰则提出由“规划性社会变迁”所导致的，由现代国家政权建设所构建的，以现代行政村为区划的村庄社会是一个“半熟人社会”。之所以称为“半熟人社会”，是因为他认为在这个区域内的社会成员虽然拥有共同的政治—行政空间，却可能缺乏共同的生活空间。（参见贺雪峰，2000）但是我认为，无论在费还是贺那里，“熟人社会”和“半熟人社会”的认定都主要是从普通村民的交往范围而非从地方精英的交往范围出发的，如果以乡村地方精英的交往范

围来看，即使将行政村视为半熟人社会都过于狭小，因为这些人的日常交往结构显然比普通村民更加宽广。以我对小镇的观察来看，对于这一阶层而言，乡镇是划定“半熟人社会”的比较合适的空间范围，因为整个乡域层面，包括镇街的经济与文化精英以及乡镇干部和各个行政村的干部都在他们的交往范围之内，所谓乡村社会的权力与文化网络，就反映了这样一种交往结构。对此，张静也做过类似的分析。（参见其著作《基层政权——乡村制度诸问题》，2000）

[2] 晚清以降，国家的种种现代化制度建构所导致的较传统社会时期更为强烈的对地方资源的汲取，往往是导致近代国家与基层社会矛盾激化的一个焦点，并且成为反体制者用以成功降低政府合法性努力的一个强有力的意识形态理由。1949 年之后，这种汲取其实不仅没有改变，反而不断增强，只是得益于革命成功为新政权所带来的具有神圣性的强大合法性基础，才使得汲取在一个时期内基本上没有以牺牲政权的合法性基础为代价。但是，当告别神圣化革命的时代之后，政权基础的去魅化却又使得 1949 年之前的相同矛盾重新摆在人们面前，只是由于意识形态的翻转，让人们不再以“阶级矛盾”与“阶级斗争”之类的解释工具去解读当下的问题，而是借助于某种更为传统的解释框架，将因汲取和逃逸所产生的矛盾归结为地方政权违背中央政策和农民维护自身利益的结果，从而造成解释上的诸多断裂。其实，我们若能重新建立理解的模式，将阶级斗争的视角转换为现代化过程中“国家汲取”与“社会逃逸”之间的张力与利益之争的视角，转换为国家在进行资源汲取时受制于种种条件的限制而未能同时处理好社会对于这种汲取的合法性认可的视角，那么，不仅当下的矛盾能够得到更加合理的理解，而且对自晚清以来的各种类似矛盾也都能够进行更加贯通性的梳理。

[3] 翟学伟用“日常权威”的概念来表达中国社会生活中由人际关系所产生的特殊影响力。他认为，这里的“日常”既是一个限定词，即表示该权威来自日常生活，而非制度乃至传统规范的安排，又不单是一个

限定词，即表示该权威是因社会交往的特殊性而产生的，所以，它的表现和运作范围并不限制在日常生活范围之内，而是可以渗入政治、军事、革命等活动中，并对这些领域中的人际活动产生影响。他认为，中国人对权威的运用不是单单通过研究制度规定就能够看清楚的，甚至可能我们越关注制度，就越看不到个人的权威在哪里；相反，如果能够越过制度规定而进入社会互动的层面，越理解个人参与的社会互动，也就越能看到此人的权威在哪里。（参见翟学伟专著，2004：44—45）无疑，刘涛此时运用亲情关系来完成一般乡镇干部难以完成的征收任务，可以被视为是对“日常权威”的一种运用，因为无论刘涛对其亲戚的“勉强”或是亲戚对其权威的服从，都不是基于正式的支配与服从关系可以理解的，而只能被纳入亲情网络之中，在亲戚之间“面子”的相互赠予中得到解释。

[4] 学者们一般都已经注意到，与许多别的社会不同，中国的社会关系结构在很大程度上是由流动的、以个体为中心的社会网络连接而非凝固的社会制度支撑的，因而礼物馈赠和其他互惠性交换活动在社会生活中就扮演着重要的角色，特别是在改善、维持以及再生产人际关系方面更是如此。这方面的一个研究可以参见阎云翔对礼物流动所做的详细讨论。（参见阎云翔，2000）本故事中刘涛虽然是在执行征收的公务，但他同样十分清楚地知道，村民对他的配合并非是基于公民对纳税意识的自觉认同或者对他作为政府干部而产生的权威服从，而只是基于彼此是亲戚这一面子上的给予，即实质上是基于面子而不能不送给的人情。而人情总是基于交换才得以成立的，诚如一位学者所说：“有交换关系或恩惠关系才有人情关系，没有交换关系就没有人情关系。”（翟学伟论“人情”，2004）所以，刘涛在接受这样一种面子即人情之礼的馈赠之时，也不能不回之以礼，哪怕他仅仅只是做出一种礼仪姿态上的回赠，而不能摆出一副心安理得、安于享受这种馈赠的无动于衷，在这方面，刘涛所遵循的仍然是一种互惠的原则，可见，“日常权威”的生产和维系也是需要人情与面子的互动的。

[5] 双村的经验也表明，一些被称作“大社员”者往往曾经担任过村组干

部，因为下台而与台上的干部结怨，从村里工作的助手变为工作的阻力。由于这些人当过干部，在当地有一定的影响，懂得国家的一些法律和政策，在与村级组织的纠缠中就总能寻找到某种“道理”，并且往往能做到越线而不犯规，置组织于被动地位。所以，在乡村干部的眼里，这些人比一般不配合工作的村民更难对付。也正是出于这一考虑，若非因为干部的年龄、健康因素，有明显的违规行为，或者一个地方的矛盾已经特别激化，村组班子无法正常运行，无论是村里还是乡里，在调整村组干部时就总是强调以稳定为主，一般不会轻易考虑更换干部（包括经过民主选举形式所进行的更换），以免给日后的工作制造对立面。地方上流行的一些顺口溜就反映了乡镇干部对频繁更换村干部所产生的畏惧：“换换换，始终不敢绊，多一事不如少一事，换了反而多一个麻烦。”“宁愿打发十个农民，不愿打发一个干部。”（吴毅《村治变迁中的权威与秩序》，2002：224—225）不下乡的学者，不明白其中的复杂道理，往往只知道用一套村组选举的民主话语来解释此类现象。其实，在现实的村治环境中，选举并不能解释多少村组干部更迭的原因，反而是这样一类出于实际治理需要的不上台面的“潜规则”在支配着作为制度性输入的村庄选举。

[6] 经过查阅相关资料，我发现此类现象在其他地方也都不同程度地存在着。对此，有人称为是在给“财政注水”（刘健、林嵬，2001），有人则称之为是“财政虚收”（涂咏梅，2000）或财政收入“虚胖”（戴益民、张中彬，2000）现象。对于此类现象形成的原因，一般都认为从根本上看是由于追求政绩指标的干部考核制度所致，即所谓“乌纱帽逼出高指标”。而从具体操作上看，以基数加增长下达财政收入计划的方式，刚性的财政支出、以支定收，带来刚性的财政收入计划等则是导致此类问题的具体原因。可见，这不是一个仅仅从经济学或财政学方面可以解释的现象，也不是单纯通过某几项财政体制和政策改革即能够有效解决的问题，它本身就是与自上而下的权力配置机制以及由此导致的相应的自上而下的政治—行政压力型体制相伴生的现象，是一种非经济现象。只要这种公共权力资源配置的格局和相应的政治

一行政责任追究机制不发生变化，也就难以根除此类现象。在这种情况下，我们就应该能够理解为何地方和基层政府领导一方面会清楚地知道这是一种为追求政绩而有违实事求是精神的做法，另一方面却又照旧会千方百计地去展开财政收入增长竞赛的原因了。因为在明知无法改变现状、谁做谁得利、谁不做谁吃亏的情况下，最为常见的就是这种一方面自责另一方面又积极跟进的"明知故犯"行为。如果说这种"明知故犯"会对经济工作和公共决策造成损害，那也不过是为了确保相关利益的获取而必须付出的代价。在这里，仍然是非经济的考虑决定经济的绩效，即它不是一个能否意识到好处与弊害的问题，而是一个利益的权衡与取舍的问题。

十一

[1] 在理解乡村社会的官民关系时，"官强民弱""官民互强""官逼民反"等都是一些现存的解释模式。但是，"官民互弱"，即官民博弈中双方均无法以制度化和规范性的方式与对方打交道，以实现自己的意志，而不得不以非规范的方式实现利益诉求，却可能是当下阶段一个十分常见但学界思之甚少的现象，而我以为这种现象实际上反映了转型期乡村治理中国家与社会关系层面的民主与行政科层化层面的政府基础性权力（infrastructural power）双弱并存的状况。前一个因素决定了农民进行制度化利益表达与利益维护的机制缺失，迫使他们有可能会选择违规性表达和违规性维权，而后一种因素却让我们看到了政府贯彻与整合能力的低下，如若遭遇抵制，便往往只能诉诸"蛮力"强行达成。于是，官对民以非或民对官以非往往成为此一时期官民博弈中的一道常见景观。面对这种现象，去追究具体过程一事件中的谁是谁非或谁先"以非对非"，虽然会有助于具体问题的解决，却无益于对此类问题的一般性学术理解，因此，我们显然还应该进一步去体会由这种"刁民对恶政的双向互动"所传达出来的理论意蕴（我知道肯定有相当多的人不会接受我的观点，他们更愿意仅仅把问题归结为基层民主的缺乏，只愿意承认官"恶"而绝不会容忍承认民"刁"；或者即

使承认，也把原因与责任推给官，但他们恰恰忘了一个社会中官民关系的特质其实是官民双方互为适应、互为依赖和相互塑造的）。它实际上是在提醒我们，分析基层治理所存在的问题与矛盾时不应该单向度地看问题，思考乡村治理的改良应该从政治和行政两个方面入手，即必须同时强调基层民主建设和乡镇行政能力培育的意义，而非简单地以前者替代后者或者反过来以后者替代前者，也就是说，这其实是一个既涉及民主健全又涉及基层政权行政建设的问题。但目前我们所面对的现实是：一方面基层民主的发育远不完善，另一方面则是在无法变革政治权力资源配置方式的情况下以行政机构改革（它的核心是减员增效）来替代政治体制改革，结果，政治发展未见成效，基层政权的行政、公共品供给与生产能力却有可能遭到削弱，（参见赵树凯，2005；秦俊波，2002）造成我在第九章的注释［6］中所分析的状况，即"部分地方的乡村治理实际上已经陷入要么依靠强力及相应的越权和越线维持，要么处于无能境地，要么干脆只能以对农民'收买'和'行贿'的方式来实施这样一种多重困境之中"，从而造成民权未进状态下的官权（政府的基础性治理能力）式微，这可以说是当前农村部分地区治理现状中存在的一个相当突出的问题。

［2］如果超越本个案的范围，从一个更为广泛的角度对此类问题做进一步的延伸性讨论，我们还会注意到，在观察和评价农民的抗争行为时，只要不是走马观花、浮光掠影或者过于强烈的意识形态先行，田野工作者往往有可能遭遇到对抗争者个人、群体或这种抗争行为的道德评价困境，即一方面我们在道义上会天然地同情作为社会弱势群体和利益被侵害者的农民，但是在另一方面，我们又往往不能不承认，一些起而抗争者并不是我们一厢情愿所想象或者如一些文学及学术作品所分析的那样作为底层道德正义和维权英雄的化身而存在，在许多时候，正义与非正义、道德与非道德、维权与占便宜、上访与反复纠缠私利往往是联系在一起，并且是很难分开的。为了在肯定前者的同时理解后者，我们借用了斯科特的"弱者的武器"的解说模式，（J. Scott, 1985）其意义在于，它能有助于我们理解当下由底层社会生态

环境所决定和塑造的弱者的“日常抗争”行为特点，为我们揭示出在传统阶级斗争视野下无法细察却可能是更为普遍存在的一种抗争类型。然而，如果沿此路径进一步对作为弱势抗争者的农民的品性做观察，我们又有可能会发现，“弱者的武器”之所以会成为底层社会的一种“日常抗争”形式，往往又的确是与行为主体在特定社会生态下所可能形成的道德倾向相关联的。而且，在乡村社会的急剧转型时期，这一类崇尚“武力”、轻视规则的道德行为显然具有滋生和蔓延的倾向。究其原因，还不仅是我在第六章注释［9］中所说的因为贫弱而发展出来的一种弱者的生存和斗争智慧，同时也是因为当下乡村的若干社会生态特征（包括官民关系特征）往往会鼓励人们将“痞”气和“狠劲”作为解决社会纠纷，包括解决与政府的矛盾的武器。总之，这是一个十分复杂的问题，不可简单地以某种意识形态标准采取肯定或否定的态度。

［3］经常下乡的人都知道，这的确是一种比较普遍的政治文化现象。如今农村的老百姓在评价干部为群众做好事时，往往将其与毛泽东时代相联系，例如说某人是“毛主席的好干部”，就等于是肯定此人能够联系群众、做事实在、作风平易近人。而农户家的堂屋正墙上张贴以毛泽东为首的第一代共和国元勋的群像，也是一种相当普遍的现象。类似现象也并非只限于农村，在中小城镇的底层家庭同样存在。除了反映农民的基本政治文化取向外，这也在一定程度上折射出底层民众对当今社会高度分化与变动不居的某种质疑。在无法寻找到对现实更为合理的解释，或者这种解释因理论门槛过高，不易为一般人理解，或者解释不能被接纳的情况下，在历史记忆中寻求对现实的理解便是一种方便的事情。更何况传统意识形态曾经给不止一代的中国人成功灌输了带有特殊含义的平等意识，因此，这种平等意识也极易成为底层社会评价现实的现存资源。这种复杂的、具有筛选性的底层记忆，正好说明了孙立平所概括和分析的社会“断裂”现象。（参见孙立平，2002；2004）在“断裂”的状况下，曾经具有的全民族改革共识不复存在，整个社会出现了从经济、政治到社会文化评价都互不相融的层

级化趋向。从这个角度看，建设和谐社会目标的提出正当其时。只不过我以为，我们不能将和谐社会仅仅当作一种经济和社会目标，它同时也应该是一种政治和文化目标。只有在这种状况下，社会转型才不至于为种种上层精英主义、权威主义以及底层激进主义、民粹主义思潮扭曲和打断。

[4] 在一次闲聊中，武镇长就很直率地对我说，对村干部利用职务之便占小便宜，如“撮”一点儿、吃一点儿等，镇里不能够太认真，否则，收入那么低，谁会认真去为政府干工作？这实际上就提出来一个问题，在制度化收入十分微薄的情况下，村干部工作的激励机制是什么？按武镇长的说法，就相当于是承认激励机制来自村干部可以利用手中的权力占取相应的便宜，而对于这些小便宜，乡镇政府是既清楚却又不会去认真查究的，实际上采取的是一种默认其存在的态度。这让我想起了传统时期地方政府允许各类职事人员收取一定“陋规”的做法（参见瞿同祖，2003），即通过允许官吏占取体制外的好处来弥补制度内收入的不足。我把这种在事实上承认“陋规”合理性的做法视为国家在坚持对农民轻徭薄赋政策的同时为维持基层政权的运转而搞的一种平衡，它其实是基于基层政权的财政支撑与贯彻能力均不充足的状况而不得不采取的一种非正式的治理技术，是又一种形式的潜规则。但其副作用在于政府不太可能把握这种制度化寻租的“合理程度”，“陋规”总是存在着突破底线（而且底线是什么也不清楚，而是随特定时空范围内人们的心理承受能力、制度规范程度和道德评价标准的变化而变化）、引发村级组织道德化危机的可能。

[5] 在此类自上而下的富民工程中，其实最终促使村干部跟进的很大一部分动机就是帮政府抬桩。因为对于新产品是否有市场销路，结构调整是否能够确保成功，并不是这些基层干部所能够事先预测与知晓的，否则，还不“早就让自己的老爹、老娘种上了”？这些基层干部的心里面其实也清楚，等当地的农户都开始种植当初预期能给他们带来效益的某种作物时，也可能就是这种作物的价格下跌、农民最终吃亏受损之时。等农民们也察觉到这一点，这市场价格的杠杆便会自动地迫

使农民放弃新作物，或者经历再次转产，或者干脆为保险起见，又重新回到传统作物的种植上去。结果，对于相当数量的农民来说，除非是改种金子，否则，结构调整对于他们，到头来很可能还是经历了一番折腾，收获到几许空望。短时期内颇见成效的结构调整在一个较长时期内是否能够成功，真的是一个连乡村干部自己都说不清楚、道不明白的问题。连自己都说不清道不明、没有答案的事情却偏偏又要如此跟进，这其中的奥秘还是干部们自己最清楚。一些乡镇干部在动员村组干部积极配合农业结构调整工作时，就往往直言不讳地说，这是县里部署、县委主要领导亲自抓的一项工程，乡镇是××书记亲自挂帅，关系到咱们乡镇的形象，××书记平日对咱们不错，我们必须得买这个面子，抬这个桩。原来，整个事情已经和自己的利益及与政府领导的私人关系联系在一起了。而在中国这样一个重视私人情谊的社会里，将私人情谊摆在经济收益的考虑之上或许本身就是一种特殊的理性选择，无疑也是官场潜规则的一个组成部分。

十二

[1]“如今的农民都是刁民”，这或许就是一些乡村干部对农民行为的评价，也是他们对农村工作越来越困难的一种带有情绪性的抱怨，而这种评价与抱怨又恰巧与我从农民那里听到的对干部的类似评价——“如今的干部都是贪官”相对应，形象地反映出当下部分地区农村中干群双方的一种相互对立性的负面体认（尽管这远不是一种全面和客观的体认，而只是一种带有相当情绪化因素的体认）。只有在理解这种相互负面体认的基础之上，才能够进一步去理解农民和干部在相互的行为交道中所表现出来的“顶”与“媒”的特征，而我也正是基于此才做出了关于乡村官民互动中“刁民对恶政的双向互动”的归纳。（参见第十一章注释［1］）我当然也清楚这种归纳远不能说明当下乡村社会官民关系的全部内容，而只能反映其中最为极端的一个方面，但是，透过这种归纳有助于我们去认识，并进而去思考当下乡村官民关系中所存在的问题和障碍。那么，何以在极端的情况下会出现

如此的负面体认与恶性互动呢？这或许是一个十分复杂的问题，但至少与两个方面的原因有关。一是传统官民关系体认模式的部分复苏，二是乡村社会急剧转型中官民互动所凸显出来的愈益强烈的利益矛盾的影响。就第一个方面而言，我要说明的是，官民的“对立”其实一直就是中国底层政治文化认知中一种常态的而非异态的模式，对此，透过对“民间社会”一词的理解或许有助于说明。甘阳在《“民间社会”概念批判》一文中就认为：“在‘民间社会’这一看上去相当简单的中文词中，实际上隐含着一种极其根深蒂固的中国人看待政治生活和政治社会的传统方式，这就是‘民间对官府’这样一种二分式基本格局。民间社会者，说穿了，对立于乃至对抗于官府者也。”在这里，甘阳所解析的虽然只是“民间社会”概念的一种自我形象（self-image）的意象，但透过这一意象，我们也许得以透视传统中国底层对官民关系所一直存在着的二元化对立的认识。更进一步言之，所谓“官民”的二分本身也就隐含了这种二元对立的政治文化思维格式，因为它实际上是由“中国代代相传的无数历史记忆和文学形象所构成的”（甘阳，1998），也是因之而导致的褊狭型政治文化的一个典型特征。（也可称之为臣民政治文化，参见加布里埃尔·A. 阿尔蒙德、西德尼·维伯，1989）虽然说这种二分式思维格式一度被“公仆与主人”的从属式“干群关系”界说所遮蔽，但是，当全能主义时期的政治意识形态逐渐褪色以后，学术性分析中重新以“官民关系”取代“干群关系”所表现出来的，其实也就是重新定位这一二元型对立体认模式的趋势。而官民互动中愈益强烈与外显的利益化博弈无疑是促成这一趋势产生的现实基础，正是这一基础，促使在特定情势下官民的对立性体认进一步发展和外化为农民与干部互动行为的“顶”与“媒”的特性，进而上升为一种“刁民—贪官”（或“恶政”）的双负面体验模式。这一体验模式的固化本身——暂且不论对与错——极有可能成为当下乡村社会中官民矛盾不易解开的一个社会心理基础。

[2] 公共选择理论认为，如同在经济活动中存在着经济市场一样，在政治活动中也存在着政治市场。公共选择理论研究者把人们参与政治活动

时与其他政治个体和组织发生关系的场所称为政治市场。（参见汪翔、钱南，1993）以此来分析，当代中国农村社会政治市场的一个最主要特征无疑是政治资源的集中，即权力资源掌握在公权者手中，并且主要由他们来制定对于政治产品的交易规则。当这一政治市场的特征渗透到经济活动中去，进而导致政治与经济活动两者不可分割的时候，必然也会相应地出现由对政治资源的垄断到对经济交易规则与经济交易过程的垄断。现实中也的确有此倾向，这是我们在理解乡村社会中官民利益博弈时的一个基点。但是，仅仅明白这一点还不能说就能够十分有效地理解官民博弈的全部特点，当下乡村社会中政治市场所具有的另一个特征是，不掌握政治权力资源的农民却因为改革开放而获得了人身与经济的高度自由，甚至公权力也几乎失去了对农民的行政掌控渠道，由此就决定了官民在进行经济交易时公权者虽然可以借助于自身的权力优势让对方接受经济交易的规则甚至结果，但农民也有可能凭借自己所拥有的自由进行各种逃逸与赖账选择，即选择"用脚投票"，使交易失效。在这种情况下，为了让交易得以进行，公权者即使是为了实现自身利益最大化，也不能不在一定的程度和范围内对农民的利益有所顾及，从而就形成了我们所看到的交易中双方出现种种讨价还价的奇特现象，这可能是在传统单位制政治—行政状态下不存在的现象。

[3] 一提到农村的征收，人们最容易想到的自然就是干部对农民的"掠夺"，形象的说法就是"牵猪子，撮谷子，扒房子"，或者按照乡村干部自己的说法就是"干部进了屋，数字一公布，大人吓得筛，小伢吓得哭，有钱就把钱，无钱就撮谷"。但是，一般人不会去想象在这种征收景象的背后其实还同时存在着另外的一种情况，那就是干部向农民征收的艰难，而人们可能更不会去想这前一种景象往往会与后一种景象存在关联，甚至在一定程度上后者可能正是前者的原因。但是，只要深入农村做长期的调研，不仅站在农民的立场，也同时站在乡村基层组织的立场去客观地观察和思考问题，就不难发现，这两种景象其实是同时并存的，只不过，税费改革以前强制性征收的巨大负

面影响在很大程度上遮蔽了征收的艰难，才使我们这样一些有能力去制作公共话语的知识者主要是以对弱者的同情和对基层组织的谴责代替了对复杂事务的场景化分析，以至于不可能也不愿意去正视广大乡村干部在农业征收中所同样遭遇到的困窘与尴尬。由于人们已经对前一种景象做过许多揭示与分析，所以，在这里我着重从乡村组织的立场强调一下征收的艰难。其实，一直以来农业税费的征收就始终是困扰基层政权与基层组织的难题，这里面固然有农民所承受的税费负担与农业收获量相比较为沉重和基层组织征收不规范等方面的原因，但是，一家一户分户经营的小农业方式本身可能也是造成问题的一个原因。这种高度分散的经营格局决定了政府在征收时必然花费高额的组织和管理成本，而逃税、避税、漏税或拖欠也难免不成为与此相伴生的现象。所以，我认为改革初期那种农民自动配合征收的景况从一个长时段上看未必是一种常态，它可能更多地只是出现在某种历史性变革初期政权享有高合法性基础的特殊时候。当这种高合法性因为种种原因无法延续，国家和农民的关系进入一个利益更加错综交织的常态化时期后，征收作为一个“问题”即会随之而出现（这在历史上也从来就是如此）。尤其是当国家和农村基层组织不能有效地向农民提供社区公共品服务时，各种不缴和拖欠税费就可能会成为农民对基层组织进行利益博弈并进行自身意志表达的一种方式。这种方式是具有传播性的，一家成功，其影响往往会迅速扩散，影响到其他农户的行为选择，遂使拒缴和拖欠税费成为一种群体性现象，从而加大征收的难度。在这种情势下，基层组织往往可能有两种选择，一是由自己垫缴，这是那些有经济实力的基层组织通常都会采取的做法（他们更有可能主动免除辖区内村民的税费负担，使征收困难尚未产生即消弭于无形）；但是一般农业型村庄往往并不具备这种条件，因此，当上级催逼甚紧，而税费收取又关系到乡村干部自身的利益时，作为另一种选择的强制性征收就难免会出现，这就是前些年在各地陆续酿成一些恶性征收事件的原因。称其是恶性事件，是因为它们造成了极坏的社会影响，但其实更为经常和大量发生的情况可能是农民顺从了这种强制或半强制征收行为，却没有酿成事件。结果，拒缴、拖欠和强制性征收的博弈必然会愈演愈烈，终致引起普遍的社会关注，作为一个公共问题摆在全社会同时也摆在中央决策层面前。此时，社会舆论和中央的反应自然是谴责和约束农村基层组织，而且，从更为宏观的政治考虑出发，中央政府也必须下决心杜绝基层组织强制征收的空间。但是，高层和社会舆论所重视者，往往首先是减轻农民负担和规范基层的征收行为，而对于小农在征收中的种种复杂反应与理性对应，以及在此情景中因规范征收而给基层组织带来的新问题，他们却不易注意，就是注意到了，经过反复权衡，可能也是放后一步解决的问题，结果就可能造成如我在小镇所看到的种种尴尬情况。我做这样的分析并不是要将责任推给高层和新闻界，而是要强调征收是否顺利，并不单纯是一个负担是否过重的问题，它可能涉及比单纯的经济汲取和上缴更多、更为复杂的原因。征收看似国家与农民的经济互动，但这种互动要顺利实现，其实又涉及要处理好从高层国家到基层政权、组织与农民关系的方方面面的问题，其中任何一个方面没有理顺，都可能以征收困难的形式反映出来。可以说，在小农化分散经营的状态下，征收实际上已经成为国家与农民制度化互动的一种主要的结构性方式，这一结构性互动承载着远远超过单纯的经济汲取和上缴的更多内容，所以，它也不是通过单纯的税费改革就能够彻底解决的问题。除非下决心取消农业税，否则，任何单项的改革措施都很难奏效，或者即使局部有效，从全局上看也可能无效，或者在解决一个问题的同时又制造出新的问题。好在决策者最终不仅看到了农民负担给农村发展带来的桎梏，也终于体谅到乡村干部在征收中的苦衷，最终做出通过5年时间彻底取消农业税的决定，也好在政府终于肯拿钱出来解决因取消农业税而造成的基层政权运转经费短缺问题，使这个5年时间表有望提前实现，才终于免使乡村干部再去遭受那局外人所难以理解和想象的洋罪——包括继续被社会舆论所谴责，承担加重“三农”问题责任的洋罪。

[4] 一般对群体性上访的研究大多强调上访者行为与所“投诉”对象之间

的对立性，如学界大多突出上访者维权意识与行为的坚定性与自觉性，（参见于建嵘，2004；叶长贵，2002）政府职能部门则大多强调其行为的对抗性甚至破坏性。（参见谭用发，2002；杨明连，2002）应该说，它们都从各自的角度揭示了新时期群体性上访所具有的一些行为特征。我则要从上访者所处的社会生态环境的内部视角对其行为的另一个尚未被人提及的特征做必要的补充。我以为，如果上访者与其所"投诉"的对象同处共生于一地，即如果他们要"投诉"的是当地政府，那么，在行为策略上，上访者就往往还不得不注意考虑他们与地方和基层政府之间那远比上访事由更为复杂的网络关系，即考虑到在上访事件结束以后他们与当地政府的关系。因此，作为一般比较理性的群体性上访，上访者就有可能会设法将特定的上访事件与更为一般性的同处共生关系分开，即在上访维权活动中尽可能就事论事，不扩大与当地政府的矛盾，并且也注意不去伤害政府的面子和自尊。总之，是要为日后双方关系的协调与修补留下一些可以回旋的空间。他们这样做并非是一种软弱或行为上的自相矛盾，而实则是当下特定的社会生态环境对行动者的一种行为特性塑造，这种特定的社会生态准确地说就是特定场域中的官民关系。由于这种关系一般而言不可能是对等的二分关系，而是前者对后者的掌控关系，即公权力仍然控制或笼罩着民间社会经济生活的诸多方面。所以，上访者尽管可以在特定的上访事由上与其所"投诉"的地方或基层政府据理相争，但他们也不能不去考虑上访事件结束之后仍然还得继续相处的官民关系，即如石场上访事件中老罗所讲的那句话，"遇事留一线，回去好见面"。由此我们便得以理解石场业主为何始终不与政府公开闹翻，而是取斗、磨、缠与求相互混合杂糅的复杂态度。借用一句传统的政治术语，这种关系仍然更类似于一种父母官—子民的关系，在特定情况下，作为子民的百姓也可以告官，但又不得不考虑为自己和对方都留下一个可以回旋的余地。当感觉到父母官有让步的表示，作为子民的百姓一般也就会见好就收，甚至"感恩戴德"，并借此修复关系，而不是一味地纠缠。我做这样的补充，是想提醒人们注意现存社会生态环境对官民博弈的复杂影响，对目前各种“民告官”的行动（无论采取法律化的诉讼形式还是政治化的上访形式）特点不做单一化的理解。

十三

[1] 其实，学术界也已经注意到在中国农村集体土地所有制形式下农民对村庄承包地使用权的理解明显不同于对其他物品使用权的理解，因为土地权利往往是与村民在村落社区中与生俱来的生存和发展权利相联系的，因此，只要农民作为这种村落社区内居民的法律资格未丧失，无论他们是否居住在村内，他们都总是会认为自己具有从村庄中获取土地的权利，也正是基于这一点，农民也在实际上将已经拥有并长期耕种的承包地视为己有。对此，申静认为，村民对农村承包地的使用权实则带有某种产权的性质，带有一种“专属专用”色彩，是一种“类所有权”，因此，有理由认为农民在社会认知层面上也是以一种“类所有者”的身份来看待和行使他们对村落承包土地的使用权的。而农民对土地收益的剩余控制权、对自己承包的小块土地的长期稳定的排他性使用权、新的《土地承包法》对农民可以自由流转土地的规定，以及国家不断提高农地征用中对失地农民的各项补偿标准的政策趋势，也似乎都在支持农民的这种认识。（申静，2004）这种社会学意义上的分析无疑有助于我们理解离村农民对于承包土地归属的认知心理，即只要他们自己没有以契约的形式亲自将土地转让出去，他们就总认为土地还是属于他们的，任何人和组织都无权剥夺；即使他们已经将承包地转让给别人，他们也认为必要时自己有权利再从村里分得一块土地，如果这种想法不能实现，他们就有可能想收回已经转让出去的土地。这种社会实践层面的经验感受和行为取向与法律规定的错位，也的确是造成现阶段农村承包地纠纷的一个重要原因。

[2] 为了后面分析的方便，这里将林靖南文章的对策部分摘录如下：对策一：一个专班负责。针对当前农村土地纠纷频发且亟待调处的实际，要组建一个专班，负责做好土地纠纷调处工作。专班可由分管政法和稳定工作的副职牵头，成员由信访室、经管站、司法所、法庭的负责

同志组成。领导成员要相对固定，精力时间要相对集中，职责分配要相对明确。对策二：一套法规备查。引起土地纠纷的原因很多，触及的法律法规也很多，因此对土地纠纷做出司法解释不能搞单打一，必须综合运用一套实际实用的法律依据。具体要掌握运用“三法一规一例”中的有关土地问题条款。“三法”是指《中华人民共和国土地管理法》《中华人民共和国农村土地承包法》《中华人民共和国合同法》；“一规”是指《最高人民法院关于审理农业承包合同纠纷案件若干问题的规定（试行）》；“一例”是指《中华人民共和国土地管理实施条例》。要将“三法一规一例”的内容提纲挈领，融会贯通，综合运用。对策三：一组规定答疑。根据土地纠纷的种类和成因分析，要按照用什么备什么的原则，娴熟掌握一组规定解答疑难问题。诸如“农村土地”是指哪些土地（《土地法》第二条）；“荒山、荒沟、荒丘、荒滩等土地的所有权及承包方式”（《承包法》第三条）；“土地的承包期限及起止日期”（《承包法》第二十二条）；“土地承包应遵循的程序”（《承包法》第十九条）；“土地流转及流转原则方式”（《承包法》第三十七条……）。对策四：一剂良方对症。要针对当前土地纠纷的热点、难点、焦点问题，把脉问诊，寻医用药，力求收到对症下药、药到病除的效果。这里我推介几个共性问题的处理依据。1. 关于迁入小城镇落户或转为非农业户的农户承包经营权的处理。依据《承包法》第二十二、三十二、三十三、三十四、三十七、三十八条的规定，迁入小城镇落户的，应当按照承包方的意愿，保留土地承包经营权或允许其依法进行土地承包经营权证流转。迁入设区的市，转为非农业户口的农户，应当将承包的耕地和草地交回发包方；承包方不交回的，发包方可以收回承包的耕地和草地。2. 关于抛荒耕地的处理。依《土地法》第三十七条第三款的规定，承包经营耕地的单位或者个人连续两年弃耕抛荒的，原发包方单位应当终止合同，收回发包的耕地。村民委员会作为发包方在出现这种情况时，应当书面通知弃耕抛荒的承包人，说明收回耕地的理由、时间。3. 关于承包经营权发生纠纷的处理。根据《承包法》《合同法》《若干规定》的要求，第一，当事人可以通过协商解决，也可以请求村民委员会、乡（镇）人民政府等调解解决。第二，可以向农村土地承包仲裁机构申请仲裁。第三，也可以直接向人民法院起诉。4. 关于非本村村民承包该村耕地或土地的处理。《承包法》规定，第一，先经村民三分之二以上成员或者三分之二以上村民代表同意，并报乡（镇）人民政府批准；第二，发包方对承包方进行资产情况和经营能力审查；第三，双方或一方要求登记，应当向县级以上地方人民政府申请登记；第四，签订承包合同。5. 关于新增人口调整承包土地的处理。《承包法》第二十八条规定：一、集体经济组织依法预留的机动地；二、通过依法开垦等方式增加的；三、承包方依法自愿交回的。上列情况必须依《承包法》第四十八条规定办理。6. 关于土地承包合同终止的处理。依《若干规定》第二十四条之规定，有下列条件之一的，可以终止承包合同：一、解除合同条件成立已到期；二、因健康原因丧失承包能力或者死亡，继承人无力承包或放弃的，且不进行流转的；三、一方不履行合同约定义务，致使合同无法继续履行；四、弃耕抛荒；五、进行破坏性或掠夺性生产经营，经发包方劝阻无效的；六、随意改变土地用途，经发包方劝阻无效的。（参见附录 2：36）

[3] 不过，更宏观地看，情况可能比冯所长理解的远为复杂。后来，随着类似矛盾在全国各地的突出，中央政府从维护农民土地承包权利的考虑出发，规定将欠缴税费和土地撂荒与土地承包经营权问题分开处理，肯定欠费户与撂荒户仍然享有对村落土地的承包经营权利。如《国务院办公厅关于妥善解决当前农村土地承包纠纷的紧急通知》（国办发明电〔2004〕21 号）第四条规定："要严格执行《农村土地承包法》的规定，任何组织和个人不能以欠缴税费和土地撂荒为由收回农户的承包地，已收回的要立即纠正，予以退还。""对农户所欠税费，应列明债权债务，按照农村税费改革试点工作中清理乡村债务的有关规定妥善处理。"一些地方政府也根据中央精神做了相应规定，如湖北省《省人民政府关于积极稳妥解决当前农村土地承包纠纷的意见》（鄂政发〔2004〕36 号）第四条规定："纠正对欠缴税费和土地撂荒的

农户收回承包地的做法，要处理好解决土地撂荒问题与尊重和维护农民土地承包经营权的关系。任何组织和个人不能以欠缴税费和土地撂荒为由收回农户的承包地，已收回的要予以退还。”2004 年 12 月 1 日，湖北省委办公厅、省政府办公厅印发的《关于依法完善农村二轮延包工作的若干意见》第二条第二款也规定：“前些年因负担过重、种田效益低等原因自行弃田抛荒，现在又回来要田种的农户，应按原承包面积确权确地，对其中的‘逃税户’‘历年税费尾欠户’等群众意见大的，也要确权确地，严格地把追缴税费与确权确地分开。”但是，这些政策在执行的过程中却可能令广大的守法纳税户和乡村干部不能理解，甚至在感情上不好接受。于是，一些地方在实际操作中就出现了某种变通，即“先还钱，再给田”，一方面确权确地，另一方面允许村组清收欠费，对于无力缴清者打好欠条，发给土地经营权证，对于拒不还清税费的，允许村组把应确定给农户的田地暂时作为机动地留在村组。但这种做法又有可能与刚性的政策规定相左，于是就带来了政策界限与乡情民意之间的冲突和矛盾。以上情况详见罗峰关于《“追缴税费”与“确权确地”：土地二轮延包中的政策界线与民意冲突》（罗峰，2005）的调研论文。

[4] 可以设想，如果享有李国辉原有承包土地经营权的几家农户寸步不让，相信他们的权利也完全会得到政府的支持和法律维护，但这种支持与维护在政府和法治治理权力末梢的乡村能否得到有效和切实的贯彻则可能就是另外一个问题，而他们与李家的矛盾会如何发展也将是一个问题。最可能出现的情况是，他们会因此与李家结下长久的怨恨，在以后的日子里，只要一有风吹草动，这些怨恨就会随着特定的过程—事件翻涌出来，构成日后彼此新关系的基础，从而形成一个冤冤相报和相互为难与折磨的恶性循环。因为在往后的日子里谁也难保不会再和对方打交道。所以，通过法律的途径看似维护了正义，其实可能只是暂时地区隔了矛盾，却没有能够有效地化解矛盾，因为法律——这里的法律是指正式的立法，而非在熟人群体的长久博弈中形成的有效规范——并不可能去充分考虑那些会促成这种不可回避的互动的社会条件，因而也就如

埃里克森所言，有“可能造就一个法律更多但秩序更少的世界”，（埃里克森，2003）让当事各方掉进无穷无尽的矛盾“陷阱”。故而，强调以乡土邻里圈子中长期行之有效的调解的实践功用，并将这些实践与现代法律理念相结合，做到既合乎乡村情理又符合现代法治精神，或者即使并不完全符合现代法治精神却合乎乡村情理，能为当事各方所接受，在化解一些看似琐细而实则事关当事者长久生活利益的矛盾纠纷中的作用就是十分重要的，这往往也是有经验的乡村司法干部在一般民事纠纷中多强调协商而不轻言司法裁判的一个重要原因。

[5] 武镇长知道，完全不增加鱼塘承包费是无法解决矛盾的。为了化解矛盾，他即使作为一个现代公权的人格化代表，也不能不在一定的情况下做出适当牺牲契约权威、照顾村情民意的抉择，这是一个与川东双村肖心维与小组承包地纠纷类似的案例（参见吴毅专著，2002：第十一章）。在那场纠纷之中，若从现代法治的角度看，我们很容易得出村组违约的结论，但是，当你将事情置于具体的村庄情景之中，你就会注意到肖心维所秉持的契约精神却成为一种背离村庄公平理念的“违犯众怒”的行为，而村组的违约反倒是为了维护村情民意，成了得民心、顺民意的行为。而在本案例中，武镇长的立场无疑更加符合国家大文化和现代性的要求，他所要做的首先是维护契约的延续性，而不是毁约，但是，在此基础上，他也不得不考虑形势变化给农民利益所带来的损害而取适当修改合同以顺应民意的立场。可见，在当下的转型期乡村社会，契约理性同样不可能完全脱离村情民意而孤立存在，它最低限度也要得到村民的容忍才能够继续运作，否则仍旧有可能遭遇到农民功利主义的反对。其实，只要置身于乡土社会的场域，就不能完全不顾及通行其中的理念和规则，因此，武镇长最后不得不代表承包者表态，以适当提高承包费来换取矛盾的解决，武镇长也不得不采取了妥协和折中的立场。

[6] 如同“媒”与“擂”一样，“拖”也是有助于理解乡村基层政治行动特性的一个字眼。当基层组织缺乏有效解决问题的资源和手段时，“拖”也有可能成为他们借以躲避矛盾的一种被动和无奈的选择，“不

是我们不想解决，实在是没有办法”。于是，无力解决本身就成了不解决的一种理由。这样，拖得久了，看不到解决问题的希望，农民也没有耐性了，失去了继续抗争或维权的动力，事情也因此而不了了之，从而有可能使治理者摆脱（或者至少是暂时摆脱）某种矛盾的困境，所以，“拖”也自然成为基层组织在与农民博弈时的一种技术选择。而这里还需要说明的是，这一技术的操弄者也并不仅仅限于基层干部，在农民方面也是一样。例如，一些农户以各种理由拖欠税费其实也是在以同样的技术对付基层政府和村级组织，让他们拿自己没有办法。“拖”作为一种乡村政治博弈术的流行，其实是再恰当不过地反映了当下乡村治理困境中官民之间借助于非公共化的民间权力技术来处理彼此关系的景况。

[7] 乡村干部对于这些“道上的伢们”的态度是多重而复杂的。总体来讲，一是义愤，这是一种基于对社会治安形势不满的情绪。二是有些惧怕，却又无可奈何。作为一般安分守己者，多半会对社会越轨者有一种畏惧心理，但是在各种商业开发活动中，又总是有这些人的影子，所以，如果不能够敬而远之，在各种不能回避的往来中，干部对这些灰色势力就尽量不去招惹，井水不犯河水，以求得自身的安稳。谁都知道，为公家的事情得罪这些哥们儿不划算，吃了亏也多半就是白吃，并没有人能够出来撑腰。三是利用。因为经常打交道，彼此多半熟悉，这样，当一些干部在与农民打交道时遭遇到无法解决的棘手问题时，例如，农民有意阻挠工程施工等，他们有时候也会想到要去利用这些灰色势力来压制农民的“刁蛮”行为，按他们的话来说，就是还不得不利用这些人来制服“刁民”。一些有过此类经验的干部说，这一招十分管用，群众不怕干部，却很害怕这些道上的哥们儿，“往往这些人一出现，农民立马就规矩了”。而这些灰色势力为了能够在地方上站稳脚跟，也愿意为村里办一些事情，摆平一些矛盾。从这个角度看，也的确可以认为这些灰色势力构成了一些地方影响基层社会秩序的另一种力量。（参见第七章注释［6］）

[8] 从老罗那里，我得知了一些干部做业主工作的情况。老罗为我举了一

些具体的事例：“例如，刘玉林已经找到新的场子，本来就急着想搬迁，只是碍于大多数业主的面子不好拆台。针对他的这种心理，干部就帮他跑转场的手续，让他少花钱，这样，他自然就签字了。曹立新买的是别人的场子，电力增容费当初也是别人交的，按说他不该退这笔钱，但仍然把这笔钱转到他的名下，有意让他得这个好处，这样他就配合了。杨宏军是村干部，是我压着他签的，他不想配合，但也知道拗不过，还是想给自己留一条后路，他想办彩砖厂，干部就表态提供方便，于是他最后也签了。”有的人实在做不下来工作，就私下多给点钱，反正许多人的电力费发票也早就不在了，说是到电力所查底子，但彼此是多少，别人也不知道，这样，给多给少实际上还是由具体操作的干部决定，多得了钱的就配合了。还有的人，如果他有亲戚在政府当干部，就让他们出面做工作。总之，就是针对每个人的具体情况采取不同的对策，对症下药。“业主们看起来很团结，但毕竟各家的利益有差别，心思也不一样，看到实在顶不过，也就自然会各自寻思退路。”这样，到了关键时刻，“一把钥匙开一把锁”的方法就能见效，而一旦打开一个缺口，其他人的工作就好做了。（参见附录 1：208）未理明也提到，去年他在洲头四组的工作经验对于这次解决石场纠纷很有帮助。（参见附录 1：209）而从后来我分别向一些业主了解到的情况看，我发现最后工作做下来的结果，一些当初闹得最厉害的业主（例如几个代表）所得到的补偿还是要稍微高于其他人，这是不是也应了那句“会哭的孩子有奶吃”的话？或者说是否干部有意要对这些人采取特殊的倾斜政策，以减轻工作的难度？我想，这也许只是一种偶合，也许确实存在这种因素。但你必须承认，“一把钥匙开一把锁”的治理技术在帮助干部解决棘手问题时十分有效。

[9] 我们可以把郭德银的这段话与干部所采取的“一把钥匙开一把锁”的策略联系起来考察。作为农民意见领袖，郭德银等人在石场关闭纠纷的抗争中首先关注的，无疑是作为石场业主集体受损的共同利益，而不是个人利益。不如此，他们不可能取得群众的信任，成为大家所拥戴的意见领袖和抗争组织者。但是，当他们看到其他人已经放弃抗

争，集体维权已经被个人索取补偿所替代时，即使这些意见领袖也不能不为自己获取更多的补偿而努力，而此时，他们在扮演意见领袖时比一般群众所付出的更多辛劳，也就可能成为他们索取更多补偿的心理基础。无疑，这是一种人性使然，笔者无意做任何道德上的批判，而是想说，如果意见领袖的这种心理被政府干部察知，也就容易让他们找到工作上的突破口，所以，“一把钥匙开一把锁”往往也是消解意见领袖抗争意志的一把利剑。在此，笔者想要强调的只是，有组织的科层化团体在面对因利益受损而临时聚合起来的无组织个体时所具有的全方位优势，这种优势不仅表现在制定规则与裁判胜负等方面，而且同时也表现在分化抗争时所可能调动的各种社会和心理资源方面。由此，我们也可以得知基层官民的博弈是在一种完全不对等的状态下进行的，因而其结果在绝大多数情况下也都是可以预知的。

十四

[1] 判决执行难是农村基层司法中面临的一个较为普遍的问题，一些民事赔偿案件在判决之后往往难以执行，其中除了经济方面的因素，更为基本的还在于相当数量的农民（何止是农民）较普遍地缺少对于法律神圣性的信仰，而乡镇基层法庭又往往缺乏力量去督促判决的执行，结果，许多判决也就一拖了之，成为一纸空文。相反，类似的纠纷如果是通过村落内部进行调解，只要双方达成协议，就基本上不存在赖账的问题，因为赖账会使当事人有悖于乡村熟人社会的交往规则，让自己丢失面子与人情。显然，这告诉我们，中国乡村社会还远不是一个以法律和事本主义文化来建构交往规则的社会，而是一个基于熟人直接交往之上的人情至上的社会。

[2] 观察表明，这似乎正在成为一些地区村干部愈益突出的行为特征。一些村干部将主要精力放在发展村级经济，即谋求村办企业的发展上，对于其他的村庄公益，则因为经济能力的局限而相对淡漠。在征收农业税的状况下，他们这样做的一个重要目的是力图减轻村庄沉重的税赋压力；而在不收税的情况下，此种行为的一个最为直接的动机则是

为了解决村级组织的运转经费和增加村干部自身的经济收入。我们不否认这一动机的现实合理性，因为在上级转移支付与村庄需求之间尚存在较大差距的情况下，取消税费的一个直接后果就是村级财务的更加困难，一个形象的说法就是连最起码的招待费和通信费都无法解决，因此，他们必须为此而谋划，否则，“这村干部当着还有个么味”？但此类行为的泛化，无疑也可能导致村干部作为一个自谋福利的小群体与普通村民之间制度与利益性连接的松弛，并且变相导致村庄公共资源的小团体化，即由村庄所有变为村级组织所有，又由村级组织所有变为实质上的村干部所有。

[3] 现代行政管理在一定意义上就是数字化的管理，社会生活的各种情况最后都要以数字的方式进入官方统计档案，这本身就是现代性和规范化的典型表现。在这个意义上，现代国家也就是数字化管理的国家，政绩的考核也就是数字的考核。但这一过程本身又会催生出一种不断自我膨胀与复制的趋势，即管理过程中数字化的愈益繁复与冗赘。这是因为每一级科层设置的工作业绩主要都要依靠这些数字来体现，所以，即使是仅仅出于对本一层级管理特性与工作绩效的维护与体现，每一级科层单位也都倾向于要进一步去细化上一级单位的数字化考核指标，结果，管理本身就异化为数据制作、统计与考核的层层推衍的无穷游戏，对社会的管理最终为各种繁复的数据制作所累。

[4] 这里借用方慧容的“无事件境”概念来表示农民对那些在农村社区中反复发生和缺乏制度时间进行精细定位的事件—过程的记忆特征，（参见方慧容，2001）这一记忆特征是自洽性、无精确空间与时间划分需求的村落社会的心理投射，它使经历者无法具体复述某一事件—过程的精确“真实”，而是将其泛化为一种交叠、无序与混杂的存在。但这一记忆特征恰恰可能让要去适应现代科层化管理之标准化叙事的基层干部十分头痛，因为上级对其工作的考量与记录所需要的正是对具体事件具有明确的“时间”和“事件感”划分。为了适应这种科层化标准的考量，唯一的办法就是设法让农民对某些事件的记忆呈现出某种明显的“事件境”特征，能够准确无误地叙述出它们所发生的时

间、地点、内容等，而这就不得不设法对农民实施他们所不自觉的记忆强化工作。

[5] 应星在评仝志辉的《选举事件与村庄政治》（仝志辉，2004）一书时，提到了质性研究的优势和功能，他认为："质性研究的力量并不在研究的数量上——它在这一点上完全不可能与定量比较相比，而是在研究的深度上。所以，要体现村庄政治的丰富性，并不在于所研究的村庄类型的丰富性，而是在于提出问题的敏锐性、田野调查的深入性、叙事展开的繁复性与理论分析的复杂性上。无论是作为一个个案，还是作为多个个案比较，都应该在叙事中体现足够强大的张力，容纳足够复杂的关系，展示足够完整的过程。"（应星，2005）应星对深度个案研究的学术功能定位无疑是相当准确的，要求也是很高的，但是，如果个案研究真的成功地达到了这样一种境界，即使作者无意追求该个案的代表性，其代表性也会自然而然地在充满张力的多元叙事和复线分析之中呈现出来。其实，你愈是成功地避免把"丰富的材料简单处理成用以证实或反驳某种总体概括的'个案'或理论分析的'例子'"，（应星语）你所呈现的个案反倒愈是有可能具备反映同质现象之普遍意义的功效，尤其是站在跨时空的比较角度，这种功效可能会更加明显。

十五

[1] 陈向明在她的《质的研究方法与社会科学研究》一书中引述了范曼宁（Van Maanen）关于民族志写作风格的评论，后者认为至今为止的民族志研究成果主要以七种方式写成，即：（1）现实主义的故事；（2）忏悔的故事；（3）印象的故事；（4）批判的故事；（5）规范的故事；（6）文学的故事；（7）联合讲述的故事。（参见 Van Maanen，1983 及 1988）陈向明对"规范的故事"的特点做了这样的定位：规范的故事的作者也希望通过自己的研究来建立、检验、概括和展示理论。但他们对研究实地的政治、经济和文化背景不是非常关心，他们最关心的是建立规范的形式理论。在这种叙事文体中，作者的"主观性"比较强，观点比较明确，具有明显的理论导向。由于作者的目的是建立

理论，因此行文的风格也比较正规、严肃，逻辑性强。陈向明进一步指出，虽然规范的故事也强调从资料中产生理论，但其主要目的是证实或证伪研究者自己抽象出来的理论，所以，作者在写作时虽然也对一些具体的人物和事件进行描写，但是使用这些资料是为了论证自己的理论假设。因此，在这种作品中引用的资料一般都具有一定的“可旅行性”，即具有一定的独立性，不完全依赖某一个特定的情境。在对原始资料进行整理和归类时，作者主要关心的是自己建立理论的需要，而不是资料本身的特点。由于规范的故事关心的是建立理论，这种故事中的人物通常没有自己的个性和特点，他们就像马戏演员手中的玩偶，任作者按照自己的意图拨来拨去。在这里，理论是至高无上的，作者关心的是如何利用有关人物或事件来为自己的理论服务，而不太关心人物的思想和情感特性及其所处的社会权力地位。因此，在规范的故事里，作者很容易忽略研究现象中那些隐藏着的、无意识的、被虚假地意识到的或者被认为是理所当然的意识形态。由于这一写作方式主要强调建立“形式理论”，它往往使实地调查变成了一种类似实验室的工作，失去了自己的特点和独特的贡献。陈向明认为，这种做法与民族志的传统有一定的冲突。（参见陈向明，2000）

[2] 政治学与村庄研究的结缘在某种程度上是上个世纪八九十年代的历史机缘所促成的“意外”结果。那时，中国政治学从显学一度跌落到了谷底，正是在重新寻找立身之地的“挣扎”之中，农村“有幸”成为它证明自身价值的“再生之地”（这样讲虽然有绝对之处，却能在相当程度上说明政治学在当时所面临的学科尴尬）。但是，由于这一时期的村民自治研究在实际上承担起了自下而上重新寻找中国政治发展道路的“历史重任”，因此，它与村庄的结缘在实际上是非常有限和表层的，因为它只是对无能为力的宏大关怀的一种暂时的替代和移情。所以，此一时期的农村政治研究看似村庄的，却又不是局限于村庄的，说到底它更是关乎宏观中国政治的。这一研究特征对后来的学科发展产生了复杂的影响。一方面，具有宏大关怀的村民自治研究很快就超越村庄的范围（其实它从一开始就没有真正进入村庄），成

为一个社会科学领域乃至知识精英领域的热点问题和公共话语；另一方面，由于其研究的价值关怀主要在村庄之外，因此，怀抱宏大关怀的研究者也十分容易轻视对研究对象——农村社会本身的认识，或者说这种认识缺乏农村“主位”。而且，过于宏大的价值关怀与研究方法上的微观个案的联姻，在加速经验研究与学理研究结合的时候，也容易使来自农村社会的“经验”成为论证某种理论政治正确性的材料，从而造成对“经验”本身的切割与拼装，使这一时期的村庄研究在显现出个案与田野外貌的同时，又呈现出某种非个案和非田野的特质。但是，这一时期的村庄政治研究也产生了一个为最初的研究者所没有料想到的结果，即一部分进入村庄做村民自治选举观察的学者也由此开始面向农村，深入村庄，以研究和解决农村与农民自身的实际需要为指归，以理解和阅读转型期中国农村政治特征本身为目的，力争发展出相对更“农村主位”而非绝对“国家主位”意义上的农村政治研究。其中有两个倾向是与村庄研究紧密相关的：（1）以描述和解释农村基层政治实态及其支配机制为研究旨趣的新取向。这种研究取向的目的在于通过深入发掘、理解影响与支配中国乡村政治运行及其深层机制的“地方性知识”，重新发现和认识中国乡土的经验，并力图以这种经验来丰富和重构中国基层政治的图像，最终为学理的操作提供一个真实的经验平台。这一尝试受到人类学的影响，并在事实上由政治学者自己而不是经由人类学者的越俎代庖，开拓出中国政治研究中的人类学路径。（2）农村政策的社会基础研究。这种研究自称以探讨政策绩效差异与地域和社区的关系为起点，但最终实际上落脚到着力理解转型期乡土社会的特性、原因及其走向，力图在连接学理研究和政策研究上做出尝试。这种研究其实与第一类研究有接近之处，但它们之间又存在张力，这表现在这种研究的拟社会学特征和它始终执着地要在学理研究与政策研究的中间地带建立明确而结构化的连接，并力图据此开拓出一个以问题带动学科的研究领域。（参见吴毅《农村政治研究》一文，2005）

[3] 在人类学的政治行为研究路向上，常有将社会过程—事件中的权力运

作、博弈与冲突比作“社会戏剧”（social drama）来分析的案例。在这种分析中，研究者多将注意力集中在政治竞技场中的那些活跃人物的身上，研究他们是如何操作社会中的符号、象征和其他文化准则，以便在权力竞逐中处于有利地位、获取最大利益的。（董建辉，1999）格尔兹在研究19世纪印度尼西亚巴厘的政治国家时，也使用了“剧场国家”（the theatre state）一词来凸显它向人们所展示的显赫、夸示、尊严、风采等“辉度”（stateliness）的特征，以区别于西方（现代）国家作为治理的权力结构的类型。同样地，在社会学研究中也有将戏剧比拟引入学术分析之中的，例如戈夫曼（Erving Goffman）就运用戏剧舞台的特有意象来研究人们在日常生活中的行为，将人对社会角色的履行视作一种特殊的社会表演。（参见马尔科姆·沃特斯，2000）我在此处使用“剧场效应”一词，主要是为了说明基层政权—村级组织—农民三重互动博弈所“制作”出来的复杂多变的碰撞效果，反映三方围绕着发展这一基本主题所呈现出来的利益勾连与冲突，因此，“剧场效应”一词的使用显然更类似于对文学比喻的借用，意在突出对其过程张力的情景展现，同时也注意到了与既有学术研究的承袭关系。而无论从哪一个角度来看，小镇都的确如一个利益与力量角逐的展演场。

[4] 在一般对乡村政权组织与农民力量博弈的研究中，多数学者并不太注意对官民的力量对比关系做进一步细分，他们要么从强制性权力的角度关注两者的博弈态势，要么从基础性权力的角度去分析乡村治理的现状，因而其结论也就往往非此即彼，即或者认为“官强—民弱”仍然是一种基本的权力分布态势，或者认为基层政权的治理能力已经大大削弱。应该说，这两种观点都在一定程度上看到了目前存在的问题，但非此即彼的观察视角又往往难以同时理解现实中更为复杂的强弱交互渗透的现象，即难以同时解释官既强却又不断遭遇治理困境、民既弱却又往往能以种种强悍手段“反制”官的现象。而迈克尔·曼对国家权力进一步细分的方法则可能会有助于我们去分析当下乡村基层政权的特征，从而进一步去准确理解官民博弈的实际状况。迈克尔·曼不是把国家权力视作一个不可切分的整体，而是将其进一步细

分为专制性权力与基础性权力，前者指国家精英可以在不必与市民社会各集团进行例行化、制度化讨价还价的前提下自行行动的范围，后者指国家事实上渗透市民社会，在其统治的领域内有效贯彻其政治决策的能力。根据这两种权力的强弱，迈克尔·曼又进一步将历史和现实中的国家权力分为四种理想类型，即两种权力均弱型，如历史上的西欧洲中世纪封建国家；前强后弱型，如中华帝国、罗马帝国等传统国家；前弱后强型，如西方近代以来的官僚制国家；双强型，如一些当代集权主义国家。（转见李强，1998）应该说，这种对于国家权力的细化分析对于透视当下的乡村基层政权也是有启发意义的。我们看到，小镇的乡镇政权一方面并未真正失去对农民的基本强制能力，尤其是在涉及政权运转的一些核心利益时，农民是很少能与政府形成真正的讨价还价局面的，即使政府有所退让，也是在固化乡村组织基本利益的大前提下的些微调整；而另一方面，在一些惯常的行政运作中，乡村组织却又屡屡遭致农民的"反制"，或者被农民牵着鼻子走，显示出某种外在力量的"弱势"。这两种矛盾现象的并存，其实也正是基层政权所具有的强制性权力与基础性权力较之于大集体时期发生某种变化的结果，正是这种变化在一定的程度上外显为基层政权的强"强制权力"与弱"基础权力"并存的特征。从这个角度，我们似乎能够对一些看似矛盾的现象做出有说服力的解释。

[5] 源自于欧洲近代经验的"国家政权建设"概念是对一个客观发生的近代化现象的概括，它特指分散的、多中心的、割据性的权威体系逐渐转变为一个以现代国家组织为中心的权威结构。但正如张静所分析的，"国家政权建设"并非只涉及国家权力的扩张，"更为实质性的内容是，它必定还涉及权力本身性质的变化，国家——公共（政府）组织角色的变化，与此相关的各种制度——法律、税收、授权和治理方式的变化，公共权威与公民关系的变化"等。即"国家政权建设看上去解决的是权力流动问题——权力从基层分割系统向中央的游动，但实质上，是治理角色与治理关系的制度（规则）改变问题。在这个意义上，国家政权建设不仅使国家成为一种新的、象征主权的组

织，它还必须完成一种面向公共组织的性质转变，使自己成为提供公共产品、管理公共财务、为公共社会服务的组织。这样一个角色及其与公民制度化关系所代表的公共性（公民）权利原则，是‘国家政权建设’包含的规范性含义”。（参见张静，2006）而相形之下，在对中国近代以来乡村基层政治变迁的经验解释中，这个概念所包含的主要内容则是国家权力的不断向下扩张以及由此引起的“官治”与“自治”的对立，并依此作为评价政权运作之合理性的主要理由。循此逻辑，一些学者当然就认为人民公社时期的全能主义治理方式有效地完成了近代以来开始的中国乡村的“国家政权建设”任务，由此甚至导引出一种重新为过度集权张目的主张。有鉴于此，为了避免在中国的语境中误读“国家政权建设”概念本来所指向的经验事实和规范性含义，也许改用现代中国的“国家治理转型”来说明和评价乡村的政治变迁是一个更为合适的选择，而如果以此来对照中国乡村的变革，所谓“国家政权建设”的历史任务就仍然是长期和艰巨的。

附录1

小镇调查笔记引用索引

（以书中引用先后为序）

1. 访谈笔录：秦家畈村主任老罗谈税费改革，笔记第251页。
2. 访谈笔录：镇计划生育干部谈迎检，笔记第93—95页。
3. 小镇笔记：2003年4月10日晚政府税改迎检动员大会记录，笔记第236—237页。
4. 访谈笔录：老罗谈税改迎检，笔记第255—256页。
5. 访谈笔录：老罗谈秦家畈村概况，笔记第123—131页。
6. 小镇笔记：在秦家畈村观察税改迎检工作，笔记第131—140页。
7. 小镇笔记：在秦家畈村观察税改迎检工作，笔记第146页。
8. 小镇笔记：在秦家畈村观察税改迎检工作，笔记第227—232页。
9. 小镇笔记：观察税改迎检工作，笔记第226—227页。
10. 小镇笔记：2003年4月10日晚政府税改迎检动员大会记录，笔记第232—237页。
11. 访谈笔录：政府干部老洪谈乡镇制度诸问题，笔记第223页。
12. 小镇笔记：2003年4月10日笔记：压力型体制与动员型政治运作方式的关系有感，笔记第237—239页。

13. 小镇笔记：镇街的早晨，笔记第1194—1195页。
14. 访谈笔录：姚学明谈发展精细农业，笔记第751—753页。
15. 访谈笔录：林书记谈发展，笔记第1822—1837页。
16. 访谈笔录：武镇长谈乡镇财政，笔记第933—938页。
17. 访谈笔录：老罗谈开发，笔记第506页。

18. 访谈笔录：老洪谈开发，笔记第 2093—2099 页。
19. 访谈笔录：老洪谈洲头村开发，笔记第 201—206 页。
20. 访谈笔录：洲头村四组村民老马谈开发中的政府与农民矛盾，笔记第 768 页。
21. 访谈笔录：老洪谈开发，笔记第 205 页。
22. 访谈笔录：老洪谈开发，笔记第 461—467 页。
23. 小镇笔记：旁听政府干部与洲头村四组组长的谈话，笔记第 191—196 页。
24. 小镇笔记：在洲头村汪书记家旁听镇村干部会，笔记第 309—313 页。

25. 访谈笔录：老罗谈收税，笔记第 251—256 页。
26. 访谈笔录：未理明谈收税，笔记第 414—415 页。
27. 访谈笔录：财政所干部谈收税，笔记第 407—408 页。
28. 访谈笔录：原镇教育办公室主任谈征收，笔记第 442—443 页。
29. 访谈笔录：财政所王主任谈收税，笔记第 911—912 页。
30. 访谈笔录：姚学明谈收税，笔记第 727—728 页。
31. 访谈笔录：武镇长谈乡镇财政，笔记第 1551 页。
32. 小镇笔记：旁听政府会议记录，笔记第 731—732 页。
33. 小镇笔记：旁听政府会议记录，笔记第 744—745 页。
34. 小镇笔记：秦村收税记，笔记第 485—491 页。
35. 访谈笔录：老罗谈村干部的行为特性，笔记第 468 页。
36. 小镇笔记：秦村收税记，笔记第 489—491 页。
37. 小镇笔记：旁听秦村干部开会讨论收税问题，笔记第 594—605 页。
38. 小镇笔记：大陈村收税记，笔记第 723—727 页。
39. 小镇笔记：范家坝村收税记，笔记第 777—783 页。
40. 访谈笔录：田国全谈财政工作，笔记第 328—330 页。
41. 访谈笔录：皮德友谈财政工作，笔记第 965—969 页。
42. 访谈笔录：武镇长谈乡镇财政，笔记第 1547—1552 页。
43. 访谈笔录：小镇企业办公室干部谈乡镇企业，笔记第 1022—1023 页，2072—2074 页。

44. 访谈笔录：田国全、皮德友、武镇长谈乡镇财政，笔记第 328—330 页、第 964—968 页、第 1547—1552 页。
45. 小镇笔记：S 街国税所协税记，笔记第 1018—1021 页、第 1055—1056 页。
46. 小镇笔记：范家坝村看地记，笔记第 1793—1804 页。
47. 小镇笔记：范家坝村看地记，笔记第 1930 页。
48. 小镇笔记：范家坝村看地记，笔记第 2194 页。

49. 访谈笔录：关于小镇豆的另一种说法，笔记第 60 页。
50. 访谈笔录：范世玉谈范家坝村的经济，笔记第 1792—1793 页。
51. 访谈笔录：皮德友谈个人经历，笔记第 964—965 页。
52. 访谈笔录：皮德友谈创办镇豆制品加工厂，笔记第 38—40 页、第 1304—1305 页。
53. 访谈笔录：范世玉谈创办镇豆制品加工厂，笔记第 1788—1790 页。
54. 访谈笔录：范世玉谈创办镇豆制品加工厂，笔记第 2195—2196 页。
55. 访谈笔录：皮德友谈创办镇豆制品加工厂，笔记第 38—42 页。
56. 小镇笔记：政府会议动员种植蒀头，笔记第 728—729 页。
57. 访谈笔录：老罗谈农业结构调整，笔记第 505 页。
58. 访谈笔录：陈志华谈农业结构调整，笔记第 348 页。
59. 访谈笔录：姚学明谈农业结构调整，笔记第 496—504 页。
60. 小镇笔记：政府会议动员种植蒀头，笔记第 728 页。
61. 小镇笔记：政府干部谈种植蒀头，笔记第 927 页。
62. 访谈笔录：姚学明谈种植蒀头，笔记第 1354—1358 页。
63. 小镇笔记：旁听政府与客商谈谢张村土地买卖，笔记第 1768—1769 页；访谈笔录：谢张村谢书记谈开发，笔记第 1854—1857 页。
64. 小镇笔记：旁听政府土地规划会议，第 1676—1684 页。
65. 小镇笔记：旁听政府与客商谈谢张村土地买卖，第 1764—1769 页。
66. 小镇笔记：旁听政府与客商谈谢张村土地买卖，第 1764—1769 页。
67. 访谈笔录：谢张村谢书记谈开发，笔记第 1854—1857 页。
68. 访谈笔录：招商办老洪谈民营资本进军教育产业，笔记第 1769—

1771页。

69. 访谈笔录：老洪谈叶桦与洲头村的租地纠纷，笔记第212—213页。
70. 访谈笔录：洲头村汪书记谈叶桦租地，笔记第1011页。
71. 小镇笔记：旁听小镇政府和洲头村与安和公司就洲头一组租地纠纷一事的协调会，笔记第996—1006页、第1015—1016页。
72. 访谈笔录：镇信访办浩明谈土地开发中的官民纠纷，笔记第450—460页。

73. 小镇笔记：观察汪达海和于祖文在镇贤酒楼"斗法"，笔记第355—369页。
74. 小镇笔记：旁听洲头村小组长会议，笔记第416—429页。
75. 小镇笔记：观察汪达海做洲头村二组农户的工作，笔记第429—435页。
76. 小镇笔记：洲头村干部商议处理土地占压纠纷，笔记第534—535页。
77. 访谈笔录：杨宏军谈个人经历、竞选和采石场，笔记第258—265页。
78. 访谈笔录：杨宏军谈石场关闭，笔记第559—561页。
79. 访谈笔录：老罗谈石场关闭，笔记第569—572页。
80. 小镇笔记：旁听老罗做石场业主的工作，笔记第574—583页。
81. 访谈笔录：杨宏军谈石场关闭，笔记第733—736页。
82. 小镇笔记：观看石场业主制作的录像资料，第786—787页。
83. 小镇笔记：观察石场事件，笔记第872—875页。
84. 小镇笔记：杨宏军谈石场关闭，笔记第882—885页。
85. 访谈笔录：杨宏军谈石场关闭，笔记第1032页。
86. 小镇笔记：在小岳村岳家湾看处理土地临时占压的纠纷，笔记第1685—1690页。
87. 小镇笔记：在大陈村塘边李湾看处理土地临时占压的纠纷，笔记第1690—1695页。
88. 小镇笔记：在小岳村看处理土地临时占压的纠纷，笔记第1702—1705页。
89. 小镇笔记：在小岳村岳家湾看处理土地临时占压的纠纷，笔记第1755—1756页。

90. 小镇笔记：在小岳村看处理土地临时占压的纠纷，笔记第1882—1888页。

91. 小镇笔记：2003年6月24日政府公布的各村农业税征收进度表，笔记第1043—1044页。
92. 小镇笔记：2003年7月7日政府干部会动员征收，笔记第855—857页。
93. 小镇笔记：挂村干部范维萍与秦家畈村干部商议征收，笔记第1072—1073页。
94. 小镇笔记：政府工作会议上林书记谈征收，笔记第993页。
95. 小镇笔记：在秦家畈三组参与征收，笔记第1038—1042页。
96. 访谈笔录：秦家畈村老罗谈征收，笔记第1111页。
97. 访谈笔录：大陈村钱秉贵谈征收，笔记第1128—1129页。
98. 小镇笔记：乡村干部谈征收，笔记第1117页、第1131—1134页、第1168页、第1285页、第1396页、第1075—1076页。
99. 小镇笔记：在小岳村参与征收，笔记第1477—1479页。
100. 小镇笔记：武镇长在镇村干部会上进行征收动员，笔记第1196—1203页。
101. 小镇笔记：在小陈村观察农民“种房”，笔记第1610—1613页。
102. 访谈笔录：城管所所长孙福临谈城管所的职能及变迁，笔记第981—987页。
103. 小镇笔记：观察洲头村农民“种房”，笔记第1866—1869页。
104. 访谈笔录：宋正良谈农民“种房”，笔记第1872—1873页。
105. 访谈笔录：宋正良谈农民“种房”，笔记第1932页。
106. 访谈笔录：程文启谈农民“种房”，笔记第2203页，2287—2288页。
107. 访谈笔录：老罗谈乡镇的“黑道”问题，笔记第1150—1151页。
108. 访谈笔录：乡镇干部王崇昊谈乡镇的“黑道”问题，笔记第1220—1222页。
109. 访谈笔录：林靖南谈乡镇的“黑道”问题，笔记第1834—1836页。
110. 访谈笔录：老罗谈乡镇的“黑道”问题，笔记第1846—1847页。
111. 访谈笔录：建筑承包商陈仁贵谈乡镇的“黑道”问题，笔记第852页。

112. 访谈笔录：老罗谈乡镇的"黑道"问题，笔记第 1300—1301 页。

113. 访谈笔录：老洪谈叶桦租地纠纷，笔记第 212 页。

114. 小镇笔记：在汪达海家观察对四组征地纠纷的处理，笔记第 530—534 页。

115. 小镇笔记：林靖南与洲头村四组代表的对话会记录，笔记第 538—553 页。

116. 小镇笔记，在洲头村四组观察土地附着物的补偿统计工作，笔记第 554—556 页、第 562—568 页。

117. 小镇笔记：在大陈村观察陈向辉与陈同年的土地纠纷案，笔记第 949—963 页。

118. 小镇笔记：大陈村陈向辉与陈同年土地纠纷案，笔记第 980 页、第 1113 页、第 1807—1808 页。

119. 小镇笔记：政府班子工作会议，再次部署关闭采石场，笔记第 1934—1937 页。

120. 访谈笔录：郭德银、胡洪国谈石场关闭，笔记第 1992—2000 页。

121. 小镇笔记：老罗、杨宏军谈石场断电，笔记第 2056—2057 页。

122. 小镇笔记：政府干部会上林书记谈石场关闭，笔记第 2062—2063 页。

123. 小镇笔记：未理明等就关闭石场一事与石场业主的对话，笔记第 2064—2072 页。

124. 小镇笔记：随派出所干警下石场调查业主私下搭接电线一事，笔记第 2075—2080 页。

125. 小镇笔记：林书记要老罗帮助镇政府稳住石场业主，笔记第 2080—2087 页。

126. 小镇笔记：在大陈村四组动员村民种植藠头，笔记第 1328—1339 页。

127. 小镇笔记：在前王村动员群众种植藠头，笔记第 1370—1378 页。

128. 小镇笔记：在大陈、前王两村动员群众种植藠头，笔记第 1380—1386 页。

129. 小镇笔记：镇干部谈农业结构调整中的"诱民致富"现象，笔记第 1368—1369 页。

130. 小镇笔记：在前王村动员农民种植藠头，笔记第 1389—1400 页。

131. 小镇笔记：大陈和前王组织机耕，笔记第 1408—1410 页、第 1411—

1412 页、第 1419—1423 页。

132. 访谈笔录：小岳村李书记谈村级经济发展，笔记第 1303—1304 页。
133. 访谈笔录：皮德友谈小镇豆开发，笔记第 1387—1388 页、第 1786—1787 页、第 2195 页。
134. 访谈笔录：范世玉谈小镇豆开发，笔记第 1788—1793 页、第 1305—1307 页。
135. 小镇笔记：武镇长指导小岳村搞小镇豆加工基地，笔记第 1308 页。
136. 访谈笔录：皮德友、范世玉谈小镇豆开发，笔记第 1786—1790 页。
137. 小镇笔记：随武镇长一行观摩酱豆生产，笔记第 1672—1675 页。
138. 访谈笔录：武镇长谈小镇豆加工，笔记第 2449 页。
139. 访谈笔录：皮德友、范世玉谈小镇豆开发，笔记第 2194—2196 页。

140. 小镇笔记：协商工商管理费观察，笔记第 1890—1902 页。
141. 小镇笔记：协商工商管理费观察，笔记第 1908—1918 页。
142. 小镇笔记：镇政府开会动员征收，笔记第 1541 页。
143. 小镇笔记：镇政府开会动员征收，笔记第 1540—1544 页。
144. 小镇笔记：山花村征收观察，第 1556—1567 页。
145. 小镇笔记：小陈村征收观察，第 1610—1617 页。
146. 小镇笔记：谢张村征收观察，第 1573—1577 页。
147. 访谈笔录：秦家畈村陈志华、老罗谈村干部对待征收的态度，笔记第 1607—1609 页、第 1620—1622 页。
148. 小镇笔记：大江区领导的发展思路，笔记第 1760 页。
149. 访谈笔录：皮德友谈“协税”，笔记第 1302—1303 页、第 1782—1786 页。
150. 访谈笔录：武仁杰谈征收，笔记第 1547—1548 页。
151. 小镇笔记：皮德友谈征收，笔记第 1358 页。
152. 访谈笔录：田国全谈征收，笔记第 1533—1534 页。

153. 小镇笔记：在洲头村四组与农民代表对话，笔记第 761—766 页。
154. 小镇笔记：洲头村四组行，笔记第 773—776 页。
155. 访谈笔录：洲头村四组老马谈开发纠纷，笔记第 767—772 页。

156. 访谈笔录：洲头村四组组长于祖安谈开发纠纷，笔记第 795—805 页。
157. 小镇笔记：旁听小镇政府与贺志伟就叶桦租地纠纷的谈判，笔记第 207—213 页。
158. 访谈笔录：老洪谈叶桦租地纠纷，笔记第 1017 页。
159. 小镇笔记：旁听汪书记与贺志伟协调叶桦租地纠纷，笔记第 772 页。
160. 访谈笔录：老洪谈叶桦租地纠纷的解决，笔记第 1153—1159 页。
161. 访谈笔录：老洪谈叶桦租地纠纷的解决，笔记第 1156 页。
162. 访谈笔录：老洪谈叶桦租地纠纷的解决，笔记第 1401—1403 页。
163. 小镇笔记：叶桦租地纠纷的解决，笔记第 1593—1594 页。
164. 小镇笔记：叶桦租地纠纷的解决，笔记第 1593 页。
165. 小镇笔记：在大陈、前王两村观察种植藠头，笔记第 1423—1426 页、第 1428—1435 页。
166. 小镇笔记：在大陈、前王两村观察种植藠头，笔记第 1437—1438 页。
167. 小镇笔记：在大陈、前王两村观察种植藠头，笔记第 1451—1459 页。
168. 小镇笔记：在大陈、前王两村观察种植藠头，笔记第 1454—1455 页。
169. 小镇笔记：在大陈、前王两村观察种植藠头，笔记第 1466 页。
170. 小镇笔记：在大陈、前王两村观察种植藠头，笔记第 1466—1472 页。
171. 小镇笔记：在大陈、前王两村观察种植藠头，笔记第 1498—1502 页。
172. 小镇笔记：在大陈、前王两村观察种植藠头，笔记第 1511—1512 页。

173. 访谈笔录：宋正良谈西气东输工程协调，笔记第 2255—2259 页。
174. 小镇笔记：在南塘湾村观察处理西气东输工程的矛盾，笔记第 1986—1990 页。
175. 小镇笔记：在南塘湾村观察处理西气东输工程的矛盾，笔记第 2276—2284 页。
176. 小镇笔记：武镇长在乡村干部大会上动员年终征收，笔记第 1731—1735 页。
177. 小镇笔记：秦家畈村十五组收税记，笔记第 1743—1748 页。
178. 小镇笔记：秦家畈村收税记，笔记第 1748—1752 页。

179. 访谈笔录：秦家畈村老罗谈年终征收，笔记第 1772—1777 页。
180. 小镇笔记：秦家畈村十三组收税记，笔记第 1808—1822 页。
181. 访谈笔录：钱跃进谈石场关闭，笔记第 2088—2090 页。
182. 小镇笔记：石场风波之探视杨宏军，笔记第 2090—2093 页。
183. 小镇笔记：石场风波之业主上京，笔记第 2100—2108 页。
184. 访谈笔录：老罗谈第一次去北京拦访，笔记第 2162—2169 页、第 2171—2172 页。
185. 访谈笔录：郭德银谈石场业主第一次去进京上访，笔记第 2151—2152 页。
186. 访谈笔录：姚学明谈第一次去北京拦访，笔记第 2177—2180 页。
187. 访谈笔录：武镇长谈第一次去北京拦访，笔记第 2182 页。
188. 小镇笔记：旁听政府与石场业主就解决石场纠纷对话，笔记第 2122—2137 页。

189. 访谈笔录：招商办老洪谈争地风潮，笔记第 2318—2320 页。
190. 小镇笔记：大陈村承包地纠纷，笔记第 2312—2315 页。
191. 小镇笔记：大陈村承包地纠纷，笔记第 2345—2352 页。
192. 小镇笔记：潭湾村承包地纠纷，笔记第 2333—2339 页、第 2359—2364 页。
193. 访谈笔录：招商办老洪谈争地风潮，笔记第 2374—2375 页。
194. 小镇笔记：潭水湾清淤工程协调观察，笔记第 2298—2299 页。
195. 小镇笔记：潭水湾清淤工程协调观察，笔记第 2300—2307 页。
196. 访谈笔录：与一位政府干部谈石场关闭纠纷，笔记第 2201 页。
197. 访谈笔录：杨宏军谈石场纠纷的进展，笔记第 2189—2191 页。
198. 访谈笔录：老罗谈第二次进京拦访，笔记第 2214—2215 页。
199. 访谈笔录：郭德银谈第二次进京上访，笔记第 2247—2248 页。
200. 访谈笔录：老罗谈第二次进京拦访，笔记第 2215—2218 页。
201. 访谈笔录：郭德银谈第二次进京上访，笔记第 2247—2252 页。
202. 访谈笔录：郭德银、老罗谈第二次进京上访与拦访，笔记第 2248—2252 页；第 2218—2222 页。
203. 小镇笔记：旁听拦访干部对政府立场的评论，笔记第 2232—2233 页。

204. 访谈笔录：老罗谈他在北京与郭德银的一场谈话，笔记第 2222—2225 页。
205. 访谈笔录：郭德银谈第二次进京上访，笔记第 2252—2253 页。
206. 小镇笔记：旁听石场纠纷协调会，笔记第 2234—2241 页。
207. 访谈笔录：企业办周主任谈石场关闭的进展情况，笔记第 2403—2404 页。
208. 访谈笔录：老罗谈干部如何做石场业主的工作，笔记第 2427—2431 页。
209. 访谈笔录：未理明谈处理石场纠纷，笔记第 2443 页。
210. 访谈笔录：杨宏军谈石场关闭，笔记第 2406—2409 页。
211. 访谈笔录：郭德银谈石场关闭，笔记第 2413—2417 页。
212. 访谈笔录：曹元新谈藠头种植的经济效益，笔记第 2418—2420 页。
213. 小镇笔记：观察前王村的藠头种植，笔记第 2382—2387 页。
214. 小镇笔记：观察前王村的藠头种植，笔记第 2387—2390 页。
215. 访谈笔录：曹元新谈前王村的藠头无收，笔记第 2390—2391 页。
216. 访谈笔录：浩明谈前王村的藠头种植，笔记第 2404 页。
217. 小镇笔记：陈同年与陈向辉的土地纠纷，笔记第 2315—2317 页。
218. 小镇笔记：对陈同年与陈向辉土地纠纷案的观察，笔记第 2404—2406 页。
219. 小镇笔记：在洲头村观察开发，笔记第 1923—1927 页。
220. 小镇笔记：旁听企业办干部做石场业主工作，笔记第 2434—2446 页。
221. 访谈笔录：郭德银谈石场纠纷，笔记第 2458—2461 页。
222. 访谈笔录：老罗谈石场纠纷，笔记第 2465—2466 页。
223. 访谈笔录：老罗谈石场纠纷，笔记第 2467 页。
224. 访谈笔录：杨宏军、郭德银谈石场纠纷，笔记第 2468—2470 页。
225. 小镇笔记：在谢杨村观察计划生育自查，笔记第 1513—1520 页。
226. 小镇笔记：在秦家畈村观察计划生育检查，笔记第 1578—1585 页。
227. 小镇笔记：在秦家畈村观察计划生育检查，笔记第 1584—1587 页。
228. 访谈笔录：听老罗分析计划生育迎检，笔记第 1602—1607 页。

附录 2

小镇文献资料引用目录

（以书中引用先后为序）

1. 中共小镇委员会、小镇人民政府关于下发《小镇农村税费改革实施方案》的通知（2002年9月10日）。
2. 省委办公厅、省政府办公厅关于印发《××省农村税费改革试点工作2002年度考核评估方案》的通知（2003年1月31日）。
3. 全省2002年度农村税费改革试点工作考核评估内容（七查七看）。
4. 油印资料：农户资料袋目录、农户档案袋必备资料内容、村级档案盒必备资料内容。
5. 油印资料：区《农村税费改革迎检准备工作应注意的有关事项》（没有写明发文单位和发文日期）。
6. 油印资料：镇《税费改革考核评估准备工作的有关要求和主要安排》（内部掌握）（没有写明发文单位和发文日期）。
7. H市大江区小镇万亩小镇豆基地加工和配套可行性报告（2002年3月18日）。
8. 2003年6月14日《大江报》。
9. 小镇政府与大陈村一组签订的藠头种植产销协议书（2003年9月2日）。
10. 小镇政府与君山教办签订的耕地租赁协议（2003年9月2日）。
11. 小镇政府与前王村农户签订的藠头种植协议（2003年9月9日）。
12. 叶桦与洲头村签订的土地租赁合同（2000年6月10日）。
13. 叶桦租赁洲头村土地所持有的土地承包经营权证。
14. 小镇政府为处理台胞叶桦与洲头村土地租赁纠纷回复H市外商投诉中

心的信（2003年3月27 日）。

15. 叶桦与洲头村租赁土地的公证书（2000年6月10 日）。
16. 小镇政府同意洲头村将原林场 50 亩荒坡荒水对外发包的证明（2000年8月4 日）。
17. 小镇招商引资办公室为解决叶桦与洲头村的租地纠纷致叶桦的信（2003年2月28 日）。
18. 小镇招商引资办公室为解决叶桦与洲头村的租地纠纷致叶桦的信（2003年3月18 日）。
19. 叶桦就与洲头村的租地纠纷一事回复小镇招商引资办的信函（2003年3月26 日）。
20. 关于小镇小岳村陈李湾群众反映京珠绿化带占压土地问题调查处理的报告（2002年5月26 日）。

21. 小镇《信访工作卷宗》（2002 年）。
22. 小镇信访工作文件（2002 年）。

23. H 市大江区人民政府关于研究茶山采石场关闭方案的专题会议纪要（2003年7月4 日）。
24. 小镇政府与采石场业主签订的限期开采和到期拆除协议及公证书（2003年7 月）。

25. 小镇农业税征收进度表（2003年6 月）。

26. 叶桦为处理租地纠纷致小镇政府和洲头村的信（2003年3月2 日）。
27. 叶桦为处理租地纠纷致小镇政府招商引资办公室的信（2003年3月26 日）。
28. 洲头岛叶桦租赁地处置协调会会议记录（2003年7月13 日）。
29. 关于拆除洲头村杨家嘴泵站善后事宜的处理意见的通知（2003年5月27 日）。
30. 陈向明和陈向辉转让土地协议书（1989年3月24 日）。

31. H 市大江区人民法院民事判决书（2004 年 3月16 日）。

32. 老虎尾石场业主向小镇政府递交的关于采石场关闭的几点意见（2004年2月10 日）。

33. 洲头村四组村民上访材料。

34. 关于处理叶桦租地纠纷的协议书（草案）（2003年8月29 日）。

35. 小镇农业税入库进度表（2003年11月17 日）。

36. 林靖南：《当前农村土地纠纷的现状、成因与对策》（2004年3 月）。

参考文献

（以书中引证先后为序）

苏力:《法律社会学调查中的权力与资源——社会学调查过程的一个反思》,《社会学研究》1998年第6期。

吴毅:《村治变迁中的权威与秩序——20世纪川东双村的表达》，北京：中国社会科学出版社，2002。

陈向明:《质的研究方法与社会科学研究》，北京：教育科学出版社，2000。

李猛:《如何触及社会的实践生活？》，载张静主编《国家与社会》，杭州：浙江人民出版社，1998。

海登·怀特:《形式的内容：叙事话语与历史再现》，董立河译，北京：北京出版社出版集团、文津出版社，2005。

赵树凯:《乡镇政府的应酬政治——10省（区）20乡镇调查》,《经济管理文摘》2006年第12期。

孙立平:《“过程—事件分析”与当代中国国家—农民关系的实践形态》，载《清华社会学评论》特辑，厦门：鹭江出版社，2000。

孔飞力:《叫魂：1768年中国妖术大恐慌》，上海：上海三联书店，1999。

应星:《大河移民上访的故事：从“讨个说法”到“摆平理顺”》，北京：生活·读书·新知三联书店，2001。

曹锦清:《黄河边的中国：一个学者对乡村社会的观察与思考》，上海：上海文艺出版社，2000。

李昌平:《我向总理说实话》，北京：光明日报出版社，2002。

安东尼·吉登斯:《民族—国家与暴力》，胡宗泽、赵力涛译，北京：生活·读书·新知三联书店，1998。

杨雪冬:《市场发育、社会生长和公共权力构建——以县为微观分析单位》，郑州：河南人民出版社，2002。

周庆智:《中国县级行政结构及其运行——对W县的社会学考察》，贵阳：贵州人民出版社，2004。

荣敬本等:《从压力型体制向民主合作体制的转变：县乡两级政治体制改革》，北京：中央编译出版社，1998。

邹谠:《二十世纪中国政治：从宏观历史与微观行动角度看》，香港：牛津大学出版社，1994。

陈永正、陈家泽:《论中国乡级财政》,《中国农村观察》2004年第5期。

李芝兰、吴理财:《"倒逼"还是"反倒逼"？——农村税费改革前后中央与地方之间的互动》,《社会学研究》2005年第4期。

H.孟德拉斯:《农民的终结》，李培林译，北京：社会科学文献出版社，2005。

李培林:《村落的终结——羊城村的故事》，北京：商务印书馆，2004。

蓝宇蕴:《都市里的村庄——一个"新村社共同体"的实地研究》，北京：生活·读书·新知三联书店，2005。

朱菲娜、刘建锋、杨良敏:《五大因素导致县乡财政危机》,《中国经济时报》2002年12月10日。

邱泽奇:《在政府与厂商之间：乡镇政府的经济活动分析》，载马戎、刘世定、邱泽奇主编《中国乡镇组织变迁研究》，北京：华夏出版社，2000。

Andrew G. Walder, *Local Government as Industrial Firms: An Organizational Analysis of China's Transitional Economy* (*American Journal of Sociology*, 1995), 101, pp. 263-301.

Susan H. Whiting, *Market Discipline and Rural Enterprise in China.* (manuscript) in *Reforming Asian Socialism: The Growth of Market Institute*, edited by John McMillan and Barry Naughton(Ann Arbor: University of Michigan Press, 1995).

刘世定:《占有制度的三个维度及占有认定机制》，载潘乃谷、马戎主编，邱泽奇、王铭铭执行主编《社区研究与社会发展》，天津：天津人民出版社，1996。

徐勇：《村干部的双重角色：代理人与当家人》，《二十一世纪》8月号，香港中文大学，1997。

费孝通：《乡土中国》，北京：生活·读书·新知三联书店，1985。

吴毅：《双重边缘化：村干部角色与行为的类型学分析》，《管理世界》2002年第11期。

吴毅：《农地征用中基层政府的角色》，《读书》2004年第7期。

William Hinton, *Fanshen: A Documentary of Revolution in a Chinese Village* (NewYork: Vintage, 1966).

克利福德·吉尔兹：《地方性知识——阐释人类学论文集》，王海龙译，北京：中央编译出版社，2000。

杨念群：《"地方性知识""地方感"与"跨区域研究"的前景》，《天津社会科学》2004年第6期。

邓大才：《乡镇政府应该撤销》，《中国国情国力》2001年第3期。

徐勇：《变乡级政府为派出机构》，《决策咨询》2003年第5期。

于建嵘：《中国农村的政治危机：表现、根源和对策》，"北大在线"燕园评论，2002。

塞缪尔·亨廷顿：《变革社会中的政治秩序》，李盛平、杨玉生等译，北京：华夏出版社，1988。

瞿同祖：《清代地方政府》，范忠信、晏锋译，北京：法律出版社，2003。

潘维：《质疑"乡镇行政体制改革"——关于乡村中国的两种思路》，《开放时代》2004年第2期。

潘维：《农民与市场：中国基层政权与乡镇企业》，北京：商务印书馆，2003。

威廉·富特·怀特：《街角社会：一个意大利人贫民区的社会结构》，黄育馥译，北京：商务印书馆，1994。

杨琳：《村级财务何时走出恶化深渊？——对湖北省村级财务状况的调查》，《调研世界》2001年第10期。

孙自铎：《乡村债务何时了？——对安徽省乡村债务的分析》，《调研世界》

2001 年第 3 期。

孙立平、郭于华:《“软硬兼施”：正式权力非正式运作的过程分析——华北 B 镇定购粮收购的个案研究》,《清华社会学评论》特辑，厦门：鹭江出版社，2000。

J.Scott, *Weapons of the Weak:Everyday Forms of Peasant Resistance* (New Haven and London: Yale University Press, 1985).

罗伯特·D. 帕特南:《使民主运转起来》，王列、赖海榕译，南昌：江西人民出版社，2001。

李惠斌、杨雪冬:《社会资本与社会发展》，北京：社会科学文献出版社，2000。

贺雪峰:《新乡土中国：转型期乡村社会调查笔记》，桂林：广西师范大学出版社，2003。

吴毅:《“诱民致富”与“政府致负”》,《读书》2005 年第 1 期。

杨善华、孙飞宇:《作为意义探究的深度访谈》,《社会学研究》2005 年第 5 期。

吴思:《潜规则：中国历史中的真实游戏》，昆明：云南人民出版社，2002。

埃米尔·涂尔干:《社会分工论》，渠东译，北京：生活·读书·新知三联书店，2000。

贺雪峰、仝志辉:《论村庄社会关联——兼论村庄秩序的社会基础》,《中国社会科学》2002 年第 3 期。

贺雪峰:《乡村治理的社会基础——转型期乡村社会性质研究》，北京：中国社会科学出版社，2003。

吴毅、杨震林、王亚柯:《村民自治中“村委会自治”现象的制度经济学分析》,《学海》2002 年第 1 期。

苏力:《送法下乡——中国基层司法制度研究》，北京：中国政法大学出版社，2000。

强世功:《法制与治理——国家转型中的法律》，北京：中国政法大学出版社，2003。

苏力:《法律如何被信仰？》，载《制度是如何形成的》，广州：中山大学出版社，1999。
吴毅：《法的正义抑或情的入理》，《天涯》2004 年第 5 期。
R. 科斯、A. 阿尔钦、D. 诺斯等：《财产权利与制度变迁——产权学派与新制度学派译文集》，上海：上海三联书店、上海人民出版社，1994。
R.Redfield, *Peasant Society and Culture* (University of Chicago Press, 1956).
克利福德·吉尔兹：《核心、王者和魅力：权力符号的反照》，王海龙译，载《地方性知识——阐释人类学论文集》，北京：中央编译出版社，2000。
赵晓力：《关系 / 事件、行动策略和法律的叙事》，载王铭铭、王斯福主编《乡土社会的秩序、公正与权威》，北京：中国政法大学出版社，1997。
詹姆斯·C. 斯科特：《农民的道义经济学：东南亚的反叛与生存》，程立显、刘建等译，南京：译林出版社，2001。
曼瑟尔·奥尔森：《集体行动的逻辑》，陈郁、郭宇峰、李崇新译，上海：上海三联书店、上海人民出版社，1995。
米歇尔·福柯：《治理术》，赵晓力译，《社会理论论坛》第 4 期，北京大学社会学系，1998。
霍布斯：《利维坦》，黎思复、黎廷弼译，北京：商务印书馆，1985。
刘易斯·A. 科瑟：《社会学思想名家——历史背景和社会背景下的思想》，石人译，北京：中国社会科学出版社，1990。
王旭：《乡村中国的基层民主：国家与社会的权力互强》，《二十一世纪》1997 年 4 月号。
应星：《作为特殊行政救济的信访救济》，《法学研究》2004 年第 3 期。
赵晓力：《信访的制度逻辑》，《二十一世纪》2005 年 6 月号。
朱元鸿：《背叛、泄密、出卖：论民族志的冥界》，《台湾社会研究季刊》1997 年第 26 期。
杨俊凯：《治理、摆平与抗争——湖北省陈村水事官司的故事》，华中师范大学硕士学位论文，2004；又见吴毅主编《乡村中国评论》第 1 辑所刊杨俊凯同名论文，桂林：广西师范大学出版社，2006。
仝志辉：《村委会选举中的乡村关系和乡村民主的治理化》，载《转型期乡村社会性质研究学术研讨会论文集》，湖北荆门，2001。
高王凌：《人民公社时期中国农民“反行为”调查》，北京：中共党史出版社，2006。
刘金海：《集体产权变迁中的国家、集体与农民》，华中师范大学博士学位论文，2003。
高勇：《城市化进程中失地农民问题探讨》，《经济学家》2004 年第 1 期。
吴毅：《“双重角色”、“经纪模式”与“守夜人”和“撞钟者”》，《开放时代》2001 年第 12 期。
王平等：《地根政治：全面解剖中国土地制度》，《中国改革》2005 年第 7 期。
古斯塔夫·勒庞：《革命心理学》，佟德志、刘训练译，吉林人民出版社，2004。
福柯：《规训与惩罚》，刘北成、杨远婴译，北京：生活·读书·新知三联书店，1999。
郑欣：《乡村政治中的博弈生存——华北农村村民上访研究》，北京：中国社会科学出版社，2005。
谭同学：《乡镇机构生长的逻辑——楚镇水利站、司法所政治生态学考察》，华中师范大学硕士学位论文，2004；又见谭同学：《楚镇的站所——乡镇机构生长的政治生态考察》，北京：中国社会科学出版社，2006。
罗伯特·C. 埃里克森：《无需法律的秩序——邻人如何解决纠纷？》，苏力译，北京：中国政法大学出版社，2003。
朱冬亮：《当前农村土地纠纷及其解决方式》，《厦门大学学报》（哲学社会科学版）2003 年第 1 期。
王甲午、曹颖：《农村土地纠纷的成因及对策》，《农业经济》2005 年第 7 期。
徐昕：《法律是否重要？——来自华南的一个民间收债案例》，《社会学研究》2004 年第 1 期。
于建嵘：《中国信访制度批判》，《中国改革》2005 年第 2 期。
罗伯特·A. 达尔：《现代政治分析》，王沪宁、陈峰译，上海：上海译文出版社，1987。

吴毅:《无政治村庄》,《浙江学刊》2002 年第 1 期。
李连江、欧博文:《当代中国农民的依法抗争》，载吴国光主编《九七效应》，香港：太平洋世纪研究所，1997。
于建嵘:《当前农民维权活动的一个解释框架》,《社会学研究》2004 年第 2 期。
贺雪峰:《论半熟人社会》,《政治学研究》2000 年第 3 期。
Prasenjit Duara, *Culture, Power,and the State: Rural North China, 1900–1942* (Stanford: Stanford University Press, 1988).
张静:《基层政权——乡村制度诸问题》，杭州：浙江人民出版社，2000。
朱国华:《权力的文化逻辑》，上海：上海三联书店，2004。
甘阳:《“民间社会”概念批判》，载张静主编《国家与社会》，杭州：浙江人民出版社，1998。
李强:《国家能力与国家权力的悖论》(该文是对王绍光、胡鞍钢《中国政府汲取能力的下降及其后果》一文的评论)，载张静主编《国家与社会》，杭州：浙江人民出版社，1998。
翟学伟:《中国社会中的日常权威》，北京：社会科学文献出版社，2004。
阎云翔:《礼物的流动》，上海：上海人民出版社，2000。
翟学伟:《人情、面子与权力的再生产——情理社会中的社会交换方式》,《社会学研究》2004 年第 5 期。
吴毅:《催收与拖欠》,《天涯》2004 年第 5 期。
刘健、林嵬:《县乡财政造假现象透视》,《瞭望》新闻周刊 2001 年第 27 期。
涂咏梅:《地方财政虚收问题及成因探析》,《湖北财经高等专科学校学报》2000 年第 3 期。
戴益民、张中彬:《财政收入“虚胖”问题透视》,《农村财政与财务》2000 年第 2 期。
王绍光、胡鞍钢:《中国国家能力报告》，沈阳：辽宁人民出版社，1993。
赵树凯:《乡镇改革如何走出迷途？》,《瞭望》新闻周刊 2005 年第 18 期。
秦俊波:《乡镇撤并后农村工作有八难》,《乡镇论坛》2002 年第 2 期。
古斯塔夫·勒庞:《乌合之众：大众心理研究》，冯克利译，北京：中央编译出版社，2000。
孙立平:《我们在开始面对一个断裂的社会？》,《战略与管理》2002 年第 2 期。
孙立平:《转型与断裂：改革以来中国社会结构的变迁》，北京：清华大学出版社，2004。
加布里埃尔·A. 阿尔蒙德、西德尼·维伯:《公民文化——五个国家的政治态度和民主制》，徐湘林等译，北京：华夏出版社，1989。
汪翔、钱南:《公共选择理论导论》，上海：上海人民出版社、智慧出版有限公司，1993。
吴毅:《最后的征收》,《读书》2005 年第 5 期。
叶长贵:《论新时期人民群众上访的特点》,《河南社会科学》2002 年第 4 期。
谭用发:《群体上访人员的几种异常心理》,《决策咨询》2002 年第 6 期。
杨明连:《从特征入手预防处置群体性上访闹事事件》，浙江公安高等专科学校学报《公安学刊》2002 年第 2 期。
申静:《集体产权在中国乡村生活中的实践逻辑——四川省中部一个村庄的实证研究》，载郑也夫、沈原、潘绥铭编《北大清华人大社会学硕士论文选编》，济南：山东人民出版社，2004。
罗峰:《“追缴税费”与“确权确地”：土地二轮延包中的政策界线与民意冲突》,《调研世界》2005 年第 10 期。
苏萍:《文化、经济与社会：多维度下的中国秘密社会》,《浙江师范大学学报》2005 年第 2 期。
郑卫东:《透视集体上访事件中的村民与乡村干部》,《青年研究》2004 年第 3 期。
林僧:《上访，碰着了谁的神经？》,《乡镇论坛》2004 年第 10 期。
方慧容:《“无事件境”与生活世界中的“真实”——西村农民土地改革时期社会生活的记忆》，载杨念群主编《空间·记忆·社会转型——“新社会史”研究论文精选集》，上海：上海人民出版社，2001。
仝志辉:《选举事件与村庄政治》，北京：中国社会科学出版社，2004。
应星:《评村民自治研究的新取向——以〈选举事件与村庄政治〉为例》,

《社会学研究》，2005 年第 1 期。

林耀华：《金翼——中国家族制度的社会学研究》，庄孔韶、林宗成译，北京：生活·读书·新知三联书店，1989。

史景迁：《王氏之死——大历史背后的小人物命运》，李璧玉译，上海：上海远东出版社，2005。

王铭铭：《社会人类学与中国研究》，北京：生活·读书·新知三联书店，1997。

J.Van Maanen, *The Moral Mix: On the Ethics of Fieldwork, in R.Emerson* (ed), *Contemporary Field Research* (Boston: Little,Brown and Company, 1983).

J.Van Maanen, *Tales of the Field: On Writing Ethnography* (Chicago & London: The University of Chicago Press, 1988).

黄树民：《林村的故事：一九四九年后的中国农村变革》，素兰、纳日碧力戈译，北京：生活·读书·新知三联书店，2002。

海登·怀特：《后现代历史叙事学》，陈永国、张万娟译，北京：中国社会科学出版社，2003。

陈新：《叙述主义历史哲学》，智识学术网，2005。

卢晖临：《迈向叙述的社会学》，《开放时代》2004 年第 1 期。

卢晖临：《社会学的历史转向》，《开放时代》2004 年第 1 期。

Maurice Freedman, *A Chinese Phase in Social Anthropology* (*British Journal of Sociology*, 1963), 14: 1, pp. 1–19.

施坚雅：《中国农村的市场和社会结构》，史建云、徐秀丽译，北京：中国社会科学出版社，1998。

王铭铭：《走在乡土上——历史人类学札记》，北京：中国人民大学出版社，2003。

杨念群：《中层理论——东西方思想会通下的中国史研究》，南昌：江西教育出版社，2001。

吴毅：《农村政治研究：缘自何方，前路何在？》，《开放时代》2005 年第 2 期。

董建辉：《政治人类学》，厦门：厦门大学出版社，1999。

克利福德·格尔兹：《尼加拉：十九世纪巴厘剧场国家》，赵丙祥译，上海：上海人民出版社，1999。

马尔科姆·沃特斯：《现代社会学理论》，杨善华、李康等译，北京：华夏出版社，2000。

张厚安、徐勇等：《中国农村政治稳定与发展》，武汉：武汉出版社，1995。

黄宗智：《中国研究的规范认识危机——社会经济史中的悖论现象》，载黄宗智著《长江三角洲小农家庭与乡村发展》，北京：中华书局，2000。

马明洁：《权力经营与经营式动员——一个"逼民致富"的案例分析》，载清华大学社会学系主编《清华社会学评论》特辑，厦门：鹭江出版社，2000。

流心：《自我的他性——当代中国的自我系谱》，上海：世纪出版集团、上海人民出版社，2005。

张静：《现代公共规则与乡村社会》，上海：上海书店出版社，2006。